G 494
c. 22.

# GEOGRAPHIE
## DE
## BUSCHING.

### TOME VIII.

# GEOGRAPHIE
## DE
## *BUSCHING,*

Abrégée dans les objets les moins intéreffans, &
augmentée dans ceux qui ont paru l'être ;

Retouchée par-tout, et ornée d'un
PRÉCIS DE L'HISTOIRE DE CHAQUE ÉTAT,

Par Mr. BERENGER.

## TOME HUITIEME,
COMPRENANT
*L'EMPIRE OTTOMAN, L'ARABIE
ET LA PERSE.*

A *LAUSANNE,*
Chez LA SOCIÉTÉ TYPOGRAPHIQUE.

M. DCC. LXXX.

# GÉOGRAPHIE
## DE
## BUSCHING.

## DE L'EMPIRE OTTOMAN.

ON n'est point encore certain de l'origine du nom de *Turc* : quelques-uns le font venir d'un fils de Japhet ; c'est le faire descendre d'un peu loin : d'autres disent qu'il fut donné à une Tribu de Tartares qui avaient le tein blanc & de beaux yeux noirs, & qu'on le donna par dérision aux Tartares qui inondaient l'Asie, hommes qui avaient le teint huileux, les yeux petits, le nez écrasé, la bouche très-grande. Ce qu'il y a de vrai, c'est qu'on le donnait aux *Tartares* ou *Tatares* qui suivaient Genghizcan, & qu'on désigna aussi par ce nom les *Oguziens* de Soliman, prince de Nérats, lorsqu'ils passèrent dans quelques provinces de la Perse ; les Turcs actuels sont les descendans de ces Oguriens.

Busching dit que *Tur* pris adjectivement signifie *éminent*, que comme substantif, il désigne un *chef*; qu'enfin une horde ou son chef peut être désigné sous le nom de *Tur-ki*, ce dernier mot ayant le même sens en langue Turque que le mot *Horde*. Cependant les Turcs ne s'appellent point de ce nom & le regardent comme une sorte d'injure ; un Turc chez eux est un *homme grossier* & sans éducation ; la langue Turque est une langue *grossière* ; ils s'appellent les *Othmans*, ou comme ils prononcent, les *Omans*.

Pendant l'irruption de Genghizcan, la tribu Suljukiane quitta le pays qu'elle occupait au-delà des rives de l'Ofcus fur la mer Cafpienne, & vint occuper le pays d'Iran. Les Oguziens fe joignirent à elle & occuperent la ville de Machan. Ils y connurent le mahometifme & l'embrafferent. Après cette irruption, & la mort du héros Tartare, les princes fes fucceffeurs étendirent leur domination & pousserent devant eux ceux de leur nation qui s'oppofaient à leurs progrès. *Soliman*, chef des Oguziens, fut obligé de fe retirer à la tête des fiens du pays qu'ils avoient occupé, & vint en chercher un autre vers l'Afie mineure : c'était au commencement du treizieme fiècle. Il parvint jufqu'à l'Euphrate, voulut le paffer à cheval & s'y noya : fes fils l'enterrèrent fous les murs de *Jaffer* près d'Alep. Ils fe partagerent fon peuple & fes richeffes : deux retournerent dans leur patrie, un troifieme mourut. *Ertogrul* ( homme jufte ) refta feul & continua les conquêtes de fon père, ou plutôt fes ravages. Bientôt le pays qu'il avait defolé d'Alep à Céfarée ne pouvant plus le nourrir, il demanda un azyle à *Aladin*, fultan d'Iconium, qui lui donna la ville de *Carajedagy* dans le territoire d'Ancyre. Bientôt il reconnut les bienfaits du fultan & en mérita de nouveaux : accablé par une armée de Tartares, Aladin était forcé de fuir quand Ertogrul vint à fon fecours, fes foldats voulaient fe joindre aux vainqueurs pour piller ; lui feul fidèle à fes engagemens les ramena à des fentimens plus nobles, & rendit Aladin victorieux ; celui-ci le fit fon général, & par lui étendit fes Etats, mais bientôt il mourut : fon fils *Othman* fucceda à fes biens & à fa faveur auprès d'Aladin qui le créa général, lui permit de faire battre monnaie en son nom, & de faire prier pour lui dans les lieux que son père avait conquis, & dans ceux qu'il conquerait lui-même. C'est de ce moment que l'on compte communément les années du règne d'Othman : c'était vers l'an 1282. Il ne prit le nom de sultan que lorsqu'Aladin chassé par les Tartares, mal soutenu d'Othman, se réfugia à Constantinople où il trouva une prison au lieu de secours. Othman se rendit maître de ses dépouilles & se fit son successeur. On peut croire qu'il avait préparé cette révolution. Il établit le siège de son empire d'abord à *Carachisar* ou *Karahisar*, puis à *Tenghischehri*, partagea son empire en divers gouvernemens auxquels il nomma ses fils, & après diverses victoires, il mourut peu de jours après la prise de Bruse par son fils Orcan : il avait 69 ans : c'est lui qui a donné son nom à l'Empire & à ses successeurs : ils se nomment *Aliothmans*, *descendans d'Othman*.

Ses peuples avides de butin, le forcerent souvent à faire la guerre, & sa religion lui en faisait un devoir : c'est elle qui lui fit dicter cet arrêt; ou embrassez ma religion, ou payez le tribut; réfuser l'un ou l'autre, c'est me déclarer la guerre. On a dit qu'il fut un homme bon & juste ; mais cette bonté est sans doute relative ; il fut meilleur que la plupart de ses sujets; mais fut-il bon, lui qui fait égorger ses ennemis ? Un trait de son fanatisme ou des mœurs de son peuple, est l'ignominie dont il voulut couvrir le cadavre de *Callinique*, un des généraux Grecs qu'il avait vaincu : il ordonna à ses soldats de passer & d'uriner sur sa tombe.

Son fils *Orchan* étendit ses Etats aux dépens des chrétiens & même de divers petits princes Musulmans dont il se faisait le tuteur, ou l'arbitre, &

qu'il dépouillait ensuite pour leur plus grand bien: car ce prince affectait une humanité hypocrite. Il se fixa à Burse, prit Nicée, & fit passer les Turcs en Asie sous la conduite de son fils Soliman qui s'y empara de diverses villes, telles que *Gallipoli* & *Tchurly* ou *Tchorlu*. Ce fils emporté par un cheval fougueux, périt au milieu de ses succès, & la douleur qu'en ressentit Orphan le conduisit quelque tems après au tombeau. Il mourut en 1360. Ce prince aimait les sciences, & fonda des academies: il regla le gouvernement, fit distinguer les habitans des villes, de ceux des villages, & ses soldats des uns & des autres par leurs habits, établit une milice constante qu'il puisa surtout dans les enfans des chrétiens qu'il faisait instruire, & peupla ses Etats par sa politique; il faisait épouser à ses soldats les veuves des chrétiens morts en défendant contre lui leur patrie, & il avait pris lui-même pour femme la fille de l'empereur Grec qu'il dépouillait.

*Amurat I* lui succéda; modeste dans ses discours, simple dans ses habits, il avait l'ame élevée. Sous lui les Turcs s'emparerent de la Macédoine & de l'Albanie. Jusqu'alors le sultan ne s'était point soumis à faire les prières publiques ordonnées à un Musulman: Amurat venant porter témoignage devant le muphti qui était alors pontife & juge, le vit rejeté, parce qu'il ne s'unissait pas aux fidèles dans les prieres: il reconnut qu'il avait tort, & pria comme ses sujets: ce fut lui qui institua les Janissaires, corps redoutable, formé d'abord de la cinquieme partie des captifs que faisaient les Turcs. Amurat, envoya, dit-on, demander au Scheikh *Haji-Bektach*, vénéré par ses prophéties, quel nom il devait donner à ce nou-

## DE L'EMPIRE OTTOMAN.

veau corps de troupes; le religieux répondit: « que leur nom soit Janissaires, (*Yengicheri*, nouveau soldat) que leur contenance soit vive & fière, leur main victorieuse, leur épée tranchante, leur lance toujours prête à frapper la tête de leur ennemi, & quelque part qu'ils aillent, qu'ils reviennent avec un visage de santé. » Amurat, vainqueur d'une ligue de Chrétiens dans les champs de Cassovie, fut tué d'un coup de poignard porté par un Trqiallien qui vengeait la défaite des siens; il mourut en 1389.

*Bajazet I* ou *Bayezid* lui succéda, prince fier, colère, d'une activité prodigieuse, sans cesse en action, il passait de l'Europe en Asie, & de l'Asie en Europe avec une promptitude qui étonnait les ennemis, & lui fit donner par les Turcs le nom d'*Ilderim*. Il vainquit les chrétiens à Nicopolis: il fut vaincu par le prince des Moldaves, il le fut par Tamerlan appellé par l'empereur Grec, qui voulut être son tributaire, & qui ne reçut pour réponse à sa proposition qu'un éloge qui devait le faire rougir. Bajazet mourut en 1401 prisonnier, ses fils disputèrent son empire que Tamerlan dédaigna ajouter à ses États. Il couronna *Musa* l'un d'entr'eux. « Je sais, lui dit le Tartare, je sais conquérir les royaumes & les rendre: c'est la seule grandeur où j'aspire. » *Soliman* s'était fait reconnaître sultan dans les provinces Européennes. Celui-ci avait du courage, de la hauteur, de la générosité; mais son ivrognerie rendit inutiles ses qualités, & causa sa ruine: *Musa* était timide, & sa faiblesse permit à peine de remarquer qu'il était sage, prudent, éclairé, & juste: il avait vaincu Soliman, il le fut par Mahomet qui réunit sous son empire toutes les provinces qui compofaient celui de fon père.

*Mahomet I* fut un prince modéré & fage : il foumit la Valaquie, & fut vaincre & pardonner ceux qui lui manquaient de foi. On aime à fe rappeller qu'après avoir fait prifonnier *Caraman-Ogli*, qui deux fois l'avait trahi, il lui dit : *Tu es un perfide, mais je t'ai vaincu & je commande que tu vives*: & il lui rendit fes Etats.

*Amurat II* lui fuccéda ; il eut de grandes vertus, beaucoup de courage & de prudence, il fut religieux, & tout prince Turc doit l'être ; furtout dans les dangers, fi felon l'opinion de ce peuple, l'homme ne peut rien par lui-même, Dieu donne la victoire à fon gré, il faut au moins paraître être aimé de Dieu pour infpirer du courage à des fanatiques ; peu de princes y réuffirent mieux que lui : deux fois il quitta le trône, deux fois il y fut rappellé pour le raffermir, & fon retour ramenait la victoire.

Les Hongrais en firent deux fois la fatale expérience. Il étendit fes Etats, pardonna à des voifins qui l'avaient attaqué malgré la foi jurée, & ne put pardonner à fon frère qui s'était revolté, malgré les fentimens des Turcs, aux yeux defquels un fratricide eft un crime dans leur fultan, quoiqu'ils lui ayent permis de mettre à mort quatorze de leurs fujets chaque jour.

*Mahomet II* fut plus puiffant que fon père, fa gloire fut plus grande, fans peut-être qu'il l'a méritât mieux : on fait qu'il prit Conftantinople : il vainquit les Perfes, fit trembler la Hongrie & l'Italie, où il étendit fes conquêtes, établit le Kam de Crimée d'où il chaffa les Génois en 1453 : fa mort arrêta fes projets ; il n'échoua dans ceux qu'il forma qu'en Moldavie & devant Rhodes. Il aima les sciences, il fut généreux & magnifique ; courageux, actif, politique d'autant plus heureux qu'il était puissant, & ne savait point s'asservir à sa parole.

Bajazet II avait fait vœu de faire le voyage de la Mecque, quand il apprit que le trône l'attendait, & il tint plus à son vœu qu'au sceptre ; il nomma son fils sultan, se rendit à la Mecque, en revint, & son fils qui pouvait lui disputer le pouvoir souverain, le déposa à ses pieds. Bajazet fit périr son frere qui lui disputait le trône, étendit encore ses Etats dans la Grèce, dans la Moldavie & dans l'Asie ; fatigué de la guerre, il voulut la paix & la maintint, mais la paix était un fardeau pour les soldats & pour le peuple même ; ils couronnerent son fils *Selim* malgré lui, & ce fils barbare le fit empoisonner lorsqu'il se rendait lentement à l'asyle qu'il avait choisi. Il mourut en 1512. Il était dévot ; pendant tout le cours de ses expéditions, il fit ramasser avec soin la poussiere qui s'attachait à ses habits, & à l'heure de sa mort il engagea par les plus terribles imprecations ceux qui l'environnaient à en faire faire une brique & à la placer sous son bras droit dans sa tombe ; *car il est dit*, ajouta ce prince, *que l'homme dont les pieds ont été couverts de la poussiere des sentiers du Seigneur, sera préservé par Dieu du feu de l'enfer.*

Selim I, avec plus de défauts que ses prédécesseurs, fit de plus grandes conquêtes : après avoir fait étrangler deux de ses freres, il alla vaincre les Perses, subjuguer la Mesopotamie, la Syrie, & détruire l'empire de Mammeluk en Egypte qu'il joignit à son empire ; il rendit tributaire le scherif de la Mecque : il projettait de conquerir la Perse quand il mourut; il était actif & vigilant, plein d'audace & fertile en reſſources; mais violent & ſanguinaire, il ſe livrait ſouvent à la colère, & ſa colère donnait la mort à ceux qui l'approchaient. Son fils *Soliman I* fut un plus grand homme que lui; il eut le ſurnom de *Canuni*, faiſeur de règles, ou légiſlateur, parce qu'il mit un nouvel ordre dans ſon empire, & qu'il ſut l'y fixer : on conſulte encore ſes loix. Il prit Belgrade qu'Amurat & Mahomet II n'avaient pu ſoumettre, Rhodes où Mahomet II avait échoué, s'empara de la plus grande partie de la Hongrie, mit le ſiège devant Vienne qu'il fut forcé d'abandonner, fit de la Moldavie un fief de l'empire Ottoman, fut reconnu pour le ſouverain d'Alger & de Tunis, défit les Perſans, ajouta Bagdat, la Georgie, l'Yemen & le pays des Kurdes à ſon empire, fit trembler l'Italie, & mourut en aſſiégeant Sigeth que ſes troupes prirent le lendemain. Sa grandeur d'ame était égale à ſa prudence, il éleva de magnifiques bâtimens, forma de grands généraux, & ſous lui, les Turcs furent redoutables ſur mer; il était laborieux, infatigable, recompenſait avec généroſité; mais fut ſouvent ingrat. Il parlait avec élégance le turc, le perſan & l'arabe, il fit des vers pleins d'eſprit & de délicateſſe. Il régna 41 ans, & mourut en 1566.

Son fils *Selim II* reprima les efforts que des peuples ſoumis par ſon père firent pour recouvrer la liberté; il conquit l'isle de Chipre, éleva de beaux bâtimens, & tenta de joindre le Volga au Tanaïs pour faire avec plus de facilité la guerre aux Perſes. Ce fut ſous ſon règne que les Turcs perdirent la bataille de Lepante, victoire glorieuſe & inutile aux chrétiens, qui ne firent, comme diſait

Selim, que couper la barbe aux Turcs, tandis que ceux-ci abbataient les bras des chrétiens. Son regne ne fut pas long, il était brave & ne parut point à la tête de ses armées, aimait la justice, pardonnait avec facilité, était affable & gai ; nul de ses prédécesseurs n'avait été plus exact dans les actes de dévotion, & nul n'aima le vin avec autant d'excès.

*Amurat III* étendit son empire par la prise de quelques villes en Hongrie, & acheta par une guerre longue & sanglante trois petites provinces des Perses: il fit tout par ses généraux. Sous son regne, les Janissaires assiegerent pour la premiere fois le serrail, mais Amurat brava leur fureur & les dispersa. Ce fut un prince médiocre : il regna vingt ans, il eut vingt enfans, & l'un d'eux qui lui succéda fit étrangler tous les autres. Ce fut Mahomet III, il fit la guerre en Hongrie avec quelque succès, il rechercha la paix pour n'être point troublé dans ses plaisirs, & mourut à la fleur de son âge. Son fils *Achmed* fut très-libéral, aima les bâtimens, en fit de magnifiques, rétablit la subordination dans les armées, mais fut malheureux contre les Perses qui avaient à leur tête Schah-Abas. Il mourut qu'il n'avait que vingt-neuf ans, dit-on, & dégoûté du monde ; car les Turcs expriment la mort de leur sultan, en disant qu'il voulut, qu'il desirât mourir ; si l'on prenait leurs expressions littéralement, on croirait que leur chef ne cesse de vivre, que lorsqu'il le veut bien.

Les vices de son frere *Mustapha* le firent passer promptement du trône à la prison ; *Othman*, fils d'Achout, ne fit que donner des espérances ; les Janissaires le firent périr, parce qu'il pensait à les affaiblir, peut-être à les détruire. *Mustapha* reparut fur le trône pour s'y déshonorer encore. Ses vices & fon infamie le ramenerent à fa prifon, monté fur un âne, expofé à la rifée de la populace. Son fucceffeur *Amurat IV* le fit étrangler. Celui-ci, frere d'Othman eut le furnom de *Gazi*, ou vaillant; il impofa des loix à la Pologne, & fit la guerre aux Perfans; deux fois fes généraux furent obligés de lever le fiege de Baydel; il l'affiegea enfin lui-même & la prit: il inonda les murs du fang de fes défenfeurs & des captifs qu'il y fit. Un muficien, en le forçant par fes chants à verfer des larmes, parvint à fauver quelques reftes de ces malheureux. Il mourut au milieu des grands projets qu'il formait en 1639. Sa fureur pour le vin enflamma fa cruauté naturelle, & lui fit défendre fous peine de mort l'ufage de l'opium & du tabac. Pendant dix-fept ans de règne, il tua ou fit tuer quatorze mille hommes, la plupart de fes généraux; adroit aux exercices de cheval, il était le plus fort archer de fon empire; fon ame était ferme, fon efprit étendu, mais capricieux & brutal; il était le cuifinier de fes convives, fortait quelquefois couvert d'une robe fans ceinture, & courant comme un furieux, donnait la mort à tous ceux qu'il rencontrait: d'un lieu élevé, il fe plaifait à percer de flèches ceux qui frappaient fa vue: on l'a vu unir de vieilles femmes à des enfans, & de jeunes filles à des vieillards décrepits. On voit par lui ce que peut ofer un defpote: il outragea la nature publiquement, & brava la religion, en ordonnant de boire le vin qu'elle défend.

Sous le regne d'*Ibrahim*, les Turcs prirent Afof & la Canée: ce prince imbécille & brutal n'était un homme que pour fes femmes. Son fils *Maho-*

met *IV* lui succéda. On vit sous son regne le (*a*) fils d'un visir succéder à son pere, le premier était un homme sage & courageux, le second fut un des plus grands hommes dont les Turcs puissent s'honorer. Il prit Candie & Kaminieck : il reçut les Cosaques sous la protection de son maître. Le tems de son ministere fut celui de la gloire & de la grandeur des Turcs ; après sa mort leur empire ne s'étendit plus, & il pencha vers son déclin. Son successeur fait trembler l'Empire en assiégeant Vienne ; mais son orgueil & son avarice lui furent funestes ; il fut vaincu, & une longue suite de défaites accablerent les Turcs : ils sont vaincus en Pologne, en Hongrie, dans la Morée ; ce sultan chasse & jouit tandis que l'Empire est menacé, & les Janissaires s'indignent : ils déposent Mahomet IV qui avait régné quarante ans, homme bon & facile. Son plus grand crime fut de négliger le gouvernement, & on le lui aurait pardonné encore, s'il n'avait pas voulu soutenir un visir qu'il estimait. Son frere *Soliman II* ne s'était montré jusqu'alors occupé que des minuties de la dévotion, & sur le trône on vit qu'il n'était pas capable de plus importantes occupations ; petit & gros, ignorant & timide, il ne pouvait plaire aux Turcs dans des circonstances malheureuses que parce qu'ils ne savaient à qui s'en prendre de leurs malheurs. Cependant son regne commençait à devenir heureux sous le visir *Kioprili*, lorsque l'hydropisie le termina. Son frere *Achmet II* vécut & mourut comme lui. Kioprili aurait rendu son nom recommandable aux Turcs, s'il n'eût été tué lorsqu'il allait être

---

(*a*) Kioprili.

victorieux. *Mustapha II* sembla d'abord faire revivre les anciens sultans, il veilla sur tout, & se mit à la tète des armées; mais il montra peu d'expériences & de courage à la bataille de Zante, gagnée en Hongrie par le Prince Eugene, qui l'eut perdue peut-être sans l'incertitude & la terreur de Mustapha. Il fit cependant la paix avec assez de gloire. Trop livré à son Mufti, à ses créatures, à ses plaisirs, les Janissaires le firent descendre du trône, & y placerent son frere *Achmed III* qu'il avait traité avec bonté & qui le traita de même. On voit sous ces princes que les mœurs Turques s'adoucissent. Le regne d'Achmet fut mêlé de succès & de revers. Son plus grand défaut fut l'avarice; il se plaisait dans les lieux où il avait accumulé des thrésors; mais cet or ne le sauva point d'une soldatesque tumultueuse, comme la libéralité, les talens, l'affabilité de son visir Ibrahim n'empêcha point qu'elle ne demandât sa mort & qu'on ne la lui donnât. Achmet fut déposé après un long regne. Son neveu *Mahmout* où *Mahomet V* lui succéda & le vengea. Il fit la guerre avec des succès divers contre les Russes, les Autrichiens, les Persans, fit la paix avec tous, changea l'administration des finances, mit les revenus de l'empire en ferme, rendit le Janissaire plus pacifique, en lui permettant le commerce, & l'état moins exposé aux révolutions en resserrant le pouvoir des visirs, & en les faisant succéder rapidement l'un à l'autre : il était petit & mal fait; mais il n'était pas ignorant, il était humain. L'eunuque noir *Bekir Aga* par ses extorsions l'aurait peut-être fait déposer, s'il ne l'eut enfin abandonné à la vengeance publique. *Mahmud* mourut sur le trône, quoiqu'il n'eut point d'enfans. *Osman* son frere lui succéda en 1754, il était âgé de 56 ans, & était étranger à toutes les affaires du gouvernement : le *Kislar Aga* s'empara de sa confiance & gouverna l'empire à son gré : mais Osman regna peu : il mourut en 1757. Le visir Ragib Mehemet fit monter sur le trône *Mustapha*, fils d'Achmet III, & lui fit redonner à la dignité qu'il exerçait, tout le pouvoir, tout l'éclat dont elle avait joui : il lui fit annexer encore l'administration des revenus du *Harem*, consistant en fonds de terre & en diverses villes, soit en Europe, soit en Asie.

Le sultan prend aussi le titre de *Chan* ou *Kan*, mais plus souvent celui de *Padischah*. Ses titres sont empoulés ; la succession au trône n'est point réglée, le caprice des Janissaires en décide souvent ; mais leur choix est renfermé toujours dans la famille d'Osman. Cette famille ne s'est pas étendue par les meurtres que le Prince élu faisait de ses freres, & aujourd'hui elle se borne à celui qui regne. Il gouverne despotiquement ; mais il a à craindre le fanatisme du peuple & de l'*Ulema* ou gens de la loi, & les caprices des Janissaires. Un conseil d'état (*Gælebe Diwani*) s'assemble deux fois la semaine : le grand visir y préside, ayant à sa droite le *Kadileskier* d'Europe, & à sa gauche celui d'Asie ; les autres visirs (*Lubbevessirs*) le composent avec le *Testerdar* ou grand trésorier, le *Reis-Effendi* ou chancelier de l'empire, & les *Aga* : le mufti y est souvent appelé, & d'un appartement voisin le sultan voit ce qui s'y passe. Dans des circonstances extraordinaires, on convoque l'*Ajak Diwani*, composé de tous les chefs militaires, du clergé, des grands de l'empire, des soldats les plus vieux & les mieux aguéris.

Le grand visir ( *Wessiri Aessam* ) est la seconde personne de l'empire. Sans compter les préfens volontaires, & ce qu'il peut extorquer, les revenus sont de deux millions quatre cent mille liv. par an; mais il en dépense une grande partie en présens à son maitre & à ceux qui peuvent lui nuire. Son élevation est voisine de la chûte, & c'est lui qu'on punit des malheurs de l'état & des fautes du sultan. Il a un lieutenant choisi parmi les pachas & visirs à trois queues : dès que le visir s'éloigne du sultan de huit lieues il exerce sa puissance, ordonne & change ce qui lui parait devoir l'être. Les ordres du visir sont la seule borne des siens; il ne peut déposer les anciens pachas. Constantinople & Andrinople ont aussi chacune leur Kaimaman, ç'en sont les gouverneurs. L'interprète impérial jouit encore d'un très-grand crédit, parce qu'il est chargé de négocier avec les puissances étrangeres, au nom du grand visir : c'est ordinairement un grec distingué.

Le grand visir préside au tribunal suprème (Divan Chane) où se décident tous les procès : s'il est absent, le maitre des requètes, (Chiaoux Bafchi) siege en sa place : il s'assemble quatre jours de la semaine, & chacun de ces jours il a pour assesseurs, ou les deux Kadileskiar, ou le *juge* de Constantinople (*Stambole Effendi*), ou ceux de Pera & de Galata (*Moulah*), ou celui de Saint Job. Les assesseurs ou *Naib* écrivent la sentence. Si le visir l'approuve, il la signe : s'il ne l'approuve pas, il prononce lui-même. Le demandeur a dans tous les procès le droit de choisir son juge, & c'est un grand avantage où tout juge est venal, où les témoins sont les plus fortes preuves, & où l'on en trouve autant qu'on le veut en les payant.

Les revenus de l'état montent aujourd'hui à quatre-vingt dix millions de livres : c'est peu pour l'étendue de l'empire, si on les compare aux revenus de la France ; mais l'Empire Ottoman récompense ou nourrit une partie de ses soldats avec des especes de fiefs nommés *Zaims* & *Timariots*, dont les possesseurs doivent se mettre en campagne avec trois ou quatre cavaliers bien montés, & quelquefois davantage selon la valeur de leurs fiefs. Elle s'enrichit encore de la dépouille des sangsues du peuple, & peu de princes en effet sont plus riches en argent que le grand seigneur. Ces revenus se distribuent en deux trésors séparés, dont l'un est le *trésor de l'empire*, ( *Dischi Chœssine* ; ) il reçoit le produit des tributs, péages, &c. est sous la garde du *Tefterdar* qui veille sur douze chancelleries, & reçoit le vingtieme de tout ce qui entre dans le trésor, dont il céde le quart au substitut du grand visir : cet argent ne peut être employé que pour les besoins publics. Le trésor du sultan ( Itsch-Chœssine ) est sous la garde du premier officier du palais, ( Hasnadar Baschi ). Les revenus étaient moindres autrefois, & cependant l'empire était plus étendu & plus peuplé.

Les gouvernemens militaires sont partagés en deux départemens, l'un d'Europe, l'autre d'Asie, sur chacun desquels préside un Kadilesquier. Les principaux gouverneurs militaires qui sont en même tems magistrats civils, se nomment *Beglerbeys* ou *Begilerbegii*, c'est-à-dire, princes des princes ; les autres sont des *Beys* ou princes, ou des *Sangiaks*, préposés sur ceux qui possedent les *Zaims* & les *Timariots*. Le Bey est distingué par une queue de cheval attachée à une perche, surmontée d'un pomeau d'or, le Bacha l'est par deux, le Beglerbey par trois, le visir par cinq, le sultan par sept.

L'armée est formée de plus de trois cens mille hommes dont les Spahis & Topraclys font le plus grand nombre : ceux-là combattent à cheval : ils sont au nombre de treize mille, divisés sous six drapeaux : l'infanterie est divisée en *capiculy* & en *serratculy* : les premiers s'éloignent peu des lieux où le sultan réside, & les Janissaires en sont la partie la plus considérée, quoiqu'ils soient moins redoutables qu'ils ne l'ont été : ils sont disciplinés, prêtent le dos aux coups de cannes, ne sont armés que d'un bâton en temps de paix : les seconds sont entretenus par les gouverneurs des provinces, & sont destinés à renforcer les Janissaires dont le nombre ne va que de quarante à cinquante mille hommes, si l'on ne compte que les vrais soldats, mais si l'on compte tous ceux qui en portent le nom, ils seront cinq fois plus nombreux. La cavalerie qui est d'un plus grand service est fournie par les princes de Valaquie & de Moldavie, & par les Tartares de Crimée ; mais ceux-ci, rendus indépendans de la Porte par les Russes, ne peuvent plus être comptés parmi les peuples qui forment l'armée des Turcs. On compte quatre mille *Gebegys* qui ont soin des munitions de guerre : deux mille *Tophgis* qui fondent, pointent, chargent les canons ; les bombardiers forment aussi un corps séparé. En général, on peut dire cependant que cette armée est mal disciplinée : le comte de Bonneval voulut y mettre un nouvel ordre & ne put y réussir ; l'exercice militaire est un objet d'effroi pour eux, & le régiment qu'il y forma avec beaucoup de travail, ne subsista que pendant sa vie. Cette indiscipline du soldat, la dépopulation, l'abandon de l'agriculture rendent chaque jour cet empire plus faible.

Les

## DE L'EMPIRE OTTOMAN.

Les Turcs ne sont pas redoutables sur mer : ils haïssent & n'entendent point la marine ; ils ont des gallions fournis par les républiques de corsaires d'Afrique, des frégates, des brigantins, galeres, galliotes &c ; une partie est équipée & entretenue par le trésor public, & l'autre par les gouverneurs de provinces. Le comte Marsilli rapporte que pour une flotte Turque de soixante galeres & six galeasses, il faut seize mille & quatre cents hommes d'équipages. A la tête de la marine est le capitan bacha : c'est l'officier qui a le plus de pouvoir après le visir.

Il est assez difficile de fixer l'étendue de cet empire. Busching dit que la Turquie Européenne renferme 29288 lieues quarrées ; mais il comprend la Crimée, qui ne doit plus être regardée comme en faisant partie, & la Crimée a environ 850 lieues quarrées ; on pourroit encore la diminuer par quelques cessions faites aux Russes & aux Allemans. Il ne détermine point d'une maniere précise l'étendue de la Turquie Asiatique, bien plus vaste encore : & il serait difficile de le faire ; mais il estime la surface de la petite Asie, bornée par la mer de Marmara, la mer Noire, l'Euphrate, la Méditerranée à trente-trois lieues quarrées.

On n'entreprendra pas de fixer le nombre d'habitans qui le cultivent ; on se contentera de dire celui que des auteurs estimés donnent à des provinces particulieres.

Les Turcs étaient autrefois un peuple très-laid ; leur mélange avec d'autres peuples, leurs esclaves tirées des lieux où l'on trouve les plus belles femmes ont fait disparaître cette laideur ; & ils sont en général aujourd'hui grands, bien faits & de bonne mine : ils sont humains & charitables, on loue

*Tome VIII.*

leur bonne foi, on se plaint de leur avarice, de leur ignorance, de leur mépris pour les autres peuples. Ils sont intelligens, réfléchis, constans quand l'intérêt les guide ; en fait de religion, ils sont opiniâtres, inquiets & sombres, ordinairement graves ; une passion les rend furieux : ils sont implacables, la vengeance s'y perpétue de génération en génération. Ils ont la tête rasée, portent la barbe : ceux qui servent dans le serrail & les soldats n'ont que des moustaches ; leurs habits sont longs & amples, leurs turbans annoncent la condition de ceux qui les portent ; les soldats en ont de toutes couleurs, les matelots en ont de noirs, les émirs de verts, les membres du divan de blancs. Ils prennent leurs repas assis sur des tapis, dorment sur des coussins qui couvrent le plancher, saluent en baissant la tête, portent la main droite sur la poitrine, & pour témoigner leur respect, ils baisent le bas de la robe. La gauche est la place d'honneur pour les soldats, & en tems de guerre, la droite l'est dans les repas. & dans la paix ; les officiers militaires, les juges, les ministres de la religion, y forment seuls la noblesse ; ceux qui sont dans les emplois, ceux qui servent le sultan peuvent être mis à mort sans forme de justice ; le petit peuple est opprimé ; un maître peut donner la mort pour de faibles plaintes à son domestique libre, il peut la donner à son esclave sans aucun sujet ; cependant l'esclavage y est un état assez doux, parce que le Turc est moins barbare que son gouvernement & ses loix ; la propriété y est assurée par le Koran, elle y est souvent incertaine par l'avidité des magistrats & des grands. La religion le rend dur & sanguinaire à la guerre contre ses ennemis ; tolérant & humain dans la paix : c'est elle qui lui fait élever des hospices ou *hans* pour les voyageurs de quelque pays & religion qu'ils soient ; qui le conduit à construire des ponts sur les chemins, des puits, des fontaines mêmes dans les lieux écartés, pour que l'homme errant ou le cultivateur trouve du soulagement contre l'ardeur de l'été. Sa langue pauvre est obligée d'emprunter des mots de l'arabe & du persan : comme sectateur de la religion de Mahomet, il prend le nom de *Moslemim*, ou celui qui reçoit la doctrine *Islam*; il s'appelle aussi *Sunnites* par opposition au Persan qu'il croit hérétique & qu'il appelle Schûtes ( secte détestable ) parce qu'il regarde *Ali* comme le véritable successeur du prophete, tandis que le Turc reconnait aussi Albubecker Omar, & Osman. Le Koran est la regle de sa foi. Il doit se laver avant de prier, & prier cinq fois le jour, le visage tourné vers la Mecque, faisant passer un grain d'un chapelet à chaque perfection de la divinité qu'il prononce. La loi lui prescrit de donner aux pauvres deux & demi pour cent de son revenu : il doit jeuner pendant un mois, c'est la *Ramazan*, & se prescrire des jeûnes volontaires, aller une fois dans sa vie à la Mecque; mais le peuple seul exécute la loi pour lui-même, les grands n'y vont que par des représentans, ou s'en dispensent. Les pélerins forment chaque année une caravane de plus de cent mille hommes, que le beiglerbey de Damas conduit, il hérite de ceux qui meurent en chemin ; celles de l'Arabie & du Caire s'y joignent six jours avant le grand *beiram* du sacrifice. Les Turcs sont circoncis ; le mufti peut dispenser de cette cérémonie, parce qu'elle n'est pas prescrite par l'alcoran. Ce livre défend le vin ; loi que le Turc observe peu exactement : il boit du vin en cachette & du forbeth en public, boisson faite du mélange du suc de divers fruits avec le miel & des épiceries : il ne peut manger du porc, ni du sang d'aucun animal, ni d'aucun animal même déchiré par les bêtes féroces, ou mort par accident, ou assommé. Il déteste les images d'hommes à pié, conserve celle des cavaliers, & peut prendre légalement quatre femmes ou concubines ; mais les grands en prennent davantage, & le peuple moins. Il peut quitter sa femme, en pourvoyant à ses besoins ; il peut la reprendre quand elle a été la femme d'un autre homme. Le vendredi est consacré à son culte public ; ses temples s'appellent *mosquées*, ses chapelles *muscheds*, son pape *mufti* : il interprète la loi, est consulté sur la guerre, sur la paix, sur diverses affaires civiles & criminelles : sa décision était autrefois une loi ; aujourd'hui ce n'est qu'un avis. Le sultan le nomme : jadis il ne se déposait pas, il l'est quelquefois aujourd'hui ; mais jamais broyé dans un mortier comme l'un d'eux le fut par l'ordre d'un sultan : sous lui sont les *kadileskiers*, supérieurs au *molle* ou *moulha*, qui l'est au *cadi*. Le *scheick* est un prélat, une espèce d'abbé ; l'iman n'est qu'un simple prêtre.

Les Turcs ont des couvens habités par les *Derviches*, nom général qui renferme diverses sortes de religieux : ils ont perdu de la considération dont ils jouirent autrefois ; mais on les respecte encore : on dit que trois principaux de ces religieux obligeraient le sultan à quitter le trône, s'ils venaient déclarer que Dieu veut qu'il ne regne plus : un scheik est le chef de chaque monastere : ils se divisent en quatre ordres : les *bektashi* se marient, ils voyagent par tout l'empire, & ne donnent le salut de la paix qu'aux musulmans. Les *mevelevi* font des pirouettes rapides pendant deux ou trois heures : c'est leur plus grand acte de dévotion : ils aiment la musique, font profession de pauvreté, sont modestes, accueillans même pour les étrangers. Les *Kadri* ont le regard égaré, vont nuds, tiennent leurs mains élevées vers le ciel, & dansent jusqu'à ce qu'ils tombent écumant de rage : les *Seyahs* sont des moines mendians, des brigands impudens & dangereux qu'on ménage, & qu'on craint à cause de leur pouvoir sur le peuple. Un chrétien peut vivre en paix au milieu des Turcs sans cesser de l'être ; il leur fait plaisir en devenant musulman ; mais il ne peut retourner à son ancienne religion sans s'exposer à la mort. On empale celui qui fait un proselyte, ou qui corrompt une fille Turque. Cependant on a vu des docteurs musulmans élever J. C. au dessus de Mahomet même : tel fut *Misri Effendi* sous Achmed II.

Les Turcs ont des écoles, des colléges, des académies ou *Medreses* : ils y apprennent leur religion, leur langue, à écrire en vers & en prose ; ils s'appliquent à l'histoire, à la logique, à la médecine, à la géométrie, à l'astronomie, à la géographie & à la morale ; mais ils s'y distinguent peu, ou du moins peu s'y distinguent. *Ibrahim Effendi*, renegat Hongrais, soutenu par le visir Ibrahim, y avait établi une imprimerie, malgré les copistes & le divan, qui s'y opposa d'abord & qui y consentit ensuite ; mais cette entreprise n'a produit qu'une grammaire Turque, & quelques livres d'histoire & de géographie ; les grecs achetèrent l'imprimerie après la mort d'Ibrahim ; ils n'ont pu donner que quelques livres de controverse.

L'empire Turc renferme des habitans d'origine

diverſe : on y compte des Grecs, des Arméniens, des Serviens, des Boſniens, des Bulgares, des Valaques, des Tartares, des Juifs, des Arabes, &c. Les Grecs ſont les anciens habitans de la plus grande partie du pays; ils ſurpaſſent en Europe le nombre des Turcs naturels Les isles ne ſont habitées que par eux : accoutumés au gouvernement Turc, déſarmés pendant les guerres avec les chrétiens, ils ne ſavent pas même regretter leur gloire ancienne; tous les ans, à la fête du Beiram, ils paient une capitation de quinze livres dont on leur donne un reçu; les enfans paient lorſqu'ils excédent en grandeur une meſure que les collecteurs portent toujours avec eux; le mendiant même la paie, ou languit dans les priſons juſqu'à ce qu'un homme charitable la paie pour lui. Les eccléſiaſtiques paient davantage : le diacre paie dix-neuf livres, l'archimandrite trente-ſix, les évêques, les archevêques, les patriarches ſont taxés ſelon l'avidité ou le caprice du viſir & des pachas, qui cherchent tous les moyens d'extorquer de l'argent aux Grecs, & ſurtout aux prêtres : c'eſt à ce prix qu'ils jouiſſent de leurs poſſeſſions & ſont en ſûreté dans leurs maiſons. Ceux qui ſervent ſur mer & les femmes ſont exemptes de la capitation.

Le chef de l'égliſe grecque dans la Turquie Européenne eſt le patriarche de Conſtantinople : il eſt élu par les archevêques & métropolitains des environs, & confirmé par le ſultan ou le grand-viſir. C'eſt ce qui doit ſe faire; mais par le fait, celui qui devient patriarche eſt celui qui offre davantage à ceux qui le nomment; les revenus ſont de 2 à 300 mille livres, dont il paie plus de la moitié aux Turcs; ſon autorité eſt grande; il eſt le chef & la regle de l'égliſe d'Orient : il a 70 archevêques pour suffragans, & un bien plus grand nombre d'évêques. L'archimandrite est le supérieur d'un couvent, & il a sous lui un abbé. Les moines vivent dans l'austérité & travaillent de leurs mains : il y a peu de couvens de filles. Les Grecs ont encore d'autres ecclésiastiques, tels que des lecteurs, des chantres, des sous-diacres, des diacres, des prêtres, des archi-prêtres. Ils peuvent se marier, mais seulement à une vierge, & ils ne le peuvent qu'une fois : l'archiprêtrise est la plus haute dignité où ils puissent parvenir ; les évêques, les archevêques, les patriarches ne se choisissent que parmi les moines. Il est des Grecs, qui réunis à l'église Romaine, reconnaissent le pape pour leur chef spirituel. A chaque église est attachée une école où l'on enseigne à lire & à écrire, à reciter des pseaumes & des passages de l'écriture : ils ont des écoles latines à Patmos, à Demotica, à Jannina & en quelques autres lieux. On étudie la théologie dans la maison du patriarche, chez les moines du mont Athos, chez les évêques : ils apprennent la médecine des juifs ou des chrétiens ; en général ils sont ignorans, chacun d'eux paie aux prêtres, le prêtre à l'évêque ou à l'archevêque ; ceux-ci au patriarche qui rend la plus grande partie de cet argent aux Turcs.

Les Arméniens ont un grand nombre d'églises dans la Turquie, & ont aussi un patriarche ou archevêque à Constantinople qui dépend du grand patriarche d'Arménie, qui siege à Echmazin. Ils different en quelques points de la doctrine des Grecs : un grand nombre sont commerçans, ils sont actifs, laborieux, économes.

Les Juifs sont puissans en Turquie : il en est de très-riches : ils sont médecins, usuriers, intrigans, courtiers, &c. tout ce qui leur rapporte de l'argent leur parait honnête, & ils réussissent à s'attirer le respect de ceux qui regardent la richesse comme des talens & des vertus. Ils ont l'exercice public de leur religion. On doit dire cependant qu'ils ont parmi eux des hommes savans & estimables.

Les chrétiens d'Occident qui vivent sous la protection des envoyés de diverses puissances, & qu'on y connait sous le nom de Francs, ne paient point de capitation : quelques-uns y acquierent des fonds : mais le roi de France a défendu à ses sujets de les imiter, pour éviter les tracasseries qui pourraient en naître. Ils y ont l'exercice public de leur religion ; mais ils ne peuvent s'y servir de cloches. Nous parlerons des autres nations renfermées dans la Turquie, quand nous parlerons des provinces qu'ils habitent.

Il y a diverses manufactures estimées ; telles sont celles de la préparation des cuirs, de teindre la soie, la laine, les peaux, les fabriques de tapis, d'étoffes de soie, d'or & d'argent, &c. Le commerce qui se fait dans cet empire est considérable; mais ce sont principalement les Juifs & les Arméniens qui le font. Il est rare que les Turcs fassent un autre commerce que celui des denrées & des marchandises de leurs provinces qu'ils font circuler entr'elles: celui des esclaves en est un des objets, & un des plus considérables ; il en est cependant d'établis à Vienne & en quelques autres lieux, mais ils sont en petit nombre.

On tire de la Turquie des soies, des tapis, différentes étoffes, des toiles de Perse, des sophas, des peaux de lievre, de lapin, des poils de chevre & de chameau, de la laine, du coton filé, des dimites, des bourdettes, de la toile cirée, du chagrin, du maroquin bleu, rouge & jaune, du caffé, de la rhubarbe, de la thérébentine, du storax, diverses gommes, de l'opium, des noix de galles, du maſtic, de l'émeril, de la terre ſigillée, des écorces de grenades, des éponges, des dattes, des amandes, des vins, des huiles, des figues, des raiſins ſecs, de la nacre de perles, du buis, de la cire, du ſafran, des chevaux, des bois de conſtruction, &c. Les diverſes nations de l'Europe y apportent en échange diverſes productions de leurs pays, & ſurtout de leurs manufactures que les Turcs ne connaiſſent pas. C'eſt pour protéger ce commerce qu'elles ont des envoyés à Conſtantinople & des conſuls dans les villes les plus commerçantes.

La plupart des eſpeces d'or & d'argent fabriquées chez ces nations, ont cours en Turquie, & ſont même préférées à celles de l'empire, qui étant entre les mains des Juifs ont peu de valeur intrinſeque : les plus communes de celles-là ſont les écus en eſpece & les florins d'Allemagne, les ducats d'argent Vénitiens, & les écus de Hollande au lion : celles que les Juifs fabriquent, ſont les attines, ſultanins ou ducats, qui valent environ 8 francs : les *ſequins* qui valent une piſtole, les *piaſtres* 3 francs, les *zélotes* 50 ſ. le *koup* 20 ſ. le *groſche* 10 ſ. le para 9 liards, l'appre 3. Les deux premieres monnaies ſont en or. La bourſe vaut 2000 liv. ou ſelon d'autres, 2550.

## PROVINCES

*Aſſujetties immédiatement à l'empire Turc ou pays de* Rum, *c'eſt-à-dire pays des Romains. C'eſt ainſi que les Turcs appellent la Grece, & même l'Europe en général.*

## I. ILLYRIE TURQUE.

### Portion de la Croatie.

La Verbas ou Pliva & l'Unna qui se jettent dans la Save : la premiere la sépare de la Bosnie, la seconde de la Croatie Autrichienne : sa principale ville est *Wihatsch*, ou *Pighiton*; elle est située dans une isle que forme l'Unna, & n'a rien qui la distingue des bicoques voisines que ses fortifications. *Kapanavitze* est sur la même riviere près de la Save. *Jaitza* est sur la Verbas. *Ostrowitz*, *Lapez*, *Sakaol*, *Worwatz*, sont de pauvres bourgades.

### Portion de la Dalmatie.

Elle touche à la Bosnie, & s'étend jusqu'à l'Albanie. Une chaîne de montagnes la sépare de la Dalmatie Vénitienne & de la Raguzienne ; on y compte plusieurs couvens de Franciscains ; *Scardona* en est la capitale, elle est enceinte de murs, est défendue par deux forts. est le siege d'un Evêque Latin, la Chercha le traverse, avant de se jetter dans un golphe de la mer Adriatique Sous les Romains, elle fut une ville considérable, & le siege d'un tribunal.

*Herregowina*, ville étendue qui donna son nom à un duché : elle est fortifiée, & le gouverneur Turc y réside.

*Trebigno*, *Tribunia*, ville autrefois considérable, mais déchue aujourd'hui : elle est arrosée par la Trebigno ou Trebenska ; un Evêque latin y siege. Elle appartient à Raguse.

*Klinowa* est un bourg sur une colline ; c'est un magazin des Turcs en tems de guerre. *Mostar*, bourg sur la Narente: son port est l'ouvrage des Romains. La Croix le confond avec Herzegowina. *Pastrovicchi* est voisin de la mer, le grand & le petit *Melanto* sont sur ses rives. *Clobucs* est un château sur un haut rocher, où un seul petit sentier conduit.

*Popocco* est une vallée très-fertile en blés, vins & fruits, sujette à être inondée pendant l'automne. Elle est d'un accès difficile.

## II. Bosnie.

La riviere de *Bosna*, ou l'ancien peuple des Bossénes lui ont donné son nom: la Save la sépare de l'Esclavonie, le Drino de la Servie: la Verbas de la Croatie: au midi sont des monts qui la séparent de la Dalmatie: elle a quarante-six lieues de long sur vingt-huit de large; hérissée de montagnes, mais fertile sur-tout le long des rivieres; elle produit du blé, est riche en pâturages, en bestiaux, en vins, on y trouve des mines d'argent & beaucoup de gibier: ses peuples étaient Slavons, & ils en parlent encore les langues. Les Hongrais en protégeaient le Prince; Mahomet II. fit, dit-on, écorcher vif le dernier, lorsqu'il l'eut vaincu: la plupart des habitans professent la religion grecque; quelques-uns sont Musulmans. On divise ce pays, que quelques géographes appellent *la Basse Bosnie*, en trois Sangiacats, sous les ordres d'un Pascha.

### Sangiacat de Bagnialuka.

*Bagnialuka* est une ville assez grande, mais elle

n'est point belle, comme le dit Langlet ; la Verbas l'arrose, le Pascha y réside : elle est fortifiée.

*Verbosania*, petite ville habitée par des commerçans & des artisans qui ne sont ni bien industrieux, ni riches.

*Dubitza* est ceinte de remparts de terre & de palissades. *Saicza* est une espece de forteresse.

### Sangiacat d'Orach.

*Strebernik*, ville médiocre s'appellait autrefois *Argentina* : elle devait ce nom à des mines d'argent. *Orach* est voisine du Drin : c'est la plus grande ville de ce Sangiacat, & ce n'est qu'une bicoque. *Fokia* n'a que e nom de ville.

### Sangiacat de Serajo.

*Serajo*, ville commerçante, traversée par la Bosna qui y reçoit le migliataska : elle est grande, assez riche, a un Evêque latin que le roi de Hongrie nomme, & qui reçoit de la chambre des domaines de ce royaume, cent ducats par an. On compte environ mille catholiques sous sa jurisdiction. *Zwornick* est sur le Drino ; elle est ceinte de murs épais & a un château fort. *Mogle* est une ville sur la Bosna.

### III. Royaume de Servie.

Le Timok la sépare au levant de la Bulgarie : au midi elle touche à l'Arnaut, au couchant à la Bosnie. Les Serviens qui l'habiterent lui ont donné ce nom : les Turcs l'appellent province de Lazare, ( La psseilajeti ) parce que le despote Laff ou Lazare y régna : sa partie orientale prend le nom de *Rascie*, de la riviere de Rasca qui l'arrose &

qui se jette dans la Morave : c'était l'*ancienne* Dardanie : les habitans sont distingués en Rasciens & Serviens, parlent le Slavon & sont attachés à la religion Grecque : quelques-uns sont Mahométans ; les Catholiques y forment huit paroisses & ont un Evêque. Ce pays est beau, très-fertile, mal cultivé, presque désert & couvert de bois ; les villages y sont misérables & les villes pauvres ; on y fabrique des toiles & des étoffes de cotton. On le divise en quatre Sangiacats.

### Sangiacat de Belgrade.

Il est renfermé entre le Drino, la Save & le Danube.

*Belgrade*, autrefois *Taurunum*, nommée aussi *Griechichs-Weissembourg*, ou *Alba Græca*, *Nandos*, & *Fejerwar*, ville célèbre sur la pente d'une colline, au confluent de la Save & du Danube : l'un la défend au Nord, la Save au midi. Elle est divisée en haut château habité par les Turcs, ou ville proprement dite, en ville de l'eau, ou Wesserstadt, & ville des Rasciens : chacune de ces parties ont de grands fauxbourgs. Sa situation avantageuse sur deux fleuves la rend commerçante : les rues où se fait le commerce sont couvertes pour qu'on n'y ait à craindre, ni le soleil, ni la pluie. Elle est bâtie à l'antique, a deux grandes places dont les maisons sont bâties en pierres ; deux autres ont la forme des Eglises, & sont ornées de boutiques bien garnies ; une double enceinte l'environne, & les Turcs ont cherché à la rendre forte, parce qu'elle est un des boulevards de leur Empire. Les chrétiens qui l'habitaient, se sont retirés à Semlin. Son péage rapporte plus de quatre cent mille livres par an. Sa latitude est 34, 20 : sa longitude 39, 40.

*Schabatsch* est un fort construit dans une isle que forme la Save, près d'un village qui lui donna son nom. *Wimitza*, *Grotzka*, sont deux bourgs sur le Danube. *Rudnikza* est aussi un bourg.

*Waljawa* & *Bedka* sont sur la riviere de Kolubra.

### Sangiacat de Semender.

*Semendria*, ou *ville de St. André*, *Wegschendra*, ville déchue, où les despotes de Servie résiderent, placée sur la rive méridionale du Danube, défendue par une citadelle. Elle a été le siege d'un évèque qui prit le nom de Patriarche, étendit au loin son autorité, & compta douze métropolitains, cinq Archevèques honoraires, quatre Evèques dans son Diocese. *Hassan-Bascha-Palanka*, fort entre les rivieres de Jessara & de Morawa ; *Palanka* signifie un fort, *Hassan* est le nom du général qui le bâtit. On y trouve des bains & des eaux minérales. *Passarowitz* n'est qu'un village, *Ram*, ville dans le territoire de Temeswar, a un château. *Kolumbatz*, château sur une hauteur près du Danube. *Sip* ou *Fort Elisabeth*, près d'Orsawa, *Fetislan*, ou *Kladowo*, grand bourg sur le Danube, à quelque distance d'une chaîne de montagnes qui s'y terminent : le fleuve y est large, & coule entre deux plaines : deux lieues plus bas sont les ruines du pont de Trajan.

Le Danube offre des spectacles variés dans l'étendue de ce Sangiacat. A *Kirdap da Talia*, il se resserre entre deux rochers ; ses vagues en tournoyant s'élevent au dessus d'eux : plus bas est *Tachtali*, où deux rochers plus grands, plus élevés se rejettent mutuellement les eaux écumantes du fleuve qui y tombent en roulant sur un roc incliné. Au-delà il s'élargit, coule paisiblement, & forme l'île de *Poretsch*: Un peu plus bas sont les cataractes du Danube: ce lieu est nommé *Demkarpi*, (chaîne de fer) parce qu'une chaîne de fer le fermait autrefois. Entre deux montagnes est une plaine hérissée de pointes de rochers : l'eau du fleuve le couvre, s'y brise & s'agite en sens contraire, balotte les navires qui le descendent, & qui ne sont pas sans danger, lors même qu'ils sont guidés par un pilote habile. C'est-là qu'avec un treillis, étendu dans la largeur du fleuve, on prend le poisson *Hujo*, espece d'éturgeon.

### Sangiacat de Kratowa.

*Nissa*, *Nissena*, ville médiocre dans une belle plaine arrosée par la Nissa. Elle est divisée en haute & basse; un mur & un rempart l'environnent. Ses maisons sont d'argile & de bois, & si basses qu'on en touche le toit avec la main: c'est la maniere de bâtir de ce pays. L'air y est sain & les environs très-fertiles. Elle renferme plusieurs mosquées, des bains & des fontaines.

*Procupia*, *Uschup*, fut autrefois capitale de la Dardanie, doit son nom à un évèque, est située au bord de la Vardar, sur laquelle est un pont de douze arches. Cette ville est assez grande, & deux archevèques y résident, l'un est Rascien, l'autre Latin : ce dernier l'est encore d'Ochrida dans la Macédoine.

*Kratowa* est la résidence du Sangiac: la famille des anciens rois y avoit des tombeaux.

*Pristin* & *Prisrendi*, deux villes chétives, ont

chacune un évêque grec. *Peahia* est le siege du patriarche des Rasciens.

### Sangiacat de Nowibaſcar.

*Nowibaſcar*, *Jegnibaſar*, ( novus mercatus ) est l'ancienne capitale des Rasciens : elle est commerçante & située sur la Raſca.

*Ibar* petite ville sur la riviere de ce nom. *Sinitza* est un bourg chetif. *Uſitza* est un château fortifié. Près de là est la plaine de *Caſſova*, elle sépare la Raſcie de la Bulgarie ; est vaste, couverte de bruyere, & célebre par les victoires des deux premiers Amurats.

## IV. La Bulgarie.

Elle fut autrefois renfermée dans la Mœſie : les Bulgares, peuple barbare sorti de l'Asie, lui donnerent son nom ; le Danube la borne au nord, la mer Noire à l'orient, le mont Hémus au midi, la Servie au couchant. Elle a 120 lieues de long ; sa largeur d'abord fort reſſerrée, s'étend en s'approchant de la mer Noire, jusqu'à l'espace de 65 lieues ; l'*Iſcha* qui sort de l'Hémus l'arroſe & vient s'y jetter dans le Danube, qui y prenait autrefois le nom d'*Iſter*, près d'Axiopoli.

Le pays est semé de montagnes stériles à leur sommet, très-fertile en pâturages à leur pié, & les vallées & les plaines qui les séparent produisent beaucoup de bleds & de vin. De celles qui la séparent de la Servie, on voit une source de la groſſeur d'un homme ; ſes eaux sont tiedes, & près d'elle en est une, dont l'eau claire, limpide, est très-froide, toutes les deux sont imprégnées de

ſalpètre

falpêtre & de foufre. Au fommet eft un couvent de l'ordre de St. Bafile. Entre les monts *Suka* & la riviére Niffava font des bains fulfureux ; l'eau jaillit des montagnes & roule fur du fable & des pierres qui la teignent en rouge. Au pied du mont *Vuojcha*, près de la Romanie, fe trouvent quatre bains chauds très-célèbres ; fur la montagne même, on voit des villages, des champs, des prés, des vignes, & des mines de fer. De grands aigles font les tyrans de ces monts, & les plumes de leur queue fert à armer les flèches des Turcs : chaque queue n'en donne, dit-on, que 12, & coute 12 écus de Hollande.

Les Bulgares habitaient d'abord près du Volga ; & au bord de la Kamma, fe voyent encore les ruines de Bulgar leur capitale : ils pafferent le Tanaïs & fe fixerent fur les rives du Danube. Delà ils fe répandirent dans la Thrace, la Mœfie & l'Italie. On croit que ce fut fous Conftantin III qu'ils s'établirent dans la baffe Mœfie qui prit leur nom. Ils eurent des rois d'abord indépendans, puis tributaires de l'empire de Conftantinople & enfuite de la Hongrie. Bajazet I en fit une province de l'empire Turc. La plûpart de fes habitans font chrétiens, mais très-ignorans. Leurs prêtres favent lire en grec leur liturgie, connaiffent les jours qu'ils doivent jeûner, ou fêter, faire le figne de la croix & révérer quelques images dégoutantes ; c'eft là toute leur théologie : ce font des efpèces de fermiers qui donnent à leur évêque une certaine fomme pour chaque village dont ils deviennent les pafteurs, & reçoivent de leurs paroiffiens une piaftre pour chaque mort, 7 f. 6 d. pour chaque batème, 11 f. 3 d. pour chaque mariage. Leur langue eft un dialecte du Sclavon ; leurs maifons font de boue & de bois,

*Tome VIII.* G

divisées en chambres étroites, éclairées par deux portes opposées & basses, échauffées par une cheminée ouverte que lave la pluye ; leurs murs sont teints par la fumée, ornés par des lambeaux de toiles grossieres attachées aux poutres en forme de bordures; quelques nattes & de petits matelas font leurs meubles, autour de leur chambre est une espèce d'estrade pour s'asseoir : les femmes vont nuds pieds; de monnaies turques attachées à leur col, à leur coeffe, entremêlées dans leurs longs cheveux pendans, font leur plus riche parure. Les hommes s'occupent de l'agriculture, veillent sur leurs bestiaux & font quelque commerce, ils sont bons & honnêtes. On compte parmi eux un patriarche & trois archevêques soumis à l'autorité du patriarche de Constantinople. Le pays est divisé en quatre Sangiacats.

### Sangiaçat de Widdin.

*Widdin*, *Bodon*, ou *Bydon*, s'appellait autrefois *Wiminacum*. Elle est voisine du Danube, c'est une petite ville forte & le siège d'un métropolitain Grec.

*Drinowatz* & *Melkowatz* sont deux villes chétives; la premiere est sur la Lom. *Gradiste* aux confins de la Servie, est assez grande & arrosée par un ruisseau qui se jette dans la Lom. *Miprowatz* à l'orient de Gradiste, au bord de la Lom, est peuplée & le siège d'un archevêque Grec. *Klysura*, *Zelezna*, *Copilowatz* sont de petites villes où habitaient des commerçans Albanois & catholiques : ils furent obligés de les abandonner en 1700. *Mustapha-Pascha-Palanka* est une forteresse environnée d'un rempart & d'une quadruple enceinte de murs de pierres de taille, flanquée de huit tours, mais dominée par une montagne. *Schehirkjoj*, ville entourée d'un marais, voisine d'une montagne qui a sur son sommet un château. A son pié coule la Nissava, dans laquelle viennent se perdre la Duschtina & le Sredorek. *Leskowatz*, *Skopia* sont des bourgs. *Kolombatz* ou *Kolombocz* est un chateau fort sur une montagne, au pié de laquelle est le *pas d'Urania* aussi fortifié.

### Sangiacat de Sardica, ou de Sophie.

*Sophie*, *Triaditza*, est la capitale de la Bulgarie & de la Romelie ensemble : de bons géographes ne la placent pas même dans l'enceinte de la Bulgarie. Cette ville est le siège d'un archevêque Grec & d'un évêque Latin, située dans une belle plaine; l'Ischa, Esker ou Bojane l'arrosent; elle n'est point ceinte de murs, est commerçante, bien peuplée, assez bien bâtie : ses rues sont étroites, inégales, sales, & ne sont pavées qu'auprès des maisons qui, presque toutes, ont des jardins plantés d'arbres & d'arbrisseaux : ses marchands sont Arméniens ou grecs. Ses environs offrent les ruines de l'ancienne Sardica, & le paysage le plus agréable, mais l'air n'y est pas sain ; c'est près de là que sont les bains chauds dont nous avons parlé. Sa longitude est de 41 130'. Sa latitude de 42 degré 50'.

*Samcova* est une ville au milieu des montagnes. *Kapuli Derbend*, (pas de la porte) passage dans les monts Tchengjæ, entre des rocs escarpés & de profonds abîmes; une porte formée de deux colonnes de pierres, unies dans le haut par une voûte qu'on croit bâtie par l'empereur Trajan, lui fit donner son nom. Elle est délabrée, les antiquaires en emportent des pierres, & aident au tems à la détruire. Dans ces montagnes sont des mines de fer & une source dont l'eau bouillonne avec force. Plus loin est le pas nommé, *Kis-Derbend* (le pas des pucelles.)

*Ternowa*, *Ternobo*, ville presque déserte & démolie, fut autrefois le siège des princes du pays, & leur plus forte place : elle est au confluent de deux petites rivieres, & voit encore dans son sein un prêtre qu'on appelle *archevêque de Bulgarie*.

### Sangiacat de Nicopoli.

*Nicopoli*, grande ville près du Danube, défendue par un château, fameuse par une bataille où les Turcs triompherent, & qui fit fuir en Italie des Grecs prévoyans & instruits qui y accélererent les progrès des sciences.

*Preslaw*, jadis *Marcianopolis*, quelquefois nommée *Perejaslaw* ou *Pertshlawa*, est une ville sur le Danube, bâtie & nommée en l'honneur de *Marciana* sœur de Trajan : les Russes dans leurs incursions s'en étaient emparés. Jean Zimicès la leur enleva. Elle est peu de chose aujourd'hui.

*Sarakioj*, ville de 150 maisons, sur une branche du Danube souvent à sec, quelquefois enflée & rapide : il y fait très-froid ; les maisons mesquines au dehors, sont propres au-dedans : les filles vont pêcher dans le fleuve toute habillées.

*Jembasar* bourg de 300 maisons ; ses habitans sont chrétiens & turcs.

### Sangiacat de Drysta, ou de Silistrie.

*Drysta*, *Silistrie*, *Derostolus*, ville près du Danube : son enceinte vaste est fortifiée. Près d'elle sont les ruines d'une muraille que les empereurs Grecs avaient fait pour arrêter les incursions des barbares. Cette ville renferme peu de Turcs ; ses habitans sont presque tous des esclaves chrétiens ; ses murs sont de construction romaine : elle a un archevêque grec.

*Babadagi*, ville dont les murs annoncent aussi l'antiquité, & où réside le pascha de Silistrie, qui commande encore dans le pays situé entre le mont Hémus, la mer Noire, le Danube & le Niester.

*Dobrucia*, ville chétive, bâtie des débris de la muraille dont on vient de parler.

*Axiopoli* était une ville ; ce n'est plus qu'un bourg chétif ; là le Danube prenait le nom d'Ister.

*Kersowa*, chétif bourg près de l'embouchure de l'Ister ou du Danube, qui en se jettant dans la mer par sept embouchures, forme six isles dont les trois qui sont au nord appartiennent à la Bessarabie, & les autres à la Bulgarie.

*Chiouslange*, *Proslawitscha*, *Constantiona*, ville autrefois très-puissante, qui a beaucoup déchu ; mais est encore une ville. Elle est sur le bord de la mer Noire à l'embouchure méridionale du Danube.

*Tomiswar*, *Pargala*, *Puglicora*, *Mangalia*, ville qui sous les Grecs était le chef-lieu de la petite Scythie : elle s'appellait *Tomi*, & est au bord d'un golfe de la mer Noire : l'on dit que c'est là qu'Ovide fut relégué, d'autres assurent que c'est à *Akkerman* dans la Bessarabie. Voyez cet article.

*Warna*, ville de la mer Noire, siège d'un archevêque Grec, & célèbre par une victoire des Turcs.

*Dionysiopolis* fut autrefois la principale ville de la basse Mœsie ; ce n'est plus qu'une pauvre bour-

gade. *Mesembria* est située au pied du mont He‑
mus.

On appelle *Dobruje* le pays au nord du mont
Hemus, depuis Drista ou Dorestero jusqu'aux em‑
bouchures du Danube : c'est une vaste plaine qu'au‑
cune riviere n'arrose ; on n'y voit qu'un bois près
de Drista, nommé *Dali Orman*, le bois des fous :
les habitans ont le nom de *Chitaki* ; ils sont d'ori‑
gine Turque, & sont très‑hospitaliers. Le voya‑
geur qui entre dans leur village les trouve sur le
seuil de leurs portes, ils l'environnent & l'invi‑
tent à prendre *le repas que Dieu leur a envoyé* :
de quelque nation & religion qu'il soit, il est
reçu avec joie ; pendant trois jours il est traité en
ami, on lui présente du miel, des œufs, du pain
cuit sous la cendre, mais très‑beau, & s'il n'a pas
plus de trois chevaux il ne paye rien pour eux.
Il est logé dans une cabane préparée pour ces
occasions, garnie de lits de repos ; on y fait du
feu avec le fumier de leur bétail, parce qu'ils n'ont
pas de bois : leurs maisons sont faites de pierres
entassées, sans mortier qui les lie ; le dehors en est
plâtré de fumier ; la sécheresse les oblige de creu‑
ser des puits profonds de 100 toises. Leurs che‑
vaux vont d'une vitesse extraordinaire. Les Chi‑
taki sont musulmans ; mais ils honorent & fêtent
*St. Phocas* pour conserver leurs moissons.

*Sciutikanack* est un bourg de 260 familles, situé
au milieu d'un vallon que les sommets du mont
Hœmus couronnent, d'où l'on voit descendre un
ruisseau qui arrose les prairies qui sont à leur pié.

*Dragoikjoj*, bourg de 400 maisons éparses, dont
les environs sont fertiles en bons vins.

*Sciumlu, Sciummagne* renferme plus de 4000 mai‑
sons, laides, bâties en bois. Cette ville est dans

un fond; ses environs sont riches en vignes, & embellis par des vergers.

*Haz-Oghu-Bezarzich*, ville grande & commerçante. Quelques Turcs, des Arméniens très-riches l'habitent: autour d'elle sont des tertres façonnés par les Turcs, des cimetieres, des minarets, & une tour d'où une cloche se fait entendre: ce qui est très-rare en Turquie. Danville l'appelle *Agioloi-Bagarzik*.

*Sakche*, nommée par Danville *Oblicicza* qui est son ancien nom, est une ville sur le bord méridional du Danube: elle est antique, & on en ignore le fondateur; mais il parait avoir été un Romain. Cette ville malgré la différence des noms qu'on lui donne parait être la même que Babadagi.

### V. *La Romanie.*

Ce pays est l'ancienne Thrace, & son nom lui vient de Constantinople, qu'on appellait *la nouvelle Rome*; les Turcs l'appellent *Rumelie* ou *Icella*: il a 75 lieues de long & 50 de large; le mont Hœmus le borne au nord; la mer Noire, la Propontide, au levant, l'Archipel au midi, la Macedoine & le fleuve Strymon au couchant. Il a de vastes plaines, & l'on y voit de hautes montagnes; la plus haute est le mont Hœmus ou Tchengie; celle qui la suit est le mont Rhodope: elles forment deux chaines presque parallèles qui s'étendent de la Macedoine à la mer noire. Le *Pangée* s'élève entre cette province & la Macedoine: l'*Orbelus* est voisin de la riviere Nestus. Ses fleuves sont le *Maritz* anciennement *Hebrus*, qui sort de l'Hœmus & se jette dans la mer Egée, laquelle reçoit aussi le *Carasu Mestro* ou *Nessus* ou *Nestus* qui sort du mont Rhodope, &

& le Strymon qui descend du mont Pangée. Entre les monts, l'air est froid & le sol peu fertile; partout ailleurs il est riant, agréable, abondant en grains, en lin, en toutes les nécessités de la vie & a de beaux paturages : le riz surtout y vient bien ; les arbres y sont rares, l'air y est doux & pur, excepté près des bois de la mer Noire. C'est en général, un des plus beaux pays de la terre, mais il est mal cultivé.

Ce pays était partagé autrefois entre plusieurs peuples : tels étaient les *Dolonciens*, les *Denceletes*, les *Bissenes*, les *Odomantes*, les *Cicones*, les *Edoniens*, les *Brygiens*, les *Thyniens*, les *Pieréens*, les *Odrysiens*, les *Satriens*, les *Cobysiens*, les *Mœdiens*, les *Capseus* & les *Céletes*. La Chersonnese de Thrace avait aussi ses Rois, & ses peuples particuliers : les Grecs la divisaient en quatre provinces ; les arts y étaient cultivés sous leur empire : aujourd'hui, les descendans des Thraces & des Grecs sont ignorans & pauvres. Les Turcs le divisent en trois Sangiacats.

### Sangiacat de Kirk - Ekkesie.

C'est la partie septentrionale de la Romanie, vers le mont Hœmus, près duquel est *Jetiman*, grand bourg, presque au débouché de la porte de Trajan.

*Tatar - Bassardschiki*, ville célèbre chez les Turcs, près du Maritz qui y reçoit une petite riviere laquelle environne la ville. Elle est bien bâtie, les rues en sont assez larges & propres, son commerce est considérable, sa situation au pié de l'Hœmus ou Tchenjie est très-riante. Il y a des bains. Il parait qu'elle est la même que d'autres auteurs nomment *Tatar - Pajarjik*, qu'ils placent au nord de l'Hœmus & qui fut bâtie par les Chitaki, Turcs d'Asie qui se transplanterent aux environs de cette montagne & dont nous avons parlé.

*Carnabat*, grand bourg, situé en partie dans une plaine, & en partie sur la pente de collines élevées près du mont Rhodope. Une petite riviere y passe, sur elle est un pont; au delà est une belle forêt artistement plantée; partout on voit des troupeaux errans dans de belles prairies & des villages dispersés.

*Philippopel*, *Felibe*, *Philippolis* est encore une grande ville; elle est bâtie sur les deux sommets d'une montagne que trois autres avoisinent. Sur l'un de ces sommets était un fort; on n'y voit plus qu'une mauvaise tour. Le Maritz y commence à devenir navigable & sépare la ville de son faux-bourg.

Des Grecs assez riches l'habitent, mais ils évitent de le paraître. Les campagnes qui l'environnent sont agréables; les côteaux y sont couverts de vignes, & les plaines de riz. *Philippe*, père d'Alexandre, la fonda.

*Mustapha-Pacha-Kiupri*, où *Tzgupri-Cuprussi*, ville qui doit son premier nom à un beau pont qu'y fit bâtir sur le Maritz Mustapha Pascha. Ce pont repose sur vingt arcboutans de pierres de taille, & couta près d'un million de livres : sur les deux rives du Maritz sont des chemins revêtus de pierres de taille.

*Kirk-Ekkelesie*, nom d'une petite province & d'une ville; on n'y voit plus d'églises chrétiennes; autrefois elle prit son nom des quarante qu'elle renfermait. Elle a peu d'habitans chrétiens; ceux qui lui restent sont Grecs; il y a des juifs transplantés de la Podolie qui y parlent un allemand corrompu, & font du beurre & du fromage qu'ils cachetent, pour que les juifs de Constantinople soient assurés qu'ils sont faits par la main des juifs. Cette ville est aussi appellée *Kirklisé*, *Kirk-Eclisa*. Elle a plusieurs mosquées, un beau bain, un besestein, ou marché assez pauvre : ses maisons sont des cabanes obscures & sales. Elle est sans murs, un archevêque Grec y siege.

*Aslibey*. village dans un beau vallon formé par le mont Rhodope, arrosé par le Kamezikderisa, dont l'eau est pure & le cours rapide. De-là, la vue s'étend le long du vallon couvert de prairies, semé de rosiers & d'arbres beaux & élevés.

### *Sangiacat de Vize, ou de Constantinople.*

*Vize* ou *Bizia*, petite ville où resideront autrefois les rois de Thrace. Aujourd'hui elle a un métropolitain Grec : le Sangiacat auquel elle donne son nom s'étend du mont Hœmus vers le couchant jusqu'à la mer de Marmora.

*Adrianople*, ou *Andrinople*, ou *Edrene*, grande ville sur le Maritz, bâtie dans une plaine & sur des collines qui l'environnent en partie ; son enceinte est circulaire, fermée de murs, flanquée de tours & entourée de fossés. En y comprenant les jardins, elle a deux lieues de tour. Avant l'empereur Adrien qui lui donna son nom, elle s'appellait *Uscudama*, capitale des Bessiens, puis *Orestes*. Ses maisons sont commodes, ses rues étroites & inégales ; elle est peuplée quand le grand seigneur y reside ; elle l'est peu quand il n'y est pas. On y voit de beaux bâtimens. Dans la partie qui est dans la plaine on voit encore les ruines de l'ancienne ville, & c'est là que sont les boutiques & les caravanferais. La bourfe eft un vafte édifice voûté & propre, dont le pavé eft beau & les boutiques brillantes : on y en compte 360 remplies de riches étoffes. C'eft fur la hauteur que logent les habitans, la vue y eft plus belle, & l'air plus fain; car il ne l'eft pas dans le bas. La mofquée de Selim I, a un air majeftueux, elle eft au centre de la ville, & on y entre par deux cours environnées de portiques, dont les piliers font de marbre & d'ordre ionique : le pavé eft de marbre blanc, le haut forme plufieurs dômes, & chacun eft couronné d'un globe doré. Au milieu des cours font deux belles fontaines de marbre blanc : au devant de la porte eft un portique dont les piliers font de marbre verd. La mofquée même eft un dôme prodigieux par fon enceinte & fon élévation. Deux rangs de galeries dont les baluftrades font de marbre, regnent autour : le pavé eft auffi de marbre, mais couvert de tapis de Perfe : les murs font décorés de fleurs faites avec la porcelaine de Japon : au milieu eft un grand nombre de lampes de vermeil, & l'une d'elles eft d'une grandeur prodigieufe : au-deffous eft une chaire de bois fculptée & dorée : la tribune du grand feigneur eft dans un coin. Elle eft furmontée de tours ou minarets, dont l'une a un double efcalier en limaçon où deux derwiches montent & defcendent fans fe rencontrer. Le palais du fultan eft dans la plaine, près du Meritcheh ou Maritz, il eft féparé de la ville par le *Caradare* ou *Arde* qui fe jette dans le Maritz; mais fur la colline eft un pavillon d'où le fultan jouit d'une vue riante & vafte. On voit encore dans cette ville, ou près d'elle, des mofquées remarquables par leurs grands portails, leurs nombreufes colonnes, le marbre qui les revêt & le métal qui les couvre, par leurs tours élevées, leurs fontaines, les pommeaux d'or qui les décorent ; en général, leur architecture est riche & hardie. Ses environs sont remplis de jardins, les bords des rivieres y sont plantés d'arbres fruitiers : sous ces arbres, sur des tapis de verdure le peuple s'assemble, joue des instrumens & danse, les bergers y rappellent un peu ceux que peignent les poëtes. Les jardiniers sont en général les paysans les plus heureux de l'empire Turc. On y voit beaucoup de vignes qui donnent le meilleur vin de la Turquie.

Andrinople a un archevêque Grec : elle est très-commerçante, sa situation sur trois rivieres dont l'une est navigable, y favorise le négoce, & y attire diverses nations.

*Hapsala*, est peut être l'ancienne *Ostuditum* : c'est un très-grand caravanserai ou Han dans lequel les voyageurs sont bien reçus & ne paient rien. *Burgas* ou *Bergaze* est situé sur le Burgassu dont le nom ancien est *Chedrinus*. Son eau est trouble, elle descend d'une chaine de monts qui suivent à quelque distance les rives de la mer Noire, & qu'on appelle *Cardervent* ou monts de neige. Plus de 300 bourgs ou villages portent le nom de Burgas ou Pyrgos en Turquie, parce qu'on le donne à tous les châteaux forts. On compte à Burgas 470 maisons, cinq mosquées, un grand *madrik* ou école publique, un *rupliza* ou bain public, un grand marché garni de boutiques & un vaste Han de forme quarrée, soutenu par huit piliers de bois : tous ces bâtimens sont couverts de plomb. *Baba* est un bourg, il a un très beau pont sur une petite riviere, une mosquée, & une ancienne église de briques. *Burgados*, jadis *Livados*, & *Zenophromon* est un grand village.

*Haznodar*, *Tschiflick*, est une maison de plaisance du grand seigneur à 21 milles de Constantinople.

*Daud-Pacha*, petite ville à quelque distance de Constantinople : on y voit plusieurs palais du sultan, divers hôtels pour les grands de sa cour, des grandes écuries de pierres ; mais nulle maison de particulier, nul habitant. Il fut bati par un grand trésorier, ou *Testerdar* : l'armée Turque s'y rassemble ordinairement.

*Constantinople*, autrefois *Bysance*, nommée *Istamboul*, ou *lieu fertile* par les Turcs, est la plus grande ville de l'Europe, quand on comprend ses fauxbourgs dans son enceinte : elle a 34 à 35 milles de tour : sa situation est magnifique : son port vaste & sûr la rapproche de tous les ports de la mer Noire, & de tous ceux de la Méditerranée ; les canaux qui l'unissent à ces deux mers sont ses portes ; quand le vent du nord souffle, elle reçoit les vaisseaux de la mer Noire ; quand celui du sud regne, c'est ceux de la mer Egée qui entrent. On la divise en deux parties ; l'une en deça, l'autre au-delà du port : la premiere est l'ancienne Bysance. Toute son enceinte sans ses fauxbourgs est triangulaire ; le côté du port est courbe & s'étend l'espace de sept milles le long de la mer : le second suit le bord de la mer encore, & s'étend de la pointe du serrail aux sept tours, le troisieme regarde la terre ferme & a neuf mille de long : les trois angles de son enceinte sont marqués par le serail, les sept tours, & la mosquée d'Ejoub.

Ses murs sont assez bons : du côté de la terre ils forment une double enceinte & sont défendus par un fossé profond, large de 25 pieds : l'enceinte extérieure & l'intérieure sont flanquées de 250 tours : tous ces murs sont de pierres de taille, quelquefois mêlés de briques, & ornés de crenaux, de courtines & d'embrasures. Vers la mer, ils sont plus négligés, des maisons y sont adossées, & l'on n'y voit point de quais.

Constantinople offre d'abord au voyageur étonné un spectacle riant & superbe. Ses sept collines dans leur vaste étendue couverte de maisons, ornées de terrasses, de balcons, de jardins, se divisent en plusieurs amphithéâtres distingués par des besesteins, des caravanserais, des serrails, des mosquées vastes dont les dômes sont dorés ou couverts de plomb, & des fauxbourgs; les villages mêmes & les campagnes de l'Asie ajoutent à ces magnifiques tableaux, mais il faut ne l'observer que de loin.

Quand on est dans la ville, on voit des rues mal pavées, ou qui ne le sont point du tout, étroites, obscures, profondes, rapides, semées çà & là de beaux édifices, de bains, de bazars, au milieu de maisons basses, bâties de bois & de boue, qui souvent disparaissent dans une nuit, & qu'on voyait en même temps dévorer par le feu, & piller par des soldats féroces. On a mis quelque frein à ces désordres, mais on ne les a pas détruits. Cette ville a plus de neuf cent mille habitans, dont trois cent mille sont Grecs, & près de deux cent mille Arméniens : les autres sont Turcs, ou de diverses nations de l'Europe. Le Prince Cantemir y compte quarante mille maisons, sans y comprendre celles des fauxbourgs. Celles des riches sont décorées avec somptuosité & avec élégance : les dames y vivent & meurent; il est rare qu'elles en sortent. Les ressources que cette ville offre pour les diverses branches de commerce qui s'y exerce, l'ambition qui fait aspirer aux honneurs qui se répandent sur le pauvre comme sur le riche, la misere des provinces, les esclaves qu'on y amene & qui s'y propagent, contribuent à la rendre si peuplée.

On y compte sept mosquées royales, élevées avec magnificence & avec goût, entretenues avec soin, isolées, environnées de cours spacieuses, plantées de beaux arbres, ornées de belles fontaines; elles sont un des premiers objets de la curiosité du voyageur. On n'en approche qu'avec respect, on n'y demeure que dans un silence respectueux: des rentes considérables y sont attachées: leurs grands dômes en sont la partie la mieux exécutée; de plus petits les accompagnent, & les empêchent de paraître élancée: leurs minarets menus & élevés sont encore une de leurs beautés aux yeux des Turcs. Sainte Sophie est dans une situation avantageuse, au sommet de l'ancienne Bysance, sur une colline dont la mer baigne le pied; elle paraît lourde au dehors, elle a la forme d'une croix grecque, & est presque quarrée: son intérieur a quarante-deux toises de long & trente huit de large: on y compte cent & sept colonnes d'une grosseur prodigieuse & de différens marbres, de porphyre & de granit d'Egypte: le pavé, les murailles, les allées en sont revêtues de marbre: ses galeries sont incrustées de dés de verre, dont les belles couleurs sont inaltérables, mais qui se détachent chaque jour de leur ciment. Son principal dôme a cent treize pieds de diamètre. Justinien pour la bâtir y employa les revenus destinés à ceux qui enseignaient les sciences dans l'empire, & la statue d'argent de Théodose: pour la couvrir de plomb, il enleva les canaux de ce métal qui conduisaient les eaux dans la ville. Mahomet II la fit réparer, elle a près de deux cent mille livres de revenus par jour; & cette somme sert à l'entretien des bâtimens, à payer les gages des officiers de la mosquée, à aider les hôpitaux, à nourrir les écoliers qu'on instruit dans la loi Musulmane, & à soulager les artisans & les pauvres honteux. Près d'elle sont quatre bâtimens terminés en dômes, couverts de plomb, soutenus par des colonnes: ce sont des mausolées de princes Aliothmans. Elle est la plus belle des mosquées; mais celle de Soliman II en approche, si elle ne l'égale pas; les dehors en sont plus beaux, ses fenêtres plus grandes & mieux distribuées; ses galeries plus régulieres, ont aussi plus de magnificence. Elle est bâtie des plus belles pierres trouvées dans les rues de Calcédoine. La fontaine qui est dans sa superbe cour est très-abondante, & fournit d'autres fontaines qui l'environnent. Son principal dôme est inférieur à celui de Sainte Sophie; il a cependant les mêmes proportions, ainsi que les douze petits dômes qui sont autour. La mosquée Validée est placée sur le port, & fut bâtie par la mere de Mahomet IV: un grand dôme, quatre demi dômes disposés en croix sur les côtés, & dont les intervalles sont remplis par quatre dômes plus petits la forment: au dedans elle est revêtue de fayence; ses colonnes sont de marbre, & les chapiteaux sont à la turque: elles furent choisies parmi les ruines de Troye: ses lampes & leurs lustres, ses boules d'yvoire, ses globes de cryftal en rendent l'illumination très-brillante. Son péristile est couvert de dômes, & embelli de colonnes de marbre blanc & gris: les ceintres des portes & des fenêtres sont de bon goût, & son architecture en général est moins pesante que celle

des

des autres édifices Turcs. Après ces trois mosquées, celle du sultan Achmed est la plus remarquable: ses portes sont de bronze, & devant elle est l'*Hippodrome*, nommé aujourd'hui *Atmeidaut* ou *Atlerdain*, place vaste où se faisaient les courses de chevaux. Au centre de cette place est une colonne de bronze, formée de trois serpens entortillés, ils avaient la gueule ouverte, mais elles furent abbatues en 1700. Plus loin est un obelisque de porphyre, orné ou sali d'hiéroglyphes, soutenu par quatre colonnes d'airain, sur un pied d'estal de pierre de taille en quarré, dont deux côtés repréfentent en relief, l'un une assemblée, l'autre une bataille.

Le port de Constantinople est un bassin de sept à huit milles de circuit du côté de la ville, & autant vers les fauxbourgs. Son entrée, large de six cens pas, commence à la pointe du serrail, autrefois appellé cap du bosphore, & de-là il forme un demi cercle qui se termine au couchant. Il a Scutari au levant, Galata au nord; il reçoit le Lycus, formé de deux ruisseaux dont le plus grand fait mouvoir une papeterie. Le Serrail ou Serai occupe la place de l'ancienne Bysance; il fut bâti par Mahomet II, & a trois lieues de circuit, en y comprenant ses jardins; c'est un assemblage de palais & d'appartemens placés à côté les uns des autres sans symmetrie & sans ordre, sur la hauteur de la colline qu'ils occupent: les jardins sont au pié: ses dehors sont communs; des cyprès & d'autres arbres toujours verds cachent ceux qui s'y promenent aux curieux de Galata; l'intérieur des appartemens est orné de peintures parquetées d'or & d'azur, entremelées de fleurs, de paysages, & de cartouches, chargées de sentences arabes; il renferme des bains, des bassins de marbre, des fontaines jaillissantes, des glaces de France & de Venise, des tapis de Perse, des vases d'orient, & diverses raretés; présens des ambassadeurs des diverses nations de l'Europe. La principale entrée de ce palais est de marbre, & se nomme *Capi* ( la porte ), c'est un gros pavillon formé d'une porte fort haute, ceintrée en demi cercle: au dessus est une grande croisée ouverte, accompagnée de huit plus petites, quatre d'un côté & autant de l'autre; sous le ceintre est une inscription arabe. Son comble est orné de deux tourillons: cet édifice ressemble à un corps de garde, & fut cependant bâti par Mahomet II. Cinquante *Capigis*, ou portiers, armés d'une baguette, en défendent l'entrée. Au-delà est une vaste cour, que bordent, d'un côté, les infirmeries, de l'autre, les maisons des azancoglans, hommes employés aux plus vils emplois du serrail. Là aussi est la monnaie: tout le monde entre dans cette cour, mais le bâton y fait observer un silence profond. La seconde cour gardée comme la premiere, mais bien plus belle, a trois cens pas de diamètre; le chemin en est pavé, les allées propres, couvertes de gazon, entrecoupées par des fontaines. Les cuisines, le trésor & les petites écuries du sultan l'environnent; autour est une galerie basse, soutenue par des colonnes de marbre & couverte de plomb. Le sultan y peut seul entrer à cheval. On l'appelle *cour du Divan*, parce qu'il s'y assemble dans une grande salle basse, lambrissée, dorée à la moresque, couverte de plomb, située à gauche de cette cour: à droite est une porte qui conduit par une galerie couverte à la superbe chambre où est le trône de l'Empereur. C'est tout ce que les étrangers peuvent voir de ce palais, bâti en pierres blanches, & d'où s'éleve diverses pyramides dorées. Vers le port, il a un kiosque, ou pavillon soutenu par douze colonnes de marbre lambrissé, peint à la persienne, richement meublé; c'est là que le sultan s'embarque quand il va se promener sur le canal. Vers le bosphore est un autre pavillon plus élevé, bâti sur trois arcades qui soutiennent trois salons, terminés par des dômes dorés. Tout autour sont des pieces d'artillerie sans affuts, braqués à fleur d'eau; cette artillerie annonce les jours de fete. Du port, on voit l'*Ayvaverai* ou serrail des miroirs; il est peu étendu: derrière est la place où les Turcs s'exercent à tirer de l'arc. Près d'elle est une tribune où ils viennent prier pour le salut de l'armée qui va combattre, ou quand la peste fait des ravages extraordinaires. Au-delà de l'embouchure du Lycus est *Ayna-Jerai*, ou le serrail des coignassiers & l'arsenal de la marine. On y construit les bâtimens du grand seigneur qu'on y met à couvert sous cent vingt remises voutées. Ses magasins & ses atteliers sont très-bien entretenus: c'est là que logent les principaux officiers de marine. Entre l'Ayna Serai, & l'arsenal est le *Bagno*, prison affreuse pour les forçats & les esclaves, où sont trois chapelles, une pour les Grecs, deux pour les Latins, & où les missionnaires y font librement tous les offices de leur religion.

Le *marché des esclaves* est voisin de la rue qui conduit à Andrinople; on les y voit assis, tristes & pensifs; on les y examine, on leur y fait faire toutes sortes de mouvemens; ceux que la nature n'a pas favorisé sont employés aux usages les plus vils; les autres plus heureux, achetés comme esclaves, deviennent souvent les compagnes chéries de leur maître.

Le *château des sept tours* est situé près de la mer de Marmora: c'est une prison d'Etat. Il est couvert de plomb, bâti en pierres de taille, orné de sept tours qui lui donnerent son nom, & auxquelles on a joint une huitieme; quatre d'entr'elles sont tombées en ruines; une muraille flanquée de tours l'environne.

On doit remarquer aussi à Constantinople, les marchés ou bezestens; ce sont des maisons voûtées, où les diverses nations qui l'habitent font leur négoce. Les *Odas* des Janissaires sont des casernes où les Janissaires sont en quartier. On compte plus de trois mille mosquées dans Constantinople. Les Grecs y ont quatre Eglises; celle où le Patriarche officie est belle; mais elle est la seule qui le soit: les Arméniens ont aussi plusieurs Eglises. On vit en sureté dans cette ville, mais on y a à craindre les incendies, la peste, & le poignard des Turcs dans l'yvresse.

A l'Ouest de la ville est le palais impérial d'*Eijub*, ou de St. Job, avec le village de ce nom. On y voit la mosquée où se garde le cimeterre du sultan Othman, fondateur de l'Empire: on en arme le nouveau sultan avec beaucoup de cérémonie. Le long du détroit jusqu'à la mer noire, il y a beaucoup de maisons de plaisance, des jardins, des prés, des vignes, des bois, de petites villes & de grands bourgs. Ces lieux sont très habités pendant l'été, parce que l'air y est plus pur qu'à Constantinople. La longitude de cette ville est de 46 degrés 34 min. sa latitude de 41 degrés.

*Galata* est un fauxbourg, ou une espèce de ville ceinte de murs, flanquée de tours & de fossés. Il est ancien, & est placé au-delà du port, vis-à-vis du serrail. Son sol produisait autrefois beaucoup de figues. Justinien le répara, & lui donna son nom qu'il ne garda que pendant la vie de ce prince. Il est partagé en trois quartiers, séparés par des murs & des tours. Les dominicains, les capucins, les recolets y ont chacun une Eglise ; les Grecs y en ont huit, les Arméniens trois. C'est en quelque maniere une ville chrétienne ; les nations que rassemblent ce nom y habitent, parce qu'elles y sont libres, & peut-être aussi parce qu'on y fait bonne chere. Les cabarets y sont permis ; on y compte trois cents tavernes tenues par des Français, & les Turcs même viennent y boire du vin : les marchands y ont des magazins qu'ils isolent par la crainte du feu.

Pera est comme le fauxbourg de Galata : il est situé sur une hauteur dont la vue est charmante : on y découvre toute la côte de l'Asie & le serrail. Les Ambassadeurs de France, d'Angleterre, de Hollande, de Suede & de Venise y ont leur palais : un air pur, une perspective riante, & assez de liberté y attirent beaucoup d'habitans. Les Luthériens vont prier Dieu à l'hôtel de Suède : les protestans à ceux d'Angleterre & de Hollande. Les Catholiques y ont cinq belles Eglises, & les Grecs un plus grand nombre encore. L'hôtel de France est très-beau, & c'est Henri IV qui le fit bâtir. Les capucins en desservent l'Eglise, & y enseignent les langues Turque, Arabe & Grecque, à de jeunes gens que le roi destine à servir d'interprètes aux consuls Français des Echelles du levant. C'est dans ce fauxbourg que vécut & que mourut le comte de Bonneval, & on y lit son épitaphe qui annonce qu'après avoir long-tems parcouru le monde pour y trouver la vérité, il ne l'avait trouvée que là : c'est sans doute un Turc qui a fait l'épitaphe ; car cet homme singulier savait bien que la vérité se trouve par tout, ou n'est nulle part.

De Pera, on descend à *Top-hana* ou *Top-chane*: c'est un fauxbourg à l'entrée du canal de la mer noire. A cent pas du bord de la mer est l'arsenal où l'on fond l'artillerie : c'est une maison couverte de deux dômes, qui a donné son nom à celles qui l'environnent : on y fond des canons simples & unis ; la matiere en est bonne & les proportions justes.

Vers l'orient, près du détroit, sont diverses maisons de plaisance de l'Empereur ; telle est *Beschicktasch*, palais où le sultan passe l'été & le commencement de l'automne avec ses femmes. Près de là est un village qui s'appelle *Jason*, parce que ce héros Grec y aborda. Nous ne parlerons pas de beaucoup d'autres dont nous ne pourrions dire que les noms : quelques-uns sont abandonnés. *Daud-Pacha* est de ce nombre : il s'appellait autrefois *Chiumlikioj* : c'est là que Mahomet IV résidait : on y voit encore son serrail. Au milieu de ces palais s'éleve un chateau qui défend l'entrée de Constantinople par la mer noire ; & vis-à-vis, dans l'Asie, en est un autre semblable. Plus loin est *Belgrade*, village grec, qui renferme des kiosques de l'empereur, & où les ambassadeurs chrétiens ont aussi les leurs. Il est dans un bois planté d'arbres fruitiers, arrosé par un grand nombre de fontaines d'une eau pure & limpide : il forme de belles allées, & la terre y est couverte d'une agréable verdure. De-là, on découvre la mer noire, & les vents frais qui s'en élevent y temperent l'ardeur brulante de l'été. Des chrétiens riches l'habitent, & tous les soirs ils se rassemblent, dansent & chantent. Miladi Montagute a célébré les beautés de ce lieu dans un poëme, elle connaissait les plaisirs qu'on y goute, & les avait partagé. Plus loin, vers la mer noire, sont deux autres châteaux fortifiés, l'un en Asie, l'autre en Europe. Près de-là est un fanal ou phare pour guider les voyageurs. Là aussi sont les isles Cyanées & les restes d'une colonne de marbre blanc avec son chapiteau corinthien, qu'on appelle sans preuves *colonne de Pompée* : son piedestal est sur un roc escarpé que la mer environne l'hiver, & laisse joint à la terre pendant l'été. On y lit encore le nom d'Auguste. A quelque distance se voit un golfe qui reçoit plusieurs ruisseaux : à son extrèmité orientale est la ville de *Dourkous*, placée sur une éminence : elle serait commerçante si les vaisseaux eussent pû y arriver : on y voit encore les restes d'un long mur, faible défense des Grecs contre les incursions des Barbares.

A trois lieues de Constantinople est *l'isle du prince*; c'est là qu'un visir voulait reléguer tous les ambassadeurs, les estimant peut-être ce qu'ils sont, d'honnêtes espions, & des hôtes incommodes.

*Kustchiuk-Czemege*, ou Petit-Pont, est une ville, ou un grand village qui doit son nom à un pont de trente-six petites arches : il renferme une mosquée & cinq hans. Il est près de la mer, à l'issue d'un lac dans lequel se jette une petite riviere, nommée *Bathenius* par Ptolomée : le lieu même s'appellait alors *Bathenis*; *Bujuk-Czekmoeg*, ou le Grand Pont, doit son nom à un pont de vingt-six arches, bâti par Soliman le magnifique : on y voit quelques hans ou kans, & l'un d'eux est très-beau : ce lieu est aussi à l'embouchure d'un lac appellé autrefois *Atheras* ou *Athyra*, comme la riviere qui s'y jette: on croit que la ville est l'ancien *Melanthias*: d'autres la reconnaissent dans la petite ville de *Kelicti*, placée six lieues plus loin.

*Camourgal*, village sur le bord de la mer: on y voit beaucoup de pécheurs.

*Pevadose*, petite ville bâtie sur une hauteur, près de la mer.

*Selivrée*, *Selybria* ou *Selymbria*, est une ville assez grande & voisine de la mer. Son port est bon pour les petits bâtimens, quand le vent du Sud n'y soufle pas. Elle est divisée en vieille & nouvelle ville: la premiere est mal peuplée, la nouvelle ne subsiste que parce qu'elle est un lieu de passage. On y voit quatre hans & une tour quarrée sur une hauteur, où sont des inscriptions Grecques. Selivrée renferme trois mille ames, parmi lesquels sont trois cent Grecs, & cent Juifs. Elle a un pont de trente-deux arches; les Grecs & les Arméniens y ont chacun une vieille église ornée de mosaïque, & sa tour est antique; son fauxbourg renferme un magazin impérial où se rassemblent les blés des environs. Elle a un archevêque Grec. Son nom signifie *tombeau de Selis*: *Bria* chez les anciens *Thraces* exprimait une ville.

*Ciorlu*, *Tziourly*, ou *Chourley*, est une ville sur une hauteur d'où l'on voit la mer, & sur laquelle sont les ruines d'un mur bâti pour éloigner les Bulgares: il allait d'une mer à l'autre. On y compte trois mille habitans, dont huit cent sont Grecs, trois cent Arméniens, & trente ou quarante Juifs. Elle doit divers privileges au visir, *Ciorluli Ali* qui y était né. Autour d'elle sont des ruines de tombeaux de marbre.

*Cariſtran*, bourg de 500 ames; il a une moſquée & un ſerrail bâti par Mahomed IV. Au dehors eſt un grand Han : ſes environs forment une vaſte prairie.

*Héraclée*, autrefois *Perinthus*, fut une grande ville, & n'eſt plus qu'une bourgade. On y voit les ruines d'un amphithéatre bâti ſous l'empereur Sevère. Un archevêque Grec y reſide.

*Rodoſto*, *Rhedeſtus*, ville ſituée en partie ſur la croupe des montagnes, & en partie au bord d'une grande baye; elle eſt d'une grandeur médiocre, les Arméniens y ont une égliſe, & les Grecs cinq, mais le plus grand nombre de ſes habitans ſont des Turcs. Le prince Ragotski y demeura longtems & y eſt mort. Cette ville fournit du blé & du vin à Conſtantinople. Ses environs ſont très-fertiles.

*Miſſeviria*, autrefois *Meſembria*; *Akalo* ou *Anchialus* ſont deux petites villes au bord de la mer noire, qui ont l'une & l'autre un archevêque Grec.

### Sangiacat de Gallipoli.

Il s'étend du mont Rhodope à l'Archipel. C'eſt la partie du ſud-oueſt de la Romanie. Il renferme la Querſonneſe de Thrace, preſqu'isle bornée à l'orient par l'Helleſpont, au midi par l'Helleſpont, au couchant par un golfe où ſe jette le Melas. Elle tient à la terre-ferme vers le nord, par une bande de terre qui a environ deux lieues. On y comptait autrefois onze villes. On n'y voit aujourd'hui de villes que *Gallipoli*, la premiere que les Turcs aient conquis en Europe. Son ancien nom eſt *Callipolis*, (belle ville) elle ne mérite plus ce nom : elle eſt placée ſur la pente méridionale de pluſieurs collines; elle a une lieue de tour, est très-pauvre & peu commerçante : les boutiques sont au bas de la ville, le haut plus agréable est plus habité : les maisons y ont des jardins. Au couchant est une petite riviere, un vaste port ou golfe, au midi un petit port fermé & un bassin, au nord un château. On y compte 300 familles Grecques, quelques juifs, peu de Turcs ; la peste y est fréquente, & l'archevêque d'Heraclée y a un suffragant.

*Sestos* est déserte, & on en cherche la trace ; près d'elle sont les ruines d'*Acbash*, petite ville, & plus bas *Maydos*, grand village sur une vaste baye qu'on croit être l'ancien *Ægos* ; plus bas encore sont les *Dardanelles*, châteaux qui commandent tout le détroit, & furent batis par Mahomet II ; l'un est sur la péninsule en Europe, l'autre vis-à-vis en Asie ; le premier n'a qu'une tour ronde & quelques ouvrages extérieurs ; près de lui est un bourg. On y visite les vaisseaux qui vont à Constantinople. La derniere guerre des Turcs avec les Russes les a fait fortifier avec plus de soin. Au milieu du détroit, sur un rocher sont deux tours de grandeur inégale où les Turcs ont de petits canons ; elles guident les vaisseaux, & les Turcs découvrent de-là l'ennemi s'ils s'avancent. Au milieu du rocher est une source d'eau douce.

*Cordia*, bourg sur le golfe Melanis, & où le Melas se jette. Lisimaque détruisit la ville, bâtie en forme d'un cœur, ce qui lui donna son nom.

Au dehors de la Peninsule on trouve *Trajanople*, ville chétive qu'on appelle aujourd'hui *Ouzoun-Cupri*, ou le long pont, parce qu'elle a un pont qui s'étend dans la plaine & a 170 arches bâtis en pierres de taille : l'Ergareb se divise sous ses arches : quelques chrétiens sont les seuls habitans de cette ville & ils n'y ont point d'églises. Cependant on trouve dans la géographie de la Croix qu'elle a un archevêque Grec.

*Demotica*, *Dyme*, *Didymotichus*, ville, près du Maritz ou Méritcheb, qui en ce lieu est très-rapide; la ville a l'apparence d'un village & se divise en vieille & neuve : dans l'ancienne sont des ruines, les débris d'un château, & des grottes artificielles : elle était sur une colline dont la ville nouvelle occupe le pié au nord & à l'est ; les chrétiens y ont deux églises, & le Kefedele-su l'arrose. On sait que Charles XII y demeura quelques années.

*Jéribol*, chétive ville, dont le nom rappelle *Hierapolis* & la situation *Apris*, villes qui étaient dans le voisinage.

## L'ARNOWD.

Elle renferme la Macédoine & l'Albanie, est gouvernée par un Pascha, & nourrit des peuples courageux & féroces, qui fournissent des bouchers à la Turquie, ne sont point chrétiens, & ne sont cependant pas de bons Musulmans.

I. *La Macedoine* ou *Comenolitari*.

Elle a pour bornes le Nessus ou Nestus vers le nord, l'Archipel à l'orient, la Thessalie & l'Europe au midi, l'Albanie au couchant. Sa forme est irrégulière, sa situation admirable : l'air y est serain & pur, le sol fertile, riche en métaux, sur-tout en or; mais on n'en connait plus les mines : les côtes abondent en blés, en vins & en huiles, en tout ce qui sert à l'entretien & au plaisir de la vie. On y trouve quelques espaces incultes, & un grand nombre de montagnes. Les monts *Scardiens* qui la traversent vers le nord, s'appellent aujourd'hui *Argentaro* : ils étaient dans l'ancienne Dardanie ; le mont *Caſtagnats* ou *Pangée* était autrefois connu par ſes mines d'or & d'argent ; le mont *Hémus* le ſépare de la Romanie, l'*Athos* célebre jadis par ſes huit villes, ſa hauteur, & de grands projets, l'eſt aujourd'hui par ſes moines. Le pays eſt ſemé de bois, & a beaucoup d'arbres fruitiers : differens golfes favoriſent ſon commerce, tels ſont ceux de *Conteſſa*, autrefois *Sinus Strimonicus*, de *Monte Santo*, *Sinus ſingiticus*, & de *Salonique*, *Sinus Thermœus* & de *Caſſandre*, *Toronaicus*. Diverſes rivieres l'arroſent : le *Platamone* (Aliacmon) ſe jette dans le golfe de Salonique, la *Viſtritza* (Erigon) ſe perd dans le Platamone, le *Vardar* (Arius), la plus grande de toutes, ſort des monts Scardiens & tombe dans le golfe de Salonique, le *Strymon* ou *Jemboli* nait dans la Thrace, dans le Deſpoto-dag, ou montagne du prince, & ſe perd dans le golfe de Conteſſa. Ces dernieres forment de petits lacs, mais elles ne forment pas celui d'*Achrida* (Lythnicus) ni celui qui eſt entre les golfes de Conteſſa, & de Salonique. Différens peuples habiterent la Macedoine, & de là vient qu'elle eut un grand nombre de villes, dont la plus grande partie a diſparu. On la diviſe en *Jamboli* à l'orient, en *Veria* à l'occident ; ou en Sangiacats de Salonique & de Guiſtendit. Comme ces lieux ſont mal connus encore, & que les uns placent dans la premiere province, pluſieurs villes que d'autres mettent dans la ſeconde, nous ne les ſéparerons point.

*Heraclée*, (Sintia) eſt une petite ville près du Strymon ou Jemboli, & du Pontus.

*Philippi*, petit village au milieu des ruines de la

ville de Philipes, où demeurent quelques Grecs très-pauvres, & un Métropolitain qui a sept évêques pour suffragans. La ville était sur une colline entre le Nessus & le Strymon ; elle s'appella d'abord *Crenides*, (la ville des fontaines) parce qu'il sortait de nombreuses sources d'eaux de cette colline ; elle s'appella ensuite *Thasus* ; Philippe de Macédoine qui la rebâtit lui donna son nom. Ce lieu presque désert, conserve quelques monumens antiques, parmi lesquels est un amphithéâtre ; c'est ce que l'abbé Nicole de la Croix, appelle une jolie ville. On lui donne aussi le nom de *Drame*, nom d'un bourg voisin, autrefois *Drabescus*.

La *Cavale*, *Neapolis*, petite ville sur un rocher qui s'avance vers l'isle de Thasse qui en est éloignée de 5 à 6 lieues. Ce rocher ressemble à un cheval qui tourne la croupe à la mer, & présente la tête à la Macédoine, à laquelle elle est attachée par un Isthme assez bas. Cette ville reçoit les eaux des montagnes voisines par un acqueduc qui a deux canaux, l'un élevé de vingt piés, l'autre de trente-cinq ; sur la pointe de cette presqu'isle est un roc escarpé.

*Serræ*, petite ville près du Strymon, siège d'un métropolitain Grec.

*Contessa*, bourg chétif qui donne son nom à un grand golfe. On le nomme aussi *Esborus* : il a un assez bon port.

*Stauros* est l'ancienne Stagire ; l'abbé la Croix la nomme *Libanova*.

*Emboli*, (Amphipolis) ville que les chrétiens appellerent aussi *Christipolis* ; ce fut une colonie célebre des Athéniens, elle n'a plus que des ruines ; le Strymon l'enferme en s'y partageant.

Le *mont Athos*, *monte Santo*, ou *Agios - Oro*, forme une Péninsule qui s'avance dans la mer Egée ;

c'est une chaîne de montagnes qui a huit lieues de long, sur quatre de large : dans cette chaîne est un mont particulier nommé *Athos* qui a donné son nom aux autres, dont l'ombre s'étendait jusqu'à Myrrhina, ville de l'isle de Lemnos ou Stalimene, éloignée d'environ 16 lieues, ou 55 milles d'Italie, ce qui donne la hauteur du mont Athos de 11 stades ou 1375 toises ; un isthme d'environ 800 toises le joint au continent ; c'est cette partie que Xerxès, dit-on, fit couper pour faire passer ses vaisseaux ; ce qui parait être un de ces contes grecs, qui valent souvent des contes arabes. Au nord est le golfe de Contessa, au midi est celui de monte-Santo, ou d'*Amouliani*, du nom d'une isle qui est au fond. C'est au dessus du cap *Laura* (Nymphœum) que s'élève le plus haut mont de l'Athos, qui fait paraître les autres comme des collines médiocres ; il est escarpé & couvert de pins. On compte cinq ou 6000 moines dispersés sur cette montagne. Le Pere Montfaucon y compte 24 couvens, Busching 22, Pococke 20 seulement ; plusieurs sont très-pauvres : une église est au centre de l'enceinte que chacun forme ; la plupart ont été fondés par des princes de Bulgarie, de Walachie ou de Servie ; des fossés, des murs les environnent, quelques canons les défendent. L'air est très-pur sur cette montagne, & delà vient qu'on appellait ses anciens habitans *Makrobii*, ou les hommes qui vivent long-tems. Des philosophes y venaient observer la nature & le ciel ; les moines y cultivent l'olivier & la vigne, travaillent le bois, la pierre, élevent des murs, font des toiles, des habits, des cuilleres de bois, des croix, des couteaux, des images de dévotion : ils ne mangent jamais de viandes, ne voyent point de femmes, se nourrissent de pain, de fruits secs, de laitage, quelquefois de poissons, & vivent longtems : plusieurs accomplissent un siécle ; quelques-uns veillent sur les manuscrits de leurs bibliotheques, & s'instruisent ; le plus grand nombre sont ignorans & ne savent pas lire. C'est là que les Grecs apprennent la théologie, là que de vieux évèques se retirent pour achever paisiblement leur carriere. Ces moines vivent en partie d'aumônes, & celui qui en apporte de plus abondantes, devient l'abbé du couvent, jusqu'à ce qu'un autre soit plus heureux. Ils payent un tribut de 100000 livres, la moitié à la Porte, l'autre à l'aga qui veille sur eux ; c'est payer cher le droit d'être inutiles, & d'avoir des cloches dans ses églises. Outre les couvens, il y a beaucoup d'hermites dispersés dans des lieux presqu'inaccessibles, qui se cachent la nuit dans des grottes, & le jour vont mandier, ou font sécher des figues, des olives & d'autres fruits. Les lieux les plus remarquables sont le couvent de *Laura*, situé sur la pente orientale ; la vue y est magnifique, & les moines plus riches, sont plus instruits & plus honnêtes que les autres ; ceux d'*Iverone* & de *Vatopede* sont voisins de la mer, & ont des batimens assez beaux : celui de *St. George Zenopho* est voisin d'une source d'eau salée, purgative : les *Hermitages de Ste. Anne* renferment 30 ou 40 maisons, bâties dans un enfoncement circulaire, & où vivent une centaine d'hommes occupés à cultiver leurs jardins, à sécher des figues, des noix, des raisins, à sculpter des images. On montre une main de la sainte Anne, dans l'église du couvent de ce nom. Le couvent de *Simopetra* est sur un rocher qui s'éleve de la croupe de la montagne jusqu'au sommet qui est couvert d'arbres épais ; un arqueduc à trois rangs d'arches y conduit les eaux de la montagne voisine. *Cares*, ou *Kareis* est la seule ville qu'il y ait sur l'Athos : elle est située au milieu de la montagne, est fort élevée & très-agréable par sa situation : plusieurs couvens y ont des maisons & des jardins; des caloyers l'habitent, ils y ont des boutiques & y vendent les objets nécessaires pour la vie des moines; quelques-uns sont artisans & font des couteaux, des chapelets & des croix, qui avec des noisettes, quelques fruits & des bêtes à corne y sont le principal commerce. Tous les Samedis il y a un marché où l'on apporte du blé & d'autres provisions : les achats se font sous les yeux de l'Aga qui y réside, qui les protège, & quelquefois les vexe. On prétend que les empereurs Grecs cachèrent leurs trésors & leur couronne dans cette montagne, opinion qui fait que les Turcs menacent souvent les couvens d'une visite, qu'ils éloignent avec de l'argent.

*Toron*, jadis *Torone*, n'est plus qu'un village situé à droite du golfe de Cassandre.

*Aiomama*, petit bourg situé entre deux ruisseaux, au fond du golfe de Cassandre. Près de là était Olynthe.

*Selaniki*, *Salonichi*, autrefois *Thessalonique*, ville célèbre située au fond du golfe de son nom. Elle s'appella autrefois *Italia*, ou *Therma* : ce dernier nom lui vint peut-être des sources d'eaux tiedes, salées & soufrées qui sont dans son voisinage, Cassandre lui donna le nom de sa femme, sœur d'Alexandre le grand. Auprès d'elle est une vaste plaine qui s'étend jusqu'au mont Olympe, & aux montagnes de Thessalie ; vers le levant est une autre plaine, vers le couchant sont quelques montagnes. Ses murs ont deux lieues de circuit, & sont
flanqués

flanqués de redoutes & de baſtions, dont le ſommet & le penchant eſt en partie couvert de maiſons, ainſi que l'eſpace qui s'étend de ſon pié au château qui la défend. Ses murs deſcendent juſqu'au rivage de la mer où l'on amene les navires, la moitié de ſon enceinte eſt ſeule habitée: ſes rues ſont mal percées & ſes maiſons élevées avec des briques crues; preſque toutes ſes maiſons ont des jardins. On y voit encore de beaux monumens: tel eſt un grand arc de triomphe remarquable par la beauté de ſa ſculpture, & par la hardieſſe de ſa conſtruction: il fut dédié à l'empereur Adrien. Il eſt compoſé de trois arches de briques, recouvertes de marbre, ornées de reliefs & de feſtons. Tel eſt encore ce qui reſte d'une colonnade corinthienne: les colonnes qui ſont debout encore ſont admirables par leurs chapiteaux, & ſurtout par leurs reliefs, qui repréſentent Bacchus, Mercure, Leſa; deux Victoires, &c. Ses anciennes égliſes ont été changées en moſquées, on y en compte quatre vingt-huit. La plus belle eſt celle de *St. Demitri*, longue de 72 pas, large de 41; elle préſente deux égliſes l'une ſur l'autre, toutes deux revêtues de marbre blanc. Celle de deſſous eſt fermée, perſonne n'y entre plus; on dit que St. Paul y a prêché. Celle de deſſus a un double rang de colonne de marbre blanc, ou de porphire, ſurmonté d'une galerie d'où s'élevent d'autres colonnes: on croit que cette moſquée eſt décorée de plus de mille de ces colonnes. Une autre de ces moſquées paraît avoir été un Panthéon; ſes murs ſont de briques & très-épais; de doubles arcades ſoutiennent ſes chapelles, ſon dôme à huit pans eſt orné de moſaïques. La moſquée de *Ste. Sophie* fut faite ſur le modele de celle de Conſtantinople; elle

*Tome VIII.* E

en a les proportions, mais non l'étendue & la richesse. A l'entrée de celle de *St. Pantalaemon* est une chaire avec un escalier autour, fait d'un seul bloc de marbre blanc, & à côté trois arcades soutenues par des colonnes corinthiennes dont les bas reliefs représentent la Vierge & divers saints: cette mosquée est très-petite. On montre dans Salonique les tombeaux de divers hommes illustres & au dehors un grand nombre d'inscriptions; on y trouve aussi des médailles. Les juifs y font le plus grand nombre de ses habitans, & tout le commerce est dans leurs mains, ils y ont trente-six synagogues. Les Turcs y sont ivrognes & insolens; les Grecs ignorans & lâches; ils y ont trente églises. Les catholiques y en ont une avec un archevêque. On fabrique dans cette ville & dans ses environs, des draps grossiers dont le peuple s'habille dans toute la Turquie; son plus grand commerce consiste en soie, cire, cotton, & en son excellent tabac qu'on envoye à Smyrne, & de là en Europe. Les Français, les Anglais, les Hollandais, les Venitiens y ont des consuls; un pascha & un Janissaire aga y resident, ainsi qu'un archevêque Grec qui a huit évêques suffragans. Sa longitude est 48 deg. 48'. Sa latitude 40 deg. 41' Les géographes n'en font pas une ville différente de *Thermes*. Busching seul en fait de celle-ci, une ville médiocre.

*Jenitza*, *Banomus*, est l'ancienne *Pella*: elle est près de l'embouchure du Vardari & de l'Actius, sur un lac qui communiquait à la mer par un canal nommé *Ludia*. Ce n'est plus qu'un amas de ruines près desquelles est le tombeau d'Euripide: on les nomme *Palatisa* ou les *petits palais*.

*Kitro*, *Chitro*, est l'ancienne *Pydna*, elle est voifine du golfe de Salonique, & n'eſt viſitée que par ce qu'elle fut, non par ce qu'elle eſt.

*Cara-veria*, autrefois *Berée*, n'eſt qu'une bourgade. *Stan-Dia* eſt l'ancienne *Dium*; elle eſt ſur le rivage occidental du golfe de Salonique.

*Polina*, fut connue anciennement ſous le nom d'*Anthemus*, & d'*Apollonia*.

*Aleſſone* eſt une petite ville, elle a un couvent grec.

*Caloubella*, village à ſix lieues de Salonique: on y trouve le tombeau d'un géant, derriere un mur écroulé ; ſon crâne pouvait contenir quinze livres de blé: une de ſes dents peſait dix-huit livres; la derniere phalange du petit doigt avait dix pouces de long : ce géant devait avoir plus de cent-vingt pieds de haut. Ne croyons cela que ſur des obſervations plus ſûres.

*Sarwitza*, ville bâtie ſur une montagne & dans la plaine qui eſt à ſon pié ; c'eſt un paſſage fortifié : ſur un roc élevé eſt un château fort.

*Kioſter*, ou *Caſorie*, ou *Celethrium*, ville dont les maiſons pauvres & diſperſées renferment un petit lac dans l'enceinte qu'elles forment.

*Sarigiole* petite ville.

*Edeſſa*, *Agea*, eſt voiſine des bords du Viſtritza, ou de l'Erigonius : elle était la demeure des rois avant que Philippe eut embelli Pella. Elle s'appella *Agea* ou la ville des chévres ; on lui donne aujourd'hui le nom de *Moglena*, du pays où elle eſt placée.

*Ochrida*, *Achrida*, *Giuſtendil*, ville aſſez grande & commerçante, ſur un mont au bord d'un lac long de cinq à ſix lieues, traverſé par le Drin noir près de ſa ſource, & dans lequel eſt une iſle. On doute que cette ville ſoit l'ancienne *Juſtinianea prima*, comme Buſching le dit. Danville place *Giuſtendil*

E 2

plus au nord, près de la Morave de Bulgarie, au delà des monts Scordiens, au sud du pays des Rasces. Il faut observer que la plupart des auteurs placent Achrida dans l'Albanie, & c'est avec quelque raison. Elle est le siège d'un pascha, d'un patriarche & d'un archevêque Grec.

*Toli* ou *Monastir*, petite ville qui a un vaste couvent ; elle est située sur un petit lac que traverse l'Erigonus ou le Vistritza.

*Ecciso Werbeni*, lieu célébre par ses eaux acidules.

*Stobi*, lieu qui fut une ville capitale de la Pelagonie, & qui n'est plus qu'une mauvaise bourgade.

*Pirlipe* est un bourg au pié de la chaine de montagnes qui porte ce nom, riche en metaux, en mineraux, & en talc qui la fait paraître brillante comme de l'argent

*Kuprulik*, (Ville du Pont) est placée près de la riviere Psinia.

*Kaplanik*, (Ville du Tigre) est une bourgade arrosée par une petite riviere qui se jette dans le Vardari.

*Comanova*, ville près des monts Scordiens ou Argentaro : elle a près d'elle un cloître grec.

## II. *Albanie.*

Elle comprend l'Illyrie Grecque & l'Epire, dont le nom signifie *terre-ferme* ; c'est particulièrement cette province que les Turcs appellent *Arnawd*. Elle s'étend le long du golfe de Venise dans un espace de 100 lieues, sur trente de large. Les *Parthini*, les *Taulantii*, d'autres peuples encore l'habiterent. Une petite partie le long des côtes appartient à la république de Venise. Ses habitans actuels deviennent d'excellens soldats: sans cultiver les sciences & les arts, dont ils ignorent même le nom, ils savent conduire les eaux & connaître la hauteur des montagnes, c'est l'œil, l'ombre & l'expérience qui les guident; ils sont des médecins en Turquie & ne seraient que d'ignorans empiriques parmi nous; ils sont meilleurs bouchers que médecins, & dès que cette profession les a enrichis, ils retournent dans leur patrie pour jouir de leur fortune. Ce pays est mal peuplé & mal cultivé; mais il est fertile. C'est de l'Epire que viennent les premiers abricots, & de là vient leur nom latin, *mala epirotica*.

Les principales rivieres de l'Albanie, sont le *Drilo*, ou le Drin noir. (Caradrina) il se jette près d'Alesjo dans un golfe de la mer Adriatique : le *Mathis* ou Mattia, l'*Argenta*, le *Genesus* ou Semno, ou Siomini, l'*Apsus* ou Crevasta, l'*Aous*, ou Lao, & Pollonia, le *Celidnus*, ou Salnich & Voiussa, l'*Acheron* ou Delichi. Sa principale chaine de montagnes est le *Candavii* ou Crasta; ses lacs sont celui de Scutari ou de Zenta, dans lequel s'élevent quelques isles, & se jettent plusieurs rivieres, parmi lesquelles on remarque la poissonneuse *Moraca*: ce lac communique à d'autres plus petits par les rivieres qui s'y rendent ou qui en sortent, & tels sont les lacs de Plave, de Horti, de Sfaccia, &c.

On divise cette province en Sangiacats de Scutari, d'Awlon, & de Delfino. On y trouve encore quelques villes considérables.

*Scutari*, *Scodra*, grande & forte ville, située au nord du lac de son nom, sur le Zem, elle est défendue par un château bâti sur la montagne, dont elle occupe la pente. Elle fut autrefois la résidence des rois d'Illyrie, & est aujourd'hui celle d'un pascha & d'un évêque Romain. Son commerce est considérable.

*Drivasto*, *Trivastum*, petite ville, siege d'un évêque latin. Il est sur la Bojana.

Le district montagneux de *Monte-Negro*, est habité par des peuples belliqueux dont une partie est soumise aux Vénitiens : ils habitent dans des bourgs & des villages.

Les districts *Clementi*, *Pulati* & *Zenta* s'étendent dans les montagnes, & ne renferment aussi que des bourgs & des villages. Celui de *Clementi* est environné d'un petit lac ou étang, que forme le Zem à quelque distance de sa source.

*Antivari*, *Antibarum*, petite ville & fort sur une hauteur près de la mer Adriatique qui y forme un golfe. Un évêque latin y reside.

*Dulcigno*, *Ulcinium*, *Colchinium*, petite ville qui a un bon port & un château fortifié. Elle est assez riche & commerçante : les vaisseaux Italiens y viennent charger des grains, du bois & des cuirs ; ses habitans ne se bornent pas toujours à être commerçans, ils font quelquefois le métier de pirates.

*Alessio*, *Lissus*, ville près du Drin noir, qui s'y jette près de là dans la mer. C'est là que mourut & que fut enseveli *George Kastriot*, ou *Scanderbeg*.

*Croja* fut la capitale de ce prince & il y était né : cette ville n'est plus : il ne reste qu'un village sur ses ruines, où l'on dit que siege un évêque grec.

*Albasano* est un bourg, à quelque distance du Semno, au pié d'une chaîne de montagnes qui fait partie des monts qu'habitent les *Ducagini* : c'est l'ancienne Albanopolis de Ptolomée.

*Iscampi*, est un village à trois lieues d'Albasano ;

c'eſt l'ancienne Scampis que traverſait une grande voye Romaine dont on voit encore les ruines. C'eſt ici qu'il faudroit parler d'*Achrida* que Buſching place dans la Macédoine & qu'il croit être *Juſtinianea prima*; cette derniere ville était en effet dans la Dardanie; mais n'eſt point ſur un grand lac, & ne s'appelle point Achrida: Achrida fut fondée par les *Daſſaretii*, elle s'appellait *Lychnidus*. Les Bulgares firent dans le huitieme ſiecle leur principale ville de Lychnidus & l'appellerent *Achrida* ou *Ocrida*. En deſcendant le Drin, qui ſort du lac d'Achrida, on trouve les deux *Dibra*, villages aujourd'hui, autrefois villes, ſous le nom de *Deborus*.

*Durazzo* s'appella d'abord *Epidamnus*, nom qui deſignait le caractere perfide de ſes habitans qui étaient une colonie de Corcyre; les Romains lui donnerent celui de *Dyrracchium* d'où vient ſon nom actuel. Ce n'eſt plus qu'un village ſur une peninſule coupée de marais, qui a un port médiocre, & un château ruiné pour la défendre, les Turcs l'appellent *Drazzi*. Son port libre l'avait rendue floriſſante.

*Arnaut Beli-grad*, petite ville, pauvre & mal bâtie; ſon nom ſignifie (*Ville blanche Albanoiſe*); ce pourrait être l'ancienne Elyma.

*Polina*, *Pollonia*, n'eſt plus rien aujourd'hui: elle fut célebre autrefois par ſa ſituation riante & commode, & par les ſciences qu'on y cultivait. Ne pouvant parler de Polina, il faut dire qu'elle fut l'ancienne Apollonie pour fixer ſur elle les regards du Lecteur. Près d'elle, au bord de la mer, eſt le château de *Pirgo*.

*Aulon*, *Valona*, eſt ſur un golfe qui s'avance dans les terres, & lui forme un port vaſte & ſûr. Cette petite ville étoit entourée de quelques fortifications qui ont été ruinées; près d'elle était l'ancienne Oricum. Sur la montagne est la ville forte de *Canina*: son nom rappelle celui de Chaonie.

*Monti della Chimera*, monts connus autrefois sous le nom d'Acrocerauniens, parce qu'ils étaient souvent frapés de la foudre, ou qu'on le croyait. C'est là que finit la mer adriatique, & que commence la mer Ionienne : ces monts sont habités par des hommes dont quelques-uns seulement reconnaissent la puissance du Turc: les autres devenus corsaires, voleurs intrépides, n'épargnent ni le Turc, ni le Chrétien quand l'occasion s'en présente : ils portent des arcs, des flèches, & des frondes pour combattre de loin : mais de près ils manient la pertuisane & la hache à deux tranchans. C'est d'eux que descendent les Morlaques, les Uscosques, les Aidons & les Mataloffes, gens indomptés, bravant la peine, l'ennemi, l'intempérie de l'air, & courant nuds pieds comme des daims dans les montagnes & les vallées. Au bord de la mer était la ville de *Chimera*, fameuse par ses bains chauds : elle n'est plus qu'un mauvais bourg.

*Delfino*, est la capitale de la basse Albanie : elle est voisine du Pinde. Le pascha y réside.

### *Thessalie ou Janna.*

Ce pays s'appella d'abord *Aemonia*, d'Aemon père de Thessalus qui lui donna aussi son nom. Il eut aussi celui de *Pelasgia* de Pelasgus, grand-pere d'Aemon, & plus anciennement celui de Pirrhæa, de la femme de Deucalion. Elle est au sud de l'Albanie & de la Macédoine, au nord de la Grèce propre. On y remarque diverses montagnes, dont vingt-quatre furent autrefois célebres. Le *Pinde*, aujourd'hui *Mezzonovo*, situé au couchant du pays, la sépare de l'ancienne Epire. L'*Olympe*, Lacha, si exalté par sa hauteur, n'a qu'environ huit cent toises de haut, il s'étend au nord jusqu'au mont Stymphe. Le *Pelion*, Petras, n'a pas 300 toises de haut, l'*Ossa* & le *Céphété* étaient la demeure des Centaures, fable née des excellens chevaux que nourrissait la Thessalie, & de l'adresse & de la vigueur des habitans à les guider. Dans ce pays coulait le *Penée*, fleuve dont les eaux limpides & calmes l'arrosaient, & en faisaient le jardin des muses : on lui donne aujourd'hui le nom de Salampria : c'est lui qui, resserré par le mont Ossa & le mont Olympe, se joignit aux eaux d'un lac près de Larisse, & causa le déluge de Deucalion. Là son cours est rapide, & bientôt il se jette dans la mer, par le Licostomo, ou bouche de Loup. La Janna, quoique mal peuplée, & qui ne l'est guere que par des hommes méchans & paresseux, est fertile & riante : elle produit des oranges, des citrons, des limons, des grenades, des raisins très-doux, des figues excellentes, des melons exquis, des amandes, des olives, du cotton, des vins que les uns trouvent bons, & d'autres mauvais, & divers fruits. C'est de-là que viennent les chataignes, qui prennent leur nom de la ville de Castanea. Ses bœufs étaient aussi célèbres que ses chevaux ; ses habitans sont bien faits & de bonne mine : ils ne sont pas heureux dans un pays qui les appelle à l'être. Ses paturages sont excellens, arrosés par une multitude de ruisseaux, divisés en cent petits canaux naturels. Ses collines embellies par la nature ; ses monts, les gorges & les vallées qu'ils forment, les plaines qui les féparent préfentent un afpect enchanteur. Une multitude d'arbres le long des ruiffeaux y donnent un ombrage frais aux bergers & aux troupeaux : l'air y eft fain, on y recueille du bled, du miel, de la cire, de la foie; & dans ce riche pays, des mets falés, du pain noir, & des fruits fecs, font la nourriture des hommes qui y vivent.

On connait la defcription de la vallée de Tempé, dans Elien ; on la cherche aujourd'hui & on ne la reconnaît plus : on foupçonne cependant que c'eft une plaine qu'on trouve à deux lieues de Lariffe, entre cette ville & la mer : le Pénée y coule vers le nord; elle a deux lieues de long & moins d'une de large, & eft environnée de montagnes affez baffes, qu'on pourrait rendre fertiles & agréables. Cette province forme un Sangiacat.

*Lariffa*, *Yen-gifchehir*, en eft la capitale : cette ville eft fur le Pénée qui l'arrofe au couchant & au nord. Elle portait le même nom qu'aujourd'hui quand Achille était fon prince. Elle eft placée fur un lieu élevé, dans une fituation agréable. Vers le nord, elle a une plaine marécageufe qui paraît avoir été un lac; au couchant eft un grand pont de pierre à dix arches, & auprès un ruiffeau qui feche en été, & traverfait autrefois une partie de la ville. Elle a une lieue de tour, il ne refte des veftiges de fes anciens monumens que quelques pieces éparfes de marbre. A fon centre eft une tour de bois avec une groffe cloche, chofe rare en Turquie. Un pafcha y réfide, & on y compte quinze mille familles Turques, mille & cinq cent Grecques, & trois mille Juives. Elle commerce en denrées & en étoffes: c'eft le fiege d'un archevêque Grec. Le fultan y tint fa cour en 1669.

A quelques lieues au midi de Lariſſe, eſt une grande plaine de ſept lieues de long, qui paraît être celle de Pharſale. Au milieu eſt la petite ville de *Catadia*, au deſſus eſt une colline où l'on voit les ruines d'une ville qu'on croit être Pharſale, & que des voyageurs nomment *Farſa* : on voit près de là l'Enipéus, qui ſe jette dans l'Apidanus, qui paraît ſortir d'un lac étroit, nommé *Davecleh*, & que le Pénée reçoit dans ſon ſein, ainſi qu'un grand nombre d'autres rivieres : on cherche dans cette plaine les villes de *Métropolis* & de *Gomphi* ; on ne fait que conjecturer les lieux où elles furent par quelques ruines diſperſées ſur des collines iſolées.

*Fricala*, bourg ſur le Pénée ou Salampria. C'eſt l'ancienne *Tricca* : elle eſt au nord du Mezzonovo ou du Pinde.

*Aleſſone*, eſt ſur une riviere qui ſe jette dans le Pénée : c'eſt l'ancien Olooſſon.

*Joannina*, *Janna*, ville qui doit ſon nom à l'Ion qui ſe jette dans le lac ſur lequel elle eſt aſſiſe, & que forme le Pénée. On la croit élevée ſur les ruines de Caſſiope. C'eſt une ville conſidérable où réſide un évèque Grec, & qui a de riches commerçans.

*Ternowo*, ville dans une belle ſituation, ſur le Salampria ; elle eſt grande & aſſez commerçante. En redeſcendant vers le Pénée, on ne rencontre aucune ville : près de ſon embouchure eſt le fort de Licoſtamo, ou bouche de Loup ; plus bas eſt le port de *Claritza*.

*Volo*, eſt une ville qui a été fortifiée, & donne ſon nom à un golfe qu'on nommait autrefois Sinus Pelaſgicus ; c'eſt là qu'était *Demetrias*. A l'entrée du golfe eſt un petit port nommé *Fétio* ; il paraît que c'eſt l'*Aphetæ*, d'où ſortit le vaiſſeau Argos. Vis-à-vis sont de petites isles, dont deux ont conservé leur ancien nom: c'est *Sciathus*, & *Scopelus*.

En passant de là dans l'intérieur des terres, on trouve des gorges ténébreuses, l'on entre ensuite dans une plaine charmante. Là, sur un lieu élevé était la ville de *Thaumaci*, qui devait son nom à l'admiration qu'elle inspirait à son aspect: on ne voit plus que des hameaux dans ses environs; elle-même n'a pas laissé de traces. Près de là est le Sperchius, fleuve considérable, qui vient se jetter dans le golfe de Zeitoun; *Zeitoun*, que les uns croient être *Trachis*, & d'autres avec plus de raison peut-être *Lamia*, est une ville située à quelque distance de la mer & du Sperchius, sur deux collines: le plus grand nombre de ses habitans sont des Turcs: on y compte environ quatre cent familles chrétiennes; il est facile de reconnaître leurs maisons, car ce sont les plus mal bâties. L'air n'y est pas sain en été; il y a quelque commerce, & la vallée qui s'y termine est une des plus fertiles de la Grèce.

*Armira*, bourg près du golfe d'Armiro, qui fait partie de celui de Volo: selon Danville on croit que c'est l'ancienne *Eretrie*.

### Livadie.

On comprend sous ce nom, la Grèce propre, qui a été composée des très-petits royaumes d'Acarnanie, d'Etolie, d'Ozolaa, de Locrias, de Phocis, de Doris, d'Epiknemidie, de Bœotie, de Mégare, & d'Attique. Il s'étend de la mer d'Ionie jusqu'à l'Archipel, & est rempli de montagnes, d'où sortent un grand nombre de rivieres: les monts les plus connus sont le *Parnasse*, le *Cithéron*, & l'*Heli-*

*con*, qui font vers le nord. Les rivieres font : le *Sionapro* ou *Afpro-potamo*, (fleuve blanc) connu fous le nom d'Acheloüs, & qui féparait l'Acarnanie de l'Etolie, il defcend du Pinde, & fe rend dans la mer, vis-à-vis les *Echinades*, ifles baffes & plattes : le *Fidari*, autrefois Evenus, qui traverfe l'Etolie dans fa longueur : le *Sephiffe*, ou Cephife, fe jette dans le lac fpacieux de Copaïs qu'il forme avec d'autres rivieres; l'*Ifmenus*, qui fe jette dans l'Afopus qui fe rend dans l'Archipel. Au midi de Zeitoun, en fuivant le rivage de la mer eft le mont Oeta, nommé aujourd'hui *Coumaita*. Au pied de cette montagne font des fources d'eaux chaudes imprégnées de fel & de foufre, & ce furent ces fources ou Thermes, qui donnerent leur nom au paffage des Thermopiles qui en eft voifin : la mer en fe retirant a rendu ce paffage moins étroit; il n'eft pas cependant de plus de 25 pas de large. Au couchant eft l'Acarnanie, aujourd'hui *Carnia*, c'eft par-là que nous commencerons la defcription de la Grèce. Elle touche au golfe d'Arta.

A l'ouverture de ce golphe, qui reçoit une partie de l'Acheloüs, on voit le promontoire d'Actium : cette ville n'eft plus qu'un village qu'on croit être *Figalo*; mais qui femble devoir plutôt être *Azio* : au fond du golfe eft un canton nommé *Filoquia*; c'eft là que fut Argos, diftinguée de celle du Peloponnefe, par le furnom d'*Amphilochicum* : plus bas était Stratus. A l'embouchure de l'Afopus eft une plaine déferte : on y vit autrefois la ville d'*Oeriadæ*.

Delà on paffait dans l'Etolie : fes bords auprès de la mer font des montagnes defquelles on voit defcendre quelques rivieres, dont l'eau blanchit dans fes chutes : parmi elles eft celle que formait la fontaine de Calliroë, le mont Calydon est baigné par le Fidari. On n'y voit pas de ville qui puisse être citée. Vers le nord les Empereurs Grecs transporterent des Valaques, dont les descendans l'habitent encore aujourd'hui, & donnent à cette partie de l'Etolie le nom d'Ylakia. En général, ce pays plus habité, & par des hommes libres, serait agréable & fertile. Il a quelques plaines & des vallées riantes.

Delà, on passe dans la Phocide : sur ses frontieres habitaient les Locriens Ozolœ, ou puans : la premiere ville qu'elle offre est *Lepante*, ou plutôt *Enebect*, corruption de Naupacte, ancien nom de cette ville : elle est connue par une bataille navale qui ne se donna pas près de ses murs, ni même dans son golfe ; mais au-delà de son entrée, formée par deux caps qu'on nommait *Rhium* & *anti-Rhium*, & défendue par deux châteaux, qu'on nomme les *Dardanelles de Lepante*. Le golfe de Corinthe commençait autrefois à l'embouchure de l'Asopus ; on le borne aujourd'hui à ces Dardanelles.

*Lepante* est placée au pied d'une montagne, sur laquelle est un château, & près de la mer qui lui forme un port : des deux côtés elle a des champs fertiles, de beaux vallons plantés d'oliviers, de vignes, d'orangers, de citroniers, & de limoniers. Elle est fortifiée, & un Archevêque y réside.

*Salone* est l'ancienne Amphissa ; elle est éloignée de quelques lieues du golphe auquel elle donne son nom, & qui est le plus vaste de ceux que forme celui de Corinthe. Au dessus de la large embouchure du Pleistus qui s'y jettait, se voyait autrefois la ville de Crissa, qui lui donnait autrefois son nom. Salone est au pied d'un mont, sur une petite riviere qui se rend dans le Pleistus : des

Grecs & des Turcs l'habitent; mais elle n'a de richesses que celle de son sol négligé. Son Evêque Grec est suffragant d'Athenes.

*Aspro-Spitia* est l'ancienne Arthicirrha : ce n'est plus qu'un village dans l'Isthme qui joint à la terre une petite Peninsule.

*Castri*, est un bourg d'environ deux cent maisons : il est situé sur une montagne escarpée, au milieu des ruines de l'ancienne Delphes. Cette ville avait mille & sept cent toises de tour. Un des sommets du mont Parnasse, dont la pointe suspendue avait la forme d'un dais, la couvrait du côté du nord; deux vastes rochers l'embrassaient par les côtés; un autre rocher, nommé *Cirphis*, la défendait au sud, & on n'y entrait que par des sentiers étroits. Entre la basse ville & le Cirphis coulait le Pleistus : les rocs qui l'environnaient s'abaissaient insensiblement au dedans, & la découvraient dans toutes ses parties : ses édifices offraient la plus belle perspective du monde. Quand on y était parvenu, le nombre prodigieux de statues d'or & d'argent faisait croire qu'on était dans une assemblée de dieux. Aujourd'hui on n'y voit plus que le spectacle de la misere. Le plus haut sommet du Parnasse a le nom d'*Heliocoro*. Au nord de ce mont coule le Cephisus dans de vastes plaines : il sort de l'ancienne Doride; son nom actuel est *Mauro-Nero*, riviere noire; & sur ses bords est le bourg de *Turco-chorio*, reste d'Elatia, la plus grande ville de la Phocide : ce bourg n'est habité que par les Turcs : de la Doride on passait dans le pays des Locriens. Là était la ville d'Opus qui leur donnait son nom. On n'y voit point de villes aujourd'hui, des chaines de monts, quelques beaux vallons, des plaines où sont dispersés des hameaux, le bourg de *Thalenta*; au midi de la riviere Platanus, des ruines difperfées dans les lieux où fut Orchomène, celles de *Paleo-Caſtro*, qui fut vraifemblablement *Thronium*, le mont Oeta, les Thermopiles, c'eſt tout ce que ce pays préſente aux regards du voyageur.

Sur les frontieres de la Phocide, dans la Béotie, était Lebadea, aujourd'hui *Livadie*. Cette ville bâtie autour d'une montagne, renferme ſix cent cinquante maiſons. Il y a autant de Turcs que de Grecs, & on y compte environ cinquante familles Juives. Les Chrétiens y ont trois égliſes; dans ſes environs on trouve quelques inſcriptions, & un château ſur un mont vers le couchant. Cette ville était célebre par l'antre de Trophonius. On voit encore dans le rocher une chambre qu'on y a taillé, elle a douze pieds en quarré, a un banc de chaque côté, & paraît avoir été peinte: dans la façade du midi ſont pluſieurs niches taillées auſſi dans le roc, & une ouverture ronde qui s'étend fort avant ſous la terre; un homme peut y paſſer, & c'eſt apparemment l'ouverture de l'antre: près de-là, un ruiſſeau ſort du rocher, forme pluſieurs caſcades au travers des rocs, fait tourner des moulins, & traverſe la ville, qui eſt ſituée au midi d'une vallée de deux lieues; elle a le Parnaſſe au couchant, l'Helicon, ou le Zogara au midi; on y commerce en laines, blés & riz, dont elle fournit preſque toute la Grèce.

Près d'elle eſt le lac qui porte aujourd'hui ſon nom, & qui eut celui de Copaïs; la plaine qu'il couvre a ſix lieues de long & deux de large: on lui donne le nom de *Vaito de Topolia*, marais de Topolia, parce que les roſeaux le couvrent durant l'été; dans tous les temps il y a du poiſſon: il ſe

joint

joint en hiver à d'autres marais ; le Cephife, & un grand nombre d'autres rivieres l'enflent alors ; & fouvent il fubmerge les villages nombreux qui s'élevent fur les collines voifines. On y voyait autrefois plufieurs villes, telles que *Copæ* qui donnait fon nom au lac, & qui paraît être le village de *Topolia*; *Chéronée*, qu'on croit être *Granitzo*, Medeon, Onchertus, Haliarte, dont il refte quelques ruines. Il fe décharge dans la mer par des canaux fouterrains, merveilles de l'art & de la nature, nommés *Catabathos*: on en compte quatre-vingt, & on les voit près de Topolia. Tout ce pays, ainfi que le lac, eft environné de hautes collines & de montagnes qui fe joignent, de maniere qu'elles ne laiffent aucun paffage aux torrens & aux rivieres qui s'y réuniffent, & fans ces canaux, la plus grande partie de la Livadie ferait fous les eaux. L'un de ces fouterrains fe rendait au lac d'Hylica, ou de Thebes, qui a deux lieues en tout fens. Ces lacs & ces marais devaient épaiffir l'air, & influer en effet fur l'efprit des habitans de la Beotie.

*Thiva*, *Stiva*, jadis *Thebes*, eft entre l'Ifmenus & le Dene, deux petites rivieres qui fe perdent dans le lac d'Hylica, près d'une grande plaine, fur une colline : l'ancienne ville s'étendait encore fur une colline voifine & l'efpace qui les fépare ; autour d'elle font différens tertres formés par les torrens. Elle a été remarquable par fes beaux temples, fes palais, fes maifons fomptueufes ; il n'y refte plus que les reftes d'un château qui paraît avoir être revêtu de marbre gris, bâti à la maniere des anciens Grecs, & quelques chapiteaux corinthiens ; mais on prétend qu'on trouve dans fon enceinte & dans fes environs cent Egliſes, dont le pavé & les murs ſont mêlés de fragmens d'inſcriptions. Cette ville a encore preſque demi lieue de tour, elle renferme deux cent familles Grecques, mille Turques, ſoixante & dix Juives, & a un Archevêque, un Vaivode, & un Cadi.

La Beotie avait encore diverſes villes qu'on cherche vainement aujourd'hui. Telle était l'opulente Orchomène, Theſpies, Leuctres, Platées, que le mont Citheron ſéparait d'Eleuthere. Ce pays était abondant & fertile, & on s'en apperçoit encore. On peut y remarquer le couvent de *St. Luc*, qui a été le plus beau de la Grèce, près duquel croiſſait & croît encore le kermès, & des collines voiſines du golfe de Corinthe, formées par des débris de coquillages.

La Béotie touche à l'Attique, pays ſec, & preſque ſtérile: l'Aſopus les ſéparait: dans l'eſpace compris entre les deux villes, eſt le mont Pantelicus, nommé aujourd'hui Ozia: il était fameux par ſes carrieres de marbre: ſur le haut d'un de ſes rochers était ſitué *Phyle*, dont les murs ſubſiſtent encore. De-là on découvre la ville d'Athenes, qui en eſt cependant à près de quatre lieues.

Le mont Hymette, fameux par ſon miel & ſon marbre, par l'or qu'on croyait y être renfermé & gardé par des fourmis, s'abaiſſe inſenſiblement au couchant, en formant une chaine de collines aſſez baſſes, dont la plus voiſine d'Athenes eſt l'Anchesmus: cette ville eſt ſur un rocher eſcarpé de trois cent dix toiſes de long, ſur cent de large: entouré d'une plaine longue de trois lieues, large de quatre: c'était là qu'était la citadelle: l'ancienne Athenes s'étendait tout autour; la ville actuelle ne s'appelle point *Setines*, mais *Atheni*, ou *Athina*:

deux rivieres arrosaient la plaine, l'Ilissus & l'Eridan; aujourd'hui ils sont presque desséchés: les eaux de la premiere coulent dans des canaux sur des plantations d'oliviers, des jardins; celles de la seconde arrosent des champs.

Peu de villes sont plus anciennes; neuf autres porterent le même nom, & on ne se souvient que d'elle. Cecrops la fonda, Thesée l'aggrandit, Adrien l'embellit, y éleva un palais, des murs, & voulut qu'elle porta son nom qui ne resta qu'à la partie qu'il avait bâtie, & dont il ne reste que dix-sept colonnes. Elle fut soumise aux empereurs Grecs, & eut quelques princes particuliers avant que les Turcs l'eussent conquise. Quelques auteurs lui donnent encore quinze à seize mille habitans; d'autres ne lui en donnent que huit mille, dont les trois quarts sont Chrétiens, & qui ont plusieurs Eglises: les Turcs y ont cinq mosquées. On ne parcourt pas cette ville sans être frappé par des ruines, ou magnifiques, ou célebres. Va-t-on vers l'Acropolis, ou la citadelle; l'avant-portail, une cour antique, des briques de colonne y rappellent le temple de la Victoire où étaient de magnifiques tableaux. Porte-t-on ses pas vers le *Parthenion*, temple de Minerve, devenu mosquée, & qui a servi dans la guerre de magazin à poudre; on admire la simplicité de son architecture, son corridor soutenu par quarante-six colonnes, le *pronaos* ou parvis, les reliefs qui l'ornent encore où l'on voit Jupiter nud à côté de la Victoire qui conduit les deux chevaux de Minerve, ouvrage hardi & délicat. On y voit aussi l'empereur Adrien & sa femme, & la querelle de Neptune & de Pallas. Près de là est l'*Erectheion*, ou temple d'Erecthée; il n'en reste qu'une partie. Son ordre est l'ionique, ses

F 2

colonnes font canellées, son portique était soutenu par quatre statues de femmes, de sept pieds de hauteur ; leurs cheveux forment de longues tresses ; sur leurs têtes est un coussinet orné d'arcs & de dards : tout l'édifice était de marbre, il renfermait un puits d'eau salée, qui, lorsque le vent du midi soufflait avec force, faisait entendre un bruit semblable à celui des vagues de la mer. Au pied de la montagne est le *théâtre de Bacchus*, bâti en pierres de taille : on y voit deux arcades & trente arches ensevelies sous la terre, & une grotte singuliere laissée dans le roc : ce qui en reste de plus entier, est le mur de derriere la scene, ce sont trois rangs de fenêtre, les unes sur les autres ; les spectateurs étaient assis sur des degrés, & n'y avaient à craindre que le vent du midi : vers l'orient est une petite tour de marbre, environnée de six colonnes canelées, couverte d'un dôme taillé en écaille, au dessus duquel est une lampe à bec en ornement d'architecture ; le vulgaire l'appelle *lanterne de Démosthéne*, & des savans le croyent être un reste d'un ancien temple. Vers le couchant d'hyver est la colline de l'Aréopage : un rocher peu élevé, dont les fondemens sont taillés en demi cercle & en pointe de diamans, y soutient une esplanade de cinquante toises de long : au centre était une tribune taillée aussi dans le roc & des bancs : là, dans le silence de la nuit s'assemblait ce sénat auguste : on y voit encore quelques voutes qui servaient de prison. Au midi du théâtre de Bacchus était la colline du *Musée*, où l'on voit plusieurs grottes taillées dans le roc qui servaient de tombeau, & qui a à son sommet un magnifique monument de marbre blanc, orné de sculptures & de colonnes : dans la plaine, vers l'orient est la fontaine *Enneacrunos*, plus loin les ruines de la ville d'Adrieni, au midi la mare que formait la source de Callirhoé, & sur les bords de l'Ilissus l'Eglise Grecque nommée Panagia, & qui fut un petit temple de Cérès bâti en marbre blanc. Au pied du mont Hymette sont les ruines du stade ; il avait quatre-vingt-dix toises de long, & trente de large ; on en distingue encore le circuit & quelques ruines. La *Tour des Vents* est une tour octogone de marbre, dont la corniche est soutenue par de petites corniches canelées ; dans la frise sont représentés les vents du côté qu'ils soufflent avec leurs attributs distinctifs. L'*Eurus* est un jeune homme dont le vol est lent, & qui porte dans le pli de son manteau, des pommes, des citrons, & des grenades. *Cœcias* est un vieillard qui porte un plat d'olives. Zephire, l'air riant, le sein & la jambe nues, présente des fleurs, &c. Au haut de la figure était une petite pyramide qui soutenait un triton de bronze très-mobile, lequel tenait à la main une baguette qui montrait le vent qui soufflait : sur chaque face était un cadran solaire. Un des beaux monumens de l'ancienne architecture, sont les restes de Jupiter Olympien ; il avait quatre stades de tour ; près de lui était un gouffre où l'on jettait un gâteau consacré, parce qu'il avait absorbé les eaux du déluge de Deucalion : il en reste des colonnes, un long mur & une tour demi-circulaire : l'Eglise *Agios Georgios* était autrefois le temple de Thesée, & sur la frise de la façade on voit encore la bataille des Centaures & des Lapithes. Il serait trop long de détailler toutes les ruines de cette ville célébre ; nous nous arrêtons ici.

Athènes avait trois ports, ceux de *Phalère* & de

*Munichia* au levant; ils font aujourd'hui presqu'abandonnés; celui du *Pirée* au couchant, a l'entrée étroite, mais le fond en est excellent, & il a huit ou neuf cent toises de tour, il est très fréquenté encore, & on l'appelle *Porto draco*, & *Porto léone* \*, d'un beau lion de marbre de dix pieds de haut, qui était au fond du port, & qu'on voit aujourd'hui devant l'arsenal de Venise: on voit encore les fondemens du long mur, qui joignait ce port à la ville; il avait près de deux lieues de long. La ville jointe à ses ports avait sept lieues de tour. On y commerce en huile, cuirs, savon, poix resine, & vins estimés. Les Athéniens modernes sont bien faits, vifs, ingénieux & vains: telle est dans les enfans même la sensibilité pour le point d'honneur, que celui qui, en deux jours n'apprend pas vingt pages de son catéchisme, s'enfuit & se cache de honte. Un gouvernement éclairé & sage les rendrait bientôt aux arts dont ils firent la gloire. Le nom d'Attique vient du mot *Acté*, qui désigne une terre resserrée par la mer: telle est en effet sa situation. On y comptait autrefois cent soixante & quatorze communautés ou peuples. Nous parlerons de ceux qui ont laissé quelques traces jusqu'à nos jours.

*Angelokipous*, village sur les ruines de celui d'Angeli: son nom signifie le jardin des vignes.

*Urana*, hameau qui fut la ville de Brauron, célèbre par son temple de Diane.

*Lepsina*, *Eleusis*, n'est plus qu'un lieu couvert de ruines de temples, & de quelques cabanes, habitées par

---

(*a*) Lenglet donne ce nom au *Port-Phalere*; mais il se trompe.

des familles Grecques dans la misere. Les mysteres de Cérès étaient célebres. Elle était sur une colline qui partageait une plaine où l'on sema le premier froment. On y voit un buste qui fit partie de celui de Cérès, ouvrage de Praxitele, & digne de l'être.

*Porto-Rasti* est l'ancien Thoricus. *Phlya*, bourg qui conserve son ancien nom. *Marasona* est l'ancienne Marathon, *Asopa*, l'Anaphlistus, *Zucamino*, village, était l'ancien Oropus. *Calivisto Soully*, hameau où fut Tricorythus.

*Megare* peut être placée dans l'Attique : des monts séparaient son territoire de celui d'Eleusis. Elle était dans une plaine de trois lieues de long, sur une de large, à l'extrèmité du mont Nisus, située en partie sur une colline, en partie dans la plaine. Son port était à une lieue d'elle, & on l'appellait *Nisæ* : il lui reste quelques ruines & des médailles : au nord on voit plusieurs églises & un village ruiné, nommé *Palaïochore*, le vieux village : c'était l'ancien *Rhus*. Nous parlerons ailleurs des isles voisines.

On trouve encore dispersés dans l'Attique, différens villages, mais ils méritent peu d'être connus par eux-mêmes, & n'ont aucune liaison avec les anciens. C'est tout ce qui reste de ce pays célebre, où l'on voyait plusieurs villes toutes distinguées par le caractere de ses habitans, & les productions de leur terroir. Là, étaient *Aegilia*, célebre par ses bonnes figues, *Harma*, connue par des bains *Aexoni* par l'esprit médisant de ses habitans. *Acharna*, par ses grands anes, la grossiéreté de son peuple, & le charbon qu'il vendait, *Elæus* par les oliviers qui l'environnaient. *Icaria* où la comédie fut inventée, &c.

## La Morée.

La Morée est une presqu'isle qui tient à la terre-ferme par un isthme auquel la ville de Corinthe donnait son nom, & où l'on célébrait les *jeux Isthmiques*. Elle s'appellait d'abord *Aegialea* & *Apia*, ensuite le Peloponnese; le meurier (morus) qui y est commun, ou la feuille de cet arbre à laquelle elle ressemble par sa forme, lui fit donner son dernier nom. L'Arcadie en occupait le centre: autour d'elle on trouvait l'Achaïe, l'Argolide, la Laconie, la Messénie & l'Elide. La premiere avec la Laconie comprend aujourd'hui le *Braccio di Maina*, ou le *Tzakonia*: les deux dernieres forment le *Belvedere*, l'Achaïe & l'Argolide comprennent aujourd'ui le *Chiarenza*, & la *Saccanie*: cette division vient des Venitiens qui l'ont possédée. Parmi ses fleuves on remarque le *Carbon*, jadis l'*Alphée*, le *Pirnaze* qui fut le *Panise*, & le *Vasilipotamo* (fleuve royal) connu encore sous le nom d'Eurotas, & qui sort du mont Menale. Elle renferme quelques lacs; tel est le *Stimphale* fameux par les animaux nuisibles qui se tenaient sur ses eaux, & le *Pénée* où le Styx prenait sa source: les eaux du dernier sont si glaçantes qu'elles donnent la mort à celui qui en bot: elles rongent le fer & le cuivre, & de là vint qu'on en fit un fleuve de l'enfer. Elle forme plusieurs golfes, tels que ceux de Lepante, d'Engia, de Napoli, de Colokithia & de Coron, qu'on nommait autrefois Sinus Corinthicus, Saronicus, Argolicus, Laconicus, & Messéniacus. C'est un pays montagneux, surtout à son centre; & là on trouve des loups, des tschakals, & quelques linx; mais les vallées & les côtes en sont très-fertiles: elle abonde en froment, en huile & en soye, surtout près de

*Misthra* & dans le Calabrita qu'arrose le Carbon. On y compte 100 mille chrétiens; on y en comptait bien davantage quand Venise la possédait.

L'Isthme de Corinthe a une lieue & demi de large dans les lieux où il est le plus étroit. On l'appelle *Hexa-mili*, ou *Examiglia*, parce qu'il a six mille grecques de large. On y voit un chemin que fit élargir l'empereur Adrien; une chaine de rochers le traverse d'une mer à l'autre; & près d'elle sont les restes d'un mur & d'un canal qu'on y voulut faire & qu'on n'acheva pas. C'est là qu'était un temple à Neptune, sur le mont Oenius, appellé la montagne des temples, du grand nombre qu'on y en avoit bâti.

Nous ne suivrons pas la division introduite par les Vénitiens, parce qu'elle n'est plus suivie: celle des Turcs est mal connue; nous suivrons donc celle des anciens qui est la moins ignorée.

### I. *Achaïe.*

Les Romains donnerent son nom à la Grèce: c'est une bande de terre qui fait la partie septentrionale du Peloponnese, & comprenait l'Achaïe propre, les territoires de Corinthe & de Sicione avec l'Isthme.

*Corinthe*, *Corito*, ou *Cortho*, fut une ville puissante, qui eut d'abord le nom d'*Ephira*. Sa situation lui fit donner celui de *Bimaris*. Elle est située sur une hauteur à quelque distance du golfe. Elle a eu de magnifiques bâtimens, des temples, des palais, des portiques, des tombeaux, des bains ornés de colonnes & de statues, elle avait alors trois lieues de circuit. Quelques restes d'un bain, une douzaine de colonnes; c'est tout ce qui reste de son ancienne splendeur. Des especes de cabanes couvrent le terrein qu'elle occupa : elle a 13 à 1400 habitans : chaque maison a son jardin planté d'orangers & de citronniers, & plusieurs sont séparées par des champs. Son territoire rapporte de l'orge, du froment, des olives & du vin. Elle a un archevêque Grec. La citadelle est sur un mont qui la domine, on la nomme *Acro Corinthus* ; sa situation & l'art la rendent forte : détruite par les Romains, César l'avait rétablie. De ce lieu on voit au loin le mont Citheron, le Parnasse & l'Helicon qui ne sont plus curieux que par les plantes qu'on y trouve ; vers le haut de ce roc, est une source abondante & pure ; c'est celle de *Pirene* : deux petits forts accompagnent & défendent ce château. Corinthe avait deux ports, *Lecheum* le plus voisin était sur le golfe de Corinthe ; on y voit quelques restes de murs. *Cenchrée*, nommée aujourd'hui *Kecreb* sur le golfe Saronique en est à plus de deux lieues. Tout autour l'air impur cause des maladies dans les chaleurs.

*Basilico* ou *Vasilica*, est l'ancienne Sycione. Elle est située sur un mont : c'était encore une petite ville au commencement de ce siècle ; ce n'est plus qu'un amas de masures où 3 ou 4 familles Turques, & autant de Grecques vivent dans la misère : elle est à une lieue de la mer. L'Asopus & le Nemée coulent entr'elle & Corinthe, & leur nom actuel dit *Arbon* & *Angia*.

*Sta-Phlica* est l'ancienne *Phlius*. Elle est au pié du mont Gronio, & ce n'est plus qu'un village.

*Rupela* fut autrefois *Arathyna*.

*Vortitza*, ou *Vostitza*, porta le nom d'OEgium, & fut le lieu où s'assemblait le conseil général des Achéens : c'est une petite ville qui conserve quelques monumens : elle a un pont sur la Méganitas, qui arrose son territoire à l'orient, & plus loin coule le Phœnix.

*Drepano* est un village : ce fut un port fameux : il est à une grande lieue d'un château de Morée. *Patras*, fut nommée d'abord *Aroë* ( culture de la terre ) c'est là que Triptoleme vint apprendre à l'enseigner. Elle eut le nom de *Patræ* de Patreus, petit fils d'Agenor qui l'embellit. Auguste accrut le nombre de ses habitans. On y sacrifia pendant quelque tems un jeune homme & une jeune fille, pour expier le crime de Cometho & Menalippe qui s'étaient unis sans l'aveu de leurs parens. L'ancienne ville était sur un mont où l'on voit aujourd'hui le château : la moderne est à son pié, éloignée d'environ 200 toises de la mer ; elle a un tiers de lieue de circuit, renferme quatre-vingt familles chrétiennes, deux cent cinquante-six turques & cent-huit juives ; on voit près d'elle les ruines d'un cirque, de quelques aqueducs, & d'antiques murs. Au bord de la mer est un couvent abandonné, auprès est une cellule souterraine où vivait Saint André, l'apôtre & le martyr du pays. L'air y est mal sain pendant l'été, & chasse les laboureurs de leurs campagnes. Au midi de la ville est une plaine d'oliviers, dont l'huile ne sert qu'aux fabriquans de drap ; on y fait de bons fromages, on y recueille de la soie, du miel, du blé, du tabac, des citrons, des oranges & des grenades d'un suc très-agréable ; près d'elle sont des montagnes couvertes d'arbres qui portent la manne, & des cyprès d'une hauteur prodigieuse. C'est le port le plus fréquenté de cette plage : les consuls Anglais, Hollandais & Vénitiens y résident. Elle a un archevêque grec & douze paroisses.

Il y a eu à Patras un temple de Neptune, où dans un miroir placé fur l'eau, on voyait différentes images qui annonçaient la mort ou la vie du malade pour qui l'on s'intéreffait. On voyait auffi dans la place du marché les ftatues de Mercure & de Vefta : on les encenfait, on allumait des lampes autour, on mettait fur l'autel une médaille de cuivre, on interrogeait la ftatue de Mercure, on écoutait, puis bouchant fes oreilles, on fortait du marché : la premiere voix qu'on entendait quand on ôtait fes mains, était la réponfe de l'oracle.

*Saravale*, village où fut la ville de Pharœ : il eft au pié des montagnes, fur lefquelles eft un vieux chateau : la *Lefca* coule auprès, c'eft l'ancien Pirus.

*Caminitza* eft un bourg fur un petit golfe, où fe jette la riviere de ce nom. Le bourg fut connu autrefois fous le nom d'Olenus, & la riviere fous celui de Mela.

*Chiarenza*, ville qui a été confidérable, & qu'on croit être Cyllene : elle eft prefque ruinée ; le Sillus l'arrofe ; le cap de ce nom eft d'Araxe : près de là eft le village d'Achea qu'on croit être la ville de Dyme ou Caucon. Lenglet a cru qu'elle était Chiarenza, ou Clarence.

Le Lariffus feparait l'Achaïe de l'Elide : on le nomme aujourd'hui *Gaftouni*, fur fes bords eft une petite ville qui porte fon nom ; fa fituation eft à trois lieues de la mer. On la place dans l'Elide ; & on croit même que l'ancienne Elis fut fon origine.

*Triti* eft dans le centre du pays ; c'eft un bourg qui fut une ville fous le nom de *Tritœa* ; il eft au pié d'une chaine de montagnes.

## L'ÉLIDE.

*Castel Tornese*, ou *Clemontzi*, est placée au nord du cap de ce nom, nommé autrefois *Chelonites*, ce n'est qu'un bourg, & une espèce de château, sur une hauteur près de la mer, dans une situation agréable : près d'elle passe le Pénée, aujourd'hui *Igliaco*.

*Belvedere* que les Grecs appellent *Calloscopium*; le plus grand nombre des géographes croit qu'elle est l'ancienne Elis : c'est une petite ville sur l'Igliaco, à huit lieues de la mer : sa situation agréable & la riante perspective dont on y jouit, lui a fait donner son nom.

*Alfeo* ou *Rofeo*, bourg qu'on croit être l'Olympie des anciens : ce lieu si célèbre n'est plus. *Rofeo* est à quelque distance de l'embouchure du Carbon, ou Orphea dans la mer : il fut connu sous le nom d'*Alphée*, riviere célébre qui traverse presque toute la Morée de l'orient à l'occident : il prend sa source au mont Parthenius. Olympe est aussi appellée *Languanico* & *Scorni* : cette incertitude prouve qu'on connait peu encore ce pays. Ses jeux la rendaient célébre, & on sait qu'il y eut un temple de Jupiter Olympien, dont la statue était une des sept merveilles du monde : cette statue était haute de 50 aunes.

*Arcadia*, petite ville sur un golfe auquel elle donne son nom : on croit qu'elle s'appella *Pilus Nestoris*, elle est près de la riviere de Laguardo, autrefois *Anathus*. Danville la place dans la Messenie, & il a raison, si cette petite ville est en effet l'ancienne Cyparissus qui donnait son nom au golfe, mais Pilus était dans la partie de l'Elide, nommée *Triphilia*. Dans l'Elide était aussi le mont Erimanthe, aujourd'hui *Dimizana*, le mont Olympe, & le mont Zholoé aujourd'hui *Xiria*.

## L'ARCADIE.

Elle était au centre du pays, & ne touchait à la mer dans aucune de ses parties. Elle est environnée de montagnes, & a des beaux pâturages; on y nourrissait beaucoup de bétail, la vie pastorale y était honorée, & l'on connait ses anciens bergers; on y trouve des bestiaux & des bergers, mais ceux-ci sont presque nuds, & ne savent pas jouer de la lire. On y voit le lac Stymphale nommé aujourd'hui *Vulsi*, il est sec pendant l'Eté.

*Leondari*, bourg qui a succédé à Megalopolis: il a 150 maisons; près de lui naît & coule l'ancien Helissus qui se joint à l'Alphée.

*Dorbo*, village sur les ruines de Mantinée. Le Pere Cantelli l'appelle *Dorbogliza* & Danville *Trapolizza*. L'Orphea ou Alphée a sa source à quelque distance.

*Moklia* ou *Muchli* est l'ancienne Tégée: elle était sur la frontiere; on n'y compte que cinquante ou soixante maisons.

*Orchomenus*, village sur l'Orcomeno, qui se jette dans le Landon: il parait qu'elle a conservé son nom; mais c'est tout ce qui retrace son ancienne gloire.

*Phonia* est l'ancien Pheneos, c'est un hameau & un monastère près du mont Cyllene, une des plus grandes montagnes du pays, & où l'on disait que Mercure était né. A quelque distance est le lac auquel elle donnait son nom qui se retrouve dans celui de Feneo: le Ladon en sort.

*Garitena* parait être l'ancienne Gortys, *Hœrea*

près de l'Alphée sur le Ladon a conservé son nom. *Londano* était l'ancienne ville des Messeniens. *Lycosura* n'existe plus ; elle était au pié du mont Lycœus aujourd'hui *Misena*, au midi de l'Alphée.

## LA MESSENIE.

Elle s'étendait vers la mer, le long du golfe de son nom, & vers la mer Ionienne. Le Pamisus l'arrosait, fleuve dont le cours était peu étendu, mais dont les eaux étaient abondantes : on l'appelle aujourd'hui *Spinarza* : c'est à l'orient de ce fleuve que commence le pays des Mainotes.

*Mavra-Matia*, ou les yeux noirs, n'est qu'un hameau ; mais ce hameau fut Messene. Près d'elle est le mont *Vulcano*, qui avait le nom d'Ithome, & là était sa citadelle. Lenglet appelle ce hameau *Martagia*. *Nisi* est l'ancien Stenyclanus : il n'a rien de remarquable.

*Corone*, *Coron*, a conservé son nom ancien *Coronée* : quelques auteurs cependant prétendent qu'elle fut l'antique *Colonis* : c'est une ville médiocre, qu'un vieux mur divise en deux parties. Son port est vaste ; elle donne son nom au golfe sur lequel elle est située, & qui fut autrefois le golfe de Messene. Ses habitans sont Turcs & de bonnes gens. Elle a un évêque, & est arrosée par un ruisseau.

*Modon* est l'ancienne Méthone : elle est située sur un promontoire, sa forme est un parallelogramme irrégulier, son port est vaste & sûr, ses murs assez forts. Son évêque Grec est suffragant de Patras. Le Pascha de Morée y réside.

*Navarin* eut le nom de Pylus ; elle est sur le golfe de Zonchio, son port est vaste, commerçant & le meilleur de la Morée, elle est fortifiée, a une citadelle, & l'Armiro l'arrose.

*Zonchio*, bourg au bord de la mer, aſſez voiſin de Navarin, avec laquelle le Dictionnaire de Voſgien la confond. Peut-être était-ce là qu'était Pylus, car Thucydide dit que ſon port était couvert par l'iſle de Sphacterie, & telle eſt la poſition de Zonchio. Ce bourg a eu le nom d'*Avarino Vecchio* qui paraît une corruption d'*Erana*, nom connu dans l'antiquité. Son port eſt vaſte, mais n'eſt pas commode.

Le fleuve Neda, aujourd'hui *Longarola*, terminait la Meſſenie vers le nord & le couchant. Sous ſes bords étaient la forterſſe d'Ira dont il ne reſte plus rien. Le cap le plus méridional de la Meſſenie était le promontoire Acritas, aujourd'hui *Gallo*.

*Calamata*, petite ville près du Spinarza, ſur un ruiſſeau qui s'y jette. On la croit le Theramne des Grecs : c'eſt juſqu'auprès de ſes murs que s'étend le territoire des Mainottes.

## LA LACONIE.

Elle a pris ſous l'empire Grec le nom de *Tzaconia*; ce pays fut trop célèbre dans l'hiſtoire pour nous étendre ſur ce ſujet.

*Paleo-chori*, (le vieux bourg) eſt l'ancienne Sparte ou Lacedemone : le fleuve Eurotas en faiſait une peninſule. Il reſte quelques antiques monumens de ſon ancienne grandeur : des colonnes briſées, des corniches, des chapiteaux épars en annoncent encore l'étendue : les murs de ſon théâtre ſont de pierres de taille ; ſes gradins ſont de marbre : vis-à-vis était le tombeau de Pauſanias, & une colonne où ſe liſaient les noms des Spartiates morts aux Thermopiles : celle-ci ſe voit encore dans une égliſe voiſine. On diſtingue encore la forme du

cirque

cirque nommé *Dromos*, où les jeunes gens s'exerçaient à manier le cheval & à la lutte.

*Misitra*, ou la ville nouvelle, est au couchant de Paleo-chori. Elle contient environ 12000 habitans, dont le plus petit nombre est Turc : elle est défendue par un château bâti sur un rocher ; il a la reputation d'être imprenable. Elle est formée de quatre parties, de la ville, du fauxbourg de *Mesokorion*, de celui d'*Enokorion* qui est séparé de la ville par la riviere sur laquelle est un beau pont. Parmi les églises chrétiennes, celle qu'on nomme *Perileptos* est, dit-on, une des plus belles du monde. Les juifs y ont trois sinagogues, & les Turcs une mosquée superbe & un hôpital magnifique où l'on reçoit les malades de toutes les religions. Elle a un archevêque, un bey, un aga, un vaivode & quatre gerontes qui sont chrétiens. Le Vasilipotamo l'arrose & y reçoit le ruisseau de Tasia. Elle a un port à l'embouchure du fleuve. Les voyageurs peuvent l'avoir peint plus belle qu'elle n'est ; mais on ne voit pas cependant pourquoi Lenglet lui fait faire *une triste figure*. Près d'elle à son couchant était Amiclœ dont il ne reste plus rien qu'un hameau nommé *Verdonna*.

*Malvasia-vecchia* est l'ancienne Epidaure ; elle avait le surnom de *Limera*. Près d'elle sur un monticule isolé est Napoli de Malvasie, ou *Monembasia*, près du golfe de Neapoli, & la meilleure forteresse de la Morée : la mer en fait presqu'une isle, son port est assez bon, mais n'est pas vaste. Elle a un métropolitain Grec : autour d'elle sont des vignobles excellens, & le vin qu'on y fait, connu sous le nom de *Molvoisie* ou *Malvoisie*, a été recherché chez les anciens comme par les modernes. Le promontoire qui est au midi a le nom

*Tome VIII.* G

de *Malio* ou de *St. Angelo*. Son nom ancien était peu différent du premier.

*Rampono Asopus*, bourg sur un petit golfe qui lui sert de port. C'est là que se termine à l'orient le territoire des Mainottes.

Le promontoire le plus méridional de la Morée est le cap Matapan, qui vient du mot grec *metopon*, ( front ) ; il s'appellait *le promontoire de Tenare*. Il est redoutable par ses tournans, & a deux ports, celui de Psamathie montre encore les ruines d'un fort. Il est couvert par une grande montagne qui forme une chaîne circulaire, qui s'étend à quelque distance de la mer, dans un espace de 12 lieues, & se joint aux montagnes de l'Arcadie ; c'est l'ancien Taygete. Ce mont a garanti les Mainotes qui l'habitent des armes des Turcs. Cette nation tire son nom de Mainotes, du château de Maina, situé sur le penchant de la montagne qui regarde le couchant. Cette origine est plus naturelle que celle qui fait venir ce nom de *manie*, de la fureur avec laquelle ils se jettent sur leurs ennemis. On les regarde comme les descendans des Lacédémoniens ; peut-être sont-ils libres depuis Auguste, lequel affranchit la Laconie méridionale, qui de là fut appellée *Eleuthera - Lacones*. Leur nombre ne va pas au delà de 12000 hommes en état de porter les armes ; cependant les Turcs n'ont pu les forcer à paier un tribut. Leur territoire s'étend dans le Taygete & sur les côtes de Calamata, à Rampono, dans l'espace de vingt lieues, & sur les trois petites isles de Spatura, de Pephnus & de Renesta. S'ils sont descendus des Lacédémoniens, ils n'en ont ni le gouvernement, ni les mœurs ; ils se gouvernent en républicains, & sont divisés en divers districts à la tête duquel est un capitaine ; mais les prétentions de ces divers capitaines causent souvent des guerres civiles. Leur pays ne produit que du bois, leur commerce se reduit à l'exportation du gland, pour l'usage des tanneurs d'Italie, & à celui des esclaves qu'ils font sur les chrétiens, & sur les turcs quand ils le peuvent. Ils cultivent leurs terres, sans chercher à les cultiver bien: si un champ leur rapporte peu, ils l'abandonnent. Ils ne peuvent plus être corsaires impunément, mais toujours avides de butin, ils pillent ceux qui échouent sur leurs côtes; cependant si l'on est recommandé à quelques-uns de leurs capitaines, on y est en sûreté & bien reçu. Dans la haute Maina, au couchant du Vasilipotamo ou Iris, les Mainotes sont sauvages & sans commerce avec les étrangers. Dans la basse, ils sont plus civilisés & plus doux.

*Maina*, château & bourg, a un port. *Chialifa* est aussi un bourg au fond d'un petit golfe qui lui sert de port.

*Colokitia* ou *Colochina* donne son nom à un golfe assez vaste: c'est l'ancien Gythium, qui servait de port à Sparte: on le nomme aussi *Paleopoli*.

Au nord du mont Misitra, est le bourg de *Severiæ*, c'est un lieu agréable par sa situation. Plus au nord encore, au bord du golfe de Napoli, est *Cyparissi* ou *Tyros*: c'est l'ancien Prœsias.

## L'ARGOLIDE.

*Argo* est l'ancienne *Argos* qui donna son nom au pays: l'Inachus qui a pris le nom de *Carmanor*, ou de *Cuveri* ou de *Najo*, l'arrose encore & se perd dans un marécage près de la mer: Argo est défendu par un fort, & a un évêque fort pauvre. Ce bourg est sur une élévation, & ne se distingue que par des ruines, il est chétif, & c'est là ce qu'est devenu cette ville célebre par ses temples, ses rois & ses statues.

*Agios-Adrianos*, ou *Charia* est le nom actuel de Mycenes : c'est aujourd'hui un hameau sur un ruisseau qui se jette dans l'Inachus.

*Nemée* était voisine de ces deux villes & conserve son nom ; quelques géographes lui donnent cependant celui de *Tristena*. C'est un village sur les frontieres du territoire de Corinthe : au midi est la forêt de ce nom.

*Vathia*, ou *Berbathi*, s'appellait autrefois *Tyrinx* : elle avait été un royaume : sa situation singuliere au fond des monts *Hyperbathi*, dont l'entrée est une gorge étroite que remplit le lit d'un torrent, est exprimée par son nom moderne.

*Napli*, ou *Napoli* de Romanie donne son nom au golfe sur lequel elle est située, & qu'on appellait autrefois *Argolique* : c'est l'ancienne ville que Ptolomée nomme *Nauplia navale*, parce qu'elle fut bâtie par un Nauplio fils de Neptune & d'Aminone : elle est située sur une langue de terre que deux petits enfoncemens resserrent ; ils en font une presqu'isle. Son port est bon & spacieux ; mais son entrée est étroite, son château est fort ; ses habitans sont turcs, juifs & chrétiens ; les mosquées, les sinagogues & les églises chrétiennes y ont pris la place des temples grecs sans les égaler en magnificence : ces diverses religions n'y cherchent point à se nuire, & chacun y sert Dieu à sa maniere. Elle a un archevêque Grec. Devant elle est l'isle d'*Aperopea* : au couchant est celle d'*Hydreia* ; sur la côte opposée est l'étang de Lerne, nommé aujourd'hui *Molini*, & *Petrina*.

*Pidavra*, petit bourg, est l'ancienne Epidaure dans

l'Argolide. Elle est vis-à-vis l'isle d'Engia, ou Egine : d'autres isles sont rangées le long des côtes qui n'offrent que des villages : on donne cependant le nom de ville à *Methana*, située dans la presqu'isle qui forme le promontoire de *Skillio*, autrefois *Scillœum*.

*Demala*, ou *Mala*, a pris la place de Trezene : les restes d'Hermione ont pris le nom de *Castri*. La chaine de montagnes la plus étendue est celle des monts Dydimes. Il n'y a guere que des ruisseaux ou des torrens dans cette partie de la Grèce. Ses anciens habitans étaient passionnés pour la musique. Aujourd'hui encore, ils en conservent le goût. Au coucher du soleil, on les voit assis sur le seuil de leurs maisons, ou sur les rives de la mer, chantant des airs mélancholiques qu'ils accompagnent avec une espèce de lyre.

## ISLES DE LA GRECE.

Elles peuvent être distinguées en isles de l'Archipel, en isles de la mer Méditerranée, & en celles de la mer d'Ionie : nous commencerons par celles-ci pour revenir ensuite aux lieux d'où nous sommes partis.

### I. ISLES DE LA MER IONIENNE.

#### Isles de STRIVALI.

Ce sont deux écueils plutôt que des isles : les anciens qui les appellaient *Strophades* en avaient fait la demeure des Harpies. On a prétendu qu'elles nageaient, ce qui les fit nommer *Ploteæ* ; on crut ensuite qu'elles tournaient, & de là vint le nom de *Strophades*. Des moines font aujourd'hui leurs seuls habitans.

### Isles de SAPIENZE.

Elles font au nombre de cinq, & fituées vis-à-vis de Modon: l'une eft l'isle *Caurera* ou *Caprera*, autrefois *Tinagufa*; c'eft la plus voifine du cap de Sapienza, elle n'eft point habitée: celle de *Prodono* fut célèbre autrefois fous le nom de *Sphacterie*: elle renferme quelques beftiaux & quelques cabanes habitées; celle de *Sapienza* à l'orient eft la plus confidérable: on y voit des oliviers, quelques collines agréables, mais peu d'habitans. Plus au nord font les isles de *St. Venetico* & de *Coagula*: elles font défertes: ces trois dernieres isles étaient appellées par les anciens *isles Oenuffes*.

## II. ISLES DE LA MER MÉDITERRANÉE.

### CERIGO.

Cette isle eft voifine de la Laconie; quelques Islots femés dans l'efpace qui la fépare de la Terre-Ferme font inhabités. C'eft une isle montagneufe, en partie ftérile, peu habitée. Elle renferme cependant des vallées riantes & fertiles, couvertes de prairies, d'oliviers & de vignes; elle produit peu de blé, mais les brebis, les lievres, les cailles, les tourterelles, les faucons y font abondans. *Cerigo* a le nom de ville, elle eft dans la partie du couchant, fur la côte, défendue par un château fitué fur un roc efcarpé qu'environne la mer: elle a un port; on y voit encore quatre à cinq villages. C'eft l'ancienne Cythere. On y fait voir les maisons de l'ancienne ville de Menelas, une voute creusée dans le roc où avaient été les bains d'Helene, les ruines du palais de cette princesse, & les ruines de Cythere; mais il faut être crédule pour y voir tout cela. Elle a 10 lieues de circuit, est creusée par differens golfes & bordées par des islots. Elle sert d'asyle aux pirates.

## CERIGOTTO.

C'est une petite isle entre Cerigo & Candie: elle n'a que deux lieues de tour & n'est pas habitée: elle s'appellait *Ægilia*. Au nord est l'isle de *Pori* plus petite encore.

## CANDIE.

Cette isle eut le nom de Crète, & le reçut probablement des Curetes. Elle a été aussi connue sous les noms d'Aeria, d'Idœa, de Macaronesus, ou isle fortunée. On ignore l'origine de ses peuples. Elle a 60 lieues de long, quelques auteurs lui en donnent 80, Lenglet lui en donne 70; sa plus grande largeur est d'environ 20 lieues : gouvernée d'abord par ses propres rois, elle fut conquise par les Romains, & fit partie de l'empire Grec, sous lequel elle fut ravagée par les Maures qui s'en emparerent. Les empereurs la donnerent à douze familles nobles, à condition qu'ils chasseraient les Musulmans; ils y réussirent & se la partagerent; la souveraineté resta aux empereurs qui la vendirent aux Venitiens au commencement du treizieme siecle: les Turcs la leur enleverent en 1669.

Les Venitiens la diviserent en quatre provinces, *Sitia*, *Candie*, *Retimo* & la *Canée*. Aujourd'hui les deux premieres font fous les ordres du pafcha de Candie ; les deux autres font fous un autre pafcha. Ces deux gouvernemens font divifés en vingt diftricts, fur chacun defquels préfide un *cadi* pour la juftice & un *caia* pour les finances. Chaque village a un *capitaneo* ; c'eft un chrétien chargé de lever les impôts & les taxes extraordinaires.

Cette isle eft coupée par des montagnes arides, fitués furtout au midi ; telle eft le *Pfiloriti*, connu autrefois fous le nom de *Mont Ida*, couvert de neige pendant huit mois, & le *Sethia* ou *Lofthi*, un des monts les plus élevés des montagnes blanches, & dont le nom ancien était *Dicte* ; nous en parlerons ailleurs : elles font compofées de pierres de taille, ou de marbre gris ou blanc En général, elles font féches, pelées, efcarpées, taillées à plomb, habitées par des chevres. La partie feptentrionale eft plus peuplée & mieux cultivée que la méridionale : partout on trouve des fources & des fontaines : les rivieres y font des torrens dangereux en hyver, & ils tariffent en Eté ; les plus grands font l'*Armino* & l'*Iftonia* ; l'anguille y eft le feul poiffon d'eau douce, le *fcarus* & l'*huile rouge* font les plus remarquables de ceux que fournit la mer. Sans mineraux, fans curiofités naturelles, elle n'eft un objet intéreffant pour le voyageur que par fes antiquités & par fes nombreux végétaux. Ici croiffent pêle-mêle le cyprès, le pin, le chêne verd, le carouge, le faule, le laurier, l'arboifier, le figuier, l'amandier, le chataignier, l'olivier, le palmier, le poirier fauvage, le myrthe, le noyer, le platane, l'*afphetamos* qui reffemble à l'érable, le *jiprino* efpece de *philiria*, des cannes de fucre, des arbuftes curieux, tels que la ronce, 72 fortes de raifins, des herbes rares. Cinq d'entr'elles l'ont rendue célebre, c'est le *dictame*, espece d'origan qui flatte l'œil & le goût ; une autre espece d'origan, l'*épitimum* plus curieux qu'utile, le *daucus* qu'on retrouve sur les Alpes, & une espece de *scordium*. On y trouve le *leandro*, arbre dont le bois & les feuilles font un poison qui rend les eaux dangereuses en Eté. Le coignassier y a été transplanté de l'ancienne ville de Cydonia. On y nourrit beaucoup de porcs, de moutons, de bœufs, de pigeons, & de volaille. On y voit un grand nombre de tourterelles, de perdrix, de becfigues, de beccasses, de chevres, de lievres & de lapins, mais point de cerfs. La chair y est très-bonne, mais en hyver les troupeaux paissent parmi les joncs & ils deviennent maigres & leur chair filasseuse. Les Grecs vivent alors de racines. On trouve le serpent *ophis*, & l'*ochedra* qu'on croit n'être plus venimeux depuis qu'un serpent de cette espece a mordu S. Paul, le lezard *scincus* qu'on croit vénimeux & ne l'est pas, l'araignée *phalangius* semblable à la tarentule par son venin.

On y recueille du miel délicieux qui sent le thym, de la cire, des blés, du ladanum ; on y cultive peu le cotton & le sesame, le froment y est excellent, mais on n'y sait pas faire le pain. Si l'on y voit un beau sol, une plaine fertile, des beaux oliviers, des vignes bien cultivées, l'on y voit bientôt aussi un monastere, ou la demeure d'un papas. Ces moines ne s'occupent qu'à labourer. Les vins y sont blancs, rouges ou clairets, & tous sont bons. La laine y est grossiere, la soie y serait très-belle, si on savait la façonner. On y fait du beau sel. On recherche les fromages de la montagne de Spachie. C'est un pays riche, mais la main de l'homme y manque. L'air y est fort sain, le vent de terre y est à craindre, les eaux y sont pures : c'est un beau ciel ; la plupart des villes y sont bâties de marbre brut, mais on y en compte plus cent comme autrefois. Le candiot vit mollement, il monte cependant à cheval, tire de l'arc avec adresse, & chasse sur de beaux chevaux de Barbarie. Ceux de l'isle sont plus petits & pleins de feu, de belle encolure, la queue longue ; ils grimpent & descendent par les rochers d'un pas ferme & assuré ; mais c'est quand on les laisse aller librement ; à la campagne on se sert de mulets. Les chiens y sont des levriers bâtards, mal faits, élancés, d'un poil vilain, mais agiles & grands chasseurs.

On ne compte guere que 300 mille ames dans cette isle, les Turcs en forment le tiers ; les autres ont une origine diverse ; ce sont les restes des nations qui y ont successivement dominé, & tous chrétiens Grecs ; ils ont des talens qu'ils ne cultivent point ; les hommes & les femmes y sont beaux, menteurs & crédules, polis & hospitaliers ; ils sont habillés simplement & avec une sorte d'élégance : lorsque le père est mort, ses terres se partagent à ses enfans, & cette coutume les rend pauvres. Des signaux disposés de distance en distance y avertissent de la vue de l'ennemi ; les militaires y sont divisés en sept corps, les uns sont à la campagne, les autres dans les villes sont à pied ou à cheval ; un de ces corps est chargé des munitions. Les chrétiens mâles au dessus de seize ans y payent une capitation de 12 liv. 7 sols chacun, le sultan y vend encore la septieme partie des terres ; & y fait percevoir quelques impôts extraordinaires. On y compte onze diocèses ; l'archevêque de Candie est nommé par le patriarche de Constantinople; les revenus de son diocèse sont assez considérables, & il reçoit une contribution des évêques; ceux-ci reçoivent une certaine mesure de froment, de vin & d'huile, & des aumônes du peuple. Le nombre des chrétiens y diminue parce qu'ils sont intolérans & sans mœurs, parce que plusieurs deviennent renegats, ou pour pouvoir battre à son tour le Turc qui l'a battu, ou pour jouir comme lui de l'exemption d'impôts.

Nous laisserons subsister la division qu'en avaient faite les Venitiens, parce que nous n'en connaissons pas de meilleure.

### District de la Canée.

Il est divisé en quatre territoires particuliers: c'est *Apocoranos*, *Chenea*, *Silino* & *Chisamo*; les deux premiers forment l'évêché de Kudonia, ou Cydonia; les deux derniers, celui de Chisamos.

La *Canée* a paru bâtie sur les ruines de l'ancienne *Cydonia*, la plus grande des villes de Crete & l'évêque en porte encore le nom, mais Cydonie était bâtie dans les terres. La Canée est située à l'extrémité orientale d'une baye de cinq lieues de circuit, terminée par les caps *Spada* & *Melecca*, nommés autrefois *Psacum* & *Ciamum*. Son nom lui vient, dit-on, d'un vaste & vieux caravanserai ou chan qu'on voit à quelque distance de ses murs. Elle a la forme d'un quarré long: le corps de la place est bon, les mûrs bien revêtus & bien terrassés, défendus par un fossé, ouvrage des Vénitiens; elle n'a qu'une porte vers la terre: son circuit est de trois quarts de lieues. Son port est défendu par un mur & des rocs, son entrée est étroite, &

un fanal l'éclaire : au centre est un château, au fond les ruines d'un arsenal. La ville est jolie, les maisons sont bâties à la Vénitienne : ses cinq églises sont devenues des mosquées : celle de Ste. Marie est devenue un château fort. On y compte 3000 Turcs en état de porter les armes, 300 familles Grecques, 50 juives, & quelques Arméniens. Ses habitans sont belliqueux : leur commerce consiste en huiles, en soie, cire, miel, vins, raisins, figues & amandes. Ses environs sont beaux ; des forêts d'oliviers y sont entrecoupées de champs, de vignes & de jardins : les ruisseaux y sont bordés de myrthes & de lauriers roses.

Au couchant de la Canée est une islot nommé *Lazaretto* : il servait à cet usage sous les Vénitiens : il est aujourd'hui désert : plus loin est l'isle Saint *Théodore* : elle a une lieue de tour : elle est aussi inhabitée ; vis-à-vis est la riviere Platania ; les platanes couvrent ses bords, & ils portent des vignes dont une ombre épaisse rend la maturité des fruits tardives.

*Spelcion*, joli village, à la hauteur du cap *Spada* ; une grotte spacieuse en est voisine & lui donna son nom ; près de là est le couvent de Gonia, son édifice n'a qu'un étage ; le refectoire est beau, l'église est dans la cour ; 10 prêtres & 50 coloyers y vivent ; au dessus est le vieux couvent, dont la vue est charmante ; on y trouve plusieurs sources. Non loin de là sont les ruines que les habitans nomment *Magnes*, qu'on croit être *Dyctinna* qui dut son nom à la Nymphe qui inventa les rêts des chasseurs. Ces restes sont des colonnes de marbres gris, des citernes, des bâtimens de briques, des restes d'aqueducs.

*Chisamo*, *Chisamus*. Un château & un village

muré habité par les Turcs la forment, c'est un évêché; la campagne voisine est semée de ruines qui annoncent que l'ancienne ville était considerable. Son port avait un môle vaste & solide qui le défendait des vents du nord.

*Grabusa Agria*, petite isle déserte, autrefois *Simarus*: elle fait l'extrêmité du cap Bazo, formé par les monts Grabulès: vers le couchant est l'isle & le fort des *Grabuses*, vendu aux Turcs pour un baril de sequins: la garnison y est de 1000 hommes. Près de là était la ville de Corcyre.

*Siniglusé*, anciennement *Regilia* est une petite isle déserte.

*Aptere* est un village qu'on nomme aussi *Paleocastro*: c'était une ville au milieu des montagnes, sur une roche escarpée & sur quelques collines, fortifiées par la nature; des citernes, quelques restes de mur, sont tout ce qui demeure d'elle; celle des murs de la ville ont sept pieds d'épaisseur, diverses figures s'y font remarquer encore.

*Rocca* est l'ancienne *Artacine*: autour d'un hameau sont des églises taillées dans le roc.

*Episcopi* est un bourg où reside l'évêque de Chisamo. Son église est ronde, couverte d'un dôme, & pavée à la mosaïque.

*Castel Selino* est un bourg au midi de l'isle.

*Sfacia* ou *Sfachia* est aussi un bourg: son château fut bâti par les Vénitiens: les habitans de ces lieux sont forts & robustes: ils conduisent de petits bateaux qu'ils chargent de coton, de bois & autres choses; au dessus du bourg est un petit port très-sûr: près de là est d'*Ebros-Farange*, bordé de rochers taillés à plomb sur lesquels croissent des plantes rares; ils sont couronnés de chênes verds, de figuiers & de cyprès: ce passage a deux lieues de long: il conduit à une belle plaine.

*Armiro*, village qui a un château, une garnison, un caravanserai & une source salée qui fait un gros ruisseau.

*Apokorano*, belle vallée au pié des monts qui forment le cap *Trepani* : il y a un château, un village, & près de là les ruines d'une ville qu'on croit être *Minou*.

*Sude* est un golfe d'une lieue de large : à son entrée est une isle qui porte son nom: elle a un tiers de lieue de tour, elle était fortifiée, & c'est un des derniers lieux de cette isle dont les Turcs se sont emparés : on y compte mille Turcs en état de servir; il y a aussi quelques Grecs ; on y fait du sel. Près de là est le village de *Sternes*, dont les habitans n'ont que de l'eau de citerne : on y voit huit ou dix chapelles inutiles.

*Cydonie* est à deux petites lieues de la Canée qui s'est bâtie de ses ruines; elle était sur une montagne bornée à l'orient par une vallée étroite & profonde, & au couchant par une montagne escarpée : elle était inaccessible au midi. Un vieux château dont on voit les ruines la défendait vers le nord & le couchant. La perspective dont on y jouit est très-agréable.

Dans la partie occidentale de l'isle est une chaîne de montagnes blanches dont l'ancien nom était *Leuci*, elles forment deux branches principales: celles de *Sfachia*, & celle d'*Omala*, & d'autres plus petites. Au nord elles se terminent par des rochers incultes appellés *Madara*. Au sommet des montagnes d'Omala est une vallée ronde & unie qui a le nom d'*Omala* qui signifie *plaine* : peut-être que c'est de là que vient le nom de ces monts.

### District de Retimo.

*Retimo*, ville bâtie fur une péninfule unie, rocailleufe, défendue par un mur qui fe joint à la montagne voifine fur laquelle eft un château : elle eft prefque environnée de la mer, & l'eau y eft abondante : il fuffit de creufer la terre pour y en trouver ; une fource fort à gros bouillons d'un puits dans une vallée étroite près de la ville où un aqueduc conduit fes eaux : près de la fource eft une mofquée & une hotellerie, où le voyageur eft logé gratis ; elle eft au fond du golfe nommé autrefois *Amphimale* ; devant elle eft un rocher efcarpé qu'on a fortifié, fon port n'eft plus qu'un petit baffin où peuvent entrer les bateaux. Sa fituation eft charmante : elle a plufieurs belles maifons dont les jardins s'étendent jufqu'à la mer ; l'oranger, le limonier, le cerifier, la canne de fucre y croiffent fans ordre. Sur le port eft une belle tour. On dit que l'air n'y eft pas fain, cependant elle n'a autour d'elle que des rochers & point de marais. On y compte 10000 ames, un pacha y préfide : elle a produit beaucoup de prêtres & de moines ; le commerce des huiles eft le principal pour ne pas dire le feul qui s'y faffe. Ses environs produifaient du vin qui a été recherché, mais qui a dégénéré fous les Turcs ; la bonté des autres fruits s'y foutient. Elle s'appellait autrefois *Rhitimnæ*.

*Arfani*, couvent qui ne relève que du patriarche de Conftantinople : fa fituation eft riante & fon terroir abondant en vins & en huiles.

*Arcadi*, couvent dans une plaine entourée de montagnes : la maifon eft belle, bâtie autour de fon églife, 20 prêtres & 100 caloyers l'habitent : fes revenus font confidérables ; fa cave eft célèbre, ainsi que la prière qu'on y prononce toutes les vendanges. On croit que c'est là qu'était la ville d'Arcadie.

*Magarites*, belle vallée & grand village, où l'on fabrique une vaisselle de terre rougeâtre. Il parait avoir donné son nom à l'évêché de *Margaricensis*. Près de lui est une antique tour dont le nom rappelle la ville d'Eleuthera, qui fut bâtie près de là.

*Airio* village sur la riviere Stravromere : les ruines qu'on y voit, un village nommé *Episcopi*, qui en est voisin, une église font croire que c'est l'ancien Agria, évêché.

*Milopotamo*, château & grand village, sur la rive septentrionale.

*Upsilorites*, ce mont est célebre sous le nom d'*Ida* : il s'éleve au dessus de montagnes plus basses qu'il a vers le nord. Il est formé de marbre gris, dont des morceaux détachés le couvrent : il est sans verdure : quelques arbrisseaux tels que le *tragacantha* ou *épine de bouc*, d'où une incision fait couler la gomme adragant, sont dispersés çà & là. Au sommet est une église d'où l'on découvre presque toute l'isle & plusieurs isles de l'Archipel. Il y a des creux où la neige se conserve toute l'année : on lui croit environ 1100 toises d'élévation : malgré son aridité, des chèvres l'habitent, & on fait paître quelques troupeaux sur sa surface ; à son pied est un couvent.

### *District de Candie.*

*Candie* est située dans une plaine au levant d'une baye assez vaste, bornée par des montagnes qui se joignant au mont Ida & à celles de *Messares*, forment un vaste demi-cercle. La ville a aussi cette
forme

forme, & son enceinte a une lieue & demi. Elle est bien fortifiée encore, mais au dedans, elle n'est que le squelette d'une grande ville ; les quartiers voisins des remparts ne sont point habités ; tous les habitans aisés se sont retirés dans celui du marché ; les rues en sont larges & belles ; les boutiques sont bâties à la Vénitienne : la place est ornée d'une belle fontaine, dont le bassin inférieur est orné d'un bas-relief, travaillé avec beaucoup d'art ; le supérieur est soutenu par quatre lions ; au haut était une belle statue que les Turcs ont détruite. Sa rade est vaste, son port presque comblé n'a que 9 à 12 pieds d'eau, l'entrée en est resserrée par des pointes de rochers : il est défendu par des murs & un château. Ses environs sont semés de collines & de plaines couvertes de champs, d'oliviers & de vignes dont les vins sont excellens. Cette ville est l'ancienne Heraclée qui peut-être fut appellée dans la suite *Matium*, car tel était le nom de la ville que les Sarrasins rebâtirent & qu'ils nommèrent *Candace* de *Candax* ( retranchement ). Elle renferme six mille Turcs en état de porter les armes, & qui y ont 14 mosquées ; 830 Grecs payent la capitation, 1000 Juifs, 200 Arméniens, & quelques Français. Les Grecs y ont deux églises, les Arméniens une, les Juifs une sinagogue, & les capucins un couvent. Sa longitude est 42 deg. 58'. Sa latit. est 35 deg. 18'. 45".

Le *labyrinthe* ne paraît être qu'une carriere qu'on creusa pour bâtir Gortyne, quoique l'eau n'y pénètre pas. Il est au pied du mont Ida : les habitans de Gortyne aggrandirent ensuite cette grotte ou naturelle ou factice, pour s'y mettre à couvert des guerres civiles ; l'entrée a huit pas de large ; mais elle est fort basse, & se divise bientôt en plusieurs rues qui ont de 10 à 20 pieds de large, sur huit de haut : le sol en est raboteux, le haut fort uni : la principale a 1200 pas de long & aboutit à une chambre qui communique à trois autres, dont l'une est circulaire, a 20 pieds de haut, est terminée en forme de dôme d'où l'eau filtre continuellement ; c'est là qu'aboutissent differents détours où il serait facile de se perdre, si l'on n'avait des flambeaux & des guides. En quelques lieux on voit des stalactites ; en plusieurs autres on voit suspendus les nids des chauve-souris qui habitent ce lieu. Ce n'est pas ici l'ancien labyrinthe de Crète où le fil d'Ariane guida Thesée : celui-ci était près de Cnosse, & déjà du tems de Pline, il n'en restait plus rien.

*Spele*, vallée & grand village qu'arrose le Mega-Potamo, riviere assez considérable.

Entre le mont Ida, & les montagnes de Scethi, anciennement Dicté, à quatre lieues de la mer, sont les ruines de *Gorthine* : le Jeropotamo traverse la plaine dans laquelle elles sont situées, & il est probable que c'est le Lethé : cette ville était la plus riche de l'isle, & fut fondée, dit-on, par Gortinne, fils de Rhadamante : le lieu où elle fut assise est semé de morceaux de porphyre, de jaspe, de colonnes de marbre brisées ; on y en voit deux qui ont 18 pieds de long & sont d'un seul bloc. Elle avait près de deux lieues de circuit.

Gortine avait deux ports : *Matala*, *Metallum*, au fond d'une petite baye bordée de deux montagnes, est l'un de ces ports ; on y voit les ruines d'une ville & de grandes chambres taillées dans le roc. Le château de *Mourellia*, placé auprès des restes d'une ville paraît être l'autre qui s'appellait *Lebena.*

*Metropoli,* village dans la même plaine où fut la ville dont nous venons de parler : là fut l'église de Tite, disciple de St. Paul à qui l'on donne le nom de *premier archevêque de Crête :* elle était magnifique, longue de 100 pieds, large de 50 : ses murs étaient épais, & une partie en est debout encore.

*Sifout Casielli,* ( Château des Juifs ) village au sommet d'une montagne ronde & pointue : au bas est une plaine où est le village de *Casielli.*

Les isles de *Christiana* ou *Agioi-Saronto* sont au nombre de trois : il en est une qui a trois lieues de circuit, & qui est habitée : les deux autres bien plus petites sont au midi : on les nommait autrefois *Letoa.*

*Hiera,* ville épiscopale presque ruinée, que son évêque a abandonné pour se fixer à *Hiera petra* située sur un promontoire. On lui donne aussi le nom de Girapetra : en ce lieu l'isle est retrécie par les deux mers, & n'a pas trois lieues de large.

Sur cette côte, on voit quelques petites isles : celles de *Gaidurognissa,* ou *Gaidronissa,* ou *Calderoni* sont au nombre de deux ; la plus grande n'a pas une lieue de tour, la seconde est au levant de l'autre.

*Teminos,* village bâti sur une montagne : la plaine qui est au dessous paraît avoir été couverte d'une ville ; il en reste quelques églises & des debris de murs construits de marbre brut.

*Candaki* est une petite plaine entourée de collines ; au midi est une éminence & à son sommet est le village d'*Enadieh.* Dans cette plaine était l'ancienne ville de Cnosse où habitait Minos. Les Turcs qui, de ce lieu bombarderent Candie, y firent des

H 2

retranchemens qui lui fit donner le nom de *Can-daki*, mais le château s'appèlle encore *Cnoffou*.

*Spina-longa* est une forteresse bâtie sur un rocher : elle a un port. Son ancien nom est *Cherronesus* : ce nom a été transporté, on ne sait pourquoi, au Porto-Tigani, ville épiscopale où l'on voit des débris.

### District de Settia.

*Settia*, ville petite, & fortifiée dans la partie orientale de l'isle : devant elle est un grand golfe & deux petites isles : derrière est le mont *Settia*, ou *Dicte*, où Jupiter fut élevé : les Grecs modernes donnent à ce dieu le nom de *Joukta*, & ils croyent qu'il y a son tombeau.

*Paleo-Castro* ou la vieille ville, sont les ruines de l'ancien Itanus ; on y voit quelques habitations dispersées. Elle était voisine du cap Samonium, nommé aujourd'hui *Salomon*.

*Laffiti*, petite ville ou bourg, connue autrefois sous le nom de *Lyctos*. Elle est dans une plaine que forme un enfoncement circulaire des montagnes qui font à son midi.

*Castel Mirabel* est un village muni d'un château sur la côte occidentale d'un vaste golfe.

*Cavali & Farioni*, noms de deux petites isles au couchant du cap Xacro : elles sont inhabitées. Le cap *Sidero*, autrefois *Zyphirium*, est la partie la plus orientale de cette isle.

### Isle de Goze.

Elle est au midi de l'isle de Crète, c'est l'ancienne Clauda ou Golos où débarqua St. Paul : elle une rade vers le nord ; on y compte 30 familles Grecques : elles y ont une église, & appellent leur isle *Gafda*. A l'orient est une autre isle inhabitée, nommée la *Petite*, ou *Pulla-Gafda*.

Au nord de Crète est l'ancienne Dia, nommée aujourd'hui *Stan-Dia* : elle n'est qu'un rocher de trois lieues de tour.

Plus loin & en s'approchant de l'isle Scarpanto, on rencontre les petites isles inhabitées d'*Ovo*, de *Piaja*, de *Fratelli*, & de *Stafida* : celle de *Cafo*, un peu plus étendue a un village.

### Isle de Scarpanto.

C'est une des Sporades. Elle a neuf lieues de long, sur trois dans sa plus grande largeur, est semée de hautes montagnes, abonde en bétail, en gibier, en fruits & en vins. On trouve des mines de fer, des carrieres de marbre, & de bons ports : elle a quelques hameaux, & un grand village qui fut une ville. Elle en eut quatre autrefois. Ses habitans sont Grecs, & soumis à un cadi qui n'y demeure pas ; mais qui les visite assez souvent. Son ancien nom est *Carpathus*. Au nord elle forme une grande baye couverte par un islot nommé *Scarpanton*.

Au midi de Santorin, est la petite isle de *Christiana* : elle a une demi-lieue de long ; mais est très-étroite, & a près d'elle de gros rochers.

### Isle de Santorin, ou Sant Erini.

Elle a trois lieues & demi de long, sur deux & demi de large. On l'appela *Thera* : ses riantes prairies & ses paysages charmans lui firent donner le nom de *Callifte*. Rien ne reſſemble moins à ce qu'elle a été que ce qu'elle eſt ; elle n'eſt plus qu'un vaſte rocher, entremelé d'un terrein ſec & couvert de pierre-ponces en bien des endroits. On y voit quelques précipices & quelques montagnes : celle de Saint Etienne eſt couverte de ruines qui prouvent qu'une belle ville y fut placée : l'induſtrie de ſes habitans ſupplée à ſa ſtérilité ; elle produit de l'orge, un peu de froment, des vins ſpiritueux qui ont le goût de ceux du Rhin : on y recueille du coton ſur un arbriſſeau qui reſſemble au groſeiller. On y compte 8 à 10000 habitans dont le tiers eſt catholique. Les femmes y ſont agréables & actives, les prêtres ſoumis à une ſubordination ſévère. On y comptait autrefois ſept villes ; on y en compte cinq encore ; mais elles ſont miſérables. *Scaro* ou *Caſtro* eſt le lieu où ſe ſont raſſemblés les Latins qui y ont un évêque : devant elle eſt un château ſur un roc inabordable.

*Pyrgos* eſt ſituée ſur une montagne où les habitans s'occupent à tirer de la pierre-ponce. *Empério*, ou *Nebrio*, & *Acroteri*, méritent à peine le nom de bourgs. *Apanormia* eſt au fond d'un vaſte port en forme de demi-lune ; mais il n'a pas de fond, & on ne peut y jetter l'ancre ; au devant de ce port ſont quatre iſles, ſortie comme Santorin du ſein des flots par des tremblemens de terre & des volcans. La plus ancienne eſt Hiera ou *Megali Cammeni* (la grande iſle brulée) elle parut 196 ans avant l'Ere chrétienne : la ſeconde, nommée *Theraſia*, & aujourd'hui *Aproniſi*, s'éleva dans le premier ſiecle ; dans le huitieme ſiecle une nouvelle iſle s'éleva avec un bruit épouvantable en lançant un nuage épais de pierres ponces, & ſe joignit à la premiere. En 1573 un volcan s'exhalant par ſix crateres qui existent encore, en fit sortir une nouvelle nommée *Micri Camneni* (petite Isle brulée). En 1707, après des mugissemens effroyables & de violentes agitations, la mer lança des tourbillons de flamme & de bitume qui jetterent dans l'air une épaisse obscurité, lorsqu'elle fut dissipée elle laissa voir une montagne enflammée que de nouvelles éruptions accroissaient encore : ce ne fut d'abord qu'un amas de pierres ponces ; mais le limon de la mer recouvrant les scories des mineraux en a fait enfin une terre fertile, & on la cultive. Le nom de Sant Erini, vient sans doute de *Sainte Irene, patrone de l'Isle*. Le foyer du volcan qui l'a presque détruite, paraît être placé à une profondeur immense dans les entrailles de la terre : sa bouche est aujourd'hui couverte d'eaux & l'on n'y trouve plus de fond ; si ce foyer n'était à une profondeur immense, les eaux de la mer le pénétreraient, & il ne parait pas encore éteint ; il semble même qu'il communique avec l'isle de *Milo*, car le feu qui dévore cette isle, s'alluma en 1707, dans le tems où l'éruption du Volcan bouleversait le fond de la mer, & créait des monts autour de Santorin.

### Isle de Namphio.

Elle a six lieues de circuit, point de port, ni de villes, mais des ruines & des villages : sur un petit tertre, on remarque les restes du temple d'*Apollon Eglete*. On dit que les Argonautes en danger par la tempête qui les poursuivait, virent Apollon faire sortir cette isle du sein des eaux pour être leur asyle : depuis ce tems on l'y adora ; cette fable contient une vérité. Ses montagnes sont pelées, mais il en sort de belles sources ; le miel, la cire, des perdrix si nombreuses qu'on ne peut les détruire sont ses richesses : il y croit peu d'herbes ; ses habitans sont Grecs, & très-fainéans ; le cadi qui les juge est ambulant. Elle l'est la même que *Nansio* elle s'appella d'abord *Membriaros* d'un parent de Cadmus qui s'y établit ; on lui donna ensuite le nom d'*Anaphe*.

### Isle de Stampala ou Stanpalie.

Elle a six lieues de long, & deux dans sa plus grande largeur. On l'appellait autrefois *Asiipaloea*, & elle avait une ville & un temple dédié à Apollon : aujourd'hui elle n'a que des villages : sa fertilité est médiocre, on n'y voit point de Turcs. Autour d'elle est un grand nombre de petites isles, la plupart inhabitées ; la plus grande & la plus éloignée d'elle au midi est celle de St. Jean. On range Stampalie au nombre des Cyclades.

### III. Isles de L'ARCHIPEL.

Le nom d'Archipel n'est qu'une alteration de celui d'*Egelo-piago*, & ne parait point signifier principale mer, Ocean. Il avait autrefois le nom de *mer Egée*.

### Isle de Policandro.

Elle n'est qu'un grand rocher ; sa surface est pierreuse, séche & pelée : quelques endroits sont couverts de trois à six pouces de terre, & produisent assez de bled & de vin pour nourrir ses habitans : les raisins y sont excellens ; on y manque d'huiles ; mais on y commerce en coton. Elle n'a point de ports, point de villes; on y voit un bourg, près d'un rocher affreux, cent vingt familles l'habitent: çà & là sont des hameaux, & des chapelles, car les prêtres n'y manquent pas. On y remarque une grotte au milieu de précipices: elle est tapissées de congelations en forme de cristaux ou pyramidaux ou cylindriques, les uns de couleur d'or, les autres d'un noir luisant. Cette isle a cinq lieues de tour & s'appella *Pholegandros*.

### Isle de Sikino.

Entre elle & Policandro est la petite isle de *Penagia* qui n'a pas une lieue de tour. *Sikino* se nomma *Oenea*, (isle au vin) de la fertilité de ses vignes. On y fait encore beaucoup de vin: ses figues fraiches sont excellentes, son blé est le meilleur de l'Archipel: on y recueille aussi du coton: semée de monts & fort étroite, elle est assez bien cultivée. Un bourg de son nom est sur une hauteur près d'une roche effroyable suspendue sur la mer: son nom actuel vient de Sikinus fils de Thoas; elle a sept lieues de tour, renferme 200 familles Grecques, & n'a point de ports.

### Isle de Milo.

Cette isle n'est presque qu'un vaste amas de pierres semblables à la pierre ponce, & de mineraux pétris en quelque sorte par l'eau de la mer qui la pénétre & la rend propre à être cultivée. Un feu continuel se nourrit dans son sein; le rocher est toujours chaud, & en un endroit il brule, il exhale une fumée épaisse & couvre les champs voisins de fleur de soufre; son sol en général est aride;

des matieres calcinées la couvrent ; cependant au printems, elle parait un vaste parterre d'anémones de diverses couleurs. De beaux troupeaux de chevres y donnent un lait dont on fait d'excellens fromages : le vin qu'on y recueille est un des meilleurs de la Grèce. Elle a des champs très-fertiles : de la ville à la rade le chemin est bordé de jardins & de campagnes fertiles en froment, orge, coton, sésame, haricots, melons, citrouilles & coloquintes : elles sont couronnées par des collines couvertes de vignobles, d'oliviers & de figuiers : au delà sont des salines : 10 livres de sel n'y coutent qu'un sol. Le miel y est abondant & de là vint son nom ancien *Melos* : la viande, la volaille, le gibier, le poisson y sont d'un prix très-modique ; les perdrix n'y coutent que cinq sols. Le plâtre y est commun, le bois très-rare : on brule la bouze de vache. Une fontaine d'eaux purgatives sort d'un roc escarpé ; elles sont tiedes & d'un goût fade. On y a fait fermer des mines d'alun pour éviter les avaries des Turcs ; mais on les visite encore : on trouve d'abord une caverne simple, qui par un boyau conduit ensuite à quelques chambres ou voûtes incrustées d'alun qu'on y trouve en pierres plates qui n'ont pas l'épaisseur d'un pouce : on y trouve aussi de l'alun de plume semblable à des fils de la soie la plus fine, longs d'un pouce, argentés, luisans ; ses fils sont réunis en paquets & ont le goût de l'alun. Au bord de la mer sont deux grottes ; l'une incrustrée & couverte d'alun sublimé, blanc ou doré ; les rochers qui la forment sont revêtus au dehors de sel marin sublimé, doux au toucher comme la fine farine ; & dans des trous l'alun parait pur, friable & toujours brûlant : l'autre est remplie de soufre qui brule sans cesse & jette souvent des flammes; le soufre y est tout pur & sublimé: on le voit en bloc dans les montagnes, qu'il rend très-brillantes. En quelques endroits distille une solution âcre d'alun; ce peut être un esprit de sel qui tient en dissolution des parties terreuses & alumineuses. Ceux qui ont la galle viennent se guérir dans cette grotte. Autour de l'isle sont plusieurs souterrains où les eaux de la mer s'engouffrent. Elle a plusieurs mines de fer. L'air n'y est pas sain, les eaux de la plaine y sont impures; la fontaine de Castro seule est bonne & légere, mais il faut la laisser refroidir pendant deux heures; les hommes y sont de bons pilotes, les femmes très-coquettes se fardent de la poudre d'une plante marine qui leur gâte la peau: tous aiment le plaisir, mais sont sujets à des maladies dangereuses. Cette isle a vingt lieues de tour; la plus haute de ses montagnes est celle de Sainte Hélie, d'où l'on jouit de la plus belle vue de l'Archipel: elle n'est habitée que par des Grecs qui payent 5 écus par tête, & qui élisent chaque année trois consuls qui sont leurs juges. Le cadi seul est Turc & a droit de juger après eux; mais si sa sentence leur paraît injuste, ils lui font quelquefois perdre sa place. Il y a deux évêques, un Grec & un Latin: le clergé de celui-ci est formé par un seul prêtre. Milo n'a qu'une ville où l'on comptait 5000 habitans du tems de Tournefort, elle en renferme à peine 300, & presque tous jaunes & bouffis, leur ventre est gonflé, leurs jambes enflées; des exhalaisons de soufre & d'alun formées par une fermentation générale y infectent l'air, & diminuent son ressort. L'origine de cette corruption de l'air remonte à l'éruption d'un Volcan qui s'est ouvert en face de Santorin, & a vomi une isle au travers des flammes

avec des secousses qui ébranlerent les isles voisines;
Milo est bien bâtie, mais très-sâle; l'étable des cochons, qui est aussi le cloaque de la maison donne
sur la rue, & ces ordures jointes aux vapeurs des
marais salans qui sont voisins & aux exhalaisons
des mineraux y rendent l'air presque mortel pour
les étrangers. Les maisons ont deux étages, & sont
ornées de terrasses; la pierre dont elles sont bâties
est dure, noirâtre, durable & légere, semblable
à la pierre ponce. Entre elle & le port sont des
bains publics; c'est une caverne qui par deux chemins conduit à une salle creusée par la nature
où est un reservoir d'eaux tiedes & salées; on s'y baigne & on y sue: plus bas sont de petites sources d'eaux presque bouillantes. Son port est très-vaste & à couvert de tous les vents; à l'entrée
sont deux écueils nommés *Acraries* (éminences).
Plus loin est *Antimilo*, ou *Remomilo*, isle déserte
qui s'élève en pain de sucre: derriere la montagne Sainte Helie est une autre petite isle déserte
nommée *Prasonisi*.

Entre l'isle de Milo & le golfe de Neapoli sont
quelques petites isles, telles que *Falconara, Caravi,
Belo-poulo*, &c. la plupart sont désertes, & toutes très-petites.

### Isles d'Argentiere, ou de Cimoli.

Des mines d'argent lui ont donné son nom; mais
la crainte de l'avarice des Turcs les a fait abandonner: les principales étaient sur la côte qui regarde Milo, vis-à-vis le port & l'isle Poloni ou
Polino, où l'on voit encore des restes d'atteliers
& de fourneaux. Cette isle a six lieues de tour:
on l'appella d'abord *l'isle aux viperes*, mais on n'y

en voit plus ; une craie graffe & favonneufe lui a fait donner le nom de *Cimoli* ; c'eft le favon de fes habitans & de ceux de Milo : elle devient gluante dans l'eau douce où elle fe fond. L'Argentiere n'offre que des monts brûlés, un terrain pierreux & de la craie : on n'y voit point de prairies, point de ruiffeaux : on n'y trouve que de l'eau de citerne qui y eft mauvaife ; elle a eu des oliviers & n'en a plus. Elle n'a qu'un village de 200 habitans, & fes environs feuls font cultivés ; on y fème de l'orge, & on y recueille du coton. Les femmes & les hommes y font fans mœurs. Ceux-ci font matelots ; les femmes font des bas de coton & l'amour. Une maffe de linge fale eft leur habillement, leur jupon eft une chemife courte bordée de rouge qui laiffe voir leurs jambes très-groffes ou fort groffies par des bas accumulés ; car c'eft une beauté pour elles. Les filles y font jolies malgré leur habillement. Un vicaire de l'évêque de Milo en eft le feul prêtre ; un cadi ambulant eft le feul Turc de l'isle ; auffi y eft-il honnête & poli.

### Isle de Siphanto.

Elle doit fon nom à Siphnus fils de Sunion, & s'appellait autrefois *Merope* & *Acis*. Elle eft couverte de marbre & de granite, cependant elle eft une des plus fertiles de l'Archipel. On y voit encore les fouterrains des anciennes mines d'or & d'argent qui font abandonnées aujourd'hui. Un chimifte a tiré dix-huit livres d'argent fin de cent livres de fon minerai. On y trouve encore une mine grifâtre & liffe, qui rend du plomb femblable à de l'étain. Elle fut une des plus riches isles de l'Archipel & l'eft encore : le climat en eft doux, l'air pur, le sol très-fertile; mille sources d'eaux vives l'arrosent, les oliviers y croissent en abondance & l'on fait de leurs fruits une huile exquise; ses capres sont bons, sa soie est fort belle; ses figues, ses oignons, sa cire, son miel, son sesame y sont des objets d'un commerce assez actif. On y fabrique une bonne toile de coton nommée *dimite*, & on y fait de la vaisselle & de la poterie. Ses légumes sont estimés; les orangers, les citronniers, les limoniers y sont rares, parce qu'on ne les cultive pas. Les raisins y sont excellens, le vin très-médiocre. Il est commun d'y voir des vieillards qui passent leur siecle. On y compte 5 villages & 5 à 6000 habitans, honnêtes gens, dont les mœurs furent autrefois très-décriées. Les femmes presque toujours voilées, fuyent les étrangers. Un vicaire de l'évêque de Milo y est le principal prêtre; on y trouve soixante papas, qui ne disent la messe qu'une fois l'année, six couvens, & 500 chapelles. Quelques ruines se font remarquer çà & là: tel est un tombeau antique qui, voisin d'un puits, y sert d'auge; & les ruines d'un temple qu'on croit être celui de Pan. Le château, & le bourg de Siphanto sont bâtis sur un rocher au bord de la mer; le premier paraît être élevé sur les ruines d'un temple d'Apollon: il a un bon port; (*a*) on en compte quatre autres dans l'isle; ce sont ceux de *Faro*, de *Vati*, de *Kitriani*, & de *Kironisso*.

### Isle de Nio.

Quelques auteurs la nomment *Ino*; elle s'appella

---

(*a*) Le comte de Choiseuil——Goufier dit que l'isle n'a point de port, & que c'est un bienfait de la nature qui en éloigne les ravages de la guerre.

d'abord *Ios*, ou *Dios*. Elle a 15 lieues de circuit: elle est assez bien cultivée, & produit du blé; mais ce n'est pas ce qui occupe le plus ses avides habitans, ils sont presque tous voleurs, & leur isle est l'asyle des Corsaires qui y trouvent des ports assurés & les meilleurs de l'Archipel. Cependant l'auteur du voyage pittoresque de la Grece, fait l'éloge de leur bonté, de leur humanité, de l'innocence de leurs mœurs. On n'y voit de monumens antiques que neuf blocs de marbre qu'on croit être élevés en l'honneur des neuf muses près du tombeau d'Homere qui y mourut; sa mere Climene y était née. Cette isle, moins escarpée que celles qui l'environnent, n'a qu'un bourg bâti des ruines d'Ios, & quelques villages; le port qui est au dessous de ce bourg est excellent: celui de *Manganari* peut mettre en sûreté les plus grandes flottes. Les Latins y ont une église; les Grecs y en ont plusieurs: c'est là qu'on trouve les meilleurs pilotes de la Grèce. L'habillement des femmes est une simple camisole qui marque leur taille sans la contraindre: leurs jupons sont courts, mais leurs mœurs sont innocentes.

### Isle d'Amorgos.

Cette isle a conservé son nom; elle a 13 lieues de tour, est fertile en vins & en blés; les oliviers y prosperent, les fruits y sont bons; mais elle manque de bois; ses habitans étaient autrefois les meilleurs astronomes & les meilleurs géographes de leur tems, & on le voit par des médailles; ils se bornent aujourd'hui à être des laboureurs laborieux; ils sont bons & honnêtes, leurs femmes sont jolies, mais elles se couvrent la tête & le bas du visage, & leurs longues robes à manches pendantes cachent trop leurs agrémens. Au midi de l'isle est un bon port, & là ses bords sont escarpés. Son bourg est bâti en amphithéâtre autour d'un rocher, sur lequel est un ancien château des ducs de l'Archipel. Au bord de la mer on voit un rocher qui renferme cent caloyers logés commodément ; mais on n'y entre que par une petite ouverture qui se ferme avec une porte couverte de tole. Au dedans est d'abord une espece de corps de garde, garni de grosses massues de bois : on y monte par une échelle, & un escalier fort étroit, les cellules ne sont point taillées dans le roc ; les meilleures terres de l'isle lui appartiennent ; l'empereur Comnene, a dit-on, fondé ce couvent en mémoire de l'image de la Vierge peinte sur du bois, cassée en Chypre, & que les flots amenerent & rejoignirent au pied du rocher : elle y fait des miracles ; ailleurs est une chapelle qui renferme une urne qui d'elle-même se remplit & se vuide d'eau en certain tems de l'année. On ne connait dans cette isle de religion que la Grecque.

Autour d'elle sont quelques petites isles telles que *Caloyera*, & *Cheiro* : ce sont des rochers deserts, asyles des faucons que l'homme n'y laisse pas toujours en paix.

### Isle de Skinosa.

C'est un écueil abandonné qui a quatre lieues de tour, couvert de lentisques qui probablement lui ont donné son nom ; la ferule y croît aussi abondamment : on y voit encore les ruines d'une ville.

*Isle*

### Isle de Raclia.

C'est encore un rocher ; on croit qu'elle fut appellée autrefois *Nicasia* : elle est couverte de la fleur nommée *œil de bouc* : les moines y menent paître des moutons & des chevres au travers de ses cailloux & de ses pierres brisées. Elle a deux petits ports.

### Isle de Stenosa.

Elle a quatre lieues de tour, & n'est habitée que par quelques gardeurs de chèvres, qui fuyent dans les rochers à l'aspect du moindre bâtiment : craignent-ils donc de devenir plus misérables ? Tous les trois mois on leur envoie du pain ; l'aspect de cette isle est désagréable, & n'offre que du sable, ou des rocs où gravissent les chèvres. On y trouve cependant deux chapelles dédiées à la Vierge, des lentisques, des kermès, des cistes, & d'autres belles plantes ; mais il y a peu d'eau douce. Elle dépend d'Amorgos.

### Isle de Nicouria.

Cette isle n'est qu'un bloc de marbre peu élevé, & qui a moins de deux lieues de tour. Des chèvres fort maigres, & des perdrix rouges très-belles en sont les seuls habitans.

### Isle de Naxe.

Elle eut différens noms ; on l'appella *Strongile Dia*, par le culte qu'on y rendait à Jupiter ; *Dionisia* de Bacchus qu'on y adorait, *Callipoli*, ou pe-

*Tome VIII.* I

tite Sicile, par fa fertilité ; fon nom actuel eft une corruption de celui de Naxos. C'eft la plus agréable, la plus riche & la plus grande des Cyclades. Elle produit une multitude de fruits. Ses côteaux font couverts d'orangers, de limoniers, de cedras, de citronniers & d'oliviers, les plaines y font bordées de meuriers, de figuiers & de grenadiers: fes champs produifent beaucoup de bled, une multitude de ruiffeaux & de fontaines l'arrofent : on y cultive la vigne avec foin ; mais la vigne y eft trainante, & l'ardeur du foleil defféche quelquefois les raifins, comme la pluye les fait pourrir. Son vin était comparé au nectar des dieux, & il y eft bon encore ; l'huile d'olive y eft commune, & cependant on n'y brule que celui qu'on retire des grains du lentifque. Ses montagnes font de marbre ou de granite, & il en eft une efpèce de couleur verte tachée de blanc, qui fut célèbre chez les anciens qui le nommaient *ophites*, de fa reffemblance à la peau d'un ferpent. On prétend que des mines d'or & d'argent font renfermées dans ces montagnes.

Cette isle eft ovale, a 35 lieues de tour, & n'a pas de ports : elle fut autrefois une république puiffante : aujourd'hui encore fon commerce eft confidérable, & confifte en orge, vins, huiles, figues, coton & foie qu'ils travaillent eux-mêmes; lin, fromage, fel qu'on y fait & qui s'y vend à bon marché, boeufs, moutons, mulets, émeril qu'on trouve dans les monts qui font au couchant de l'isle, dans la vallée de *Perato*. On y recueille du *laudanum* ; on y trouve beaucoup de gibier, & on y jouit & abufe de tous les dons de la nature.

*Naxia* eft la plus belle ville de l'Archipel, & fut bâtie fur les ruines de l'ancienne Naxos; le château placé dans la partie la plus élevée, environné de murs épais & de grosses tours, fut bâti par Marc Sanudo, premier duc de l'Archipel: la noblesse Latine l'habite encore; la Grecque est plus nombreuse; l'une & l'autre vivent aux champs, s'occupent de la chasse, se haïssent & se méprisent: toutes deux rampent devant les Turcs. L'archevêque Grec est riche; le Latin ne l'est guère moins, & c'est le pape qui le nomme. Les médecins de l'isle sont les capucins & les cordeliers; les hommes sont livrés au plaisir; les femmes y sont orgueilleuses, & quand elles marchent, elles font marcher avec elles & devant elles leurs habits & une partie de leurs meubles; leur ajustement est encore plus ridicule que celui des femmes de l'Argentiere, le rouge & les mouches défigurent leurs visages; un plastron de velours brodé enrichi de perles en couvre le sein; deux ailes de velours noir rend leur taille quarrée, un panier ridicule tourne autour de leurs reins. On y voit beaucoup de restes d'antiquité; ses montagnes même la rappellent: celle-ci s'appelle *Zia*, & annonce le nom du dieu qu'on y révérait; à son pied est un bloc de marbre, où on lit: *Montagne de Jupiter, conservateur des troupeaux*: celle-ci s'appelle *Corono* de Coronis, nourrice de Bacchus; & on y montre la grotte où les Bacchantes célébraient leurs orgies. Sur un roc environné de la mer est une belle porte de 3 pieces de marbre blanc, simple & majestueuse dans sa construction, autour d'elle sont des débris de jaspe, de porphyre, de granite & de marbre, c'est celle du temple de Bacchus qu'on y révérait. Cette isle renferme 37 villages, & environ 6000 habitans; ils élisent leurs magistrats, mais on en appelle de leurs fentences au cadi qui n'y demeure pas toujours.

### Isle de Paros.

Elle a eu différens noms: on l'appella *Platea*, *Minoa*, *Demetrias*, *Zarcynthus*, *Hyria*, *Hyleaffa*, *Cabærnis*. Elle a 18 lieues de tour, & fut autrefois puiffante; mais aujourd'hui des faifeurs de falieres & de mortier ont pris la place des fculpteurs & des architectes qui l'illuftrerent. Ses ruines font magnifiques encore, mais la plupart font employées & le font mal. Dans des murs de château & dans ceux de diverfes maifons, les corniches, les frifes, les chapiteaux, les colonnes mêmes couchées horizontalement font mêlées avec la pierre brute & barbouillées de mortier; de beaux reliefs ornent l'entrée d'une chaumiere, une belle colonne cannelée forme le linteuil de fa porte. Ce qui la rendait célèbre, était fon beau marbre blanc, excellent furtout pour faire des ftatues; elle n'eft qu'un grand rocher de ce marbre: on en vifite les anciennes carrieres qui femblent avoir été travaillées du jour précédent, mais femées dans leurs interftices de mandagore & de dictame blanc qui y croiffent par-tout: on y trouve un bas-relief antique laiffé imparfait & taillé fur la maffe du roc: on y voit vingt-neuf figures dans un efpace de quatre pieds de long fur deux & demi de haut. Un fatyre riant aux éclats, au milieu de nymphes qui danfent, & que des fpectateurs entourent, en forment le fujet. Bacchus préfide à la fête, avec des oreilles d'ane, & une large bedaine: les têtes font imparfaites, le tout eft de bon goût.

Paros a une vingtaine de villages, dont les plus

considérables sont *Costou*, *Lephenis*, *Marmara*, *Chepido*, *Dragoula* : elle n'a qu'une ville nommée *Parechia*, bâtie sur les ruines de l'ancienne Paros, défendue par un château, & où les consuls Français, Anglais, & Hollandais résident. On y compte 1500 familles qui payent 4500 écus de capitation : ses habitans avaient la reputation d'hommes de bon sens, & ils la méritent encore. Elle est bien cultivée & nourrit de nombreux troupeaux. Son commerce consiste en froment, orge, vins, légumes, sesame & toiles de coton; elle a eu beaucoup d'oliviers qui y ont été détruits par la guerre; la viande y est bonne, le porc y est commun, & on y nourrit de petits moutons avec des fruits & du pain pour en rendre la chair plus succulente & plus tendre : les perdrix & les pigeons y sont en grand nombre. Elle a plusieurs ports, celui de Ste. Marie est le meilleur; la plus grande flotte y peut être en sureté : près de celui-là est le port d'*Agousa*; c'est celui de *Drin* que les Turcs préferent.

On sait que c'est dans cette isle, qu'on a trouvé le plus beau monument de chronologie que l'on connaisse, gravé sur le marbre 260 ans avant Jésus-Christ, renfermant une suite de 1300 ans, & qui est déposé à Oxford. Ajoutons encore qu'on voit là, la plus grande & la plus belle église de l'Archipel : on la nomme *Panagia*, ou *Madona* : elle est bien percée, ses ceintres sont beaux; mais ses colonnes prises dans des ruines antiques, sont mal assorties entr'elles; son dôme a la forme du haut d'un alembic, son frontispice est sans goût & ses peintures grossieres.

### Isle d'Antiparos.

Elle eut le nom d'*Oliarus*, elle est platte, bien cultivée, & n'a qu'un village qui renferme soixante & dix familles qui paient 1400 écus aux Turcs. Ses habitans dépendent de l'archevêque de Naxie, & ont à peine l'apparence d'une religion : ils commercent en vin & en coton ; mais ils aiment mieux encore faire le métier de corsaire. Ils élisent deux consuls, dont le gage annuel est de dix écus. Cette isle a six lieues de tour ; on en a détruit les oliviers ; des lapins & des pigeons sauvages sont presque les seuls animaux qu'on y voye. Son port n'est pas bon pour les grands vaisseaux ; mais ce qui la rend considérable aux yeux du naturaliste sont ses grottes, formées dans une montagne couverte de thym de Crète, de faux dictame, de cedres à feuilles de cyprès, de squilles & de lentisques : toutes sont riches en crystallisations ; l'une d'elles sur-tout est admirable. On y parvient par une caverne, & des ouvertures étroites au bord d'affreux précipices où il faut se trainer sur le dos & sur le ventre : la grotte est à 1000 pieds de profondeur ; elle a 700 pieds de long, 250 de large, & 200 de haut : sur la voute, des masses arrondies représentent la foudre de Jupiter, des grappes, des festons, & de longues lances ; autour semblent être des tours cannelées, des rideaux & des nattes couvertes d'une écorce blanche qui resonne comme l'airain : sur le sol sont élevées comme des troncs d'arbres des colonnes dont la plus haute, presque cylindrique, a près de sept pieds de haut : au fond, sur la gauche, est une pyramide surprenante qu'on nomme l'*autel*; elle est isolée, a vingt-quatre pieds de haut, est relevée de plusieurs chapiteaux cannelés, ornés de gros bouquets semblables à celles du choux fleur ; toute la grotte est d'une blancheur éblouissante : le pavé parait être dans une partie des tables de cristal; ailleurs sont des petites fleurs entremêlées de petites pyramides. Ces lieux sont admirables; mais on n'y parvient & on n'en sort qu'avec beaucoup de peine.

### Isle de Thermia.

Ses noms anciens sont *Cythnus*, *Ophiusa* & *Dryopis*. Elle a 15 lieues de tour : son sol moins montagneux que celui des autres isles, est très-fertile, & il est bien cultivé. Ses campagnes sont couvertes de moissons, & ses côteaux de vignobles, mais le vin y est médiocre; ses meuriers y nourrissent une multitude de vers à soie ; les abeilles l'enrichissent par la cire & le miel qu'elles y travaillent; les perdrix y sont abondantes. On y recueille du coton & de bonnes figues ; mais on y fait peu d'huile, & les arbres y sont assez rares; différens ruisseaux l'arrosent; ses sources chaudes qui lui ont fait donner le nom qu'elles porte sont voisines du port : la principale sort d'une colline, dans une maison où l'on va laver le linge & où les malades viennent suer: leurs eaux sont très-salées, & paraissent s'échauffer en traversant des mines de fer. On y voit encore les ruines de deux villes ; l'une s'appellait *Hebreocastro*, (ville des Juifs) & était située sur le penchant d'une montagne, au bord de la mer; ses ruines sont magnifiques; au milieu d'elles se voyent trois cavernes creusées dans le roc & enduites de ciment; leurs murs bâtis de gros quartiers de pierres taillés en pointes de diamant, semblent annoncer qu'elles faisaient partie d'une citadelle ; l'autre ville est *Poleo-Castro*, elle n'est pas ruinée comme la première, mais n'a rien qui intéresse.

On compte dans cette isle 12 familles Latines, & 12 à 1300 Grecques, dispersées dans quelques hameaux & deux grands villages, *Thermie* & *Silaca* : elles paient 5000 écus aux Turcs.

### Isle de Serpho.

On l'appelle aussi *Serphanto*, & on la nommait *Seriphus*. Elle a 13 lieues de tour, est hérissée de montagnes escarpées, & renferme des mines de fer & d'aimant que la pluye découvre : il y croit peu de bled, de vin & d'arbres. Son aspect est affreux & triste ; ses habitans sont fainéans, grossiers, pauvres : ce sont tous des Grecs, ils sont au nombre de 800, & ils payent 800 écus de capitation ; ils sont dispersés dans quelques hameaux & dans un bourg situé sur une roche affreuse. Aucune antiquité ne la distingue, & elle n'a jamais été remarquable que par son port qui est vaste & sûr. Les meilleures terres y appartiennent aux moines de St. Michel l'Archange. Elle est cependant riche en bétail ; la toison des brebis y est belle & fine ; il y croit de l'excellent safran ; de grosses perdrix rouges y passent. On a longtems prétendu que les grenouilles y devenaient muettes & ne recouvraient la voix qu'en les transportant ailleurs ; mais on peut soutenir longtems une erreur, & ce fait là en est une.

### Isle de Zia.

On la nomme aussi *Cea*, c'est l'ancienne *Ceos* ; elle a environ 20 lieues de tour. Elle eut quatre villes autrefois, & on voit encore les ruines de deux : celles de *Carthea* qui ont servi à élever la ville qui existe, sont encore en partie répandues dans les campagnes voisines : celles de *Julis* occupent une montagne entière. On y voit encore les ruines d'un magnifique temple. Cette isle est assez bien cultivée : ses champs sont fertiles ; on y recueille un peu de froment, beaucoup d'orge, assez de vin qui est recherché : elle nourrit de nombreux troupeaux, a été riche en soie, & pourrait l'être encore : elle fut abondante en *velani*, qui est le fruit de la plus belle espèce de chêne. Elle a de l'excellent plomb, de la craie semblable à celle de Besançon, beaucoup de gibier, & surtout des perdrix & des pigeons. Elle manque d'huile & de bois. On n'y compte que six familles Latines ; tout le reste est Grec ; elle est semée de papas & de chapelles ; on y voit cinq couvens qui ne sont pas pauvres. La ville est bâtie en amphithéâtre sur une hauteur, & dans une vallée ; elle a 2500 maisons dont les toits bâtis en terrasses & contigus peuvent servir de rues : les habitans s'y assemblent, & s'asseyent sur le bord, pour qu'en filant le coton, leur fuseau puisse aller au bas de la maison. Elle fut célèbre par ses figues qu'on y cultive encore, quoiqu'avec moins de succès : on y pratique aussi la caprification. Strabon dit que dans cette isle, une loi ordonnait d'empoisonner ceux qui avaient atteint l'âge de soixante ans, afin que les autres pussent vivre : on a loué cette loi par laquelle ceux qui ne pouvaient vivre bien, ne devaient pas mourir mal.

A l'orient de Zia est la petite isle de *St. George* qui n'a pas trois lieues de tour : elle est à l'entrée du golfe d'Engia qui a sur ses côtes un grand nombre de petites isles ; nous ne parlerons que des quatre plus considérables : deux sont sur la côte méridionale du golfe presqu'à l'entrée, c'est *Poro*, autrefois *Calaurea* ou *Trezene* fameuse par l'exil de Demosthene, & où était un asyle de Neptune: l'autre est *Cophinidia*, autrefois *Spheria*, toutes les deux sont désertes. Celle d'*Engia* est la fameuse *Egine* ou *Oenone*, & *Myrmidonia* : ce dernier nom lui vient de l'activité de ses laboureurs qui les fit comparer à des fourmis. Elle a douze lieues de circuit : ses côtes escarpées la rendent innaccessible par tout ailleurs que vers le nord-ouest : & c'est là qu'est située une ville de huit cent maisons, défendue par un château; telle y est l'abondance des perdrix rouges que pour conserver la moisson, on est obligé d'en chercher les œufs & de les casser. Elle est sans ports, & montre les restes d'un temple de Vénus, & ceux d'un temple de Jupiter orné de cinquante colonnes d'ordre dorique : on disait d'elle qu'elle avait mis au monde ses meilleurs enfans les premiers, parce qu'après avoir produit quelques hommes célèbres, elle n'eut que des hommes médiocres. *Colurie* autrefois *Salamine*, a vingt-cinq lieues de tour, elle renferme un des plus beaux ports de l'univers, & une petite ville ou bourg qui a le nom de *Coluri*; des masures, des hameaux, quelques bourgades, c'est tout ce qu'elle offre aux regards du voyageur : elle est cependant fertile. C'est sur la côte orientale, au lieu où est aujourd'hui *Ambelaki* qu'était autrefois *Salamines*. Vis-à-vis d'elle est le rocher *Kéras* où Xerxès fit élever son trône d'argent pour faire la revue de son armée.

### *Isle de Macronisi.*

Elle est séparée de l'Attique par un détroit de

deux lieues de large; son nom signifie l'*isle* longue : elle a eu ceux de *Macris*, d'*Helene* parce qu'elle fut l'asyle de cette princesse adultère, de *Cranæ* parce qu'elle est rude & âpre : le voyageur Français paraît en avoir fait trois isles différente. On prétend qu'un tremblement de terre l'a séparée de l'Eubée. Elle est inculte & déserte, mais fut très-peuplée autrefois ; elle a un petit port, une source d'eau douce ; ses côtes couvertes de sable sont la retraite des veaux marins : les lézards & les sauterelles en habitent l'intérieur orné de plantes rares : elle a trois lieues de long & une de large.

### Isle de Jourâ.

Elle a quatre lieues de circuit, est triste, stérile & inhabitée. Le médecin Buchoz y place un village de pêcheurs, Strabon l'y vit en effet ; mais il y a du tems que Strabon n'est plus : les voyageurs modernes n'y ont vu d'habitans que de gros mulots, qui sont peut-être les descendans de ceux qui, selon Pline en chassèrent les habitans. Elle a un port couvert par l'écueil de *Glaronisi*, ou l'isle aux Cormorans : on n'y trouve que des plantes fort communes : c'est en effet un lieu propre à y reléguer le crime, & autrefois les Romains y reléguaient ceux qui en avaient commis.

### Isle de Syra.

Cette isle a neuf lieues de tour ; elle est bien cultivée, produit du froment excellent, beaucoup d'orge, de vin, de figues, assez de coton, & des olives que les habitans salent pour leur usage. Elle est montueuse & manque de bois ; on n'y brule que des broussailles. L'air y est humide & froid; son port est bon, son bourg est bâti autour d'une colline rapide, sur le sommet de laquelle réside l'évêque, & l'église est placée sur la porte de l'évêché; on voit un bas relief de marbre, sur lequel sont représentés des sistres & d'autres instrumens antiques; l'ancienne Syros était sur le port, & on y en voit encore les ruines. La principale fontaine coule au fond d'une vallée; ses habitans au nombre de 400 sont catholiques Romains pour la plupart : c'est dans cette isle que naquit Pherecide, maître de Pythagore. Près d'elle & vers l'orient sont trois petites isles qu'on nommait autrefois *Anticyre*, mais qui ne sont pas les isles de ce nom fameuses par leur ellebore. Le voyageur Français confond cette isle avec celle de Skiros.

### Isles de Dili.

La petite Delos n'est qu'un rocher désert, inculte, stérile & abandonné : la nature n'en fit qu'un écueil; les hommes en firent un des lieux les plus beaux & les plus célèbres de l'univers : elle n'a pas trois lieues de tour. Le temple d'Apollon qui y était né y fut élevé par Erysicton fils de Cecrops, & il devint dans la suite un des plus superbes édifices de la terre entiere : il était à l'entrée d'une ville bâtie de marbre & de granite, ornée d'un théâtre, de portiques, d'un gymnase, d'une multitude d'autels & d'un bassin où se donnaient des combats simulés. On y voyait plusieurs villes : toutes n'ont laissé que des ruines qu'on admire encore; mais enfin elle est redevenue ce que la nature l'avait fait, un roc inculte. La statue d'Apollon avait cinquante pieds de haut, & l'on dit qu'un arbre d'airain que Nicias avait fait élever auprès, l'abatit par sa chute. Les rois s'honoraient d'ajouter à la beauté & à la richesse de son temple : il a disparu : les lapins, les cailles, les bécasses sont les seuls habitans de cette isle ; & ils vivent avec peine au travers des décombres magnifiques qui leur servent d'asyle. Le mont *Cinthus*, qui traverse cet écueil, s'appelle aujourd'hui *Castro*.

La grande Delos ou *Sdili* était moins célèbre, & en dépendait. Son ancien nom était *Rhenea* ; un canal de moins d'un quart de lieue de largeur, rétréci encore par quelques écueils la sépare de celle dont nous venons de parler ; elle est inhabitée, & a sept lieues de circuit. Ses montagnes sont peu élevées & couvertes d'excellens pâturages ; elle aurait des champs fertiles, des vignes abondantes si la main de l'homme y fécondait le sol. Les habitans de Mycone y nourrissent des troupeaux, de bœufs, de moutons, de chevaux & de chèvres ; la crainte des corsaires seule la rend déserte. Autour d'elle sont de petits écueils.

### Isle de Tragonisi.

Son nom signifie l'*isle aux chèvres* ; ces animaux en sont les seuls habitans ; mais leur nombre est diminué. Elle est petite & montueuse. Près d'elle est l'isle de *Stapodia*, elle est habitée comme elle.

### Isle de Mycone.

Elle conserve son ancien nom ; elle a dix lieues de tour, produit peu de froment, assez d'orge, beaucoup de vins, beaucoup de figues, & un peu d'olives : le sol en est aride : elle a des montagnes peu élevées & presque point de bois : les eaux y font rares en Eté, un grand puits en fournit à tout le bourg de fon nom, bourg mal fitué, mal bâti, & dont les rues font fort fales : les hommes font de bons matelots, les femmes pareffeufes, croyant être plus belles quand leurs jambes groffiffent, & les ornant pour cela de quatre ou cinq paires de bas; leur habit eft antique & leur eft particulier : les hommes y deviennent chauves à l'âge de vingt-cinq à trente ans. On n'y compte que 3000 ames & environ cinquante églifes. On y fait bonne chère à peu de frais : des raifins excellens, des figues très-bonnes, les perdrix, les cailles, les beccaffes, les tourterelles, les lapins & les becquefigues qui y font abondans, y attirent les étrangers : les habitans font Grecs & leur cadi eft ambulant. Elle a quatre ports, mais aucun n'eft fûr; celui de *Palermo* eft expofé au vent du nord, celui de *Sainte Anne* l'eft à ceux du fud & de l'eft, celui de *Mycone*, ou *Micouli* comme difent les Français, eft très-ouvert, & on y trouve des abris formés ou par une chaine de rochers, ou par la petite isle de St. George & les isles ou roc des écreviffes.

### — Isle de Tine.

Tenos la peupla & lui donna fon nom; elle a été puiffante fur mer : elle a vingt lieues de circuit, eft femée de montagnes, eft riche en fruits excellens, & la vigne y vient très-bien. C'eft l'isle la mieux cultivée de l'Archipel. Ses champs paient avec ufure les foins du laboureur. Ses figuiers font bas & touffus, fes oliviers font beaux, mais rares, & on en fale le fruit. On y manque de bois, les moutons n'y font pas communs; elle a eu beaucoup de ferpens qui lui firent donner le nom d'ophiusa, & le voyageur Français dit qu'il y en a encore ; mais il l'assure sans le connaître ; on n'y en trouve plus. La soie fait sa richesse, & chaque année il en sort 16000 livres : elle est propre pour coudre, faire des gands & des bas, mais trop grossiere pour les étoffes. Les femmes y sont des beautés régulières & piquantes, leurs habits sont gracieux : elles filent la soie & la devident ; elles tricottent, & font les habits de leurs enfants ; le commerce & l'industrie y répandent une aisance générale & de l'égalité.

Sur une mauvaise plage, on voit le bourg de *St. Nicolo* ; il n'a que 150 maisons ; des marbres & des médailles prouvent qu'il a été bâti sur l'ancienne capitale de l'isle : à une lieue de là sur un rocher élevé, fortifié par la nature plus que par l'art, est la forteresse : elle renferme 500 maisons ; mais le vent du nord, le froid, l'humidité des brouillards & celle qui s'élèvent des crevasses qui l'environnent en rendent le séjour incommode & y gâtent les meubles. Elle appartient aux Vénitiens qui y ont un provediteur qui en retire 2000 écus par an : l'évêque latin a sous lui 120 prêtres, & les Grecs lui sont soumis en divers points : on y compte 200 papas Grecs : en 1760, ils armerent leurs paroissiens contre les jésuites & les chasserent. On disait y avoir découvert quelques restes d'un beau temple de Neptune qui y était honoré comme médecin ; il était placé dans un bois, & ceux qui venaient célébrer sa fête étaient regalés dans de magnifiques appartemens ; mais ces restes ne se trouvent plus. Outre les deux endroits dont nous avons parlé, on y compte encore 36 villages.

### Isle d'Andros.

Six rochers s'élèvent dans le canal qui la sépare de Tine. Elle a trente lieues de tour. Elle présente le spectacle le plus enchanteur : en y arrivant, sa large & vaste baye divisée par un long promontoire s'ouvre devant vous ; on descend dans un joli bourg ; d'un côté on voit la plaine de *Livadie*, partagée en champs féconds, plantés d'orangers, de citronniers, de mûriers, de jujubiers, de grenadiers & de figuiers, & où mille ruisseaux coulent & entretiennent une fraicheur perpétuelle ; de l'autre est la vallée riante de *Magnitez* arrosée par des sources qui jaillissent des rocs d'où s'élève une chapelle, & qui font tourner plusieurs moulins. Un des plus beaux endroits de cette belle isle est le village d'*Arna* placé derriere une haute montagne : plusieurs hameaux environnés de palmiers le forment, & sont autant de solitudes charmantes ; mais il ne faut pas connaître les hommes qui les habitent pour s'y plaire : ce sont des Albanois durs & féroces, qui ne sont ni chrétiens, ni turcs, & ne reconnaissent de loi que leur intérêt & la force.

L'isle d'Andros eut un grand nombre de noms : on l'appella *Tauros*, *Lasia*, *Nonagria*, *Epagria*, *Antandros*, *Hydrusia* : celui d'Andros, lui vient d'Andreus fils d'Apollon & de Creüse qui fut un des généraux de Radamante. Sa principale richesse est la soie, qui cependant n'est bonne que pour la tapisserie, peut-être parce qu'on y nourrit les vers avec la feuille de meurier noir : on y recueille 10000 livres par an : des côteaux produisent du vin & de l'huile ; les champs du froment & de l'orge : les monts sont couverts d'arbousiers, dont le fruit distillé fait une eau de vie assez bonne :

les grenades y font d'un goût excellent, ainsi que les limons & les cedras ; on en donne cent pour trois fols. On y compte 34 villages. Elle présente encore de belles ruines ; celles de *Paleopolis* annoncent la grandeur de cette ville qui portait alors le nom de l'isle : elle était située sur le penchant d'une montagne, où l'on voit épars des colonnes, des chapiteaux, des bafes, des murs folides, des troncs de marbres, des infcriptions, où on lit encore les noms du peuple & du fénat d'Andros, ceux des prêtres de Bacchus. L'isle a 5000 habitans ; ils font Grecs ; leur évêque eft révéré, commande à un clergé nombreux & ignorant, & a 500 écus de rente : l'évêque latin lorfqu'il fait la proceffion de la fête-Dieu, a le droit de fouler au pied tout chrétien profterné dans les rues de quelque rite qu'il foit. Le cadi n'eft pas ambulant : la capitation rapporte 15000 écus. En général le peuple y eft pauvre : les nobles y poffedent prefque tout : ces nobles fe vantent d'être defcendans des Athéniens : ce n'eft pas à leurs mœurs qu'on le peut croire.

*Andros* a plufieurs ports : celui de *Gaurio* eft le meilleur : vis-à-vis eft la petite isle de *Gaurianofi* ; c'eft un long écueil environné de rochers. A l'orient & à une affez grande diftance eft le rocher nommé *Caloyero d'Andros*.

### Isle de Negrepont.

Cette isle a 125 lieues de circuit, 50 lieues de long & 12 dans fa plus grande largeur. Elle a eu porté les noms de *Chacoldotis* ou *Calcis* de fa capitale, de *Macra*, ou *Macris* de fa forme ; d'*Ellopia*, d'*Abantis*, d'*Oché*, & d'*Eubée*. Un canal étroit

Tome *VIII*.  K.

la sépare de la terre-ferme, & ce canal qui eut le nom d'*Euripos*, fut changé par les Grecs modernes en celui d'*Egripo* qu'ils donnent à l'isle & à sa capitale. D'*Egripo*, les matelots Italiens ont fait *Negreponte*, & les Français *Negrepont*. Elle est divisée par de petites chaines de montagnes élevées, dont quelques-unes sont couvertes de neige pendant huit mois de l'année : la plus haute est celle d'*Oché* : les vallées & les plaines sont très-fertiles en grains : de nombreux oliviers en bordent les champs ; on y recueille des fruits délicieux, & la vigne y est cultivée avec soin. Sa population n'est pas ce qu'elle fut, & les villes dont elle a été ornée, ne montrent pas même des ruines qui les retracent, ou en montrent peu. Sa capitale a le nom de l'isle ; elle a deux milles de circuit ; mais elle a des fauxbourgs plus étendus qu'elle, habités par les Grecs ; car on dit que les chrétiens ne peuvent habiter dans l'enceinte de la ville même, où l'on ne trouve que des mahométans & des juifs : on y compte 15000 habitans : son plus bel édifice est le palais du capitan pascha, bâti sur l'Euripe, orné de galeries & de portiques de bois rouge vernissé, d'où l'on jouit de la perspective la plus riante & la plus étendue. Cette ville est le siège d'un archevêque Grec ; elle fut bâtie sur les ruines de l'ancienne Calcis : un pont de pierre de cinq arches la joint à la terre-ferme, dont peut-être un tremblement de terre la sépara, & il est coupé par un pont levis qui s'élève pour laisser passer les vaisseaux : son port est exempt des agitations de l'Euripe : ses mouvemens sont toujours les mêmes : pendant les 9 premiers jours de la lune, & du 14 au 21 il est réglé & ne montre qu'un flux & reflux ordinaire ; mais pendant les autres jours, l'eau s'élève, s'abaisse, va & revient avec agitation de 11 jufqu'à 14 fois par jour; fes eaux écument & tournent autour des golfes nombreux qui fe font formés dans l'efpace de 11 à 12 lieues: elles ne montent cependant jamais au delà de deux pieds.

Les anciens & les modernes ont cherché à expliquer ce phénomène; les uns l'attribuent aux vents; les autres à la preffion de la lune, ou à l'impreffion des marées de l'Océan: mais la caufe eft encore incertaine; le phénomène feul fubfifte depuis bien des fiècles.

Cette isle a quelques ports & des promontoires remarquables; tels font les caps de *Liter* ou *Lebade* & de *Figera*, autrefois *Cœneus* & *Caphareus*; les caps, les golfes, les rochers & les tournans y rendaient la navigation périlleufe dans un tems où la navigation était dans fon enfance.

On n'y trouve de villes qui méritent ce nom que celle de Negrepont dans toute l'isle: Eretrie fituée au deffous de Calcis a difparu; on croit qu'elle était placée aux lieux où l'on voit aujourd'hui le village de *Gravalinaïs*; fes environs donnaient une terre médicinale qu'on nommait *Eretrienne*.

Cariftus a aujourd'hui le nom de *Carifto* ou *Château-roux*; c'eft aujourd'hui une forterefle au pié du mont Oché; un évêque y réfide: on en tirait autrefois un marbre marqueté nommé *Caryftien*; & on y trouvait auffi de l'asbefte ou pierre d'amiante. Vers le nord était *Oreos*, ou *Iftiœa*, ville dont le fol eft occupé par le village d'*Oreo*. Plus bas était *Aedepfus* qu'on reconnait encore fous le nom de *Dipfo*, village qui n'a rien de remarquable.

### Isle de Sciro ou de Skiro.

Ses habitans étaient guerriers, Pallas était leur protectrice & y avait un temple dont on voit encore quelques ruines. Son peuple était composé de divers peuples dont les Dolopes étaient les moins estimés & les plus craints; elle est escarpée, & cependant agréable & bien cultivée, quoiqu'on n'y compte que 300 familles qui payent 5000 écus au grand seigneur. On y recueille du froment & de l'orge, beaucoup de vins qui sont recherchés, & plus de bois qu'il n'y en a dans les autres isles. Ses rochers sont escarpés & presque perpendiculaires; on y trouve des carrieres de marbre; on y connaissait autrefois une pierre qui surnageait entiere & tombait au fond quand on la cassait: ce fait pouvait être croyable lors que la physique était dans son enfance. Elle n'a qu'un bourg qui est situé sur un roc, & l'on dirait de loin qu'il est suspendu sur les flots. On y voit quelques monastères; tout son peuple est grec, son évêque est pauvre & son palais ressemble à un cachot; il n'a d'agréable que la perspective dont on y jouit. La femme adultère & surprise y est promenée sur une ânesse, & la boue, les œufs & les excrémens la couvrent bien-tôt. Il n'y a de Turc dans l'isle que le cadi, dont les administrateurs de l'isle doivent payer la rançon si les corsaires l'enlèvent.

### Isle d'Icus.

Cette isle est petite, & ne se trouve pas dans toutes les cartes; elle avait autrefois deux villes; elle n'a pas même aujourd'hui deux villages. On nomme aussi *Scangero*.

Au nord de Negrepont, une douzaine de petites isles forment une chaine qui va d'orient en occident : les plus confiderables font celles de *Skiate*, de *Scopelo*, de *Saraquino*, de *Pelagini* : la plus orientale eft très-petite, & on l'appelle *la Jura*. Celle de Pelagini eut le nom d'Halonefus, elle eft petite & prefque inculte. *Saraquino* ou *Piperi* s'appellait Peparethus & Opula : elle a été célèbre par fes olives & fon vin qui après fix ans devenait agréable : rien aujourd'hui ne la fait connaître. *Skiate* fituée prefque à l'entrée du golfe de Salonique, eut autrefois deux villes : la crainte des pirates l'a rendue déferte : elle a huit lieues de long & trois de large. L'isle de *Scopelo* en était à deux lieues : moins grande qu'elle, elle n'a que quatre lieues de long fur deux de large, mais elle nourrit 1200 habitans qui font affez raffemblés pour fe défendre : elle eft très-fertile en bons vins.

### Isle de Stratti.

On l'appelle auffi *Agio-Strati*, c'eft une petite isle au midi de Stalimene : elle a quatre lieues de tour, eft inhabitée, & eut, dit-on, un volcan & un labyrinthe.

### Isle de Stalimene.

Il parait que fon nom a été formé de ces mots grecs *Eifté Lemno* ; allons à Lemnos qui était fon nom ancien. Elle a dix lieues dans fa plus grande largeur. Vers le couchant elle eft bien arrofée, à l'orient elle eft aride. Des montagnes en couvrent une partie ; les plaines & les vallées en font très-fertiles ; le vin & les blés y font abondans ; on y recueille aussi de la soie & du coton; on y trouve beaucoup de soufre & d'alun; elle a eu un volcan qui s'est éteint : on y nourrit de nombreux troupeaux de chèvres, & le beurre & le fromage qu'on fait de leur lait y est un grand objet de commerce : on y élève aussi des chevaux qui sont petits, mais très-vifs. On prétend qu'il y a beaucoup de serpens. C'est dans cette isle qu'on recueille avec des cérémonies ridiculement graves, cette espèce de bols qu'on nomme *terre de Lemnos*, & *terre sainte*. Anciennement on soupçonnoit déja que ses vertus tenaient beaucoup à l'imagination : aujourd'hui les gens éclairés savent qu'elle n'est qu'un bon absorbant.

Cette isle n'a point de bons ports : le meilleur est sur la côte orientale ; il a de chaque côté un lac d'eau salée, & l'un d'eux, nommé *Alke-Limne*, dépose en Eté une croute de sel dont les habitans se servent : au nord de ce port est le cap d'*Ecatokephale* ou aux cent têtes qui a aussi une baye qui peut servir de port : *Castro* ou *Stalimene* est la capitale de l'isle & a mille pas de circuit : il parait qu'elle est située aux lieux où fut Myrine, & elle renferme 800 familles dont la moitié sont Turques. Les Grecs y ont trois églises & un évèque assez riche. Elle a près d'elle des bains d'eaux tièdes & une source alumineuse. A quelque distance de là est un golfe presque fermé qui a sur ses bords, d'un côté une petite ville nommée *Madrou*, & de l'autre le grand village de *Sarpe*.

La ville de *Cokino* est presque déserte : c'était l'ancien *Hephestias*. Il y a eu un labyrinthe dans l'isle soutenu par quarante colonnes très-hautes & très-épaisses. Le *Vaivode* la possède comme un fief héréditaire. Un cadi, un aga, & des troupes veillent à sa sureté. On y compte 60 villages, 16 couvens, 7000 familles Grecques, & 3000 Turques.

### Isle de Thaso.

Elle s'appellait autrefois *Athria* & *Thasos* ; elle a cinq lieues de long sur trois de large : on dit qu'il y a eu des mines d'or & d'argent, & ses souterrans dans les montagnes semblent le prouver : elle a les carrières d'un très-beau marbre ; la pêche est abondante sur les côtes, & le poisson le plus commun ressemble au hareng ; son vin a été estimé & ne l'est plus guere ; ses fruits sont très-bons, elle et riche en bois & en bétail ; mais ses productions le plus recherchées sont son miel, sa cire & ses huiles. On y recueille une graine qui teint en rouge. Son principal village a le nom de *Thaso* : située à l'entrée du golfe de Contessa ; elle a 17 lieues de tour, & renferme un port excellent qui y rend le commerce assez actif.

### Isle d'Imbro.

Son nom ancien était *Imbrus* : elle est couverte de montagnes & de bois où se cachent le gibier & diférentes bêtes sauvages. Au midi elle a des mines d'agent ; mais pour l'exploiter, il faut tant de litarge de plomb que le produit est bien inférieur aux frais. Elle avait une ville qui était consacrée à Mercure & l'isle entiere l'était : elle a huit lieues de tour, & renferme cinq villages dont deux sont défendus par des châteaux.

### Isle de Samandrachi, ou de Samothrace.

On l'appella *Melites*, *Leucosia*, & *Leucania* de sa

blancheur, *Saocis*, d'une haute montagne qui s'y trouve, *Electria Dardania* du nom du fondateur de Troie ; on fait venir celui de *Samothrace* de *Samos* de *Thrace* ; & *Same* signifie en Persan, en Scythe, en Thracien, & dans plusieurs autres langues, *terre*, *pays*. Cette isle d'une forme presque circulaire, a neuf lieues de tour ; elle a des vallées fertiles & une petite ville située sur une haute montagne dont la vue peut s'étendre assez loin dans la mer : son port est vaste. Autrefois elle était consacrée à Cybèle, & aux dieux Cabyres.

Nous laissons la description des isles voisines de la côte d'Asie pour la partie de cet ouvrage qui concerne l'Asie ; mais avant d'y passer, nous devons décrire les pays d'Europe qui sont sous la protection de l'empire Ottoman, ou qui sont ses vassaux.

## *LA VALAQUIE.*

Ce pays est une portion de l'ancienne *Dace* & de la *Cumanie* ; on y comprend quelquefois tout l'espace renfermé entre la Bulgarie, la Servie, la Hongrie, la Transilvanie, la Russie rouge & les Tartares, c'est-à-dire, qu'on y comprend aussi la Moldavie qu'on appellait la petite Valaquie. Nous la resserrons dans des bornes plus étroites : de grandes montagnes & le fleuve *Sereth* la séparent de la Moldavie ; ce pays forme un ovale dont le grand diamètre compris entre le quarante & le quarante-cinquieme degré de longitude, suit le quarante-cinquieme degré de latitude : le Danube au midi ; les monts de Transilvanie au nord, forment son enceinte ; de ces monts descendent avec rapidité une multitude de sources, de torrens & de rivieres; dont le cours tumultueux finit bientôt dans le Danube; l'*Aluta* ou l'*Oltz* partage le pays en deux parties inégales: le *Jalonitz* sort des frontieres de la Transylvanie, le *Sereth*, *Siret* ou *Araris* descend des monts de Pokucie, sépare la Valaquie de la Moldavie, se grossit de nombreux torrens & va enfin lui-même grossir le Danube. Les Valaques qui l'habiterent lui donnerent son nom; mais ces peuples l'appellaient *Romulie*, & les Hongrais *Havasalfœdgye*: l'air y est tempéré, le terroir fertile en blés, vins, melons, fruits; on y élève beaucoup de bétail, & surtout d'excellens chevaux: il parait que ses habitans descendent d'une colonie que Trajan y établit après la défaite de Décébale: d'anciens monumens, des usages, leur langue qui est un latin corrompu, leur habillement, leurs goûts, le nom de *Roumouni* qu'ils se donnent pour se distinguer des Esclavons & des Pazinacites, tout enfin le prouve: le nom même de Valaque vient d'*Ulah*, nom que les peuples voisins donnaient aux Romains, qui est devenu celui des bergers qui errent sur les montagnes de *Valoh* ou d'*Olath*, & que les Allemands & les Hongrais donnent encore aux Italiens. On y voit encore les ruines des chemins que les Romains y firent; plusieurs parties en sont entieres. Ce beau pays devient désert; les vexations & les impositions en font expatrier les habitans: ils sont du rite grec, ont les mêmes lettres, la même liturgie que les Russes: ils sont très-ignorans, les ecclésiastiques n'y savent que lire & chanter: il y a à *Buschcrest* une académie pour y apprendre la langue Valaque dans toute sa pureté, la religion, ou plutôt la pratique des cérémonies religieuses; ils ont conservé plusieurs des usages du paganisme, & des hymnes aux anciennes divinités des Daces qu'ils chantent aux nôces & aux funerailles. La langue Italienne y est aimée & cultivée des gens aisés, qui envoyent leurs enfans étudier à Padoue. Beaucoup de Mahomètans habitent au milieu d'eux.

 Les Valaques se firent chrétiens dans le neuvieme siecle : ils s'étaient retirés alors sur les frontieres de la Pologne & de la Russie, où ils cultivaient des champs, & nourrissaient de grands troupeaux : une partie d'entr'eux, sous la conduite de *Niger* ou *Nigrouot* se rapprocherent du Danube, & vinrent fonder Tergovisto, Bucherest, Longenau, Pitesto S. Georgi. Ils élurent un prince ou Waiwode : pressés par les Hongrais qui les rendirent enfin tributaires, désolés par les Turcs qui mirent leur pays à feu & à sang au commencement du quinzieme siecle, & les forcerent aussi à payer un tribut ; ils sont en proye aux Ottomans, aux Russes, aux Allemands pendant la guerre, & ruinés par les impositions que paient leur prince pendant la paix. Ce pays presque dévasté rend encore un revenu annuel d'environ dix millions de piastres dont la moindre partie demeure dans les mains du Hospodar ou Waiwode ; le reste est porté à Constantinople pour payer l'élection du prince, pour la maintenir, & pour le tribut qu'il paie tous les ans.

 Nous avons dit que l'Aluta ou Alut partage la Valaquie en deux parties inégales ; on voit un grand chemin romain le long de son cours jusqu'au Danube. Voions d'abord la partie qu'il laisse au couchant, qu'on nomme aussi le *Bannat*, ou le *Comté*.

 *Baja*, ville qui ne se trouve nommée que dans Busching ; on ne la trouve point dans une excellente carte de M. Danville.

*Severin*, *Szœreny*, bourg sur le Danube, fondé par l'empereur Severe, & qui fut ensuite une ville forte & capitale d'un Bannat. *Zernigrad* ou *Tschernigrad*, *château noir*, ruines sur une colline voisine du Danube, cachées & environnées d'épais buissons. Sur les bords du fleuve sont les ruines d'un pont qu'on croit être celui de Trajan : le Danube y a 1000 pas de largeur : le comte Marsigli croit que le pont avait 443 toises. Danville lui en donne 515 : la maçonnerie paraît avoir été de simples blocages revêtus de briques ; on a parlé de ce pont avec emphase : peut-être était-il plus solide que beau : Hadrien le fit démolir : on en voit encore quelques piles à fleur d'eau.

*Tchernetz* est à quelque distance du Danube : c'est un bourg bien peuplé, qui s'appella *Zernes* : son terroir est fertile en grains & en vins excellens.

*Krajova*, petite ville, nommée aussi *Koloswar* qu'on croit être l'*Ulpianum* des anciens ; *Sidova* est un fort situé au confluent de l'Aluta & du Danube.

*Ognile Mari* sont des salines ; nous croyons que c'est la même ville que *Forda*, qui était une ville Romaine : ses ruines offrent une enceinte quarrée : sur une de ses portes tombant en ruines est une Minerve tenant en main son égide : ses salines sont encore très-abondantes.

*Remnik*, ou *Ribnik*, ville au bord de l'Aluta, assez bien bâtie, & siege d'un évêque : c'est l'ancien *Castra-Trojana*. *Citatesva*, ou *Arxavia*, fort sur l'Aluta & les frontieres de la Transylvanie. *Bistritz* est un bourg commerçant en vins. *Tergo-zyl*, petite ville sur le Zyl.

*Partie de la Valaquie à l'Orient de l'Aluta.*

*Langenau*, jolie ville bien peuplée : quelques auteurs la nomment *Campo-longo* ; d'autres en font deux villes différentes : elle est près de la source de la Jalonitz ou Proava, anciennement *Laparis*.

*Bakow* ou *Bratzkow*, est située dans une contrée agréable & fertile, un évêque catholique y réside. *Argis*, *Ardeiscus*, ville sur la riviere de ce nom.

*Tergowisto*, ville qui a quelques fortifications, où des Turcs & des Grecs exercent le commerce, où le Waivode a un palais. On la regarde comme la capitale de tout le pays ; la Jalonitz l'arose.

*Buccharest*, ou *Buccoresti*, est la plus riche, la plus grande ville du pays ; elle est arrosée par la Dumbrowitz qui tombe dans le Danube à une journée de là : le hospodar y réside dans un palais plus grand & commode que beau : la ville est sâle & mal bâtie : elle est le siège d'un archevêque Grec, & d'une académie Valaque. Les Luthériens y tiennent leurs assemblées sous la protection de la Suède.

*Jalonitza*, ou *Ora-Floczi*, petite ville sur la riviere de ce nom. *Bxnila* ou *Ibraeli*, petite ville sur le Danube où sont plusieurs mosquées & quelques maisons bien bâties.

## LA MOLDAVIE.

La *Moldaw* qui en arrose la partie méridionale lui donna son nom : elle se nommait aussi la *Bogdiane*, du nom du prince qui se soumit aux Turcs. Située entre le 45 & le 49°. degré de latitude, entre le 42 & le 49° de longitude, on lui donne

100 lieues de long, & 70 de large, & on y compte 160,000 hommes sans y comprendre les femmes & les enfans; il y a des montagnes incultes au couchant, & de vastes déserts à l'orient. Le pays abonde en grains & en vignes : le froment y produit 20 pour 1, le seigle 30, l'orge 50 à 60 : le vin y est excellent, mais il a une couleur verdâtre : on y trouve des forêts entieres d'arbres fruitiers de la meilleure espèce, & les monts en sont couverts ; les forêts y sont nombreuses ; le chêne y est dur & excellent pour les vaisseaux : différens animaux connus y vivent : il en est deux qui lui sont particuliers : c'est le *Tsimber*, espèce de bœuf sauvage, grand comme un taureau, mais dont le corps est plus swelte, les jambes plus longues, les cornes plus droites, & qui grimpe & saute avec l'agilité d'un chamois ; & le *Jerounla*, oiseau plus petit que le coq de bruyere, & dont la chair est blanche & tendre. Les chevaux sauvages y sont petits, mais leur pied est large & leur course légere & rapide. Les pâturages y sont beaux, le bétail excellent. Le plus haut de ses monts touche à la Valaquie & à la Transylvanie : c'est le *Tchaslaw* : sa cime couverte de neige se voit de très-loin; on prétend que dans une partie de ce mont la rosée du printems reçue dans des vases y forme une espèce de crème dont on fait un bon beurre. Les moutons qui paissent dans cette partie deviennent si gras qu'ils ne marchent qu'avec peine. Au nord est la grande forêt de *Bucowina* remplie de ravins & de vallons, elle appartient aujourd'hui à l'empereur. On y trouve quelques lacs ; celui de *Doroboï* a six lieues de long, deux de large, & est abondant en poissons. *Ovidouloui* est un petit lac près d'Akerman. Diverses rivieres l'arrosent ; nous avons parlé du

Sereth. Le *Pruth*, autrefois *Hierafos*, vient du sommet des monts de Pokucie, reçoit vingt rivieres dans fon cours, partage la Moldavie en orientale & occidentale, & fe perd dans le Danube au deffus d'Obliciza. Le *Nifter* le borne au nord & à l'orient : c'eft le *Tiras* des anciens, le *Turla* des Turcs; il fort d'un grand lac au deffus de Léopol, & defcend rapidement entre les montagnes : de grandes forêts de chênes & de bouleaux couvrent fes deux rives. Les habitans font un mélange de Moldaves proprement dits, d'Albaniens, de Serviens, de Bulgares, de Polonais, de Ruffes, &c., les impofitions l'empêchent de fe peupler comme il devrait l'être, & même on peut dire qu'il fe dépeuple. Il y a des Allemands luthériens, des catholiques, des mahométans, mais le plus grand nombre font des Grecs. On y compte trois ordres de nobleffe, les *Bojari*, mot qui vient de *Slave-Boi*, Slave guerrier : ce font des familles nouvelles & puiffantes, mais dont le nombre excede peu celui de cent. On y compte trois évêques & un archevêque qui a un revenu d'environ cent mille livres : le prince ne met pas d'impôts fans les confulter, ainfi que les Boyards : le clergé ne paye que la moitié des impofitions du laïc. La langue Moldave eft un mélange du Sclavon, du Turc, de l'Italien & du latin ; mais ces deux dernieres y dominent. Le peuple eft hofpitalier; le pauvre même y partage fon repas avec l'étranger, le reçoit avec joie, le nourrit lui & fon cheval pendant trois jours. Leurs armes font la lance & l'épée, ils chaffent avec le fufil : leur attaque eft impétueufe; tantôt ils voyent des frères dans leurs prifonniers, tantôt des bêtes de fomme ; ils croient à la prédeftination. Dans la Moldavie fupérieure, on comp-

# DE L'EMPIRE OTTOMAN.

te 200 riches couvens; les montagnes font femées de moines. Les Moldaves méprifent les fciences, qui leur paraiffent une occupation d'efclaves; leurs femmes font belles, libres, boivent du vin, partagent avec les hommes les plaifirs de la table, mais n'ofent y montrer leur bouche, & regardent comme une infamie d'avoir la tête nue: c'eft le figne de la virginité. La tête des hommes eft rafe, ils confervent leur barbe. Ces mœurs leur font en plufieurs points communes avec les Valaques. Au milieu d'eux vivent encore les *Cingares* ou *Zigeuner*, peuple de devins, tige des Bohêmiens qui ont ceffé de parcourir l'Europe depuis qu'on a ceffé d'être crédule, & de payer ceux qui annonçaient un avenir flateur: ils font chrétiens par les cérémonies, & en ignorent les dogmes; ils font prefque nuds, leurs enfans le font entierement; une partie habite fous des tentes: les femmes font laides & noires: ils ont des chefs qu'ils choififfent dans des familles refpectées, font grands parleurs, menteurs, ivrognes & fripons, vivent méprifés, & ne font falués de perfonne; on leur parle à peine; auffi fe font-ils retirés dans les montagnes.

Les rois de Hongrie rendirent la Moldavie tributaire dans le quatorzieme fiecle: les Turcs s'y montrèrent pour la premiere fois en 1280, ils la foumirent en 1529. Elle a fes propres princes ou *Voywodes* ou *Hofpodar*, qui font vaffaux du Turc qui les nomme, & s'eft engagé de ne les choifir que parmi les chrétiens Grecs: il eft rare que ce Prince qui achete fa place n'en forte pas pour entrer en prifon pour dettes. Il pille fes fujets, & tout ce qui l'environne le pille; il donne à la Porte 500000 piaftres pour être élu, il en donne 50000 chaque année pour fe faire confirmer ( autrefois il ne l'était que tous les trois ans), & les présens secrets montent peut-être plus haut encore : le tribut annuel monte à 200000 piastres. Toutes les sommes que le prince de Moldavie tire de ce pays peuvent s'évaluer à sept millions 350 mille livres tournois, & cet argent n'est pas le seul qui en sort : les épiceries, les draps, les étoffes, les pelleteries, &c., en emportent beaucoup encore il y rentre principalement par la vente de quarante mille bœufs gras qui se vendent dans les pays voisins environ dix ducats la piece.

On la divise en haute & basse. Celle-ci se nomme *Tschara de Azios*, & s'étend d'Iassy au Danube elle est traversée par une voie romaine qu'y fit construire Trajan : on la divise en douze districts la Bessarabie en fit partie autrefois.

*Jassy* est la capitale de toute la Moldavie : elle est ancienne, & une inscription antique prouve qu'elle fut municipe sous les Romains ; elle a une citadelle & quelques fortifications : ses habitans sont en général des Grecs : leur métropolitain réside ; il y a aussi des juifs : on y fabrique beaucoup de caneva, qui se vend à Constantinople. Elle est située sur une petite colline, dans une belle situation, au milieu d'une vaste plaine. Le prince y a deux grands palais ; l'un qu'il n'habite plus vaste, fermé de murs, orné d'un jardin, & d'un escalier sculpté & doré. Près d'elle est un lac poissonneux. Sa long. est 45 deg. 40 m. Sa latitude de 4 deg. 12 minutes.

*Tyrgul-furmos*, petite ville.

*Wasluy* est au confluent de la riviere de ce nom & de la Barlad.

*Barlad* ou *Birlad*, ville dans une belle vallée qu'arrose la riviere de ce nom : elle a quelques ru

# DE L'EMPIRE OTTOMAN.

aſſez peuplées, des marchands juifs aſſez riches: les Tartares l'avaient preſque ruinée; on croit que c'eſt le *Palloda* de Ptolemée.

*Tecutſch* ou *Tekout* eſt ſur la Barlad: ſon territoire eſt riche en vins. *Fotchanij* eſt ſur la Milkow. *Adziud* ſur le Sireth.

*Galatſch*, ville qui fait un bon commerce: il eſt facilité par le Danube qui y forme un vaſte port: le bois, le miel, la cire, le ſel, le beurre, le ſalpêtre, les grains en forment le principaux objets: on y compte ſept égliſes Grecques; quelques unes ſont aſſez grandes; près des plus petites logent quelques caloyers ſales & miſérables: la ville eſt remplie de filles proſtituées, le libertinage y eſt très grand: les maiſons ſont mal bâties; le Pruth y paſſait autrefois, mais il s'en eſt écarté & ſon ancien lit rempli en partie par le Danube, eſt ſon port actuel: on y fabrique des vaiſſeaux qui deſcendent enſuite dans la mer Noire.

*Faltſchii*, ville ſur le Pruth, capitale d'un diſtrict qui touche au Danube ou Iſter: près d'elle, au milieu d'épaiſſes forêts on voit de vaſtes ruines qui paraiſſent être celles de *Thaiphali*, grande ville dont parle Herodote.

*Huſſu* eſt auſſi ſur le Pruth, un évêque Grec y ſiege. Pierre le Grand y fit la paix avec les Turcs. *Laputchna* eſt ſur un ruiſſeau de ſon nom qui ſe jette dans le Pruth. *Kitznu*, ou *Kisnou* eſt ſur le Bicut qui ſe jette dans le Niſter. *Orbei* où *Orchei* eſt ſur le Reut, près d'un petit lac. *Sorocca* eſt ſur les bords du Niſter. *Puczem* bourg dont les maiſons diſperſées ſont petites & propres: devant & derriere lui ſont des déſerts. *Wale Striimba*, (méchant vallon) lieu ſur le Pruth, célèbre par les malheurs fréquens qu'y ont eſſuié les chrétiens.

Tome VIII.                  L

*Nemes*, ville très-ancienne sur une haute montagne, près d'une riviere qui porte son nom.

*Haute Moldavie*, ou *Tschara de Sus*: elle est divisée en sept districts.

*Chotschim*, ou *Chotien*, ville sur le Niester ou Nister, vis-à-vis de Kaminick, placée sur une hauteur: elle est forte par sa situation, & par les ouvrages qu'on y a élevé: à peine mérite-t-elle le nom de ville; c'est une espèce de quarré long de 300 toises, large de 140, entouré d'un rempart qui du côté de la campagne a des tours à pans, avec un fossé & un chemin couvert: vers le fleuve la pente est rapide, un ruisseau s'y précipite dans le Nister, un fort s'élève sur sa rive. Son sol est inégal, ses maisons répandues sans ordre, sans alignement: ses fauxbourgs étendus ont été brulés en 1769: on y voit une mosquée & une ancienne église Grecques.

*Ciarnaux*, ou *Czernaucii*, ville, starostie de la Moldavie, située à l'extrémité d'une colline sur le Pruth, elle a environ 200 maisons; les juifs y font un grand commerce.

*Doroboi*, *Dorohoï*, petite ville ou village assez riche, environné d'un beau pays. *Stephanestii* est près du confluent du Bassou & du Pruth. *Harlei* ou *Harlev* est une petite ville. *Cotnar* ou *Cotmar* est connu par ses vins qu'on égale à ceux de Tokai. *Botaschany* est peu considérable; elle est sur le Sima.

*Radentz* ou *Radantz* est voisine des montagnes: le Sireth l'arrose: il y a un évêque Grec.

*Sutchawa* ou *Suczava*, ville sur la rive droite du Sireth; elle fut autrefois florissante & la capitale du pays: on y comptait 60 églises; on y voit encore un grand nombre d'inscriptions Génoises; il paraît que c'est la *Susi-dava* des anciens. C'est peuttre aussi la *Giergine* du Pere Boscowich que d'anciens monumens prouvent avoir été fondée par Trajan.

*Niamez* ou *Niemecz*, ville forte par sa situation sur une montagne au pié de laquelle coule la riviere de son nom qui se jette dans la Moldaw. *Piatra* est sur la Bistritz: on la croit l'ancienne *Pedrotava*. *Bakow* est une petite ville, dans une isle formée par la riviere limpide de Bistritze: elle est le siege d'un évêque Latin: ses environs sont célebres par l'abondance & la beauté de leurs fruits. *Ocna*, *Totrusch*, ou *Tecutzi*, sont deux petites villes qui ont des salines. *Roman* est au confluent de la Moldaw & du Sireth: elle est le siege d'un évêque Grec, & paraît être la *Pretoria Augusta* de Ptolemée. *Foczan* ou *Focsjani* est une Starostie sur les frontieres de la Valaquie. *Bogdana*, bourg sur les frontieres de la Transylvanie, sur une riviere qui se jette dans le Sireth. Près de lui est le mont *Kaskon*, autrefois *Cohajons*, célebre pour avoir été la demeure d'un pontife que les Getes croyaient être l'image de la divinité dont l'ame se transmettait à ses successeurs, il était le *lama* de ces peuples: au pié du mont coulait une riviere qui portait son nom.

### Différens peuples Tartares ou Tatares établis en Europe.

On a parlé des *Tatares Dobrutz* dans l'article de la Bulgarie. Les *Tatares Lipkes* habitent divers lieux de la Haute Moldavie; ils sont mahométans. Du Danube au Don, le long de la mer Noire, dans une étendue circulaire de 160 lieues, on en trouve différentes peuplades: ils s'emparerent de cette partie de la Scythie Européenne dans le treizieme siecle: la plupart errent par troupes ou *hordes*; d'autres ont leurs demeures fixes, & ont élevé des villes, des bourgs, des villages; elles dépendent du Can de Crimée. Parmi elles il y a un peuple payen qui n'a point de nom particulier, & dont la langue a du rapport à la langue Allemande. On suppose que ce sont des Goths qui habiterent autrefois ces contrées: & qui auront oublié leur culte & leur nom: ils adorent un arbre antique; ils habitent encore dans la Crimée & sur les bords Asiatiques de la mer Noire. On les trouve dans plusieurs villages, & dans les villes de *Mankub* & de *Shivarim*.

Entre le bras le plus septentrional du Danube & le Niester, près de la mer Noire est la *Bessarabie* ou le pays de *Budzak*: ses habitans descendent des anciens *Budins* & en ont encore le nom. Les villes de *Budziak*, de *Bielgorod* ou d'*Akerman* leur font donner aussi leurs noms. La Bessarabie est un pays sans montagnes, sans bois, presque sans eaux: le Niester dont l'eau est trouble & blanchâtre a fait donner à ses habitans le nom d'*Ariakes* par Herodote: on leur donne aussi celui de *Horde blanche*: ce sont des peuples pasteurs qui suivent dans leurs campemens les rives du Niester, vivent de la chair de leurs bœufs & de leurs chevaux, de fromage & de lait, surtout du lait de jument, quelquefois de leurs brigandages: leurs mœurs, leurs coutumes, leur religion sont celles des Tartares de Crimée. S'ils sont poursuivis, ils se retirent sur des hauteurs près de la mer Noire, défendues par des marais & des defilés: ils obéissent jusqu'à un certain point à leurs *beis* & à leurs *murser* ou chefs de hordes: ils sont libres, & le sultan les nomme ses esclaves; nous les appellons des brigands, ils ne se croyent que guerriers. Ils sont maîtres de la campagne ; les Turcs possèdent les villes : ils peuvent former une armée de trente mille hommes, en y comprenant le gouvernement d'Oczakow.

*Kili*, nommée par les Moldaves *Kilia nova* pour la distinguer de l'ancienne qui ne subsiste plus, & qui était située sur la rive opposée du Danube qui l'environnait : c'est une ville qu'on nommait aussi *Lycostomos* : elle est voisine de la mer Noire : le bras septentrional du Danube qui l'arrose est le plus large & le plus navigable : on tire du sel de ses environs. Des bords de la mer on distingue la petite isle d'*Ilan-Adasi*, ou *Isle des serpens*.

*Bielgorod*, *Akerman* ou *Akkjjrman*. *Czetal-Alba* sont les noms Russes, Tartare & Moldave, d'une ville ancienne située à l'embouchure du Niester dans la mer Noire, sur sa rive droite : son nom latin est *Civitas alba*, & tous ces noms signifient la même chose, & viennent de la blancheur des eaux du fleuve. C'est une bourgade, plus qu'une ville : on croit que c'est là qu'Ovide fut relégué ; c'est au moins le sentiment du prince Cantemir, & du Père Boscowich. Elle a au midi un petit lac charmant appelé *Lacul Ovidului*, lac d'Ovide : elle a fait partie du gouvernement de Moldavie.

*Budschax*, ou *Budziak*, bourg voisin du Niester : près de lui était située l'ancienne *Tyras* ou *Ophinsa*. *Palanka*, & *Parkasa*, *Cauchan*, sont voisines du même fleuve : le dernier est le principal camp des Tartares akermans ; Lenglet en fait un bourg de 300 maisons habité par les Moldaves & les Valaques.

*Tigine*, ou *Tekin*, ou *Bender*, forteresse connue par le séjour qu'y fit Charles XII roi de Suède : elle est sur la rive droite du Niester. *Warnitz*, n'en est pas éloignée & ce fut là que ce roi établit son camp.

### Province d'Otschakow.

C'est le pays entre le Niester ( Dnestr ) & le Nieper ( Dnepr ) : les rives de ces fleuves étaient autrefois seules habitées : le reste s'appellait & s'appelle encore la *Plaine déserte* ( Dsike Pole ) on y trouve des pâturages féconds, mais nul arbre ne les ombrage ; une partie de ce pays appartient aux Cosaques Zaporoviens soumis aux Russes, qui y possedent aussi la Nouvelle Servie pres des rivieres de Yngul & de l'Ingulez : le Bog traverse ces contrées. Les Turcs y possedent deux villes pres du Nieper ou Borysthene, nommé ensuite Danœpris.

*Otschakow*, autrefois *Olbis, Borysthenes, Olbiopolis*, que les Turcs nomment *Kaahleh Ossi*, ou forteresse d'Ossi, qui est le nom qu'ils donnent au Nieper qui l'arrose : derriere cette ville s'éleve un mont sur lesquels il y a un château qui la défend : les Turcs y ont une garnison assez nombreuse, & des galeres. Elle fut fondée par une colonie Milesienne qui l'appella *Olbis* ( heureuse. )

*Kazikermen* ou Château de Kasi, forteresse élevée sur le bord du Nieper par Mahomet II.

### Territoire du Cham de Crimée.

Il est situé entre le Nieper ou Borysthene, & le Don ou Tanaïs. On le divise en Terre-ferme & en presqu'isle. La premiere s'étend sur les bords de la mer Noire & de celle d'Azof. Une partie des Tatares *Nogayes* l'habite, l'autre est répandue sur

s bords oppofés de la mer d'Azof en Afie : leurs
ordes errantes font prefque toujours éloignées de
ente lieues l'une de l'autre ; ils cultivent auffi la
rre & préfèrent la chair de cheval à toute au-
e ; ils voyagent dans des chars qui leur fervent de
aifons, font hofpitaliers, ne reçoivent guère de
réfens fans en rendre, font mahométans, ont des
hefs qu'ils refpectent fans beaucoup les craindre,
t qui font ordinairement nommés par le Chan de
rimée ; la vente des efclaves fait leur plus grande
icheffe. Les *Patzinagues*, *Pafinacæ*, habitaient au-
refois ce pays, dont les limites font une ligne ti-
ée de la riviere *Saliwy-Kouskich wod* qui fe jette
lans le Nieper, à celle de *Berda* qui fe perd dans
a mer d'Azof.

*Kimburn*, fortereffe turque vis-à-vis d'Oczakow,
ur la rive orientale du Nieper & à fon embouchure.

*Alboe*, *Alffa*, *Gyganskaja Dolina* & *Kokzogar*,
petits bourg fitués entre le Nieper & la mer Noire.

### Prefqu'isle de Crimée.

Auffi grande que la Morée, elle a une forme
affez femblable : la mer d'Azof & la mer Noire l'environnent ; une langue de terre étroite, refferrée
par le marais bourbeux de *Gniloé-more*, qui fut coupée par un foffé, & que la fortereffe d'*Or* ou *Precop*
défend aujourd'hui, la joint au continent. Les Cim-
meriens l'habiterent, ils lui donnerent leur nom,
& c'eft d'eux peut-être que vient encore le nom
de *Crimée*.

Les *Tauro-Scythæ* les en chafferent & lui donnerent le nom de *Cherfonefe* ou *Penninfule Taurique*.
Des colonies Grecques fe fixerent fur fa rive oc-

cidentale & méridionale, & y bâtirent des villes puissantes : pour éloigner les Scythes, elles appellerent Mithridate roi de Pont qui y fonda le royaume du Bosphore qui renfermait la Crimée & le pays du mont Caucase. Les Goths s'en emparerent, d'eux elle passa à l'empire Grec qui ne put empêcher que les Huns, les Cosares, les Polowses ne s'y cantonnassent tour à tour, & que les Génois n'y possédassent des villes fortes. Les Tatares s'en emparerent au douzieme siecle sous la conduite d'*Hadgi-Kerai* ou *Hadschi Giiraj*. Ses descendans y regnent ; ils ont forcé les Russes à leur payer un tribut qui consistait en deux oiseaux de proye & cent mille écus en pelisse & en argent. Les Russes à leur tour l'ont souvent ravagée dans ce siècle, & enfin l'ont fait déclarer indépendante afin d'y commander. Le Kan prend le titre de *Padischab*, de *Chani-Alischan*, ou Grand Chan : les Turcs le nomment *Sultan* ; il succéderait à leur empire si la maison Ottomane finissait. Son fils ainé se nomme *Sultan Galga*, le second *Or Beg*, ou Seigneur d'Or, le troisieme *Noradin-Beg*, &c. Les *Skirini* qui forment la seule famille noble du pays l'élisent, le sultan Turc le confirmait, & lorsqu'il l'ordonnait, il devait le joindre avec 100000 hommes : si c'était le visir, son fils, ou son ministre marchait avec 50000 hommes. Il a son divan, son grand visir, son muphti, ses hommes de loi. Le pays est riche en champs & en vignobles ; des étrangers, des esclaves les cultivent ; les Tatares se bornent à conduire leurs bestiaux ; ils ressemblent aux Calmouks, sont petits, quarrés, ont le teint brulé, les yeux petits & brillans, le visage quarré & plat, la bouche petite, les dents blanches, les cheveux noirs & rudes, peu de barbe : ils portent des chemises de toile de coton, des culottes de peau de brebis ou de gros draps, & fort larges : leurs vestes sont de toiles de coton piquées, par dessus est un manteau de feutre ou de peau. Les riches portent une robe de drap fourrée de belles pelleteries : leur bonnet semblable à celui des Polonais est bordé de peau ; leurs bottines sont de maroquins rouges : le sabre, l'arc, la fleche sont leurs armes : leurs chevaux assez laids, font des courses de vingt à trente lieues sans se reposer ; leurs selles sont de bois, & leurs étriers si courts qu'ils en ont les genoux pliés. Les femmes ressemblent assez à leurs maris, mais elles sont moins hâlées, ont de longues chemises de coton, des robes étroites de peaux de mouton ou de drap, des bottines jaunes ou rouges : les Tatares leur préferent des étrangères. On dit qu'en ne prenant qu'un soldat par village, on ferait une armée de 200000 hommes dans les Etats du Kan ; c'est sans doute une exagération : quelques-uns de ces villages sont appellés villes : ce sont des amas de huttes faites de claies, couvertes d'un gros drap de crin. Nous allons en parcourir les principales.

*Or* ou *Perekop* est entourée d'un fossé large de 20 pieds, long de 67, mais en partie comblé. Les Turcs & les Tartares l'appellent *Or Capi*, ou porte du fossé, les Polonais *Przecop*, ou terre creusée, le mot *Perekop* en esclavon signifie aussi *diamètre*, & on l'appliqua à ce fossé parce qu'il s'étendait d'une mer à l'autre : les Grecs pour la même raison l'appellaient *Taphros*. Ses maisons sont mal bâties ; son fossé, ses remparts ne l'ont pas défendue contre les Russes.

*Genitschi* fort construit sur une langue de terre étroite, à l'entrée du marais tortueux de *Gniloe-more* formé par la mer d'Azof.

*Koslow*, ou *Koslévé*, ville bâtie sur une langue de terre au couchant, formée par la profondeur de deux ports: des Grecs d'Heraclée en Bythinie la fonderent: elle eut le nom de *Cherson* sous les empereurs Grecs; est entourée de murs & de tours, est habitée par des Turcs, des Tatares, des Grecs, des Arméniens, des Juifs: on y échange du blé & des esclaves contre du ris, du caffé, des figues, des raisins, des dattes, du drap & des étoffes de soie: à deux lieues de là est le lac de *Tuzla* où l'on trouve du sel en Eté.

*Baktsehiserai* ou *Bakze serai* est la résidence du Cham ou Kan: elle est voisine de la mer, n'a ni fossés, ni murs; deux montagnes qui la pressent sont sa seule défense: ses maisons sont les plus belles de la presqu'isle: le palais du Kan est vaste & commode, mais irrégulier. Ses habitans sont un mélange de diverses nations. *Mankup*, petite ville sur un ruisseau.

*Achmetschel*, ville où reside le fils ainé du Kan: elle est sur la Karbatta, qui est la plus grande riviere du pays. *Balyk-lava* est sur le bord oriental d'un golfe profond, près du promontoire le plus méridional de la presqu'isle que des Grecs appellaient *Criu-metopon*, ou front de belier: les Turcs le nomment *Karadjé-bourum* ou nez noir. De là, on dit qu'on peut voir le promontoire élevé de *Kerempi-bourun* autrefois *Carambis*, dans l'Asie. *Sudak*, bourg sur un golfe.

*Kjefe* ou *Caffa*, anciennement *Theodosia*, grande ville, port célèbre, que les Génois possederent & rendirent puissante par le commerce: elle était alors plus peuplée que Constantinople. Les Turcs s'en emparerent en 1474, & depuis les esclaves ont fait presque les seuls objets de son commerce, son port est presque comblé; les chrétiens y sont en grand nombre, & parmi eux sont d'anciennes familles Génoises: cette ville renferme 5 à 6000 maisons, & c'est la plus grande de la Crimée: de hautes montagnes qui faisaient partie du *Mons Cimmerius*, la défendent des vents du Nord. Les Grecs la fonderent au cinquieme siecle.

*Kertsch* ou *Kerché*, est l'ancienne *Panticapœum*, nommée ensuite *Bosporus*, ville au pied d'une montagne escarpée, près du *détroit de Caffa* ou *bouche de St. Jean*: elle commande à tout ce qui entre dans la mer Noire, à tout ce qui en sort: un mur élevé l'entoure, un château muni de sept tours la défend, & une chauffée de pierres le joint au port. Ses maisons sont de pierres & ses toits en platte-forme: les Grecs y ont deux églises, les Mahométans vingt-deux mosquées: non loin d'elle est le fort de *Jeni-Calé* ou *Genikola*, ou Ville-Neuve: il a un port qui ne reçoit que les petits vaisseaux, & appartient à la Russie.

*Arabat*, petite ville au bord de la mer, sur l'isthme d'une longue & étroite presqu'isle, que presse d'un côté la mer d'Asof, & qui l'est de l'autre par une branche de la *mer du bouc* ou *Gniloé-more*.

*Crim Staroi*, ou *Eski-Crim*, *Crimenda*, ville ancienne qui est devenue un grand village: ses environs sont montueux.

*Karasbasar*, ville commerçante dans le centre du pays: ses maisons sont des cabanes de bois; mais elle a quatre mosquées en pierres: il s'y tient une grande foire de chevaux; ses habitans sont Grecs, Tatares, Arméniens & Juifs: une petite riviere qui se jette dans le Salgier l'arrose : il parait que ce n'est point l'ancien *Cherson* comme le croit Busching.

Ce pays pourrait être l'entrepôt d'un vaste commerce sur la mer Noire : cette mer est sans pirates ; des vers destructeurs y détruisent les vaisseaux : mais on connait un spécifique pour s'en garantir : le Don, le Nieper peuvent y amener des bois de construction : ils offrent encore des facilités pour étendre & rendre plus rapides les communications. Ce n'est pas à Azof que les Russes devraient construire leurs navires, ce port manque de profondeur. C'est à *Tanwarow* ou *Tangorow* qu'on devrait élever des chantiers : c'est un port profond & sûr à 7 lieues de l'embouchure du Don : l'air y est sain, la position avantageuse. On a parlé du défaut de ports dans la mer Noire ; on se trompait : on y en compte quinze : il est vrai que tous ne sont pas des villes, mais ils sont situés avantageusement. Ni le froid, ni les glaces, ni les orages n'y sont à craindre, les derniers le sont pour les Turcs, qui sont mauvais navigateurs. La diversité des langues serait un faible obstacle pour le commerce : le Turc y est presque par-tout la langue dominante.

Au nord de la mer Noire, du détroit de Caffa au mont Caucase, sur ses bords, sur celle du fleuve de Cuban, habitent différentes hordes de Tatares connus sous différens noms : elles ont quelques villes ou bourgades au bord de la mer : telle est *Tuman*, sur le détroit de Caffa, & *Mamai* située au bord d'un golfe.

Les *petits Nogais*, les *Koubans*, les *Cabardiniens* les *Pétigoriens* sont les peuplades les plus connues : elles sont comprises sous le nom de *Circasses* ou de *Memalik*, dont on a fait le nom *Mamelu*c ; leurs

Turcs donnent au pays le nom de *Ladda*. Le *Kouban* le traverse, y reçoit un grand nombre de petites rivieres, parcourant le pays du levant au couchant, jusqu'à son embouchure dans la mer Noire, où elle n'arrive qu'affaiblie par des branches qui se rendent à la mer d'Azof. Une partie du pays est stérile, rempli de monts ou de marais : tel est le *désert d'Anapa*, l'autre est riche en pâturages & a de belles forêts. Quelques-unes des hordes qui l'habitent ont dépendu des Russes, ou en dépendent encore, plusieurs sont indépendantes, d'autres sont soumises au Kan de Crimée. Les Turcs se rendent maîtres de *Taman* quand ils sont en guerre avec les Russes ; ils nomment un bey pour résider à *Betzini*, bourgade voisine du Kouban & des *Pétigoriens* ou du pays des Kabarda. Chez les *Ziketti*, on remarque le golfe ou port de *Koddos Limani*, & la bourgade de *Mamaï*. Les *Abkazati*, nommés autrefois *Abasci*, s'étendent des bords de la mer Noire dans le mont Caucase ; ils vivent sous des cabanes, aiment le brigandage, sont bien faits, détestent le poisson & les écrasent ; une longue montagne qui coupe presque tout le pays qu'ils habitent, vient former près de la mer un passage étroit qui était fermé autrefois par un retranchement nommé *Validus murus*, & aujourd'hui *Derbend* qui exprime la même chose. Les *Suani* sont puissans : ils habitent dans des vallées que forme le mont Caucase ou mont Elbours ; une riviere qui arrose la principale, a pris leur nom & se jette dans le Kouban : leur pays même se nomme *Suaneti* ou *Swanetia*. Ces peuples en général parlent la langue, ont les coutumes, les inclinations, l'extérieur des Tartares ; plusieurs des hordes Circasses paraissent être les descendans de ceux que les Sophis chasserent de la Perse en se l'assujettissant ; les femmes y ont le visage beau, le teint blanc & uni, les joues colorées : elles sont gaies, civiles, les hommes peuvent en avoir plusieurs & n'en ont ordinairement qu'une ; le frère épouse la veuve de son frère pour lui donner des enfans s'il n'en a point laissé : ils pleurent leurs morts & les enterrent honorablement ; ils sacrifient un bouc choisi avec des cérémonies extraordinaires ; ils se font circoncire, & ces diverses coutumes les rapprochent des juifs ; quelques autres les feraient prendre pour des mahométans, mais ils n'ont ni mosquées, ni moulhas, & ne connaissent pas l'Alcoran : il en est qui pratiquent encore les cérémonies chrétiennes ; ils sont bons cavaliers, & tour-à-tour chasseurs, pasteurs, cultivateurs, voleurs même, mais sans employer la violence. En général ils placent leurs hameaux au pied des monts, où ils creusent des canaux bientôt remplis par diverses sources ; le pays est diversifié de monts, de plaines, de forêts, coupé par des rivieres, où il y a peu de poissons : on y voit de belles fleurs, de grandes fraises jaunâtres, beaucoup de fruits : outre les chevaux, ils ont des chevres, des moutons, dont la laine est estimée, des vaches médiocres : ils sément de l'orge pour leurs chevaux, du millet pour faire leur pain & leur boisson fermentée nommée *bosa* : hommes, femmes, enfans, tous ont le même habillement ; on en tire des chevaux laids & vites, estimés des Russes. Vers le Daghestan & la Géorgie, le pays est très-fertile en fruits & en légumes : vers le Caucase on trouve des mines d'argent qu'on néglige.

Continuons de suivre les bords de la mer Noire, en décrivant la partie Asiatique de l'empire Turc :

nous parlerons ensuite de l'Asie en général. Autant qu'il est possible, nous devons suivre notre plan qui est de passer d'une province à celle qui la touche. Jettons d'abord un coup d'œil sur la Géorgie en général : elle touche aux contrées que nous venons de parcourir.

### De la Géorgie en général.

La *Géorgie* ou *Giurdstan* s'étend au pied & sur les sommets d'une longue chaine de monts toujours couverts de neige : elle touche à l'orient au district de Derbent, & au Schirwan qui appartiennent à la Perse, ainsi que le gouvernement d'Erivan qui le borne au sud, joint à ceux d'Erzerum, de Kars, de Tschildir & de Tarabosan qui appartiennent aux Turcs.

Vers le nord elle confine au pays dont nous venons de parler ; & au couchant à la mer Noire. Elle comprend l'ancienne Iberie, & la Colchide. On ne sait d'où lui vient le nom de Géorgie : on dit qu'il lui fut donné par les Grecs, parce que ses peuples étaient cultivateurs : on dit encore qu'elle le tient d'un de ses rois : ces rois prétendent descendre de David roi des Hebreux. Joseph, disent-ils, époux de la Vierge Marie, eut un frere nommé *Kléophas*, dont le vingt-sixieme descendant qui s'appellait *Salomon* eut sept fils, qui furent conduits en Iberie comme esclaves, vendus à *Elecées* ou *Ecelées*, ville de la Haute Armenie, à la reine Rachiel qui devenue veuve & sans enfans, épousa l'ainé des sept freres, lequel avait pris le nom de *Bakar* en se faisant batiser, & le fit roi d'Iberie l'an 614 : ce Bakar est la souche des rois d'Iberie. Parmi eux on distingue *Alexandre* qui partagea le royaume entre ses trois fils : *George* l'ainé régna sur l'*Imirette*, le pays des *Abcas* ou *Awchafa*, l'*Odiffi* ou *Mingrelie* qui est l'ancienne Colchide, les *Guriel*, le *Swanetti*, & l'*Ofetia*, & la contrée orientale qui s'étend jusqu'à Atan : *Alexandre* qui était le second eut le royaume de *Kachet* avec le territoire de *Scadüz*, de *Schirwan* & de *Derbent* : l'Albanie faisait partie de ce royaume : Constantin le cadet eut le royaume de *Carduel* avec le *Saracheti*, le *Santababotere*, & le *Somcheti*. Depuis ce tems l'Iberie fut divisée en trois parties, & elle l'est encore. L'*Imirette* qui forme l'une d'elles est sous la protection des Turcs ; elle renferme l'*Imirette* propre, la *Mingrelie* & le *Guriel*. La tige de ses rois finit dans le dix-septieme siecle. Le *Guriel* a aujourd'hui ses princes particuliers. Le *Cargwel* ou *Karduel*, ou *Géorgie orientale & propre* est divisé en quatre parties, le *Karduel propre*, le *Lautai*, le *Sonkwiti* ou *Somcheti* qui font partie de la Perse, & le *Satabago* soumis au Turc. Après la mort de *Coichorus* petit fils de Constantin, les Perses placerent sur le trône le prince *Ruftan* ; mais le peuple le rejetta parce qu'il était mahométan, & élut *Wachtang*, nommé aussi *Navas*, & *Chanazanos khan*, neveu du dernier roi : il régna aussi sur le Kachet, il conquit l'Imirette sur l'aveugle Bakar & la donna à son second fils *Chanarzakhan* ; mais il fut chassé par les Turcs en 1659, épousa la fille du roi de Kachet, lui succéda, & fut chassé par les Perses en 1686 & 1699, il se retira en Russie & institua le Czar Pierre pour son héritier. *George* régna sur le Carduel après la mort de Wachtang son père. *Mir-Veis* usurpateur du trône de Perse le destitua : son frère aîné *Leon* ou *Levan* fut roi peu de tems ; il mourut en Perse : de ses trois

## DE L'EMPIRE OTTOMAN. 177

fils, deux regnerent au milieu des guerres des Perses, des Turcs, des Russes, chassés, reçus tour-à-tour par ces puissances redoutables. Anne, impératrice de Russie fit régner le troisieme nommé *Wachtang*; mais bientôt chassé par *Thamas Kuli-Kan*, il se retira à Astracan où il mourut; ses enfans y ont vécu, & y sont morts. Sa fille épousa *Taimuras* qui vivait encore en 1753, & était prince du Carduel & de Kachet ou Caket, sous la protection de la Perse : son fils *Heraclius* a régné avec gloire. Il descendait d'Alexandre roi de toute l'Iberie. Le *Kachet* dépend de l'empire Persan : ses princes comme ceux du Carduel en sont tributaires, mais leurs enfans leur succedent. Les peuples parlent une langue particulière; ils sont chrétiens Grecs, dépendent du patriarche d'Antioche, ont eux-mêmes deux patriarches qu'ils nomment *Katojaikos* ou catholiques. Ce sont de beaux hommes; mais sans mœurs, sans autres vertus que le courage : les pères y vendent leurs enfans, quelquefois leurs femmes; celles-ci y sont presque sans pudeur, & quoique belles, elles aiment à se farder. Le centre du pays est fertile en grains, fruits, & vins assez estimés; la soie y est abondante, mais on l'y apprête mal; le bétail, la cire, le miel, la poix y sont avec elle une branche assez considérable de commerce; mais la vente des esclaves y est la richesse de ces vils commerçans : l'emploi de bourreau y est honnête & recherché; la plupart des églises y sont bâties sur des monts presque inaccessibles; on les salue de loin, mais on ne les visite pas. Les prêtres savent lire & écrire : c'est beaucoup encore : leurs chefs sont nommés par les princes.

*Tome VIII.* M

Nous ne décrirons ici en particulier que la partie de ce pays soumise aux Turcs.

## GOUVERNEMENT DU GIURDSCHISTAN.

### I. *Principauté de Mingrelie.*

Ses habitans la nomment *Odische*, mot qui vient peut-être de celui de Colchide : elle touche à la mer Noire, au pays des Abcasses, à l'Imirette, au Guriel : elle a environ cinquante lieues de long, sur trente de large : les *Lesgi* ou *Lazii* l'habiterent : le *Coddors*, autrefois *Corax*, le *Riona* ou *Fasz*, autrefois le *Phase*, en sont les principales rivieres : le premier descend de la partie du Caucase habitée par les Abcasses, le second vient de l'Immirete : un mur hérissé de tours, long de 20 lieues la séparait du premier peuple, mais il est détruit. Une multitude de petites rivieres descendent du mont Caucase ; le *Skeni* autrefois *Hippus*, l'*Abbascia* autrefois *Glaucus*, le *Tachur* autrefois *Sigamen* viennent se jetter dans le *Phase* ou *Riona* : celui-ci d'abord très-rapide, rallentit bientôt son cours ; il devient très-lent & tortueux, & forme diverses petites isles à son embouchure ; il dût son nom aux faisans que les Argonautes y trouverent, & qu'on y trouve encore en grand nombre. Le Caucase y étonne le voyageur par la hauteur de ses rochers & ses précipices : c'est une continuation du mont Taurus, il est désert & inhabitable dans une largeur de huit lieues presque toujours couverte de neige ; le pays est couvert de forêts, qui, jointes au Caucase & à la mer, y rendent l'air très-humide & mal sain : la pluye y est très-fréquente ; les campagnes qui sont unies y sont marécageuses ; le pays s'élève à mesure qu'on s'éloigne de la mer, & s'approche du Caucase; il y croit peu de grains de légumes; les fruits y sont de mauvais goût & presque sauvages; le melon y est d'une grosseur extraordinaire; le grain qui fait la principale nourriture des habitans & des peuples voisins de la mer Noire, est une espèce de millet nommé *gom*, semblable à la coriandre, cultivé comme le bled de Turquie, auquel il ressemble par sa tige & sa hauteur. La vigne y croit autour des arbres, & son sep est si gros qu'un homme peut l'embrasser à peine : le vin qu'on y fait est fort & d'un goût assez agréable : les pâturages y sont couverts de chevaux, de bêtes à cornes, de porcs, & d'autres animaux : les oiseaux de rapine y sont nombreux; le tigre, le léopard, l'ours & le loup bruns & blancs se cachent dans les forêts; le *Tschakals* qu'on appelle aussi *Turra* y est commun : à l'embouchure du Riona & de l'Engur on trouve trois sortes d'esturgeons avec les œufs desquels on fait le caviar : on y trouve aussi des castors. Il renferme des mines d'or, d'argent, de fer, d'ocre & d'antimoine : on trouve des paillettes d'or dans le sable de ses fleuves. En quelques endroits la terre resonne sous les pieds, ce qui a fait croire qu'il y avait une communication souterriane entre les mers Noire & Caspienne; mais on n'a pas besoin de cette communication pour expliquer ce phénomene peut-être mal observé. Les habitans sont beaux & bien faits, mais mal-propres; ils sont perfides, voleurs, ivrognes, impudiques, épousent leurs nieces, leurs belles sœurs : les pauvres tuent leurs enfans lorsqu'ils ne peuvent les nourrir, leur père quand ils n'esperent pas de le guerir, ils vendent leurs enfans qu'ils ont pu élever ; l'homme surpris en adultère appaise le mari par le don d'un porc qu'il mange avec lui ; leur grandeur, leur félicité est d'avoir un cheval, un chien, un faucon exercés à la chasse.

Le paysan y est esclave des nobles qui lui commandent & le gouvernent à son gré : le commerce des esclaves, des guerres fréquentes, un gouvernement barbare dépeuple le pays qui pouvait armer autrefois 40 mille hommes & n'en armerait pas aujourd'hui la dixieme partie : ils servent presque tous à cheval. Ils n'ont que deux villes ou bourgades sur les bords de la mer où les Turcs viennent apporter des marchandises ; ils habitent des maisons éparses, dont on trouve à peine trois ou quatre à chaque mille.

Le prince a neuf ou dix châteaux dans des bois impénétrables & fortifiés d'une tour qui s'élève au centre, où l'on met en sureté les effets les plus précieux. Ammien Marcelin dit que ce peuple descend des Egyptiens. Diodore de Sicile assure que Sesostris y laissa une colonie. Les Mingreliens sont de la religion grecque, qu'ils connaissent a peine : ils ont six évêques qui dépendent du Kotajaikos d'Odische, reconnu chef de l'église par les peuples voisins : leur missel est écrit en ancien Georgien que quelques prêtres seuls entendent ; le langage du peuple n'est pas le même par-tout. Quelques Théatins y ont fait des catholiques Romains en les bâtisant dans l'enfance : c'est tout ce qu'ils y ont pu faire ; des cérémonies ridicules, qu'ils font parce qu'ils les ont vu faire, c'est toute la religion des Mingreliens.

La principauté est héréditaire ; son chef a le titre de *Dadian*, ou chef de la justice ; il doit aux Turcs un tribut annuel de 6000 brasses de toiles de lin faites dans le pays.

*Odifch*, ou *Letfchkom* eft la capitale du pays : le Dadian y réfide, un archevêque y fiège, une garnifon turque la défend ; c'eft elle fans doute que Lenglet nomme *Kodeche*, & les anciens *Scymnia*.

*Ruchi* ou *Rufchs*, fitué fur une montagne, eft le château le plus confidérable du prince, il n'eft pas éloigné du fleuve Engur ou Egouri : un mur épais en fait la force ; une forte tour élevée dans un bois prefque impénétrable renferme les principales richeffes du prince. Là fut *Archeopolis*, ville confidérable.

*Savatopoli*, ou *Sebaftopolis*, lieu fur la mer Noire, près des frontières des Abcaffes, fur le fol où fut élevé *Diofcurias*, ville commerçante ; les marchands des pays voifins s'y raffemblent, & on y parle un langage particulier : on ne le trouve pas fur quelques cartes, & Danville le croit le même qu'*Ifkurias* ou *Ifgaur*, dont le nom parait en être dérivé. Bufching qui en fait deux lieux différens, dit que ce dernier eft environné par des bois épais, qu'il a une place éloignée du rivage de 100 pas, longue de 250, large de 50, où fe forme le plus grand marché de la Mingrelie, & une rue formée des deux côtés par des cabanes de branches entrelacées où les commerçans dépofent leurs marchandifes.

*Anarghia*, village fur l'Engur, nommé autrefois *Affelplus*, formé de maifons difperfées : les marchands d'efclaves y demeurent, & y exercent leur trafic. Près de là fut la ville d'Heraclée.

*Sipias* a deux églifes, l'une Mingrelienne, l'autre deffervie par les Théatins : fes maifons font éparfes & faites de bois.

M 3

## II. *Principauté d'Imirette.*

On l'appelle auffi *Emeretti*, *Baſſaſchiuh*, *Paſchalik*: elle eſt ſituée entre le Guriel, le Satabago, le Carduel, le Haut Cabarda, & la Mingrelie dont elle a preſque l'étendue: les Lazii l'habiterent; ils en furent chaſſés par les Cardueli: on y voit quelques bourgs, quelques villages, & quatre châteaux ſitués dans des lieux fortifiés par la nature & qui appartiennent au prince: c'eſt un pays de montagnes, ainſi que la Mingrelie; mais il a de plus belles vallées & de plus fertiles plaines. On y trouve des mines de fer, beaucoup de bétail; l'argent y a cours & l'on y bat monnaie; le pays eſt pauvre: les habitans vivent épars, & ſont errans & vagabonds: ils ont les mœurs des Mingreliens: l'Imirette pouvait autrefois fournir une armée de vingt mille hommes preſque tous fantaſſins, aujourd'hui il eſt dépeuplé, ſur-tout par le grand nombre d'enfans que les Turcs y achetent, & ils lui ont impoſé un tribut annuel de quatre-vingt jeunes gens de dix à vingt ans. Le prince ſe pare de titres enflés & ridicules, tels que celui de roi des rois: ſon titre ordinaire eſt celui de *Meppe*. Les Turcs n'ont pas ſoumis les pays limitrophes, dont la ſeule richeſſe eſt le vin & le porc; ils ſe ſont contentés d'en faire une pepiniere d'eſclaves. Le *Rhiona* ou *Phaſis* l'arroſe.

*Cotatis* ou *Kutatis*, qu'on croit être *Cyta*, patrie de Medée, eſt une ville ouverte ſur le Riona: elle a environ 200 maiſons: ſur la rive oppoſée du fleuve eſt le palais du prince, & les maiſons des grands: des murs épais, de fortes tours, une garniſon turque la défendent.

*Schicaris*, village ou bourg de 50 maiſons. *Scau-*

der ou *Eskender*, connu autrefois sous le nom de *Sauda*, est une forteresse qu'assurent deux tours quarrées. Alexandre, dit-on, la fonda. *Sesano*, village dans une vallée profonde, longue & large, dont l'aspect est riant & le sol fertile ; elle s'étend jusqu'en Mingrelie, & est la plus belle contrée de l'Imirette ; des monts cultivés, couverts de vignobles & de villages l'entourent.

*Colbore* a deux cent maisons, mais écartées les unes des autres. *Savasso-Pelli*, *Tschari*, *Kekugite* sont encore d'assez grands villages.

*Ratscha*, petite province qui touche à l'Imirette, dont le régent ou *Eristaw* est nommé par les principaux habitans : il siege à *Ratscha* ville sur le Phase, qui sur la rive opposée a le château de *Scorgia*. *Intscha* paraît être la même que *Rugia*.

### III. *Principauté de Guriel ou Guria*.

Elle est peu étendue, la mer Noire, la Mingrelie & le Satabago l'environnent. Ses habitans, son gouvernement, son sol, ses productions sont les mêmes qu'en Mingrelie ; elle put armer & entretenir 12000 hommes ; mais ce tems n'est plus. Le turc y commande, & y tient des garnisons ; un prince héréditaire y gouverne ; elle dépendait de l'Imirette & n'en dépend plus : Le prince paye un tribut de 46 jeunes gens de 10 à 20 ans.

*Gtia*, ou *Guni*, *Kune*, est un château fort & vaste bâti en pierre de sable sur les bords de la mer noire ; quatre murs l'environnent, quelques Janissaires les gardent ; ses habitans presque tous mahométans sont navigateurs, ou construisent des barques. Près de lui est un village : ses environs sont fertiles.

*Anzurgetti*, ou *Ouslourgeti* est la capitale ; elle est presque au centre de la principauté, sur une riviere. *Copolette* est un port sur la mer Noire. *Baoumi*, *Bathys* bourgade à l'embouchure du Batoun, au bord de la mer.

## IV. *Le Satabago.*

C'est une province qui fit partie du Cardul, formée d'une vaste plaine ceinte de montagnes & arrosée par le *Kur* ou *Cyrus*. Ce fleuve vient es monts de Kalikan, coule du couchant au levant, & passe près de Luri & d'Akhesika ; quelques auteurs, parmi lesquels est Danville, le font naître en Arménie, entre les forteresses de Gueule & de Kar, où on le voit tomber d'un roc qui ressemble à a tête d'un taureau ; l'eau coule de sa gueule & e ses narines ; le fleuve d'abord rapide s'élargit, rencontre une plaine entourée de montagnes, l'inone & y forme un lac. Il reçoit diverses rivieres, prs d'Akheklik la riviere de ce nom s'y jette, prs Ezbur il reçoit celle d'Akhiskar ; au delà d'Azgr, après avoir passé le détroit de Bedre, il forme ncore un lac ; il se rend ensuite à Tiflis. Le Cucase s'étend dans la province de Satabago ; il est habité, cultivé, assez fertile ; le vin, le miel le bétail font ses richesses.

*Akalzika* ou *Akelska*, forteresse située entre des collines qui la commandent & font partie du ont Caucase : un double mur & un double fossé environnent ; le fleuve Kur passe auprès. Un clteau étendu, quatre cent maisons de bois habités par des Turcs, des Armeniens, des Géorgien, des Grecs & des Juifs la composent, ces derners y ont une synagogue : le pascha qui commande au Giurdistan y demeure.

## DE L'EMPIRE OTTOMAN.

*Usker*, petite ville qui a un château fur un roc : la ville eſt au pied du rocher, le Kur l'arroſe.

*Oltiſi*, *Atskweri*, *Arthaſi* ſont de petites bourgades.

### DE L'ARMENIE.

Son nom le plus commun en Aſie eſt *Irminia* : les Siriens & les Perſes lui donnent celui d'*Armenik*, d'un certain *Aram*, qui vivait du tems d'Abraham & dont le fils s'appellait *Harams*.

Les Armeniens eux-mêmes appellent leur pays *Haikia* ou *Haikiens*, leur langue *Haikienne* d'*Haik* leur premier roi. L'Euphrate, le Tigre, l'Aras y prennent leur ſource. Les géographes orientaux diviſent l'Armenie, les uns en trois, les autres en quatre parties : les Grecs & les Romains la diviſaient en grande & petite Armenie : c'eſt leur diviſion que nous ſuivrons.

La *Grande Armenie* était compoſée de 15 provinces dont cinq ſeulement appartiennent aujourd'hui à l'empire Turc; les autres font partie de la Perſe. Ces cinq font : la *Haute Armenie* ou *Province Carienne*, qui du Caucaſe s'étend juſqu'à l'Euphrate, d'où ſortent les fleuves qui arroſent les autres parties, où l'on trouve des bains chauds, des ſources ſalées & qui ſe diviſent en neuf diſtricts : la *Province de Taja*, ſituée à l'orient, fertile en figues, en pommes de grenade, en amandes & autres fruits, dont la plus grande partie dépend de la Perſe, & était diviſée en ſept diſtricts : la *Province Turuberane* arroſée par l'Euphrate & diviſée en ſeize diſtricts dont l'un devait ſon nom au roi Haik qui y demeura : la *quatrieme Armenie* ſituée auſſi ſur l'Euphrate était compoſée de 9 diſtricts :

la *Province Alzanienne* qui arrosée par le Tigre, touche à la province précédente, au mont Taurus, & était divisée en 9 districts.

La *Petite Armenie* est au couchant de la Grande & de l'Euphrate : c'est la Capadoce & la Cilicie ancienne, la premiere & la seconde Armenie des Grecs. Là était la ville de *Mschak*, fondée par un parent du roi Haik, qui était gouverneur du pays, & lui donna son nom. *Mschak* ou *Maschak* paraît être la même qui fut appellée ensuite *Cesarée*.

### I. *Gouvernement de Tschildir ou Tscheldir.*

Il est situé dans la Grande Armenie, doit son nom à une espece de mont qui s'étend jusqu'au mont Caucase, & fait partie des monts Moscus des anciens ; il ne renferme rien qui soit connu & remarquable. On le divise en 9 districts : un pascha n'y réside plus, il dépend du pascha de Kars.

### II. *Gouvernement de Kars.*

Il fait aussi partie de la Grande Armenie, il confine au district d'Erivan, qui fait partie de la Perse, au gouvernement dont nous venons de parler, & à celui d'Arzerum. Quelques savans y ont placé le Jardin d'Eden ; on le divise en six districts : le pacha qui y commande est soumis au beglierbey d'Arzerum : l'*Aras*, qui est l'Arata des anciens y naît.

*Kars*, qui parait être le *Chorsa* de Ptolemée, est une ville située sur une colline près de laquelle s'élève un roc escarpé où l'on a bâti le château qui la défend ; dans sa profonde vallée coule le Karssiai, qui pres de là se joint à l'Arpagi ou Harpa

...ou, & s'unit à l'Aras ou Eres. Son enceinte est assez grande, mais elle n'est pas peuplée, un évêque Arménien y reside, des murs & des fossés l'environnent; ses environs sont fertiles & agréables : lorsque d'ici on se rend à Arzerum, on marche pendant quatre jours au travers de montagnes couvertes de forêts, où l'on ne rencontre qu'un village.

*Anikagaë*, ou *Ani*, & *Anisi*, grande ville ruinée, dans un marais traversé par deux digues; l'Harpasou qui descend rapidement des monts de la Géorgie vient s'y réunir au *Karsi-siai* : là, dit-on, était conservé le trésor des anciens rois d'Arménie, & ce pourrait être en effet l'*Abnicum* des anciens.

### III. *Gouvernement de Wam.*

Il appartient à la Grande Arménie, touche à la province d'Adserbeisjan & au district de Sultanie qui appartiennent à l'empire de Perse, au Kurdistan, au Diarbekir, au gouvernement de Tchildir & de Kars qui font partie de la Turquie Asiatique. Dans son enceinte est le lac de Wam, connu aussi sous le nom de *Lacus Beznunius*, du nom d'un peuple qui n'existe plus. Sa longueur est de 32 lieues, & sa largeur de 16; (*a*) il est un des plus grands lacs d'Asie, ses eaux sont ameres & salées; parmi les isles qu'il renferme, on remarque celle d'*Adaketons* sur laquelle sont deux couvens d'arméniens,

---

(*a*) Tavernier lui donne 50 lieues de tour, & dit qu'il ne nourrit qu'une sorte de poisson qu'on prend au mois d'Avril avec des mannequins, à l'embouchure du Bendmahi qu'il remonte alors.

& celle de *Limquilafi* ou *Limadafi*, où est aussi un couvent qui lui donne son nom & dont les moines menent une vie triste & dure. Le lac reçoit quelques rivieres dont la plus considérable est le *Bendmahi*: il est très-poissonneux. C'est le même lac que Ptolemée appelle *Arsissa*, & on le nomme encore lac d'*Arzes* ou d'*Argish*.

*Wan* ou *Van* qui paraît être l'*Artemita* de Ptolemée, & selon les Armeniens *Semiramocerta*, parce que cette Reine la fonda, est une ville située au bord oriental du lac de son nom, sous une montagne sur laquelle est le château: elle est grande & peuplée, ses habitans sont Armeniens; 15000 Turcs la gardent, un pascha y réside: située sur la frontiere de deux empires rivaux, elle éprouve souvent les malheurs de la guerre: un double mur de grandes pierres de taille l'environne: au couchant elle a une plaine agréable, ailleurs des montagnes élevées, & au sud le lac *Arctamar* qui paraît être une partie de celui de Van, & devoir son nom à une isle qui est le siège d'un patriarche Armenien. On dit qu'on y trouve une multitude d'une espece de poisson semblable à notre hareng, & qu'après l'avoir fait sécher au soleil, on le transporte dans les pays voisins.

*Archis* ou *Argish*, ville ou bourg qui donne aussi son nom au lac de Van: la riviere de ce nom l'arrose.

*Chaliat*, *Khalat*, ou *Akhalath*, ville connue dans l'histoire du pays, au bord du lac de Van: on y pêche & sale le poisson qui est le principal objet de son commerce: une plaine l'entoure, partagée par des ruisseaux & cultivée comme un jardin: le froid y est très-vif en hyver.

*Anazeta*, *Anazit*, ville sur le Mont Taurus

*Taduan* ou *Tadivan*, village près du lac de Van, & d'un bon port que de hauts rochers mettent à l'abri de tous les vents, ils ne lui laissent qu'une entrée étroite ; il peut contenir 20 à 30 bâtimens. Lorsque le vent est bon, on se rend d'ici à Wam dans 24 heures ; & par terre, même à cheval, on n'y arrive que dans huit jours.

*Gnucher*, ou *Nushar*, bourg près de la source de la riviere de Wam : d'ici on commence à monter le mont Ararat.

*Bedlis* ou *Bithlis*, nommée par les Armeniens *Paguez*, ville ou bourg situé dans une vallée formée par deux montagnes éloignées l'une de l'autre d'une portée de fusil, fort par sa situation : ses maisons sont élevées sur les deux rives du fleuve qui l'arrose : ce fleuve reçoit divers ruisseaux qui descendent des monts voisins, & va s'unir au Tigre : dans le centre de ce bourg s'élève un château fort où un beg demeure : c'est un prince Kurde dont les Turcs & les Perses recherchent l'amitié par ce qu'il peut fermer le passage qui conduit d'Halep à Tauris : ce passage est un défilé étroit qui fait partie de son territoire, & peut se défendre avec facilité. Ce prince, dit-on, peut mettre 20 à 25000 cavaliers en campagne, avec un grand nombre de gens de pied, composé de pâtres : Bedlis fut fondée par Alexandre, si l'on en croit les Armeniens : la neige, la glace couvrent ses environs pendant l'hyver qui y est très-froid.

Dans ce même gouvernement & près de *Khari* habitent les *Sekmannen*; ce furent à ce que disent quelques auteurs, les sujets d'un prince Syrien nommé *Ysa*, lesquels se donnerent au roi de Perse qui leur céda le pays de Sekmanabad : d'autres leur donnent une origine différente, & disent qu'ils furent connus sous le nom de *Denbelis* : ils étaient d'abord sectateurs du Cheik *Hadi* ; mais dans le fait, ce ne sont que des payens : leur prince se nomme *Yſa-Beglu* ; la vallée de *Kutur*, d'*Ibka*, le district d'*Owatſchik* leur appartinrent ; ils possedent encore plusieurs cantons & le sultan des Turcs leur a assuré la possession du pays que la guerre a fait passer sous sa domination.

*Diadin*, *Baïazid*, *Mekes*, font, selon divers géographes, partie du gouvernement d'*Arzeroum*.

Voilà le précis de ce que l'on connait de l'Armenie Turque. On l'appelle aussi Turkomanie, parce qu'il y reste encore un grand nombre de Turkomans qui y vinrent de la Grande Tartarie dans le onzieme siecle ; ils vivent sous des tentes, gardent leurs troupeaux, & détroussent les passans quand ils le peuvent ; ils se disent mahométans parce qu'ils en pratiquent quelques cérémonies : on les nomme *Begdeleur* en Syrie, *Vraken* dans l'Anatolie, *Truchmenzi* ou *Turkomans* sur la rive orientale de la mer Caspienne : ils paraissent avoir une origine commune avec les Turcs.

Les Armeniens conviennent avec les Monophisites qu'il n'y a qu'une nature dans le Christ, mais ils s'en distinguent par divers usages & opinions, ils se rassemblent en divers points avec les Grecs. Ils se sont réunis avec l'église Romaine, quand il convenait à l'intérêt de quelques-uns de leurs chefs ecclésiastiques, & ont cessé de l'être quand ces chefs n'étaient plus. Leurs patriarches sont au nombre de quatre, le principal appelé *Catholicos* réside dans le monastere d'*Etſchmiadzin* à quelques lieues d'Erivan, le second à *Adana* gouvernement Turc, le troisieme à *Gondſaſar* dans la province de Schirvan en Perse, & le quatrieme dans l'isle d'*Aghtamar*

Ils ont un patriarche titulaire à Jérusalem, un autre à Constantinople, dont ressortissent les églises qu'ils possedent dans l'Anatolie : ils ont aussi des archevêques & des évêques : ceux d'entr'eux qui reconnaissent la suprematie du pape sont soumis à l'archevêque de Nachschevan, pris toujours dans l'ordre des Dominicains. Tous disent la messe, mais en leur langue.

### *Gouvernement d'Arzerum.*

Il est encore une partie de la Grande Armenie ; il comprend une partie de la Haute & de la quatrieme Armenie & du Turuberan ; confine à la Perse, & aux gouvernemens de Kars, de Tscheldir, de Tarabosan, de Sirvas, du Diarbekir & de Wan ; l'*Euphrate*, ou *Frat* y naît ; les Arabes le nomment *Nahar al Kufia*, riviere de Kufia : deux fleuves réunis le forment. L'un vient de la Valle de Schugni, coule à Terdschan, Kiemake, Ekin & Arabkir, reçoit quelques autres rivieres, & parmi elles, celle qui naît des sources d'une chaine de montagnes qui va d'Arzerum jusqu'au mont Ararat : les habitans appellent ces sources *Bing-gueul*, ou mille fontaines : c'est aux fleuves que forment ces differentes rivieres qu'on donne le nom de *Frat* : & il parait que c'est le Lycus des anciens : mais l'autre vient de plus loin, il sort du mont Abas ou Ala, près de la ville de *Baïazid*, sur les frontieres de la Perse ; les Turcs lui donnent le nom de *Morad-Siai* ; il reçoit le Malazgerd, le Korasu, le Kundi-Soui, & s'unit à l'autre près d'Arabkir, qui parait être le même lieu que Rischewan : ils coulent ensemble à Haikim-Khani, Semisat, &c.

Ce gouvernement est partagé en dix districts ; le

pascha a le titre de *Beglierbey* : Tournefort dit que la population monte à 50 mille Turcs, 60 mille Armeniens, & dix mille Grecs ; que le sultan en tire un revenu annuel de 300 mille écus, & le beglierbey de 150 mille.

*Arzerum*, ou *Arz roum*, que les Bizantins nommaient *Arze*, les Arabes *Arzan-al Rum* ou ville des Romains, les Syriens *Arzun*. Busching la confond avec *Kalikala* & *Theodosiopolis*, Danville croit que les deux derniers noms désignent la même ville, mais la distingue d'*Arzerum* ; elle donne son nom à la petite contrée d'Arzacene, est située dans une belle plaine fertile en grains, au pied d'une chaine de montagnes couvertes de neiges encore à la fin du printems, & qui empêche l'Euphrates de se jetter dans la mer Noire ; l'hyver y est d'autant plus dur, d'autant plus incommode, que le bois y est rare & cher : on ne trouve autour d'elles ni arbres, ni arbrisseaux ; c'est à trois journées de ses murs qu'on trouve enfin un bois de pins : on y brule la fiente desséchée du bétail, & les maisons en ont l'odeur ; les sources d'eaux y sont abondantes & saines ; la ville est entourée d'un double mur hérissé de tours quarrées & d'un fossé détruit : le beglierbey reside dans un château, l'aga des Janissaires dans un fort ; les maisons sont laides & ne sont pas même grandes : le fauxbourg environne la ville, & c'est là qu'habitent les Chrétiens ; on y compte 18000 Turcs, dont les deux tiers sont des Janissaires, 6000 Armeniens qui y ont un archevêque, deux églises, & dépendent du patriarche d'Erivan, 400 Grecs qui y ont un évêque, une chétive église, & sont presque tous occupés à travailler le cuivre, dont les mines sont à trois journées de là : la vaisselle de cuivre qu'on y fait

briques

brique, & des ouvrages qu'on fait de la peau d'une espèce de martre, nommée *zerdava*, font les seuls objets de son commerce : elle est l'entrepôt des marchandises de l'Inde, surtout lorsque les Arabes infestent les environs d'Alep & de Bagdat : ces marchandises sont des soies de Perse, du coton, des toiles de lin peintes, & des épices parmi lesquelles on comprend la rhubarbe de Bucharie, la garance de Perse, & ce vermifuge connu sous les noms de *barbotine*, *zedoaire*, *semencine*, &c., qu'on tire du royaume de Boutan & de la Caramanie : cette ville est une des dernieres dont les Arabes ont chassé les Grecs : dans les montagnes qui l'avoisinent on trouve encore des mines d'argent.

*Elija*, *Eligia*, village voisin d'Azerum, & où sont des bains chauds.

*Hassan-Cala*, ou *Cali-Cala*, qu'on croit être *Theodosiopolis*, château, bourg situé entre des monts couverts de neige pendant huit mois de l'année : le château ou le fort, est situé sur un roc élevé & rapide ; le bourg est au pied, & est ceint de murs.

*Koban-Kiupri*, village près d'un pont de pierre où se réunissent deux rivieres qui forment l'Aras : à deux lieues au midi est le mont *Mingol* d'où sortent d'abondantes sources, nommées *Bing-gheul*, ou mille fontaines ; nous en avons parlé ailleurs.

*Cumazur*, village sur le chemin qui conduit à Erivan.

*Halicarçara*, grand village sur le même chemin, dont les maisons sont sous la terre & les habitans chrétiens : les villages voisins sont construits de la même maniere : le trou par où la fumée s'échappe en est la seule fenêtre.

*Kapisgan*, ou *Kagzevan*, château fort sur une

montagne aux frontieres de la Perse, près du fleuve de Kars.

*Melazgerd*, ou *Melazkerd*, petite ville qui paraît être le *Mauro-Castrum* des Grecs du bas empire : elle est le chef-lieu d'un district, & est arrosée par une riviere qui se jette dans le Mouraid-Siai.

*Moush*, autrefois *Moxœne*, canton particulier arrosé par une riviere qu'on croit être le Teleboas des anciens.

*Baibut*, ou *Bayburz*, & *Baybourdi*, petite ville sur un rocher escarpé, & près des frontieres du gouvernement de Tarabosan : le Taurak l'arrose ; c'est sans doute le *Bæberde* dont il est parlé dans l'histoire d'Arménie : *Warzuhan* en est voisin : il paraît que ce village fut une ville : des mines dispersées autour de lui le prouvent. *Ardanoudje* est sur le Batoum.

*Spire*, ou *Ispira*, ville ancienne qui se maintient encore ; elle donnait son nom à un district.

### Gouvernement de Tarabosan.

Il touche à la mer Noire, aux gouvernemens de Siwas, d'Arzerum, de Kars, de Tschildir & à la Géorgie : c'est l'ancienne Cappadoce du Pont ; il est presque partout montueux, & ceint par de hautes montagnes ; mais ces montagnes ne sont pas stériles, & les plaines qu'on trouve entr'elles rapportent toutes sortes de grains : il fit partie de l'empire de Trebizonde fondé par Alexis Comnene en 1204, détruit sous David Comnene en 1462 par Mahomet II. Ce petit empire avait son patriarche ; il dépend aujourd'hui de Constantinople. Busching dit que le pacha de Trebisonde ou Tarabosan n'a aucun Sangiac sous ses ordres ; Lenglet lui en donne trois; ce qu'il y a de certain, c'est qu'il y a beaucoup d'incertitude dans les connaissances qu'on a sur ce pays. Au midi & à l'orient il y a des mines d'or & de cuivre: on les nomme mines de *Gumuschkana*.

*Tarabosan*, *Atrabezonda*, *Trebizonde*, anciennement *Trapesus*, ville située sur le bord de la mer Noire, & au pied d'une colline élevée: ses murs sont hauts, crenelés, & paraissent élevés sur l'ancienne enceinte qui formait un quarré long, & de là-venait son ancien nom: elle est grande, mais mal habitée, & l'on y trouve plus d'arbres & de jardins que de maisons: ces maisons même n'ont qu'un étage: au dessus de la ville, sur un haut rocher, est un château dont les fossés sont taillés dans le roc: son port est appellé *Platana*, il est au levant, mais ne peut plus recevoir que de petits bâtimens comme les Saïques: les Génois y avaient élevé un mole aujourd'hui presque détruit: quelques faibles remparts le défendent. Son métropolitain Grec dépend du patriarche. Ses habitans & ceux de la province portent encore le nom de *Lazi* ou *Lozi*, peuple ancien, qui fit donner au pays le nom de *Lezique*, par lequel il était désigné sous le Bas-Empire.

*Rise*, ou *Irissa*, autrefois *Rhizium*, ville sur la mer Noire où elle a un port: on y fabrique des toiles.

Le couvent de *St. Jean*, habité par 40 solitaires Grecs, est à 9 lieues de Trebisonde, dans une belle forêt.

*Tripoli* ou *Tireboli* était autrefois une ville, & n'est plus qu'un village sur le rivage de la mer Noire.

*Césarunte*, ou *Kirisonto*, & *Keresoun*, ville près

de la mer, au pied d'une colline, entre deux rochers escarpés, sur l'un desquels sont les ruines d'un château : elle a un port ; c'est de ses environs que Luculus fit transporter les cerisiers en Italie, & ils ont pris leur nom de celui que portait la ville, *Cerasus*. Elle fut une colonie de Sinope : son métropolitain dépend du patriarche de Constantinople.

*Hamischkana*, ville sur le penchant d'une montagne élevée & stérile : les Grecs y ont 600 maisons & sept églises, les Turcs 400 maisons & deux mosquées : les premiers travaillent aux mines d'or, d'argent, de cuivre & de plomb qui sont dans les montagnes voisines.

Les sept gouvernemens qui suivent forment ce qu'on appelle *l'Asie mineure* : nous allons en parler d'abord en général.

## DE L'ASIE MINEURE.

On donne ce nom à la presqu'isle bornée au nord par la mer Noire, au couchant par la mer de Marmora, les canaux qui l'unissent au pont Euxin & l'Archipel, au midi par la mer Méditerranée, l'Euphrate la termine à l'orient : sa surface est d'environ trente-trois mille lieues quarrées : les Grecs lui donnent le nom de *Pays du Levant*, & c'est ce que signifie son nom vulgaire *Anadoli*. Ses côtes le long de l'Archipel sont riches & peuplées : on y jouit d'une vue magnifique : on y découvre sans lunette le mont Athos & les monts de la Thrace, de la Macedoine, de la Thessalie, l'Olympe, les diverses isles de l'Archipel. Au coucher du soleil, l'horison y présente vers ces isles le plus riant spectacle. L'intérieur est partagé par de hautes montagnes, & les longues chaînes qu'elles forment ; la plus considérable de celles-ci est le mont Taurus, qui du promontoire Chelidonien, s'étend au loin à l'orient, & se divise en plusieurs branches: ses hauts sommets sont couverts de neige, & quelques uns renferment des volcans: on y trouve de vastes & belles plaines: l'hyver y est rigoureux, mais court: l'Eté y est ardent, mais tempéré par des vents constans: il y a des contrées où des marais rendent l'air si mal sain en Eté que les habitans sont obligés de se retirer sur les montagnes voisines. La peste la ravage souvent: l'air est tempéré sur les côtes de la mer Noire, le sol y est très-fertile en divers lieux, stérile en d'autres: à peine la moitié des champs sont cultivés, mais ceux qui le sont rapportent beaucoup de grains: le riz est abondant & bon près d'*Angora*; le tabac prospère autour de *Milletz*; celui de *Latichea* est le meilleur de la Turquie: diverses contrées sont riches en safran recherché: on y voit une plante dont la fleur est bleue, & dont le grain préparé donne aussi une couleur bleue. Les fruits qu'on y recueille sont principalement les pommes, les poires, les nefles, les figues, les limons, &c.; l'olive y est abondante; le meurier y nourrit une multitude de vers à soie. On y recueille du vin blanc, du jaune, du rouge; le chêne y facilite la préparation des cuirs: dans quelques contrées, la disette de bois force le peuple à bruler les excrémens de leurs bestiaux; la laine y est grossiere, la soie forte.

On trouve à Angora des chèvres qui donnent un poil très-fin, ordinairement blanc, rousseâtre, lustré, long de dix pouces; la meilleure est celle que portent les boucs qui ont un à deux ans: entre ces longs poils en croissent de plus courts qu'on arrache lorsque la bête est morte, & qui sert en

Europe à faire des chapeaux. Les chameaux n'y ont qu'une corne ; le *tschakal* & l'hyene y sont communs, le tigre y est rare, & le lion plus rare encore. Le miel & la cire n'y manquent point ; on y a du salpêtre, du sel marin, du sel que donnent les plus grands lacs du pays. Au pied des monts qui eurent le nom d'*Ida*, on trouve des mines d'argent, de cuivre, de plomb, de fer & d'alun, mais elles y sont peu utiles : il y a des bains chauds, il en est dont l'eau est brulante, & parmi eux sont des sources salées & soufrées. Non loin d'Izmid sort une source alumineuse, remède utile pour la pierre & la dysenterie.

Les tremblemens de terre y sont fréquens & redoutables. Les principaux fleuves du pays qui coulent dans la mer Noire, sont l'*Ava* ou *Ayala*, nommé par les Turcs *Sakari*, autrefois *Sangarius*, le *Bartin*, autrefois *Parthenius*, le *Kisil-Irmach*, autrefois *Halys*, &c. Le *Seihan*, jadis *Sarus* se perd dans la Méditerranée, & sa source est dans le mont *Kormez*, il reçoit le *Dscheihan* jadis le *Piramus* : dans la mer blanche ou l'Archipel coule le *Meandre*.

Entre les isles qui font partie de l'Asie mineure il en est de fertiles & de stériles : les habitans de celles-ci vivent des blés qu'on y apporte : quelques-unes produisent du bon vin, du rouge dont la force est remarquable & du muscat blanc : plusieurs sont riches en coton ; *Scio* est couverte d'arbres qui donnent le mastic & la thérebenthine, de pins & de sapins d'où l'on tire de la poix & du goudron. On y fait beaucoup de soie. On trouve à Samos une terre blanche qui sert de savon, & des bains chauds.

Les Turcs, les Turkomans, ou Uruken, les

Juifs, les Grecs, les Armeniens & les Francs, ou Européens habitent ce pays: il n'est pas peuplé, on y voit beaucoup de déserts & de toutes parts des ruines; ses villes anciennes & célèbres n'existent plus ou ne sont remarquables que par leur décadence; on y voit peu de villages; les chemins y sont négligés, infestés par les voleurs, surtout par les Uruken: les voyageurs, les commerçans, ne trouvent leur sureté qu'en se rassemblant en caravanes nombreuses. Les religions y sont diverses comme l'origine des peuples. Les sciences y seraient inconnues si quelques Grecs ne les cultivaient; leur meilleure école est dans un couvent de l'isle de Pathmos: on y enseigne l'ancien grec, un peu de physique, de la métaphysique, de la théologie, & on y accourt de différens lieux; plusieurs Grecs; & surtout les insulaires, viennent étudier la médecine à Padoue; quelques-uns voyagent en différens pays de l'Europe pour s'instruire; & quelquefois ils s'y fixent.

Il y a quelques manufactures dans ces contrées; on y file le coton, & on en fait diverses toiles: on y fabrique des tapis de soie; ces tapis de Turquie sont rayés, ou unis, ou à figures: on fait des draps moitié soie & moitié coton, une étoffe qui sert pour les camisoles, à carrolets, à rayes, des satins, & pour les habits de dessous des Turcs, une étoffe de soie très-fine, des damas, des carreaux de diverses façons & plus ou moins beaux; on y file & tisse le poil du chameau, on en fait des espèces de serges unies ou rayées, des camelots, pluches, &c. On y prépare le maroquin. A Lesbos on construit des vaisseaux, des chaloupes, des esquifs de bois de sapin très-léger, & ils durent 10 à 12 ans, parce qu'ils sont fort résineux.

Le commerce fleurit encore fur les côtes de la mer ; on en exporte à Conftantinople & dans divers autres pays de l'Europe, des grains, du tabac, des fruits, du vin, des drogues, du tan, tous les objets de manufactures dont nous avons parlé, toutes fes productions, des peaux de buffle & d'autres animaux, de l'alun, &c. ; on leur paie ces différentes marchandifes en argent, ou en draps & autres étoffes. Le plus grand commerce fe fait à Smyrne : les villes des côtes occidentales de l'Afie mineure s'appellent ordinairement *Echelles du Levant*, & le commerce qu'on y fait, *commerce du Levant*.

Ce pays était divifé autrefois en un grand nombre de royaumes & de provinces : au couchant était la grande & la petite Phrygie, la Myfie, l'Eolie, l'Ionie, la Lydie, la Carie & la Doride ; c'était ce que les Romains appellaient autrefois l'*Afie propre* : autour & au delà du Taurus étaient fituées la Lycie, la Pifidie, la Pamphylie, la Lycaonie, la Capadoce & la Cilicie. Vers le nord étaient la Bithynie, la Galatie, la Paphlagonie, & le Pont. L'Eolie, l'Ionie, la Doride étaient habitées par des colons Grecs : tous ces pays tomberent fucceffivement fous le pouvoir de l'empire des Perfes, qui fut foumis avec eux aux Macédoniens, la plus grande partie d'entr'eux forma le royaume de Syrie ; tous furent conquis par les Romains ; ils dépendirent des empereurs d'orient, à qui les Arabes les arracherent ; les Turcs les conquirent en partie fur la fin du onzieme fiecle : les Mogols l'envahirent ; ils demeurerent enfin aux Turcs vaincus par Timur-bec, & ils les poffedent encore aujourd'hui. On le divife en cinq parties principales. Reprenons à préfent les bords de la mer Noire que nous avions quitté.

# De l'Empire Ottoman.

## I. *Pays & Gouvernement de Siwas.*

Il renferme l'ancienne province de Pont, & confine au levant à ceux d'Arzerum & du Diarbekir, au midi à la Caramanie & au pays de Marasche, au couchant à la Caramanie & à l'Anadolie, au nord à la mer Noire : on le nomme aussi dans un sens resserré *Pays de Rum* ; ce nom s'étendit dans la suite à l'Asie mineure où régnaient les Turcs : les Turkomans y sont nombreux : ils sont mêlés aux Turcs, aux Juifs, aux Armeniens : sa plus grande riviere est le *Kisil-Irmak*, ou fleuve rouge, autrefois l'*Halys*, qui sort d'une plaine de la contrée de Kodsch-Hisar, au pied du Taurus, coule au couchant, reçoit une riviere qu'on nomme aussi l'*Halys* & vient des monts voisins d'*Ardosk-Dag*, arrose en serpentant diverses contrées, passe entre deux rocs, & se jette dans la mer Noire près de Basira : l'*Iris* sort à l'orient de Karahissar, passe à Tocat & Amasie où il reçoit le *Tscheukrek*, à *Dschanik*, à *Tschar-Schembé* dont il prend le nom jusqu'à la mer Noire : il a d'abord celui de *Tosantu soui*. D'Amasie au gouvernement de Trebisonde s'étend une haute chaine de montagnes escarpées d'où coulent différens ruisseaux & où l'on jouit d'un air pur & serain : la contrée de *Tschemen-Yaïlasi* est une des plus belles, & les Turkomans viennent l'habiter durant l'Eté ; les monts étaient plus habités lorsque des villes étaient situées à leur pied. Un pascha gouverne tout le pays qui est divisé en sept districts.

*Siwas* ou *Saiwas*, autrefois *Sebastopolis*, est le siege du pascha ; c'est une ville située dans une plaine qu'arrose le Kisil-Irmak : elle est entourée de murs, son enceinte est médiocre, son château est petit,

Alaeddin Caïcobad la releva & l'embellit; l'air y est froid. Ses environs sont dépouillés d'arbres; on y recueille des grains & du coton.

*Artik - Abad*, bourg dans une plaine fertile qu'arrose un ruisseau qui se jette dans le Kisil - Irmak.

*Tocat* qu'on croit être l'ancienne *Neocesarea* ou *Comana Pontica*, est une ville considerable qui s'étend sur le penchant de collines escarpées & rougeâtres, & dans l'espace qu'elles laissent entr'elles: sa situation est singuliere: ses maisons sont assez bien baties; presque toutes ont deux étages, & ses rues sont assez bien pavées: on y voit deux rochers de marbre taillés à plomb avec un château sur l'un d'eux qui fait la seule défense de la ville. Chaque maison a sa fontaine. Elle a un cadi, un aga qui commande à mille Janissaires & à quelques spahis. On y compte 20000 familles Turques qui y ont 12 mosquées à minarets, 4000 Armeniennes, qui y ont aussi sept églises & un archevêque: on y compte encore 400 Grecs & quelques Juifs: les premiers ont une chapelle bâtie, disent-ils, par Justinien. On y prépare le maroquin bleu & jaune, on y travaille le cuivre, on y commerce en toiles des Indes qu'on tire de Basra. Ses environs fournissent du bon vin & beaucoup de safran, qui est une base de son commerce. L'air y est pur: on y trouve des bains.

*Terbal* ou *Turcal*, grand bourg dans une plaine: le château qui le défend, bâti sur un roc, lui donne aussi le nom de *Kalaï-Kieschen*. *Zile* autrefois *Zela* est encore un bourg: sa situation est agréable.

*Amasieh* ou *Amasia*, ville qui a conservé son nom, elle est située sur les deux rives du fleuve qu'on nommait Iris, dans une vallée que forment de montagnes élevées qui ne laissent entr'elles que deux passages, l'un pour y entrer, l'autre pour en sortir, & celui-ci est fait dans le roc. Elle est assez grande, fermée de murs, & défendue par un château bâti sur une colline : elle fut autrefois le siege du fils ainé du sultan jusqu'à ce qu'il parvint au trône : un métropolitain Grec y siège : ses environs sont couverts de jardin, d'arbres fruitiers, de vignobles. Abulfeda dit qu'il y eut autrefois des mines d'argent.

*Hercar*, ville entre Amasie & Tocat. *Marsivan* ou *Mersisour*, petite ville au couchant du mont Taschan ; on y voit des édifices élevés lorsque les chrétiens dominaient dans le pays.

*Samsun* ou *Samsou*, ville du district auquel le mont Dschanik donne son nom, & qui borde la mer Noire : la ville ou le bourg est sur la rive orientale de l'Iris, dans une plaine, près de la mer où elle a un port. *Basireh* a aussi un port. C'est dans cette contrée qu'on plaçoit autrefois les Amazones ; le fleuve Thermodon est aujourd'hui connu sous celui de Termech.

*Bosavich* ou *Bouzof*, bourg qui donne son nom à un district peu étendu : il a dans ses environs des campagnes couvertes de sel.

*Tschurum* ou *Tschiouroam*, ville assez peuplée, ornée d'édifices publics & d'un palais : elle donne son nom à un district.

*Osmandschik* qui est peut-être l'ancien *Androsia*, bourg au bord du Kisil-Irmak qu'on y passe sur un beau pont ; il a un château bâti sur un mont qui s'élève du milieu de son enceinte. *Hadschi-Kieui*, village des *Pélerins*, fut autrefois une grande ville. *Gumische* est encore un bourg. *Hadschi-Hamsé*, village d'où l'on va à Tusia par le mont dangereux de *Kiepril-beli*. *Basira* village voisin du château de *Bogas-Kala*, & de l'embouchure du Kifil-Irmak.

*Divrigri* ou *Divriki*, ville à l'extrèmité d'une vallée entre des monts élevés & ftériles : la vallée a deux lieues de long, eft remplie de jardins, & eft arrofée par un ruiffeau qui fe jette dans l'Euphrate.

*Kiefiné*, village habité par des chrétiens, où l'on trouve des mines de fer & d'aiman.

*Arfendehan*, ou *Erfendjehen*, ville agréable, habitée par les Armeniens, arrofée par une riviere qui s'y jette dans l'Euphrate : on y paie un fort péage.

*Kiemakhe*, bourg fur l'Euphrate : dans fes environs des nuées d'oifeaux de la groffeur du moineau viennent au printems faire leurs petits, que les habitans prennent avant qu'ils puiffent voler & auxquels ils trouvent un goût fort agréable : on croit que ce font là les cailles dont les Ifraélites fe nourrirent dans le défert.

*Derinde* ou *Derindeh*, bourg près duquel eft un rocher partagé par la main des hommes, pour ouvrir un paffage au ruiffeau d'Ak-Su qui l'arrofe.

Lorfque de *Malatia* on va à *Arfendehan* en laiffant l'Euphrate à main droite, on voyage toujours fur une longue montagne fort habitée : fes villages font compofés de larges cavernes ; c'eft le froid & la difette de bois qui obligent les habitans de vivre ainfi fous terre : cette chaîne de monts eft l'Anti-Taurus qu'on y nomme *Manzarnim*.

*Arebkir* ou *Arabkir*, grand bourg très-peuplé fes environs ne paraiffent qu'un vafte jardin interrompu par des vignobles & de jolies maifons il eft le chef-lieu d'un diftrict, & eft fitué à trois lieues de l'Euphrate.

*Egin* ou *Ekin*, bourg bâti en amphithéâtre au pied d'une montagne : les champs des habitans, leurs vignobles s'étendent jusqu'à l'Euphrate, où se jette le ruisseau qui tombe de la montagne & arrose le bourg. Le sol y est riche en fruits excellens.

*Schadi* n'est qu'un grand village.

## II. *Anadoli* ou *Gouvernement de Kutaïch.*

Il a les mêmes bornes que l'Asie mineure, au nord, au couchant, au midi; il est borné à l'orient par la Caramanie & la Province de Siwas, il renferme la Bithynie, la Paphlagonie, la Galatie; la Phrygie, la Mysie, l'Éolie, l'Ionie, la Lydie, la Carie, la Doride, la Pysidie, la Lycie & la Pamphylie anciennes. Son chef est un *Begilerbeji*; c'est le plus considérable de l'Asie; il siege à Kiutahya ou Kutaïch. On peut le diviser en 17 Sangiacats, dont trois ne dépendent pas du beglierbeji ou beglierbey, mais du capitan bacha. Nous distinguerons ceux-ci des autres, mais leurs bornes mutuelles ne sont pas assez connues pour les séparer sans erreur; nous suivrons notre méthode ordinaire, & reviendrons aux frontieres du gouvernement de Siwas.

*Kiangari* ou *Kianginri*, grand bourg bien peuplé, chef-lieu d'un Sangiacat ou district; il est situé au midi du mont Kirius, qui va de l'orient au couchant, & est défendu par un château bâti sur un roc escarpé : près de lui est une grande plaine; le Karasu ou eau noire passe auprès, s'unit à l'Adschisu, ou eau amere, & se perd dans le Kirsil-Irmak.

*Kiangari* paraît être l'ancien *Gangra* où siegea Dajotarus. Le mont Elkas qu'on voit au nord de ce lieu est l'*Olgassis* des anciens.

Dans l'étendue de ce diſtrict on trouve *Tuſia* ou *Touſieh*, ville dans une vallée étendue, ſituée au nord du mont Kius, ſur le Duris : elle qui paraît être l'ancien *Doſia* : les uns diſent qu'elle eſt le *Tavium*, les autres la *Pompejopolis* des anciens ; ces villes en effet n'étaient pas éloignées de celle-ci : dans la derniere étaient des mines de ſandarac ou d'orpiment : *Kodje-hiſſar* eſt un grand bourg qui a un château & des bains chauds ; le Duris paſſe auprès & vient du mont Kius. *Karadialar* & *Tſcherkieſche* ſont encore deux bourgs : le dernier a un château, & eſt ſitué dans une grande plaine. En général ce diſtrict eſt peuplé : on y fait un grand commerce de poils de chèvres, de maroquins, de chevaux.

*Kaſtamunijah*, ou *Kaſtamouni*, ville qui fut la capitale des Turcomans, & qui l'eſt d'un ſangiacat : elle a pluſieurs moſquées & divers autres édifices publics ; près d'elle eſt une mine de cuivre, on l'exploite & on y fait du métal qu'on en tire des vaſes & des uſtenciles qui ſe tranſportent au loin. La poſition de cette ville fait penſer qu'elle eſt l'ancienne *Germanicopolis*.

Dans ce diſtrict on remarque *Sinop* ou *Sinub*, ville au bord de la mer noire, ſur un iſthme qui unit au continent une preſqu'iſle de cinq lieues de tour ; par là *Sinop* a deux ports : les Turcs l'habitent ſeuls ; les Grecs ſont dans ſon grand fauxbourg & y ont un métropolitain dépendant de Conſtantinople. Elle a conſervé ſon nom de Sinope. Une colonie de Mileſiens l'avait rendue floriſſante. Dans ſes environs on trouve d'excellentes poires & une mine de cuivre. *Iſtephan* ou *Stephane*, village ſur le rivage de la mer, & qui a été une ville. *Abono* ou *Ainehboli*, jadis *Jonopolis* & *Aponi-tichos* petit bourg voisin de la mer : on y fabrique des cables & des cordages pour les vaisseaux du grand seigneur.

*Guinue* est l'ancienne *Eginetis*. *Kudros* est l'ancien *Cythorus* : ce dernier est sans doute le *Quitros* de Tavernier qui dit que le port en est profond & sûr, mais que l'entrée en est difficile : il vit encore de belles colonnes étendues le long du rivage, restes des superbes bâtimens qui y furent élevés.

*Cherkes*, parait être l'*Anedynata* des Grecs ; le ruisseau qui l'arrose se jette dans le Geredesu. *Bainder* qu'on croit être l'ancien *Flaviopolis* est un grand bourg : ces trois lieux sont dans le district de *Boli* ou *Borla* qui doit son nom à une ville située dans une plaine ouverte, ornée de mosquées, qu'on croit être la ville de *Bithynium*, ou d'*Antiniopolis*, & qui n'a été aucune des deux ; Danville la nomme avec plus de raison *Hadrianopolis*. La riviere qui l'arrose descend du mont Moudreni : au midi elle a des bains chauds ; près de là est un lac où sont deux sources dont l'une pétrifie ce qu'on y jette, l'autre détruit ce qu'a fait la première. Les ponts de son district sont les plus élevés de l'Asie mineure, & ses habitans sont les plus humains des Turcs. *Falios* ou *Tios*, autrefois *Tion*, bourg au bord de la mer où l'on construit des vaisseaux. *Heraklab* autrefois *Heraclea*, ville à l'orient du mont *El-Rahsi* ou des sept dormans, arrosée par une riviere qui descend du mont El Alaga : ce fut une ville Grecque que Busching place dans les terres ; mais l'ancienne Heraclée est aujourd'hui *Erekli* ou *Penderaschi*, située sur un golfe de la mer noire, où il reste quelques ruines, & que les Génois ont possédée : elle est au fond du golfe qui est couvert par une péninsule qu'on appellait *Acherusia*, & l'on disait qu'Hercule avait tiré Cerbère des enfers par un antre de ce promontoire. *Amastroo* ou *Amasich*, autrefois *Amastris*, n'est plus qu'un village situé sur un isthme qui lui donne deux ports, près d'elle le *Geredesu*, le Parthenius des anciens, le Bartin des Grecs modernes, & le Dolap des Turcs se jette dans la mer. *Mouderni*, jadis *Comopolis Modrence* est arrosé par le Sakaria : c'est un bourg où l'on fabrique des aiguilles. *Viran-Schcher*, ou la ville détruite ; ses environs sont riches en miel & en safran. *Geredeh*, bourg dans une plaine sur les deux rives du mont Ala : on y fabrique du maroquin ; il a des bains, & près de lui deux lacs : l'oriental est nommé *Tushuguul*, lac salé, l'occidental *Karaguéul* ou lac noir, le premier fournit du sel à tous les lieux voisins : c'est le lac *Tatta* de Strabon. Les chèvres d'Angora couvrent ses campagnes, mais on en porte le poil à Angora parce qu'on ne peut le filer ici.

*Angura* ou *Angora* & *Ankarah*, ville qui est la capitale d'un district & le siege d'un pascha : elle est située sur une colline dont le sommet est occupé par un château habité par des Turcs & des Chrétiens, semblable à une petite ville, & près duquel coule un ruisseau que reçoit au couchant l' Schibuk-su, qui se joint avec lui au Sikaria : l'air y est sec, le bois très-rare, & le peuple n'y brûle que les excremens de son bétail ; les maisons sont de briques, les rues étroites & irrégulieres : on voit des restes d'anciens bâtimens bâtis d'un marbre cendré veiné de blanc : parmi eux est un édifice de quatre-vingt-dix pieds de long, de cinquante de large, formé de murs épais en marbre blanc qu'on croit avoir été un temple dédié à Auguste

& qui sur environ vingt colonnes renferme une inscription par laquelle Auguste lègue son testament & le volume qui contenait le détail de ses actions aux Vestales; il en reste six encore. C'est une ville de cent mille ames, ou Turcs, ou Arméniens, ou Grecs. Les premiers y sont au nombre de plus de quatre-vingt-cinq mille, & y ont cent mosquées; on compte dix mille des seconds, & ils y ont 7 églises, dont trois sont consacrées à ceux qui sont réunis à l'église de Rome. Leur archevêque demeure dans le couvent de *Waine* avec son vicaire. Les Grecs n'y sont qu'environ 1500, & y ont un métropolitain suffragant de Constantinople, & qui prend le titre de Primat de Galatie. On y compte quarante familles juives toutes assez pauvres. Ses environs donnent du bon vin rouge; les bords des ruisseaux voisins sont couverts de champs d'un riz excellent, les fruits y sont excellens; on y distingue trente-six sortes de poires: les chevaux en sont estimés, mais son poil de chèvre fin comme la soie, frisé en tresses, & qui se vend 55 sols la livre, fait sa plus grande richesse: on en fait des camelots à 3 ou 4 fils; il y en a d'unis, de rayés, d'ondés; d'autres camelots qui ont jusqu'à trente fils, & du fil qu'on transporte aussi en Europe, où l'on en fabrique des croisés, des camelots, des pluches: on dit qu'on en exporte annuellement cinq mille quintaux. Ces chèvres couvrent les campagnes d'un district de dix lieues, nommé *Tschourgoud-iili*; transportées au de-là elles dégénerent, celles qui ont seize ans ne donnent qu'un poil rude & cassant. On y nourrit aussi des chameaux.

*Klesikui*, village qui doit son nom à une église détruite: près de lui sont les bains chauds de *Kisdjée-Haman*, & *Scha-Haman*. Ce district est habité par les Turkomans: on n'y connait plus les ruines d'*Amorium* qu'on croit avoir existé près du village d'*Herjan*.

*Eski-Scheher*, autrefois *Dorylœum*, grande ville, capitale du district de *Sultan-Eugny*, arrosée par le Pursak, dans une grande & belle plaine remplie de vignobles & de jardins: elle est partagée en deux, & un espace d'une lieue les sépare. Elle a des sources d'eaux chaudes qu'on boit lorsqu'elles sont refroidies: on y a fait cinq bains chauds: à deux lieues de la ville sont des sources qui bouillonnent & forment un ruisseau, sur lequel surnage une espèce d'huile.

*In-Eugni*, montagne dont les habitans vivent dans des cavernes. *Bosavic* ou *Biledgik* grand bourg.

*Beybasar*, ville bâtie sur diverses collines. *Aias*, autrefois *Therma*, ville où sont des bains chauds utiles pour les abcès & les duretés. *Sidi-gazi*, ou *Seid-gazi*, autrefois *Mideum*, bourg peuplé, situé dans une plaine qui doit son nom au tombeau d'un turc illustre parmi les siens ; on y voit un vaste couvent turc & des bains. *Sughut*, bourg où est le tombeau d'Ortogrul père d'Ottoman. *Angur* n'a que des ruines, c'était l'Ancyre de Phrygie. *Okhosrew-Pascha* s'appella *Tricomia*, c'est un grand bourg. C'est dans ces contrées qu'existait *Pessinunte*, où l'on adorait Cybele, & *Gordium* ou *Juliopolis*. Il y a encore un métropolitain grec de Pessinunte, mais on ne sait où il siege ; peut-être c'est à Baybasar, qui par sa situation, parait être voisine de Pessinunte. *Sevri-hissar*, *Abrostola*, ville chétive au pied d'une colline rocailleuse, où les Arméniens ont une église.

*Bursa*, *Burfia*, *Brussa*, *Prusia*, autrefois *Prusa*, est la plus grande, la plus belle ville de l'Asie mineure ; elle est située au pied du mont Olympe, sur une colline dont elle couvre aussi le penchant, près d'une grande & belle plaine qui s'étend au nord : elle est riche en sources d'eaux vives ; la plus abondante coule dans un canal de marbre, se partage & se distribue dans le plus grand nombre des maisons. Le Nilufar coule encore par la ville & vient du mont *Yegni-Dag* qui est sur une branche de l'Olympe ; l'épouse d'Orkan conquerant de Burze, qui fit bâtir un pont sur cette riviere, lui donna son nom ; dans le lieu le plus élevé de la ville s'élève le château entouré d'antiques murs, dont l'enceinte est vaste, & d'où l'on jouit d'une très-belle vue : là sont les ruines d'un ancien & d'un moderne palais, & une mosquée qui fut une église grecque où est inhumé le sultan Orxan. Les Turcs seuls habitent la ville où ils ont un grand nombre de mosquées, & où ils sont commandés par un pascha. La mosquée du sultan Orxan est la plus belle de cette partie de l'Asie. Sa coupole est portée par des colonnes de marbre & de porphyre : au centre est une source abondante qui coule par toute la mosquée par différens canaux. Les Juifs y ont quatre synagogues, les Grecs trois églises & un métropolitain ; les Arméniens une église & un archevêque. C'est dans cette ville qu'on fait les plus beaux tapis turcs ; ils sont tous de soie, on y fait des étoffes d'or & d'argent, des carreaux de velours de diverses manieres ; des satins, des serges moitié laine, moitié soie, & une étoffe de soie épaisse qui sert aux femmes : on y trafique en soies crues avec Constantinople & Smyrne : le safran croît dans ses environs ; les caravanes qui vont d'Alep & Smyrne à Constantinople s'y rassemblent : dehors la ville, sur le chemin qui conduit aux bains, font les tombeaux de plufieurs fultanes : & on y voit des chapelles de marbre & de jafpe : les bains chauds font à une lieue de fes murs, & leur ufage eft connu depuis long-tems ; on les divife en *Jeni* & *Eski-Caplira*, nouveaux & vieux bains. Prufias, roi de Bithynie, bâtit cette ville & lui donna fon nom ; un prince Arabe la prit en 947, mais les Grecs la reprirent & y régnerent jufqu'en 1356 qu'elle devint le fiege des fultans Turcs, & le fut jufqu'à ce que Conftantinople eut été conquife. Ses dehors font magnifiques ; il y croît des fruits excellens.

Le mont Olympe qui en eft voifin, appellé autrefois *Olympus Myfiorum*, eft nommé par les Turcs *Anadoli-Dag* ou *Kiefchifche Dagui*, mont des moines, parce que divers couvens y font répandus. C'eft une des plus hautes montagnes de l'Afie ; il reffemble aux Pyrenées & aux Alpes ; & comme elles, fon fommet eft toujours couvert de neige. *Edrenos*, village au midi de l'Olympe, fur la riviere de ce nom qui fe jette dans le lac d'Ulubad.

*Philadar* ou *Phifidar*, grand bourg voifin de Burfe : fes habitans font Grecs & payent un tribut double, pour avoir le privilège de n'avoir point de Turcs parmi eux.

*Montagna*, ou *Moudaniah*, grand bourg, ou ville fur un golfe auquel elle donne fon nom ; fes habitans font Juifs ou Grecs, il y a quelques Turcs ; l'archevêque de Burfe y a un palais ; c'eft le port de cette grande ville qui en eft à 10 lieues : on y commerce en grains, foie, falpêtre, en vins blancs & en toutes fortes de fruits ; les productions des contrées voifines, les objets des manufactures de Burfe s'y raffemblent : près de là était l'ancienne *Myrlea*, détruite par Philippe, rebâtie par Prusias, qui lui donna le nom de sa femme *Apamea*.

*Mahullitz* ou *Mikalidj*, ville qu'arrose une rivière de ce nom, qui fut le Rhyndacus des anciens, & séparait la Bithynie de la Mysie. A une grande lieue de là est son port, où l'on embarque des soies, de la laine, des grains, des fruits pour Constantinople & Smyrne. Les Grecs & les Arméniens sont ses habitans.

*Abellionte* ou *Abuillona*, isle élevée sur laquelle est une ville qui conserve son ancien nom *Apollonia* : cette isle est dans l'extrèmité orientale d'un lac, qui reçoit le Rhindacus qui portait autrefois le nom de la ville, & auquel les Turcs donnent celui d'*Ulubad* : elle est si voisine du continent qu'on peut s'y rendre en tout tems à cheval, & l'Eté on peut y aller souvent à pied : ce lac a quatre lieues de long, un peu plus d'une de large, & renferme d'autres isles encore ; il se termine au pied du mont Olympe, & porte des bâteaux qui par le Rhindacus, se rendent ensuite à la mer de Marmora & à Constantinople, où ils portent du vinaigre & de la soie.

*Ulubad*, ville connue dans le bas Empire sous le nom de *Loupadion*, ville de 200 maisons chétives ; ses murs ne subsistent plus ; une riviere de son nom l'arrose. *Dulakui*, bourg qu'on croit être l'ancienne *Miletopolis*.

*Panormo*, petite ville au bord de la mer de Marmora ; elle a un port pour les petits navires qui viennent y charger du grain, des fruits, du vin pour Constantinople. *Chioslec* & *Lefkié* sont des bourgs.

*Is-Nikmid*, autrefois *Olbia*, puis *Nicomédie*, est le chef-lieu du district de *Kodgeah-Ili* qui dépend du capitan pafcha. Elle eft fituée au fond d'un golfe nommé autrefois *Sinus-Afiacenus*. Sa fituation eft belle, elle eft bâtie fur le penchant de deux collines & s'étend jufqu'au rivage; toutes les maifons, fur-tout celles qui font au haut des collines, ont des cours & des jardins couverts d'arbres & de treilles, les collines voifines le font auffi de jardins & de vignobles. Ici les caravanes Afiatiques fe féparent; on y fabrique divers bâtimens, on y commerce en bois fourni par les forêts des monts *Samanlu*, & en fel. Les Grecs, les Arméniens y ont chacun une églife & un archevèque; le Grec eft le fecond par fon rang. Sur le fommet de la plus haute colline font les ruines de l'ancienne ville, qui était capitale de la Bithynie. Son golfe renferme les deux ports de *Karamufal* & de *Debrendeh*. Près d'elle eft une fontaine purgative: on trouve auffi d'autres fources minérales à *Curai*, à *Jabway*, près du port d'*Armokui*, fur le golfe de Moudania. *Mahollom* eft un petit port fur le golfe d'Is-Nikmid.

*Dfchemblic*, autrefois *Cius*, enfuite *Prufias*, ville fur le golfe de Moudaniah: on y trouve 600 familles grecques & 60 turques; l'archevèque d'Isnik y demeure; on y embarque pour la capitale des grains, des fruits, du vin.

*Sapandgé*, *Sacabangi*, ou encore *Sabandgé*, bourg nommé autrefois *Sophon*: il eft fitué au bord d'un lac poiffonneux, dans une contrée agréable; ici fe réuniffent toutes les routes, qui des différens lieux de l'Afie tendent à Conftantinople: c'eft-là fa principale richeffe. Le pafcha Sinan avait projetté d'unir le lac à la riviere de Sakavia par un canal, & au golfe d'Is-Nikmid par un autre; par-là on aurait pu facilement amener des bois pour la conftruction des galères ; ce projet utile n'a été jamais qu'un projet.

*Ak Hiffar*, ou nouveau château, bourg peuplé.

*Isnik*, autrefois *Antigonia*, enfuite *Nicée*, ville fur la rive orientale d'un lac poiffonneux, qu'on nommait *Afcanius*, il communique à la mer de Marmora : fes murs prefque détruits ont une grande enceinte, à peine aujourd'hui y compte-t'on 300 maifons ; l'air y eft mal fain ; elle a quelques mofquées, deux hôpitaux, des bains ; on y fait de la fayence, & c'eft avec la foie le feul objet de fon commerce : fon archevêque Grec eft le cinquieme par fon rang.

*Jeni* ou *Yegni Scheben*, (nouvelle ville) petite ville bâtie par le fultan *Ofman Gazi* qui l'habita : quelques Armeniens joints à des Turcs l'habitent.

*Chaiefu*, lieu d'où fort une eau alumineufe, qu'on tranfporte à Conftantinople, comme un remède utile contre la pierre & la dyffenterie.

*Corfau*, chétif village près duquel font des ruines qu'on croit être celles de l'ancienne *Aftacus*.

*Gebfe* ou *Gebife*, bourg fur le penchant d'une colline, près du golfe d'Is-Nikmid : là fut autrefois *Lybiffa* qui fut le tombeau d'Annibal.

*Pantik*, ou *Pantichi*, eft l'ancien *Pantichium*, c'eft un bourg voifin de la mer : à fa hauteur font de petites ifles qu'on appellait *Demonnefi*, ou ifles des génies, & qu'on nomme aujourd'hui *ifles des princes*, parce qu'elles font un lieu d'exil pour les princes Ottomans. *Kartal* eft un bourg encore au bord de la mer.

*Kadhi-Kioi*, ou *Kazi-Kieui*, village au couchant du promontoire où fut fituée *Chalcedoine* : les Grecs lui en donnent encor le nom : il a un archevêque Grec qui eft le fixieme par fon rang.

*Eskiudar*, *Ifcodar*, *Scutari*, eft l'ancienne *Chryfopolis* ; elle eft grande encore & eft fituée vis-à-vis de Conftantinople, dont le canal feul la fépare : fa fituation eft belle, fes environs charmans ; & d'une colline qui s'élève près d'elle, on jouit de la perfpective la plus riche. A quelque diftance eft un *ferai* ou palais du fultan, dans lequel il paffe quelques jours de l'Eté. Vis-à-vis, dans le canal s'élève un rocher fur lequel eft une tour nommée par les Turcs *kiskula*, ( tour de la jeune fille ) & par les Européens, *tour de Léandre*; on y entretient un fanal pour guider les vaiffeaux. Scutari n'eft pas du fangiacat de Kodgead-Ili, mais forme un diftrict particulier.

*Anadoli Eski Hiffar*, ou vieux château d'Afie, fitué vis-à-vis du château vieux d'Europe ou de *Rumili*. C'eft-là que le canal de Conftantinople eft le plus étroit, & l'on y vifite les vaiffeaux. Bajazet bâtit ce château. Celui d'*Anadoli karu dingi Hiffar* eft fitué auffi vis-à-vis d'un autre élevé en Europe : celui-ci eft près de la mer Noire. Les Français nomment les premiers *vieux châteaux*, & ceux-ci les *nouveaux châteaux*, Amurat IV les bâtit. Dans le lieu où eft élevé celui d'Afie, on voyait autrefois le temple de *Jupiter Urius*, ou diftributeur des bons vents.

*Gurivé*, autrefois *Protomacre*, eft voifin de la rive orientale du Sakaria. *Schile*, *Scieli*, château fur la mer Noire.

*Biga*, petite ville voifine d'un lac qui porte fon nom : elle eft fituée près du lieu où fut *Vélia* & donne fon nom à un fangiacat qui dépend du capitan bacha.

*Artakui*, autrefois *Artace*, ville dans une prefqu'isle que la mer féparait déja du continent &

s'appellait aussi *Cyzique*, on y arrivait par des ponts : on voit encore les ruines de cette ville dans un lieu que la mer baigne de deux côtés : il y croit du bon vin blanc qu'on porte à Constantinople : il a un archevêque Grec qui par son rang est le septieme. Entre les fleuves ou torrens connus autrefois sous le nom de *Granique* & d'*Aesepus* qui sortent du mont Ida, & se nomment aujourd'hui *Ousvola* & *Sataldere*, on ne trouve aucun lieu remarquable, & cette contrée n'est célèbre que par ce qu'elle fut, & les combats qui s'y livrerent.

Le détroit des *Dardanelles*, ou le canal qu'on nommait autrefois l'*Hellespont*, que les Turcs nomment *Bogar*, où l'embouchure est formé des deux côtés par un pays montueux ; ce détroit, dis-je, est long de neuf lieues, sa plus grande largeur est d'une lieue & demi : sur ses rives orientales sont quelques lieux dont nous allons parler.

*Schardak*, bourg florissant d'où l'on passe à Gallipoli : ses environs abondans en melons & en fruits en fournissent à Constantinople.

*Lepsek* ou *Lampsahi*, autrefois *Lampsacus*, petite ville riche en vignobles & en vergers : le vin en était célèbre, & les habitans diffamés par leurs débauches. *Borgas* est un bourg agréable. *Mussakui* est un bourg encore : il fut bâti dans le lieu où fut *Arisba*. Plus bas sur une langue de terre nommée *Nagara* fut située *Abydos*. Les *Dardanelles* doivent leur nom à la ville de *Dardania* qui n'existe plus. C'est dans la partie la plus étroite du détroit que Xerxès fit jetter un pont : il a 375 toises de large : les Turcs appellent le district voisin *Aidins Chik* ou *petit Aidin*, mot sans doute corrompu d'*Abydos*.

Le vieux *château des Dardanelles* en Asie est situé

vis-à-vis du vieux château d'Europe : là coule une riviere qu'on croit le Rhodius des anciens. Le château est vaste, quarré, bâti en pierre, environné de murs & de tours, entouré de batteries. Près de lui est un grand bourg de 1200 maisons où demeurent des Turcs, des Grecs, des Arméniens, des Juifs, où l'on fait des étoffes de coton, du drap, de la porcelaine : on y commerce aussi en cire, huiles, laine, fil de coton. Une lieue plus bas est le promontoire nommé par les Turcs *Bornu*, par les Européens *Berbier* ou *Baba*, par les anciens *Dardanium*.

Le nouveau *château des Dardanelles* en Asie est situé à l'ouverture du détroit ; sur l'autre bord en Europe est un château encore : tous les deux furent bâtis par Mahomet IV : ils sont à quatre lieues de ceux dont nous avons parlé : celui d'Asie est situé dans une plaine, est entouré de murs épais, d'ouvrages tracés par le chevalier Tott, & de canons d'une grosseur prodigieuse. Là coulaient le Scamandre & le Xanthus, torrens célèbres qu'on ne reconnait plus. Autour du château sont des maisons dispersées & une petite ville.

Près de là, au midi, vers l'embouchure du détroit est un promontoire auquel la ville de Sigée donnait son nom, qui fut célèbre pour avoir été le tombeau d'Achille, & qui aujourd'hui, est appellé *Jeni-Scheher* d'un bourg voisin qui a aussi le nom de *Jaurkui*.

Vis-à-vis l'isle *Ténédos* sont les ruines d'une ville qu'on croit être celle de la nouvelle Troye, car l'ancienne était plus avant dans le pays vers le mont Ida, sur des collines : la nouvelle fut bâtie plus près de la mer. La contrée qui s'étend au pied du mont est fertile : là est le bourg *Eskiuffjee*, & divers ses mines de plomb, d'argent, de cuivre, de fer & d'alun. Au nord-ouest est située la ville d'*Enai*.

*Eskitambou*, ou vieille Constantinople, autrefois *Antigonia*, ensuite *Troas Alexandria*, ou *Alexandria Troas*, lorsqu'elle fut rebâtie par Lysimaque: son éloignement du mont Ida, son voisinage du détroit prouve qu'elle n'est pas l'ancienne Troye; mais ses habitans vivant sous l'empire Romain, aimaient que cette opinion s'accréditât parce qu'elle leur attirait les bonnes graces des Romains qui prétendaient être issus de Troye.

Au levant est une vallée qu'arrose l'*Ayehsu*, dont les eaux sont salées; sur sa rive occidentale sont des sources chaudes sulfureuses & salées aussi. Adrien avait fait construire à Troas Alexandria un aqueduc magnifique, dont Chandler a vu encore quelques ruines: il avait coûté plus de sept millions de livres.

*Adramit*, *Adramyttium*, bourg qui donne son nom à un golfe. *Aismati*, *Atarneus*, lieu voisin de la mer: près de lui est le village de *Comara* ou *Camanar*, autrefois *Parium*.

*Belicasar* ou *Balikesri*, ville à la source de l'Aesepus, qui bientôt après forme un lac: c'est le chef-lieu du sangiacat de Karasi. *Demir-Capi*, c'est-à-dire *porte de fer*, nom d'un défilé dans une chaîne de montagnes: un château en défendait le passage; mais il est tombé en ruines. *Curuguli*, village au pied d'un mont: autour de lui le chemin est pavé de marbre, & l'on y voit des ruines.

*Basculambai*, bourg d'environ 100 maisons, situé dans une plaine bien cultivée: on y fait un grand commerce de coton; autour se voient les ruines d'une ville.

*Akhessar*, ou *Aksarai*, ( château blanc ) est l'ancienne *Pelopia*, nommée enfuite *Thyatire*, ville dans une belle plaine : on y voit fur une colline un vieux château : là fut d'abord bâtie la ville, & on en voit des ruines & des infcriptions ; Akhiffar eft mal bâtie, elle eft fale, habitée par les Turcs & quelques Chrétiens miférables qui n'y ont point d'églife.

*Pergamo*, autrefois *Pergamum*, ville dans une plaine, & en partie fur le penchant d'une montagne efcarpée, au haut de laquelle eft un château détruit : au midi coule l'ancien Caïcus qui y reçoit le ruiffeau de Selinus : elle eft à fept lieues de la mer où elle a un port : fa partie orientale eft ruinée : fes habitans font prefque tous Turcs ; les Chrétiens y font pauvres & ont une églife. Ce n'eft plus le tems où elle fut la demeure d'un roi, où elle renfermait une bibliotheque de 200000 volumes : on y fait des tapis.

*Fokea*, *Foggia*, autrefois *Phocea*, eft une des meilleures ville de l'Anatolie, & le chef-lieu du fangiacat de *Sarukhan*, fituée fur le golfe de Smyrne près de l'embouchure de l'Hermus : l'ancienne ville dont il refte encore des ruines eft diftinguée par le nom de *Vieille Fokea*, elle fut la mere de Marfeille. Son évêché a été uni à l'archevêché de Smyrne.

*Ifmir*, ou *Smyrne*, ville fituée à l'extrémité d'un golfe où tombe le Melés, au pied d'une haute colline qui l'entoure de trois côtés. Son port peut contenir une nombreufe armée navale : fa fituation eft admirable ; elle s'étend le long de la mer, & là eft la rue des *Francs*, la plus belle de Smyrne : en général les rues y font bien pavées, bien percées, les maifons affez bien bâties. Un vieux château en défend le port, un autre la ville même. Un *fardâr* ou *muffelem* y commande, un cadi y rend la justice. On y compte 50 mille ames : les Turcs y ont 19 mosquées, les Grecs deux églises & un archevêque qui jouit de 1500 piastres de rente ; les Juifs y sont nombreux & y ont sept synagogues ; (*a*) tout le commerce se fait par eux ; ils y vivent avec plus d'aisance & d'éclat que dans aucune autre ville. Les Arméniens y ont une grande église & un évêque qui vit d'aumônes & est riche. Les Francs y sont les moins nombreux ; mais ils sont riches ; on y trouve des franciscains, des capucins & il y avait des jésuites. Les Anglais, Hollandais, Allemands y ont trois chapelles & trois prédicateurs. Ces nations aussi bien que les Français, les Suédois, les Prussiens, les Vénitiens y ont des consuls. La soie crue, le fil & les étoffes de coton, le fil de poil de chameau, la laine, les maroquins, les tapis, la cire, le vin muscat, les raisins, les drogues sont les principaux objets d'exportation ; on y porte de la cochenille, de l'indigo, de la salsepareille, des draps, diverses étoffes, du bois de Brésil & de Campêche, des épices, du papier, de l'acier, de la fayence, &c. Strabon décrit Smyrne & la peint comme la plus belle ville de l'Asie. Alexandre l'avait rebâtie, les Romains l'embellirent encore. Homère y nâquit sur les bords du Mélès : & on y montre un antre où, dit-on, il composa ses poëmes. Les tremblemens de terre, le feu, la peste, l'ont souvent ravagée : la crainte du premier fléau fait que les maisons ne sont de pierres qu'à la hauteur de dix à quinze pieds. Les

---

(*a*) Chandler dit qu'ils n'y en ont qu'*une* ou *deux* ; cette expression annonce qu'il n'en connaissait pas bien le nombre.

Grecs y comptaient six grands tremblemens de terre & difaient que la ville ferait détruite au feptieme : elle vient de l'éprouver ( en 1778 ) fes maifons ont été détruite & la ville entiere bouleverfée ; mais il y a apparence qu'elle fe rebâtira encore. En Eté, vers le midi, il y regne un vent nommé *imbat*, d'abord doux, violent enfuite, il tombe fur le foir : vers le fud-eft on y trouve des bains chauds. Près d'elle eft une terre qu'on ramaffe le matin, qu'on tranfporte fur des chameaux à diverfes favonneries, qu'on mêle à de l'huile, qu'on fait bouillir plufieurs jours, & devient un favon excellent.

Les Européens ont de jolies maifons de plaifance dans les bourgs voifins ; celui de *Bonavre* renferme des ruines. Smyrne eft le chef-lieu d'un fangiacat qui dépend du capitan. La pefte y eft fi fréquente, les révolutions s'y fuccèdent fi rapidement qu'il eft très-rare qu'une famille y fubfifte plus de trois générations.

*Menamen*, autrefois *Temnos*, bourg fur l'Hemus & au pied d'une colline au bord du golfe de Smyrne : on y fait un commerce affez riche.

*Maniffa*, autrefois *Magnefia ad Sipylum*, ville qui eft le fiege d'un muffelem, & dépend du fangiacat de Sarukhan, fituée au pied du mont Sipyle, dont le fommet eft toujours blanchi par la neige : autour d'elle eft une grande plaine fameufe par divers combats. La ville eft grande & peuplée : la plupart de fes habitans font Turcs ; les Juifs y font plus nombreux qne les Grecs & les Armeniens : fes environs font fertiles en fafran.

*Turgut* eft une petite ville. *Cafabas* un grand bourg, *Targos*, autrefois *Trigonium*, & *Nif* font deux villes : la derniere couvre le pied & le penchant d'une colline.

*Vurla*, ville sur deux hauteurs dont l'une est occupée par les Turcs, l'autre par les Grecs. Près d'elle la mer forme un golfe auquel elle donne son nom. Sur une de ses rives est située *Kelisman*, autrefois *Clazomene* : une chaussée la faisait communiquer à l'isle de St. Jean ; il n'en reste plus que des ruines. Le promontoire de *Caraburon* est formé d'une montagne peu élevée. *Erythra* est un lieu très-ancien, où nâquit la Sybille de son nom ; entre lui & *Schuma* ou *Chime*, où l'on s'embarque pour Scio, est une source chaude. Entre *Kelisman* & *Gesme*, autrefois *Cassstes*, port assez grand, est encore une source presque bouillante.

Le pays d'*Aidin* est un sangiacat dont la capitale est *Tireh*, ou *Tiria*, une des villes de l'Anadolie les plus peuplées & les plus commerçantes, située à l'entrée d'une grande plaine : ses habitans les plus nombreux sont les Turcs : il y a des manufactures de tapis dans les faubourgs, le petit Minder ou Meandre, nommé *Korasu*, ou eau noire par les Turcs, l'arrose ; c'est le Caystre des anciens.

*Aja-Soluk*, château & village sur le Caystre qui serpente lentement avant de se perdre dans la mer : c'est à l'orient de ce lieu qu'on voit les ruines d'Ephese, qui par les mosquées qu'on y voit répandues parait avoir été une ville mahométane. Cette ville célèbre par sa magnificence, par celle de son temple de Diane, n'est qu'un amas de ruines qui servent de retraite aux voleurs & aux assassins : ses environs sont déserts & donnent cependant encore des marques de fertilité. Selon Chandler, Ephese n'était point en ce lieu : elle était plus voisine de la mer : dans un endroit où l'on voit de belles ruines.

*Kiſhadaſi* ou *Scala-nova*, autrefois *Neapolis*, petite ville ſur une hauteur qui borde le golfe d'Epheſe : elle a un port, & une petite iſle ſur laquelle eſt une tour ; autour d'elles ſont des vignobles ; les Grecs y ont une égliſe près de laquelle l'archevêque d'Epheſe demeure : il eſt le troiſieme par ſon rang, & eut autrefois trente-deux ſuffragans : les Juifs y ont une ſynagogue : il y a beaucoup de Turcs. On y embarque du vin rouge & blanc, des raiſins, du bled ; on y apporte du riz, du caffé, du lin, du chanvre d'Egypte, des draps groſſiers, du coton, des indiennes, &c.

*Changlée*, autrefois *Panionium*, ville autrefois célèbre, aujourd'hui village au pied d'une montagne habitée par les Grecs.

*Palatſchia*, lieu où demeurent des bergers ſous des cabanes, près de l'embouchure du Méandre : il doit ſon nom à un ancien palais : là, dit-on, fut autrefois Milet, d'où ſortirent de nombreuſes colonies, & patrie de Thalès : mais cette opinion paraît mal fondée.

*Sart* ou *Sards*, autrefois *Sardes*, petit village au pied du mont Bozdag, autrefois Tmolus, & au bord du Pactole qui s'y unit à l'Hermus. Elle fut la capitale de la Lydie, & le ſiege de ſes rois : détruite par un tremblement de terre, Tibère la fit rebâtir ; quelques Turcs, des bergers, quelques Grecs pauvres & abrutis, ſans égliſes, ſans prêtres, errent dans ſes ruines.

*Allah-Scheher*, ( Ville de Dieu, autrefois *Philadelphie*, ) ville au pied du Bozdag ou mont de joie ; on y jouit d'une belle vue ſur la plaine & les pays voiſins ; la ville n'a pas une enceinte vaſte, 1o1 Turcs & 200 familles grecques l'habitent : ces derniers

niers y ont quatre églises & un évêque : c'était la seconde ville de Lydie.

*Gusel-hissar*, (beau château) autrefois *Magnesie du Méandre*, ville située sur le Méandre, fameux par les sinuosités de son cours : les Turcs le nomment *Bojuk-Minder*, le grand Méandre.

La ville est au pied du mont Thorax couvert de neiges éternelles : on y a une belle vue sur une plaine magnifique qu'arrose le Méandre, & sur la mer. La ville est grande, ses rues bien pavées, plusieurs sont ombragées par des arbres ; les maisons sont ornées de cours & de jardins embellis par des cyprès, & des orangers : de loin la ville parait être dispersée dans une forêt : elle est le siege d'un pascha, est habitée par des Turcs, des Grecs, des Armeniens, des Juifs, commerce en coton cru & travaillé, en diverses marchandises à l'usage du pays, & en étoffes de laine ; elle est considérable, mais l'a été davantage, & montre des ruines qui le prouvent.

*Sevrihissar* est située sur trois collines. *Sedchischiet* autrefois *Cheroidæ*, bourg sur un golfe formé par la mer : il a un bon port, & un château. *Bodrun*, autrefois *Teos*, ville détruite sur un golfe. *Sultanhissar*, bourg voisin des ruines de *Tralles*, répandues sur une colline qui s'élève au pied d'un mont. *Nassalée*, *Naslée*, autrefois *Nyssa*, ville formée de deux parties qu'un espace de 500 pas sépare. *Mastaura* & *Jack-kui* sont deux bourgs, l'un à l'orient, l'autre au couchant de Naslée.

*Carura*, bourg sur le Meandre : il a des sources chaudes d'où l'on voit la vapeur s'élever. Ce lieu & ses environs furent très-sujets aux tremblemens de terre. *Ostraver* aussi sur le Meandre, est un bourg qui fut autrefois la ville de Tripoli.

*Tome VIII.* P

L'ancienne *Mylafa*, autrefois capitale de Hekatomme, père de Maufole, nommée aujourd'hui par les Turcs *Milefs*, par les Grecs *Melaffo*, eft une ville pauvre & affez grande; fes maifons font des efpèces de cabanes difperfées entre des ruines, parmi lefquelles on admire encore celles du temple d'Augufte & de Rome : cette ville était fuperbe par fes palais, fes temples, fes théâtres. Elle eft à trois lieues de la mer où elle a un port nommé *Caffideh*. Le commerce y confifte en tabac qui croît aux environs, en coton & en cire. Près de Milaffo eft une belle plaine nommée *Carpuslay*: elle eft très-fertile & appartient à la fultane Validé. On y compte cinq ou fix villages : au midi on voit les ruines d'*Alabanda*.

*Askemkalefi*, ou *forterefse d'Asken*, était autrefois connu fous le nom d'*Iaffus*: c'eft un village ruiné au bord de la mer.

*Mentefche*, autrefois *Myndus*, fituée près de la mer, donne fon nom à un fangiacat : *Mulla* ou *Moglah* en eft le chef-lieu; c'eft une petite ville. *Budro* ou *Boudrum*, eft un château fort, élevé fur un rocher au bord de la mer : il a un port à l'ouverture du golfe de Stanchio : là exifta jadis *Halicarnaffe*, ville célèbre où regna la Reine Artemife.

Sur les bords du golfe de Macari ou Macri on voit les villages de *Strofia*, autrefois *Ceraunus*, de *Cavaliere*, autrefois *Creffa*; de *Marmora* autrefois *Phyfcus*; de *Copi*, autrefois *Caunus*; de *Macari*, autrefois *Pifilis* ou *Telmiffus*.

*Paitfchin* & *Arabihiffar* font deux villes ruinées : la derniere fur la rive méridionale du Schina était probablement l'ancienne *Alinda*.

*Eskihiffar*, bourg où fut autrefois *Stratonice*. *Kurajefu*, bourg qui fut la ville de *Trapazopolis*; une riviere profonde, qui vient des montagnes, l'environne & lui sert de fortifications. *Arpaskalesi* fut, ou la ville de *Coscinia*, ou celle d'*Orthopia* : elle ne présente que des ruines sur une colline. Vers l'orient & près d'un ruisseau qui se jette dans le Meandre, est une colline couverte d'anciens murs, de voûtes, de ruines : là était *Antioche* sur le Meandre.

*Ekjenide*, petite ville qui paraît être la *Xanthus* des anciens.

*Geyra* est un bourg élevé sur les ruines d'*Aphrodisias*.

*Denisley* ou *Degnizy*, ville sur un monticule sablonneux, & renversée par un tremblement de terre qui ensevelit plusieurs de ses habitans : on cultive la vigne dans ses environs : & de leurs raisins on fait aussi un sirop qui sert de sucre : au midi, au levant de ce lieu sont des monts couverts de neige.

*Eskihissar*, autrefois *Laodicée*, sur le Lycus, est une ville aujourd'hui déserte : deux ruisseaux qui au travers de ses ruines se rendent dans la riviere, paraissent être l'Asopus & le Caprus.

*Pambukkalesi*, (forteresse de coton) parce qu'elle est assise sur un rocher blanc, était l'ancienne *Hierapolis* : elle est détruite & déserte : elle était au pied d'un mont & sur le Lycus. On y voit sortir des eaux chaudes & pures qui ont le goût de celles de Pyrmont, mais n'en ont pas la force.

*Chonos* ou *Conus*, autrefois *Colosse*, château sur un rocher, environné d'un bourg arrosé par le Lycus : quelques chrétiens pauvres & sans église l'habitent. On trouve des sources chaudes entre *Conus* & *Dinglar*, bourg près de la source du Meandre qui tombe d'une colline qui borde un lac.

*Ischeeleb*, autrefois *Apamea Cibotus*, ville au pied d'une montagne, à la source d'une riviere qu'on croit être le Marſyas. Elle vient du bas d'un mont en huit ou neuf ruiſſeaux qui ſe réuniſſent enſuite & ſe jettent dans le Meandre.

*Sandacleb*, ville dans le coin oriental d'une plaine, & qui parait être l'ancienne *Synnada*. A une lieue de là on trouve des ſources chaudes & des bains.

*Karahiſſar* ou *Aphiom Karahiſſar*, parce qu'on y prépare beaucoup d'opium que les Turcs nomment *Aphiom*: c'eſt l'ancien *Primneſium*; elle eſt ſituée au pied d'un haut rocher de granit brun qu'elle entoure; un château eſt à ſon ſommet: de là vient le nom de *Karahiſſar* ou château noir; elle eſt aſſez grande, & eſt la capitale d'un ſangiacat, le ſiege d'un pacha: les caravanes qui la traverſent y donnent quelque activité au commerce; ſes environs ſont abondans. Les Turcs y ont dix moſquées, les Arméniens deux égliſes & un métropolitain: on y fabrique des tapis de Turquie.

*Bileſugan* ou *Belawoden*, autrefois *Dioclea*, ville aſſez grande & ſur une riviere qui, à quelque diſtance, forme un petit lac.

*Herjan* parait avoir été l'Amorium des anciens. *Jeldutſch*, bourg voiſin d'*Eski-Jeldutſch* qui renferme des monceaux de pieces de marbre rompues. *Alekiam* eſt encore un bourg.

*Kiutahya* ou *Coutaye*, autrefois *Cotyœum*, eſt la capitale d'un ſangiacat & le ſiege du begjlerbegj de l'Anadolie. Elle eſt ſituée au pied d'une montagne, & touche à une belle & vaſte plaine qu'arroſe le Purſâk qui s'unit au Sakaria près d'Eski Scheher. Un château élevé ſur un haut rocher la défend: elle renferme pluſieurs moſquées & trois égliſes arméniénnes: le ſol de ſes environs eſt fertile; on y reſpire un air pur. Au couchant dans la plaine d'*Yundgalu* sont des bains chauds très-fréquentés par les malades. C'est sans doute ce qui fit appeller ce pays *Phrygia salutaris*.

*Kujalak*, village au pied du mont *Domalia* couvert des plus beaux sapins. *Seguta*, petite ville qui fut le *Synaus* des anciens. *Vesir-Kani*, autrefois *Agrilium*, bourg dont les habitans sont presque tous chrétiens.

*Kandek*, bourg peu étendu, mais chef-lieu d'un petit district.

### III. *Pays de Karamanie.*

Ce nom du pays signifie *famille noire* ; ses habitans ne sont point noirs cependant, mais ils habiterent d'abord sous des tentes noires, & on y en trouve beaucoup encore. La Karamanie est bornée par la Méditerranée, & renferme une partie de la Cilicie, de la Cappadoce, la Lycaonie, l'Isaurie, la Pamphylie, la Lycie, la Pisidie, & une partie de la grande Phrygie. Parmi les lacs qu'on y trouve le plus remarquable est celui de *Benischer* ou *Beidscher* ou *Tuzla*: ce dernier nom est le plus connu & le plus sûr ; c'est le plus grand lac de l'Asie mineure ; il a vingt lieues de long, mais il est étroit, & renferme de très-gros poissons : il fut célèbre autrefois par le sel qu'on en tiroit ; le soleil forme en effet en peu de tems une croûte de sel sur ses bords desséchés, & il en fournit à tous les pays voisins. On divise le pays en sept sangiacats.

#### *District de Konia.*

Il appartient à la sultane-mère. Sa capitale est *Konia*, *Cogni*, *Iconium*, le pascha y siege. Elle est située dans une grande plaine couverte de jardins & de vignobles, arrosée par un grand nombre de ruisseaux qui viennent des monts qui s'élèvent au midi & au couchant, & forment ensuite un lac environné de montagnes & de prairies. La ville est ceinte de murs & d'un fossé ; elle a un château, est grande & peuplée : les Arméniens & les Grecs y ont chacun une église, & les derniers y ont encore un monastere : leur métropolitain dépend de Constantinople; ses environs sont riches en coton, en grains, en vins, en diverses sortes de fruits, parmi lesquels on remarque une sorte d'abricots très-gros, qu'on nomme *Kamroddini*. On y cultive une plante qui donne une fleur bleue & dont la graine sert à mettre le cuir en couleur. Du tems d'Abulfeda, on y voyait un monument élevé à Platon, & le peuple croit qu'il est enterré dans la forteresse.

*Ladikieh*, bourg qu'on croit être l'ancienne *Laodicea combusta*; c'est le chef-lieu d'une jurisdiction particuliere : on y voit quelques édifices publics.

*Ereki*, grand bourg qui eut peut-être le nom d'*Heraclea*, ou plutôt d'*Archelaüs* : on trouve diverses antiquités dans les environs : une plaine qui s'étend d'ici à Konia se change quelquefois en un lac. Le bourg est divisé en 22 quartiers qui chacun ont leur mosquée.

*Kara-Bignar*, (noire source) bourg qui a un beau caravanserai, une belle mosquée : il est situé au pied du mont de Buz-Uglan. *Ismith*, petit bourg nommé autrefois *Psibela*.

*Ak-Scheher*, (ville blanche) est située à l'extrèmité méridionale d'une plaine entourée de montagnes : on y trouve des antiquités & des inscriptions. Ce pourrait être *Eumenia*, ville de la grande Phrygie ses environs sont ornés de jardins & riches en fruits. On y fait des tapis.

*Isbaklu*, bourg dans une contrée abondante; là, dit-on, fut l'ancienne *Seleucie* ou *Saglassus*.

*Ilguind* ou *Elghand*, autrefois *Tiberiopolis*, bourg dont les environs renferment des bains chauds.

*Larenda*, château & bourg situés dans une fertile plaine, près de la chaine des monts appellés *Ardorst-Dag*.

### District de Kaiserieh.

*Kaïsarieh, Kaïsarijah*, connu d'abord des anciens sous le nom de *Mazaca*, puis sous celui de *Césarée de Cappadoce*, ville située dans une belle plaine, au nord du mont Erdjasib ou Ardgeh-Dac ou Argeus, d'où sort le Koremoz, autrefois le Milas. Le mont se voit au loin toujours couvert de neiges: son penchant est couvert de villages & de grottes que paraissent avoir habité de nombreux hermites. Au pied on trouve des inscriptions & des ruines: là fut Césarée: la nouvelle ville en est à demi lieue: elle a deux lieues de tour, & a des murs de pierres de taille, qui forment des voûtes dans l'intérieur. Elle a un château, est peuplée, est partagée en 180 quartiers, dont chacun a une mosquée ou une chapelle. Les Grecs y ont une église & un métropolitain, les Arméniens y en ont trois. On y commerce surtout en maroquins jaunes. Kaïsarieh fut aussi appellée *Mschak* par le premier roi d'Armenie Haï.

*Ingesu*, autrefois *Campæ*, grande ville dont une partie est détruite & montre ce qu'elle a été.

*Urkub* ou *Yur-kup-Estant*, lieu dont Paul Lucas raconte des merveilles: il dit qu'un roc immense y a été taillé en plus de 200000 pyramides qui préfentent un vafte amphithéâtre : elles font de diverfes hauteurs, renferment des chambres l'une fur l'autre, ont chacune une porte, un efcalier, une fenêtre, & au fommet une ftatue : Paul Lucas a vu deux fois ce même lieu ; c'eft dommage qu'il n'ait pas plus d'autorité.

*Hadfchi-Beftache*, ou *Bektafche*, grand village qui fut une grande ville comme fes ruines l'annoncent. On y voit un grand caravanferai qui renferme une mofquée où eft le tombeau d'un Santon & une bibliotheque.

*Ourangi* eft un grand bourg. *Akfara* ville qu'arrofe une riviere affez large.

### Diftrict de Kircheher.

*Kirfcheher*, ou *Quifcher*, ou *Kerfaer*, en eft la principale ville : elle eft peu éloignée du Kifil-irmach, & s'appella autrefois *Diocefarée* : on voit par fes ruines qu'elle fut confiderable. Dans fes environs on trouve beaucoup de fel. *Beglaifch*, *Djashenkir*, *Kefri-kupri* font de chetives bourgades.

### Diftrict de Nikdé.

*Nikdé*, autrefois *Dratæ*, ville ou bourg, ceint de murs, défendu par un château entouré d'une triple muraille bâtie d'une pierre très-dure : on y voit des mofquées, des collèges, quelques beaux édifices ; les Grecs & les Arméniens y ont une églife ; fes environs font rians, partagés en vignobles & en jardins, arrofés par une riviere qui fe jette dans le Kifil-irmack.

*Bour*, *Bore*, grand village où l'on fabrique beaucoup de poudre pour le grand-feigneur. Le falpêtre se tire d'un grand & ancien château nommé Kelihissar : c'est peut-être Karahissar, autrefois Tetrapyrgia où l'on voit des ruines de palais & de temples.

Bucheret, Schudia Eddin, Orkiub, Kai, Menend, &c. sont des bourgades.

### District d'Akserai.

Un bourg lui donne son nom ; la riviere qui passe à Nikdé ou Nigdeh l'arrose ; il a un château & est environné de jardins. Tout son territoire abonde en grains & en fruits. A quelque distance vers le nord est l'antique château de Kouhissar.

### District d'Isbarteh.

Isbarteh ou Sparta, autrefois Philomelium, ville ouverte, presque ruinée, située au pied du Taurus. Elle est le siege d'un pascha, est située dans une belle plaine, & a un fauxbourg où les chrétiens Grecs ont quatre églises. Son terroir est fertile, le pays est beau, & nourrit un animal vorace singulier.

Burdur ou Burderu, village voisin de grandes ruines qu'on croit être celles d'Antioche de Pisidie.

Igridi ou Eckerder ville voisine d'un lac de 10 lieues de tour, & qui renferme une isle. On y fabrique & teint des étoffes. Jasli est aussi sur un petit lac. Bondur, petite ville qui a été considerable, touche à une montagne. Près d'elle est un lac dont l'eau est amere & où les poissons ne peuvent vivre. Agloufon, grand village situé au pied d'un mont qui se divise en plusieurs bras, sur lesquels on trouve des ruines précieuses de villes

& de châteaux: les sources y abondent. *Schenet* a des ruines considérables, & est sur le mont *Istenaz*.

*Beisheri*, bourg à l'orient d'un lac: *Kasaklu* est aussi sur un lac : ces deux bourgs sont dans l'Isaurie ancienne.

*Attalia* ou *Satalie* est placée par les géographes Turcs dans l'Anadolie, & fait la principale ville du sangiacat de Tekieh : c'est là que nous aurions dû la placer, mais elle l'est ici par Busching. Elle est grande, fortifiée, située sur un golfe de la Méditerranée, dans une contrée riante & fertile où croissent abondamment l'orange, le citronnier, l'odorant & resineux storax; mais la chaleur y est si violente en Eté que les habitans s'enfuient alors dans les montagnes. Son port ne peut recevoir que de petits navires. Des murs la divisent en 3 parties, l'une sur une hauteur vers le nord, l'autre remplit un espace laissé par la mer & une montagne au midi, la troisieme est entre les deux autres; les maisons sont basses & petites, les rues étroites. Les Grecs y ont un archevêque & une église.

*Alaja*, ville sur un golfe de la Méditerranée, bâtie par Alaoddini, prince Seldschukider.

*Fulcobar*, ville dans une plaine, entre les montagnes d'Hamid, habitée par les Turcomans.

### District d'Itschil.

Il dépend du gouvernement de Cypre; c'est une partie de l'ancienne Cilicie montueuse, & il confine au couchant, au district précédent, vers le nord à celui de Konieh, à l'orient au pays d'Aintab, au midi à la mer & au gouvernement de Selefki. Il ne fait point partie de la Karamanie : le beg qui y commande siege à Selefkié. Son nom signifie *district intérieur*. On le divise en deux sangiacats.

Celui d'*Alanieh* touche au territoire d'Attalie, la ville qui lui donne son nom est située sur le golfe d'Attalie, & a un château fort. *Antioketta*, autrefois *Antiocha Super Kargo* ou *Cragus* est une petite ville au bord de la mer. *Curcu*, autrefois *Corycus*, n'est qu'un village voisin de la mer & des ruines de *Solœ*, d'où est venu le mot solecisme. Il y eut aussi une ville de ce nom en Cypre. *Tarsus* ou *Tarsou*, ville habitée par des Turcs, des Grecs, des Armeniens. Les Jacobites y ont un évêque, les Nestoriens un archevêque; elle était grande & ceinte d'un double mur; aujourd'hui son enceinte est la même, mais elle est pauvre. Elle a fait partie du gouvernement d'Adana.

Le sangiacat ou gouvernement de *Selefkieh* ou d'*Itschil* a pour capitale *Selefkieh*, autrefois *Seleucia Trachea* ou *Selestria* : les Arabes la nomment *Salepho* : elle est arrosée par le Calycadnus nommé aujourd'hui *Kelikdni* dont l'embouchure est entre deux promontoires, deux lieues plus bas. Selefkieh est peuplée.

*Selenti*, autrefois *Selinus*, est sur le ruisseau de ce nom. *Calandro*, autrefois *Charadrus*, *Anemur* sur un promontoire qui forme une presqu'isle, c'est l'ancienne *Anemurium*.

*Ayas*, *Aiazzo*, *Ajassa*, ville qui donne son nom au golfe sur lequel elle est située, qui s'étend jusqu'à Alexandrette & fut appellé autrefois *Sinus Issiccus*, de la ville d'Issus : on la nomma aussi *Aega* ou *Hegon* : elle fut considérable autrefois, & commerce en vivres avec Alexandrette. Près de là a dû exister aussi la ville d'Epiphanie.

*Payas*, ou *Bajas*, autrefois *Baycs*, ville sur le

golfe d'Ayas, arrosée par le Geihoum, ou le Piramus : quelques auteurs la croyent l'ancienne Issus, & ses ruines prouvent qu'elle a été considérable. Les fruits qu'on recueille dans les environs sont fort beaux ; mais dans les chaleurs un air mal sain chasse les habitans dans les montagnes voisines nommées autrefois *Amanus*, où est le défilé qu'on nommait le pas d'Issus. De *Payas* on va dans quatre heures à Alexandrette : on voit plusieurs ruines sur ce chemin. Ce pays a fait partie de la petite Armenie.

### Gouvernement d'Adana.

Il était déja peu étendu lorsqu'il fut séparé du gouvernement d'Alep ; mais il est devenu plus petit encore depuis qu'on a séparé *Tarsous* & son territoire. Il fit partie quelque tems de la petite Armenie, & renferme une partie de l'ancienne Cilicie.

*Adana*, ville qui conserve son ancien nom, située sur le Seihoun ou Sarus qui s'ouvre un passage au travers du Taurus & forme le défilé connu sous le nom de *Pylœ Ciliciœ*, on le passe sur un pont fort long & bâti en pierres : elle est défendue par un château situé sur un roc : un pascha y réside ; on y trouve des Grecs, des Arméniens, des Juifs & des Turcs. L'air n'y est bon qu'en hyver, mais dès le mois d'Avril, il faut que ses habitans l'abandonnent ; ils se retirent dans le mont Taurus, dans la partie qu'on appelle *Ramadan uglu Yaïlakleri* (demeure d'Eté du fils de Ramadan.)

*Misis*, *Massissah*, nommé par les Grecs *Momestra* & autrefois par les Syriens *Mopsuete*, était une ville considérable & n'est plus qu'un bourg divisé en deux parties entre lesquelles coule le Piramus ou Gehoun ou Dscheihan, qu'on y passe sur un pont : il est nabité par des Turcomans : au dedans des murs, sur une hauteur s'élève un château. Près de là est un mont qui s'étend jusqu'à la mer à 12000 pas plus au midi. A deux lieues de Misis on arrive à une plaine d'où l'on sort par un défilé qui conduit à une autre plaine dans laquelle est le village de *Korkaklak* ou *Kurcala*, qu'on croit être le *Castabala* de Quinte-Curse : à un quart de lieue de là, dans la montagne, est un chemin élevé, sur lequel s'élève un arc de triomphe d'un travail grossier & sans inscription, que les Turcs appellent *Karalikapi* ou *porte noire*, parce qu'il est construit d'une pierre noirâtre.

Au nord d'Adana, on trouve *Sis* ou *Belad-Sis*, qui a été dans le moyen âge capitale de la petite Arménie : elle est située sur un mont d'où sort une petite riviere. Léon, roi d'Arménie la bâtit : elle est chétive aujourd'hui, quoique toujours le siege d'un patriarche Arménien.

*Ainzerbch*, ou *Anazarba*, autrefois *Anazarbus*, & du tems de Pline *Cesarea*, était une ville où les Jacobites & les Nestoriens avaient un évêque ; elle est devenue un bourg sur le Seïhoun, composé d'un caravanserai & de quelques maisons. *Tal Chamlum* est un château ruiné sur une colline, un grand mur entoure les maisons bâties auprès, son terroir est fertile.

*Serfandacar* est sur un rocher dans la forêt de Mana.

## Pays & Gouvernement de Merasche.

Il confine à l'Euphrate, au Gouvernement de Siwas, à celui d'Adana, & au pays d'Aintab. Il paraît qu'on le nomme aussi *Dulgadir Ili*, ou *Alasulat Ili* d'un prince Turkoman qui y regna.

*Merasche*, ou *Marhas*, ou encore *Barnicia*, villes qui parait être la *Germanicia* des Romains : elle est située près de l'Amanus, d'où sort la petite rivière qui l'arrose : elle a un château, un pascha y réside, plusieurs mosquées l'ornent : on y voit un évêque Jacobite & quelques couvens de derviches.

*Tzamaneni*, bourg. *El-Bostan* est encore un bourg peuplé.

*Kars de Zoulkadir*, autrefois *Flavias* est une bourgade. Son territoire habité par les Turkomans dans l'hyver, est presque désert en Eté ; les anciens lui donnaient le nom de *Characene*.

*Malatiah*, autrefois *Melita* & *Melitene*, est une ville ancienne, célèbre dans les histoires d'orient, située sur la rive occidentale de l'Euphrate, dans une grande plaine environnée de montagnes, dont le penchant est orné de jardins où les habitans se retirent pendant l'Eté. Là demeure un évêque Jacobite & un Nestorien : un ruisseau l'arrose, un aqueduc le conduit & le partage dans les rues : les femmes se parent d'un anneau suspendu à leurs narines. Ses murs sont ruinés. On recueille dans les environs des pommes d'un goût exquis. *Claudia* ou *Arakloudiah*, est l'ancienne Claudiopolis. C'est le seul des sept évêchés Jacobites qui étaient dans le pays dont il reste des traces. Entre Malatiah & Mansur on voiait autrefois le château de *Zabatra* ou *Zabar* située dans une plaine environnée de monts & de forêts, & déja en ruines au temps d'Abulfeda.

## Des Isles qui appartiennent a l'Asie Mineure.

I. *Isles de la mer de Marmora.*

*Papas Adassi*, ou *Papadonisia*, ou *isles des princes*

isle à l'embouchure du golfe d'Ifmid. Son premier nom eſt Turc & vient de deux mots qui ſignifient *isles des moines* ; il lui eſt commun avec diverſes autres isles ſituées près d'elles, mais moins étendues qu'elle. Ces Isles ſont fertiles & agréables, mais mal cultivées ; leurs habitans ſont Grecs, & ſe nourriſſent du produit de leur pêche ; les Conſtantinopolitains y viennent ſouvent chercher le plaiſir. La principale de ces isles a une petite ville & deux couvens. Sur celle d'*Eibeli* ou *Chalke* eſt auſſi une petite ville & un couvent ſur une colline.

*Marmora*, *Merméré*, isle qui donne ſon nom à la mer où elle eſt ſituée ; elle a cinq lieues de long, un peu plus d'une de large : on y trouve du bel albâtre blanc connu des anciens qui lui donnaient le nom de *nouvelle Proconneſe* : preſque tous ſes habitans ſont chrétiens ; la petite ville de *Marmora* & cinq villages y ſont diſperſés ; il y croît du vin eſtimé. Des ſix couvens qu'elle renfermait, deux ſont détruits, les autres ne ſont habités que par trois ou quatre caloyers. Elle rapporte annuellement cinq bourſes ou 2500 écus.

*Alonia* eſt probablement l'ancienne Proconneſe des anciens. Son ſol fertile rapporte ſurtout un vin blanc, plein de force, qu'on recherche à Conſtantinople. Au nord oueſt elle a un vaſte port; la plus grande partie de ſes habitans ſont chrétiens. La ville qui lui donne ſon nom eſt le ſiege d'un métropolitain ſuffragant de Conſtantinople. L'isle renferme quatre bourgs, & quoique moins étendue que la précédente, elle rapporte annuellement 9 bourſes ou 4500 écus.

*Ampedes*, nommée par les Grecs *Apſia*, petite isle au midi de celle de Marmora : on y cultive la vigne ; au couchant elle a un bourg habité par des Turcs & des Chrétiens; au levant elle en a un autre que les Turcs seuls habitent: elle rapporte annuellement 600 écus.

*Kutalli*, plus petite encore que la précédente, & où l'on ne trouve qu'un petit bourg habité par des chrétiens; ils s'occupaient autrefois à cultiver des vignes; aujourd'hui ils se bornent à pêcher: elle rapporte un revenu annuel de 4 à 500 écus.

## II. *Isles de l'Archipel, ou Mer blanche.*

### Isle de Tenedos.

*Tenedos*, ou *Bokhtscha Adassi*, & dans les temps les plus anciens *Calydria* & *Leucophrys*, isle située à lieues du continent, vis-à-vis des ruines de Troie. Elle doit son nom à Tennes, fils de Cicne, roi de Colone, dans la Troade, qui vint s'y établir: elle n'a pas deux lieues de long, elle en a plus d'une de large: ses vins muscats sont les plus doux du levant; on en fait de l'eau de vie qui est son plus grand objet de commerce: elle abonde en gibier; on disait autrefois un *homme de Tenedos*, pour exprimer un juge sévère. On y voit une ville où l'on compte 300 familles turques & 200 grecques: celles-ci y ont une église & trois couvens qui dépendent du métropolitain de Mitylene: le château bâti sur un promontoire entre deux ports, paraît être un reste du magasin de grains que Justinien y fit construire. Vers le nord, l'isle est cultivée, autour de la ville il est négligé & semé de rocs. Elle appartient au capitan pascha.

### Isle de Metelin.

*Mytilene*, *Metelin*, autrefois *Lesbos*, ou *Lesbia*

isle considérable séparée du continent par un canal de quatre lieues de large. Selon Strabon, sa longueur de Sigrim à Malia est de 560 stades, ou de 23 lieues, son circuit de 1500 stades, ou de 38 lieues. Elle est montueuse : une chaîne de monts dont la plupart sont de marbre, s'étend dans toute l'isle partagée encore par une seconde chaîne. Le sol y est bon, mais moins bien cultivé qu'il ne l'était autrefois; ses grains ne lui suffisent pas. Ses habitans paresseux préfèrent la culture de l'olivier à toute autre, parce qu'elle ne demande que peu de soins & de travail. L'huile en est très-bonne & se transporte en divers lieux de l'Europe. Les figues y sont les meilleures des isles de l'Archipel ; les vins en furent célèbres, & ils n'ont pas perdu tout leur prix. Les monts y sont couverts de pins qui donnent de la poix excellente ; à leur pied sont des sources chaudes sulfureuses ou salées, ou sans goût : on trouve dans ses forêts un cheval sauvage petits & fort; sur ses monts des pyrites, dans ses campagnes la scammonée dont les branches sont visqueuses & velues, les fleurs blanches, le suc purgatif; l'althea à fleur d'un blanc purpurin, & diverses autres plantes. Les Lesbiens étaient décriés par leurs mœurs corrompues, & dire qu'un homme vivait comme un Lesbien était une injure chez les anciens : ils ressemblent encore à leurs ancêtres. Ils sont tourmentés pendant l'Eté par les incursions de voleurs, qui y viennent dans des batteaux. On y compte 120 villages. Le capitan pascha y commande, & y nomme un *nazir* pour en percevoir les revenus.

*Castro*, autrefois *Mytilene*, est sa capitale : elle est située au nord de l'isle : bâtie sur un isthme, elle

*Tome VIII.* Q

a deux ports, dont un seul est inaccessible aux gros navires ; elle est bien bâtie & a un mille de circuit ; plus grande autrefois, ses ruines s'étendent au couchant ; la terre y est jonchée de pièces de colonnes, de chapitaux, de frises, d'un marbre gris, cendré ou blanc. Deux châteaux, l'un ancien, l'autre nouveau, s'élèvent au sommet d'une presqu'isle rocailleuse, & chacun a sa garnison & son commandant ; ils ne sont habités que par des Turcs, les Francs n'y entrent pas même. Dans la ville on compte beaucoup de Grecs & quelques Arméniens : les premiers y ont quatre églises & un métropolitain : on y fabrique des vaisseaux & des chaloupes.

*Manoncia*, bourg sur une colline, près d'un golfe, formé d'un côté par un long promontoire.

*Molivo*, autrefois *Methymne*, ville sur le penchant d'une colline qui forme un promontoire élevé à l'extrémité du nord-ouest de l'isle. Au sommet est un vaste château habité par les Turcs. Sur le promontoire même est une petite plaine où l'on trouve les ruines de l'ancienne Methymne : on y voit les fondemens de ses murs & des restes des grosses tours qui les défendaient. Son port peut recevoir les grands navires. Les Turcs sont le plus grand nombre de ses habitans. On compte 200 chrétiens Grecs dans cette ville, & ils y ont trois églises.

*Petra*, port & bourg qui doit son nom à un rocher presque inaccessible, entouré de murs à son sommet qui s'élève au centre du bourg ; les habitans s'y retirent avec leurs effets quand ils apperçoivent les corsaires : les chrétiens en sont les plus grand nombre : ils ont une église dans le bourg, une chapelle dans le roc. Sur une petite peninsule

ni en est à quelque distance, on voit beaucoup de
uines qu'on croit être celles d'*Antissa*.

*Telonia*, village Turc: à demi lieue de là est le
ouvent de *Peribole*, habité par des filles qui y fa-
riquent des étoffes mêlées de soie & de lin.

*Eresso*, bourg au levant du cap Sigri, presque
ut habité par les chrétiens: une plaine le sépare
es ruines de l'ancienne *Eressus*, dispersées sur une
etite montagne de figure ovale.

*Caloni*, petite ville sur le golfe de son nom: près
elle sont deux couvens, l'un d'hommes, l'autre
e femmes: le métropolitain de Methymne y ré-
de: il est probable que la ville de *Pyrrha* fut au-
refois située sur le golfe de Caloni, & l'on appelle
icore un district voisin *Pera*.

De ce golfe à l'orient, jusqu'à une chaîne de
onts s'étend une campagne abondante, surtout en
rains; on l'a nommé *Basilika*: là sont situés cinq
u six villages habités en grande partie par les
urcs; on y voit des bains chauds; on en boit
ssi les eaux quoiqu'elles soient salées.

*Hiera*, ancienne ville déja détruite du tems de
line; elle donne encore son nom à sept ou huit
llages répandus aux environs du lieu où elle exista,
à un port excellent & profond, que les marins
ppellent *Port-Olivier*, qui forme un grand bassin
deux lieues de long sur une de large, entouré
montagnes couvertes de bois, & dont l'entrée
si étroite qu'on le prend pour un lac.

*Aiasso*, bourg riche qui prospere par ses mon-
gnes, & qui paie son tribut en goudron: au
rd sont des eaux minérales, chaudes & insipi-
es: le bourg est sur une colline & a un port.
Près de l'isle de Metelin sont les quatre petites
es de *Tockmack* qui doivent leur nom à un vil-

lage de l'isle : elles font petites & ne préfentent guère que des rocs.

Les isles de *Mufconifi* ou *Miofconifi*, autrefois *Hecatonnefi*, d'Apollon furnommé *Hecatus*, font voifines auffi de Metelin : la plus grande donne son nom aux autres dont on compte plus de vingt; elle a une petite ville : mais elle eft la feule habitée ; on croit que c'eft la *Pordofelena* dont parle Strabon où était un temple dédié à Apollon.

### Isle de Scio.

*Scio*, nommée par les Turcs *Saki-Adaffi* ou isle du Maftic, & autrefois *Chios*, *Aethalia*, *Macris*, eft fituée vis-à-vis du promontoire qui fépare le golfe de Smyrne de celui d'Ephefe, & fur lequel eft bâtie *Erythra*, *Schuwna* & *Gefme* : l'isle en eft à un peu moins de trois lieues, elle eft longue de dix, & large de cinq, eft femée de collines & de montagnes, furtout vers le nord, où elle a cependant des vallées riantes & fertiles : cette partie s'appelle *Epanemeria* ou le *quartier élevé*. Une chaîne de montagnes s'étend du nord au fud-oueft & fe termine au midi par des collines baffes fur lefquelles font fitués les villages dont les habitans font occupés à la récolte du maftic. Ces monts font prefque tous de marbre bleu, veiné de blanc : l'air y eft fain, mais la pefte y eft fréquente, & les tremblemens de terre redoutables ; fon fol eft maigre, les arbres feuls y profpéreraient fi les habitans ne l'amélioraient avec les plus grands foins : cependant les grains qu'on y recueille ne fuffifent pas à la confommation : il y a peu de pâturages, on y nourrit le bétail avec la feuille du cotonnier & de la vigne ; des torrens, des ruiffeaux qui issent l'Eté, sont ses seules rivieres : les sources y sont communes ; les arbres fruitiers partout abondans ; le mûrier y rend utile l'entretien du ver à soie : le coton & le lin, des vins estimés sont les principales productions de l'isle : l'olivier, l'oranger y sont communs, le chêne vert, le carouge, le thérébinthe y croissent dans les forêts. Le lentisque y est ou sauvage ou cultivé. Pendant les grandes chaleurs on le coupe transversalement, & il en distille goute à goute une résine qui se durcit en peu de tems : c'est le mastic ; celui qu'on recueille le premier est le meilleur : le lentisque cultivé en produit du plus estimé que le sauvage, sans doute, parce qu'on ne lui laisse porter aucun fruit : les plus hauts ont quinze pieds : les fleurs mâles ne naissent pas sur les mêmes pieds que les femelles : ceux-ci ont de plus grandes feuilles, d'un verd plus clair, & donnent le meilleur mastic, celui sans doute auquel on donne le nom de mastic mâle ; tout l'Archipel en fournit plus de 600 mille livres au grand seigneur, & Scio en fournit environ 80 à 90 mille livres ; c'est le plus estimé de tous, & il l'était déja du tems de Dioscoride : le plus pur & le meilleur est celui qui coule le premier, on le nomme *Fliscari* : on le mêle avec le pain pour lui donner un goût & une blancheur agréables ; les femmes le mâchent pour rendre leur haleine douce & leurs gencives fermes : on en brule dans des cassolettes. Les seules bêtes sauves qu'on trouve à Scio sont le renard & le lievre : on s'y sert de mulets, qui y sont chers : les riches voyagent à la campagne sur des chevaux, les pauvres sur des ânes ; les chêvres sont communes sur les montagnes, le mouton fort rare, la viande très-chère. On n'y connait plus ces perdrix privées qu'on lâchait dans les campagnes & qu'on rappellait avec le fiflet ; mais il en eft de fauvages qui font rouges. En général, l'isle eft riche & peuplée : on y compte 100 mille habitans, dont dix mille font Turcs, 3000 catholiques Romains, & quelques juifs ; tout le refte eft Grec. Les catholiques font iffus des Génois ou des Vénitiens & ils ont un évêque. Le villageois y parle un grec plus pur que les habitans de la ville. Les Sciotes font actifs, économes, faftueux cependant, & un jour de fete détruit tout le fruit de leur économie pendant un an : ils font bons commerçans : ils fonn bien faits & robuftes, les femmes belles, modeftes & fimples, s'occupent de leur ménage, ou à filer de la foie : le damas & autres étoffes, les limons & les oranges font les principaux objets de l'exportation de cette isle : elle tire fon huile de Candie, fes blés d'Afie, fes vins d'Ipfara & de Mycone. Un Mufellim dépendant du capitan pafcha la gouverne : il paye au tréfor public 300 bourfes & en tire 400 : une forte capitation, une taille affez légère, le produit des douanes forment les revenus publics : tous les 7 à 8 mois un cadi vient de Conftantinople y rendre la juftice, & il confulte fouvent les vicaires nommés par les chrétiens pour adminiftrer les affaires civiles dans chaque village, & parler pour le peuple lorfqu'il fe croit léfé.

*Scio* eft l'unique ville de cette isle : elle eft fur fa côte orientale, au centre d'un golfe : fon enceinte eft médiocre, fes rues font étroites, fon pavé incommode ; mais on y voit de belles maifons conftruites en pierres de taille, telles font celles de quelques familles Génoifes qui s'y établirent lorfque les *Juftiniani* en étaient princes. Elle reffemble en petit à la ville & aux environs de Gènes ; autour il croît d'excellens vins, le terroir y est fertile, les fruits excellens : des forêts d'orangers & de citronniers y embaument l'air. Les Latins y ont cinq églises & un évêque ; les Grecs y en ont un plus grand nombre dont quelques-unes sont très-belles, & un métropolitain. La ville neuve est au couchant du port ; elle est séparée de la vieille où habitent les gens du peuple par des jardins. L'ancien château fut bâti par les Génois, il est au bord du gofe : les Turcs & les Juifs y demeurent : le nouveau n'a rien d'important : au nord est une espèce de fauxbourg nommé *Policastro* ; il a des rues droites & larges, de belles maisons ; de son port sortent des vaisseaux destinés pour Constantinople, pour la Syrie & l'Egypte, mais son entrée est dangereuse & son enceinte étroite.

Au midi de la ville est une plaine partagée en jardins & en maisons de campagne ; ceux-là sont entourés de murs, & ont des bois d'orangers & de limoniers : celles-ci sont si voisines l'une de l'autre qu'elles semblent former un bourg. Au nord est une plaine encore, & elle renferme des jardins de meuriers qui forment des promenades : c'est dans ces lieux que les habitans de la ville se retirent pendant l'Eté.

Les villages y sont au nombre de 70 à 80, la plupart semblables à des villes, ayant des rues étroites, les maisons contiguës, & se fermant par des portes : on les partage en trois classes ; ceux qui sont dans les plaines voisines de la ville, ceux du district montueux d'Epanomeria, ou Apanomeria, & les villages du Mastic ; dans la plupart, & surtout dans les derniers, on voit au centre un château qui sert de refuge & de protection aux habitans contre les voleurs. Les villages du Maſtic ont des privilèges particuliers: ils ne paient qu'une demi capitation, ont leur propre aga, ſe ſervent de cloches dans leurs égliſes, & portent, comme les Turcs, un ruban de ſoie blanche autour de leurs turbans.

L'*école d'Homère* eſt une place voiſine de la mer, à l'extrèmité de la plaine, au nord de la ville, c'eſt une eſpèce de baſſin taillé dans le rocher nommé *Epos*, où il y a un ſiège & quelque figures. Chandeler croit que ce lieu fut un temple de Cibèe, la forme en eſt ovale, & au centre eſt l'image de la déeſſe, mais la tête & un bras lui manquent: l'ouvrage eſt aſſez groſſier. On montre auſſi la maiſon de cet homme célèbre près de Voliſſo, au milieu des champs Arviſiens où croiſſaient le vin appellé *Nectar*.

*Neamone*, grand couvent à trois lieues au couchant de la ville, ſur une colline, dans les montagnes : on peut y recevoir 200 moines : l'égiſe paſſe pour être la plus belle de l'Archipel.

*Melano*, autrefois *Melana*, village & promonoire : on y voit les ruines de la ville de ce nom.

*Voliſſo*, village dont les environs ſont ſemé de petites collines qui fourniſſent d'excellens vins, baucoup de figues, & où l'on nourrit une grande quantité de vers à ſoie : à ſon couchant et le mont d'*Elias*, autrefois *Pellinæus*, le plus élevé de l'isle, & ſur lequel eſt une égliſe dédiée à St Elias ou Elii. Voliſſo doit ſon nom à Beliſaire qui éleva un château.

*Nagoſa*, lieu où l'on voit les ruines d'un temple de Neptune, & voiſin d'une grotte d'où ſorte une eau blanchâtre qui forme des ſtalactites : les devots Grecs croyent que l'eau eſt le lait de Vierge

Marie, que les ftalactites font fes mamelles, & ils en font bouillir des morceaux dans l'eau pour fe guérir de la fièvre.

### Isle d'Ipfara.

On l'a nommait autrefois *Pfyra*: elle a un peu plus de deux lieues de long & une de large. Son promontoire le plus voifin de Scio en eft à huit lieues: au nord & au levant elle eft haute, montueufe, efcarpée & prefque par tout remplie de rochers, compofés d'une efpèce d'ardoife dans laquelle on trouve des veines de marbre blanc: quelques buiffons nains, quelques figuiers, du vin, un peu de coton & de blé font toutes fes productions: le vin rouge eft l'objet de fon commerce: au midi elle a des collines & deux plaines qui touchent a deux golfes; le fol en eft excellent: fes monts font couverts de vignes; environ mille Grecs l'habitent; ils font courageux, ont environ trente églifes, & une petite ville, paient un tribut de mille écus, & dépendent du cadi de Scio; il n'y a point de Turcs parmi eux. Près d'elle font les deux petites isles d'*Antimara* & de *St. Dematrius*: la derniere a un port excellent: la premiere a une lieue de tour: toutes deux font défertes.

### Isle de Nikaria.

C'eft l'ancienne *Ikaria* ou *Ikarus*: elle eft à 8 lieues de Samos: le fils de Dedale lui donna fon nom, ainfi qu'à la mer qui l'environne, & qui s'étend jufqu'à Mycone: elle a environ douze lieues de tour, eft étroite, partagée dans fa longueur par une chaîne de monts qui la fournit de bois, & y fait naître plusieurs sources, l'air & l'eau y sont purs & sains. On y compte environ mille ames : tous ses habitans sont pauvres, presque barbares, couchent sur la terre, ont une pierre pour oreiller, ne font du pain que pour un repas, n'ont que l'habit qu'ils portent : leurs maisons n'ont que les quatre murs, ils ne se visitent jamais, mais ils parlent un grec plus ancien que celui des autres isles : ils commercent en bois : on y trouve deux bourgs chacun d'environ 100 maisons, l'un nommé *Masseria*, l'autre *Peramare*, & quelques hameaux.

### Isle de Samos.

Elle a conservé son ancien nom : les Turcs la nomment *Sussam - Adassi* : un canal large de mille pas la sépare du continent ; elle a 26 lieues de tour, est montueuse, & couvertes de rocailles : toutes ses montagnes sont formées de marbre blanc & couvertes de forêts. Elle fut célèbre chez les anciens par sa fertilité, on y trouve abondamment tous les fruits utiles, & ils sont très-beaux : elle est riche en gibier : la perdrix, la becasse, la becassine, la grive, le pigeon, la tourterelle, la bec-figues y sont commun ; la volaille y est excellente ; on y trouve des francolins auprès d'un étang marécageux au bord de la mer, & partout des lièvres, des chèvres sauvages, quelques biches, & point de lapins. On y nourrit de grands troupeaux de chèvres & de moutons : les mulets & les chevaux y sont robustes, ils paissent à l'aventure & sont assez laids : il y a des bœufs & point de bufles ; le loup, le chacal y font quelquefois de grands ravages : ce dernier est grand comme un renard, il joint la férocité du loup à la familiarité du chien : il marche en troupes, & dévore les corps morts quand il ne trouve plus de bergeries à dévorer. On y trouve des mines de fer, d'émeril, d'ochres, quelques falines. L'*Imbrafur*, petite riviere, fut célèbre pour avoir vu naitre Junon qui y avait un temple magnifique. Tous fes habitans font Grecs, on y en compte 12000 ; elle était autrefois bien mieux cultivée & plus peuplée : les Samiens font pauvres, parce qu'ils font débauchés & ivrognes, leurs femmes font défagréables & mal propres ; autrefois ils eurent plus de richeffes & plus d'activité : d'une terre rouge ils faifaient de la poterie eftimée, & ce fut même eux qui inventerent cet art ; les vins, les foies crues, font les principaux objets de leur commerce ; ils exportent un peu de grains, du bois de conftruction, quelques fruits, une terre blanche nommée *Guma Saboni*, dont on fait des pipes, & blanchit le linge, & dont les femmes & les enfans mangent : il y croît du jalap qu'on néglige, & de la fcamonée peu eftimée. On y compte 18 villes ou villages ; la capitation monte à 22 bourfes, les Turcs en retirent dix encore pour l'impunité des crimes. Un vaivode y adminiftre les finances pendant fept ans ; un cadi y adminiftre la juftice, un aga chrétien nommé par le peuple en eft l'agent, & le vaivode, comme le cadi, n'ofe rien faire fans le confulter, fa charge eft à vie. On y compte cinq couvens adminiftrés par trois ou quatre prêtres, & habités par des caloyers qui labourent la terre. Tous les revenus de l'isle appartiennent à une mofquée de Conftantinople nommée *Tophana-James*.

*Cora* ou *Chora* eft la capitale de cette isle : fituée fur le penchant d'un mont rocailleux, à deux lieues de la mer ; elle a près d'elle les ruines de l'ancienne ville de Samos, qui s'étendait jusqu'au port de Tigani : elle est assez mal bâtie, & ressemble plus à un village qu'à une ville ; on y compte trois à 400 maisons, 12 petites églises, & un archevêque dont dépend l'isle de Nikaria.

*Metelinus*, village bâti en 1550 par des Grecs de Mitylene qui lui donnerent le nom du lieu qu'ils avaient quitté : au couchant de Metelinus est la plus haute montagne de l'Isle nommée *Karabunieh* ou la *montagne noire*.

*Vati*, ville chétive près d'un golfe où est le meilleur port de l'isle : ses habitans sont pêcheurs, & transportent des vins de l'isle, surtout ses vins muscats.

*Vurlotes* & *Albaniticori* sont des villages bâtis, le premier par des habitans de l'isle de Vurla, le second par des Albaniens.

### Isle de Patmos.

On la nomme aujourd'hui *Patino*, ou *Palmosa*, elle est petite ; on lui donne 10 à 12 lieues de tour : un golfe profond à l'orient, deux au couchant la divisent en deux parties : un isthme assez étroit les unit. Elle n'est presque qu'un rocher stérile, sans bois, sans rivieres, presque sans jardins ; le vin qu'on y fait est mauvais & ne se conserve qu'un mois ; l'eau des sources y est pure, l'air sain, & les hommes y vivent longtems ; le sol ne rapporte qu'un peu de bled qui ne suffit pas pour les nourrir : ils sont tous chrétiens Grecs, matelots, ou constructeurs de navires : ils navigent jusqu'à Venise, où ils portent des bas de coton qu'ils fabriquent, ils retirent de leurs voisins ce que leur sol ne produit pas ; l'isle était un lieu d'exil fous les Romains ; on y voit une grotte convertie en église, taillée dans le roc, divisée en deux par un pilier quarré : c'est là, dit-on, que St. Jean écrivit l'Evangile & l'Apocalipse, & l'on y fait remarquer la fente par laquelle le St. Esprit dictait ce que le saint écrivait. Là est un couvent qu'on nomme de l'*Apocalypse*, espèce de séminaire qui dépend d'un plus grand, bâti sur la crête d'un mont, gouverné par un didascalos, & où l'on enseigne l'ancien grec, la physique, la métaphysique & la théologie : c'est la meilleure école de l'orient ; elle serait la moindre parmi nous. De ce couvent on découvre la plupart des isles de l'Archipel. L'abbé est prince de l'isle ; il paye 1000 écus aux Turcs, & fait des présens au capitan pascha, quatre vicardi sont les juges du peuple ; & leur charge est ordinairement héréditaire. On compte dans l'isle 300 églises. Elle n'est importante que par un excellent port. La ville est située sur le penchant du mont, dont le couvent occupe le sommet : on y compte 6 à 700 maisons. Le couvent est semblable à un château & renferme deux cents membres, dont 20 sont prêtres & 40 caloyers : autour sont des hermitages qui en dépendent, ainsi que l'isle. Une plus petite isle est au levant on la nomme *Lipso* ; elle parait être la même qu'on nomme aussi *Saint Minos* ; un chemin creux la sépare en deux ; l'une des parties produit toutes sortes de fruits, l'autre est stérile, formée d'un marbre brun mêlé de coralloïdes très-blanches ; un couvent de 30 vieilles filles qui vivent du travail de leurs mains & qui est dans la ville en dépend encore.

### Isle de Stanchio ou Stan-co.

On lui donne aussi le nom d'*isle longue*, de *Lango*, de *Stingo* : les anciens lui donnaient celui de *Cos*, elle a 28 lieues de tour, & fut célèbre par les vins qu'elle produisait, par un temple d'Esculape & la statue de Vénus qu'il renfermait, par les hommes illustres qui y naquirent : tels sont Apelle, Hippocrate & Pamphyle, fille industrieuse qui inventa la maniere de se servir des vers à soie, ou peut-être de filer la laine. Son port est défendu par un château : elle renferme une petite ville dans la situation la plus riante au pied d'un mont, & qui est environnée de citronniers & d'orangers : on y cultive la vigne & on y fait d'excellent vin muscat : on y fait de la soie. Le profond golfe qui porte son nom & qui eut celui de *golfe céramique* lui peut servir de port, mais les vaisseaux n'y sont pas en sûreté contre tous les vents. Elle a un évêque dont les revenus annuels montent à 5000 piastres ; l'isle appartint aux Génois, puis à l'ordre de St. Jean qui la perdit en même tems que Rhodes : elle fut autrefois riche & peuplée ; elle est fertile encore, mais pauvre, mal cultivée, peu habitée : on dit que l'air y est mal sain.

### Isle de Rhodes, ou Rhodos.

Elle a conservé son ancien nom, mais on lui en donna un grand nombre d'autres : elle est éloignée du continent de quatre lieues, & a 50 lieues de tour : elle est montueuse, mais fertile ; les vivres y sont abondans, mais le vin n'en est pas estimé ; on y trouve de rians pâturages, des champs couverts d'orangers, d'oliviers, d'arbres toujours verds ;

on y recueille du miel; on y commerce en suif, en savon, en tapisseries, en camelots qu'on y fabrique: on y trouve des mines d'or & d'argent négligées sans doute parce qu'elles sont peu riches; l'air y est tempéré, toujours serein, & c'est parce qu'il n'est pas de jours où le soleil n'y paraisse, que les anciens la crurent dédiée à cet astre; l'Egypte en tire une partie du bois qu'elle brule; on y construit des navires pour les commerçans de Constantinople & des vaisseaux de guerre qui servent pour le commerce jusqu'à ce qu'ils soient vendus. Le bois de Rhodes ou *Lignum cyprinum* qui par son odeur est aussi appelé *bois de rose*, y croit semblable au platane ou à l'érable. On n'y trouve plus cette multitude de serpens qui lui fit donner le nom d'*Ophiusæ*. Elle fut autrefois puissante & libre: ses loix sur la navigation furent adoptées par les Romains & ont fourni un titre au digeste; les sciences & les arts y fleurissaient: Ciceron vint s'y perfectionner dans l'éloquence; la peinture y fut cultivée avec le plus grand succès, & Pline raconte qu'il y avait 1000 statues érigées publiquement à Rhodes. Les chevaliers de St. Jean en chassèrent les Mahométans en 1309, & y régnerent jusqu'en 1522 que Soliman second les força de l'abandonner. Elle dépend du capitan pascha, comme toutes les isles de la mer Blanche ou Archipel; un pascha y réside, mais cette place est peu recherchée. On ne trouve guère de Turcs que dans la ville de Rhodes.

*Rhodos* ou *Rhodis*, capitale de l'isle, est située près du rivage de la mer: une colline élevée la borne d'un côté, une plaine s'ouvre devant elle; un triple mur défendu par des tours, un double fossé l'environnent. Elle est assez grande, ses rues sont larges, bien pavées, ses maisons bâties à l'italienne; elle est fort habitée, les Turcs n'y ont changé que les églises dont ils ont fait des mosquées; son port est commode, sûr, bien fortifié, défendu par deux tours; il en est un pour les galères dont l'entrée est étroite, mais qui en peut recevoir un grand nombre; c'est là que se retire la flotte militaire des Turcs. La ville ne renferme que des Turcs & des Juifs, les chrétiens n'y paraissent que pendant le jour; mais la nuit ils se retirent dans les faux-bourgs. L'ancien palais du grand-maitre y sert de château à la ville haute sur laquelle il domine: il est grand, bâti de pierres de taille, entier par ses dehors, délabré au dedans, il ne sert plus que de prisons d'Etat. Les Auberges des sept langues y existent encore, un grand nombre d'inscriptions & d'écussons de l'Ordre de St. Jean y rappellent son ancienne domination. On connait le colosse de Rhodes dédié à Apollon, ou au soleil comme protecteur de l'isle; il était de pierres revêtues d'airain, avait 70 à 100 coudées de haut, & s'élevait à l'entrée du port; on dit que ces pieds énormes reposaient sur deux rochers éloignés l'un de l'autre de plus de huit toises, qu'il tenait un fanal à la main, que les vaisseaux passaient à la voile entre ses jambes; mais on ne voit point ces rochers, l'entrée du port a plus de 3000 pieds, & cette histoire parait si exagérée qu'on est tenté de la prendre pour une fable: il ne fut debout que pendant 56 ans; un tremblement de terre le renversa & il demeura couché sur la terre pendant 869 o|o 870 ans. En 651, le calife Moawiah ayant conquis l'isle, le vendit aux Juifs qui firent transporter le métal sur 900 chameaux: en supposant que

chacun

chacun portait 800 livres, ce ferait 720000 livres d'airain qu'on y trouva.

*Lindo*, autrefois *Lindus*, n'est plus qu'un château sur la côte orientale de l'isle, près duquel demeurent quelques matelots Grecs. Ce fut autrefois une ville confidérable, célèbre par son temple de Minerve qui en prit le surnom de *Lindia*. Là nâquit Ariftophane. *Camirus* fut aussi une ville, ce n'est plus qu'une bourgade qui a encore le nom de *Camiro* : elle est au couchant de l'isle.

Entre Stan-co & Rhodes, on trouve les petites isles de *Nyfari*, de *Madona*, de *Pifcopia* ou *Tilo*, autrefois *Telos*, & de *Karki* : des rocs entre lesquels on voit s'élever quelques brins d'herbes, c'est tout ce qu'elles préfentent. Entre Rhodes & le continent est l'isle de *Symi*, à l'entrée du golfe de son nom ; dans celui de Macri font les deux petites isles de *Pelufo*.

### Isle de Castello Rosso.

C'est une isle élevée, femée de rocs, fort près du continent où était l'ancienne Lycie, elle a une lieue de long ; on croit que Pline en parle sous le nom de *Rhoge* : sur son plus haut rocher est un château qui défend un grand village habité par les Grecs. Dans sa partie méridionale, elle a un bon port : vers son couchant est un écueil.

### Isle de Cypre.

Elle eut différens noms autrefois ; ses promontoires qui s'avancent dans la mer comme des cornes lui firent donner celui de *Ceraftis* ; on y compta quinze royaumes : elle a cinquante-cinq lieues de long, en quelques endroits vingt de large : elle est éloignée du continent de vingt lieues : deux chaînes de monts la partagent : l'une va de l'orient au couchant, l'autre commence au cap Pyla, & s'étend jusqu'à celui de Saint Epiphane. La moitié de l'isle est montueuse ; les vents qui viennent des hautes montagnes de Cilicie, y rendent l'hyver assez rigoureux ; ses monts les plus élevés sont couverts de neige pendant tout l'hiver ; ces mêmes monts composés de pierres de taille blanches y rendent les chaleurs excessives en Eté ; il y pleut souvent quarante jours de suite, & ces pluies, cette chaleur, jointes aux marais qu'on y trouve, y rendent l'air mal sain surtout pour les étrangers ; son sol est rempli de rochers ; on y trouve des montagnes de sélenite ou de gypse feuilleté, ou en prisme ; du marbre qui se coupe comme la craie, du marbre jaune qui calciné rend du soufre ; de l'amiante d'un verd noirâtre, très-flexible ; du cryſtal de roche qu'on nomme *diamans de Baffa*, des mines de fer, des terres propres à la peinture : on dit qu'il y eut aussi des mines de cuivre. Elle n'a pas de rivieres ; les anciens donnaient ce nom au *Lycus*, au *Tetius*, au *Pedius* qui ne sont que des ruisseaux, sans doute parce qu'ils ne tarissent jamais ; l'eau de puits y est saumâtre : les pluies, les torrens d'hiver, des sources y suppléent : aucun ruisseau n'y nourrit de poissons, & on n'y trouve que les espèces qui vivent dans la mer. Lorsqu'il reste longtems sans pleuvoir, la sécheresse y consume tout : on dit que les cyprès qui y croissent lui donnerent son nom ; le pin y donne beaucoup de goudron ; on y trouve une espèce de genevrier semblable au cèdre rouge d'Amérique ; le genevrier, le caroubier y prosperent ; presque tous ses arbres conservent toujours leur verdure ; parmi eux on distingue le bois de rose, dont nous avons parlé à l'article de *Rhodes*, ses feuilles broiées répandent l'odeur de l'orange, son tronc incisé donne une excellente térébenthine blanche, de son bois on fait une huile odoriférante; le peuple le suce avec l'écorce, en le faisant rotir au feu, pour se guérir de la fievre.

Le ciste qui produit le ladanum, le cotonier, une espèce de garance, les vignes, sont les principales productions de l'isle: le vin ordinaire est peu estimé: les environs de Limesol, fournissent seul celui qu'on recherche en Europe; quelques auteurs disent qu'on y trouve la canne à sucre.

Les vaches y labourent la terre; les chèvres plus nombreuses, tachetées, d'une beauté singuliere, donnent aux habitans du lait, & un fromage qui passe pour le meilleur du levant, & qu'on conserve dans de l'huile: on y nourrit beaucoup de porcs, & on y prépare les jambons d'une maniere particulière; les chevaux y sont rares, les mulets y sont très-beaux, & les plus estimés de l'Asie mineure; les paysans voyagent sur des ânes; on y trouve des renards, des lièvres, des chèvres sauvages, & peu d'autres gibiers; la perdrix rouge y est commune; les serpens y sont en grand nombre, mais peu dangereux: on n'y redoute que la morsure du *kouphi* ou *l'aveugle*, dont la tête est petite, & le corps épais de deux pouces; on croit que c'est une espèce d'aspic: on y voit une grosse araignée qui a la forme d'un crabe; un lézard noirâtre se glisse dans les maisons, & cause sur le corps qu'il touche une démangeaison douloureuse; des sauterelles malfaisantes y dépouillent les champs, y dévorent la feuille du meurier, destinée à nourrir le ver à soie. L'exportation de cette isle consiste principalement en grains, commerce défendu; en coton excellent, recherché surtout des Français & des Vénitiens, en laine, en lifare, ou *rubia sylvestris*, plante qui teint en rouge, en coloquinte, soie crue dont on vend annuellement onze cent mille livres, en semence d'alkermès, utile pour la teinture, en cuirs préparés, rouges, noirs, jaunes, en étoffes de coton unies & fines, qu'on nomme *demite*, &c. Sa situation, sa fertilité y fait aborder tous les vaisseaux qui navigent dans ces contrées. Autrefois l'isle était très-peuplée & bien cultivée; aujourd'hui la crainte des corsaires a fait un désert de la plus grande partie de ses côtes, & tous ses habitans ne vont pas au-delà de 80 mille. Sous Trajan, les juifs y en massacrerent 250000; quand ce nombre serait exagéré de la moitié, on en conclura encore que sa population était alors bien au-dessus de ce qu'elle est de nos jours. Les Cypriens sont rusés & perfides, leurs femmes sont méprisées, & ont les vices des esclaves; elles sont moins belles qu'immodestes; un tiers d'entr'eux sont chrétiens, & 12000 payent le tribut; la plupart sont de la religion grecque; il y a des villages maronites, & à Nicosie on trouve des Arméniens tous assez pauvres & soumis à un archevêque; ils ont un couvent dans les environs. Les Grecs ont un métropolitain à Nicosie, des évêques à Larnica, à Gerines, à Baffa, & différens couvens parmi lesquels il n'en est qu'un de femmes; la langue grecque y est plus corrompue que dans les autres isles, elle y est mêlée de divers mots Vénitiens. Les mahométans s'y marient souvent avec des filles chrétiennes. Soumise aux Romains, aux empereurs Grecs, aux Sarrasins que l'empereur Basile II en chassa, conquise par Richard roi d'Angleterre, Gui de Lusignan y régna. Sa postérité la posséda jusqu'en 1473 qu'elle l'abandonna aux Vénitiens. Cette république s'y maintint jusqu'en 1570 qu'elle fut conquise par Selim II empereur des Turcs : avec un district du continent voisin, elle forme un gouvernement particulier auquel préside un musellim ; elle rapporte annuellement au grand-seigneur environ 300 mille piastres. On la partage en seize districts qui prennent leurs noms de seize villes ou bourgades où siegent un aga & un cadi.

*Nicosia*, nommée par les Syriens *Lephcosia*, nom formé de celui de *Lecosia*, est la capitale de l'isle, & le siege de son gouverneur ; on croit qu'elle fut élevée sur les ruines de *Tremithus*, qu'on y remarque encore : située dans une plaine, elle est entourée d'épais remparts revêtus des restes de ses anciennes murailles, mais elle n'a aucun fossé. Son enceinte a deux mille de circuit. On y voit encore quelques-uns des anciens palais dont elle fut décorée sous ses rois & les Vénitiens : la principale mosquée était l'ancienne cathédrale ; la façade en est belle, les Grecs y ont bâti plusieurs nouvelles églises, & les Arméniens y en ont une ancienne. L'eau qu'on y boit est la meilleure de Cypre, & y est conduite par un acqueduc qui s'étend jusqu'aux montagnes ; on y fabrique des étoffes de coton, des satins communs, des futaines. Près d'elle est un mont couvert d'huitres petrifiées.

*Famagouste*, nommée par les Syriens *Magusa*, & autrefois *Arsinoë*, est une ville fortifiée sur la côte orientale de l'isle, près du promontoire Ammochoston & de la mer, un fossé creusé dans le roc l'entoure du côté de terre : nul chrétien n'habite dans ses murs dont la moitié de l'enceinte est déserte & où l'on ne compte que 300 Turcs : on y remarque quelques édifices publics, surtout la mosquée de Sainte Sophie, terminée par une tour pointue. Ses eaux pures & saines y sont amenées par un acqueduc : son port est protégé par un château ; le commerce y est faible, (*a*) ses murs tombent en ruines : vers le midi est le bourg de *Merasch* habité par les chrétiens ; ses environs sont riches & agréables : ils abondent en ver à soie, sont couverts de meuriers blancs, quelquefois dévorés par les sauterelles : on a vu des oiseaux semblables au pluvier détruire ces insectes, le peuple venère ces oiseaux & ne permet pas qu'on les tue. A une lieue de Famagouste un ruisseau qui parait être le Pedius coule dans la mer : sur ses bords sont les ruines de *Salamis*, bâtie par Teucer, détruite par les juifs sous l'empereur Trajan, nommée *Constances* par Constantius qui la rétablit : elle fut désolée par les Arabes sous le regne d'Heraclius, & depuis ce tems, elle n'a point été rétablie. Près de son port presque comblé exista une autre ville dont les ruines marquent l'enceinte : elle était la moitié de celle de Salamine, & on la nomme *Famagouste* l'ancienne.

*Carpass*, bourg sur la pointe orientale de l'isle : plus au nord est l'ancien Carpass, autrefois *Carpasia*. *Antiphonese* est un couvent célèbre par le bois de rose ou de Cypre : on n'y compte plus que 7 de ces arbres, & c'est tout ce qu'il en reste dans l'isle. *Agathon*, village agréable sur la côte septentrionale, à l'entrée d'une plaine étroite qui s'étend le long de la mer dans un espace de dix lieues,

---

(*a*) Lenglet dit qu'elle fait presque tout le commerce de l'isle.

& où l'on voit beaucoup de cyprès & d'orangers : là fut autrefois la ville de *Macaria*.

*Cherkès*, ville dans une vallée formée par des collines : on y voit un grand nombre de jardins ombragés par des meuriers.

*Gerines* ou *Sarignia*, autrefois *Ceronia* ou *Cyrenia*, ville fortifiée sur la côte septentrionale de l'isle : son port est détruit, son château existe encore : près d'elle sont des grottes, des colonnes, des ruines ; il n'y reste plus que quelques familles chrétiennes & une église : elle commerce avec Selefkeh dans la Caramanie.

*Mamma*, couvent imparfait encore, composé de deux cours séparées par une église superbe, bâtie en pierres de tailles & dédiée à Mamma, sainte fort reverée : tout auprès est une source dont l'eau fait dit-on, des miracles.

*Lapta* ou *Lapida*, village élevé sur les ruines de la ville de *Lapathus* ou *Lapethus*.

*Morgo*, petite ville sur le sol qu'occupa l'ancienne *Limenia*, c'est un des lieux les plus agréables de l'isle. *Aligora*, ou marché maritime, bourg sur un grand golfe qui y reçoit une petite riviere : on croit qu'ici fut bâtie *Soli* ou *Solæ*, ville qui dût son nom à Solon, qui conseilla au roi Philocyprus de la bâtir : d'elle, ou de Soli en Cilicie, vient le nom de Solecisme.

*Lefca*, petite ville ou bourg voisin d'un couvent où reside l'évêque de Gerines : il est bâti sur le penchant d'une montagne : près du couvent sont des mines de fer. Au midi s'étend l'agréable vallée de *Solea*, arrosée par un grand nombre de sources & de ruisseaux, embellie par des jardins & de jolies maisons : près d'elle on trouve de l'amiante.

*Panaia-Cheque* ou *Maddona di Chekka*, couvent

bien décoré, situé dans un canton délicieux : l'air y est embaumé par les roses, le chevrefeuille, les arbrisseaux aromatiques qui croissent aux environs : sous le monastère est une source qui a l'odeur de de la rose : on s'y baigne, on y boit pour se guerir de différens maux, on y fait des pélerinages pour vénérer l'image de la Vierge & de l'enfant Jésus. Près de là s'élève le mont *Crocé* ou *Oros Staveros*, le plus haut de l'isle dont il occupe presque le centre : au sommet est une église où l'on montre aux dévots un morceau de la vraie-croix : c'est l'Olympe des anciens : l'air y est pur & la vue admirable.

*Agama*, port dans le golfe de St. Nicolas qui doit son nom à une petite isle connue des anciens sous le nom de *Stiria*.

*Bole*, village près duquel sont des mines de fer & des sources minerales chaudes.

*Baffa*, ou Nouvelle *Baffa*, ville sur la pente rocailleuse d'une colline, & qu'environne une plaine étroite voisine de la mer : près d'elle sont des rochers remplis de grottes sépulcrales.

La *vieille Baffa* occupe le sol du nouveau *Paphos* : elle est habitée par quelques chrétiens, a un château, une garnison turque & un port ; mais on n'y reconnait plus la ville qu'embellissait le temple de Venus. On trouve dans les environs des grenats & du cryftal de roche qu'on nomme *diamans de Cypre*.

*Cucleb* ou *Cuglia*, bourg sur une colline, où fut bâtie l'ancienne *Paphos* : on en voit encore les ruines.

*Afdim*, ou *Aidimo*, bourg habité par des Turcs. *Chrusofu*, ou *Chrisofu* est le chef lieu d'un district.

*Episcopi* ou *Bisschopia*, bourg nommé aussi *Lefcosia*. *Colosse* est peut-être sur les ruines de l'ancienne *Curium*, ces deux bourgs ou villages se touchent : l'eau y est abondante : les environs sont plantés de meuriers, d'orangers, de citroniers.

*Limesól*, bourg sur un golfe ouvert, dont les environs sont très-fertiles, & couverts de meuriers & de vignes : ses maisons sont de briques crues ; les Grecs y ont deux églises : un château en défend le port. Son vin, le meilleur & le seul recherché dans l'isle est sa principale richesse. Le *vieux Limesól* ne présente que des ruines sur une colline : là fut *Amathus* ou *Amathonte* : on y voit des restes de murs épais de quinze pieds & revêtus de pierres de taille, un vieux château délabré, une antique église qui fut élevée sur les ruines du temple de Venus & d'Adonis.

*Larnica* ou *Arnica*, ville à demi lieue de la mer, dans une contrée marécageuse & mal saine. Les Grecs y ont quatre églises : les Pères de la Terre-Sainte & les capucins y ont des couvens. Sur le port qui en dépend est le bourg de *Marine* : entre le bourg & la ville sont les ruines de *Citium* dont l'enceinte était d'une lieue, où était un vaste bassin aujourd'hui comblé, & défendu par un château dont on voit encore les fondemens : parmi les débris de ses murs on a trouvé des inscriptions phéniciennes. Les consuls & les marchands Français, Anglais, Ragusiens resident à Larnica qui est à six lieues de Nicosie. Les Turcs y ont une mosquée où ils prétendent qu'est ensevelie l'ayeule de Mahomed, & les chrétiens ont élevé près de la mer une église à St. Lazare ressuscité par Jésus, exposé dans un esquif à la fureur des flots qui le pousserrent en Cypre où il devint évêque, où il mourut, & où l'on montre le trou où son corps fut déposé.

Près de Larnica dans une vallée, sont de petits

lacs qui ont plus de trois lieues de tour: un ruisseau qui descend l'hyver du mont Crocès, les pluyes les forment: leur eau détrempe la terre impregnée de nitre, & l'Eté en les desséchant y laisse une croute de sel: on le transporte en divers endroits de l'isle sur des ânes. Vers la fin de Septembre on n'y en trouve plus; les Vénitiens vendaient de ce sel pour 100 mille piastres. *Messaria* est un bourg.

A l'extrèmité orientale de l'isle de Cypre, sont les isles *Clides*; la plus grande n'a pas un mille de circuit: on en compte quatre, deux ne sont que des écueils, les autres ont des pâturages & des ruines.

## DE LA PALESTINE.

La plus grande partie de ce pays qui est situé entre la mer Méditerranée & le Jourdain, fut dans les premiers siècles qui suivirent le déluge habitée par des bergers qui erraient avec leurs troupeaux; les Cananéens ou Pheniciens, venus des bords de la mer Rouge, s'y établirent, resserrerent ses anciens habitans, devinrent les maîtres du pays & lui donnerent leur nom. Lorsque les Israëlites l'eurent conquis, on l'appella *Terre d'Israël*, *Terre du Seigneur*, *Terre promise*, *Terre Sainte*; les anciens écrivains la nomment le *pays des Hébreux*, la *Palestine*: ce dernier nom vient des Philistins qui habitaient les côtes où Gaza, Asdod & autres villes sont situées, & venaient des environs de Peluse; ce nom s'étendit bientôt sur tout le pays jusqu'au Jourdain, & même sur celui qui est à l'orient de ce fleuve: il en est devenu le nom commun: c'est celui qu'on employé même les Grecs & les Romains pour désigner ce pays, quelques-uns y joignaient le nom de *Syrie*, les mahométans s'en servent; ils l'appellent *Falestin* ou *Phelastin*. Il est borné au couchant par la mer Méditerranée, appellée aussi *mer de Syrie*, *mer du couchant*, *grande mer*, & encore, *mer des Philistins*; vers le nord par la Phenicie & la Syrie, à l'orient par l'Arabie déserte, & par la Pétrée au midi. Sa longueur, de la partie qui s'étend de la mer au Jourdain, est d'environ soixante-six lieues, sa largeur varie entre douze & vingt-cinq lieues. La partie à l'orient du Jourdain a cinquante lieues de long & douze à treize de large: la domination des rois David & Salomon s'étendit pendant quelques tems dans l'Arabie déserte & jusqu'à l'Euphrate.

La Palestine est presque partout montueuse; le centre même du pays borné par la mer & le Jourdain ne présente que des monts, des collines, des vallées qui se succèdent; on n'en peut excepter que la vaste & fertile plaine qu'on nomme le *Pâturage du fils d'Aamer*, ou la *Plaine d'Israel*, ou d'*Esdrelon*, qui traverse le pays du Jourdain au mont Karmeël; celle qui s'étend le long de la mer dans une largeur fort inégale; celle que traverse le Jourdain, & qui s'étend sur les rives de la mer Morte, du lac de Galilée à l'Arabie Pétrée, nommée *Al Gaur* ou la vallée par les Arabes, terminée par des monts au couchant & au levant, sablonneuse presque partout, arrosée par des sources, des ruisseaux, ombragée par des palmiers, mais brulée en été par des chaleurs excessives: il est quelques autres plaines encore; mais peu considérables.

Ses plus hautes montagnes sont le *Mont des Oliviers*, la montagne *Quarantania* qu'on croit la plus haute de la Judée, le mont sur lequel *Silo* est située, un des plus hauts de la Palestine, & le *Mont Tha-*

bor. Le pays se termine à l'Antiliban, & au *Dschsel Scheikh* que la Bible nomme *Hemon*, & quelques écrivains *Panius* : il doit être plus haut que les montagnes de la Palestine ; puisqu'il est seul constamment couvert de neige.

La Palestine éprouve souvent des tremblemens de terre : ses monts, sa situation au bord de la mer, la nature de son sol les causent : les derniers qui s'y firent sentir en 1759 & 1760, ébranlèrent les montagnes & détruisirent des villes & des villages : l'air y est sain, le climat assez tempéré excepté dans la vallée qu'arrose le Jourdain : il y tombe peu de neige dans la plaine : il en tombe à Jérusalem dans le mois de Février parce qu'elle est située dans les montagnes : le froid y est quelquefois très-vif, l'Eté y est serein, & rarement il y pleut, la pluye y rend les monts glissans, & changent les vallées en marais. Dans les environs du Thabor, il s'élève au Printems & dans les forêts une vapeur ou brouillard qui obscurcit le soleil & ne laisse appercevoir qu'une lueur faible & rougeâtre ; il n'est point humide, & est sans odeur : les vents qui viennent de la Méditerranée y amenent seuls la pluye, c'est surtout en Automne & au Printems qu'ils soufflent, les autres sont fort chauds ; le plus sec est celui qui vient de l'Arabie déserte, & il est brulant durant l'Eté. En Décembre lorsqu'il ne pleut pas & que le ciel est serein, on sent des chaleurs assez fortes ; en Janvier le peschier, l'amandier fleurissent, l'olivier reprend une verdure nouvelle, les prairies s'émaillent de fleurs, l'oranger présente & ses fleurs & ses fruits, les jardins s'en parent. La moisson commence en Avril & continue en Mai ; mais elle varie dans diverses années. Les champs de Jérusalem sont plus tardifs que ceux Jéricho: on moissonne dans ceux-ci lorsque l'épi commence à se montrer dans ceux-là: les dattes ne meurissent pas dans ces derniers; elles sont excellentes dans les autres.

Le plus grand fleuve du pays est le *Jourdain*, nommé par les Hébreux *Jarden*, par les Turcs *Erden*, par les Arabes *El Urdunno* ou *Scheriat*; le gué, le passage: il nait dans l'Antiliban ( *a* ) & sort d'un petit lac à quatre lieues au nord-est de l'Hermon au pied duquel il passe; il coule presque sans sinuosités du nord au sud pendant l'espace de quarante lieues, passe d'abord près de Paneas, s'étend dans une vallée où il reçoit divers ruisseaux, forme le lac de *Merom* ou de *Samochenitis*, ou de *Panéas*; il est circulaire & a 500 pas de tour; la fonte des neiges lui fait inonder ses bords: l'Eté, l'Automne le dessèchent presque: le Jourdain y coule toujours, mais ses eaux ne sont pas abondantes alors: ses rivages sont embellis par des arbres, des bosquets, des roseaux; souvent des tigres, des ours, des léopards, des lions s'y rendent des montagnes voisines; ses eaux fangeuses, troublent celles du fleuve qui en sort, qui coule entre une chaine de collines rocailleuses, & passe sous un pont de pierres à trois arches, long de soixante pas, large de seize, & qu'on nomme *Dschir Jacub*, pont de Jacob, & se rend dans le lac de Galilée où il dépose sa fange & reprend sa pureté. A peine a-t-il alors

──────────

( *a* ) Près d'*Abel* autrefois *Dan*, sort un ruisseau de son nom, qui à quatre lieues de là, au dessous de *Baneas* s'unit au ruisseau nommé *Jor*, ou *Dor* qui vient de cinq lieues plus loin vers le nord. Ces deux ruisseaux forment le *Jourdain*, dit Lenglet.

vingt pas de large, il n'est point profond; ses rives sont couvertes d'arbres & d'épais roseaux dont les Arabes font des lances, & dont les Turs se servent pour écrire. Le lac de *Galilée* ou de *Genesaret* ou *mer Kinnereth*, conserve de nos jours celui de *mer de Tiberias* : le Jourdain le forme; des montes s'élèvent sur sa rive orientale, on en voit encore vers le couchant, mais par tout ailleurs une plaine l'environne, sa longueur est de cinq lieues, sa largeur de moins de deux; il reçoit quelques petites rivieres au couchant & au levant, ses eaux sont douces, il nourrit un grand nombre de poissons on les pêche avec le filet & quelquefois on les prend avec la main : on y trouve les mêmes espèces que dans le Nil: les orages l'agitent souvent. Sa partie méridionale est étroite & se termine au Jourdain qui en sort large de trente ou quarante pas, profond de sept pieds dans l'Eté : on le traverse plus bas sur un pont de pierres à trois arches que les Arabes détruisirent pour empêcher le passage du fleuve, & qui paraît avoir été rebâti ensuite. Lorsqu'il sort du lac de Tiberias, il coule d'abord au midi, puis au couchant, reprend ensuite son cours au midi, il devient sinueux en s'approchant de la mer Morte; son cours au travers de la plaine *Algaun* ou *Aulon* est d'environ vingt-cinq lieues, il coule lentement; à son entrée dans la mer-Morte, il soixante à soixante & dix pieds de large ; là était une ville qui portait son nom & qu'on croit la même que Bethabora: son lit argilleux rend ses eaux troubles. Il reçoit au levant le *Jarmok* qui vient de l'Arabie déserte, le *Jabbok*, qui est peut-être le même que le *Scheriaht-Mussa*, ou le Jourdain de Moïse qui vient du pays de Hauran, & dont le lit est presque aussi large que celui du fleuve qui le reçoit; il

*Scheriaht Mandur* dont le cours n'est que de trois lieues & les sources sont chaudes. Au couchant le Jourdain reçoit l'*Elbise*, le *Krith*, & quelques torrens très-peu considérables. Dans les lieux où il est le plus profond, il a six à dix pieds ; les pelerins s'y baignent en se tenant aux branches qui ombragent ses rives, quelquefois ils s'y noyent. Dans les grandes chaleurs l'eau en est fort basse ; il est poissonneux, mais on n'y pêche pas : il se perd dans la mer-Morte, nommée aussi *mer du Levant*, *mer du sel*, *lac Asphaltite*; les Turcs l'appellent *Ulu-Degnizi* ou *mer-Morte*, les Arabes *Bahar Luth*, ou *lac de Loth*, & *mer du désert*, le géographe du Nubie *mer de Sadum & Amur*, de *Sodome & Gomorre*. Là étaient autrefois la vallée fertile & riante de Siddim ; là florissaient les villes de *Sodom*, de *Gomorra*, d'*Adama*, de *Zeboim* & de *Bela* ou *Zoar* ; le Jourdain les arrosait par différens canaux, & s'y perdait ou dans des crevasses de la terre, ou par l'évaporation causée par des chaleurs ardentes ; il formait, dit-on, encore un lac souterrain. Le sol était rempli d'asphalte, il s'enflamma, détruisit les villes, & fut couvert par les eaux du fleuve qui s'y rassemblerent : on dit qu'on y voit d'antiques ruines qui s'élèvent de 3 pieds au dessus de l'eau, & ont 200 pas de circuit lorsque le lac est bas : ce sont des pierres ponces, legeres & qui s'usent facilement par le frottement : on y voit comme un rang de statues qui semblent être perpendiculaires au sol, blanches en dehors, noires & friable comme le charbon, & d'une pierre noire qui exhale une mauvaise odeur quand on la frotte : on croit qu'elles sont un reste d'anciennes villes, ou qu'on les a trouvé dans une petite île où sont des ruines qui annoncent des maisons.

Des Auteurs disent y avoir vu des débris de murs & l'un d'eux des troncs de grands arbres qui paroissaient antiques & que les eaux avaient rejettés sur le rivage. Ce lac s'étend du nord au sud, mais forme presque un demi cercle dont la concavité est tournée vers le couchant : vers son extrémité méridionale il a des enfoncemens circulaires ; un homme dans l'Eté peut le traverser dans cette partie sans avoir de l'eau que jusqu'à moitié jambe ; les Arabes le traversent avec leurs chevaux & leurs chamaux ; là, le sol est élevé, & l'on y voit un autre petit lac ovale environné d'une plaine & de monts de sel.

Selon Josephe, la mer-Morte a 580 stades de long, 150 de large ; Pline lui donne plus d'étendue, Diodore de Sicile lui en donne moins ; les voyageurs modernes ne s'accordent pas mieux sur ce point. Pococke qui paraît l'avoir mieux vu que les autres, lui donne 20 lieues de long, & environ quatre de large, d'autres lui donnent sept à huit lieues en carrés. Il reçoit d'autres fleuves que le Jourdain : au couchant le *Kidron* & deux torrens qui viennent s'y perdre ; au midi, il reçoit le *Saphie* ou *Safria* qui vient des déserts de l'Arabie, au levant le *Zared* & l'*Arnon* ; divers ruisseaux qui tombent des monts qui l'entourent, viennent aussi s'y rendre. Ses eaux sont troubles, épaisses & paraissent noires, parce que le sol sur lequel elles reposent est de cette couleur ; divers voyageurs disent qu'elles sont la couleur ordinaire de la mer, mais qu'on croirait les voir couvertes d'une couche huileuse. Elles sont très-salées, & plus que celles d'aucune autre mer, dans les lieux où des rivieres n'y apportent pas des eaux douces ; sa pesanteur comparée à l'eau douce est comme 5 à 4 ; on y trouve aussi de l'alun l'alun ; elle eſt amere, mordicante, fait enfler les lèvres ſi elles la touchent : les Arabes font des foſſes ſur ſes bords, ils les rempliſſent de cette eau que la chaleur évapore, & elle y dépoſe une couche de ſel d'environ un pouce. Cette mer déborde ſouvent ſes rivages & dépoſe auſſi du ſel dans des creux & des cavernes ; les pierres, les broſſailles, les troncs d'arbres qui ſont ſur ſes rives en ont une couche; ce ſel eſt fort blanc, & on dit même qu'il eſt tranſparent comme le cryſtal : il eſt ſi abondant que les Arabes en fourniſſent toute la Paleſtine : d'où peut venir ce ſel ? on a dit que ſes eaux baignaient continuellement une montagne de ſel ; mais on ne dit pas qu'on ait vu cette montagne. C'eſt la ſalure & la peſanteur de ces eaux qui font que l'homme y enfonce & s'y meut avec peine ; le corps s'y couvre d'une légere couche de ſel : toutes ſortes de bois, de pierres, du fer même eſt, dit-on, ſupporté par elles : du fond du lac, s'éleve l'aſphalte ou bitume qui lui donne ſon nom : on dit qu'il s'en forme des morceaux qui paraiſſent de loin des eſquifs & que le vent pouſſe ſur le rivage; il eſt ſemblable à de la poix noire, eſt imprégné de ſoufre & exhale une odeur très forte. On a raconté au Docteur Schaw que dans certain tems, il s'en élevait du fond du lac des demies-ſphéres qui, dès qu'elles étaient expoſées à l'action de l'air, crevaient avec bruit & fumée, comme la poudre fulminante des chimiſtes ; l'aſphalte ou poix ſéparée du ſoufre eſt plus peſante que l'eau ; elle eſt opaque & brillante comme l'agathe ; les Arabes la nomment *Al Chommar*, ou *Al Lamar*; ils la raſſemblent, en portent une partie au commandant turc à Jeruſalem, ou au paſcha de Damas & vendent l'autre ; ils en goudronnent leurs navires ; il parait qu'on s'en ſervit autrefois en Egypte pour embaumer les morts. Abulfeda dit que les habitans des lieux voisins en enduisent les ceps de vignes & les figuiers, & prétendent qu'ils en deviennent plus féconds; mêlée à de l'huile, elle éloigne les insectes du tronc des arbres; on s'en sert aussi pour la teinture de la laine, pour divers remedes, pour des vernis noirs, & pour faire de la toile cirée. Strabon dit que le lac fut formé par un tremblement de terre, par une éruption de feu & d'eaux sulphureuses & bitumineuses; il dit qu'il y avoit auparavant des volcans, & en effet les pierres calcinées, les cavernes, les cendres, les ruines répandues autour de ses rives, le bitume qui coule des rochers, les sources presque bouillantes qui sortent de ses environs concourent pour nous le persuader : on dit que l'eau même du lac est chaude, qu'elle brule le corps de ceux qui y demeurent long-tems plongés, qu'elle consume le bois, & que c'est la raison pour laquelle on n'y navige jamais : (\*) des pierres noires qu'on trouve sous ses eaux & sur ses rivages brulent comme le bois, mais elles remplissent les maisons d'une puanteur insupportable : elles deviennent plus légeres & moins noires par l'inflammation, sans perdre de leur surface; on s'en sert comme d'une fumigation salutaire pour préserver de la peste : dans les monts voisins du lac, on trouve une espece de pierre de touche, qui peut servir au même usage, qui s'enflamme & répand la même odeur que la précédente, & c'est de cette pierre que sont pavés l'Eglise du St. Sépulcre à Jerusalem & le monastere de St. Jean dans le désert : un tel pavé doit être dangereux: ce sont ces pierres qui entretien-

(\*) Le Géographe de Nubie dit cependant que les Arabes y navigent avec des chaloupes.

nent les feux souterrains qui paraissent bruler dans le fond des eaux, & qui exhalent une vapeur qui enveloppe souvent le lac & les contrées voisines & qu'on apperçoit même de Jerusalem; elle noircit le bronze & l'argent, elle rend stérile les monts qui environnent ce vaste bassin, l'air en devient mal sain & dangereux, & c'est peut-être lorsqu'elle est épaisse que les oiseaux qui le traversent, tombent morts à sa surface, car il est des tems où ils y volent sans danger. On dit que nul poisson ne peut vivre dans ce lac, que ceux qu'y porte le Jourdain viennent expirer sur ses bords, que de là même vient le nom de mer Morte qu'on lui donne; cependant on a trouvé des coquillages sur ses rives & Pocock dit qu'on l'a assuré qu'on y avait vu pêcher un Religieux; mais il ne l'a pas vu.

Ce lac reçoit diverses rivieres & ne se dégorge nulle part: mais le feu qui brule le lit sur lequel il repose & qui donne à ses eaux une chaleur très-sensible, l'ardeur du soleil dans l'Eté y doit causer une évaporation abondante. Quand la fonte des neiges enfle le Jourdain, le lac inonde ses bords; & on dit que quelquefois il se répand jusque dans la plaine de Jericho; mais il se retire dans l'Eté. Autour du lac est une bande de pays où l'on ne voit rien végeter; il n'y a ni herbes, ni arbrisseaux: vers le levant seulement, on voit quelques amas de roseaux qui y sont un objet de commerce; on en envoye à Constantinople, en Egypte, & on s'en sert pour fumer le tabac: on connait la pomme de Sodome: on la décrit diversement & on en a fait une merveille; mais elle parait n'avoir rien de merveilleux: on dit qu'elle est colorée & très-belle au dehors, mais que l'intérieur est rempli d'une poussiere noire & infecte: peut-être sont-ce des grenades qui demeurent long-tems suspendues aux arbres & dont la peau dure & ferme conserve ses belles couleurs, tandis que la chair & les grains se corrompent & se reduisent en poussiere : peut-être sont-ce des especes de solanum (\*) qui croissent abondamment à quelque distance du lac, dans la vallée de Jericho, & dont les guêpes devorent l'intérieur, sans nuire à leur enveloppe : cette opinion est la plus probable. Parmi ceux qui le croient un fruit, les uns disent qu'il est produit par un arbre de la grandeur du figuier, & dont les feuilles ressemblent à celles du noyer ; les autres par un arbrisseau qui pousse un grand nombre de branches, comme les ronces de nos haies.

De hauts & stériles rochers forment l'enceinte du lac à l'orient & au couchant : entre lui, le Jourdain & Jericho, on voit des champs couverts de sel : il y croît aussi la plante nommée *Kali*, que les Arabes brulent, & dont la cendre sert pour faire le verre & le savon, des serpens dangereux s'y trouvent ; on les nomme *Thiriak*, ou *Theriak* : la rive septentrionale du lac est sablonneuse ; mais au dessous du sable blanc, on trouve une matiere noire, grasse, puante, semblable à la poix ; l'occidentale est un terroir caverneux & brulé, couvert de cendres & d'une matiere noire, ressemblant à la poussiere du charbon : les chevaux y enfoncent jusqu'aux genoux. Disons un mot de la statue de sel qu'on dit être sur ses bords : on nous la peint semblable à une femme ; on dit que lorsqu'on en casse une partie, elle renaît & se remontre bientôt entiere. St. Jérôme a même assuré qu'elle avait encore les incommodités ordinaires des femmes. Les Arabes en

---

(\*) *Solani Melongena.*

racontent diverses fables, ainsi que les Chrétiens; quelques-uns croient qu'elle a été un homme puni de son incrédulité par une telle métamorphose; que le bétail la léche le jour, & qu'elle recroît la nuit.

Des hommes instruits ont pensé que les enfans de Loth éleverent un monument à leur mere que la douleur ou l'effroi avait fait périr; & que ce monument fut fait avec des morceaux de sel très-commun dans ces lieux; c'est l'opinion la plus raisonnable.

Les monts de la Palestine sont d'une hauteur moyenne & raboteux: leurs têtes pelées & tristes, sur-tout entre Jérusalem & Sichem, n'offrent qu'un aspect sauvage & abandonné. S'ils furent cultivés autrefois, sans doute qu'une couche de terre couvrait alors leurs rocs nuds : tels qui ne produisaient point de grains, servaient à la recolte des abeilles, ou étaient couverts d'oliviers & de vignobles; ce que le sol refusait dans un lieu, se trouvait dans un autre : quoiqu'il soit mal cultivé aujourd'hui, on y trouve diverses vallées & quelques plaines très-fertiles & très-agréables; c'est sur les monts, sur les collines qu'il est le plus habité, sans doute par la crainte des courses des Arabes. D'anciennes médailles prouvent son ancienne fertilité: on en voit une du roi Agrippa où l'on a gravé trois grands épis de blés; on en voit de Simon Macchabée & du roi Hérode avec des ceps de vignes; le palmier y étoit abondant & fécond, on le voit aussi sur des médailles des empereurs Vespasien, Titus, Domitien & Trajan; mais depuis que ce pays a été conquis successivement par differens peuples & qu'il est sous la domination des Turcs, le nombre de ses habitans a diminué. Exposé aux courses des Arabes, il n'est sûr ni pour l'étranger, ni pour ceux qui le cultivent; on y vit comme au milieu de ses ennemis; la culture est presque abandonnée & le pays paroît désert, surtout près des routes fréquentées.

Cependant il fournit encore aux besoins de ses habitans, & divers objets d'exportation: on y recueille des grains très-bons dont on transporte une partie à Constantinople, & des légumes estimés; on y cultive le tabac, le coton qu'on y file en partie: les pommes, les poires, les pêches, les abricots, les prunes, les nefles, les figues, les citrons, les oranges, les dattes, &c. y sont très-bonnes: l'olive y est abondante. Entre Jaffa & Rama, entre Tiberias & Kana, entre Sebaste & Chilin, il y a de nombreux petits bois de beaux oliviers; les vallées, les monts sur le chemin de Jérusalem à Sichem, les vallées autour de Bethlehem & divers autres lieux en sont couverts; & leurs fruits sont estimés être des meilleurs du levant: de leur huile mêlée à la cendre, on fait beaucoup de savon qui est devenu un objet considérable de commerce; les dattes n'y sont plus communes comme autrefois: on trouve des palmiers dans les environs de Jéricho, de Jérusalem, près de Jaffa, au Nord de l'ancienne Sebaste, sur les bords du lac de Galilée, sur le mont des Oliviers; mais le nombre en est petit: on voit des figuiers dans ces trois derniers endroits, dans les vallées autour de Jerusalem, près de la fontaine d'Elisée, de Bethlehem, de Jaffa, & en d'autres lieux encore. Le sycomore prospère dans la partie septentrionale du Pays; le meurier y réussit par tout: depuis que les Musulmans y régnent, on n'y voit guere de vignobles qu'auprès de Jerusalem & d'Hebron; on y a vu sur la fin d'Août des grappes longues de demie aune & plus encore, les grains en sont fort gros, & on en fait un miel, ou sirop qu'on nomme *Dibse*: on en cultive aussi à Saphet: les raisins en sont d'un goût très-agréable, le vin en est rouge: on voit encore quelques vignes sur le mont Carmel, & on envoye, dit-on, annuellement en Egypte 300 charges de chameaux du vin qu'on en fait: dans les environs du mont *Quarantania* croît l'arbre qu'on nomme *Zàcum* & dont on fait l'huile de Zachœu; l'arbre est grand, épineux, ses rameaux sont droits & tendres, ses feuilles petites, ovales, blanches: il porte une petite noix qu'on pile dans un mortier, & qu'on jette dans de l'eau chaude; l'huile qui surnage est estimée dans la médecine. Entre Jaffa & Rama on voit l'arbre qui produit le mastic & le storax; l'arbre du *pain de Jean* ou le caroubier y croît si abondamment qu'on en nourrit le bétail; la mandragore est fort commune dans l'ancienne Galilée, & elle y est mûre dès le commencement du mois de Mai. Cette pomme est vraisemblablement la même que la *Tuphach-Iblies* ou pomme du Diable, & dont l'effet est d'exciter à la volupté. On chercherait vainement près de Jericho la rose qui porte son nom, ni même dans la Palestine: cette fleur, bien différente de la rose, ne croît que dans l'Arabie déserte & sur les bords de la mer Rouge.

L'entretien du bétail y est assez considérable: les bœufs, les vaches sont la plus grande richesse de la Galilée; mais ils sont d'une petite espece: on trouve de grands troupeaux de brebis autour de Jérusalem: les herbes fortes donnent à leur chair un goût désagréable, leur queue est large & longue de plus d'un pied: on y voit des chèvres dont les oreilles pendantes ont presque une aune de long: on s'y sert de chevaux, d'ânes, de chameaux: parmi les animaux feroces on remarque le *Tscha-*

*kals*, animal commun dans toute l'Afie, mais particuliérement dans la Paleftine, furtout près de Gaza, de Jaffa, & dans la Galilée, où il porte la défolation parmi les troupeaux des Arabes qui les pourfuivent avec tant d'acharnement, que fouvent il s'en jette un grand nombre dans le lac où ils périffent. Haffelquift le nomme le petit loup de l'orient; mais il paraît plutôt être de l'efpèce du chien, & les Turcs leur en donnent le nom: il a le corps du loup, la tête du blaireau, fes ongles font grands & aigus, fa groffeur eft celle du dogue anglais. On entend fouvent dans la nuit fes hurlemens lugubres & effrayans. On y voit auffi une petite efpèce de chiens fauvages qu'on nomme *renard*, il eft moins nombreux que le Tfchakals, fe tapit dans les rochers, furtout près de Bethlehem, & fe jette fur les troupeaux de chèvres qu'il emporte & déchire. Il y a très peu ou peut-être point de lions, mais on y voit des léopards, des tigres & des ours : on y a vu fur les montagnes des ânes fauvages, des chamois, des chevreuils, des cerfs. La *gazelle* ou *l'antelope* y eft nombreufe & les Arabes la chaffent avec le faucon : les abeilles y donnent beaucoup de miel, & il en eft de fauvages dont on va chercher les gâteaux dans les creux d'arbres élevés, ou dans des fentes de rochers. Des nuées plus ou moins grandes de fauterelles s'y répandent de l'Arabie pétrée & de la déferte. Nous avons parlé de l'afphalte & du fel de la mer Morte, & de quelques bains chauds; nous parlerons encore ailleurs de quelques-uns de ces derniers.

Les habitans du pays font les Turcs, les Arabes, les Juifs, les Samaritains, les Chrétiens; les Turcs entretiennent entre les familles Arabes une animofité conftante, parce qu'étant nombreux, ils pourraient devenir les maîtres en se réuniffant: adonnés au vol, ils y rendent les voyages dangereux. Les Latins, les Grecs, les Arméniens y ont des couvens.

On fait par les livres facrés que ce pays fut divifé entre les douze tribus d'Ifraël; que David & Salomon étendirent les limites de leurs Royaumes fur les pays voifins; mais que fous le fils du dernier, ce Royaume perdit fa force en fe divifant; que les Affyriens & les Babyloniens conquirent les deux Etats qui s'en étaient formés, & emmenerent captifs la plupart de leurs habitans, & que Cyrus leur permit de retourner dans leur pays: ils furent gouvernés par leurs grands prêtres, foumis aux rois de Syrie, opprimés par eux, délivrés par les Afmonéens qui devinrent leurs rois. Dans ce tems là la Palestine était divifée en Judée, Samarie, Galilée & Perée ou Pays au de-là du Jourdain. Les Romains la foumirent, la ravagerent, détruifirent Jérufalem qu'Adrien fit relever, en lui donnant fon nom qu'elle ne garda pas longtems, & il en défendit l'approche aux Juifs: on y détruifit 50 châteaux ou places fortes & 985 autres lieux. Helene, mere de Conftantin, y fit élever des églifes chrétiennes & des couvens. Dans le II. fiecle, la Palestine fut divifée en premiere, feconde & troifieme: la premiere était au centre, la feconde au nord, la derniere, nommée auffi la *Paleftine falutaire*, était au midi: elle s'étendait jufqu'à la mer Rouge. En 637 les Arabes conquirent Jérufalem & la Palestine fous leur calife Omar. Dans le XIe. fiecle, des Français, des Allemands, des Anglais, des Hollandais, des Italiens de tous les rangs, des femmes, des enfans, refluerent fur ce pays pour l'arracher aux Mufulmans & y rétablir l'empire de la Croix;

ils prirent Jérusalem en 1099 & y formèrent un Royaume : le premier de ses chefs fut Godefroi de Bouillon, duc de la basse Lorraine, & le dernier fut Gui de Lusignan, qui fut obligé d'abandonner son Etat conquis par Salahasdin, Soudan d'Egypte en 1187. Enfin la Palestine fut conquise par les turcs en 1517, & les chrétiens d'Occident, épuisés par le vertige qui les avait fait se précipiter sur la terre sainte, n'y envoyent plus que quelques essains de pélerins.

On divise aujourd'hui la Palestine en six principaux districts.

### I. *District d'El Kods.*

Vers l'orient il touche au Jourdain, vers le midi au district de Khalil, au couchant à la vallée d'Ali, au nord au district de Naplous. Il renferme Jerusalem & environ 200 villages dont la moitié sont ruinés & abandonnés.

*Jerusalem* est nommée par les Syriens *Vreslem*, par les Arabes *Vraslim*, & *Beit al Mokaddas*, (le lieu de Sainteté,) par les Hebreux, *El Kods* (la Sainteté) *El Scherif* (la noble) *Kods-Mobaret*, (la sainte & la bénie) *Ilia*, ou *Aelia* & *Schalam* : son plus ancien nom est *Salem*. Elle est située sur une montagne divisée en quatre collines qu'on appellait *Sion*, *Morijah*, *Akra*, & *Bezetha*. La pente de la montagne est au nord & au midi, & les eaux qui en descendent pendant les pluies se rassemblent & tombent près de Misthor où on a fait une ouverture dans la montagne : là furent vraisemblablement les jardins des anciens rois, coupés en terrasses, & où l'on pouvait avec facilité faire répandre les eaux. La ville actuelle occupe presque le centre de l'ancienne détruite par Titus ; mais elle n'en couvre pas toute l'enceinte ; vers le nord & le sud une partie en a été abandonnée, telle que la colline de Sion & une partie de celle de Bezetha : elle a encore une lieue de tour : au levant, au couchant ses murs reposent sur la place des anciens ; *Golgotha*, qui était autrefois au dehors de ses murs en occupe aujourd'hui le centre. La montagne s'abaisse insensiblement vers le nord, & c'est par là que le siege en était plus facile : ses murs sont mauvais, & on y voit beaucoup d'inscriptions ; vers le nord elle a un fossé, vers le couchant un miserable château ruiné qu'on nomme *Tour de David*, bâti par les Pisans : ses rues sont sâles, étroites, inégales, pavées seulement en partie, ses maisons sont petites, laides, bâties en terre, ou en terre grasse : elle a des places désertes, peu d'habitans, point d'eaux que celles des citernes remplies dans les tems de pluie, & aucun commerce : la plupart des habitans sont Turcs, Arabes ou Juifs : on y trouve encore des Francs, des Grecs, des Arméniens, des Maronites, des Géorgiens, des Coptes, des Abyssins, des Syriens Jacobites. Son monument le plus remarquable est l'église du St. Sépulcre où les chrétiens font des pélérinages : on y entre par une seule porte toujours gardée par deux janissaires : on ne l'ouvre gratis que dans les jours de fête, dans toute autre occasion les chrétiens achetent le plaisir d'y entrer ; aucun n'en est excepté : des moines de toutes les sectes y demeurent enfermés, on peut leur parler par deux petites ouvertures dans la porte, & on leur donne à manger par une autre : les moines Latins y sont au nombre de vingt & logés plus commodément que les autres : le St. Sépulcre est sous la coupole de l'Eglife où l'on a bâti une chapelle dont les Latins étaient en poffeffion, & peut-être ils la poffedent encore: tous les chrétiens cependant n'ofent y faire toutes leurs dévotions particulieres: les Grecs, les Arméniens, les Coptes y allument le feu faint la veille de Pâques, ils difent qu'il y defcend du ciel. C'eft dans le St. Sépulcre que le gardien du couvent *du Rédempteur* confere l'ordre du St. Sépulcre. Les Grecs poffedent le chœur de l'églife où ils montrent le centre de la terre, ou le nombril du monde, & le lieu où fut élevée la croix de Jefus: ils y ont élevé un autel où eux feuls officient: il eft fur le calvaire, mont élevé par la main des hommes, foutenu par des piliers, & où l'on monte par vingt-une marches: dans l'églife on voit auffi les tombeaux de Godefroi & Baudouin, premiers rois de Jérufalem: les Latins ont dans cette églife un tréfor précieux qu'ils ne montrent point, & que l'humidité détruit. Le couvent latin du St. Redempteur eft fitué entre les portes de Damas & de Bethlehem: il eft grand, partagé en trois cours, & de fa terraffe on voit la plus grande partie de la ville: des francifcains de diverfes nations l'habitent; le gardien eft toujours un Italien, fon vicaire toujours un Français, le procureur ou l'œconome toujours Efpagnol, parce que c'eft en Efpagne qu'ils reçoivent des aumônes plus abondantes: on dit qu'il paffe annuellement un million de livres par fes mains. Le gardien eft commiffaire du pape dans tout l'orient; il exerce fa puiffance dans les affaires fpirituelles & temporelles, a le titre de Reverendiffime, & jouit des honneurs d'un évêque: on le change tous les trois ans: à fon entrée il porte 6000 piaftres au mufelim ou commandant turc, & donne encore d'aures présens considérables. Les pélerins Européens, les chrétiens d'orient réunis à Rome, y sont reçus dans un bâtiment particulier, & n'en sortent guere sans y faire un présent : l'apoticairerie est une les plus riches du monde par ses simples & ses drogues préparées : on l'estime 100 mille piastres : on y compose un baume précieux & utile. Le couvent Arménien est plus grand encore que celui-ci : on y compte mille chambres pour les pélerins sans compter les cellules. Son église dédiée à St. Jaques est la plus belle de la ville ; elle a de riches tapis, de beaux tableaux, un grand nombre de lampes d'argent, & d'autres ornemens magnifiques. Les Grecs y ont vingt cloîtres : le plus considerable touche au St. Sépulcre, & leur patriarche y siege : des titres le déclarent chef spirituel de la ville de Jérusalem, de toute la Palestine, de la Syrie, de l'Arabie, &c. mais dans le fait son diocèse est peu étendu : les évêques de Bethlehem & de Nazareth en dépendent. Les Armeniens, le Coptes, les Syriens Jacobites & autres Chrétiens y ont aussi des couvents & des églises : leurs patriarches ont de grands titres & peu de considération.

Le temple des Juifs, situé sur le mont Morijab, est aujourd'hui la principale mosquée des turcs, & ils l'appellent *Al Aksza* ; elle est de figure octogone, & ils l'estiment la plus sainte après celles de la Mecque & de Médine ; ils y vont en pélérinage parce qu'elle renferme la pierre de Jacob : revêtue d'albâtre au dedans, sur lequel sont dessinées des sentences arabes en or, le sol est couvert de riches tapis : deux grands cierges portés par des chandeliers d'argent & cent lampes y brulent continuellement : sur un pulpître on remarque de grands & beaux livres arabes : la cour est pavée de marbre : à côté du temple est une chapelle où l'on voit une pierre quarrée, semblable à un autel, couverte d'un beau tapis, éclairée par un cierge : là sont les *eaux froides* que les Turcs nomment *Sebil* & qu'ils boivent. Abulféda dit qu'Omar fit bâtir la mosquée, & qu'Abbal Malekh est le nom de la chapelle où est la pierre: il est encore d'autres mosquées à Jérusalem ; les Juifs y ont sept petites synagogues ; ils y sont en grand nombre ; mais ils se cachent. Le sangiac turc habite dans le palais de Pilate. Au sud-est de la colline de Sion est le tombeau de Jésus ; une mosquée qui fut autrefois une église s'élève sur celui de David : çà & là sur cette colline sont de petites maisons & des champs de seigle, d'orge & d'avoine.

Jérusalem eut le nom de *Salem* du tems d'Abraham, puis celui de *Jebus*, & de ces deux noms est formé celui qu'elle porte ; le Grand Seigneur qui la possède prend le titre de *Serviteur & Seigneur de la Ste. ville de Jérusalem.*

Le mont des Oliviers qui doit son nom aux arbres qui le couvraient & qui le couvrent encore, est à un quart de lieue de Jerusalem vers l'orient ; sa hauteur est de deux fois celle de la colline de Sion ; de son sommet on peut voir toute la ville, & au nord les monts de Garizzim, d'Ebal, de Galilée, au couchant les contrées que borde la mer Mediterranée ; à l'orient le Jourdain, la mer Morte, & les monts qui s'élevent au de-là ; au sud on découvre Bethlehem & Hebron. Le mont s'étend du sud au nord, & a trois ou quatre sommets, dont le plus septentrional est le plus élevé ; là fut une tour qu'on appellait de Galilée. Sur celui d'où l'on croit que Jésus monta au Ciel est une chapelle gothique qui appartient à un couvent turc, mais où les hrétiens ont toujours l'entrée libre. Ce mont est fertile en grains; on y trouve des oliviers, des orangers, des citronniers, des figuiers, des palmiers, des terebynthes, le caroubier : au levant est le petit village de *Bethphagé*; plus bas est *Bethanie* : c'est un village composé de cabanes habitées par les Arabes, d'où selon St. Luc, Jesus monta au Ciel, non du sommet des Oliviers.

Entre la montagne des Oliviers & celle où est Jérusalem, on trouve la vallée étroite de Josaphat, où coule le torrent de Cedron lorsqu'il a plu longtems ou avec violence : il rassemble alors les eaux qui descendent des monts voisins; mais dans tout autre tems il est à sec: autrefois les eaux impures du temple mêlées au sang des victimes & aux immondices de la ville, venaient s'y rendre par un canal : son lit est étroit, mais profond : on le passe sur un pont de pierre d'une seule arche près de la porte St. Etienne; il coule au travers de rocs caverneux & d'un pays sauvage, du monastere de St. Saba à la mer Morte où il se perd. Près de Jérusalem sont ce qu'on appelle aujourd'hui les tombeaux des Rois, cellules construites dans un roc blanc, où l'on voit quelques cercueils de pierres; on ignore l'usage qu'on en a fait & qui les éleva; c'est cependant le monument le plus beau & le plus remarquable de toute la Palestine.

Lorsqu'en traversant le torrent de Cedron ou Cidron, on va de Jerusalem à Jericho, on trouve le désert de *Quarantanie* ou de *Jericho* : c'est un pays montueux, couvert de pierres, rude, infertile, & aussi triste que dangereux : le chemin difficile qui le traverse est long de trois lieues, & il est infesté par les courses des voleurs Arabes : il passe sur le sommet d'un mont élevé, que les chrétiens ont nommé *Quarantanie*, parce qu'ils croyent que Jesus y passa quarante jours dans des grottes naturelles, & que c'est de-là que le Diable lui montra tous les royaumes de la terre: c'est un rocher nud, & d'une hauteur qui effraie: on dit qu'il est le plus haut de la Judée, qu'on y jouit de la perspective la plus étendue, & qu'on y apperçoit les sommets du Liban; mais le chemin en est si escarpé que peu de voyageurs osent y monter, & que ceux-ci même n'ont pu parvenir sur son plus haut sommet: au milieu d'un des sommets de ce mont, est une chapelle détruite: on y voit encore diverses grottes qu'habitèrent autrefois des solitaires; mais aujourd'hui à peine quelques pèlerins osent les visiter, & s'ils y vont avec de l'argent, les Arabes savent les en défaire: à son pied est la fontaine d'Elisée; source abondante, environnée d'arbres, qui arrose les environs de Jericho, fait mouvoir des moulins, & tombe dans le Jourdain: une autre source fournissait des eaux à Jericho par un aqueduc dont on voit encore les ruines.

*Jericho* était une ville ancienne, à six lieues de Jerusalem, à deux du Jourdain, dans l'Algaur; elle fut nommée autrefois la ville des Palmiers de la multitude de ces arbres qui rendait ses fertiles environs très-riches en dattes: on y en trouve beaucoup encore, mais la ville n'a plus qu'une tour quarrée & quelques tentes où vivent des Arabes; le zacum croît abondamment autour d'elle; mais on n'y trouve point la rose de son nom.

Vers le nord & le nord-ouest de Jerusalem est la vallée de *Crum*; elle a de beaux champs & de rians jardins ombragés par des oliviers, des figuiers, des abricotiers, des amandiers; c'est la plus
agréable

agréable vallée des environs de Jérusalem, & les Juifs y accourent le jour du sabbat pour se réjouir.

*Samuele*, village qu'on croit être l'ancienne ville de *Rama*, & situé sur une des plus hautes montagnes de la Judée: de son sommet on voit, dit-on, de l'Arabie au mont Séir, toute la contrée aux environs de la mer Noire jusqu'au mont Abarim, & de celle de la mer Mediterranée vers Bersabé jusqu'au desert de Sur: le village est petit, habité par les Arabes, environné de ruines: dans une mosquée qui fut une église, on montre un tombeau qu'on dit être celui de Samuel qui y naquit & y mourut. Rama fut aussi appellée Ramathajim-Zophim; Josephe la nomme *Ramathem* & dans la langue Caldéenne *Armatha*, d'où est venu probablement le nom grec d'*Arimathéa* : au haut de la montagne est un bassin d'eau creusé dans le roc, & plus loin une source abondante & limpide dans une grotte.

De ce lieu, vers le nord & le levant est une vallée longue de quatre lieues, large d'une, qu'on croit être celle d'*Ajalon*, nommée au temps de Benjamin de Tudele *Val de Luna*. Là sur un mont est le village Arabe de *Gib* ou *Dschib*, qui paraît avoir été la ville de *Geba* ou *Gibea*.

*Bir* ou *Elbire* & encore *Barra*, lieu nommé dans la Bible *Beer*, ou source; l'on y voit beaucoup de ruines, une source d'une eau excellente, & deux digues faites de quartiers de pierres; sur le sommet de la colline est une église détruite en partie: le village a un karavenserai entouré de murs: il appartient aux chevaliers de St. Jean : Salahaddin le détruisit.

Au couchant de Jérufalem eft la *vallée Ali*, *Wadi Ali*, qui s'étend à six lieues de cette ville.

*Latrum*, fur un mont efcarpé, fut autrefois une ville : c'eft aujourd'hui un village : fon nom vient de ce qu'on a cru que l'un des hommes crucifiés avec Jefus y était né. *Lefca*, village fitué fur un mont : il donne fon nom à une vallée.

Au midi, on voit deux chemins qui conduifent à *Bethlehem* : ils fe réuniffent à une fontaine voifine du couvent d'*Elias*, habité par des moines Grecs, fitué au pied d'une colline d'où l'on voit les deux villes : plus loin eft le tombeau de Rachel, voûte foutenue par quatre arcades murées & autant de piliers : autour on voit plufieurs tombeaux.

*Bethlehem* eft à deux lieues de Jérufalem : ce n'eft plus qu'un grand village affez peuplé, fur un mont pierreux, entouré de vallées & de collines dont la partie cultivée rapporte des grains, du vin, eft riche en oliviers, en figuiers, & autres arbres ; les lieux incultes yplaifent prefque autant que les cultivés. Une des vallées s'étend jufqu'à Jericho & au Jourdain : du haut du mont on voit la mer Morte, & les montagnes de l'Arabie. Ce lieu fut une ville célèbre par la naiffance du Chrift : fes habitans font ou Mahometans ou Chrétiens : tous y font avec le couteau des Rofaires, des crucifix, des figures de l'églife du St. Sépulcre, du St. Sépulcre même, de l'églife de Bethlehem, & de la fainte grotte ; elles font de bois & travaillées avec art : les Turcs même en font un bon commerce, & c'eft fur-tout en Efpagne & en Portugal qu'on les envoye : ils en vendent annuellement pour 3 ou 4000 écus : ces habitans de Bethlehem paffent pour être des hommes inquiets & querelleurs : au dehors du village eft l'Eglise élevée au dessus de la grotte où Jesus nâ-quit, bâtie par Justinien, ornée de mosaïques: on y compte 50 colonnes de marbre d'une seule piece: le chœur est entouré d'un mur; c'est immédiatement au dessous qu'est ce souterrain célebre. L'Eglise appartint aux Grecs, qui employerent 100 mille écus, pour la rééedifier: mais Louis XIV obtint du Sultan que les Latins la posséderaient: près d'elle est un vaste monastere partagé en trois autres habités par des moines Catholiques, des Grecs & des Arméniens: il est environné d'un mur épais, de son toit on a la perspective des monts & des vallées jusqu'au Jourdain & à la mer Morte.

Au couchant du chemin qui va de Jérusalem à Bethlehem, on voit le monastere *de la Ste. Croix*, nommé *Musallabe* dans la langue du pays: c'est un grand bâtiment, fermé de murs épais, habité par des chrétiens d'Orient: ses environs sont plantés d'oliviers, & fertiles en grains & en légumes. Plus loin est la profonde & longue vallée de *Terpentin* où sont les villages de *Coloni* & de *Zuba*.

Le monastere *de St. Jean*, est à deux lieues de Bethlehem: il est situé sur des collines basses, entre des montagnes, & est habité par des Franciscains; il fut rebâti richement en 1673. Jean Baptiste est né, dit-on, sur le sol qu'il occupe: un village est situé auprès; on le nomme *Ain-ciareb* ou *Ain-kareb*, & doit son nom à une source abondante qui arrose les jardins voisins & toute la vallée: on croit que c'est l'*Ajim* ou *Aenon* de la Bible, & que dans son voisinage fut la ville de *Salim*. Le *desert de Jean* où le monastere est situé forme la contrée la plus agréable de la Judée: ses champs bien cultivés sont fertiles en grains; on y voit de beaux vignobles, & le vin en est un des plus agréables de la Palestine. La grotte que St. Jean Baptiste habita est à quelque distance du chemin, au centre d'un rocher; des hermites l'habitent encore: de là on voit l'étendue de cette vallée profonde & les monts qui la ferment: sur l'une est le village de *Seba*, & diverses sources: des ruisseaux coulent d'une autre qui en est voisine: le caroubier est fort commun dans ce pays.

D'ici en se dirigeant vers le sud, on trouve une montagne élevée & fertile d'où descend le ruisseau de *Sorek*, qui arrose la vallée d'*Eskol* où les espions de Moïse trouverent les grappes énormes de raisin qu'ils exposerent aux yeux avides des Juifs. Il est au moins certain qu'on y voit encore des champs féconds, beaucoup d'oliviers & de vignobles qui donnent des grappes de dix à douze livres, d'un grain fort gros & d'un goût excellent. Sur la rive méridionale du Sorek, près d'un village, est une source où l'on dit que Philippe, chambellan de la reine de Candace fut batisé: là fut autrefois une église & un couvent: l'eau est conduite par un canal dans un reservoir, & de là se joint au Sorek.

*Beit-Dschiala*, village à demi lieue de Bethlehem, habité par des chrétiens Grecs, environné d'un petit pays fertile & bien cultivé.

*Fontaine scellée de Salomon*, source abondante dans une contrée élevée: on y parvient armé d'un flambeau, par une ouverture étroite qui conduit à deux caves voutées d'où l'eau est conduite par des canaux à Jérusalem & à Bethlehem: cette fontaine, ses reservoirs, ses aqueducs, sont l'ouvrage de Salomon qui y avait un jardin de plaisance: des collines qui sont aux environs on a une belle vue: on y voit une petite vallée fertile, arrosée par des ruisseaux, embellie par des arbres fruitiers. Sur la montagne voisine fut située *Tekoa*, bâtie par Jeroboam, & l'on en voit les ruines : au nord de cette montagne sont de fertiles vallées, d'agréables collines, & de vastes champs : le *desert de Tekoa* est à l'orient : au dessous de son sommet est une grotte & une source qui ne tarit jamais. A une lieue d'elle & de Bethlehem en est une autre plus élevée, plus escarpée, isolée, dont le sommet est entouré de débris de murs, ruines d'un château où les chevaliers de St. Jean se défendirent pendant quarante ans : on le nomme *mont des Francs*, ou *de Bethulie* ; & dans la langue du pays *Ferdaus* ou Paradis : on croit que là fut située la ville de *Bethaccerem*.

A deux lieues à l'orient de Bethlehem est une haute montagne où l'on voit des ruines d'un lieu nommé *Creightun*, situé sur le penchant, au dessus d'une vallée ; auprès est une belle citerne creusée dans le roc : sur un des côtés de la vallée est une immense grotte nommée *Ebnaama* : on y arrive par une terrasse étroite, pratiquée dans le roc : elle a deux entrées : la grotte est soutenue par de grosses colonnes naturelles ; dans plusieurs endroits elle a la forme d'un dôme ; partout très-sèche on n'y trouve aucune pétrification : elle a plusieurs sinuosités, & est fort obscure ; on dit que le vent dangereux du midi a eu forcé 30000 hommes de s'y retirer. On soupçonne que c'est là que David se retira avec ses gens & où il coupa un pan de la robe de Saül. Cette montagne renferme encore une caverne presque aussi grande.

*S. Saba*, monastere situé sur une montagne haute & escarpée, caverneuse, dont le pied est arrosé par le torrent de Cedron lorsqu'il pleut : au bas de la montagne est une source dans un antre. S. Saba y fonda le monastere; on dit qu'il y a eu dix mille reclus; il y en a peut-être aujourd'hui quinze ou vingt: ses moines sont Grecs & font toujours maigre: il est défendu aux Mahométans d'y entrer : on trouve aux environs la caille d'Arabie. Du couvent on monte par un chemin souterrain à une tour fort haute où un moine solitaire veille pour découvrir tout ce qui approche du couvent, & il en avertit par le son d'une cloche.

### II. *District d'El-Khalil* ou d'*Hebron.*

Il s'étend vers le nord jusqu'à la fontaine scellée, & confine au district précédent, à l'orient à la mer Morte, au midi au désert du mont de Sinaï, au couchant au district de Gaza. Il renferme une ville & quinze à seize villages. Lorsque de Bethlehem on va à Hebron, on marche sur la chaussée de Salomon, on parvient sur une montagne, on traverse une forêt, puis une vallée bien cultivée, & une plaine où est le village d'*Ain-Halbul*, d'où jusqu'à Hebron on trouve des vignobles & des jardins couverts d'arbres fruitiers.

Hebron, *Bail-Chabrun*, *El-Khalil*, ou *l'ami de Dieu*, parce qu'Abraham y fut enseveli, ville à huit lieues de Jérusalem qu'elle égale en grandeur, & en ruines, mais qui est sans murs & sans fossés, une partie s'élève sur une petite montagne, l'autre s'étend dans la plaine. Elle a un château, ses habitans sont Mahométans, il y a aussi quelques Juifs. Au centre est une église Chrétienne, construite d'énormes pierres de taille, qui renferme, dit-on, les tombeaux d'Abraham & de Sara, & où les Musulmans, comme les chrétiens, viennent en pélerinage ge : au couchant de la ville eſt un petit mont ſur lequel eſt une moſquée détruite nommée *El Arbain Schehid* ou des quarante martyrs, ſous laquelle eſt un antre profond d'où par un chemin ſouterrain on peut aller à Hebron : les environs ſont montueux & couverts de bois : à l'orient, au midi, le pays eſt habité par les Arabes qui apportent à Hebron une terre graveleuſe qui y ſert à faire le verre : d'ici on tranſporte annuellement en Egypte 300 charges de chameau du ſyrop qu'on fait avec les raiſins des vignobles qu'on y cultive & qu'on nomme *Dybſe*; on y porte auſſi des raiſins & du vin à Jéruſalem : au deſſous de la ville, dans une vallée, eſt un étang où les eaux de pluie ſe raſſemblent : c'eſt la ſeule eau dont les habitans d'Hebron puiſſent ſe ſervir.

La vallée, ou la plaine de *Mamre* n'eſt pas éloignée d'Hebron ; elle eſt fertile, agréable, a de beaux vignobles ; les murs de l'égliſe qu'y fit élever Conſtantin exiſtent encore ; ils ſont faits de grandes pierres de taille jointes ſans ciment. Abraham habita long-tems cette vallée & il y fut inhumé avec Sara, non à Hebron : ici encore eſt le tombeau de Jacob. Sur le chemin qui conduit à Gaza ſont les châteaux de *Samuel* & d'*Abraham* : près du dernier eſt un bourg & un riche hôpital qui diſtribue chaque jour aux pauvres du pain, de l'huile, des légumes : il dépenſe annullement 24000 ducats.

### III. *Diſtrict, ou Pays de Gazza.*

Au couchant il confine à la Méditerranée juſqu'au *Khan Jonas*, karavenſerai ſur le chemin du Caire en Egypte, au midi au déſert de l'Arabie qui conduit au mont Sinaï ; vers l'orient au *Wadi Epe-*

*rar* ou vallée du myſtere ; vers le nord il ſe termine au château de *Kas el. Ain*, près de la ſource de l'E-laugé & à la ville & au territoire de *Ramla* : un paſcha y commandait ; mais aujourd'hui, c'eſt celui de Damas qui le régit : on n'y voit preſque aucune montagne : ce ne ſont que de grandes & fertiles plaines, de petites collines, où ſont répandues deux villes & environ 300 villages. La plaine entre la montagne où Hebron eſt ſituée, & la mer, eſt d'une fertilité ſinguliere ; les vallées, les collines ſont couvertes de fleurs, d'oliviers & d'autres arbres ; cependant elle n'eſt habitée que par des Arabes qui y forment quelques miſérables villages, & ne cultivent point la terre qui les nourrit.

*Gazza*, que les Hébreux nomment *Azza* ; que d'autres nomment *Gazera*, & les Grecs, *Jone* & *Minoa*, eſt une ville entourée d'un foſſé ſans murs : une partie eſt ſituée ſur une hauteur, & eſt habitée par les chrétiens & les juifs : les chrétiens ſont Grecs & Arméniens, qui y ont chacun leur égliſe : les premiers y ont un évêque : on y voit un château : l'autre partie, ſituée plus bas a trois ou quatre moſquées, & a le nom de *Haret - el - Segiayé*. Son ancienne magnificence ſe reconnait dans ſes vaſtes ruines de marbre : on n'y a d'autre eau que celle d'une profonde fontaine : le palais du paſcha eſt grand, bâti de pierres fort dures, & a un beau jardin : cette ville eſt le paſſage des caravanes qui vont de Syrie en Egypte & d'Egypte en Syrie : elle eſt célebre parmi les Muſulmans, parce que l'imam *Schafei* y naquit, & qu'*Haschem* ayeul de Mahomed, y a ſon tombeau : à une demie lieue à l'orient eſt une petite montagne où l'on dit que Samſon porta les portes de la ville : ſes environs ſont fertiles en grains, ont de beaux vignobles, & ſont ombragés par des orangers, citronniers, palmiers & autres arbres fruitiers : un espace d'une lieue qui la sépare de la mer est seul stérile & sablonneux : cependant le pascha a un jardin vers le bord de la mer : son port est ouvert & sans abri, on l'appellait autrefois *Majuma*. Constantin lui donna son nom avec des priviléges qu'il perdit sous Julien.

Gazza est ancienne : elle était illustre sous les Philistins qui y adoraient la déesse Marnas. Alexandre la détruisit, les Romains la rétablirent. Baudouin III roi de Jérusalem qui la trouva presque déserte lui redonna quelque lustre.

Vers l'orient, sur la chaine de monts voisine d'Hebron on voit divers châteaux, villages & villes détruites. Vers le midi, sur le chemin qui conduit aux monts d'Horeb & Sinaï, on voit une grande plaine sablonneuse où est le petit village de *Lebhem*, dont les environs ne produisent qu'une herbe petite & séche ; on n'y voit d'eau que celle d'une citerne qui n'en a pas toujours : de là on s'avance dans un désert de sable long de 8 lieues : une colline sablonneuse le termine ; on la nomme *Cawatha* & en latin *Cades*, dans la bible *Kadesch-Barnea* : là sont les bornes méridionales de la Palestine. Près de la colline de sable sont de grandes citernes, de vieux murs, des morceaux de briques & de vases de terre : ce sont, dit-on, les ruines de *Beerscheba* : on l'appelle aujourd'hui *Gallin* ou *Dschibelin*. Au sud-ouest de Gazza, sur le chemin qui conduit en Egypte, jusques au Khan Jonas où se termine le territoire de cette ville qui touche là à l'Egypte, on ne trouve aucun village, mais seulement quelques citernes, quelques fontaines qui forment des ruisseaux, & un pont. On va de Gazza à *Atzud* ou

*Azot* par une plaine cultivée, fleurie, ornée par des oliviers & des amandiers : du chemin on apperçoit quelques villages : celui de *Menfel* est grand, *Amami* est petit, mais il est environné d'une contrée charmante ; on y voit des jardins couverts d'arbres fruitiers, des champs féconds, un bon terrein, mais vers la mer des collines de fable. De Gazza à Afcalan on ne trouve qu'une plaine de fable bordée par la mer, mais où les chèvres & les moutons trouvent cependant quelque pâture.

*Afcalan* n'est plus qu'un village près des belles ruines de l'ancienne ville d'*Afcalon* : elle était située fur une hauteur voifine de la mer ; mais n'avait point de port ; un double mur fort épais l'entourait du côté de la mer : une fontaine très-grande, très-profonde, à moitié bouchée, est ce qui en reste de plus remarquable : l'eau de la pluye s'y raffemblait ; on y arrive par une allée voûtée, circulaire, large de 6 à 7 pieds. Dehors la ville on voyait une autre fontaine où l'on puifoit l'eau. Cette ville célèbre parmi les Philistins vit naître Semiramis, & donna fon nom à une efpèce d'oignon qu'on appellait *Afcalonia*, & que nous nommons *Echalotte*. Son vin, fes pigeons qui fervaient de couriers, fes cyprès étaient connus. Les guerres des croifades, & un tremblement de terre l'ont détruite ; c'était le lieu le plus fort de la Syrie fous l'empire des Arabes, & on la nommait *Braut Syriens*.

Entre Afcalan & Atzud est un efpace de trois grandes lieues où l'on voit un village grand & peuplé, environné d'arbres fruitiers & de jardins, où l'on tient un marché toutes les femaines. On l'appelle *Magdel* ou *Megdel*.

*Atzud*, *Palmis*, *Azot* ou *Aschdod*, village

milieu des ruines d'une ville des Philiſtins, où Dagon avoit un temple: c'étoit une Divinité qui avait la figure d'un homme ſans cuiſſe, & dont les jambes ſortaient des aines: on cultive le ſol où s'élevait ſon château; près de là eſt un grand karavanſerai. Le chemin qui conduit de là à *Yebna* eſt dans une belle plaine où ſont répandus divers villages: l'un d'eux eſt voiſin des ruines d'*Ekron* ou *Accaron*.

*Yebna*, *Ibdime*, *Ebalin*, bourg ruiné en partie, ſitué ſur la rive méridionale d'un ruiſſeau qui porte ſon nom, & eſt quelquefois deſſéché: il le donne auſſi à un golfe qu'on appelle encore golfe de *Verendo* ou de *Beroaldo*. Ce lieu fut autrefois une ville des Philiſtins nommée *Jabne* ou *Jamnia*. Sur le chemin qui conduit d'ici à *Ramla* qui traverſe une plaine grande & belle, eſt un grand marais: les cartes marquent en ce lieu le ruiſſeau d'*Yercon*.

*Jaffa*, autrefois *Japho* ou *Joppe*, ancienne ville qui n'eſt plus qu'un bourg: il eſt ſur une colline d'où la vue s'étend au loin ſur la mer & ſur une vaſte & fertile plaine; autour de la colline ſont les ruines des anciens murs & des tours de la ville: ſes maiſons ſont petites, ſes habitans ſont Turcs ou Arabes mêlés de quelques grecs, maronites & arméniens: ſur le rivage ſont des maiſons de pierre & des magazins: la rade eſt protégée par un château bâti ſur un écueil: le rivage eſt couvert de rocs, une digue aſſurait le port, mais elle eſt détruite, & les bâtimens n'oſent aborder qu'à une demi-lieue de là; l'eau y eſt ſi baſſe que les grandes châloupes ne peuvent approcher, & l'on s'y embarque par un pont de pierres qui s'avance dans la mer. Les francs, les grecs, les arméniens y ont de petites maiſons où l'on reçoit les pélerins de leurs nations. On y commerce en grains, parmi lesquels est le riz d'Egypte. L'argent que donnent les pélerins pour avoir la permission de voir la Terre sainte, est destiné partie pour la Mecque, partie pour le kislar-agasi de Constantinople; mais le péage appartient au pascha de Gazza dont la jurisdiction s'étend jusqu'ici. Jaffa fut une ville où le commerce était florissant; les croisés la ravagerent, un tremblement de terre la détruisit. C'est-là que Persée délivra Andromede. Autour d'elle sont des jardins où prosperent le figuier & le sycomore. Le Tschakal y fait beaucoup de ravages. Jérusalem en est éloignée de 15 lieues, & *Ramla* est sur le chemin qui y conduit: entre elle & Jaffa est un vaste champ d'une terre sablonneuse & rougeâtre, semée de petits bois d'oliviers & de petites collines où croissent diverses plantes, des tulipes, de melons d'eau qui pésent 10 livres & plus encore : il est cultivé en partie, mais il manque d'eau : c'est sans doute la plaine de *Saron* dont il est parlé dans la Bible. Non loin de la est le village de *Jasur* près duquel est un lieu de pélerinage pour les Mahométans, où l'on trouve des eaux fraiches & où l'on cultive la canne à sucre : à quelque distance est encore un village qu'on croit être l'ancienne *Gath* ou *Geth*: il est sur la pente orientale d'une hauteur qui au couchant a une source profonde dans un rocher : l'eau en est pure & forme un ruisseau qu'on traverse sur un pont de pierres à trois arches. Plus loin encore est *Chube* bourg sur une colline, où est une tour, une petite mosquée, & près de lui des ruines de murs.

*Ramla*, *Remla* ou *Rama*, doit son nom aux campagnes sablonneuses qui l'environnent, qui furent autrefois cultivées & fertiles, & le font encore: elle est assez grande & peuplée; mais sans murs qui en défendent l'entrée: la plupart de ses habitans sont arabes, ou turcs: ils ont 5 mosquées dont deux furent des églises chrétiennes: on y trouve aussi quelques juifs, quelques Francs & des chrétiens d'orient: on prêche en arabe dans l'église des grecs: les moines franciscains y ont un hospice très-vaste. On y commerce en savon, en huiles d'olives, en cendres pour les fabriques de savon & de verre, en coton cru ou filé, en toiles blanches & bleues, en séné & café: au dehors de la ville est une fontaine dont la voûte est soutenue par 24 arcades; l'eau de pluie s'y rassemble aussi: c'est du côté opposé près d'un reservoir d'eau que les pélerins de la Mecque se forment en caravane. *Ramla* est une ville ancienne, bâtie sous l'empire des Arabes, prise & reprise au tems des croisades: on dit que le tombeau du sage Lockman est dans son voisinage: on dit encore que 70 prophètes y ont été inhumés.

*Cubeib* ou *Cubeiby*, autrefois *Ammaus*, *Emmaus Nicopolis*, à trois lieues à l'orient de Ramla, est un village sur une montagne; là fut jadis une ville: il y a des carrières d'où l'on transporte des pierres pour Jérusalem.

*Arsuf* ou *Ursuf*, petite ville ruinée, située au bord de la mer, qu'on croit avoir été l'ancienne *Apollonia*: quelques auteurs la prennent pour *Antipatris*.

*Ali-ben-Aalam*, village vers les ruines d'*Antipatris*; on y voit des ruines: c'est un lieu de pélerinage pour les mahométans. Près de-là on trouve, dit-on, le *Muyer al tamsah*, ou lac des crocodiles, d'où sort un ruisseau qui porte le même nom:

là aussi coule *Nahar-Elaugeah* dont l'eau fait mouvoir deux moulins, chose assez rare dans le pays.

*Lodo*, *Ludd*, autrefois *Lydda* & *Diospolis*, petit village à une lieue de Ramla ; ce fut jadis une ville : son église détruite était dédiée à St. George : dans son extrémité orientale les grecs lisent la messe, dans l'occidentale on lit l'alcoran. Les franciscains y ont un monastere : on y trouve quelques négotians Français qui y commercent en savon & coton : ici, disent les musulmans, Jésus doit mettre à mort l'antechrist.

Les monts qui terminent la plaine où Lodo est situé, sont habités par les *Avahed*, hommes qui ne payent aucun tribut aux Turcs, & dont le chef-lieu est *Ahud*.

## IV. *District*, ou pays de *Nabolos*.

Il s'étend du sud au nord, d'El Bir au grand village d'Arraba dans le district d'El Kods ; à l'orient il touche au Jourdain, au couchant il se termine au village de Katun à trois lieues de la Méditerranée : on y compte une ville & environ 100 villages.

Lorsqu'on va de Bir vers le nord, on trouve divers villages : l'un d'eux s'appelle *Ephraim*, & l'on croit que là fut la ville de ce nom : çà & là on voit de petits bois d'oliviers : plus loin est la haute montagne où *Siloh* était située ; on y avait bâti une église chrétienne qu'on croyait la plus élevée de la Palestine : plus loin encore, sur un mont escarpé, on trouve un Karavanserai éloigné de 3 lieues de Napolos : à l'orient il a une petite & riante vallée, au couchant est le village de *Leban* qu'on croit être l'ancienne ville de *ona* : on traverse encore une montagne, puis une vallée, fertile longue de 4 lieues du sud au nord, large de 2, environnée de monts agréables, couverts d'arbres & de champs. A son extrèmité septentrionale, à l'ouverture d'une vallée étroite est située Nabolos.

La *fontaine de Jacob* est dans un rocher inculte, sous une voûte embarrassée par des pierres; étroite en haut, large en bas, profonde de plus de 100 pieds & qu'elle remplit quelquefois de ses eaux. Au-dessus sont les ruines d'une église; près d'elle sont des ruines qu'on croit être celles de l'ancienne ville de *Sichem* ou du bourg de *Theber*: on y voit du marbre épars, & des statues entières.

*Nabolos*, *Naplouse*, *Mabartha*, autrefois *Flavia Néapolis*, ville située près du lieu où fut située *Sichem* ou *Sichar*, dans une vallée étroite, entre les monts Garizim & Ebal, au pied du premier qui est au midi : elle est longue & étroite, elle n'est guere formée que par une longue rue, au milieu de laquelle est la place du marché : ses maisons sont bâties en pierre, basses, laides ; les eaux y sont bonnes & abondantes ; ses habitans sont Arabes, Turcs, Chrétiens, Jacobites, Samaritains ; ceux-ci y ont un petit temple. A l'orient de la ville, une source sort d'une voûte naturelle & se rend dans un bassin fait d'un seul morceau de marbre blanc : ses environs ont des champs fertiles, des jardins, & sont ombragés par des noyers, des meuriers blancs, des oliviers, figuiers, orangers & autres arbres : la vallée où elle est située s'étend du levant à l'orient, longue de 3000 pas, large de mille : la ville forme comme une chaîne qui joint les deux montagnes, divers ruisseaux l'arrosent.

Le mont *Garizim* est fertile, couvert d'oliviers & de vignobles, riche en sources : le mont Ebal est aride, sauvage ; c'est un rocher nud que le soleil brûle : il a des antres, des grottes, qui servent de tombeaux aux habitans de Nabolos.

Une vallée étroite, arrosée par un ruisseau, longue de 3 lieues, qui va du levant au couchant, conduit à une haute colline qu'entoure une vallée circulaire fermée par des montagnes : là est située *Sebastia* ou *Schemrin*, autrefois Schomron, *Samaria*, *Sebaste* de Syrie, ville dont les ruines font voir encore des restes de son ancienne grandeur : des musulmans, des chrétiens grecs, qui parlent arabe, y habitent sous des cabanes : on y voit les tombeaux des prophètes Elisée & Abdias ; celui de Jean Baptiste y est aussi. Les monts, les collines, les vallées des environs sont incultes & désertes. On y voit le grand village *Arraba*. Vers le Jourdain, dans une contrée riante est le bourg d'*Ennon* : 4 lieues à l'orient est *Zephel*, village arrosé par le Krith qui se précipite d'une montagne : plus loin, sur le penchant d'un mont, est le château de *Doch* d'où l'on a une vue étendue sur le pays au-delà du Jourdain : une plaine le sépare de ce fleuve, on le croit un reste de *Phaselis* bâtie par Hérode ; mais il est permis d'en douter.

Le pays de *Taphne*, est situé à 10 lieues à l'orient de Sebaste ou Samarie : il confine à l'Al Gauz & à la plaine du Jourdain ; il a de hautes montagnes.

*Tersa*, ville sur une haute montagne, au couchant du pays de Taphne.

V. *District*

### V. *District d'Areta.*

Il est borné à l'orient par l'*El Bise* qui descend de la montagne *Hemon* ou *Daai*, reçoit l'*Isrul* & se jette dans le Jourdain; au nord, il confine au mont Thabor, au couchant à la Méditerranée, au midi au district précédent. Il renferme la fertile plaine de *Mardsche-Ebn-Aamer* dont nous avons parlé, connue autrefois sous le nom d'*Esdrelon* : sa longueur est de 7 lieues, sa largeur de 3 : un émir de la famille Turabeya y commande. La dignité des émirs est héréditaire; le plus ancien de la famille a la préséance; le plus ancien des princes est le chef de tous, on le nomme grand-émir, & le sultan Turc lui donne le nom de Sandschak-Begj : son siège est sur le mont Carmel; les villages de son territoire forment ses revenus & leurs habitans sont arabes ou chrétiens. Il perçoit la dixme de ce qu'ils recueillent, & un impôt sur les marchandises qui sortent, ou arrivent dans les ports de son district : le tout monte à une somme annuelle d'environ 100 mille écus : il reçoit quelquefois des présens de chevaux & de chameaux. Il doit, lorsque le Turc le demande, joindre ses troupes aux siennes pour appaiser des revoltes, rendre les chemins sûrs & libres, protéger les caravanes marchandes, & les couriers du grand seigneur. Lorsqu'il est nécessaire, il rassemble les émirs de sa famille avec leurs troupes, ce qui forme une armée de 5000 cavaliers; leurs chevaux sont blancs; on croit que la population des Arabes dans la plaine d'Esdrelon, monte à 12000 hommes. Le grand émir est juge souverain des procès qui s'élèvent entre les émirs de sa maison & leurs sujets, & lorsque

*Tome VIII.*                      V

ces derniers veulent l'honorer lui ou les siens, ils font chanter leurs femmes, & les bergers font sautiller & danser leurs troupeaux de moutons & de chèvres au son de leurs flûtes.

*Ginin*, *Jenin*, *Chilin*, *Schenan*, bourg au pied d'une montagne, nommé autrefois *Gilboa*, habité par des Arabes mêlés à quelques Turcs & quelques chrétiens : il est à 6 lieues de Samarie, à 4 de la plaine d'Esdrelon. Il a un karavanserai : ses environs sont fertiles & couverts de palmiers & des figuiers. Les monts *Gilboa* & *Hermon* s'étendent du levant au couchant, & sont à 2 lieues l'un de l'autre, le premier au midi, le second au nord : tous les deux se terminent au Jourdain : celui des Gilboa est en partie rocailleux & aride ; mais il a aussi de beaux pâturages : on dit qu'il n'y tombe ni pluie, ni rosée ; qu'il y eut autrefois des couvens de Citeaux & de bénédictins ; qu'il doit son nom à une source qui sort à son pied : près de lui, sur une colline, est un village sur les ruines de la ville d'*Isreel* ; plus à l'orient est la fontaine de ce nom.

*El Beysan*, château élevé sur les ruines d'une ville qui paroît être *Bethschean*, nommée ensuite *Scythopolis*, située au pied d'un mont, entourée d'un sol gras, arrosée par un ruisseau nommé *El-Bise*. De ce château au Jourdain s'étend la vallée riante de *Seyseban*, large de deux lieues, où l'on cultive le riz, diverses sortes de graines, le tabac, la garence. Les Arabes y passent l'hyver.

*Aphek*, *Affeth*, ville détruite ; près de ses ruines est le château de *Saba*. *Subebe*, village où fut la ville de *Megiddo*. *Sereni*, village d'où l'on voit toute la Galilée.

Entre les monts *Hermon* & *Thabor* situés à un

grande lieue l'un de l'autre, est un mont qu'on appelle le *petit Hermon*, au pied duquel est le village d'*Endur*; l'eau de pluie qui descend de l'une & l'autre montagne forme le *Kison*, dont une partie se rend dans la méditerranée, l'autre dans le lac de Tiberias : le premier bras reçoit divers ruisseaux, & devient une riviere assez grande.

*Nain*, ville ancienne devenue un chétif village d'Arabes : il est à une petite lieue du mont Thabor : on y voit encore des ruines antiques.

*Daburi*, autrefois *Thabor* & *Dabira*, village au pied du mont Thabor, habité par les Arabes, renfermant une fontaine qui sort d'une grotte, & une église en ruines : une riviere qui paraît être un des bras du Kison y passe & va se jetter dans le lac de Tiberias.

Le mont Thabor, nommé par les écrivains Grecs *Atabyrion*, & par les Arabes *Dschebel Tur*, est une montagne isolée, dans la plaine d'Esdrelon; elle a 3 grandes lieues de tour ; Josephe lui donne 30 stades de haut, elle a une figure réguliere, semble un pain de sucre du levant au couchant, & du sud au nord, a la rondeur d'un œuf : il faut une ou deux heures pour arriver au sommet du côté de l'orient : il en faut trois du côté de la mer ; on y monte par un chemin étroit & rocailleux, dangereux même quand on est à une certaine hauteur ; il est tout couvert d'arbres & surtout de chênes; dès le mois de Janvier on y trouve des fleurs diverses, & en tout tems du gibier noir & rouge, & des oiseaux sauvages : à son sommet est une petite plaine longue de demi-lieue, qui fut entourée d'un mur, qui est semée de bosquets, de petits arbres, tels que le caroubier & le térébinthe, & couverte d'une espèce de gramen ; on y voit quelques antres, quelques hauteurs : sur l'une d'elles fut autrefois un monastere entouré de murs, de fossés, & qui parait avoir eu 3 églises : ses ruines montrent de grandes pierres de taille qui y ont été portées avec effort : d'une grotte on a fait une chapelle : on y voit encore des citernes profondes ; vers le nord sont les ruines d'une église & d'autres bâtimens, des tours rasées, des murs épais renversés : tout y fut détruit par Salaheddin : quelques hommes en haillons demeurent sur ce mont, un des plus beaux de la terre, & y cultivent des champs. Du sommet ou découvre la plaine d'Esdrelon ou de Saba qui l'environne, le petit Hermon, la mer noire, le Gilboa, le lac de Galilée, le Jourdain & les pays qui sont au-delà encore, l'Atilibanon, le mont Carmel, l'Hermon & la méditerranée : il est douteux que ce soit sur ce mont que se fit la transfiguration du Sauveur. Le Kison y prend sa source.

Au couchant de la plaine d'Esdrelon est le village de *Ladschun*, sur un ruisseau ; les voyageurs y trouvent un karavanserai ; là fut autrefois la ville de *Legio*.

*Kaisaria de Syrie*, autrefois *Césarée de Palestine* ou *tour de Straton*, ville détruite, sur les bords de la Méditerranée ; quelques pêcheurs habitent dans les caves de quelques maisons démolies: Hérode la bâtit; il y fit creuser à grands frais un port, lui donna le nom de l'empereur Auguste & en fit une ville magnifique : elle fut long-tems florissante : on n'y voit aujourd'hui que des ruines, & des débris de colonnes d'albâtre & de granit, des sangliers, des gazelles, d'autres animaux sauvages habitent la forêt voisine, & des sangsues dans le marais qui la touche, & où le bétail trouve des pâturages.

Entre Kaïsaria & Tartura, éloignée l'une de l'autre de 4 lieues, coulent deux petites rivieres : l'une paraît être le *Kerseos* de Ptolemée, l'autre le *Crocodilon* de Pline, dans lequel on trouvait des crocodiles longs de 5 à 6 pieds ; on y en trouve encore, & on dit qu'ils enlevent quelquefois des moutons.

*Tartura*, autrefois *Dor* & *Adora*, bourg au bord de la mer : il a un port où le grand émir perçoit le péage & d'autres droits ; il s'y tient des marchés où l'on vend du bétail, des fruits, du riz, des toiles de lin. Il fut autrefois une ville : ses environs sont fertiles, mais dépouillés d'arbres.

*Atlith*, *Castrum Peregrinorun*, *Petra incisa*, château détruit & petite ville sur un promontoire rocailleux, au couchant duquel était un petit golfe que le sable a rempli. Les chevaliers de St. Jean possederent ce lieu qui n'est aujourd'hui habité que par quelques laboureurs.

*Haifa* ou *Chaipha*, autrefois *Gaba*, *Sycaminorum Civitas*, & *Porphyreon* du coquillage qui fournit la pourpre abondant sur ses bords, est un bourg au bas du mont Carmel, sur la rive méridionale du golfe dont Acre occupe le bord opposé ; il n'a point de port, mais un bon ancrage. On y voit les ruines d'un château & de deux églises : l'une sert de magazin, l'autre de karavanserai : autour sont des champs pierreux où sont des tombeaux ; le fleuve qui porte son nom est le Kison enflé de plusieurs ruisseaux, qui sépare les possessions du grand Emir du territoire de Saphet, & se jette dans la mer près du Carmel ; dans l'été, son embouchure embarrassée par les sables forme un sac qui inonde ses environs : il faut que les habitans lui ouvrent un paſſage pour éviter que leurs champs n'en ſoient couverts.

Le mont *Karmel*, ou *Karmain*, eſt à 15 lieues de Jéruſalem, à 4 du Thabor, à deux de Kaïſaria. La mer baigne le pied du promontoire qu'il forme : de-là il s'élève inſenſiblement, laiſſe une grande plaine couverte d'oliviers & d'autres productions utiles, entre la mer & la montagne proprement dite ; il eſt compoſé de diverſes collines l'une au-deſſus de l'autre ; c'eſt à l'orient qu'il eſt le plus élevé : de ſon ſommet à la mer il y a 5 lieues, mais elles ne ſont pas en ligne droite ; ſon circuit eſt de 13 lieues ; l'air y eſt tempéré, & dans l'été il y eſt ſans ceſſe agité. Les Arabes qui l'habitent ſe bornent à cultiver leurs champs ; les chrétiens ont encore des jardins où croiſſent d'excellens melons d'eau : on y néglige les arbres à fruits ; on n'y cultive la vigne que pour ſon uſage. De nombreux troupeaux de brebis, de chevres & de gazelles, errent ſur ſes flancs toujours verds ; le lievre, le lapin, la perdrix y ſont abondantes ; l'olivier, le laurier croiſſent ſur ſa pente ; le pin & le chêne couvrent ſon ſommet ; les ſources y coulent de toutes parts, ſur-tout dans les belles vallées & les collines riantes qui ſont entre les villages de Buſtan & de Dali. Parmi des broſſailles on découvre 24 grottes qui communiquent l'une à l'autre & paraiſſent une égliſe : au couchant une ſource abondante fait mouvoir des moulins, là auſſi eſt la *fontaine d'Elie* qui coule par deux canaux dans une vallée ; ſon eau eſt très-pure & douce : au levant, au lieu nommé *Raaſ al Mocataa*, parce qu'Elie y fit mettre à mort les prêtres de Baal, eſt une fontaine qui ſe jette dans le Kiſon ; de toutes parts il en tombe de petits ruisseaux : à l'occident on trouve plus de mille cavernes où habiterent des carmes, mais plus anciennes qu'eux, & c'est de ce mont qu'ils prirent le nom qu'ils portent ; quelques-unes ont l'entrée bien étroite, & sont tortueuses : il y en a environ 400 dans un rocher qu'on nomme *caverne de moines* ; elles y forment comme une grande vallée & ont des fenêtres, des alcoves, des fontaines : près de là est une colline toute percée : elle a une vaste caverne au centre, de plus petites l'environnent, plus de 100 moines y habitaient : l'angle occidental se nomme le promontoire du mont Karmel : au-dessous est l'antre où Elie demeura : il y demeure des solitaires mahométans ; au-dessus sont les ruines d'un monastere de carmes, voisines du village de St. Elie : on y a creusé des chambres dans le roc : ces moines y ont encore un couvent dédié à Ste. Thérese, formé d'une grande caverne dont l'entrée est fermée d'un mur pour la défendre des Arabes : il renferme 4 cellules, un oratoire, un refectoire, une cuisine, un four : au dehors est un petit jardin, une écurie, un réservoir d'eau. Au levant de la montagne est un lieu fort élevé, *Il Korban*, où l'on voit 12 pierres sur lesquelles sont gravés des caracteres grecs ; près d'El Korban et le hameau de Karak. *Rusmia* est un grand village environné de bois : vers le midi, au milieu d'une forêt, entre des petites vallées & des collines se trouvent *Ain-Hbud*, ou fontaine de bois, & *Ain-Gazal*, ou fontaine de chevreuil. Au milieu de la montagne, près de la forêt appellée le parc du mont Carmel, est *Bastan*, ou jardin situé entre deux collines, *Dubel*, *Dali*, *Novabi* : dans ce dernier village sont les ruines d'un temple. *Damon*, sur une colline est une ville ruinée. Au bas de la montagne font divers bourgs & villages dont on ne connaît que les noms. Près de la fontaine *Mocataa* est celui de *Montaar* : à l'extrémité de la vallée *Schif El Ruban* est le bourg *Tyrus* où le prince Arabe du mont Karmel a un palais ; au pied du mont est encore la ville détruite de *Caferfames*. *Müzenat* est encore un grand village.

### IV. *Pays ou district de Saphet.*

Borné par la Méditerranée au couchant, par le district d'Areta au midi, vers l'orient il touche au Jourdain, & au nord aux districts de Wadettein & de Saïda ; il dépend du même pascha que ce dernier ; la Galilée y est comprise, & les habitans du pays l'appellent *Belad el Bejchara*, le pays des évangiles. La Galilée est remplie de monts & de vallées qui se succedent ; son sol est bon, mais il est presque partout inculte.

Du mont Carmel & du Kifon, on arrive à la petite riviere de *Nahame* ou *Muckattang*, autrefois *Belus*, qui est basse à son embouchure & sort d'un petit lac que Pline nomme *Palus Cendevia*; c'est du sable de cette riviere qu'a été fait le premier verre, & l'on dit qu'on en vient chercher encore des côtes de l'Italie pour servir au même usage.

*Acca*, *Acco*, *Ake*, autrefois *Ptolomaïs*, & du tems des croisades connue sous le nom d'*Acre*, ville située dans une plaine étendue, fertile, mais inculte, qui touche au nord à une montagne qui s'abaisse près de Saphet, & à l'orient aux petits & fertiles monts de la Galilée, ainsi qu'à une vallée étroite qui se joint à la plaine de Saphet ; elle est arrosée par un ruisseau dont la source est à 3 lieues de là; c'eſt le *Belus*, le *Sagida*, le *Fluvius crocodilorum* des anciens. Ce port eſt preſque comblé par le ſable qu'y apporte la mer, ou par un prince Druſe qui voulait en éloigner les Turcs : la ville fut détruite par le ſultan d'Egypte *Almalich-Alaſchraph* qui la prit aux chrétiens : elle a encore de belles ruines ; dans de chétives maiſons demeurent quelques mahométans, quelques chrétiens, ou grecs, ou arméniens, ou maronites ; ils y commercent avec les francs, un aga & quelques janiſaires occupent la tour qui eſt ſur le port : il y a un conſul Anglais: l'eau raſſemblée dans les voûtes des bâtimens détruits y croupit, & dans l'été élève une vapeur qui corrompt l'air, & y fait regner des fievres longues & cruelles. Le golfe qui eſt entr'elle & le mont Carmel eſt long de 4 lieues, large de 3 ; un courant violent, & un fond rocailleux le rendent dangereux pour la navigation.

*Azzib*, *Dſib*, *Ecdippa*, bourg ſitué ſur une hauteur près de la mer : de-là & du village de *Schenier* viennent les meilleurs melons d'eau qu'on mange à Acca.

*Cap-Blanc*, haut promontoire à 5 lieues au nord d'Acca, compoſé d'une pierre calcaire blanche : de-là on arrive à *Nawakyr* ou *Nakyra*, & on trouve un chemin tracé, dit-on, par Alexandre le grand ; aux environs eſt un château détruit qu'on appelait par corruption *caſtrum Scandalium* ; plus au nord était Kana & la fontaine de Salomon.

De l'embouchure du Kaſemieſch à Saphet, on trouve divers bourgs & villages : celui d'*Yarun* eſt grand, habité par des chrétiens, environné de ruines : on y trouve une colonne avec des caracteres grecs. *Ain el Saitun*, fontaine d'huile, grand village ; il y a une ſource ſur la ſurface de laquelle l'huile ſurnage. Les Juifs y eurent autrefois une imprimerie. Il est situé au pied de la montagne où *Saphet* est bâtie : cette ville s'appelle aussi *Sephet* : c'est la plus considerable de la Galilée, & elle ressemble à un grand village. On y compte environ 200 Juifs qui y ont 2 synagogues, & une école ; mais ils sont accablés d'impôts, & ne jouissent que d'une vie pénible ; ils ne s'y fixeraient pas, si la superstition ne leur avait persuadé que le Sohar & la Mischna y ont été composés : ils y cultivent des vignobles qui donnent beaucoup de vin rouge : les autres habitans sont arabes. Le pascha y résida autrefois ; il siége aujourd'hui à Saida : les environs en sont beaux, la vue y est très-belle, mais l'air y est mal sain : quelques-uns croient qu'il fut la Bethulie du livre de Judith, & que la montagne où elle est située est celle où se fit la transfiguration de Jésus ; au dessous est un bourg ; à quelque distance est le lac Samochinite : tout ce pays est fertile & agréable.

A 3 lieues vers le nord est, dit-on, le petit pays de *Cabul* ou *Zabul*, où est la ville de *Syrin* nommée Jotapata par Joseph. Entre le lac Samochinite & Saphet on trouve des ruines qu'on croit celles de l'ancienne *Taroscheth-Haggoim*, & près de là, une source minerale qui charrie du cuivre & du fer. *Dschifr*, *Benal-Jacub*, ou le pont des enfans de Jacob, dont nous avons déjà parlé, a près de lui un karavanserai.

*Khan-Josephs*, ou *Khan Kuperli*, karavanserai voisin d'une fontaine qui porte le même nom, parce que Joseph y fut, dit-on, abandonné par ses freres ; mais cette fosse doit être dans les environs du mont Gilboa ; il n'y a de l'eau que lorsqu'il pleut, c'est une voûte soutenue par 4 arcades ; près de là est une mosquée, & une église chré ienne qui a été détruite. Dans le lieu où le Jourdain se jette dans le lac de Tiberias est un aqueduc qui sert de pont. Là est *Telhum* ou *Telhoue*, où sont des ruines de divers bâtimens de pierre qu'on croit avoir fait partie de *Tarichée* : une lieue plus loin sont des vestiges de Capernaum ; dans les environs est un marais qui s'unit au lac & qui parait avoir été un port. *El Menieh*, est un lieu où il ne reste que des ruines : autour du lac sont divers petits villages Arabes ; près d'El Menieh coule un ruisseau qui sort d'une fontaine ceinte de murs, dont la profondeur est d'environ 100 pieds, & à l'embouchure duquel on place aussi *Capernaum* : plus loin sont deux ruisseaux encore, dont le dernier parait avoir arrosé Bethsaïda, & en effet on y voit encore des ruines au pied d'un mont : autour d'un petit village d'une montagne qui n'est pas éloignée, on a la vue du lac de Tiberias ; dans une étroite vallée près du lac sont les ruines d'un château nommé *Magdol*, qui n'est pas le *Magdala* dont il est parlé dans l'évangile, car celui-ci est situé à l'orient du lac.

Entre les ruines de Bethsaida & Taberya, le long du lac, est une plaine arrosée de divers ruisseaux ; là croît le zacum & le riz. On dit que dans cette contrée il ne tombe point de rosée : on peut en douter. *Taberya*, autrefois *Tiberias*, petite ville à l'extrêmité de l'Al-Gaur, sur la rive occidentale du lac, au pied d'une montagne haute & escarpée : elle est ouverte sur le bord du lac, & environnée de murs partout ailleurs ; dans l'intérieur elle est semblable à un village ; ses maisons sont séparées l'une de l'autre : il y a une église dédiée à St. Pierre dans laquelle les franciscains de Nazareth disent une messe le jour dédié au saint,

Ses habitans sont Arabes & Juifs : ceux-ci y ont une école la plus considerable qu'ils aient en orient, après celle de Saphet : Hérode la bâtit à l'honneur de Tibere & la peupla d'étrangers & de Galiléens ; il y eut un palais, elle fut longtems capitale de la Galilée, & devint le siege du pontife des Juifs apres la destruction de Jérusalem. Près d'elle est un bain chaud dont l'eau sort d'un mont noir, sulphureux, & dont la pierre est cassante ; c'est une vraie marcassite de fer ; là est le hameau d'*Huseinia* qui est l'*Emmaus* de Joseph ; ce dernier nom vient peut-être du mot arabe *Chamma*, bain chaud : on dit que l'eau de ce bain est si chaude qu'on y peut cuire de la viande ; elle brûle la main, & a une odeur sulphureuse & un goût amer : elle se mêle à celle du lac, & conserve sa chaleur jusques là. Les anciens murs s'étendent jusqu'aux sources, & dans l'espace on trouve des colonnes brisées cachées par l'herbe. Le château est sur le bord du lac ; il était fort, quoique commandé de tous côtés. Vers la courbure que fait le Jourdain, lorsque du midi il coule au couchant, on voit des ruines qui pourraient être celles de *Sennabris*, ou *Gennabris*.

A une lieue de Taberya, près du lac, sur une montagne, est un défilé étroit qu'on nomme Genezareth ; on croit qu'il donna son nom au lac.

Lorsque par le chemin qui conduit de Jérusalem à Damas, on s'avance vers le mont Thabor, on trouve la montagne, que les chrétiens appellent *montagne du salut* : c'est celle où Jésus fit son sermon ; elle est belle, nulle autre n'en borne la vue, & de son sommet où sont les ruines d'une église chrétienne, on voit bien loin au de-là du Thabor : il y eut, dit-on, une ville dont le nom était *Eika* : à son pied est le village de *Hutin*, ou *Keron*

*Hutin*, environné de jardins agréables, ornés par des citronniers & des orangers : un scheik mahométan y eut son tombeau & on lui éleva une mosquée.

*Ain Ettujar*, fontaine des marchands, château à mille pas du Thabor, bâti pour la sureté des caravanes, & où est une garnison de janissaires : près de lui est un Khan défendu par deux tours.

Du Thabor au mont Carmel vers le nord on trouve la fertile plaine de *Sebulon*, où l'on cultive des grains & le cotonnier : de celle-là en se dirigeant au couchant, on en trouve une autre aussi riante, aussi féconde qui se termine à une vallée étroite qui touche à la plaine d'Acca.

*Nasra, Nassuriah, Nazaret*, village étendu, mais pauvre, situé sur le penchant d'une montagne à 3 lieues au nord-ouest du Thabor : il s'étend de cette montagne à une vallée circulaire : des ruines s'élèvent parmi ses maisons. Les Franciscains y ont un vaste monastere, bien bâti, environné de hautes murailles, orné d'une belle église : 20 moines l'habitent : à 200 pas de là est une fontaine, la seule de la contrée : plus haut est le mont d'où les Nazaréens vouloient précipiter Jésus ; il y eut autrefois un couvent : on jouit sur son sommet d'une belle perspective. Les habitans de Nazareth sont Arabes ou Chrétiens ; les moines payent de fortes sommes aux Turcs pour en être protégés : à une lieue est le village de *Jaffa* dans une petite forêt de grenadiers & de figuiers ; dans la vallée qui le touche, on trouve beaucoup de mandragore. Les environs de Nazareth sont pierreux & stériles ; on n'y voit point d'arbres, presque aucune plante.

*Safuri, Sanet Anna*, autrefois *Sepphoris* ou *Diocesarée*, village à l'occident de la plaine d'Esdrelon, à 3 lieues de Nazareth, habité par les Arabes & des chrétiens grecs, autrefois ville considérable, défendue par un château fort élevé sur le sommet d'une haute colline : le pays qui l'environne est fertile & mal cultivé : là, dit-on, naquirent les parens de la vierge Marie : les habitans sont grands ennemis des Chrétiens. *Kana*, village à deux lieues du nord de Nazareth, situé sur le penchant d'une colline s'étendant jusqu'à une vallée que forment de hautes montagnes, & qui se termine vers le nord à une belle plaine : on y voit les ruines de l'ancienne ville de ce nom : il a une source abondante, ceinte de murs, d'où sort un ruisseau dont l'eau est bonne & fraîche ; près d'elle est une petite mosquée.

### *Du pays au de-là du Jourdain.*

La partie septentrionale du pays à l'orient du Jourdain, renferme les provinces de *Belad Seikip* ( pays rude & pierreux ) autrefois appellée *Trachonitis* ; de *Belad-Hauran*, autrefois *Auranitis* ou *Iturœa*, & de *Belad-Haret* jadis *Batanœa*. Parcourons d'abord la premiere.

*Saaſſa*, ou *Saſſa*, village sur une riviere qui se partage en plusieurs bras : ses maisons sont des huttes de terre argilleuse : à l'orient, au pied d'une haute montagne, sont les ruines de deux bâtimens, dont l'un s'appelle le tombeau de *Nimrod*, l'autre son château. *Coneitra* est un khan semblable à un château, il est voisin d'un petit village : la contrée qui l'environne est couverte de bois épais, de chênes & autres arbres.

*Sueta* ou *Sowaida*, ville à 4 lieues de l'embouchure du Jourdain dans le lac de Tiberias : on y montre le tombeau de Job, qu'on prétend être aussi à *Nava*, petite ville qui n'est pas éloignée de *Sueta*.

Entre cette ville & Saffa eft une grande plaine où s'affemblent les Arabes des lieux voifins, pendant l'été & ils y tiennent une efpèce de foire.

*Kedar*, ville à 4 lieues à l'orient de l'embouchure du Jourdain, au pied du mont *Sanir*, fur une colline qui paraît de loin avoir la figure d'un chameau.

Les provinces de *Belad-Hauran* & *Haret*, renferment *Bofro*, nommée par les Latins *Boftra*, capitale du pays : c'eft peut-être la *Beeftera* dont il eft parlé dans Jofué. Elle fut le fiege d'un métropolitain grec dépendant du patriarche d'Antioche. *Edraata* nommée par les Grecs *Adraa*, eft vraifemblablement l'Edrei du livre de Jofué.

*Caucab* ou *Cauchaba*, ville ancienne à laquelle les Arabes Cavachebitens donnerent leur nom : il y a auffi un château nommé *Caucheb* fur le lac de Tiberias. *Zar* eft encore une ville ; à une journée de là eft *Sarchad* petite ville, chef-lieu d'un diftrict : elle avait un château élevé, mais aujourd'hui ruiné.

*Fick*, anciennement *Apheck*, bourg fur une chaîne de monts, oppofée à Taberya ou Tiberias, & nommée *Phik*.

*Gaulan*, *Agheloum*, place forte qui donne fon nom à une bande de terre nommée *Gaulanitis*, qui s'étendait de *Perea* le long de la rive du lac à l'Antiliban. A l'orient eft la petite province de *Batanea* ou de *Bafan*, aujourd'hui *Belad Haret* : il y eut autrefois une ville nommée *Batfchania* dont on ne trouve plus de traces.

Le pays nommé par les Arabes qui l'habitent *Beni-Kemane*, dont le prince paye tribut au pafcha de Damas, & le pays de *Salth* appartiennent à la partie orientale de l'Al-Gaur : la petite riviere de *Scheriath-Mandur* les partage ; elle eft formée par une multitude de fources chaudes, & fe jette dans le Jourdain après un cours de 3 lieues : ce pays est une partie de l'ancienne *Perée* qui dans sa longueur s'étendait de Pella à Macherus, & dans sa largeur de Philadelphia au Jourdain. Joseph donne ce nom à tout le pays au de-là du Jourdain ; sa capitale était *Gadara*, ville qui avait des bains chauds, & qui de même que *Pella* & *Hippos*, faisait une partie de la *Decapole* ou des dix villes : on n'en connait pas même les ruines.

*Edschlun* ou *Eglun*, ancien château fort sur une montagne sur laquelle est aussi le bourg de *Bautschat*.

*Salth*, ville ancienne qui donne son nom au pays qui l'environne, lequel touche à la mer noire & au Jourdain, & dont le prince Arabe paye tribut au pascha de Damas : elle est devenue un grand village habité en grande partie par des chrétiens : on la nommait aussi *Apelt* du nom d'une montagne cultivée qui faisait face à la plaine de Jéricho, & d'où descendaient diverses sources qui arrosaient la ville : on recherchait les grenades qu'on y cultivait.

Le *Nebo* est une partie des monts d'*Abarim* dont le plus haut sommet se nomme *Pisga* : ils s'élèvent à quelque distance du Jourdain, vis-à-vis de Jéricho, entre deux plaines dont l'une est la *Campestria Moab*.

Les contrées dont nous allons parler, & qui s'étendent jusqu'à *Hedschas*, sont rangées dans le nombre de celles qui dépendent de la Syrie, parce que le pascha de Damas en reçoit des tributs ; on en fait aussi une partie de la Palestine dont on place la borne à *Aila*, à l'extrêmité du bras oriental de la mer rouge ; d'autres la placent dans l'Arabie Pétrée.

A 3 journées de Damas, sur le chemin qui conduit à la Mecque, est située *Mascharaib* ou *Maserib*, petite ville qui appartient à un Prince Arabe qui

qui a 40 mille cavaliers foumis à fes ordres, & autant de chameaux.

*Aſ-Schorat*, diſtrict monſtrueux & cependant fertile, qui s'étend de la rive orientale du Jourdain & de la mer morte à *Hedſchas* vers le nord ; les pélerins qui vont à la Méque y paſſent : ſa partie ſeptentrionale ſe nomme *Al-Balkaa* : c'était l'ancien pays des Moabites & des Ammonites.

*Ammon*, ville très-ancienne, détruite longtems avant Mahomed, mais dont on voit encore des ruines : elle était ſur la rive du *Zerka*, à une journée du lac *Ziza* : ſes environs étaient des champs labourables : les Grecs l'appellaient *Rabbath Ammana*, & le roi Ptolemée Philadelphe lui donna le nom de *Philadelphia* : elle avait un évêque.

*Chosban*, ou *Hesban*, nommée *Esbuta* par Ptolemée, eſt la capitale de l'Al Balkaa ; elle eſt petite, ſituée dans une vallée fertile qui s'étend juſqu'à l'Al Gaur.

*Mab*, ou *Mob*, l'ancienne capitale des Moabites, nommée auſſi *Rabbath Areopolis* ou *Rabbath Moba*, fut enſuite le ſiége d'un évêque, devint un bourg nommé *Ar Rabbath*, & eſt moins encore aujourd'hui : elle dépend de la ville de *Carach*, ou *Al-Karat*, que Ptolemée appelle *Charat-moba*, & qui en eſt éloignée de 5 lieues : Carach fut le ſiége d'un évêque ; elle eſt dans une vallée couverte de jardins, d'arbres fruitiers, & où l'on trouve des bains chauds : on croit que ces derniers étaient appellés par les Grecs *Callirrhoe* : au ſud de cette ville était, ou eſt encore, *Mutah*, où s'eſt donné le premier combat entre les chrétiens & les Mahométans.

*Ar Ratim*, *Rokom* ou *Rekam*, petite ville peu éloignée de Carach : ſes maiſons ſont aſſiſes ſur un rocher, & de là vient ſon nom : on la croit l'an-

*Tome VIII.*             X

cienne *Petra* qui donna son nom à l'Arabie pétrée : elle en était la capitale, & un évêque siégeait dans ses murs : peut-être elle est aussi la *Sela* de la bible, nommée *Adriana* par l'empereur Adrien. Remarquons que les Arabes appellent les hommes qui vivent dans des cavernes, *camarades de rocher.* Autour de l'ancienne ville de Petra était la *Gebalene*, district nommé par les Arabes *Dschabal*, & doit son nom à son sol montueux : il fait partie des anciens Edomites : le château de *Sobal* nommé aussi *Mons regalis*, bâti par le roi Baudouin, a servi encore à distinguer ce pays.

Le district *As-Schorat* a dans sa longueur 3 journées de chemin : on y trouve *Al Chomaimah*, villes célèbre où siégèrent des califes Abassides. *Maan*, ville en ruines sur les frontieres de l'Arabie déserte, où des califes ommiades résiderent, & qui est probablement le *Maon* dont il est parlé dans le livre des juges. *As Schaubek*, située à 8 ou 9 lieues de Maan, près de Carach & des limites de Hedschas. Au pied d'un rocher blanc sur lequel est un château, sont deux sources qui traversent la ville, & arrosent les jardins qui l'environnent.

## *GOUVERNEMENT DE DAMAS*, ou *DAMASCHK*.

Il est très-étendu, la Palestine en dépend, & il renferme encore la partie méridionale de la Syrie, *Damas, Damaschk, Dimeschk, Scham el Demeschy, Scham Scherif, Dummesek*, ville capitale du gouvernement, & le siège de son pascha. La riviere de *Barady*, autrefois *Chrysorrhoas* qui vient de l'Antiliban & le *Fege* ou *Faige* qui en arrivant à la plaine ne célebre de Gota, s'y divife en 3 bras, dont le plus confidérable coule dans fes murs, & s'y divife en plufieurs canaux, les deux autres fe partageant en une multitude de ruiffeaux, arrofent la plaine & en font un vafte & fertile verger : tous fe réuniffent enfin & forment à quelques lieues au levant de la ville un lac dont les environs font marécageux : on l'appelle *Bushairat-el-Margi*, ou *lac du Pré*; il a 11 lieues de long, près de 6 de large, & eft riche en poiffons : la ville eft affez grande & fes fauxbourgs plus grands encore : fes rues font étroites, fes maifons font bâties de briques féchées, non cuites, elles font laides au dehors, mais l'intérieur en eft brillant : l'abondance de l'eau fait que chaque maifon y a un canal qui coule dans la cuifine, un autre qui en emmene les immondices, & un troifieme dont on raffemble les eaux dans un baffin : l'intérieur de l'ancien château reffemble à une petite ville : le Khan où font les principaux magazins des marchands eft un bâtiment grand & magnifique : on y compte 200 mofquées dont quelques-unes furent des églifes chrétiennes : celle qui était dédiée à St. Jean Batifte fut la cathédrale, & l'architecture en eft dans le bon genre : au dehors eft une fontaine plus baffe que l'églife de 40 pieds, & dont on voit cependant le jet élevé depuis le lieu où était l'autel ; tel eft fa force qu'il parait à quelque diftance une colonne de criftal. Les Mufulmans & les Chrétiens ont chacun un hôpital dehors la ville pour les lépreux, & ils y font foignés : on trouve plufieurs lépreux dans les villages autour de Damas ; il en eft même à Urfa un grand nombre ; Damas a plufieurs caffés : il en eft un long de 800 pieds, large de 400, planté de rofiers à l'ombre defquels on fe repofe : fes habitans ne femblent refpirer que pour le plaifir ;

ils sont indolens & paresseux pour toute autre chose ; ils sont rusés, & ont la repartie prompte ; les femmes sont très-belles. Dans le grand faux-bourg situé au midi de la ville demeurent les Turkomans : divers Samaritains habitent ses dehors & y ont une synagogue. Le nombre des chrétiens peut y être de 20 mille ; la plupart sont Grecs, 8 mille sont réunis à l'église latine, les autres sont soumis au patriarche d'Antioche sous lequel sont encore 42 archevêques ou évêques, mille sont Maronites, 200 sont Syriens Jacobites : il y a environ 30 familles Arméniennes. Les catholiques y ont un évêque, les franciscains, les capucins y ont des couvents, les jésuites y en avaient aussi. Les environs de Damas sont abondans en beaux fruits : il y croît de 5 à 6 sortes d'abricots, on les y sèche, on les y confit, & ils sont un objet de commerce : le vin qu'on y recueille est plein de force, & a le goût du Bourgogne : les lames qu'on y fabrique sont célébres; on dit qu'on ne les fait qu'avec un fer antique : cette manufacture occupe près de 20 mille personnes : on y fait diverses étoffes de soie & de cotton : on sait que le damas a pris son nom de cette ville : les caravanes de la Méque y amenent des marchandises de la Perse & de l'Inde ; celles des Européens y parviennent de Saida, de Bairut & de Tarablus. Son pascha doit escorter les caravanes de la Mecque à 40 journées de là. La ville existait déjà du tems d'Abraham, divers rois Seleucides en firent le siege de leur empire, les Romains la conquirent, les Arabes la leur enleverent en 635 : le calife Moaviah y siégea, elle fut soumise aux Sultans d'Egypte, Timur-Beg la détruisit, Selim, empereur Turc s'en empara en 1517 : des tremblemens de terre l'ont quelquefois devastée : elle donna son nom au pays voisin appellé *Damascene*: la plaine qui l'environne est la plus belle, la plus fertile de l'orient : elle confine au midi & au couchant à l'Arabie déserte ; au couchant & au nord à l'Antilibanon qui la défend du vent du nord : son circuit est de 30 lieues : tout ce qui y naît est beau : les hommes y sont grands & bienfaits, les femmes d'une beauté admirable, les chevaux, tous les autres animaux vigoureux, grands & agiles, les fruits y ont le goût excellent, ils sont gros, & ornés de couleurs attrayantes. La chaîne de monts qui s'élève, non loin de Damas, s'appelle *Dschabl Sanir*, & la partie qu'on en découvre *Kasiun*, elle est une partie du Tschaldsch qui commence au midi vers Szafad, & prend le nom de Liban vers le nord. Au midi de la ville, on ne trouve rien de remarquable ; à 14 ou 15 lieues d'elle la plaine se couvre de pierres, elle est terminée par des forêts, & on arrive au pont de Jacob sur le Jourdain. Au nord, sur le chemin d'Alep, on trouve *Jobar*, village où demeurent beaucoup de Juifs qui y ont une synagogue : c'est peut-être le *Choba* dont parle Moyse. *Dumà* est un bourg. *Seidenaja* ( petite Seide ou Sidon ) nommée aussi par les voyageurs *Saïednaja* & *Sardanella*, bourg habité par des Grecs réunis à Rome, situé sur une colline pierreuse, au sommet de laquelle est un couvent de filles où l'on revère une image de Marie : ses environs sont abondans en vins rouges, & les Grecs disent que c'est là que Noé en fit pour la première fois : on donne aux raisins le nom de raisins de Damas. *Hadra*, village dans une plaine où sont des vignobles, *Koteife*, beau village de 300 feux, où est un khan ; à l'orient on voit un lac dont l'eau s'évapore l'été & dispose un sol mal-sain. *Maluca*, bourg dans une vallée, sur le penchant d'une colline escarpée, habité par des chrétiens Grecs qui y ont deux églises : de l'autre côté de la colline est le couvent de Ste. Thecle, grotte d'une grande étendue où l'on a construit une petite chapelle.

Au couchant de Damas, vers l'Antilibanon, on trouve *Salahaia, Salheia, Salhie & vieux Damas*, grand village sur le penchant d'une colline d'où l'on promene ses regards sur la vaste plaine de *Guta*, semée de jardins & de maisons de plaisance : le chemin qui y conduit est pavé à la maniere des anciens de grandes pierres quarrées, bordé de canaux. *Dimas*, village au pied de l'Antilibanon. *Abila*, qui donna son nom à la province d'*Abidene*, paraît avoir été située sur le Baraby, près d'une montagne, sur le sommet de laquelle est l'église ruinée de *Nebi-Abel*, ou du prophète Abel, nommée ainsi parce que, disent les habitans, Caïn y enterra son frere Abel : selon eux, c'est là encore que Dieu créa Adam, & la terre rouge de la plaine lui donna son nom. Al Faige, *Al Figiat*, village agréable, environné de jardins, à la source de la riviere de ce nom qu'on croit être le Pharphar des livres saints ; elle sort d'une hauteur & y fait une cascade de 20 pieds de haut : ses eaux sont limpides ; à sa source est un temple antique. *Zebdani*, village entre Damas & Balbeck, reste de la ville de *Zabdan*.

*Baalbek, Baalbach, Beth-Semes, Medinal-Semsa*, ou ville du soleil ; c'est aussi le nom qu'elle eut chez les Grecs. *Hériopolis*, est située sur un mont entouré de la grande plaine de *Bkaa*, entre le Libanon & l'Antilibanon : on en parle ici, quoiqu'elle ne dépende point du gouvernement de Damas. Son Scheikh ou commandant est un *Metaucli* ou Turkoman ; il se nomme émir, & paye son tribut à Constantin, non à aucun pacha. Elle est ceinte de murs de pierres de taille & d'une construction ancienne : elle a 5 ou 6000 habitans, presque tous Mahométans ; les Juifs y ont une synagogue ; il y a aussi quelques Chrétiens Grecs & Maronites : chacun d'eux ont leur évêque ; mais celui des Maronites n'y demeure pas : les maisons y sont sans beauté, mais on y trouve des ruines magnifiques, dont Wood & Dankins nous ont donné des desseins. On y voit des colonnes d'ordre jonique & corinthien : on y admire surtout un temple que des médailles montrent avoir été élevé par Septime Sevère ; c'était le temple le plus beau, le plus magnifique peut-être de l'empire, & ses ruines qui se dégradent tous les jours surpassent ou égalent au moins en beauté celles de l'ancienne Rome : l'aigle portant la foudre y est conservée dans une voûte : le château qui se détruit fut bâti des ruines des bâtimens qui en dépendaient, ses murs sont faits de pierres d'une grosseur énorme : on y en trouve qui ont 60 à 62 pieds de long, large de 20, jointes sans ciment. Le nom de *Baal*, seigneur, est sans doute un nom donné au soleil, & ce nom celui que les Grecs, que les Syriens lui donnent *Beth-Semes*, annonce que cet astre y était adoré : sous les Romains on y révérait aussi Jupiter auquel on avait élevé le temple dont nous avons parlé. Venus le fut aussi, ainsi que dans *Aphaca*, ville qui en était voisine : Constantin y fit bâtir une église ; mais le paganisme s'y maintint longtems encore. Les Jacobites y eurent un évêque au septieme siècle dont dépendaient ceux de Sadad, de Kara, & de Nabach. Un ruisseau qui vient du midi, coule par la ville & va ensuite arroser les jardins & les champs voisins.

*Al Bkaa*, ou la plaine au centre de laquelle est située Baalbek s'étend du nord au sud ; elle est arrosée par le Letane qui sort du Liban, par le Barduni qui vient des mêmes monts & se joint à la premiere; on y cultive la vigne, & les raisins connus sous le nom de Damas en viennent la plupart: son sol est rougeâtre, elle est mal cultivée & ses champs rapportent peu.

*Bar* ou *Beer Elias*, ou plaine d'Héliopolis, et une partie de l'Al Bkaa, où se joint à elle vers le sud : c'est une plaine longue de dix lieues, dont la plus grande largeur est de 7, traversée par le chemin qui conduit à Beirut, arrosée par un ruisseau: on y voit un bourg qui porte son nom, qui a un khan, qui est habité par les Mahométans.

*Demah*, grand village habité par les descendans de Persans fugitifs ; ils s'habillent de blanc.

Les lieux qui suivent, situés dans le Libanon & Antilibanon, dépendent encore du gouvernement de Damas.

*Kesroam*, district nommé par les Européens *Castravan*, par les Arabes *Galad-Kharijab*, ou la partie extérieure du Libanon qui s'étend jusqu'aux rivages de la Méditerranée. Le *Nahar-Khelb* ou fleuve du Chien, autrefois le *Lycus*, partage cette belle contrée en méridionale & septentrionale : celle-ci se nomme *Kesroam-Gazir*, & est habitée par des Maronites ; celle-là se nomme *Kesroan Bekfaia*, & est habitée en partie par les Maronites, en partie par des Grecs qu'on appelle *Melchites*, qui sont grands & bienfaits. Un grand nombre de sources y forment des ruisseaux : il y a de vastes plantations de muriers, & on y éleve beaucoup de vers à soie ; les vignobles y rapportent un vin exquis ; on y voit des oliviers d'une grandeur étonnante, des prairies, des pâturages, des champs couverts d'une belle moisson, des fruits excellens, de grands troupeaux de bétail, du gibier, & un grand nombre de bourgs & de villages. Ceux qui sont un peu élevés y jouissent d'une vue admirable, surtout dans le voisinage de la mer : les Chrétiens s'y servent de cloches : le prince des Druses y commande, & c'est ce qui leur procure divers privilèges. *Refond*, couvent où réside l'évêque maronite de Patron. *Augusta, Ghusta*, bourg à 3 lieues de la mer : un receveur du prince des Maronites y réside ; leur patriarche y siège quelquefois, mais soumis au prince ou Emir des Druses. *Antura* (source du rocher) petit village à 5 lieues de Dschebail & de *Bairut*, dans la contrée la plus belle du Kesroan : les Jésuites y avaient une maison qu'un seigneur maronite leur avait cédée : un ruisseau d'une eau claire & pure y coule & vient d'un mont voisin.

*Deir Hannah Schwoyer*, ou couvent de Jean de Schwoyer : il doit son surnom à une montagne : il est Maronite & avait une imprimerie.

Le *pays des Druses* qui dans sa longueur va du nord au sud de Bairut à Sur, & qui du couchant au levant s'étend de la Méditerranée à Damas, renferme une partie du Libanon & tout l'Antilibanon : on ignore l'origine du peuple qui l'habite nommé aussi *Durzi, Truscen, Dorziim* : il existait au tems des croisades ; mais les croisés devenus fugitifs purent en augmenter le nombre : ils prétendent être issus des Français & des Anglais : avec les Chrétiens ils croient en Christ, avec les Turcs en Mahomet, mais en effet ils sont Payens & n'ont point de culte déterminé : ils disent qu'ils veulent vivre en paix avec tous les partis jusqu'à-ce qu'ils soyent instruits, de celui qu'ils doivent prendre : on dit qu'ils ont dans leurs maisons des veaux jettés au moule, au devant desquels, dans de certains tems ils allument des lampes : Puget de St. Pierre dit qu'ils defcendent de l'ancienne fecte d'Elmacin, dont les principes autorifaient les débauches exceffives, le mépris de toute efpèce de culte ; leur chef donnait à fes fectateurs pour type de l'union du corps & de l'efprit la ligne où fe joignent les deux parties du crane, appellée *deuz* en arabe, & de-là vient le nom de Drufes ; ils ne boivent ni ne mangent avec les Mahométans ; ils le font avec les chrétiens, furtout avec les Francs ; ils parlent Arabe : les peres y époufent leurs filles, les freres font de leurs fœurs des maitreffes : ils favent manier les armes ; lire, écrire, font des occupations qu'ils abandonnent à leurs femmes : on peut les connaitre facilement à leurs têtes qu'ils compriment dans leurs enfans à leur naiffance, de maniere qu'elle eft plus longue qu'aux autres hommes : dès leur enfance ils s'accoutument à une vie dure, ils deviennent robuftes & vivent longtems, ils font courageux, & aiment l'honneur ; mais cruels envers leurs ennemis, & par là même redoutables : (†) Les Turcs font les maitres de leurs pays & ils les déteftent : ils ont un prince ou Emir auquel ils payent tribut, & qui paye au pafcha de Saïda une fomme pour tout le pays : il était toujours de la maifon de Maon ; quelques-uns ont été illuftres : il nomme des commandans pour les divers diftricts qui compofent leur province. Ils font divifés en rouges & blancs, & ces deux factions vivent dans une inimitié conftante. La famille *Maon*

(†) Ce peuple mérite d'être mieux connu : il eft très-probable qu'*Hakim* calife de la race des Fathimites eft l'inftituteur de leur religion ; leur bible nommée *Kitah-al-Mchaid*, contient les myfteres de leur religion & l'hiftoire détaillée de ce calife détefté des Juifs, des Chrétiens, des Mahométans, parce qu'il n'oppofa que la raifon au fanatifme.

était de la faction blanche, mais il parait qu'elle eſt éteinte; l'Emir actuel eſt de celle de *Schchab* qui en eſt alliée. Leur pays ſe diviſe en *Aka*, ou en *Dſchahbal*, mais nous avons conſervé l'ancienne diviſion en diſtricts.

Les diſtricts de *Sciuf*, de *Dſchiord*, de *Matn* & de *Sciehhar* n'ont rien de remarquable : c'eſt dans le premier que réſide l'Emir : il eſt connu par la ſoie très-fine qu'on y trouve.

Le diſtrict de *Wadettein* dépend immédiatement du paſcha de Damas : là commençait la Trachonite des anciens, pays montueux, pierreux, difficile : il renferme le *Dſchebel-Tſaldſch*, ou mont *Panius*, nommé dans la bible *Chermon* ou *Hermon*, toujours couvert de neige, ſur le ſommet duquel fut un temple dédié ſans doute au Dieu *Pan*, qui protégeoit la ville de Paneas, ſituée au pied. Ce mont bornait au nord le pays des Iſraëlites : la roſée qui s'en élevait tombait ſur la montagne de Sion, ſelon les livres ſaints. *Panéas* fut bâtie par Hérode en l'honneur d'Auguſte : ſon fils Philippe l'aggrandit & lui donna le nom de Céſarée en l'honneur de Tibere; & pour la diſtinguer de celle qui était au bord de la mer, on l'appelle *Céſarée de Philippe*. Le Jourdain paſſe auprès, & nait, dit-on, à 4 lieues de là dans le petit lac de *Phiala*, où l'on conte que le roi Philippe jetta une paille qui reparut près de Paneas. Elle a perdu ſon nom de Céſarée pour reprendre celui de *Paneas*, ou *Baneas*, ou *Belinas* : elle n'eſt plus qu'un bourg.

Le diſtrict de *Mardſchiam* ou *Hhuran* qui faiſait auſſi partie de la Trachonite eſt ſoumiſe au prince des Druſes : l'Antilibanon s'y termine.

Le gouvernement de Damas renferme diverſes villes ſur la Méditerranée : la riviere d'*Abraham* autrefois *Adonis*, la sépare de celui de *Tarablüs* : on la passe sur un grand pont de pierres ; plus bas est le *Nahar Khelb*, anciennement *Lupos*, qui doit son nom à la figure d'un chien taillé dans le rocher d'un promontoire, & que les Turcs y ont détruit ; le fleuve est rapide & profond : il vient d'un mont du Liban nommé *mons Elimax*, aujourd'hui *Castravan*, connu par ses bons vins muscats. Sur sa rive méridionale est le grand chemin que l'empereur Marc Aurele fit tailler dans le rocher, & sur lequel on voit encore une inscription : il est large de 6 pieds & long d'un quart de lieue : on passe sur un pont de pierres, bâti ainsi que le précédent, par un prince Druse ; on parvient au Bairut nommé autrefois *Magoras*, & de là à *Cappadocia*, village où St. George tua le Dragon.

*Bairut*, *Barut*, *Biroth*, autrefois *Berytus* & *Colonia Felix Julia*, ville sur une hauteur au bord de la mer, au fond d'un golfe, dans une contrée agréable & fertile, couverte de jardins environnés de haies vives, & d'arbres fruitiers : c'est une des villes les plus riches & les plus commerçantes de l'orient ; ses maisons sont bâties en pierres, voûtées, terminées par des toits plats ; ses rues sont étroites, ses mosquées belles, ses habitans nombreux ; la plus grande partie sont chrétiens Grecs, & ils ont une archevèque : les Maronites, les Catholiques Romains y ont chacun une église : il y a aussi des Mahométans & des Juifs. Les capucins y ont un couvent : ses manufactures, son commerce ont la soie pour principal objet ; il en est de jaune & de blanche ; elle est forte, comme celle qui vient de Tarablus : les chrétiens y ont de grands priviléges : un Emir Druse fit sa prospérité, y bâtit un palais que le tems a déja dégradé, son port presque comblé ne reçoit que de petits bâtimens, mais sa rade est bonne & l'ancrage y est sûr. Une tour le défend, elle est garnie de quelques canons de fer; une douzaine d'hommes y veillent. La ville dépend encore de l'Emir des Druses. Sous les Romains on y enseignait la jurisprudence & la langue grecque; on ignore dans quel tems elle fut fondée; la guerre l'a quelquefois dévastée : autour d'elle sont des ruines de bâtimens, des piliers de marbres, de belles colonnes, &c. qui prouvent qu'elle fut autrefois plus étendue, & magnifique.

*Schoniffet*, nom de 3 villages dépendant du prince Druse, & soumis au commandant de Bairut.

La riviere *Damer*, autrefois *Tamyras*, & que les Français appelaient *riviere d'amour*, sépare le territoire de Bairut de celui de Saida : près de son embouchure elle a un pont ; dans quelques endroits elle est guéable, mais non dans le tems des pluies. Plus loin est la riviere profonde d'*Awle*, nommée par les Français, *Fumiere*, qui nait dans l'Antilibanon : il a un pont de pierres.

*Saida* ou *Seida*, autrefois *Sydon*, ville antique au bord de la mer, sur la pente d'une colline, environnée d'un pays fertile & riant. Elle est aujourd'hui petite ; mais ses ruines s'étendent demi lieue plus loin jusqu'au village d'*Estham* ou petite Seidon : ses murs se détruisent ; elle n'a pas de port, mais les vaisseaux jettent l'ancre sous un rocher qui les défend des vents du midi, non de ceux du nord ; ce rocher s'avance trois toises au-dessus de l'eau, & a 100 pas de long : la montagne, la plaine voisine sont plantées de meuriers blancs ; l'Emir des Druses en fit combler le port, & les pêcheurs seuls peuvent y aborder : non loin de là est un château avec quelques canons ; des Turcs, des Chrétiens Maronites & Grecs, des Juifs l'habitent: les Grecs y ont une église & un évêque: les Maronites se servent des églises des villages voisins, ou d'une chapelle française: les Français y commercent, demeurent dans un grand khan, & y ont un consul: la soie, le coton, les grains qui y sont abondans, la noix de galle sont les objets dont on y commerce: la soie de Saida est grossière; son coton est le plus fin, le plus blanc, le meilleur qu'on recueille sur ses côtes: ses environs donnent d'excellens fruits, sur-tout des figues, & le vin blanc qu'on y fait a autant de force qu'il plait au goût. Son pascha soumis à celui de Damas, commande de Saida jusqu'à Acca & dans toute l'ancienne Galilée. Cette ville est la plus ancienne de la Phénicie: différens arts y furent inventés; c'est là qu'on fit le premier verre: elle a eu ses propres Rois: le prince Druse, nommé *Fakhreddin*, la posséda, comme toutes celles qui sont entre le mont Karmel & Tarablus, & il y résidait.

*Sarfend* ou *Sarphant*, autrefois *Sarepta*, grand village sur une colline; ses jardins sont remplis d'oliviers & d'arbres fruitiers. A une lieue de là est une côte de roches vives où l'on trouve plus de 200 grottes anguleuses, qui paraissent avoir servi de tombeaux; autour sont des matériaux épars qui annoncent qu'il y eut jadis une ville.

A 7 lieues de Saida, à une de Sur, le *Kamesiesch* se jette dans la mer; il vient du Libanon & reçoit le Letane: il est profond & rapide: on le passe sur un pont à deux arches.

*Sur*, dans la bible hébraïque *Zor*, nommée par les Grecs *Tyrus*, & aussi par les Latins *Sara*, ville autrefois célèbre; aujourd'hui un monceau de pierres sur une presqu'île où quelques pêcheurs demeurent dans des maisons ruinées : il y a un château gardé par un petit nombre de janissaires : quelques familles Grecques y ont rétabli pour leur usage l'église de St. Thomas : son port est meilleur que celui d'Acca & de Saida, & les Français qui commercent sur ces côtes s'y retirent ordinairement l'hyver pour y être en sûreté : l'eau de ses fontaines est trouble en automne, & l'on dit qu'en les versant dans de l'eau de mer, elles redeviennent claires & pures. La ville est moins ancienne que Sidon : il faut distinguer l'ancienne Tyr, de la ville sur l'isle & de celle qui est sur la presqu'isle : la seconde disent quelques auteurs, est la plus ancienne ; ses habitans trop resserrés bâtirent sur la terre ferme, & y déploierent toute leur magnificence & leur pouvoir : la guerre les obligea de se retirer encore dans l'isle : quelques auteurs disent le contraire. Celle qui est sur le continent s'appelle *Palatyros* ou vieille Tyr ; elle n'est pas loin de *Ras-al-Ain*, tête des sources, qu'on appelle aussi *fontaine de Salomon*, composée de 3 fontaines, dont la plus considérable a une profondeur peu commune ; son bassin toujours rempli renferme l'eau qui forme un ruisseau assez fort pour faire tourner des moulins, avant de se perdre dans la mer, elle coulait autrefois dans la ville : ces sources viennent de l'Antiliban. La structure des puits où elles se rassemblent est merveilleuse par sa solidité, le plus grand est conservé dans son entier.

 La ville dans l'isle était d'une enceinte resserrée, mais les maisons y étaient très-élevées, & environnées d'un mur haut de 150 pieds : elle se soutint pendant 7 mois contre Alexandre le grand qui la joignit à la terre par une digue étonnante : le tems y a rassemblé du sable des deux côtés & a formé de l'île & de la digue une presqu'île où l'on ne trouve aucune trace de l'une ni de l'autre, où l'on élève de nouveau une ville qui prospere : il y avait déja des chrétiens du tems des Apôtres, elle eut ensuite un évèque, puis un archevêque : conquise par les Sarrasins, par les croisés, par Salaheddin, les sultans d'Egypte la posséderent jusqu'à-ce qu'elle tomba sous la puissance des Turcs avec les pays voisins.

Son nom hébraïque *Zor* signifie un rocher, peut-être parce qu'elle était environnée de rocs qui montraient leur cime à la surface de l'eau. Sa pourpre était célebre, & l'on trouve encore sur ses côtes les coquillages qui donnaient cette couleur. Elle a eu ses propres rois, puis fut gouvernée par des *Suffets* ou juges auxquels succéderent encore des rois. A quelque distance de ses ruines est le village de *Machouca*, élevé sur les ruines d'un temple d'Hercule. *Kana* est près de la fontaine *Ras-al-Ain* : nous en avons parlé.

### GOUVERNEMENT DE TARABLUS.

Il confine au couchant à la Méditerranée, au nord, au gouvernement d'Alep, à l'orient aux déserts de Syrie, au midi au gouvernement de Damas : nous y remarquons le Liban & l'Oronte, qui sont les objets les plus intéressans que la nature nous y présente.

La chaine du *Liban* ou *Libanon*, doit son nom à la blancheur de ses sommets ; la terre en est blanche, les rocs d'un gris clair ; à quelque distance elle parait couverte de neige : les livres saints ne la distinguent point de celle de l'Antiliban : Strabon dit que celle-ci s'élève près de Sidon,
celle

celle-là près de Tripolis; qu'elles s'étendent en ligne parallele laissant entr'elles la plaine appellée *Cœle Syrie*, ou Syrie creuse, large près de la mer de 200 stades, elle s'avance dans l'intérieur des terres à plus de 400. Pline dit que la chaine du Liban est longue de 1500 stades, & se termine à Simyra où une plaine la sépare de la montagne *Bargylus*; que l'Antiliban, qu'il ne nomme pas, est au midi du Liban & de Sydon. Losqu'on navige sur les côtes ou qu'on suit le rivage, on distingue à peine l'un de l'autre; ils ont le même aspect, tous les deux commencent près de la mer, tous deux vont du couchant d'hyver au couchant d'été, jusqu'aux monts d'Arabie au de-là de Damas, & ont leurs cimes coupées par des vallées & des plaines : ces cimes sont couvertes de neige en hyver, & elle demeure pendent l'été sur les plus élevées qu'on peut découvrir de la mer qui baigne les côtes de Chypre, & dans plusieurs bas fonds que les rayons du soleil n'échauffent pas ; elle y tombe souvent avec tant d'abondance qu'elle ensevelit les cèdres. Souvent au mois de Juin, l'air y est très-froid : les hauts sommets qui environnent la plaine du Liban où sont les cèdres sont constamment couverts de neige, & on y trouve de la glace au mois d'août : dans tous les tems il en descend des ruisseaux qui forment des cascades singulieres ; ils fournissent en tout tems des eaux abondantes aux fleuves qui se dessécheraient en été, si l'eau de pluie seule les entretenait : à son pied sont de nombreuses sources : le *Nahar Kibir*, ou le grand fleuve en descend ; il en est de même du *Nahar Acca*, du *Nahar Arca*, du *Alma-al-Barld*, ou eau froide, du *Nahar Kadissha*, ou fleuve saint, du *Nahar Ebrahim*, ou fleuve l'Abraham, du *Nahar Kalb*, ou fleuve du Chien, qui

*Tome VIII.*     Y

coule entre deux montagnes, dans un lit profond, avec une rapidité singuliere, du *Nahar Bairut*, du *Nahar Damer* qui est l'ancien *Jamyras*, de l'*Awle*, & du *Kasmiesch* qui reçoit le *Litani*, & arrose la plaine de Bka. Le Liban fut autrefois célebre par les cèdres qui y croissaient ; mais les forêts qu'ils formaient ont été détruites, il n'en reste plus que quelques-uns dans une plaine environnée de sommets élevés, à deux lieues du couvent des carmes. Sur l'angle qui regarde le nord-est, on voit encore une petite forêt formée par d'antiques & grands cèdres, environnés de plus jeunes, avec quelques pins ; mais le nombre en diminue tous les jours. Les vieux se distinguent des jeunes en ce que ces derniers ont leur tige étroite, les branches horizontales, ou pendantes vers la terre, semblables en cela, comme dans tout leur port, aux pins & sapins de nos forêts : les premiers au contraire, ont la tige épaisse & courte, parce que sans doute on les étêta dans leur jeunesse ; elle est bientôt partagée en 3, 4 ou 5 branches qui s'élevent, & dont quelques-unes ont 10 pieds de tour : leur hauteur de la terre jusqu'à leurs branches, varie entre 6 & 24 pieds, & jusqu'à leur cime de 50 à 70 : la circonférence de leur tronc est de 6 à 8 brasses : plus ils sont informes, rabougris, antiques, plus on les révere, plus on les estime saints, & les chrétiens ont eu banni l'homme téméraire qui avoit osé y porter le fer : il en est encore sur une montagne voisine ; mais ils sont moins vieux & moins épais. Les habitans du Liban donnent aux cèdres le nom de *Ars* ou *Aeres*, ou *Arsei* : ils sont si semblables au meleze, au pin, au sapin, qu'on les a regardé comme une espèce de ces arbres ; mais ils s'en distinguent cependant, sur-tout par leurs cônes : des jeunes, il coule sans incision, dans la plus grande ardeur du [so]leil, une résine blanche & transparente, qui se [du]rcit ensuite, & est connue sous le nom de *Cedria*; [el]le est meilleure que celle qu'on fait tomber de l'é[co]rce en la tailladant. On trouve parmi les cèdres [qu]elques chênes, quelques cyprès, mais ils n'y sont [pa]s beaux. Le Liban nourrit encore le pin sauvage [ou] pinastre, le platane qui s'élève très-haut & étend [au] loin ses branches, & des génévriers hauts & [ép]ais. En divers lieux, il y croît des grains, des [ol]iviers, des vignes qui donnent du vin rouge & [bl]anc, mais dont le plus estimé a la couleur dorée, [&] l'arbre du coton; on y fait beaucoup de soie, du [m]iel & de la cire, on y recueille une manne très-[dou]ce, meilleure que celle de Calabre; on dit même [qu]'on y trouve de l'encens: le mouton s'y en[gr]aisse & il recèle des sangliers, des ours, des tigres; [un] grand nombre d'aigles y ont leur repaire, & [da]ns la forêt des cèdres on trouve des lievres, des [pe]rdrix, des coqs de bruieres. Le vent d'orient qui [souff]le sur ses sommets glacés rend l'air très-froid le [lo]ng des côtes de la mer de Tarablus à Saida; il de[vi]ent très-doux quand le vent vient du midi ou du [no]rd. Les monts qui, de Tarablus & du Liban, [s']étendent au nord jusques à l'Oronte vers Ankakia, [se] nomment *Dschabl Aakhar* d'un château de ce [no]m: de là jusqu'à Hamah, ils s'appellent *Dschabl- Lokham*.

[L]e fleuve auquel les anciens donnaient le nom d'O[ro]nte, que les Arabes nomment encore *Orond* ou [en]core le fleuve de *Hama*, l'*El Asi*, ou *Al Aatsi*, le [fle]uve indocile, le fleuve renversé, parce qu'il va du [su]d au nord, arrose ces lieux; sa source est à 4 lieues [du] Liban, près du village de *Dchinnische*, ou *Ras*, ou [R]es, à 12 lieues de Hems; il n'est d'abord qu'un petit ruisseau que grossit une source abondante sortant d'une vallée, où elle tombe de la caverne qu'on nomme *des moines*; il coule du sud au nord, & est conduit par un canal artificiel dans le lac de *Kadés* ou *lac saint* : de-là il se rend à Hems, à Resten, à Hama, à Schizer, forme le lac d'*Efamia* ou de *Famieh*, se rend à Derkiusche, passe à l'orient du mont Likiam jusqu'à Dschisrulhadid, (pont de fer) tourne au sud-ouest, baigne les murs d'Antakia, & se jette dans la mer près de Suweïda : il reçoit les petites rivieres d'*Iarmuc*, autrefois *Marsyas*, le *Kiebir*, l'*Esued*, &c. on le traverse en divers lieux sur des ponts de pierre.

La partie du gouvernement de Tarablus située entre la mer & le Libanon, faisait partie de l'ancienne Phœnicie, séparée de la Syrie par le *Nahan Kibir* ou *Eleutherus*. Son nom ne venait pas de phœnix, nom d'un palmier très-fécond; ni de l'abondance de ces palmiers, arbre utile qui y prospèrerait & qu'on y avait multiplié, comme en Egypte & en Barbarie. Newton & plusieurs autres savans ont pensé que le nom hébreu *Edom*, le grec *Erithra*, le Syrien *Phœnice*, avaient la même signification, & qu'un grand nombre d'Edomites ou d'Erythréens étant venus des bords de la mer Rouge sur les côtes de la Méditerranée, avaient exprimé leur nom précédent par le Syrien en Phœniciens, & qu'il avait été donné aux côtes qu'ils habitaient.

Ce gouvernement est divisé dans les 4 districts de *Dschebile*, d'*Hama*, d'*Hems*, ou *Hims*, & de *Salemya*.

*Tarablus*, ou *Athrabolos*, nommée par les Arabes, *Tharabolos al Schark* ou d'orient, *al Scham* ou de Syrie, par les Turcs *Tarabulon*, autrefois *Tripolis de Syrie*, ville qui doit son nom aux habitans

## DE L'EMPIRE OTTOMAN.

le Tyr, de Sydon & d'Arad qui s'y rassemblerent & y formerent 3 villes séparées par un espace vuide sur lequel les maisons s'étendirent insensiblement & n'en formerent qu'une seule, située sur un promontoire assez bas : là on voit encore des pans de murs d'une épaisseur considérable, & que les Sarrasins, ni le tems n'ont pu détruire ; on y voit encore des colonnes, mais on en laboure le sol ; elle était florissante & est grande encore : il y a beaucoup de sabans Mahométans. Détruite en 1289 par le sultan d'Egypte, on rétablit une nouvelle ville dans une vallée à demi lieue de la mer, près de la riviere Cadischa, qui vient du Liban, & se rend à la mer par un vallon agréable. On l'y passe sur un aqueduc qui sert de pont, est long de 130 pas, & haut de 8 toises ; il fit circuler ses eaux par les rues & les maisons de la ville. Au sud-est, sur une colline, est un grand château : elle a 1000 pas de long, 500 de large ; ses rues sont étroites, les maisons bâties à la turque ; un pascha y réside ; il doit accompagner les caravanes de la Mecque jusqu'au lieu où le pascha de Damas lui succède, & leur fournit des provisions. Les habitans sont Turcs, Arabes, Chrétiens & Juifs ; la langue commune est l'arabe : elle renferme 6 à 7 mosquées, un grand nombre de Grecs y ont un évêque ; les Maronites habitent un village voisin & ont une église ; il y eut autrefois un évêque Jacobite : les capucins y ont un couvent : le commerce y est considerable & consiste principalement en soie & en coton crus, ou travaillés en étoffes, en raisins de Baalbek, en savon, en cendres pour faire le verre & le savon. Quelques nations Européennes y ont des consuls : la ville est environnée de jardins, de meuriers blancs, d'orangers & autres arbres fruitiers ; mais on dit que les fruits y donnent la diarrhée, surtout les pêches, que les Turcs appellent *Massacre des Francs*, parce que c'est à eux qu'elles sont surtout nuisibles : on y fait aussi de la bonne huile d'olives, & de très-bon vin ; les vaisseaux ne viennent point jusqu'à la ville, mais demeurent à l'ancre près du rivage entre deux petites îles ; au bord de la mer sont deux petites tours avec des gardes ; plus loin il s'en élève 6 plus grandes, quarrées, autour desquelles sont des maisons habitées, ou garnies de provisions ; il y a des ruines auprès du port. A un quart de lieue à l'orient de ses murs, sur le penchant d'une montagne dont la riviere baigne le pied, est un grand couvent de derviches, nommé *Mullah-Chanah*, près duquel est une machine hydraulique qui fournit de l'eau à la ville. L'eau en général passe pour n'être pas saine, & l'air, dit-on, y est mal sain, lorsque le vent vient du mont Liban.

Au midi de Tarablus près des côtes, sur une chaîne de collines qui bornent une plaine étroite, qui s'étend d'elles à la mer, on voit divers monastères Grecs. *Calamon*, autrefois *Calamos*, village agréable, au bord de la mer. *Enty*, village où fut autrefois la ville de *Trieris*. Au levant d'Enty est *Caphtor*, grand village dans une contrée agréable, habité par des Grecs ; le monastere qu'on y vit autrefois est ruiné.

Au nord de Tarablus doit avoir existé *Orthosia* & plus au nord encore *Simyra* ; on croit voir les ruines d'Orthosia dans celles qui sont sur les bords de l'eau froide, surtout parce que les habitans qui sont aux environs, paient au pascha un tribut sous le nom d'*Ortosa* ; mais d'autres la placent à la rive septentrionale de l'Arka. *Arka* est aussi le nom d'une ville dont on ne voit plus que les ruines

nes, qu'arrosait le fleuve de ce nom, qu'entourait une contrée agréable au pied du Liban. *Simyra*, ou *Taximyra*, parait avoir occupé le sol couvert par des ruines nommées *Sumrah*, au travers desquels s'élevent des meuriers & divers arbres fruitiers. Là finit la plaine qui s'étend le long de la mer l'espace de 8 lieues, nommée par les Arabes *Jenne*, par les Francs *Junia*. *Accar*, ville sur les monts Bargylus, & la riviere de ce nom : ses abricots, ses pêches, & autres fruits sont connus par leur beauté, elle est le chef-lieu d'une province composée de plusieurs districts. Près de là on croit voir les ruines de l'ancienne *Marathus*. *Tortosa*, autrefois *Antaradus*, *Antarsus*, nommée aussi quelque tems *Constantia*, ville maritime près du lieu appellé jadis *Caranus*, où les vaisseaux abordaient. Elle dépend d'Accar, est assez grande, bien bâtie, entourée de rochers, a un petit port protégé par un vieux château. Non loin de là est l'île d'*Aradus*, nommée dans les livres saints *Arpad*, maintenant *Ruad* ou *Rouwadde* : elle est petite, pierreuse, située à 20 stades du continent : il y eut une ville, & l'on n'y voit plus que deux châteaux & quelques maisons. Son port est fréquenté encore.

A l'orient de Tortose est une plaine longue de 12 lieues, large de 6, qui se joint à celle de Jenne, bornée à l'orient par une chaine de montagnes basses, qui commence à Arka. C'est là qu'habitait le peuple connu sous le nom d'*Arsacides*, *Assassiner*, ou *Assassiniteens* : le premier nom dérive du fondateur de l'empire des Parthes, le second du district d'*Assassa* ou *Hassassinitis*, qui fait partie du territoire de Tagrit, en Mésopotamie ; mais il ne faut pas confondre ce peuple Mahométan avec les Jacobites chrétiens, qui vinrent dans le septieme siecle sous le nom d'*Assassiner*, ou d'*Ismaëlites*, ou de *Molhedur*, c'est-à-dire *Athées*, élever 10 châteaux sur des rocs escarpés, au-dessous desquels ils formerent autant de bourgades. Ils avaient un chef nommé *Scheikh* ou *seigneur de la montagne*. Ils offrirent de se faire chrétiens, si les chevaliers du temple les voulaient exempter du tribut qu'ils devaient leur payer : le roi de Jérusalem reçut la proposition avec joye, les chevaliers s'y refuserent ; on prétend même qu'ils firent assassiner leur député, & alors ils devinrent les ennemis ardens des chrétiens. Il parait en effet que leur religion était un mélange de christianisme & de mahométisme, ou qu'ils se rapprochaient de la religion du peuple qu'ils craignaient davantage, ou avec lequel ils avaient le plus de liaisons. On dit que les restes de ce peuple existent, qu'ils sont haïs & méprisés des Turcs, qu'on les appelle aussi *Ismaëlites*, *Batiniteens*, *Nassairiens*, qu'ils sont sauvages & feroces, & qu'on en trouve diverses familles entre Balbek & Hems, & dans la province d'Accar. Abulfeda dit qu'ils habitent la montagne *Assicchyn* où ils avaient bâti le fort château de *Masiat*, résidence de leur principal *chehf* ou *Chawab*.

*Merkab*, *Margath*, *Markapala*, château sur une montagne escarpée, cultivée par des Maronites : il fut bâti par les Francs, & est environné de murs épais : un chef du peuple dont nous venons de parler y réside : il s'appelle *Mkaddem*, moins qu'émir, mais plus que Scheikh. *Baneas*, autrefois *Balanea*, *Valenia*, ville ruinée, sur une hauteur, au pied de laquelle la mer forme un golfe, & où l'on embarque des marchandises qui paient un péage ; ses ruines sont à 4 mille pas de la mer. *Boldo*, autrefois *Pattus*, n'a que des ruines.

*Dschebile*, ou *Dschabla*, *Giabala*, autrefois *Ga-*

*bala*, petite ville entre Baneas & Ladikia, à 10 mille pas de l'une & de l'autre : près d'elle est un port, & des cavernes qui ont servi de tombeaux, & sont creusées sur le rivage rocailleux de la mer. Vers le nord est une mosquée où est le tombeau du sultan Ibrahim Jbn Adhám. De là on arrive au Nahar Kibir ou le grand fleuve, sur la rive duquel est située Ladikia, *Latacchia*, jadis *Loodicée sur la mer*, ville maritime dans une plaine, & qui a un port, dont un château bâti sur une île défend l'entrée : les restes de l'ancienne Laodicée touchent le port, la nouvelle en est peu éloignée : la soie, le coton sont les marchandises qu'on en exporte ; le tabac, le riz, le caffé sont celles qu'on y amène. On y trouve un grand nombre de Grecs qui y ont un évêque & 5 petites églises ; 30 familles Cypriotes s'y sont réunies dans un quartier particulier. Les catholiques y ont un couvent où l'on ne trouve qu'un moine : les tremblemens de terre l'ont souvent ébranlée : les colonnes de marbre & de granite, d'autres ruines répandues au loin montrent son ancienne grandeur. La colline, au levant de laquelle elle est située, est couverte de vignobles : on trouve dans ses environs des moutons à 4 cornes, deux en avant, deux en arriere. Au nord de la ville, près du village de *Meinta-Bourge*, (baye de la tour) on trouve les ruines d'*Héraclée*.

Le bourg *Ros-Cansir*, *Caput-porci*, du nom d'un promontoire situé plus au nord, & sur lequel est un monastere, est sur les limites communes de la Syrie, & de la petite Arménie. Plus au nord encore à l'embouchure du fleuve Oronte, a existé la ville de *Posidonium*; ses ruines se nomment *Bosseda*, & sont voisines d'un petit promontoire *Bedama*, bourg à 4 ou 5 lieues de l'Oronte : il donne son nom à une vallée.

*Efamia* ou *Famiah*, autrefois *Apamée*, ville qui donne son nom à un lac que l'Oronte y forme ; ce lac est une espece de marais rempli de roseaux ; divisé en deux, le plus grand est au midi ; un canal les unit ; c'est le grand qu'on appelle proprement lac d'Efamia : il est large de demi lieue, profond de 5 à 6 pieds. Celui qui est au nord appartient au district d'*Hisni-Berzie* ; & on l'appelle le lac des chrétiens, parce qu'ils en habitent les bords & y pêchent : on y trouve beaucoup d'anguilles. Le roi Séleucus bâtit Apamée, & y entretenait 500 éléphans : sur les bords du lac on voyait *Buzziat* ou *Borzajat*, place forte que les croisés posséderent longtems.

*Schihun*, *Schian*, autrefois *Cappareas*, bourg soumis à un aga indépendant. *Schizer*, village sur l'Oronte, près du lieu où *Larisse* fut située. *Plitus*, bourgade dont les maisons sont couvertes en pain de sucre ; elle est remarquable par la multitude de ses puits & de ses citernes.

*Hamah*, *Chemat*, *Aman*, autrefois *Epiphania*, ville antique, où siege un beg dépendant du pascha de Damas : il en est fait mention dans les livres saints : elle est située sur les deux rives de l'Oronte, dans une vallée étroite : le faux bourg est au nord du fleuve, la ville est au midi : sur une colline est un château détruit qui était vaste & de forme ovale : l'air y est mal sain : des roues auxquelles sont attachées des sceaux, élevent l'eau de l'Oronte, remplissent des acqueducs, qui la portent dans la ville : elle est aujourd'hui florissante, parce que c'est là que viennent les Arabes du désert autour de Thadmor, pour y acheter ce qui leur est nécessaire : son fcheikh est considéré, parce qu'il descend de Mahommed; on lui donne le nom d'émir : le géografe Abulfeda était de cette famille, & fut prince de Hamah de 1342 à 1345 : on trouve beaucoup d'ânes sauvages dans le pays situé entre cette ville & Halep.

*Salemya*, autrefois *Salamias*, petite ville dans le désert, à deux journées de Hamah, dans une contrée riche en eaux, en fruits, en tout ce qui est nécessaire à la vie.

*Rostan, Rastan, Restun*, autrefois *Arethusa*, ville ruinée sur une colline dont l'Oronte arrose le pied; & où il y a un pont de pierres de 10 arches.

*Hims*, ou *Hems*, jadis *Emessa*, ville où siege un beg, dépendant de Damas, située dans une plaine de 10 lieues de long sur 8 de large, qu'arrose un canal tiré de l'Oronte, & qui n'occupe plus que la partie au nord-ouest de l'enceinte de ses anciens murs. Les ruines d'un château se voyent sur un haut mont voisin; sa maçonnerie est un travail immense, ouvrage des rois d'Assirie : on y voit des colonnes, & les ruines d'une pyramide : son plus grand commerce est la soie : on y adora le soleil sous le nom d'*Elah gabalah*, nom que prit Héliogabale qui y était né. A une journée au couchant d'Hims est le lac de *Kadés*, ou lac d'Hims : il a près de 30 lieues de long du nord au sud, formé par l'Oronte, arrêté par une forte digue qui va du couchant au levant.

L'ancienne ville de *Laodicée-cabiosa*, ou du *Liban*, fut placée sans doute au pied de ces monts. *Ras* ou *Rées*, village à la source de l'Oronte. *Hasseiah*, petit bourg à l'extrémité d'une plaine qui s'étend jusqu'à Tadmor, ou Palmyre : l'aga qui y commande ne dépend que du grand seigneur; sa jurisdiction s'étend sur *Cara*, *Kara*, ou *Ocurara*, village situé sur une colline à 8 lieues d'Hasseiah : il y a beaucoup de chrétiens : ce fut une ville, & l'on y trouve beaucoup des fragmens de colonnes.

La partie du gouvernement de Tarablus qui s'étend dans le Libanon, renferme différens districts. Celui de *Dschiobbet Bsciarrai*, est à l'entrée des monts ; son enceinte est considérable ; c'est un pays bien arrosé, bien cultivé, où l'on trouve beaucoup de villages. De Tarablus au pied du Liban, un cavalier vient en trois heures ; il le monte pendant 4 ou 5 heures par un chemin rapide, il en parcourt un plus uni pendant 3 ou 4, & après 10 ou 11 heures il arrive au couvent des carmes, situé sur le penchant d'une montagne escarpée & haute, sous un rocher, dans le lieu le plus solitaire : les moines y demeurent 6 mois : ils se retirent pendant 6 mois à Tarablus. Lorsqu'on arrive à la plaine des cèdres, on a encore à faire deux lieues de chemin à monter, mais la premiere seule est pénible. Au-dessous du plus haut sommet est la source du Kadischa, & de là il faut marcher une heure encore pour arriver au couvent ; le fleuve court au-dessous dans une vallée profonde, déja grossi par plusieurs ruisseaux, il fait peu de sinuosités. Le village le plus voisin du couvent, est *Eden*, agréable par sa vue étendue, les eaux qui l'arrosent, & les champs qu'on y cultive : il y a un évêque Maronite, les jésuites y eurent un hospice. Son nom a fait dire que là fut le paradis terrestre ; mais qui le pourra croire ?

Lorsqu'on suit la vallée, belle & ombragée que le Kadischa parcourt, on découvre vers des montagnes pierreuses, des grottes, des hermitages, des chapelles, des couvents, entremêlés de platanes ;

de pins, de cyprès & de chênes : on y passe 2 ou 3 fois le fleuve ; après la derniere on trouve un chemin étroit, tortueux & rapide, c'est le seul qui conduise au monastere de *Cannobin*, asyle assuré & célebre, situé sous un rocher, composé de diverses grottes & d'une église : le Kadischa coule au-dessous dans une vallée étroite. *Cannobin* vient de *Cœnobium*, & signifie *monastere* : il est le siege du patriarche des Maronites ; on y jouit d'une vue admirable ; ses environs sont cultivés par ces moines, & on y voit beaucoup de vignobles ; on y est reçu avec hospitalité.

*Bsciarrai*, *Bischeray*, *Bicare*, bourg qui donne son nom au district, & qui fut autrefois une ville, est le siege d'un prince Maronite à qui appartient le pays : les Maronites y ont un évêque, & le commandant qu'y nomme le pacha de Tarablus est toujours pris parmi eux.

*Hhadet*, bourg qui fut une ville. *Ban*, ou *Medinal al Ras*, ou la premiere, bourg qu'on dit avoir été la premiere ville du monde.

Les districts de *Draib*, de *Danni*, & d'*Accar*, sont aussi dans la partie septentrionale du Liban. Entre les deux derniers coule le *Bered* ou *Bárid*, c'est-à-dire le froid. Tout ce pays est sablonneux, pierreux, habité cependant par un grand nombre de Maronites.

*Dschiobbet el Mneitra*, bourg situé au midi des lieux que nous venons de parcourir : la ville ruinée de *Mneitra* lui donna son nom : elle fut capitale d'un district.

*Akura*, ville ancienne, à 7 lieues de la plaine des cèdres, siege d'un évêque Maronite, chef-lieu d'un district.

Le district de *Patron* s'étend du pied du Libanon au rivage de la Méditerranée : régi par des Maronites, ainſi que le ſuivant, ſous la dépendance du paſcha de Tarablus, il eſt cultivé avec ſoin ; la ville ruinée de *Patron*, *Bathrun*, autrefois *Botrys*, lui donna ſon nom : elle eſt au bord de la mer.

Le promontoire qu'on nomma jadis *Face de Dieu*, ſe nomme aujourd'hui *Capouge*, *Capogrigo* : il s'élève comme un mur ; mais le haut en eſt plat.

Le diſtrict de *Dſchebail*, entre le Liban & la mer, reçoit ſon nom de la ville de *Dſchibla*, ou *Gebal*, *Gebail*, ou *Esbele*, qui fut l'ancienne *Byblos* ; c'eſt, dit-on, la plus ancienne ville de la Phœnicie, & Cronus la bâtit : on y adorait Adonis ; on n'y voit plus que des murs, des tours, des maiſons qui tombent en ruines, habitées par quelques laboureurs ; elle eſt ſituée ſur une langue de terre fertile qui s'avance dans la mer ; (\*) ſon port eſt preſque détruit : on y voit encore un château avec une garniſon de 20 hommes. *Palabyblos*, ou *vieille Byblus*, eſt ſituée au bord de la riviere d'Abraham, autrefois Adonis, vers les limites du gouvernement de Tarablus.

Les *Maronites* reçurent leur nom d'un ſolitaire qui vivait au commencement du cinquieme ſiecle : ſa ſecte poſſéde pluſieurs couvens dans la Syrie, ſur-tout près de la ville d'Effamia, où eſt celui de *St. Maron*. Ils réſiſterent longtems aux Arabes, ſous la conduite d'un prince qu'ils éliſaient : on leur donna quelquefois le nom de *Mordaites*, ou de Re-

---

(\*) M. *de Mouceaux* dit qu'elle était placée ſur la pente d'une montagne, qu'on y voit encore des colonnes ſur pied, & que le château eſt conſtruit de colonnes miſes l'une ſur l'autre : il crut y reconnaître les ruines du Temple d'Adonis. Entre Biblos & Tripolis, on voit des ruines conſiderables : ce ſont celles de *Pogio*, ville épiſcopale au tems des croiſades, & qui a laiſſé ſon nom à un cap.

elles. Ils furent d'abord monothélites, ils sont divisés encore par leurs opinions, mais se réunirent à Rome en 1445, y fonderent un college en 1584, pour instruire leurs prêtres, sont soumis à un patriarche qui réside à Cannabin, & qu'ils nomment *patriarche d'Antioche*, & doit toujours avoir le nom de Pierre ; le peuple le choisit à la pluralité des voix ; lui, les archevêques, les évêques y sont tous de l'ordre monastique : ils ont encore un chef temporel dont la dignité est héréditaire, & a le titre d'*émir* : il gouverne sa nation ; mais il est soumis aux Paschas Turcs ; il réside dans le pays de Kesroan.

Les Maronites conservent des usages particuliers ; ils portent le plus grand respect aux cèdres du Liban, & vont au pied du plus antique, le jour de la transfiguration, élever un autel de pierres, & y célebrent une messe solemnelle ; ils la disent toujours les pieds nuds, & dans le carême ils ne la prononcent que 3 heures avant le coucher du soleil ; ces prêtres sont très-respectés ; nul Maronite ne commence une entreprise sans demander leur bénédiction. Les femmes se placent toutes au bas de l'église pour sortir les premieres, & pouvoir se souftraire aux regards des hommes. Les ecclésiastiques qui ne sont pas évêques, peuvent se marier. Les moines sont pauvres, & vivent dans les montagnes du travail de leurs mains, ne mangent jamais de chair & ne font point de vœux ; ils parlent arabe, disent la messe en cette langue, & ont des livres écrits en syriaque, que quelques-uns connaissent encore.

Dans le Liban on trouve les *Arabes Amadaïstes ou Turkomans* ; ils se nomment *Metualins*, ou *Metaovile* : ils sont Mahométans de la secte de chir, ne vivent en bonne intelligence avec aucun des peuples voisins, ne mangent avec aucun sunnite, nassairien, maronite ou grec; ils ne veulent pas même les toucher. Leur religion est la même que celle des Persans.

On dit que le Liban ou Libanon renferme 488 villages, & 90000 ames.

## GOUVERNEMENT D'HALEP.

Il est situé à l'orient du précédent : il renferme les pays de *Kernasserin* ou *Kinnesrin*, & les anciennes provinces de *Commagene*, de *Cyrrhestica*, de *Seleucis* ou *Antiochene*, de *Chalcidene*, & de *Chalybonites*. On estime les revenus annuels qu'il donne à son pascha 80000 piastres, dont 30 ou 35 000 servent à l'entretien de 5 à 600 soldats : mais par les présens qu'il reçoit, les impositions qu'il ordonne, & par d'autres moyens encore, il les fait monter à 200 mille. On compte 900 villages habités dans son gouvernement, il y en a 300 qui sont abandonnés & détruits, il en est encore un petit nombre soumis à des agas particuliers.

Le pays a, comme toute la Syrie, une chaine de montagnes, couvertes de plantes & d'arbres, & qui suit les côtes de la mer : de leur pied viennent les ruisseaux qui arrosent les plaines voisines terminées par des collines pierreuses, au-delà desquelles sont d'autres plaines très-fertiles, quoiqu'elles ne soient arrosées que par les eaux de pluie qui ne tombent guere que pendant l'hyver : au de-là est une plaine plus vaste qui fait partie de l'Arabie déserte, & s'étend jusqu'à Basra. Parmi ces fleuves est l'*Oronte*, le seul que l'été ne desseche pas : l'air y est sain, surtout à Haleb, où il n'est presque jamais obscurci par des vapeurs, & où les habitans

dorment

## De l'Empire Ottoman.

dorment sans crainte sur les toits de leurs maisons du mois de mai, jusqu'au milieu de septembre; mais il est si subtil dans la ville & les contrées voisines, que les éthiques y meurent promptement. La peste la ravage tous les 10 ans; elle y est apportée des côtes de la Méditerranée, est faible en hyver, forte au printems, terrible au mois de juin, moins cruelle en juillet; elle s'éteint en aoust. L'hiver ne se fait sentir que du 12 décembre jusqu'au 20 de janvier; mais rarement il y a de la glace, & la neige ne couvre la terre que pendant un jour: c'est dans ce tems que le narcisse fleurit: les champs sont couverts de la plus belle verdure en février, & les arbres y sont en fleur. Le printems y dure peu: en mai les champs sont desséchés & brulés; quelques plantes résistent seules à l'ardeur de l'été; rarement on voit une nuée dans les cieux, plus rarement encore il y pleut; ce n'est qu'en septembre que l'air est quelquefois rafraichi par une pluie douce; c'est elle qui amène insensiblement l'hyver. Lorsque l'été n'y est point tempéré par quelque vent frais, le pays parait inhabitable: quelquefois le *Samura*, ou vent d'orient s'y fait sentir pendant 4 ou 5 jours, & y est si ardent qu'on croit être dans un four: le fer, les métaux brulent presque comme le feu, & l'eau alors parait très-fraiche: le seul remède à cette chaleur étouffante est de fermer d'abord toutes les fenètres, toutes les portes; elle épuise les hommes, & les animaux qui semblent malades, ou mourans.

On n'y cultive point l'avoine; l'orge & le froment s'y recueillent à la fin d'avril & dans le mois de mai, & se conservent dans des cavernes souterraines: le tabac est une de ses principales productions, le cotton se rassemble en octobre; on y fait de l'huile avec l'olive, & avec la graine du *Ricinus* ou palme de Chrift : le peuple brule celle-ci dans fes lampes, les commerçans employent l'autre : les juifs fe fervent particulierement de celle qu'on fait avec le fefame : le vin blanc y flatte le goût, mais il eft faible, & fe conferve à peine un an ; le rouge eft dur, il y endort : c'eft à *Kai-Si*, à 12 lieues d'Halep, que font les meilleurs vignobles : on y fait un grand ufage du fuc de raifin épaiffi : les fruits y font abondans & variés : les piftaches & les légumes y font très-communes : en divers lieux on manque de bois, & on brule la fiente deffechée du chameau & des autres animaux, & là même où le bois eft moins rare, on en cuit le pain formé en gâteaux minces, qu'on place fur une plaque de cuivre, fous laquelle eft la fiente allumée. A 6 lieues d'Halep on trouve une terre à foulon qui fert de favon dans les bains : à 8 lieues eft une vallée environnée de collines pierreufes, où coule un ruiffeau qui en fait un lac en hyver, dont l'eau évaporée en été, laiffe fur la terre une croute de fel, qui en quelques endroits, eft épaiffe d'un demi pouce ; il fale moins que celui qu'on tire de la mer. Le fol de cette vallée eft imprégné de falpêtre ; il y a peu de gros bétail : les Européens feuls en mangent la chair ; on tire de Syrie des buffles femelles qui donnent du lait; on y bât le bled à l'ancienne maniere, fous les pieds des bœufs qui en mangent autant qu'ils en veulent : les brebis qui portent des queues d'un groffeur extraordinaire, font les meilleures ; telle pèfe 50 livres, dont la queue en pefe 16 à 17 : il en eft qui ont à la jonction de la queue & du dos un morceau de graiffe de 8 à 10 livres. On y trouve beaucoup de chèvres, dont les oreilles font d'une largeur ordinaire; mais dont la longueur eft de plus d'un pied. On y voit deux efpèces de gazelles, l'une gravit avec rapidité les monts où elle se nourrit ; l'autre bondit dans les plaines. On y compte 4 espèces de chameaux : les chameaux turcomans sont grands & forts, ils portent un poids de 800 livres, mais succombent à la chaleur ; les Arabes plus petits ne portent que 500 livres ; mais ne craignent ni la chaleur, ni la soif qu'ils peuvent supporter 15 jours, & vivent de chardons ou d'autres plantes qui croissent dans les déserts ; les dromadaires qui font en un jour le chemin qu'un châmeau arabe fait en trois ; & ceux qui ont deux bosses sur le dos. Le tschakal ou l'hyene n'y attaque l'homme que lorsqu'une faim cruelle le presse ; c'est la brebis & les cadavres qu'il cherche : les sauterelles y viennent de la Syrie, & y causent de grands ravages ; mais fraiches ou salées, elles y donnent une nouriture qu'on dit être agréable.

Les habitans sont turcs, ou arabes, ou juifs, ou chrétiens grecs, arméniens, syriens, maronites & francs : on y trouve aussi des Kurdes, des Turkomans, des Ruschowans & des Tschingans ou Zigaunes. Tous les Arabes, & même les femmes dans quelques villages, portent suspendu à leur nez un anneau d'or ou d'argent, d'un pouce & demi de diamètre. Ils sont de deux tribus ; l'une est celle de *Benikalab* qui habite dans le voisinage d'Imk, & ont leurs propres begs : l'autre celle d'*Alyesar*, établie dans le pays entre Zurda & le château de Kiehla ; ceux-ci sont soumis au pascha d'Halep. Les *Kurdes* habitent le pays au nord de la ville, & dans une partie du mont Taurus, ils ont leur langue particuliere, & comme les Turcs, sont de la secte des sumuis, ou yesides. Les *Turkomans*, nommés aussi *Nauwaan*, vivent ou dans des villages, occupés à cultiver leurs champs, à soigner leurs troupeaux, ou sous des tentes & vivent du fruit du leurs brigandages. Les *Ruscho-wans* ne paraissent que dans l'hyver avec leurs troupeaux, & se répandent çà & là dans la partie septentrionale de la Syrie, & dans l'ancienne Cappadoce. Les *Tschingans* sont par bandes dans le nord de la Syrie, passent pour mahométans, vivent sous des tentes, ou dans des cavernes souterraines, & fabriquent ainsi que les turkomans des tapis ou couvertures. Les tribus que paient ces deux derniers peuples, appartiennent immédiatement au grand seigneur. L'arabe est la langue commune du pays.

*Haleb*, *Halab*, *Alep*, autrefois *Berrhœa*, est la capitale de ce gouvernement : c'est la plus grande, & peut-être la plus riche de l'empire turc : la petite riviere de Kowaic, ou Kawik, autrefois Belus, l'arrose, ainsi que les jardins qui l'environnent : elle couvre une plaine & quelques collines, dont la plus élevée a la forme d'un pain de sucre, elle est au centre de la ville, & parait être un ouvrage de l'homme : au sommet est un château qui commande à toute la ville, il est la demeure du pascha : la ville est ceinte de murs & de tours de pierres de tailles, tombant en ruines ; on n'y voit aucune trace de ses antiques bâtimens. Autour d'elle sont 12 fauxbourgs habités par les chrétiens : un bon homme de pied fait le tour de la ville & des fauxbourgs en 3 heures : un aqueduc amène l'eau qui remplit diverses fontaines publiques & particulieres : elle vient de 3 lieues de là, du village de *Hailam*, & arrose les jardins où celle de la riviere ne peut arriver. Ses mosquées sont ses plus beaux édifices : les khans où demeurent les comerçans étrangers les égalent presque, & ils sont suivis de près par les basars ou magazins, & les boutiques qu'ils renferment : la plus grande partie des maisons sont bâties de pierres de taile, & consistent ordinairement en un plain-pied & un étage : les toits en sont plats & pavés d'un ciment mêlé de petites pierres, entourés d'un mur haut de 3 pieds, semblable à une balustrade, où l'on pratique une ouverture pour communiquer avec le toit voisin : c'est sur ces toits qu'on dort au grand air pendant l'été : les rues sont étroites, bien pavées, propres, mais tristes ; les murs qui les forment ne sont point percés pour des fenêtres ; celles des maisons ne donnent vue que sur la cour. La ville est partagée en 22 quartiers, & ses faux-bourgs en 50 : chacun d'eux a son iman qui veille sur ceux qui les habitent. On y compte 14137 maisons, selon les uns, & plus de 25000 selon les autres : on y compte environ 280000 habitans, dont 30000 sont chrétiens. Les Grecs y ont un patriarche & une église, les arméniens un évêque, & deux églises, les jacobites ou sorianiens, & les maronites, chacun un évêque & une église : on y trouve quelques familles nestoriennes ; les catholiques y ont 3 églises, desservies par les capucins & les cordeliers : il y a aussi un patriarche grec réuni à l'église romaine : on y compte environ 4000 juifs : les Européens qui y vivent, sont presque tous, ou Français, ou Anglais : les premiers sont les plus nombreux : l'une & l'autre nation y ont un consul : les Hollandais & les Vénitiens y en ont un aussi : c'est de tout l'empire le lieu où les Turcs sont les plus honnêtes & civils envers les Européens : on y parle l'arabe & le turc : les Arméniens, les Syriens, les Grecs s'y servent chacun de la langue qui leur est particuliere. Le commerce y est très-étendu : c'est celui qui se faisait autrefois à Antaki, ville dont la situation était encore plus commode que celle de Halep. Il florissait surtout lorsqu'il s'étendait jusqu'à l'extrèmité méridionale de l'Afrique. Il s'étend encore dans les trois parties du monde : Halep est le plus grand entrepôt des marchandises de Perse, & surtout de la soie. Une grande karavane vient annuellement de Basra, & apporte les marchandises de l'Inde : son voyage dure un mois : les Anglais y portent beaucoup de draps qui s'écoulent surtout en Perse, ceux des Français restent en Turquie : le principal gain des Hollandais se tire de l'intérêt de leurs fonds, qu'ils font valoir dans le pays : la grande caravane de la Méque y passe pour se rendre à Damas. Autrefois on donnait avis de l'arrivée des vaisseaux au port d'Alexandrette qui est à 25 lieues d'ici, par un billet placé sous l'aile de pigeons qui avaient leurs petits à Halep, & y dirigeaient rapidement leur vol : avant de les lâcher, on trempait leurs pieds dans le vinaigre pour que la sécheresse ne les porta pas à se baigner : dans 4 ou 5 heures, ils avaient parcouru l'espace qui sépare les deux villes ; mais aujourd'hui on a abondonné l'usage de cette poste. On fabrique ici beaucoup d'étoffes de coton & de soie ; c'est le lieu où l'on fabrique les meilleures & les plus belles tentes : on y cultive la pistache dans les jardins, & elles sont plus estimées que celles qui croissent sans soins ; elles sont l'objet d'un bon commerce. On dit que les péages & les tribus levés sur les chrétiens y montent à 3 millions de livres : l'hyver y est doux ; mais l'été y ôte les forces ; on y mange sans plaisir, & une diarrhée douloureuse y attaque surtout les Européens. Cette ville & son territoire s'appellaient autrefois *Aram-Zoba* ; il est pierreux, la couche de terre qui couvre le roc est légere & mince. Près d'Halep sont deux couvens considérables de derwiches : l'un est sur une colline d'où l'on découvre la ville entiere. Ce qu'on appelle le *mal d'Alep*, est une espece de pustule ou de dartre qui attaque les naturels du pays, comme les étrangers, dure plus ou moins, & finit par laisser au visage une cicatrice plus ou moins profonde : on dit que ce mal dure pendant deux mois à Halep, & passe de là dans la Palestine. La longitude de cette ville est de 57 degrés 19 minutes Sa latitude de 36 degrés, 12 minutes. Danville la place sous le 55 degré, 10 minutes de longitude, & le 35 degré, 48 minutes de latitude.

*Khafernabu*, lieu ruiné, non loin d'Halep : on y voit les débris d'un temple, où le Dieu Nabu (\*) fut révéré : le mont *Busaga*, s'élève à l'orient d'Halep ; au couchant est le mont *Babege*.

*Khan Tuman*, château avec une garnison, situé à 5 lieues d'Halep, destiné à empêcher les courses des Arabes dans cette contrée abondante en grains.

*Kennasserin*, ou *Kinnesrin*, vieille Halep, autrefois *Chalcis*, située au midi d'Halep, dont une chaîne de monts la sépare, près du mont *Sem Aam*: c'est un monceau de pierres qui fut une ville : la riviere se perd au sud-est dans le lac de *Sulhe* : non loin de là fut la ville de *Seleucia Beli*, ou *Seleucobalus*.

*Schehr Gemin* & *Fua* sont deux petites villes à 11 lieues d'Halep : elles sont environnées d'oliviers & de meuriers. *Edlieb* l'est aussi de forêts d'oliviers, elles le séparent de l'Oronte. *Reah*, grand bourg au pied septentrional d'une chaîne de monts qui s'étend jusqu'à Hama : ce pays est couvert d'oliviers, & on envoye en Perse le savon qu'on fait

(\*) On l'appelle aussi *Nebo* : c'était un Dieu des Babyloniens qu'on a crû être la lune ou un prophête du pays.

de l'huile qu'il fournit. Au midi, on trouve les restes de diverses villes ou bourgs, parmi lesquels on remarque *Kupf, Frihay, Ruiah*, nommé aussi *vieux Reah* : on trouve encore dans ce dernier des palais, & des églises entieres. *Saramain, Sermin*, ou *Surmeen*, petite ville ou bourg.

*Maarra*, ou *Maarat an Noman*, autrefois *Arra* & *Maronias*, ville chétive, qui pourtant est le chef-lieu d'un district où réside un aga indépendant d'Halep : elle fut autrefois peuplée : ses environs sont abondans en vins & en fruits : on y cultive le coton & le sesame.

*Schoghr* ou *Schlagr*, ville sur l'Oronte qu'on y passe sur un pont de pierres de 13 arches : elle est située entre Antakia & Efamia. *Kiftin*, grand village qui donne son nom à une plaine belle & fertile.

*Daina* ou *Dana*, grand village sur une hauteur, dans une grande plaine, à une journée d'Antakia : ici fut autrefois la ville *Imma*, dont parle Ptolemée : on en voit des ruines dispersées, des tombeaux creusés dans le roc, des inscriptions chrétiennes en caracteres grecs. Entre ce lieu & le village de *Tifin* sont diverses ruines. *Tifin* est sur une hauteur entourée d'une grande plaine qu'arrose l'Oronte, & semée de débris.

*Dschior ul hadid*, ou pont de fer, parce que les portes des tours qui sont à ses extrêmités sont garnies de fer blanc : c'est un pont de 9 arches, élevé sur l'Oronte au pied du mont Likiam qui se termine au Liban, & s'étend jusques vers le gouvernement de Merasche : du sommet on a une vue très-étendue. D'ici à Himg est le *Dschebel ul Nehre*, ou le mont de la riviere : il est très-habité & abondant en fruits.

Lorsque de ce pont on se dirige vers Antakia, &

qu'on est à moins de deux lieues de cette ville, on trouve les ruines d'*Antigonia*.

*Antakia*, nom arabe d'*Antiochia*, ville sur l'Oronte, au pied d'une montagne qui a sur son sommet un château détruit : elle a devant elle une grande & fertile plaine. L'ancienne ville renfermoit dans sa vaste enceinte de petits monts & une partie de la plaine : les murs qui en restent, quoiqu'ébranlés par des tremblemens de terre fréquents, le prouvent. Elle était formée de quatre villes, & de-là vient qu'on l'appellait *Tetrapolis*: sur la rive opposée de l'Oronte elle avait un fauxbourg. Sous Justinien, on la nomma *Théopolis*, & eut le surnom d'*Epidaphnes*, parce que près d'elle était le bois de Daphné où l'on avait élevé un temple à Apollon & Diane : les mœurs de ses habitans étaient très-débordées. La guerre & les tremblemens de terre l'ont détruite : la ville actuelle est petite, ses maisons sont basses & mal bâties ; leurs toits sont plats, mais couverts seulement par des poutres & des planches : un waiwode y commande, nommé à Constantinople, soumis au pascha d'Halep. Cette ville a été une des plus considérables de l'Orient, la résidence des rois de Syrie, celle d'un proconsul Romain qui avait sous sa dépendance 15 provinces : c'est ici que les disciples de Christ prirent le nom de chrétiens : ils y eurent un grand nombre d'églises, un patriarche grec y siégea, elle eut un prince sous les croisés, quelques rois de la petite Arménie y résiderent & le commerce y fleurit longtems ; le sultan d'Egypte Bibar la détruisit en 1270 ; il n'y demeure plus que des Mahométans & quelques familles Grecques & Arméniennes qui y ont deux églises, dont l'une est bâtie dans le roc & n'est qu'une espece de grotte. Antakia est à quatre lieues de la mer.

*Kepfe*, *Suweida*, *Suadik*, noms divers du bourg qui a succédé à *Seleucia Pieria*. Il n'est pas éloigné de la mer, est habité par des Arméniens, est fort par sa situation, par les ouvrages qu'on y a fait, a un port & un fauxbourg où se tiennent des marchés. A trois lieues vers le midi est l'embouchure de l'Oronte, il y est étroit & profond. De la mer, les chaloupes seulement y entraient chargées de sel de Tripoli & de riz d'Egypte, mais aujourd'hui il est navigable jusqu'à Antakia. La plaine où il court est célebre par sa fertilité, & par les combats qui s'y sont livrés : elle est bornée des deux côtés par des monts, couverte de meuriers qui font de la soie la plus grande richesse de ceux qui l'habitent : on y cultive aussi beaucoup de tabac qui est le meilleur de la Syrie. Sur la rive méridionale de l'Oronte s'élève le *Dschebel Okrab*, ou le mont Chauve, nommé jadis *Mons Cassius*, élevé sans doute, mais moins que ne le dit Pline : vers le nord de Kepse est un petit volcan d'où sort sans cesse de la fumée & quelquefois du feu.

*Jonelac* & *Alschaphab*, bourgs Arméniens au nord de Kepse : près de là, vers la mer, sont les monts nommés autrefois *Pieria* & *Rhossus* : sur le dernier était une ville de même nom, aujourd'hui connue sous ceux de *Dschebel-Totose*, & de *Capo-Hog* : c'est l'extrêmité méridionale du golfe fait par la Méditerranée entre Ajas ou Ayasso, & Alexandrette : au pied de cette montagne est la plaine d'Arsus, longue de plus de trois lieues, large d'une.

*Eskienderun*, *Eskanderunah*, *Scanderona* ou *Alexandrette*, nommée par les Syriens, *petite Alexandrie*, est située près du lieu où fut autrefois *Alexandria ad Issicum sinum* : elle est peu considérable, & a un port médiocre sur le golfe d'Ayas : le sol y est marécageux & inondé lorsque la mer est agitée avec violence: l'air y est mal sain en été, & les Européens qui y résident se retirent sur les monts *Bailan* qui en sont voisins: ses environs sont stériles, déserts, & la pêche y fournit la seule nourriture qu'on y ait. Cependant c'est un lieu où se fait un grand commerce, & les nations Européennes y ont des vice-consuls & des facteurs. Les marchandises qui y arrivent par la mer, sont portées à Halep sur des chameaux: le pascha d'Halep y a un lieutenant. On ne permet qu'à l'homme à cheval d'aller d'Alexandrette à Halep: les Européens qui ont sollicité cette défense ont voulu retenir par elle le matelot avide & maintenir les ventes.

*Bailam*, bourg sur la montagne de ce nom qui fait partie des monts *Amamus*, & que les Italiens nomment *montagne noire*. Il est composé d'un grand karavanserai où les voyageurs sont nourris gratis pendant trois jours, & de plusieurs petites maisons. Les Européens d'Halep s'y retiraient une partie de l'été, aujourd'hui ce sont ceux d'Alexandrette qui y viennent respirer un air frais & sain. La montagne est belle, couverte d'oliviers, d'arbres fruitiers, & de vignobles. Lorsque d'ici on va à Antakia ou Halep, on s'avance par un chemin taillé dans le roc vers les ruines de murs épais: c'est une espece de défilé qui conduit en Cilicie, & c'est ce qu'on appella autrefois *porte de Syrie* ou de *Cilicie*.

*Pagras*, ou *Begras*, grand bourg que protége un château sur un mont. Le sultan Soliman y bâtit un village libre d'impôts qui bientôt devint un bourg. Sur ce mont, au nord de Begras, sont situés *Seflan*, *Derbesak* & le château d'*Awasim*: les hyacinthes de cette contrée sont connues.

Le *lac d'Antioche*, ou *lac Blanc* de la couleur de

ses eaux, s'étend du sud sud-est, au nord nord-ouest, & a quatre lieues de long sur deux de large: les grosses anguilles qu'on y pèche se transportent salées dans les pays voisins. Il y reçoit l'*Ifrin*, l'*Esued*, ou *Bagra* & divers ruisseaux: il en sort une riviere qui se grossit encore de quelques ruisseaux & s'unit à l'Oronte: sur cette riviere est un pont de pierre qui joint le chemin le plus court d'Alexandrette à Halep, mais les pillages des Kurdes fait qu'on ne le suit pas.

*Harim*, bourg avec un château: les grenades qu'on y recueille sont excellentes & sans pepins. Entre ce bourg & *Etarib* on trouve beaucoup de ruines: ce dernier lieu est un village dans une vallée plantée d'oliviers: les raisins y sont excellens. On voit au nord les hautes montagnes de *Scheïkh-Baraket* qui ont le nom d'un homme vénéré des Turcs qui lui ont élevé une mosquée dans ce lieu.

*Maura-Nesryn*, bourg dans une vallée à cinq lieues d'Halep: son surnom la distingue de la ville dont nous avons parlé plus haut. Le monastere de *St. Simon de Stylite* ne montre plus que des ruines magnifiques. Il était célebre dans le sixieme & le septieme siecles, & doit son nom à un berger qui se fit moine, erra d'hermitages en hermitages, & vécut enfin sur des colonnes toujours plus élevées, dont la premiere le fut de six aunes & la derniere de quarante. Il y mourut planté sur ses pieds, déja corrompu, admiré du peuple qui en fit un saint. Au bas du mont où fut le couvent était une petite ville dont les rues étaient tirées au cordeau & qui avait sept églises: entre ces ruines & Halep est un désert où l'on ne voit qu'un roc nud, sans plantes, sans arbustes, & où cependant on remarque les restes de deux villes antiques. *Catoura*, village qui fut une ville : il est dans une vallée qui porte son nom.

*Kilis* ou *Khillis*, petite ville peuplée qui a une foire où l'on vend beaucoup de coton ; on y avait placé un pascha pour réprimer les courses des Kurdes : à quelque distance vers le nord sont des défilés dans les montagnes, défendus par des châteaux.

*Korus*, ou *Kuris*, ville détruite, où fut un évêque, nommée autrefois *Cyrrus*, & capitale de la Cyrrhestica.

*Seschur*, *Saguir*, bourg au pied d'une colline, dans une plaine que fertilise une riviere qui a le même nom que la plaine & le bourg, près de la source du Kowaik. *Tel-Bascher* ou *Turbaysel* est un château à deux journées d'Halep.

*Aintab*, jadis *Antiochia ad Taurum*, dans la Comnagene, ville sur le chemin qui conduit à Arzerum, dans une vallée, entre deux montagnes, arrosée par le Seschur : ses maisons sont sur la pente des collines, & ont des toits plats d'où l'on peut descendre avec facilité dans les rues : elles ne reçoivent le jour que par un trou fait dans ces toits : un vieux château s'éleve sur une colline ronde dont le roc est percé par d'antiques tombeaux : on y recueille de beaux abricots, & des pommes du poids de deux livres & demie : on y fait aussi du vin ; la recolte du miel y est abondante. Les habitans chrétiens sont de l'église Arménienne & parlent la langue Turque. En général tous les chrétiens au nord d'Halep sont Arméniens & s'expriment dans la même langue. Non loin de là est *Doluk*, autrefois *Dulichium*, château détruit, *Perrhi*, ou *Pharin*, ancienne ville.

*Schemisat*, *Sumeisat*, *Samosatum*, était autrefois une ville sur la rive au couchant de l'Euphrate, capitale de la Commagene, longtems la résidence de ses rois, le siege d'un évêque : aujourd'hui elle est presque ruinée : auprès d'elle furent divers couvens célebres de jacobites, & le château d'*Urim* bâti au bord du fleuve *Kalaï-Rum*. *Kalat Errum*, *Rumkala*, ou le château des Romains, est sur la rive occidentale de l'Euphrate : ce fut longtems une défense de l'Arménie & le siege d'un patriarche. Il est situé sur un mont peu élevé, au nord d'une chaîne de montagnes : il est encore habitable en partie. Le grand seigneur y envoie des prisonniers qu'il craint ; on y voit une église de construction gothique où les chrétiens du voisinage se rendent dans de certains jours : la riviere qui y tombe dans l'Euphrate parait être le *Singas* des anciens.

*Zima*, *Zeugma*, ville ancienne sur l'Euphrate : il y eut un pont qui lui donna son nom : il y a un évêque.

*Bir* ou *Biraidschik*, petite ville à l'orient de l'Euphrate, & par conséquent dans la Mésopotamie : elle a un beg qui y commande & dépend du pascha d'Urfa selon Niebuhr, du pascha d'Haleb selon d'autres voyageurs moins modernes. Lorsque l'Euphrate est bas, il n'a ici que 200 pas de large : il est bien plus étendu lorsqu'il remplit son lit : on l'y traverse ordinairement pour aller à Urfa, dans le Diarbekir & la Perse. La ville est sur une montagne dont le haut est occupé par un château fort où est un assemblage d'anciens boucliers & des anciennes armes dont on se servait avant l'invention de la poudre : ses murs & ceux de la ville tombent en ruines.

*Jerabis*, autrefois *Gerrhæ*, ville ruinée au couchant de l'Euphrate, dans les déserts de Syrie, qui devait son nom au Dieu Jerabolus adoré des Syriens. *Chisum*, *Cessunium* & *Roaban*, villes épiscoales, doivent être dans cette contrée, mais on n'en ait rien d'intéressant.

*Bambych*, nommée par les Syriens *Mabog*, par les Arabes *Marbe* ou *Manbig*, par les anciens *Hierapolis* & *Bambyce*, ville ruinée fur une hauteur à 3 lieues de l'Euphrate où eft le château de *Nedfchem* qui a un pont fur ce fleuve. On voit beaucoup de ruines dans Bambych : il y eut un temple célébre où l'on adoroit la déeffe *Atargatis*, qui était la Cybele des Romains, l'Aftaroth ou Aftarté des Phéniciens. Son véritable nom était *Targata*, d'où les Grecs firent leur *Derceto*. Ce temple était devenu infenfiblement un panthéon, elle n'eft qu'un village, fiége d'un évèque jacobite : près d'elle était *Tarfero* qui avait auffi un évèque.

*Saruch*, autrefois *Sura*, village fur la rive occidentale de l'Euphrate, dans le défert de Syrie ainfi que *Blis*, ou *Baalitz*, autrefois *Pethora*, petite ville qui eft au bord de l'Euphrate, où l'on fait un grand commerce, & où l'on trouve de riches marchands.

*Bab* ou *Beb*, grand bourg au bas d'une montagne, à huit lieues à l'occident de Saruk. Sa fynagogue y attire en certains tems une grande affluence de Juifs, & il y en demeure quelques uns. Du haut de la montagne on a une vue magnifique.

*Tedif*, bourg agréable à huit lieues à l'orient d'Halep : fa fynagogue fut autrefois célebre & les Juifs viennent la vifiter encore : les environs font couverts de meuriers plantés avec art. A fix lieues au midi eft la vallée de Sel dont nous avons parlé.

*Chonofara*, *Chhonafarah*, bourg dans le territoire d'Halep, fur les bornes des déferts d'Arabie : fon fondateur lui donna fon nom.

Avant de quitter ce pays, difons encore un mot de la Syrie : ce mot eft l'abréviation de celui d'*Affy-*

rie, & celui-ci d'*Aſſur* ou *Aſſur*; de là vient que les anciens ſe ſervaient indifféremment des noms Syrie & *Aſſyrie*, de *Syriens* & d'*Aſſyriens*. Quelques peuples orientaux l'appellent *Soriſtan*, pays de Syrie. Son premier nom fut celui d'*Aram* du plus jeune fils de Seth. Les Arabes lui donnent celui d'*Alſchem* ou de *Schamali Alard*, le pays ſitué à main gauche, comme l'*Iemen* eſt ſitué à droite. Ce pays n'a pas eu toujours les mêmes limites, & les anciens hiſtoriens le prennent tantôt dans un ſens étendu, tantôt dans un ſens reſſerré. Abulfeda la partagea en cinq parties, dont la Paleſtine eſt la cinquieme, les autres ſont *Kennaſſerim*, *Hims*, *Damas*, *Ardem* ou le pays ſur le Jourdain. Nous avons vu qu'elle faiſait partie des gouvernemens turcs de Damas, Tarablas & Halep.

Les Syriens nomment la Méſopotamie & la Syrie l'*Occident*, & leurs habitans les Occidentaux; l'Aſſyrie & la Chaldée l'*Orient*, & leurs habitans orientaux: l'idiome qu'on parlait en Syrie n'était ni ſi pur, ni ſi beau que celui de la Méſopotamie; cependant il était préférable à celui qu'on parlait dans les montagnes de l'Aſſyrie: on n'y parle plus que les langues Arabes & Turques.

## GOUVERNEMENT d'URFA ou de RACA.

Il confine vers le nord à celui de Diarbekir, vers le couchant à l'Euphrate, vers le midi au déſert de Sindſcha, vers le couchant au gouvernement de Moſul. Il renferme le *Diar Modhar* & des déſerts où l'on marche quatre ou cinq jours ſans trouver ni villes, ni villages, où errent avec leurs troupeaux les *Kurdes* qui ne craignent ni les paſcha, ni leur maître, de même que les Arabes & les Turcomans

comans. Sa partie du nord fut une province de la grande Arménie.

*Schemifat*, *Semfat*, bourg fur la riviere de ce nom qui fe jette dans l'Euphrate près de *Kharpurt* ; il eft fitué fur les bornes de la Méfopotamie : il ne faut pas la confondre avec *Samofate* de Syrie dont nous avons parlé : celui dont il s'agit fut connu fous le nom d'*Armofata*, de Polybe, Ptolémée & Tacite.

*Manfur*, ville ruinée, qui fut le fiege d'un évènue, & eut un château fort.

*Urfa* ou *Orpha*, nom qui dérive de la fontaine de *Callirhoë*, dont les Syriens ont fait *Orrhoa* & les Arabes *Errohe* ou *Roha* & *Orpha*. C'était l'ancienne *Emeffe* où règna Abgare à qui, difait-on, Jéfus écrivit. Quelques auteurs ont cru qu'Urfa était l'*Ur* de Caldée dont il eft parlé dans la Bible. Elle eft la capitale du gouvernement, le fiège du pafcha, eft environnée de murs & de foffés, défendue par un château fitué au midi, fur un mont, où commence une chaine de collines où l'on a creufé plufieurs tombeaux. De là on voit toute la ville, les fources qui fortent des collines & forment deux petits lacs environnés de jardins, & une vafte plaine qui s'étend au nord : les chrétiens arméniens y font en grand nombre, & y ont une églife : on y fait le marroquin ; c'eft un lieu de grand paffage : on y manque de bois, & on y brule la fiente des animaux defféchée : la plaine voifine eft fertile, couverte de vignobles, & d'arbres à fruits. Caracalla y mourut. La ville fut un fiege épifcopal, & encore de nos jours il y a un évêque Jacobite : il y avait autrefois une école Perfane d'où fortirent plufieurs chefs des Neftoriens : elle a eu dit Abulfeda plus de 300 monafteres. Vers le fud-eft, à quelque diftance, était fituée la ville de *Gabal*. *Tfcharmelik*, village qui

*Tome VIII.*

fut un grand bourg, qui dans son voisinage avait un château sur une colline ; entre lui & Urfa était une ville nommée *Yogonbul.*

*Charran*, *Haran*, *Carrae*, ville détruite ; son sol est rouge : c'était un des principaux sieges des Sabéens, nommée pour cette raison des Syriens *Medinath-Hamphe*, des Grecs *Hellenopolis*, c'est à-dire, ville des payens. Là Crassus fut battu : elle eut un évêque Jacobite. Quelques-uns ont pensé qu'elle fut la demeure de Tharé & d'Abraham.

*Rees ul Aïn*, ou *Rasolaina*, *Resaina*, fut autrefois une grande ville dont le nom signifie *Tête de la source*, & elle doit son nom à son voisinage de la principale source du Khabur ou Chaboras, qui en a, dit-on, plus de 300, lesquelles forment deux ruisseaux qui s'unissent & forment le fleuve. La ville eut un évêché.

Les Arabes *Bene-Rische* passent l'été dans la contrée voisine de *Mewali*, & l'hiver dans celle de *Selmie.*

*Araban*, petite ville sur le Khabur : plus bas est celle de *Machisin*. On trouve encore dans le district auquel le Khabur donne son nom, la ville de *Magdal-Serudsche*, *Sarudsch*, autrefois *Batné*, était une grande ville, célebre par les eaux abondantes dont ses environs étaient arrosés, par ses beaux jardins, ses vastes vergers, ses vignobles : elle était le siege d'un évêque, & aujourd'hui n'existe plus.

On trouve sur les bords de l'Euphrate, *Neschin*, château remarquable sur une haute montagne à l'orient du fleuve, & au bas de laquelle est un pont sur le fleuve : il conduit à Manbeg. *Kalat el Nagiur*, ou *Kel Negiur*, est encore un château sur l'Euphrate, mais inhabité depuis longtems.

*Raca*, *Rakka*, avec le surnom de *Beïda* (la blanche) *Araeta*, autrefois *Kalonikos*, *Callinicopolis* & *Leontopolis*, ville détruite à l'orient de l'Euphrate qui reçoit au-dessous d'elle le *Belikhe* ou Balichus ; elle fut la capitale du *Diœr-Modhar*, le lieu où Al Battani fit ses observations astronomiques, & où le kalife Harun-Raschid fit élever le château de *Kasr al Salam* ; son faux-bourg s'appellait *Rasikah* ; vis-à-vis, sur la rive occidentale du fleuve, était la ville de *Racca Wasit*, & au-dessous le grand bourg de *Schwarz Racca* : elle eut un évêque jacobite : au dessous des ruines de cette ville on en a bâti une nouvelle, mais chétive & pauvre. Entre Raca & Bales, au nord du fleuve, sur un rocher escarpé, fut le château de *Dausarijab*, nommé ensuite *Dschabar*. *Deïr*, *El-Der*, *Dier*, petite ville sur une hauteur à l'orient de l'Euphrate : on l'appella, dit-on, autrefois le *port de Ketten*, elle est le siege d'un sangiac & d'un cadi.

*Muachisir*, *Elpisara* sont sur l'Euphrate : la derniere est ancienne & située à une lieue au dessus de l'embouchure du Khabur.

*Karkisia*, *Karkesin*, nommée dans la bible *Carcemisch*, par les Syriens *Kerkesion*, par les Grecs *Circessus* & *Cercusium*, ville à l'orient de l'Euphrate qui y reçoit le Khabur ou Chaboras. *Rahaba*, village à l'orient de l'Euphrate : il fut une ville épiscopale, & on y voit des ruines encore ; un général d'Harun la bâtit, & lui donna le surnom de *Malek* qui était le sien : ce fut peut-être *Rechoboth*, ville grande, peuplée, où l'on comptait 2000 Juifs. Sur l'autre côté du fleuve était encore une ville qui portait le même nom. *Zorosaldan*, *Goruc*, lieux sur l'Euphrate. *Romi*, ville ancienne & ruinée, *Sora*, château près duquel était la grande ville d'*Elessi* ou d'*Ersi*, aujourd'hui ruinée : il faut, dit-on un jour pour en traverser les débris. *Edit*, château sur une belle colline à la gauche de l'Euphrate. On ne peut dire d'une manière précise la situation de *Dschemose*, bourg, chef-lieu d'un district.

*Delijab*, petite ville au bord occidental de l'Euphrate, entre Rahaba & Ana.

*Anah*, ville sur les deux rives de l'Euphrate ; sa plus grande partie appartient à l'Arabie déserte : le fleuve sur lequel on navige dans des chaloupes, y forme diverses îles sur l'une desquelles on a élevé un château : la ville même parait avoir été bâtie sur ces îles : la contrée qui l'environne est fertile, abondante en dattes, en oliviers, citrons, grenades ; le coton, les grains, le millet, le vin y sont cultivés : dans des bois de meuriers on voit des cabanes dispersées où l'on fait de la soie : ses habitans aiment la musique & les sciences : sur une île au-dessous d'Anah, on voit des restes d'une ville ruinée par un tremblement de terre.

*Hadiec ul-Nur*, *Haditscha* ou *Nurati*, pour la distinguer d'une ville de même nom située sur le Tigre ; celle-ci est grande, & sur les deux rives de l'Euphrate : sa plus grande partie est dans l'Arabie déserte.

*Jubba*, *Juppe*, ville formée de deux parties séparées dont l'une est sur une hauteur dans une île, & l'autre à l'orient du fleuve : les dattes, les figues, les amandes & autres fruits y croissent en abondance. *Nausa*, ville sur une île que forme l'Euphrate. *Hit*, sur le bord de ce fleuve : dans son voisinage est une source abondante de naphte & de bitume. Elle fait aujourd'hui partie du gouvernement de Bagdat.

## GOUVERNEMENT DE BASRA.

C'est une partie de l'*Irac-Arabi*, il touche à l'orient la Perse & le Golfe Persique, au nord & au couchant le gouvernement de Bagdat : au midi au pays de Lahsa : le Schat ul Arcb le traverse ; c'est la partie la plus basse du cours de l'Euphrate réuni au Tigre ; là le terrein est si bas que la mer & le fleuve qui s'y jette l'inonderaient, si on ne leur opposait des digues, qui cependant ne peuvent empêcher que souvent une grande partie de cette vaste plaine ne soit sous l'eau : les Arabes ont aussi élevé des digues pour se défendre de l'eau & des Turcs. Ces inondations causent des maladies mortelles qui enlevent un grand nombre d'hommes. Le sol y est fertile en grains, en fruits, en légumes, en plantes potageres. Il y a des vignobles, beaucoup de figuiers, d'abricots, de péchiers ; nulle part les dattes ne sont plus abondantes ; l'arbre qui les porte sert à différens usages pour les Arabes : son tronc partagé en deux, sert de poutre pour soutenir les toits plats ; on en fait des bateaux, on le brule, on en fait différens meubles, des portes, des lits, &c. Ses feuilles servent à faire des sacs & des espèces de paniers. Le noyau de la datte est dur & sans amande, mais on en fait une pâte pour nourrir les chameaux lorsqu'on voyage dans le désert : les dattes sont le principal aliment des Arabes : l'alose séchée en est un encore : on charge des bateaux de dattes, & on les conduit par le Tigre à Bagdat, & par le golfe Persique en d'autres contrées : on y recueille aussi du coton. Les moutons y sont très-beaux, & l'on est aussi soigneux de connaitre & marquer leur origine que celle des chevaux en Arabie & que celle des hommes en Allemagne. Les sauterelles viennent plus d'une fois par an couvrir & dévorer les champs. L'air est pur à Basra, mais lorsque le vent y amene du désert la vapeur épaisse qui s'en élève, on y est sujet à des fievres cruelles. Dans les plus grandes chaleurs, le vent du nord regne ordinairement & rafraichit la nuit; mais lorsque celui du midi lui succede, il énerve l'homme & l'abat. Le *Samum* y souffle quelquefois, & il y donne la mort. Lorsque le vent souffle sur les sables profonds du désert, il amene du levant au couchant une épaisse nuée de poussiere, qui obscurcit l'air & blesse les yeux, ce n'est que vers le soir que l'air redevient clair & serein. Dans l'été, on n'y voit aucune nuée, il n'y tombe point de pluie, il en tombe peu même l'hiver : jamais on n'y voit de neige, & lorsqu'une légere pellicule de glace s'apperçoit dans une vallée, on dit que l'hyver a été très-rude : les insectes n'en sont que plus incommodes.

C'est entre Basra & Karna qu'on a placé le jardin d'Eden, sur les deux rives du Schat ul Areb, ou fleuve des Arabes; on y a cherché ses 4 fleuves : on a dit que le Tigre ou Chiddekel se partageant en deux bras au-dessous de Basra, celui qui coule à droite était le Pison, & que l'autre qui arrose les terres de Perse était le Gihon. Il est vrai que dans ces lieux le Schat ul Areb y reçoit le canal Haffar qui le joint à la riviere Dufter ; que sur la côte d'Arabie il forme un bras fort large & profond de 8 brasses, qu'entre le fleuve & lui il forme la petite île de *Chader* ; mais ces bras, ces contours s'accordent peu avec ce que les livres saints disent du Pison, du Gihon, & de l'Eden.

Du *Schat ul Areb*, se forment différens canaux: le *Makil* est un des plus grands ; il se sépare du fleuve à 3 lieues au-dessous des limites du gouvernement de Bagdat, se joint au canal de Tsibai-Schit rin ; tournant enfuite au couchant, il forme un arc, & vient près de Bafra où il s'unit au canal d'*Ubile* dans la contrée de Mina. Celui-ci vient du Schat ul Areb dont il fe fépare près du village d'Ubile, fe dirige d'abord au couchant, puis au nord, jufqu'à-ce qu'il fe foit joint au Makil dont il reçoit les eaux dans le tems du flux, & dans lequel il verfe les fiennes lorfque c'eft celui du reflux : l'un & l'autre forment un demi cercle dont le Schat ul Areb eft la corde : le pays qu'ils enferment fe nomme la grande île. Le *Yehudi*, l'*Ebul-Khafib*, l'*Emir* font prefque bouchés par le fable ; le *Kundul* l'eft entierement.

 Les Arabes qui habitent ce pays font les *Kiabes*, les *Khuldes*, les *Muntefikes*, ceux de *Dfchefaïr*, de *Beni Malik*, les *Müdanes*, les *Beni-Lame* : les *Müdanes* font les plus grands voleurs de tous ; les *Kiabes* font les plus courageux : les Turcs ont conquis fur eux ce pays : ils en firent un gouvernement en 1668 : les revenus de chaque pafcha montent annuellement à 800 000 piaftres : fans doute les uns favent mieux preffurer le peuple que les autres, & que ces revenus ne font pas les mêmes pour tous : on y a vu le fils d'un pafcha fuccéder à fon pere, & l'emploi devenir prefque héréditaire. Aujourd'hui il eft uni à celui de Bagdat.

 *Bafra* ou *Baffora*, nommée *Boftra* par les Grecs, *Perath-Maifan* par les Syriens ; ce dernier eft le même que *Mefene fur l'Euphrate*. Elle eft la capitale du gouvernement, eft fituée dans une plaine qui fait partie du défert, à 15 ou 18 lieues du golfe Perfique, à demi lieue de la rive occidentale du Schat ul Areb dont un canal large & navigable, vient baigner fes murs ; il s'y divife en divers autres pour la commodité des habitans, & la fertilité des jardins qu'ils arrofent ; elle eft entourée de murs d'argille, qui lui forment une vaste enceinte où sont des jardins & des champs : les maisons sont basses, terrassées, peu éclairées, pour qu'elles soient plus fraiches, & bâties de briques cuites au soleil : une de ses places de marché, nommée *Merhad*, est célebre, parce que les Arabes s'y rassemblaient de toutes les contrées voisines pour y commercer & pour y publier leurs ouvrages d'éloquence & de poësie : il y eut autrefois beaucoup de savans Arabes qui disputaient avec ceux de Kiufa sur la religion. Les troubles de la Perse ont accru son commerce : là viennent les Arabes, les Turcs, les Persans, les Arméniens, les Grecs, les Juifs, les Indiens ; là les Anglais, les Hollandais ont des consuls, & leurs vaisseaux y accourent de l'Inde chargés de marchandises : ceux du Bengale y viennent du mois de mars jusqu'à celui de juin : ceux de Surate dans le mois de décembre : du premier pays on apporte des toiles blanches de lin, des étoffes de soie, des mousselines brodées, du safran batard, des bois, entr'autres de celui de sandal, du benjoin, du vernis, du riz, du plomb, de l'étain d'Europe, du fer : de la côte de Coromandel, on y apporte des toiles grossieres blanches ou bleues, dont les Arabes font des habits & des chemises : de la côte de Malabar du cardamome, du poivre, &c. de Surate, toutes sortes d'étoffes d'or & d'argent, des turbans, des toiles bleues, des ceintures de laine, de l'indigo, de l'acier qu'achetent les Persans pour faire des sabres : les Hollandois y portent principalement des épiceries & du café de Java : les vaisseaux qui viennent de Surate appartiennent à des négocians Musulmans ; mais les Européens y viennent en plus grand nombre. Les Arabes de Meskiet & de Sahar y apportent des esclaves ; la tribu des Hules &

celle de Beni Utbe, les habitans des îles de Bahrein, des perles pêchées à Katif ou en d'autres endroits du golfe; la plupart se revendent à Surate : tout s'y achete argent comptant : les contrées voisines fournissent aussi des marchandises pour les retours, dont les plus considerables sont l'ancien cuivre de Perse, les grains lorsque la sortie en est permise, les dattes, le vin, l'eau de rose, des fruits secs de Perse, & le *Runias*, racine qui sert à colorer en rouge. Il y demeure plus d'Arabes que de Turcs, & la langue des premiers y est plus commune. Outre les Mahométans Sunnites & de la secte d'Ali, il y a encore des Syriens Jacobites & Nestoriens, & des moines d'Europe. On y trouve aussi quelques modernes Sabéens qu'on nomme *disciples de Jean*; il en est un plus grand nombre dans les contrées voisines; ils savent l'arabe & parlent entr'eux un chaldéen grossier.

Omar bâtit Basra en 636; mais l'enceinte de sa ville s'étend à deux lieues vers le midi de celle qui existe, & qui fut bâtie par les Kalifes. On trouve encore des débris de ses anciens murs, & des tombeaux de savans.

A 3 lieues de Basra vers le désert, sont les ruines d'une grande ville qu'on croit être *Teredon*, capitale du pays de Mesene. *Meravi*, village dans l'intérieur des murs de Basra, & qui en est comme le château : il est au bord du fleuve : beaucoup d'Européens & de Sabéens y demeurent : c'est là aussi que réside le capitan pacha qui commande les galeres. On compte 50 000 ames dans l'enceinte des murs de la ville, & 1000 dans celle du château. *Abala*, *Ubile*, *Obolla*, village qui fut une petite ville, située sur le Schat ul Areb, au lieu où commence le canal dont nous avons parlé, le long duquel sont des jardins, & même l'île entiere ne semble qu'un fertile jardin : elle est un des 4 paradis que les Arabes disent être dans l'Asie. *Haffar*, lieu à 6 lieues de Basra : les vaisseaux qui remontent le fleuve ne peuvent aller plus haut & s'y arrêtent. *Mukhetar*, bourg sur le fleuve. *Abadan*, ville au lieu où le Schat ul Areb se jette dans le golfe, défendue par le fort de Zeïni, bâti dans une île.

*Sede* est un fort voisin du bourg de *Mekam-ali*, entre lequel & celui de *Rahmanie* est un pays inhabité. *Kabban* est encore un fort sur les frontieres du Khusistan, à l'embouchure du Strat ul Areb.

L'île formée par ce fleuve, le canal de Haffar, la riviere de Duster, & le golfe Persique se nomment *Gheban* ou Gaban.

A une journée au nord de Basra, dans le désert, est le bourg de *Drahemya*, où l'on voit les ruines d'une grande ville : ses environs sont cultivés ; à 6 lieues plus au nord on voit la haute montagne de *Sinam*, qui s'étend l'espace de 4 lieues. A 4 journées de-là, on trouve un champ couvert de salpêtre.

*Al Kaissar*, forteresse détruite, qui fut bâtie de briques sur le bord d'une riviere à sec pendant l'été. Elle fait la moitié du chemin de Basra à Meschehed. 16 à 17 lieues plus au nord sont les ruines d'*Ain el Saida* qui avait diverses fontaines.

Lorsqu'on navige de Korna à l'Euphrate & sur ce fleuve, on trouve le canal *Nehranteri*, qui répand son eau dans l'intérieur du pays : en cette contrée & plus haut encore, le sol est fertile & peuplé pendant l'été par les Arabes *Muntefisches*, dont le Scheik fait payer un péage à ceux qui y voyagent.

*Mansurie*, grand bourg près duquel un bras du Tigre s'unit à l'Euphrate, qui lorsqu'il est enflé, inonde une grande partie du pays.

*Um-ul-abbas*, grand bourg sur la rive occidentale de l'Euphrate. *Kinti-Muammer* est du même côté, & là finit le gouvernement de Basra. *Sura* fut autrefois une ville, & n'est plus qu'un village; il donnait son nom à l'Euphrate.

## GOUVERNEMENT DE BAGDAT.

Il est environné par le désert de Nedschef, le gouvernement de Basra, le Kushistan & le Kurdistan, par les provinces de Mosul & d'Urfa, par le désert de Syrie. Il renferme une grande partie de l'*Irak-Arabi*, ou des Arabes, qu'on appelle aussi *Erak Babeli* ou de Babylone : c'est l'ancienne Chaldée, la Babylonie, & une portion de l'Assyrie à laquelle les Arabes ont donné le nom d'Irak, ou qui l'a reçu de l'ancienne ville d'Erak dans la Chaldée : l'Irak Arabi confine vers le couchant & le nord au pays de Dschesira, vers le midi à l'Arabie déserte, au golfe Persique, au Khusistan, à l'orient au pays de Dschebel ; d'Abadan à Tekrit il a 150 lieues de long, de Halwan à Kadisie dans le désert il a 100 lieues de large : plusieurs districts en sont déserts ; mais il en est qui sont les plus fertiles de l'empire Turc : partout où il est arrosé, la terre rapporte abondamment des grains, des fruits, du coton : il nourrit de beaux chevaux, des chameaux, des buffles dont la femelle, dans les lieux où il y a des pâturages, donne abondamment du lait ; on y voit aussi beaucoup de bœufs & de brebis : dans quelques contrées du désert, près des fleuves, on trouve des lions & des sangliers ; dans d'autres, des gazelles, des daims, des lièvres : sur les monts du Kurdistan, sont des cerfs, des tigres, des pantheres, des ours, des loups, des renards, des tschakals. Parmi les oiseaux on distingue l'autruche, l'oie, le canard sauvage, la grue, la perdrix, le francolin, la caille, la poule d'eau, beaucoup d'autres oiseaux aquatiques, brillans par leurs couleurs, mais qu'on ne peut manger. Les fleuves y sont poissonneux ; les principaux sont l'Euphrate & le Tigre : le premier naît dans le gouvernement d'Arzerum, & vient du Dschesira arroser ce pays dans sa longueur ; il y forme divers canaux, tels que celui que le sultan fit creuser à *Kierbela*, celui d'*Akerkuf*, celui de *Nehri-Schahi*, celui de *Rumahie* & de *Semavat* : il en est d'autres qui se rendent dans le Tigre, comme le canal *Ysa* qui de Dehma va à Kiufa, coule à Bagdat, & après s'être divisé en plusieurs se joint au Tigre : celui de *Sarsar* qui court entre Bagdat & Kiufa, se rend à Sarsar, se perd dans le Tigre entre Bagdat & Medain : celui de *Nebrat Melik* ou le canal des rois, qui coule au dessous de Sarsar, & se jette dans le Tigre au dessous de Medain : celui de *Kievsi* qui se sépare de l'Euphrate au dessous de Melik, & se répand au loin avant de mêler ses eaux à celles du Tigre. A 8 lieues au dessous de ce canal, l'Euphrate se partage en deux bras dont l'un va à Kiufa, & se perd dans les marais, & l'autre plus considerable coule près de Karf-Ibni-Hubeires, prend le nom de fleuve de Sura, se dirige au midi, se divise en plusieurs bras, près de l'ancienne Babylone, & s'unit enfin dans le pays de Dschevasir avec le Tigre. Celui-ci dont le nom signifie *flèche* ou *javeline*, & qu'il doit à sa rapidité, est appelé par les Arabes *Didschele*, & au dessous de Bagdat, *Nahar al Salam*, fleuve de paix, par les Syriens *Digliro*, par les Hébreux *Chiddekel* : il est plus grand que l'Euphrate, & vient du gouvernement de Schehrezur dans celui de Bagdat où il forme divers canaux : le *grand Katul* qui s'en sépare près du château de Mutewekkil, prend le nom de *Nebrevan*, au dessous du village de Suli, & revient se joindre au Tigre au dessous de Dscherdscheraya : 3 autres bras sous le nom de *Katul* se séparent du Tigre, plus bas que Surmen-Rei : le *Dudscheil* se forme au-dessus de Bagdat, arrose un grand district, forme différens bras au couchant & à l'orient dont un a cessé de se remplir. Le Tigre reçoit aussi le *Diala* qui est considérable, mais affaibli en été par le sol brulant qu'il parcourt & les canaux qu'on en tire pour fertiliser les campagnes voisines; la navigation y est difficile par les détours, les îles qu'il forme, les bancs de sable & de pierres qu'il couvre : on le descend sur des radeaux qu'on nomme *Kielek* dont le fond est formé d'outres enflés, liés ensemble par des cordes, sur lesquels on place du bois travaillé, des marchandises, des hommes : il en est qui sont formé de 300 outres; 3 ou 4 bateliers les conduisent, & comme on ne peut remonter le fleuve avec de tels navires, le voyage terminé, on détache les outres, on en fait sortir l'air, on les vend ou on les rapporte sur des chameaux.

Le Tigre & l'Euphrate n'ont pas toutes les années une égale abondance d'eaux ; mais toujours dans le mois d'août, ils inondent le pays qui les bordent, ils s'unissent dans le Dschevasir, prennent le nom de *Schat ul Areb*, fleuve des Arabes, & se partagent encore en plusieurs bras, qui forment diverses îles : ces bras sont renforcés par le *Khurrem-abad* qui vient de la montagne Elvend, & par le *Tuster* qui descend du Khuzistan : tous se réunissent près de Korna, passent à Basra & se jettent dans le golfe Persique. On doit remarquer que lorsque les hommes & les femmes veulent nager dans ce fleuve, ils mettent sous leur estomac un outre enflé ; mais ils ne l'y lient pas : comme les anciens habitans du pays ils fe nourriffent de leurs troupeaux & vivent fous des tentes ; ceux qui recueillent des grains, trempent leur pain dans l'eau : ils ne payent d'impofitions à perfonne, chaque camp, chaque tribu a un fcheikh qui le gouverne en confultant les anciens : une chemife, un manteau forment tout leur habillement : les femmes ont une grande chemife de couleur violette, fur laquelle, lorfqu'il fait froid, elles mettent un furtout fans manches nommé Aba, ils fe colorent les bras & les parties du corps qui font nues, avec une couleur violette, ou d'un bleu foncé qu'ils nomment *Ufciam*, & portent à leur nés des anneaux d'or ou d'argent de 3 pouces de diamètre : leurs tentes font couvertes d'un drap épais ; faites de poils de chèvres noires, elles font plus ou moins grandes, leur forme n'eft pas toujours ronde, mais l'eft ordinairement. Chaque tribu vit féparée des autres ; ils font Mahométans funnites.

Dans l'Irak Arabi, on trouve divers villages habités par les *Nebathi* que les Arabes regardent comme des hommes épais & ignorans ; ils ne s'occupent qu'à cultiver les champs ; on les croit defcendus des Kurdes ; ceux-ci, difent quelques auteurs, fortent des Nabathi : on ne peut que le foupçonner.

Le pafcha de Bagdat eft un de ceux qui reçoivent leur paye du grand feigneur ; il a fous lui 22 fangiacs ; fa fituation, fur les frontieres de Perfe, a rendu néceffaire de lui confier de grandes forces, & c'eft peut-être pour cette raifon qu'on a joint le gouvernement de Bafra au fien.

*Bagdat*, Bagdet, capitale de ce gouvernement & de l'Irac Arabe, eft fituée fur la rive orientale du Tigre, le long duquel elle s'étend près d'une lieue ; mais fa largeur eft plus refferrée : on en peut faire le tour en deux heures, on y rencontre des espaces sans maisons, & des maisons sans habitans, les murs sont de briques, flanqués de 163 grandes tours, de boulevards hérissés de canons, de larges & profonds fossés, qui sont ordinairement secs, mais qu'on peut remplir d'eau : elle a 4 portes, & une d'elle est sur le fleuve. Le château est dans la ville, entouré d'un bon fossé, est très-grand & défendu par des janissaires. Le palais du pascha est sur le Tigre, & a de beaux jardins ; la garnison qu'il commande est ordinairement de 12000 hommes. La ville n'est pas belle, les maisons sont de briques cuites, ou seulement séchées ; les mosquées y sont ombreuses : il y a plusieurs autres édifices publics ; la population n'est pas bien connue, mais elle était plus considérable lorsque les Persans la possédaient : ils la révèrent encore, parce qu'Ali y résida, & ils la visitent par dévotion. Les habitans Mahométans sont ou *Moslemims* ou *partisans d'Ali*, qu'on y nomme hérétiques. Les Chrétiens y sont ou Nestoriens, ou Jacobites de Syrie, ou Arméniens ; les pères de la mission y ont formé un petit troupeau qui a son évêque, & des carmes. On y trouve aussi des Juifs : son voisinage de Basra la rend commerçante, ses environs lui fournissent de bonnes dattes, des citrons, des oranges, du riz, des grains, d'autres productions ; mais elles n'y sont pas abondantes : Basra y envoye des dattes, Haskie des grains, Wasit des pommes, des raisins, des citrons, Chehrebau des grenades excellentes, & le district Bataïh, ou le marais, du ris & des cannes à sucre. La chaleur y est brulante l'été : on dit qu'on s'y sert du naphte pour s'éclairer la nuit, & qu'on y conserve l'usage des pigeons pour recevoir des nouvelles promptes. Elle fut fondée par le khalife Abu Giafar

Almanſor ſur la rive occidentale du Tigre, au lieu nommé *Kuſvlar-Kalaſi*, ou château des oiſeaux ; elle fut enſuite transferée ſur la rive oppoſée, où elle ſubſiſte : elle fut appellée *Medinat al Salam*, ville de paix, les Grecs lui donnaient celui d'*Irenopolis*, qui ſignifie la même choſe : celui de *Bagdat* vient du ſol où elle eſt bâtie ; elle fut le ſiege des califes Abaſſides, la capitale de l'empire des Arabes, ſouvent priſe & détruite par les Tartares, par les Perſans, renverſée par un tremblement de terre en 1769, & toujours rebâtie, elle a été priſe par les Perſes en 1777 qui dominent encore ſur ſes ruines. Des deux côtés du fleuve elle a des faux-bourgs : on y parle la langue turque, mais elle eſt bien différente de celle dont on ſe ſert à Conſtantinople.

*Iman Muſa*, village célebre, lieu de dévotion qui doit ſon nom à un des 12 Imans, qui y eſt enſeveli : les femmes de Bagdat s'y rendent à pied tous les jours de fête. Près de là eſt le village d'*Iman Aſem*, où l'on va auſſi en pélerinage. Haniſa, fondateur d'une des 4. ſectes des Sunnites y eſt enſeveli. *Yengidſche* eſt encore un village : il eſt ſur le Tigre ; entre lui & Bagdat ſont divers villages, & un grand nombre de jardins où l'on trouve des figues, des grenades, & de fort gros raiſins. *Schehrebán*, petite ville ſur le Diala. *Haruni*, bourg bâti par le khalife Harun Raſchid. *Kuzil Rubat*, bourg ſur le Diala, qui y reçoit le Derne, le Derkent, & le Tuz-Khurma ; il eſt le chef-lieu d'un diſtrict qui renferme *Bedraï*, *Kieſchab* & autres bourgs : un beg des Kiurdes y demeure ; de ce diſtrict on vient dans une contrée entre les empires Turcs & Perſans, fertile lorſque les Turcs la poſſéderent, dévaſtée par les Perſans, parce qu'ils penſent qu'un déſert éloigne mieux l'ennemi qu'une fortereſſe.

*Khanikin*

*Khanikin*, grand bourg sur le fleuve qui vient de *Hawan* ou *Hulwan*, nommée par les Syriens *Chalach*, ville sur la riviere de son nom, & la derniere de l'Irak Arabe vers la Perse : une montagne élevée, toujours couverte de neige, y sépare les deux empires ; les califes y avaient une maison de plaisance.

*Kasri-Schirin*, forteresse sur l'Halwan : elle a 1000 pas de tour ; l'air y est mal sain & le samum s'y fait encore sentir. Non loin de là est une chaine de montagnes, nommée par les Grecs *Zagros* : elle sépare les deux états, & les Persans y ont des forteresses dont la plus voisine est *Derkent*.

*Samara* ou *Serra-men-rai* ou *Asker*, mosquée turque, près du Tigre ; on y va en pélérinage : là sont les ruines d'une ville de ce nom, bâtie par le calife Motassem VIII, & où il demeura : les sectateurs d'Ali croyent que le douzieme Iman Muhammed Mahadi doit y paraître à la fin du monde.

Vers Tiki, *Tikrit*, à l'orient du fleuve, on voit des ruines qu'on appelle *ancienne Bagdat*.

De Bagdat vers le sud-est, entre le Tigre & la Perse, on trouve *Mendeli*, grand bourg avec un fort, sur les frontieres de Perse, sur une petite riviere dont l'eau ne suffit pas pour rendre fertiles les jardins qu'elle arrose, & qui donnent beaucoup de dattes & de fruits. *Bladerus*, dont le sol est fertilisé par un canal qui vient de la Diala ; entre ces deux bourgs est un ruisseau de naphte, dont la source est dans une montagne voisine. *Selman* ou *Soliman-Pak* ou le pur, mosquée, lieu de dévotion près du Tigre. *Madaïn* ou *Medaïn*, village, autrefois ville sur les bords du Tigre ; ses ruines montrent qu'elle eut une vaste enceinte : son nom signifie *deux villes*, peut-être parce que le fleuve la partage, ou qu'elle réunit *Ctesiphon*, nommée aussi *Chalane* & *Espha-*

*Tome VIII.* Bb

nir, avec *Seleucie*, celle-ci au couchant, celle-là au levant du fleuve : Herbelot dit que Madaïn n'est point Ctésiphon, qu'elle fut bâtie par Sapor, aggrandie & embellie par Khosroes & qu'il y eut un palais dont on voit encore les ruines : ce pays appartient encore à l'ancienne Assyrie. Près de Madaïn était *Rumié*, bâtie par Khosroes, sur le plan d'Antioche qu'il avait conquise, & où il transfera ses habitans.

Entre Bagdat & Wasit, est l'ancienne ville de *Nahawan*, à 5 lieues du Tigre : le district de son nom renferme la petite ville d'*Assaf* : à quelques lieues au dessous de Bagdat est la ville inhabitée de *Gionanchera*.

*Wasit*, ou le milieu, parce qu'elle est au milieu de l'espace entre Bagdat, *Kiufa* & *Basra*, à l'orient du Tigre, sur les limites du territoire de Basra dans celui de *Cascar*, près du village de Schelmegan où nâquirent divers hommes illustres. *Dscherscharaya*, *Dschebel*, *Numanie* & *Fum-ulsilh*, sont 4 villes qui n'existent plus. *Menil* sur la rive occidentale du fleuve n'a plus qu'une antique tour pour tout bâtiment. Au dessous de Wasit est *Hilla-Beni-Kabile*.

*Amarat*, *El mara*, village où est un fort, habité par les Arabes. Plus bas le Tigre se partage en deux bras ; le droit s'unit à l'Euphrate, le gauche forme avec ce fleuve une grande île près de Korna, riche en grains, pâturages, & bétail, habitée par les Arabes. *Beni-Lame*, *Dschamide*, chef-lieu du district nommé le *marais de Wasit & de Basra*, formé par un bras du Tigre, & qui renferme plusieurs bourgs & villages. Les habitans sont Chaldéens. *Ghez*, bourg sur le Tigre. *Casale* y est aussi situé ; le Maroan qui vient de la Perse s'y unit au Tigre : à l'orient est *Cortab* : le flux se fait sentir jusqu'ici dans le Tigre ; plus bas est le bourg d'*El Chater*, & auprès *Caleetel*, ville ruinée.

*Sekia*, petite ville sur la rive orientale du Tigre.
*Sra-Ibni-Harun*, ou le tombeau d'Esra, lieu pour lequel les Mahométans ont beaucoup de vénération : les Juifs y ont une chapelle bâtie en briques, environnée d'un mur, & y vont en pélerinage : au milieu est le tombeau, autour est un treillis sur lequel on lit des inscriptions hébraïques en lettres d'or.

*Korna*, *Gorno*, ville où est un fort & un péage, près du confluent de l'Euphrate & du Tigre, le flux de la mer de Perse s'y fait sentir : à l'orient du Tigre est le pays de *Dschewasir*, qui appartient aux Turcs, mais où les Persans ont un fort gardé par 60 hommes qu'on change tous les ans. *Dschessan* est encore un district du même côté du fleuve, sur les limites de la porte : il y a aussi un fort. Le fleuve Asitab y coule.

Près de l'Euphrate on trouve *Hit*, *Eita*, ville dont nous avons déja parlé, célebre par la source de poix qui coule auprès, & parce qu'elle est le tombeau du saint Mahométan *Abdala*, fils de Mobarek : cette poix est sonore, durable, & vient du lieu nommé la bouche de la caverne. (†) Hit & Anab sont jointes par une rangée continue de maisons : le sol est abondant en dattes, fruits & grains : la ville est sujette d'un prince Arabe ; mais le péage qu'on paye appartient au pascha de Bagdat.

*Anbar* ou *Phenoz-Sapor*, ville rebâtie sur l'Euphrate par le premier calife Abasside, & où il habita jusqu'à-ce qu'il se fut transporté à *Haschemiah*, ville voisine. Il eut un évêque Nestorien. Dans ses environs fut la ville de *Conisapor*, nommée par les Sy-

(†) C'est un *lac* ou étang, on s'en sert pour goudronner les maisons & les vaisseaux.

riens *Beth-Vazich*, & par les Arabes *Ba-Vazig*, il y eut encore une ville de ce nom entre Tekrit & Erbil : mais on ne sait si l'une & l'autre existent.

*Feludsche*, *Felugo*, grand village sur la rive orientale de l'Euphrate, connu, parce qu'on y charge les bâtimens qui se rendent à Biraidschik : ici l'Euphrate forme un bras qui s'unit au Tigre, entre Iman, Musa & Kuschelar-Kalasi. Il y eut autrefois un pont de pierre sur le fleuve dont on voyait les ruines dans le siecle passé : quelques-uns croyent qu'ici fut l'ancienne Babylone. Non loin de là est *Raswania*, village qu'un voyageur place à une journée de l'Euphrate, & un autre sur son bord. Entre Teludsche & Bagdat, il ne croît que des champignons ; on y trouve beaucoup de ruines, parmi lesquelles on croit reconnaître celles de l'ancienne *Babel*, nommée par les orientaux *Babeli*, par les latins *Babil*, par les Grecs *Babylon*. (\*) Le commencement des ruines s'appelle aujourd'hui *Facheria*, leur fin *Dureltus*, elles ont plus d'une journée de long : on y remarque une partie d'un mur épais, celle d'une grande tour, & enfin d'un temple d'une hauteur incroyable. *Nareisa* est situé entre Bagdat & Feludsche, à égale distance de l'un & de l'autre. *Calagiamus*, château ruiné, près duquel étaient 5 chapelles. *Akerkuf*, colline à l'orient de l'Euphrate, où les anciens rois du pays étaient ensevelis : près d'elle sont des ruines qu'on croit être celles de la tour de Babel. *Kiuci*, village voisin de la colline.

(\*) *Babylone* selon M. Danville, était coupée par l'Euphrate du nord au sud ; elle formait un quarré régulier, dont les côtés faisaient face aux 4 points cardinaux, son étendue était à celle de Paris, comme 5 à 2. Déja sous les rois Parthes elle n'était plus qu'un vaste parc. Voyez la page suivante.

Abraham, dit-on, nâquit dans cette contrée.

*Sarsar*, ville: à trois lieues plus haut, sur un bras de l'Euphrate qui lui donnait son nom, était située *Nehr ul Melik*; les Grecs appelaient ce bras *Basilikos Potamos*, nom qui signifie comme celui de la ville, *Fleuve royal*.

*Meschehed Hussaïn*, lieu du martyre d'Hussaïn; on appelle ainsi la ville située dans la plaine de Kierbela, où Hussaïn, fils d'Ali, fut enterré après sa défaite & sa mort: les Mahométans y viennent en pélerinage: ses habitans sont Arabes de la couleur blanche, & de la secte d'Ali: elle avait 4000 maisons en 1604: un canal y amène l'eau de l'Euphrate; l'air y est tempéré: le froment, le riz, les légumes, tout ce qui est nécessaire à la vie y est en abondance, excepté le bois: on y brule la fiente séchée des chameaux & des bœufs: près d'elle sont deux lacs.

*Kasr Ibni Hubeïre* ou *Kasr Ben Hobeirab*, (palais du noble Hubeïre) ville à 3 lieues de l'Euphrate, qui y fournit de l'eau par un canal. *Kierbela*, village qui touche presque à la ville précédente.

*Babel* ou *Babylon*, fut, dit-on, au nord d'*Hella*; au milieu d'une plaine déserte, près de l'Euphrate, on y trouve un amas de grandes briques fort haut & de 1134 pas de circuit; on y voit des poutres faites de bois de palmier qui parait frais encore selon un voyageur: les briques étaient liées avec de l'argille mêlée à du gravier: cette tour détruite se nomme *Eski Nembrod*; on la croit aussi être la tour de Babel: mais Babylone parait être plus vraisemblablement dans l'endroit marqué ci-dessus.

*Halla* ou *Hilla*, autrefois *Dschamieïn*, ville dans un pays plat, sur les deux rives de l'Euphrate, réunie par un pont de bâteaux: sa plus grande partie est au couchant du fleuve ; elle fut bâtie peut-être des ruines de Babel : en 1101, elle fut aggrandie & ceinte d'un mur aujourd'hui détruit, un petit château la défend ; ses maisons sont de briques, & n'ont qu'un étage : ses jardins couverts d'arbres fruitiers, sur-tout de palmiers, la font paraître situés au milieu d'un bois : on y fabrique des ceintures de laine, de voile, de soie, des brides de chevaux estimées, de la belle fayence : il y a une *Hilla* entre Basra & Ehwaz, une entre Basra & Wasit, une autre près de Mosul. Au dessous, le long du fleuve, le sol est fertile, on y voit beaucoup de villages. *Enib-Ejub*, ou le prophète Job, chapelle au couchant de l'Euphrate : on dit que Job y est enterré.

*Zil-Kiezel*, village à 5 lieues de Kiufa, où les Mahométans & les Juifs vont en pélerinage, parce qu'ils y placent le tombeau d'Ezéchiel : la rivière qui y coule & se perd dans l'Euphrate, est le Cebar ou Chabor, *Sermelaha* en est voisin ; on y voit encore les bâtimens que les rois de la famille du Scheikh-sefi y ont fait élever à grands frais : on y conserve des offrandes précieuses ; on dit que le bourg fut bâti par Ali, & uni par un mur avec Kiufa.

*Meschehed-Ali*, grand bourg, ceint de murs, sur une montagne : Ali y fut enseveli, & on s'y rend en pélerinage, & Schach Thamasib lui a élevé en ce lieu un tombeau magnifique. Ce bourg fut une ville de 6 à 7000 maisons : à peine il en a 500 : il a une garnison turque : un aqueduc y conduit des eaux douces : ses environs ne produisent rien ; ses habitans ont le teint blanc. Près de lui est le lac de *Rahemat*, d'environ 40 lieues de tour, qui se forme de l'eau de pluie & de celles de l'Euphrate ; il a, lorsque le fleuve est enflé, plus de 50 pieds de profondeur, le soleil en en évaporant l'eau, couvre ses bords d'une couche de sel : dans son sein on trouve beaucoup de poissons, & sur ses bords un grand nombre d'oiseaux aquatiques : à une lieue au couchant du bourg est la ville de *Kiufa* ou *Coufa* ou *Acula* sur un bras de l'Euphrate. Ali y fut assassiné ; & sa maison & un temple sont les seuls restes de ce lieu : ses environs sont fertiles : il y eut une académie célebre : près d'elle est le marais de son nom formé par l'Euphrate, habité par des Arabes grands voleurs ; quelques auteurs orientaux prétendent que le golfe Persique s'étendit jusqu'à *Kiufa*. Le district de cette ancienne ville, peuplé de bourgs & de villages s'appelle *Suad*.

Dans cette contrée est aussi *Khavernak*, palais magnifique du grand roi Numan, dont la famille régnait lorsque la religion Musulmane s'établit. Numan X. siegeait dans la grande ville de *Hirta* ou *Hirah* à une lieue de Kiufa, détruite en 638 : c'est d'elle que les Arabes ont eu le nom de Hirtensiens. Abulfeda assure, fondé sur le témoignage des anciens, que le golfe Persique s'étendait jusqu'à elle.

*Kadissie*, *Cadessia*, petite ville dans le désert à 20 lieues de Kiufa, sur le chemin de la Mecque, célebre par un combat entre les Chrétiens & les Mahométans, & qu'il ne faut pas confondre avec celle qui est dans le voisinage de *Samir*.

En remontant l'Euphrate, on trouve *Mekan ul Kidre*, chapelle au couchant du fleuve, lieu estimé saint par les Arabes qui y déposent tout ce qu'ils craignent de perdre ; la chapelle demeure ouverte, & tout s'y retrouve. Le prophète Elie y habita. Plus haut sont les canaux de l'Euphrate, nommés *Elmenain*, & *Elgerendelie*. *Zuweita* est une petite forteresse sur l'Euphrate & le Rumahie.

B b 4

*Divanié*, grand bourg à l'orient de l'Euphrate : la contrée qui l'environne est une des plus fertiles de l'Arabie. *Lemlum*, endroit dans les marais, au couchant du fleuve, célebre par un combat.

On va dans les marais de Mudane par le pays de *Haschekié* : ils sont habités par les *Haur*, & formés par l'Euphrate.

*Semaval*, grand bourg à l'orient de ce fleuve : le pays en est élevé, habité par les Arabes *Beni-Kielp*, qui vivent en partie dans des villages, en partie sous des tentes.

*Grïn*, fort à l'orient de l'Euphrate sur un grand canal, bâti par les Turcs, pour tenir en bride les Kurdes, mais abandonné aujourd'hui.

*Ardsche* ou *Ariga*, grand bourg sur l'Euphrate, habité par des Arabes : à deux lieues au nord-ouest on a vu sur une petite montagne dans le désert une maison ruinée, qui fut bâtie de briques & de grandes pierres, liés par un bitume qu'on trouve sur un sol salé & rempli de salpêtre : la montagne est nommée par les Arabes *Muqueiser*, (remplie de poix) : sur ces pierres, & des masses de beau marbre noir, on voit des caracteres inconnus : çà & là sont d'autres ruines.

## MÉSOPOTAMIE ou AL DSCHÉSIRA.

*Mésopotamie* est un mot grec, qui exprime la situation du pays qui le porte entre deux fleuves, qui sont l'Euphrate & le Tigre. Le mot *Al Dschesira* a le même sens : les Syriens nomment cette presqu'île *Aram* ou *Aram Naharain*, Syrie entre les fleuves. Les Arabes l'ont divisée en 4 Diar ou provinces, dont les 3 premieres reçoivent leur nom des tribus Arabes qui l'habitent : ces noms sont *Diar-Bekir*, *Diar Modhar* ou *Diar-Rakat*, *Diar-Rabiah*; la 4ᵉ. est le *Diar Dschesira* propre, nommé aussi *Diar Mussal* ou *Mosul* de sa capitale.

Ce pays dans sa partie septentrionale renferme une partie du mont Taurus, qui s'étend d'Urfa à Bogasi, de Bogasi à Nisibe, de Nisibe jusqu'à 2 journées de Mosul : ce mont la sépare de la grande Arménie, il y reçoit différens noms tels que *Torad-Coros* ou le mont de Cyri, *Tura-Zaboio* ou la montagne aride : en latin son nom est *mons Sajus*; il se termine dans la contrée basse du Khabur; de l'autre côté de ce fleuve commence une plaine qui s'étend jusqu'à la montagne d'Hamre; elle est stérile comme l'Arabie déserte; on n'y voit d'arbres que la reglisse qui y croit en abondance : le peu d'eau qu'on y trouve ne peut même servir à désaltérer, elle est amère ou puante; & elle infecte ce qu'on y fait cuire. Celui qui voyage, ou vers l'Euphrate ou vers le Tigre, doit braver la peine, les plus grandes incommodités, le danger d'être volé, & peut-être plus encore. La chaine de montagnes de *Hamre* commence dans le pays de Dschmase sur le bord oriental de l'Euphrate qui la traverse, elle s'étend le long du désert de Dschira jusqu'au Tigre près d'Aschik & de Maschuk, à l'opposite d'Eski Bagdat, laisse un passage au Tigre, & par le désert de Pagdat parvient à *Kisil-Rubat* où la Diala la traverse; elle se prolonge dans les contrées de Wasit & de Zazike, & borne la Perse jusqu'au golfe qui en prend le nom. Cette chaine n'est formée que de monts bas & stériles, couverts d'une couche de terre rougeâtre : vers Mosul & Schehrezur, on y trouve un minéral noir qui brûle comme la chandelle & qu'on nomme mumie minérale.

L'Euphrate reçoit dans ces contrées le *Belikhe* qui vient de Haran, & le *Khabur* qui a d'abord le nom d'*Hermas*. Le Tigre ou Didfchele qui fort avec grand bruit d'une caverne au nord du Diarbekir où il fe renforce par divers ruiffeaux ou petites rivieres dont nous ne nommerons que le *Tferfar* qui eft un bras de l'Hermas, coule par le défert de Sindfcher, & tombe dans le Tigre près de Tekrit. Les eaux de l'Euphrate font toujours troubles, & on les épure avec l'alun : il coule lentement dans la contrée de Bir ; dans celle d'Anah, il eft rapide ; avant fa jonction au Tigre il porte de petits bateaux ; après s'y être uni il en porte de très-grands jufques à Faludfche, où des écueils s'oppofent à leur navigation. Le Tigre eft profond & court avec rapidité près de Moful ; mais bientôt il devient tortueux, & fait beaucoup d'îles, & de bancs de fable. Au deffous de Moful près d'Aafiguir, la navigation en eft arrêtée par une cafcade de 20 braffes de haut ; là on décharge les bâtimens & les hommes defcendent ; les marchandifes font tranfportées plus bas pour être embarquées de nouveau dans le pays de Didfchel : fon lit s'élargit ; & fon cours devient fi lent, qu'on peut à peine le reconnaitre.

Le *Samura* que les Turcs nomment *Sam-yeli* & *Regne*, les Perfans *Baadi-Samuur* s'y fait fentir ; nous l'avons nommé ailleurs ; nous le décrirons ici. C'eft dans les mois de juin, juillet & aouft qu'on l'y éprouve furtout entre Bagdat & Moful ; mais non partout indifféremment : il vient du fud-eft : dès qu'on le refpire, on éprouve une fécherefle ardente, on brûle, on meurt : avant qu'on le reffente, l'air s'agite, on entend un fifflement femblable au feu qui pétille ; alors les Arabes fe jettent le ventre contre terre, la main fur la bouche, la tête dans le fable :

les chevaux baissent la tête entre leurs jambes ; on dit qu'il ne dure que 7 à 8 minutes ; que ceux qu'il a tués paraissent être dans un profond sommeil ; mais qu'ils sont comme dissous & qu'on ne peut leur toucher un membre qu'il ne reste à la main ; on remarque qu'il ne donne point la mort aux bêtes hérissées de poils ; mais qu'elles tremblent & suent avec violence.

Des Arabes, des Kiurdes, des Turkomans errent çà & là dans les déserts du pays de Dschesira ; ils y exercent le brigandage : les Arabes qui habitent près des fleuves, y cultivent le millet, & en font du pain : les villages qu'on y trouve sont peuplés, mais l'espace qui les sépare est une vaste solitude. Il est encore des Syriens dans la Mésopotamie, ils y parlent leur langue divisée en trois principaux idiomes ; celui des villageois voisins d'Urfa & des habitans des montagnes d'Assyrie, est le plus grossier, le plus corrompu.

## GOUVERNEMENT DE DIARBEKIR.

Situé sur les deux rives du Tigre, il confine à ceux de Wan, d'Arzerun, de Siwas, de Raca & Mosul. Il renferme, dans la contrée de Hasni-Kieïfa, un district remarquable nommé la *montagne d'Abdin* ou le *mont des Therapeutes*, & celui de *Haitam*, peuplé d'un grand nombre de bourgs, de villages, de couvens, d'hommes & de femmes, de Syriens, Jacobites, qui parlent le syrien ou le chaldaïque, qui avaient autrefois un seul évêque & en ont aujourd'hui plusieurs qui dépendent d'un patriarche qui réside à Solach.

Le gouvernement est divisé en 19 sandgiacats & 5 autres districts qu'on nomme *Hukinmet* : territoires libres, 11 fandgiacats appartiennent au Turcs, 8 aux Kiurdes qui reconnaissent le grand-seigneur; mais dont les chefs sont héréditaires. Parmi les tribus Kiurdes de ce pays, deux sont illustres; ce sont celles de *Millis* & de *Gergeris*.

*Diarbekir* ou *Diarbek*, ville sur la rive occidentale du Tigre, nommée autrefois *Amid*, *Ammœa Constantia*, & par les Turcs *Kara Amid*; son premier nom vient de l'Arabe *Bekir* qui y avait fixé sa demeure, ou Diar: son enceinte est grande: ses murs sont très-élevés, bâtis de pierres noires, très-réfractaires; elle est défendue par un château situé sur une petite montagne qui domine sur la plaine au-delà du fleuve dont les bords sont ornés de jardins de plaisance; le pascha y a un palais: elle est peuplée, les Chrétiens y sont nombreux, la plupart sont Arméniens; les autres sont Nestoriens, ou Jacobites Syriens: ces derniers y ont un métropolitain. Ses environs donnent du safran excellent: on y navige sur le Tigre avec des bateaux; un quart de lieue au dessous de la ville est un pont de 20 arches. Cette ville fut, dit-on, l'ancienne *Tigranocerta*: une opinion aussi vraisemblable la place plus haut sur le fleuve. Le sultan Selim I la prit en 1515.

Au midi, entre la ville & le district de Siverik est la montagne de *Karadsche-Dag*, d'où sortent deux rivieres qui se jettent dans le Tigre: l'une porte le nom de la montagne, l'autre celui de *Gueuktsche-su*.

Le district d'*Amid* est le plus considérable de ceux qui appartiennent à ce gouvernement; il s'étend au couchant dans une vaste plaine ouverte; on y parle l'arabe, le turc, le chaldéen, le persan, le kurde & l'arménien. A 5 journées de Diarbek, à 3 de Biblis, est la vallée fertile de *Manuscute*: on y trouve un karavanferai qui a le nom de Jean Baptifte, & où les voyageurs donnent une offrande pour les pauvres.

*Mefarikin*, *Miapharetin*, qu'on croit avoir été *Martyropolis*, ville, chef-lieu d'une province, entre l'Arménie & la Méfopotamie, fituée au midi d'une montagne : une riviere arrofe fes jardins ; elle fort d'une fource voifine, qu'on nomme *Aïn-haus*. Près de là font *Hattach* & *Hizan*, environnées de montagnes.

*Seerd* ou *Efeerd*, ville dans le Diar-Rabiah, fur une colline, non loin du Tigre ; elle a un Métropolitain Neftorien. *Hafni-Kieïfa*, ou *Hefn-Kipha*, ou le *châtaau de Kepha*, eft une grande ville fur le Tigre ; elle communique par un pont à un château fitué fur un mont. *Kerdu*, *Ba-Zabda*, *Dfchefirat Ben Omar*, ou l'île des enfans d'Omar, petite ville fur une île que forme le Tigre dans le Diar-Rabiah. Il y eut autrefois beaucoup de Juifs. *Sadir*, bourg & château fur le Tigre, à l'orient de la montagne de *fultan Yaïlaki*, d'où fort une riviere qui arrofe le bourg, & fe perd dans le Tigre : le palmier eft le feul arbre qu'on y voie. *Saura*, petite ville, fiege d'un évêque jacobite.

*Mardin*, *Maredin*, château célebre dans le Diar Rabiah, fur le penchant d'une haute montagne : par fa fituation, par fes ouvrages il eft très-fort, & on n'y parvient que par un chemin tortueux: Timur-Beg même ne put le prendre. Il renferme quelques fources, mais la reffource ordinaire eft l'eau confervée dans les citernes : plus bas eft un grand faux-bourg, fiege d'un archevêque Syrien dépendant du patriarche d'Antioche : les prunes qui croiffent aux environs font recherchées : fon diftrict s'étend jufques fur la ville de Nifibin. Près de fes murs eft le monaftere de *St. Ananias*, fiege du patriarche jacobite d'Antioche. La petite ville de *Duneifir* eft fur la même montagne; celle de *Caphartula* n'en eft pas loin.

*Nafibin* ou *Nifibin*, *Zaubo*, *Zibin*, autrefois *Achad* & *Antiochia Mygdoniæ*, ville bâtie comme un village, qui a été confidérable, & eft encore le chef-lieu du Diar Rabiah. Au nord eft une montagne nommée jadis *Mafius*, maintenant *Tfchudi*, d'où fort le fleuve Hermas, qu'on y paffe fur un pont; avant d'arriver à la ville, il fe divife en plufieurs canaux qui arrofent les champs où croiffent le cotonnier, le riz & autres plantes: dans la ville demeurent plufieurs Arméniens & Néftoriens, peu de Jacobites qui y eurent un évêque: les Syriens penfent que Nifibe eft la même ville que *Soba* dont il eft parlé dans l'écriture. Entr'elle & Moful, eft un défert long de 30 à 40 lieues, très-ftérile, où il eft rare de trouver de l'eau pure, & où l'on voit la bourgade de *Kandfcht*, habitée par des Arabes, des Kiurdes, des Yezidis qui n'obéiffent qu'à leurs fcheikhs, ne regrettent que l'occafion perdue de détrouffer les paffans, & brûlent que la fiente féchée des animaux qui vivent avec eux.

*Dara*, près de Nafibin, devint ville en 506, & fut autrefois une place frontiere, touchant à la Perfe & le fiege d'un évêque jacobite. *Kefar Tutfchar*, petite ville en eft un peu éloignée. *Kotfche-Hifar*, bourg dans une plaine, défendu par un chateau fur une hauteur d'où defcend un ruiffeau qui fe joint à l'Hermus: il fut une grande ville, & les maifons vuides le prouvent, beaucoup de chrétiens l'habitent encore. *Kifilken*, village habité par des Syriens. *Tela*, qui en fyrien fignifie montagne, ou *Tela Mauzalat*, autrefois *Antipolis*, *Conftantina*, *Arthe-*

*nufiadem*, ville au couchant de Nasibin. *Severik*, peut-être *Sibabarch*, ville auprès d'une petite riviere qui se jette dans l'Euphrate entre Urfa & Diarbekir; elle donne son nom à un district; à l'orient est un chemin taillé dans le roc qui conduit à Diarbekir.

Au nord & au nord-ouest de Diarbek, on trouve *Chilbe*, village d'Arméniens. *Argana*, bourg sur une montagne au pied de laquelle est le lac *Gueultsbik*; il est le chef-lieu d'une principauté riche en vignobles & en bons vins recherchés des Turcs. *Chartobirt*, *Chartbart*, *Harettharet*, *Kharpute*, *Hisn Ziad*, bourg & château sur une montagne, près du Schemisat qui s'unit au Tigre. Au-delà est une grande plaine; de ce bourg dépend le district d'*Ulubab*.

On ne sait où est la ville de *Kalikala* dont parle Abulfeda. Dans la grande Arménie, là où le Tigre est petit encore, & renfermé entre de hautes montagnes, sont des mines d'or & d'argent qu'exploitoient les Grecs: il en est encore près de *Kieban*, près de l'Euphrate, sur les limites de ce gouvernement.

*Palu*, *Paludes*, ville & château sur une montagne escarpée, près du Murad qui s'unit à l'Euphrate près de Rischevan: ce lieu est très-fort par sa situation: des Turcs, des Arméniens Grecs sont ses habitans; un seul chemin étroit conduit au château bâti sur un roc, dont les environs assez fertiles fournissent à la subsistance de sa garnison.

## GOUVERNEMENT DE MOSUL.

Il fait partie du *Diar Al Dschesira*, & s'appelle *Diar Mosul* de sa capitale. Il est environné des gouvernemens de Diarbekir, de Raca, de Wan, de Schchrezur, & de Bagdat.

*Mosul*, *Mussal*, *Mozal*, ville située dans une plaine, sur la rive occidentale du Tigre, environnée de murs & de fossés: elle a un château; presque toutes ses maisons sont bâties en pierres: le Tigre y est profond & rapide, & on l'y passe sur un pont de bateaux qu'on accourcit pendant l'hiver: l'air y est sain au printems, l'été y est brûlant, l'automne y amene des fievres, le froid y est incommode de l'hiver: on y parle l'arabe, le turc, le persan & le kiurde; les Mahométans y reverent le tombeau d'un certain *George* ( Dscherdschis ) qu'ils disent avoir été un prophète; le patriarche des Nestoriens de Syrie siege à Elkasch, près de la ville, on y trouve des Chrétiens Arméniens, Grecs & Maronites; on y fait un grand commerce de toiles de coton blanches & noires qu'on y fabrique; les marchandises de l'Inde y viennent par Basra, celle d'Europe par Halep: elle n'est plus si florissante qu'elle l'a été.

Près d'elle & du Tigre fut la ville d'*Attur* ou *Assur* (car ce que les Syriens & les Caldéens nomment Attur, les Assyriens prononcent Assur,) qui donna son nom aux contrées voisines ou à l'Assyrie propre.

Le couvent de *St. Matthieu*, autrefois *Chuhta* est sur la montagne d'Epheph, près de Mosul: il est remarquable pour avoir été le siege du métropolitain des jacobites de Ninive, le second après patriarche, car celui de *Maphrian* est le premier; ils ont inspection sur les communautés jacobites de la Chaldée, de l'Assyrie & d'une partie de la Mésopotamie.

Vis-à-vis Mosul, sur la rive orientale du fleuve est une source de naphte; plus loin est celle de *Rées ul Naura*, d'où l'on tire une argille qui sert à la teinture bleue: au midi, vers Bagdat on voit du bitume fortir de la terre, à une journée de Moful, & du même côté, est une source chaude dans le défert d'où l'on tire une efpèce de maftic de bon goût, d'un parfum agréable. *Hokkar*, ville du diftrict de Moful : *Schush*, château. *Barkaid*, ville murée à 6 lieues de Moful. *Balad* (la ville) en eft voifine encore; elle eft fur le Tigre, & fut le fiege d'un évêque Neftorien; on la nomme auffi *Balad bl Chathol*, ou la ville de calamité : vis-à-vis eft le monaftere de S. Sergii, fur le mont Sajus qui fait partie du Taurus.

*Eski Moful*, ou vieille Moful, monceau de pierres au couchant du Tigre, & à 7 ou 8 lieues de Moful : les habitans du pays croient qu'ici fut *Ninive*, ou *Niniwa*, capitale de l'Affyrie : des auteurs prétendent qu'elle était vis-à-vis de Moful : il parait qu'on ignore où elle fut. Près de-là eft une chapelle élevée fur le lieu qu'habita Jonas, & qu'on vifite avec dévotion.

*Beth-Chioniah*, & *Beth-Raman*, autrefois *Beth Razich*, font deux villes dans le diftrict de Moful. *Sindfchar*, *Sigar*, par les Syriens, *Singara* par les Grecs & les Latins, ville à 3 journées au couchant de Moful, au midi de Nafibin, au pied d'une montagne fertile qui s'étend au nord dans le défert du pays de Rabiah, près de l'Hermas : elle eft bien bâtie, a un château, & beaucoup de jardins bien arrofés. Divers favans on cru qu'il fallait chercher ici la plaine de Sinear qui s'étendait jufqu'à Babylone : derriere la montagne voifine, nommée *Tschatelgeduk*, eft un lac qui a une île habitée. Les *Yefides* habitent ce pays. Du fleuve Hermas fort un canal qui paffe dans le défert de Sindfchar, près de la ville ruinée de *Hadre* ou *Chetra*, & s'étend jufqu'à Tekrit où il s'unit au Tigre. *Gulnard*, ville dans

*Tome VIII.* C c

la contrée de Sindfchar. *Hadice* ou *Hadath*, ville à l'orient du Tigre, à deux journées au deſſous de Moſul. Plus bas, le Zab vient ſe jetter dans le fleuve qu'il enfle de ſes eaux abondantes & rapides qui lui font donner le nom de *Medſchenum*, ou le furieux.

*Senn*, petite ville ſur le Tigre là où il reçoit l'Altun Su, ou le petit Zab, à 3 lieues d'Hadice. *Tekrit* ou *Tikrit*, eſt la derniere ville de la Meſopotamie, ſur les limites de l'Irac Arabe : elle eſt ſituée ſur un haut rocher, au couchant du Tigre qui y reçoit le Tſertſar, & où commence le canal *Isbaki* ; de profonds foſſés l'environnent partout où le fleuve permet de l'approcher : elle fut la plus forte place du pays. Schapur, fils d'Ardeſchir, roi de Perſe y avait élevé une forterefſe qui n'exiſte plus. Près d'elle eſt une ſource de naphte. Dans ſon diſtrict était la contrée nommée *Haſſaſſam* d'où le peuple nommé *Haſſaſſiner* prenait ſon nom : nous en avons parlé ailleurs.

Dans les contrées intérieures de la Méſopotamie, près de l'Euphrate, fut la ville de *Nuhadra* ou *Benihadra*, nommée par les Juifs modernes *Nahardeha*, & autrefois *Nearda* : les Juifs y avaient une école célebre.

## GOUVERNEMENT DE SCHEHREZUR.

Il eſt une partie de l'ancienne Aſſyrie & du Kiurdiſtan moderne ; il eſt environné des provinces de Bagdat, de Moſul, d'Amadia, d'Hakiari, de l'Aderbaisjan, & de l'Irac Perſan. Les *Kiurdes*, ou *Curdes*, ou *Acrad*, en occupent une grande partie ; ce peuple deſcend, diſent les uns, des anciens Chaldéens, des anciens Perſans ; ou des Arabes, ſelon d'autres ; leur nom, aſſurent ceux-là, vient des monts Gordiens ; il dérive selon ceux-ci du mot arabe *cara-do*, qui signifie, qu'ils sont des fugitifs qui vinrent habiter les hautes montagnes de la Perse. Le pays qu'ils habitent s'étend du golfe Persique presqu'à la mer Noire, sur une largeur d'environ 100 lieues : il sépare la Perse de la Turquie : il est très-montueux, les chemins y sont difficiles, mais ombragés de grands arbres qu'un sep de vigne entrelasse jusqu'à leur cime : les monts sont la plupart plats à leurs sommets, & on y cultive le meilleur bled, le meilleur orge de tout le pays. La plus haute montagne du Kiurdistan est le *Kiare*, toujours couvert de neige : le mont Tschudi en est une partie, & est situé à deux lieues à l'orient de Dschesirai Ibn Umer ; il est pierreux, plein de salpêtre, sans arbres, sans buissons ; le pouliot & quelques autres herbes odoriférantes y croissent seules : les creux profonds qu'il a au nord sont remplis de neige toute l'année. De son sommet on peut voir Mosul ; les habitans croient que l'arche de Noé s'y fixa dans le lieu où ils ont bâti une mosquée : au pied est le village de *Karye Tsemanin* ou *des huit*, où habiterent, dit-on, Noé & sa famille, lorsqu'il fut sorti de sa maison flottante ; en quelques endroits de cette montagne on trouve une espece de grosses mouches qui se cachent dans la terre comme les fourmis, & y déposent un miel excellent : leur cire a l'odeur de l'ambre jaune : on recueille de la manne sur les monts voisins : celle qu'on recueille en secouant les chênes au printems est seche, & s'appelle *Kiesengui* : on ne la prépare point ; mais celle qu'on rassemble en automne est fluide, se mêle avec l'eau, dans laquelle on la fait bouillir jusqu'à ce quelle devienne épaisse : les Kiurdes l'appellent

*Dschefek.* Sur le mont *Tschudi*, fut un village nommé *Kardi.* Revenons aux Kiurdes.

Leur langue n'est ni l'arabe, ni le persan, ni le turc ; mais il tient plus d'un persan corrompu que des autres : ils sont divisés en tribus ou familles qui vivent diversement, & se servent même d'idiomes différens : ils s'habillent, les uns à la turque, les autres à la persanne ; & tous fort chétivement. Leur religion est celle des Moslemims ou de Yasides, peuples, qui comme eux, errent sur les monts avec leurs troupeaux, & vivent en partie de vols & de brigandages : ils mangent la chair de porc, boivent du vin, s'abstiennent de la circoncision, ne veulent point qu'on maudisse le diable, parce que Dieu peut lui pardonner un jour ; ne connaissent ni fêtes, ni temples, honorent Jésus, & adorent Dieu à la pointe du jour. Les Kiurdes sont actifs & courageux, une partie habite sous des tentes qu'ils font de poil de chèvres noires ; l'autre dans des villes & bourgs. Leurs princes sont héréditaires : quelques-uns sont indépendans ; les autres sont vassaux de la Perse ou de la Turquie : ceux-ci sont les moins puissans, & leur dignité n'est ordinairement qu'à vie. Le Kiurdistan est divisé en 18 districts, les Kurdes de ce gouvernement sont Kiuraniciens, leur chef-lieu est *Pelenkiau*, grand bourg du district de *Kisiltsche*, qui a un château très-fort par sa situation : le district doit son nom à un château situé dans la Perse. Ces Kiurdes Kiuraniciens descendent des Erdilanisiens, qui se sont soustraits insensiblement de la domination des Turcs pour passer sous celle de la Perse. Les Turcs soumirent leur pays, & l'ajoutèrent au gouvernement de Schehrezur : depuis ce tems les Kiurdes Erdilanisiens ont choisi *Hasen-abad* pour leur chef-lieu ; c'est un bourg voisin de *Hemedan*, ville de Perse. Les Kiurdes Sehranisiens habitent le pays de *Harir*, qui est un district de ce gouvernement, hérissé de châteaux qui défendent leurs environs. Ce pays est uni, & situé entre deux montagnes : une troisieme qui se nomme *Semaklu* en forme l'entrée, le bourg de *Harir* est au pied de celle-ci : de-là part un chemin très-difficile nommé *Tschar-divar*, ou les 4 murs, parce qu'il est adossé de murs épais qui partagent une vallée qu'on rencontre vers le passage de la montagne : près de-là est le château de *Belban*, au bord d'un lac dont l'eau forme en s'écoulant la riviere d'Altun Kieupri.

Le gouverneur de Schehrezur a la dignité de pascha à 3 queues ; il n'en paraît pas moins comme exilé.

*Amadia*, Amadijah, ville & château sur un rocher fort élevé : il faut monter une heure avant d'y parvenir ; presque à moitié on trouve des sources où les habitans viennent faire leur provision d'eau dans des outres : c'est ici qu'on rassemble les noix de galle & le tabac de la plus grande partie du Kiurdistan, d'où on les envoie au loin : le beg Kiurde commande dans la ville & dans son territoire qui est montueux & arrosé par le Zab : on n'y voit pas de villages, les maisons sont dispersées : les monts rapportent des noix de galle : les plaines du tabac.

*Giaurkieui* ou *Carcuschey*, grand bourg habité par des Arméniens.

*Arbel*, *Erbil*, *Harpel*, autrefois *Arbela*, ville dans une plaine, entre le grand & le petit Zab, avec un château sur une colline élevée, elle fut longtems le siege d'un métropolitain Nestorien : là Darius fut battu par Alexandre : elle avait ses princes particuliers, & donnait son nom au territoire voisin.

Entre le petit & le grand Zab, est une contrée nommée par les Syriens *Zabæ*, par les Arabes *Zuabia*, habitée par les Kiurdes Badgilanisiens : ils vivent sous des tentes, cultivent les champs situés au pied de la montagne de *Karadsche*, & conservent leurs grains dans des souterrains.

*Altun-Kieupri*, ou pont d'or, bourg sur une riviere de ce nom, qu'on y passe sur un pont de pierres qui donne son nom au bourg, & le reçoit du péage qu'on y exige.

*Kierkiuk*, *Kierkud*, capitale de ce gouvernement, est le siege du pascha. Elle est d'une grandeur médiocre, est fermée de murs, défendue par un château sur un rocher escarpé au pied duquel coule le ruisseau de *Khasse-Su*, ou l'eau excellente. La ville est dans une plaine parsemée de collines.

*Schirkzul*, petite ville sur une hauteur, près du grand *Zab*, qu'on passe assez près d'elle sur un long pont de pierres de taille.

*Schehrezur*, ou la ville de *Zur*, nommée par les Syriens *Sciabarzur*, & par les Turcs *Sjahrezul*, ville sur un rocher dans lequel les maisons sont bâties comme autant de grottes : dans ses environs naît la Diala, qui grossie de diverses rivieres, se jette dans le Tigre entre Bagdœt & *Takiskira*. Schehrezur fut autrefois la capitale des Kiurdes. Le mont Schiran s'éleve auprès : dans son voisinage est un lieu nommé le tombeau d'Alexandre le grand. Le château *Gulambert* est dans une belle plaine.

*Kiurkiur-Baba*, colline à 2 lieues de *Kiurkiur* : elle est remarquable, en ce que si l'on creuse légèrement la terre sur son sommet, une flamme s'élance & brille dans l'air, elle disparait si l'on creuse de nouveau. Près de-là sont 3 sources de naphte qui forment un ruisseau : si l'on y jette un morceau de coton ou de toile allumée, on entend un bruit effrayant, une flamme s'élève, les sources demeurent aussi longtems couvertes de fumée que la matiere reste à se consumer.

*Dakuk*, *Tauk*, aussi *Lascium*, ville qui fut épiscopale, devenue un bourg, sur une riviere qui porte son nom, & où l'on voit une source de naphte : ses jardins sont arrosés par les eaux qui descendent du mont *Hamrim* : son district se nommait autrefois *Beth-Garme*. Entre ce lieu & Arbel est la forteresse de *Kirchyni*.

*Tuz-Khurma*, grand bourg à 6 lieues du précédent : ses environs produisent beaucoup de dattes, & d'une eau amère qui est près de-là on fait du sel : de-là vient son nom qui signifie, *sel & dattes*. L'eau vient d'une voûte, on l'arrête deux ou trois jours dans un fossé où elle dépose son sel : cette eau mise dans des vases où elle se repose se couvre de naphte à sa superficie. La petite riviere qui traverse le bourg, s'appelle *Tasche Kieupri*, ou le pont de pierres.

*Pour ne point couper la description de l'empire Turc, nous avons cru devoir renvoyer les remarques générales sur l'Asie, & les placer ici.*

Cette partie du monde est à l'orient de l'Europe ; ses limites partagent l'empire Russe, & c'est-là seulement qu'elles sont incertaines ; elles sont formées ailleurs par la partie inférieure du Don ou Tanaïs, la mer d'Asof, le détroit de Caffa, la mer Noire, le détroit de Constantinople, ou Bosphore de Trace, la mer de Marmora, l'Hellespont, l'Archipel, la Méditerranée, le détroit de Suez, le golfe Arabique, qu'on a nommé mal-à-propos mer Rouge : il n'est qu'un golfe de cette mer : au midi ses bornes sont dans l'océan que les Grecs nommaient la mer rouge, probablement de la chaleur extrême qui devait s'y faire sentir. Cet océan est semé d'îles, & ses diverses parties prennent le nom des contrées qu'elles baignent : tel est le golfe Persique, l'océan Indien, le golfe de Bengale, &c. A l'orient le même océan la sépare de l'Amérique, & prend le nom de mer de Chine, mer de Japon, mer de Kamschatka, mer d'Amadir. Près du cercle polaire elle n'est séparée de l'Amérique que par le détroit d'Anian, qui joint la mer du sud à la mer glaciale : là est une île d'où dans un beau tems on découvre les bords de ces deux parties du monde, dont les peuples sauvages se font quelquefois la guerre. Comme les îles qui sont placées dans l'océan qui les sépare plus au midi, sont placées par les uns dans l'Amérique, par les autres en Asie, nous avons été obligés de fixer une limite certaine en deça de laquelle les îles dépendissent de l'Asie, & au-delà fissent partie de l'Amérique : cette limite est le 200° degré de longitude de l'île de Fer.

L'Asie est quatre fois plus étendue que l'Europe: l'origine de son nom est incertaine ; on entendait autrefois sous le nom d'Asie un espace plus ou moins étendu : il ne comprenait autrefois que ce qu'on appelle aujourd'hui la Natolie ; le pays qu'arrose le Cayftre & aux environs du mont Tmolus s'appellait jadis *Asie*; il y avait là une ville de ce nom ; sous les Romains on appellait *Asie-propre* la partie que ces conquérans en possédaient entre le 38 & le 41 degré de latitude, & entre le 44 & le 50 degré de longitude; *l'Asie lydienne* en dépendait ; le pays situé entre l'Archipel, le fleuve Halys & le mont Taurus, s'appella aussi l'*Asie en deça le mont Taurus*,

# DE L'ASIE. 409

& les pays au-delà *Afie au-delà du mont Taurus*; enfin toute la prefqu'île bornée par la mer noire, la mer de Marmora, l'Archipel, la mer Méditerranée, fut connue fous le nom de *petite Afie*, & tout ce qui s'étendait au-delà *grande Afie* : les Grecs & les Romains connaiffaient à peine la quatrieme partie de ce grand continent.

Une grande partie du continent de l'Afie eft renfermée dans la zone tempérée, une plus petite dans la torride, la moindre eft dans la glaciale : l'hyver eft très-violent dans celle-ci & dans la tempérée, ce qui ne provient pas feulement de fa fituation, mais encore de ce qu'elle s'étend au loin fans être féparée par des mers : elle renferme de grands efpaces de pays où la terre eft infertile & fans culture ; les autres pays font abondans, riches & peuplés, les productions qui paraiffent lui être particulieres, du moins par leur excellence, font la *canelle*, le cardamome, le gingembre, la mufcade, le girofle, les dattes, le poivre, la fquine, le galanga, diverfes autres plantes, drogues, racines médicinales, d'autres qui fervent à la teinture, comme la gommegut, le fang de dragon, &c. le fagu, le thé, le café qui fervent à la nourriture & au plaifir de l'homme; des bois eftimés, des métaux, des pierres précieufes, comme le diamant, le rubis, le faphir, l'émeraude, la perle : des animaux, comme l'*argali* plus femblable au cerf qu'à la brebis, mais qui n'eft ni de l'une ni de l'autre efpèce, les *chévres d'Angora*, la *gazelle*, la *civette*, le bouc qui porte le Bezoar, le *barbiroefa*, le *rhinoceros*, l'*éléphant*, le *chameau*, le *panzerthiere*, l'*écureuil* noir, l'argenté, celui qui eft couleur de neige, celui auquel on doñe l'épithete de volant, l'hermine, le *porc épi*, la *martre zibelline*, le *tfcha*-

*kal*, le *renard noir*, l'*hienne*, le *léopard* & la *panthere*, le *tigre*, le *lion*, le *singe*, l'*ours de mer*, le *lion marin*, &c.

Il est probable que la partie de l'Asie au nord de la Perse, de l'Indoustan & de la Chine qui forme la moitié de son continent, renferme à peine 10 millions d'hommes; mais la Chine, le Japon, toute sa partie méridionale, sont très peuplées; on estime que le nombre d'hommes que nourrit l'Asie peut-être estimé à 300 millions : leur teint est noir sous la ligne, il s'éclaircit en se rapprochant du pôle. Nous ne donnerons pas ici la liste alphabétique des peuples qui l'habitent; elle nous obligerait à des répétitions; on trouvera chacun d'eux dans la description du pays qu'il cultive.

C'est en Asie que se sont formées les plus anciennes langues de l'univers, l'hébraïque, l'arabique, le chaldéen, le syriaque, le samaritain qui en est un idiome : toutes sont perdues, il n'en est demeuré en usage que des idiomes corrompus. Les langues les plus générales de cette partie du monde, sont la persanne, qu'on parle en Perse à la cour du mogol, dans quelques-unes des provinces de cet empire; c'est celle dont se servent les Mahométans de la Chine : la tartare ou turque, la langue mongale & le kalmouk, le chinois, la langue tamulienne ou le malabare qui est en usage sur les côtes de Coromandel & de malabar, & dans les lieux où les peuples de ces contrées ont étendu leur commerce; la langue malaie étendue dans les principales îles de l'Asie & sur la presqu'île de Malaca; elle se divise en plusieurs idiomes : la langue russe se parle dans tous les pays soumis à cet empire : les conquêtes des Portugais avaient aussi fait connaître leur langue en diverses contrées de l'Inde.

Il y a dans l'Asie des Payens, des Juifs, des Chrétiens, des Mahométans. Parmi les premiers il en est qui adorent un Etre suprême sans le représenter par des images; tels sont quelques peuples de l'empire Russe, les *Behendin* ou *Gaures* ou *Guevres*, qui sont répandus dans la Perse & dans l'Inde, & ne vénerent le feu & le soleil que comme les œuvres & l'image du grand Etre; les Chinois lettrés qui adorent le *Tien* ou *Tschang-Ti*, nom qui signifie aussi le ciel matériel, honorent & suivent la doctrine de Com-fu-zu, ou Confucius, & ont étendu leur croyance dans le Japon, la Corée, & la Cochinchine: d'autres reconnaissent un grand Etre, auxquel des Dieux inférieurs sont subordonnés; ils adorent ceux-ci sous différentes images renfermées dans des temples: tels sont quelques *Tartares*, les *Sabéens*, Sabaïtes ou *Chaldéens* ou *disciples* ou *Chrétiens de S. Jean*: leur culte est un mélange de christianisme & du culte Sabéen: tels sont encore les *Bramanes*, lesquels outre leur Dieu des Dieux, ont encore 3 Dieux principaux, tels qu'*Isure*, nommé encore *Ispure*, *Moiuser*, *Ruttire*, *Siwen* ou *Tschiwen* par les Kalmoukes, *Abida* chez les Mongols, & qu'on croit être l'*Osiris* des anciens Egyptiens: *Wischtnu*, nommé aussi *Kémen*, *Perumel*, *Schawri*, & par les mogols, *Aijuké*; on croit que cette divinité est originaire de Perse: *Bruma* ou *Biruma* ou *Bramha*, nommée par les mogols *Aijusché*, Dieu qui n'a point de culte public, mais est vénéré dans la personne des Bramanes qui en sont descendus, tribu Indienne qui parle une langue qu'on apelle *Kirendum*, *Gremdum* ou *Samscrudam*, *Samscret*. Ils ont d'autres divinités qui sont inférieures à ces trois: ces grandes divinités ne sont représentées par aucuns Simulacres, les autres le sont par une multitude d'Idoles diverses. D'autres Payens adorent une divinité sous diverses formes ; celui qui la leur fit connaître est nommé *Tschakamuni*, par les Kalmoukes, *Schiginmuni*, par les mogols *Schakdscha-dom-ba* ou *Dom-ba* au Tangut, *Tschekia*, *Tschiaka*, *Foë* ou *Fo*, à la Chine en Corée, au Tongking, &c. peut-être encore *Buds*, au Japon, *Sommona-Codom*, *Puti-Sat* à Siam, *Budda* ou *Butta*, en divers lieux de la presqu'ile de l'Inde ; c'est de lui que descendent les *Dalai-Lama*, ou grands prêtres des Kalmoukes : ils siegent sur le mont *Putala* dans le pays de Butan, & sont vénérés comme des Dieux ; on croit que l'ame de celui que la mort vient d'enlever, passe dans le corps de son successeur, & par-là, ils sont regardés comme immortels. Le grand prêtre des mogols est encore un des chefs de cette religion ; ses titres sont *Dsip-Dsum-Domba-Kutuktu-Gegen* ou *Gegen Kutuchtu* : les prêtres qui servent à ce culte, sont nommés *Lamas* par les Mongols & les Kalmukes, & les principaux d'entr'eux *Chubulgans* ; dans la Chine on les connait sous le nom de prêtres de la religion de *Choschang*, on les nomme *Talapoins* ou *Fe* à Laos, au Pegu, à Siam ; *Fundes* & *Bonzes* au Japon.

Les sectateurs de la doctrine de *Xinto* ou Sinto, au Japon vénerent un grand nombre de divinités subalternes soumises à leur grand Dieu *Amida* ; le grand prêtre est l'empereur ecclésiastique ou *Mikkado*.

Une partie des Gentils ou Payens vénerent plusieurs Dieux égaux en puissance : tels sont les *Tao-ssée*, ou sectataurs de Lao-kium.

Les Juifs sont répandus en diverses parties de l'Asie, & jusqu'à la Chine : la plupart sont *Karaites*, & différent des *Talmudistes* qui admettent des tradilons que les premiers rejettent : à la Chine ils vénerent Confucius, à Golconde & dans l'empire mogol, ils contractent des mariages avec les Indiennes.

Les *Mahométans* sont répandus par toute l'Asie & sont divisés en deux principales sectes : les *Sunnites ou Sonnites* qui reçoivent & consultent la *Sonna* ou le livre des traditions de leur prophéte, & admettent Abubekr, Omar & Othman parmi les successeurs légitimes; ils se divisent en sectateurs d'*Abu-Hanifa* interpréte du Koran, que les Turcs & les Tartares suivent : en sectateurs de *Malec*, un des principaux officiers de Mahomed; ils sont plus nombreux en Afrique qu'en Asie; en sectateurs d'*Al-Schafei*, qu'on ne trouve plus qu'en Arabie, de même que les sectateurs d'*Ebn-Hanbal*. Les *Adeliah* forment l'autre secte des Mahométans; ils regardent *Ali-Ebn-Abutaleb* comme le successeur immédiat de leur prophéte, & ses descendans comme les seuls Imans légitimes; ils vénerent leurs tombeaux, ils attendent la venue du douzieme & dernier d'entr'eux qui doit les faire triompher des Sunnites : il sont divisés en 5 partis, les *Kassabians*, les *Gholaitens*, les *Nosairianens* ou *Nazareens*, les *Isakianens* & les *Zeidianens*.

Les chrétiens sont presque aussi répandus dans l'Asie que les Mahométans, & divisés en plus de sectes : il y a des chrétiens *Grecs*, *Melchites*, *Roskolnikes*, Georgiens, Arméniens, Nestoriens, Monophysistes ou Jacobites, Maronites, Catholiques Romains, Reformés, Luthériens, &c.

Les arts sont cultivés dans une partie de l'Asie; les sciences le sont peu. Il y a des manufactures, des fabriques; on en tire diverses étoffes recherchées; on y travaille la soie, les poils, les cuirs, les métaux : les plus commerçans de ces peuples, sont les Arméniens & les Buchares. On y enseigne la poësie, la morale, l'arithmétique, l'astronomie ou plutôt l'astrologie, un peu de logique & de métaphysique, la médecine fondée principalement sur la connoissance des simples. Les Mahométans vont étudier les sciences à *Sarmacand* en Bucharie & les Gentils à *Benares* ou *Waraneſt* ou *Kaſchi*, ville sur le Gange dans l'Indostan.

L'Asie fut la premiere partie du monde qui ait été peuplée, la premiere où les sciences aient prospéré, & où les conquérans aient fait redouter leurs ravages : divers empires y ont brillé & ont disparu l'un après l'autre ; les Assyriens durent leur célébrité à Ninus, & leur ruine à Sardanapale : les Médes leur succedérent ; les Perses effacerent ceux-ci, les soumirent ainsi que les Babyloniens & les Lydiens & disparurent devant les Macédoniens qui n'eurent pas une longue prospérité ; les Scythes, les Tartares se firent redouter ; les Parthes luterent contre les Romains & donnerent un terme à leurs conquêtes : les Huns, les Bulgares, les Awares ou Geugener, les Ungars se verserent en différens tems d'Asie en Europe ; on y vit ensuite successivement les Arabes ou Sarracens, les Russes : les Tartares, les Turcs y parurent tour à tour, & y fonderent des empires dont les débris des uns subsistent encore & les autres florissent dans toute leur splendeur. Les Portugais y parurent avec un éclat extraordinaire dans le 16ᵉ siecle ; ils régnaient sur les golfes Arabique & Persique, sur les côtes des presqu'îles en deçà & au-delà du Gange jusqu'à la Chine, dans Ceylan, sur les iles Moluques, & de la Sonde : les Hollandais leur succederent : les Français, les Anglais, les Espagnols, les Danois sont venus partager les dépouilles des premiers & resserrer le commerce des seconds.

C'est dans le 7ᵉ siecle que parut Mahomed fondateur de l'empire des Sarracens, qui s'étend sur une grande partie de l'ancien continent. C'est dans le 3ᵉ que *Dschingis-Chan*, fonda l'empire des mogols dans l'Asie septentrionale ; il s'étendit sur la plus grande partie de l'Asie & jusqu'en Europe : trois de ses fils *Tschutschi, Zagatai, Ugadai*, régnerent à la fois & furent des rois puissans. Le premier posséda toute la petite Tartarie, les royaumes de Casan, d'Astracan, le pays qui s'étend le long des fleuves du Wolga & du Don, & plus loin encore : c'est de lui que descendent les chans de Crimée. *Zagatai* eut la petite & la grande Bucharie, & ses descendans furent détruits par Timur-Beg. *Ugadai* fut nommé après la mort de son pere, administrateur des mogols & des Tartares, & les fils de son 4ᵉ frere *Tauli* lui succederent. *Mangu* l'un d'eux envoya son frere *Hulagu* pour conquérir la Perse, il la laissa à ses enfans, Mangu régna sur la Chine, son frere *Koblai-Can* y fixa le siege de son empire, fonda la dynastie des *Yuen*, gouverna les mogols par ses lieutenans & leur pays parut être alors une dépendance de la Chine : en 1368, les Tartares furent expulsés de la Chine ; ils y sont rentrés dans le 17 siecle, leurs princes y regnent, & ils ont soumis à la domination Chinoise les pays des Delots ou Eluts, les Kalmoukes, une grande partie de l'Asie. La partie de la Sibérie qui entra dans les vastes domaines des enfans de Dschingischan, est aujourd'hui soumise à l'empire Russe : la partie méridionale de l'Asie qui leur fut soumise entra dans l'empire de *Timur-Beg* ou *Timur-leng* qui s'étendait du Gange & de la Chine à l'Archipel, & de la Sibérie au golfe Persique ; son siege était à Sarmacand : il subsista peu ; l'empire Mogol est le seul débris qui en reste encore.

Dans les écrits des orientaux on trouve une grande partie de l'Asie divisée en *Iran* & *Turan* : l'*Amu* ou *Gihon*, autrefois *Oxus*, qui se jettait autrefois dans la mer Caspienne, & se perd aujourd'hui dans le lac Arel, était leur limite commune. L'*Iran* était le pays connu des Européens sous le nom de *Perse* : le *Turan* renfermait le pays des Turkomans & des Usbecks.

Les meilleures cartes de l'Asie sont celles de *Gottlieb Bohn*, imprimées chez Homann; celles de Robert, mais surtout celles de Danville : elles sont en 6 feuilles. C'est-là que l'on trouve encore l'idée la plus juste de l'Arabie : *Niebuhr* en a fait graver une de l'Yemen qui doit être très-estimée ; mais une excellente carte générale de l'Arabie est encore à faire.

## DE L'ARABIE.

Le *Dschesirat al Arab* ou presqu'île des Arabes est le pays renfermé par la mer des Indes ou mer Rouge, & les golfes Arabique & Persique : elle renferme de grands déserts vers le nord jusqu'à Balis sur l'Euphrate, Abulfeda lui donne pour limites la Palestine, la Syrie, l'Euphrate, le golfe Persique jusqu'à *Oman*, une partie de l'océan, le golfe Arabique jusqu'à *Madian*. Une partie de cette presqu'île fit partie des états des rois d'Egypte, une autre des rois de Syrie ; les habitations des Arabes s'étendent encore au-delà de ses limites, & on en trouve dans les gouvernemens de Basra, de Bagdat, d'Urfa, de Diarbekir, d'Haleb, de Tarabus, de Damas & jusqu'en Afrique ; mais tous les lieux où se sont étendus les Arabes ne forment pas l'Arabie : la surface de cette presqu'île peut-être d'environ 150;55 lieues qarrées.

Dans

Dans l'écriture sainte, l'Arabie a le nom de *pays d'orient*; & ses habitans y sont appellés *peuples de l'orient*; quoiqu'une partie en soit au midi de la Palestine: son nom hébraïque est *Arab* ou *Ereb*, mais ce nom est moins ancien que l'autre; son nom syrien est *Arbaje*; les Arabes lui donnent celui de *Dschesirat al Areb*: on donne différentes significations à ce mot, *pays du couchant*, *pays plat*, *pays désert*, *pays habité par des peuples divers & mêlés*, *pays de commerce*, *pays agréable*, &c. il serait long de les dire toutes, plus long encore d'en exposer les raisons: il en est qui prétendent qu'il est le nom d'une ville située dans le voisinage de la Mecque, ou d'un petit district de la province de *Tahama*, nommé *Arabah*, (plaine ou désert) ou de *Jaarab* ou *Arab*, fils de Kahtan ou Joktan, & neveu d'Heber. *Arab* signifie *agréable*, *aimable*: les aromates qui y croissent pourraient aussi lui avoir fait donner ce nom. Les Turcs & les Perses lui donnent le nom d'*Arabistan*, pays des Arabes. On a fait dériver le nom de *Saracens*, ou proprement *Scharakijuna*, de Sara, femme d'Abraham, ou de *Saraca*, (voleur) ces deux opinions n'ont aucune vraisemblance: on dit qu'il vient d'un lieu ou d'un pays nommé *Saraca*, de la ville d'*Arra*, dont les habitans se nommaient *Arraceni* ou *Saraceni*: il est plus vraisemblable qu'il fut donné aux Arabes qui demeurerent en orient, par opposition à ceux qui s'étendirent en Afrique & en Espagne, que les Arabes nommaient *Magrebin*, pays d'occident.

Selon la bible, les plus anciens habitans de l'Arabie furent les enfans de Joktan & de Chus qui habiterent l'*Iaman*, ou l'Arabie heureuse qu'on nommait aussi l'Inde, d'où ils s'étendirent sur les bords du golfe Arabique, & sur la partie de l'Ethiopie qu'il

baigne : les enfans qu'Abraham eut de Ketura &
d'Hagar s'y établirent enfuite : des premiers vinrent
les *Madianites*, le *Zamarenens*, les *Suites*, des feconds, les *Ifmaëlites* ou *Hagareneens*, les *Nabatéens*, les *Kadarenéens*, les *Ituréens*, les *Mafanéens*,
les *Méfemanéens*, les *Théméens* : des enfans de Loth
fortirent les *Moabites* & les *Ammonites*, d'Efaü les
*Edomites* ou *Iduméens*, les *Themanites*, les *Azaréens*,
les *Hemuates*, les *Munichiates*, les *Nochetéens* &
autres dont le nom même eft détruit, ceux qui ont
fubfifté le plus longtems font les *Iduméens*, les *Nabatéens* & les *Hagareneens* ou *Jouméens*. Selon les
Arabes le plus ancien peuple de l'Arabie font les *Ba-
jedites*. Les Arabes de nos jours fe difent iffus des
deux fouches différentes ; l'une vient de *Joktan*
ou *Kahtan*, elle fe nomme *Arab* ou *Arebah*, & ce
font les Arabes indigenes : l'autre d'*Ifmaël*, & fe nomme *Al Motaarabeh* ou *Moftaarabeh*, c'eft-à-dire Arabes étrangers ou naturalifés : mais ils confondent
Joktan qui était un fils d'Heber avec un neveu d'Ifmaël qui portait ce nom ; & dont l'arriere petit fils
Saba ou *Abdfchiams* eut 5 fils dont l'ainé *Homair*,
ou *Hamyar*, fut la tige d'une longue fuite de rois de
l'Iaman, dont le titre d'honneur était *Tabaa* ou *At-
thobo*. C'eft d'Ifmaël que Mahomed ou plutôt *Mohammed* defcendit par Adnan : *Phaher* l'un des defcendans d'Adnan, eut le furnom de *Koraifch*, &
fut la tige de la tribu des Koraifchites dont quelques
familles fubfiftent encore à la Mecque ; elles y rem-
pliffent divers offices héréditaires dans cette tribu. Il
n'eft pas certain qu'il exifte encore quelque diftinc-
tion entre les *Arab al Arebah* & les *Arab-al-Motaa-
rabeh*.

Les Arabes font divifés en plufieurs peuples, qui
different par leurs mœurs & leurs coutumes. Ce font

#### DE L'ARABIE. 419

es *Bedevi*, les *Maedi*, les *Hadhefi* & les *Fellah*.

Les *Bedevi* ou *Bedauwija*, nommés dans les auteurs Grecs *Scenites* & *Nomades*, par les Syriens *Benaj-Baro* ou *Bar-Brofe* (enfans du défert) mot d'où les Grecs & les Latins ont pris, dit-on, leur nom de barbares, connus des Européens fous la dénomination de *Bedouins*, ont habité conftamment le défert fous des tentes ou des huttes, occupés de leurs chevaux, de la chaffe, du foin de leurs troupeaux, de celui de piller ou de protéger les étrangers : ils pillent & ne tuent pas, à moins qu'on ne fe défende avec opiniâtreté : au contraire, ils défendent & fervent ceux qui fe mettent fous leur protection avec une fidélité inébranlable, ils fe regardent comme les plus nobles des Arabes, comme le peuple le plus confiderable de l'univers : ils méprifent ceux qui habitent les villes, & cultivent leurs champs ou les arts : ils fe fervent de l'arc & de la flèche, mais principalement pour la chaffe ; leurs armes font le fabre, le poignard, la lance faite d'un fort rofeau ; & ils eftiment cette derniere l'arme la plus ancienne & la plus convenable à un peuple courageux ; cependant ils redoutent l'Européen, & les armes à feu les font fuïr ; ils aiment les chevaux, & la plupart font toujours montés fur eux, mais il en eft de fort pauvres : ceux-là vont à pied avec leur lance, quelques-uns n'ont d'autres armes que la fronde : leur teint eft d'un brun foncé ; mais leurs femmes qui vivent toujours dans l'ombre de leurs demeures, ont le teint auffi beau que des Anglaifes : les deux fexes colorent leurs bras, leurs levres & d'autres parties du corps qu'on laiffe découvertes avec *'ufciam*, qui eft une couleur violette, compofée principalement avec le fiel de poiffon : elle pénètre la chair, & pour en rendre la trace plus profonde,

D d 2

ils se servent d'aiguilles : les dames se font de petites taches noires aux côtés de la bouche, au menton & sur les joues ; elles se piquent sur les bras & les mains diverses figures, se teignent les ongles en rouge, le bord des paupieres en noir, se font une trace longue & noire au coin de l'œil, pour faire paraitre leurs yeux plus grands, mieux fendus ; les avoir grands, noirs, proéminens, comme la gazelle ou l'antilope ; c'est les avoir très-beaux, selon les Arabes. Les hommes se teignent les cheveux & la barbe d'un rouge éclatant, avec un fard composé d'*Al-Hanna* & d'*Al-Catam* : la teinture des cheveux est un usage plus ancien que Mahommed, celui de se peindre la barbe vient de lui ; ils se rasent la tête, & n'y laissent qu'une touffe de cheveux, qui du sommet pend en arriere ; ils se coupent les moustaches ; mais ils honorent la barbe, ils la conservent avec soin, & la regardent comme un ornement sacré : ils se saluent en la baisant. L'habillement de l'homme est une grande chemise presque toujours bleue, qui a les manches fort larges, qui descend jusqu'aux pieds, & flotte lorsqu'il marche : des caleçons de lin, & une soutane sans manches ou kaftan, fermée par une ceinture de cuir ; quelquefois ils portent avec leur chemise un surtout ou manteau nommé *abas*, ouvert sur le devant, & sur les côtés pour laisser aux bras un mouvement plus libre : beaucoup de Bédouins n'ont pas ce manteau ; ils s'enveloppent le corps d'une piece de sarge blanche ; beaucoup encore vont nuds. Les plus considérables d'entr'eux portent aussi des caleçons de drap rouge ou violet, & resserrent leurs bas & leurs bottes légeres avec du maroquin jaune : quand ils ne les portent pas, ils marchent les pieds nuds dans des pantoufles qu'ils ôtent quand ils rentrent dans leur chambre : les plus auvres s'enveloppent les pieds d'un morceau de peau attaché par le haut. Le turban des principaux est un bonnet de velours rouge qu'enveloppe une piece de mousseline : il est brodé avec du coton, & l'extrêmité pend en arriere. Leurs femmes portent des hauts de chausses, une chemise de mousseline qui a de fort longues manches, une courte camisole, un abas ou manteau, un large kaftan dans l'hyver, qui descend jusqu'à terre, resserré par une ceinture ; leurs pieds nuds sont dans des pantoufles, & sur leur tête est un bonnet qui a la forme d'un calice. Lorsqu'elles sortent, elles ont de petites bottines de maroquin, & leur tête est couverte d'un voile qui descend jusqu'à la ceinture. Les femmes les moins riches ne portent sur leurs hauts-de-chausse qu'une longue chemise bleue ou violette, à manches longues & larges, avec une ceinture ; & lorsqu'il fait froid, elles se couvrent d'un manteau grossier & sans manches. Le voile dont elles se couvrent la tête, enveloppe leur cou & leur visage jusqu'à la bouche : les jeunes femmes s'en cachent tout le visage quand elles sortent. Outre les pendans d'oreille, elles portent encore des anneaux à leurs doigts ; elles en portent d'épais à leurs bras, au-dessus de la cheville du pied ; & selon leurs richesses, ils sont ou d'or, ou d'argent, ou d'yvoire, de corne ou de métal ; elles en placent aussi aux orteils des pieds, & à la cloison du nez ; celui-ci est grand, pend sur leurs lèvres, est d'or, ou d'argent, orné de petites pierres précieuses ; les pauvres le portent de quelque autre métal.

Dans l'été, les Bedouins habitent dans des cabanes quarrées, couvertes de chaume ou de feuillages : leurs tentes ordinaires sont rondes, soutenues au centre par une longue perche, où sont attachées dans leur longueur comme la tente d'une galere ;

elles font couvertes d'un drap noir & épais, tiffu avec le poil de chevre : les tentes des émirs font de la même étoffe, & ne fe diftinguent des autres que parce qu'elles font plus hautes & plus grandes; placées au centre du camp, celles de leurs fujets les environnent : ce camp eft de figure circulaire, lorfque la fituation du lieu le permet ; des chiens veillent autour pendant la nuit. Ce peuple vit de lait, de fromage, de miel, de poiffons & de chair de chameaux, de brebis, de gros bétail, de poules ; ils acquierent par échange ou achetent des grains, du riz, des légumes ; ils mangent auffi un mêlange de miel, de beurre & de crème ; l'eau, le caffé faitt leur boiffon : ceux qui ont des grains les mettent en farine avec des moulins à bras ; c'eft le travail des femmes, comme auffi tout ce qui fe fait dans l'enceinte des maifons, & il eft le plus pénible : leur pain eft formé en galettes minces ; il eft fans levain & n'eft bon qu'un jour : on les met dans un grand pot de terre, fur un feu de fiente féchée & enflammée, ou on les étend fur un lit de cendres brûlantes, épais d'un doigt, qu'on environne encore de cendres & de charbons allumés : un grand nombre d'Arabes ont dans leurs tentes des plaques de pierres ou de cuivre fous laquelle ils mettent le feu pour cuire leurs galettes, & cette maniere eft la plus propre.

Les *Maedi*, ( les vagabonds ou rodeurs comme les Arabes les appellent ) tiennent le milieu entre les Bedouins & les Hhadefi dont nous allons parler ; ils vivent avec leurs troupeaux, tantôt dans les déferts, tantôt dans les villes ; ils font pafteurs & vendent leur lait.

Les *Fellah*, ( laboureurs ) cultivent leurs champs, les *Hhadefi* habitent les villes & les villages : on appelle ordinairement *Maures* ceux qui s'occupent du travail des champs, habitent les villes, commercent ou font artisans : c'est un terme de mépris : nous avons dit que les Bedouins estimaient leur genre de vie, le seul respectable, le seul digne d'un Arabe : les habitans des villes ont le teint des Européens & vivent à leur maniere, ils sont plus civils que les Bedouins : Schulz dit que ceux qui habitent les villes prennent leur nom de leurs fils ainés *Abu Jacob*, pere de Jacob, & ceux qui vivent sous les tentes de leur fille ainée, *Abuh Sarah*, mere de Sarah.

La langue arabe approche beaucoup de l'hébraïque ; elles semblent deux dialectes d'une mere langue vraisemblablement oubliée : l'idiome arabe le plus ancien est celui que parlaient les Koraischites, il était plus pur, plus net que celui que parlent les Hamyarites, c'est celui d'Ismael, celui de Mohammed, celui du Koran : les Arabes pensent qu'on ne le connait plus qu'imparfaitement, & que cependant on ne peut rien comparer à ce qui en reste. On voit dans les dictionnaires qu'ont donné deux Arabes qu'il a cinq cens mots qui expriment un lion, deux cens pour désigner un serpent, quatre-vingt pour le miel, mille pour une épée ; mais sans doute, il en est plusieurs de métaphoriques : leur plus ancien alphabet est celui des Hamyarites ; celui des Kufisches lui a succédé, le Koran est écrit avec celui qu'inventa depuis Moramer-Eon-Morra ; il a été reformé encore par Ebn Moklah environ trois cens ans après Mohammed : les derniers ne sont que des corrections du Kufische, & celui-ci parait venir de l'ancien Caldaïque : les Perses, les Indiens, les Tartares, les Turcs, les Malais peuvent communiquer entr'eux, en se servant du dernier alphabet arabe.

La langue actuelle est fort différente de l'ancienne, & celle du Koran, même à la Mecque, est regardée comme la langue des savans. Tous les idiomes qu'on parle en Arabie ne sont pas bien connus; on dit que dans les contrées montueuses entre Iemen & Hedschar, on en parle un peu différent du Koran.

Les anciens Arabes avaient reçu de leurs peres la connaissance d'un Etre suprème & d'un culte simple & digne de lui; mais il dégénéra insensiblement en idolatrie. Leurs dieux étaient le soleil, la lune, les étoiles, quelques héros, ou des bienfaiteurs de la nation; des anges, des démons : le Christianisme s'y répandit; l'Arabie eut des évèques & leur métropolitain résida d'abord à Bosro, puis à Petra : un grand nombre de Chrétiens, les Monophysites, les Nestoriens s'y retirerent dans le troisieme siecle, comme dans un refuge contre la persécution : les Juifs y étaient accourus en grand nombre après la destruction de Jérusalem; ils y avaient fait des prosélites, sur-tout chez les Hamyarites, & leur dernier roi *Dhu Inaovas* fut un juif : détrôné par les Ethiopiens, il se précipita dans la mer, soixante & dix ans avant la naissance de Mohammed, cinq cens deux ans après celle de Jésus.

La grossiere idolatrie des Arabes Payens, la bigotterie des Chrétiens & des Juifs, la haine qu'ils se portaient & méritaient, fit concevoir à Mohammed l'espérance de s'ériger en réformateur, en paraissant vouloir ramener ses compatriotes à l'ancien culte simple & pur de leurs peres. Il était fils d'Abdollah, arriere petit fils d'Haschem, Mecquois de la race des Koraischites. Il sut persuader, il sut combattre; des circonstances heureuses, l'Empire Romain, la Perse penchant sur leur décadence, l'enthousiasme de ses soldats, lui firent jetter les fondemens d'un empire redoutable, & d'une des plus étonnantes révolutions. La religion qu'il établit est un mélange des histoires & des opinions des anciens Arabes, avec celles des Juifs & des Chrétiens ; ceux qui veulent mieux la connaître doivent consulter *Reland, Bayle, Sales, Mosheim, Semler*, &c.

Mohammed fut en effet un homme illettré ; mais la nature l'avait fait éloquent, aimable ; elle lui avait donné de l'esprit & un grand sens ; à 25 ans, il s'engagea à Chaddschah, veuve qui faisait un grand commerce, pour conduire ses marchandises à Damas ; ses soins firent prospérer les entreprises de la veuve, & quoiqu'elle eut déja 40 ans, elle l'épousa : il devint par elle un riche commerçant ; l'an 608 de la naissance de Christ, la quarantieme de son âge, il prétendit que Dieu l'avait choisi pour son prophète, qu'il lui avait envoyé l'ange Gabriel pour le lui déclarer : il persuada sa femme, bientôt il eut neuf sectateurs, parmi lesquels était *Ali* son parent, qu'il créa son *Wazir* ou *Wezir*, ( portefaix, soutien, ministre ) & *Khalifah* ( lieutenant ) *Abdollah* qui eut le surnom d'*Abu-Becr*, homme d'une grande considération entre les Koraischites. L'an 612, il s'annonça publiquement comme envoyé de Dieu, & enseigna sa doctrine qu'il nomma l'*Islam* ( la vraie foi ), & de là ses disciples prirent le nom de *Moslemim*, mot dont les Européens ont fait celui de *Musulmans* : le nombre de ses disciples s'accrut, mais les Koraischites les persécuterent, & les forcerent de se retirer en Ethiopie. Dans la douzieme année de l'envoi de Mohammed, année que les Moslemim appellent l'agréable, 12 hommes vinrent de Jatschreb ou de Medine lui prêter serment de fidélité, & l'année suivante, il en reçut un plus grand nombre sous sa loi. Les Karaischites résolurent de faire un effort pour l'accabler, & pour éviter la mort, il s'enfuit encore à *Jatschreb*, nommée ensuite *Medine*. C'est l'époque de l'*Egire* ou *Hedschrah* des Mahométans, c'est de ce jour qu'ils comptent leurs années : c'était le premier jour du 3ᵉ. mois de l'année des Arabes qu'ils nomment Moharram qui correspond au 16ᵉ. Juillet de l'an 622. C'est dans Medine que le prophète éleva une maison pour lui, & un temple pour ses sectateurs sur les ruines d'une étable où son chameau en arrivant avait fléchi les genoux.

Dans la seconde année de l'Hegire, Mohammed régla une cérémonie importante nommée la *Keblah*, c'est-à-dire, la contrée vers laquelle on tourne le visage en faisant sa priere : ce point vers lequel tous les regards des fidèles devaient se réunir fut la *Ca'aba*, ( maison quarrée ) ou le temple de Mohammed : c'était auparavant vers Jérusalem que le prophète avait voulu qu'on tourna ses yeux : il pensa ensuite à soumettre ses ennemis, il les battit, il s'en fit reconnaître, se fit redouter des princes voisins de l'Arabie, vit adopter sa religion à diverses tribus Arabes, au prince de Bahrein, à celui de Badzan dans l'Yemen : la huitieme année de l'Hegire, il conquit la Meque & presque toute l'Arabie lui fut soumise; c'est dans la onzieme année de cette Hegire qu'il mourut; il fut enseveli à Medine où l'on vénere son tombeau.

Après sa mort, *Abdallah* connu sous le nom d'*Abu-Becr*, fut élu son lieutenant, ou comme disent les Musulmans, il fut élevé à la dignité de khalife & d'iman, élection qui parut une injustice à un grand nombre, quoiqu'*Abu-Becr* fût oncle du prophète, *Ali* son gendre semblait y avoir plus de droit; on sait que les Perses sont de cette derniere opinion, & qu'aujourd'hui ils regardent Ali comme le successeur immédiat du prophète, tandis que les Turcs regardent *Abu-Becr*, *Omar* & *Othman* comme les trois premiers califes légitimes. Sous le premier, les Arabes conquirent l'Irak, Boſtra, & Damas ; c'eſt lui encore qui raſſembla les feuilles diſperſées du Koran & les mit dans l'ordre où elles ſont. Sous *Omar*, les Muſulmans conquirent toute la Syrie, la Paleſtine, l'Egypte, la plus grande partie de la Perſe. Sous *Othman*, la Perſe entiere, les îles de Cypre & de Rhodes, l'Iſaurie & la Nubie leur fut ſoumiſe. *Ali* lui ſuccéda, mais il vit un nombreux parti ſe former contre lui, & reconnaître l'autorité de *Moawijah* gouverneur de Syrie, comme celle du khalife légitime ; lui-même périt, ſes deſcendans furent perſécutés & diſparurent ; l'heureux Moawijah régna ſeul, il fonda la tige de khalifes Ommajjades, & rendit cette dignité élective juſqu'alors, héréditaire dans ſa famille. Son fils *Jazid* lui ſuccéda & laiſſa le ſceptre à Moawijah II, qui ne put le retenir entier dans ſes mains. Il eut des ſucceſſeurs dans ſa famille, mais tandis qu'un Ommajjade régnait en Syrie, un fils de Zobair règnait en Egypte & à la Meque. C'eſt ſous l'Ommajjade *Ol Walid* que les Arabes étendirent le plus leur autorité dans l'Aſie. *Marwan II* fut le quatorzieme & dernier khalife de cette maiſon. *Abu'l Abbas Abdollah* qui eut le ſurnom de *Suffah*, ( ſanguinaire ) était de la famille de Mohammed, on l'appellait les Abbaſſides. Son frere *Abu Gjafar al Manrer* choiſit la ville de Bagdat pour en faire le ſiege de ſon empire, & les khalifes y ſiegerent pendant 500 ans : les ſciences y fleurirent ; mais la gloire des princes ſembla s'effacer, leur autorité perdit ſa force : leurs conquêtes reconnurent un terme & bientôt après on les vit se resserrer : l'Espagne redevint chrétienne, *Harun or Raschid* en partageant son empire entre ses fils, l'affaiblit. L'ainé *Al Amin* regna sur la Syrie, la Palestine, l'Irak, les trois Arabies, la Mésopotamie, l'Assyrie, la Médie, l'Egypte & la partie de l'Afrique qui s'étend jusqu'au détroit de Gibraltar. *Al Mamun* commanda sur la province de Perse, sur le Kerman, l'Inde, le Khorasan, le Tabrestan, le Cablestan, le Zablestan & quelques lieux voisins. Un troisieme fils eut l'Arménie, la Natolie, tous les pays situés sur les rivages des mers Noire & Caspienne. De-là on peut juger de l'étendue de l'empire fondé par les Arabes. Harun or Raschid est le dernier khalife qui ait fait le voyage de la Mecque en personne. Sous *Al Mamun* les sciences parvinrent à leur plus haut période. L'un de ces khalifes, *Gjafar* surnommé *Al Motawakkel*, fut mis à mort à l'ordre de son fils par les Turcs qu'il avait rassemblé pour lui servir de gardes : ces Turcs s'emparerent insensiblement de toute l'autorité de ces princes; il ne leur en restait qu'une ombre, lorsque les Tartares l'an six cens cinquante-six de l'hegire ou le 1258 depuis Jésus-Christ conquirent Bagdat, sous le khalife *Al Mostasem Billah*, qui fut le 17ᵉ de la maison des Abassides, & le 57ᵉ depuis Mohammed. Leur titre était *Amir* ou *Emir al Mumenine*, c'est-à-dire prince de la foi. A mesure qu'ils perdirent leur puissance, les Arabes en devinrent indépendans, ils eurent leurs propres émirs ou scherifs, comme du tems de Mohammed, & cet état de chose existe encore.

Les écrivains Grecs *Eratosthene*, *Strabon*, *Ptolomée* ont divisé l'Arabie en *déserte*, *petrée* & *heureuse*: les Européens ont suivi cette division, & nous la suivrons dans notre description, quoique les écrirains orientaux ne donnent le nom d'Arabie qu'à la partie que nous nommons *heureuse*, & qu'ils divient en diverses principautés ou provinces: ils apellent l'Arabie déserte, le *désert de Syrie*; ils assignent une partie de la Petrée à l'Egypte, & l'autre à la Syrie.

## ARABIE DESERTE.

Les Arabes la nomment proprement *Badiah*, (le désert) les Perses lui donnent le nom de *Berri Arabistan*; elle confine à la Pétrée, à l'Heureuse, à la Syrie, à l'Euphrate qui la sépare du Dschesira, & à l'Irak Arabe; ces trois derniers pays la font partager en désert de Syrie, de Dschesira, ou de l'Irak, elle n'est guere connue que par les caravanes qui y passent, & peu y passent; quelques voyageurs décrivent son sol, ses productions; nous avons tiré ce que nous en allons dire de Pietro della valle, de Rauwolf, de Texeira, & de Philipe de la S. Trinité.

La partie la plus abondante est celle qui est arrosée par l'Euphrate qui y remplit différens canaux, & d'où l'on amène l'eau sur les hauteurs par des machines hydrauliques, ou par des seaux de cuirs trainés par des bœufs. Sur les bords du fleuve, on voit beaucoup de tamarisques, de cerisiers sauvages, de cyprès; & une espèce de saule qu'on y nomme *garb*, & qui en Perse a le nom de *fer*; on s'en sert pour faire la poudre à canon. En quelques districts le sol produit des dattes, des oranges, des citrons, des grenades, des figues, des olives, une espèce d'acacia qui produit une gousse ronde & brune, que les Arabes nomment *schok* ou *schamuth*, & l'*algut*, arbrisseau épineux qui donne la manne: sans doute on la trouve ailleurs encore, car un voyageur raconte qu'on en trouve abondamment dans le défert, que les Arabes la recueillent & viennent la vendre à Baſra : la plante nommée *kali* y eſt commune, les grains réuſſiſſent dans quelques contrées ; le millet de l'Inde y réuſſit : on l'y nomme *doras*, on en fait un pain de bon goût que les Arabes préferent à celui de froment ou d'orge ; çà & là on voit croître des légumes & le cotonier. Mais cette fertilité n'enrichit pas partout les rives de l'Euphrate, & plus on s'en éloigne, plus le ſol devient défert & ſtérile : au milieu de ces campagnes arides, l'œil découvre avec plaiſir quelques pâturages : telle eſt la plaine que vit Pietro della vallé, à 12 lieues de Meſchehed Huſſein : ſes habitans avaient vendangé au commencement de juillet ; mais ces cantons heureux ſont rares : partout ailleurs ſont de vaſtes ſolitudes de ſable où le vent forme çà & là des collines, éleve des tourbillons qui étouffent & couvrent les voyageurs ; nul ruiſſeau n'y coule ; quelques plaines ſont remplies de ſel ou de ſalpêtre, quelques lieux n'offrent que le rocher nud ou des marais. Là, on ne voit que le ſable brulant, ici on découvre quelques plantes petites, maigres, diſperſées que les chameaux recherchent, & dont ils ſe nourriſſent ; ailleurs on voit quelques épines, quelques bruyeres ; parmi ces buiſſons il en eſt un dont la feuille eſt en forme de cœur, dont le fruit rouge & rond eſt rempli d'un ſuc doux & un peu aigrelet : un autre parait être l'eſpece de genevrier qu'on appelle en Perſe *ghiez* : la *coloquinte*, à laquelle les Arabes donnent encore ſon ancien nom de *Hhandel*, n'y eſt pas rare : on dit que les Bedouins s'en ſervent comme d'un remede utile pour leurs chameaux : un bon moine raconte qu'il pleut encore de la manne dans ce défert, & qu'elle eſt un reſte de celle que Dieu envoya aux Iſraelites : la fiente ſéhée des chameaux & des bêtes à cornes y sert de bois qu'on n'y trouve pas : dans des cantons on voit des rocs pelés, ou des montagnes rocailleuses : tel est particulierement le pays qui s'étend de Scheleby jusqu'aux environs de Raca, le long de l'Euphrate où l'on voit une chaine de monts qui se prolonge jusqu'au Jourdain, à la mer Morte & au golfe d'Arabie : là elle est entierement nue & d'un aspect sauvage.

Des voyageurs y ont trouvé la chaleur supportable dans les mois de juin & de juillet ; le soleil y est ardent, mais un vent constant & fort y rafraichit l'air ; cet avantage est attaché à un inconvénient ; ce vent si salutaire y éleve souvent une poussiere incommode : les nuits y sont toujours froides, & comme on les y passe sous un ciel découvert, il faut s'y couvrir chaudement ; l'eau y gèle quelquefois dans les outres que les voyageurs portent dans ces déserts arides ; on ne dit point que le *Samun* dont nous avons parlé & dont nous parlerons encore, y fasse sentir ses effets funestes ; il est vraisemblable cependant qu'il y souffle, puisqu'on l'éprouve dans la partie du gouvernement de Basra qui appartient à l'Arabie déserte, qu'il y fait éprouver une chaleur brulante & y fait périr des chameaux. On n'y trouve presque nulle part de bonnes eaux ; il y a peu de ruisseaux, & ils n'ont d'eaux qu'en hyver ; il y pleut rarement ; quelques sources, quelques fontaines qu'on y voyoit autrefois, ont été bouchées & détruites par les Arabes, pour éloigner d'eux l'ennemi qui voudrait les soumettre : quelques étangs ou fossés sont remplis des eaux de pluie, mais bientôt elles s'évaporent ou se corrompent : çà & là on trouve des marais remplis d'algue & de roseaux ; les ruisseaux ou fontaines qui coulent ou naissent sur un sol imprégné de sel, de salpêtre ou de soufre, s'en chargent, & leurs eaux deviennent amères & puantes. Parmi les animaux sauvages qu'elle nourrit, on remarque le lievre, la gazelle, l'âne sauvage, le cerf; on y trouve même des loups, des lions, des tigres, un animal furieux semblable au chat, & que les Arabes nomment le *guide des lions*; un autre animal qu'on y nomme *dib*, & qui parait être le *tschakal* : des champs y offrent une multitude de rats plus grands que nos rats communs, dont ils ont la queue & les oreilles, tandis que leur tête & leurs yeux ressemblent à ceux des lapins, & leurs jambes à celles du chevreuil : ils sont de couleur gris brun; ils vont sautillant sur les champs où ils se font des demeures souterraines : les Arabes les mangent, & leur trouvent un goût excellent; quelques lieux y recelent un grand nombre de serpens : on y voit quelques autruches.

On sent qu'un tel pays où le voyageur est sans secours, sans chemin qui le dirige, sans eau qui le desaltere, où il faut tout porter pour ne pas périr de faim, où l'on n'a pas de guides instruits, où l'on se sert de la boussole comme au milieu d'une vaste mer, ne peut être décrit qu'imparfaitement : La vie des Arabes Bedouins qui y sont errans, y est misérable & dure : ils élevent leurs tentes là où ils découvrent quelques arbrisseaux, quelques herbes ou plantes dont leurs chevaux, leurs chameaux, leurs moutons, leurs chèvres, & le peu de vaches qu'ils ont, peuvent se nourrir, & ils y restent aussi long-tems qu'eux & leurs bestiaux n'ont point à craindre d'y périr de faim : la plupart d'entr'eux sont nuds, ils sont si affamés qu'ils courent après les voyageurs, qu'ils se jettent dans l'eau, & entourent le bâteau lorsqu'ils traversent l'Euphrate pour leur demander du pain; ils les volent quand ils le peuvent. Ils sont
divisés

divisés en races ou tribus qui se soudivisent en familles ; chacune de celles-ci a un *Scheik* ou *ancien*, chaque tribu a un *grand Scheik* auquel les anciens sont subordonnés. Leurs princes portent le nom d'*Amir* ou *Emir* que prenaient les khalifes, & qui distinguaient ceux qui descendaient de Mahomet par sa fille *Fatimah*. Leur grand-émir, ou chef de tous les Arabes du désert, est souvent appellé *Roi* par les Européens, mais il ne le prend point lui-même : il a une espèce de palais dans *Ana* qui est sa capitale ; rarement il l'habite, sans cesse il campe sous des tentes, passe l'hiver dans les contrées méridionales du désert, & l'été dans les septentrionales : sa tente est vaste & composée de plusieurs autres, elle s'élève au milieu du camp ou de la ville où il siege ; de-là partent diverses rues qui ont leurs noms particuliers, formées par les tentes de ses sujets ; en quelque lieu qu'il se transporte, elles sont portées sur des chameaux, & arrangées dans le même ordre, dans la station qu'il choisit ; les voyageurs, les caravanes qui passent dans ses états lui doivent un tribut ; il en tire encore des villes, des bourgs & des villages situés dans le désert : quelques-uns le disent vassal du sultan des Turcs, d'autres qu'il est son allié, qu'il en reçoit annuellement une somme d'argent, divers présens, qu'il lui fournit des troupes dans la guerre.

Les *Turkommans* habitent aussi dans ce pays aride, au moins dans la partie du nord & pendant l'hiver : ils sont propres, forts, courageux, & vivent sous des maisons & cabanes construites de lattes de bois qu'ils assemblent ; ils les revêtent à l'intérieur de roseaux, & les tapissent en partie, ils les couvrent au dehors de feutre, & leur forment un toit hémisphérique : ils ont de nombreux troupeaux de chameaux, de mulets, de moutons qu'ils font garder par leurs femmes; ces femmes portent un habit court, des bottines, & ornent leur tête d'une piece de toile fine qui s'éleve en pyramide. On croit qu'ils ne reconnaissent point l'autorité de l'émir de l'Arabie déserte, puisqu'ils sont assez nombreux & assez puissans pour se maintenir dans l'indépendance.

Les écrivains orientaux comprennent dans l'Arabie déserte des villes situées sur le golfe Persique, & quelques autres villes que des géographes attribuent à l'Arabie pétrée, comme dépendantes des provinces d'*Arak*, *Badia* & *Nabat*. On peut diviser ce pays, comme nous le faisons ici.

I. *Désert de Syrie.*

Il s'étend de *Balis* sur l'Euphrate jusqu'à *Ailah* sur le golfe Arabique: il confine à la Syrie, à la Palestine, à l'Arabie Pétrée. On y remarque les lieux suivans.

*Melhuah*, *Melluha*, bourg à 6 lieues d'Halep: on y compte une centaine de maisons, il fut élevé sur les ruines d'un autre.

*Achla*, *Acle*, bourg situé au pié d'un rocher, au bord d'un grand lac salé; ses maisons sont des cabanes, mais devant elles, est une belle prairie. On dit que l'ardeur du soleil évaporant l'eau du lac, y forme une croute de sel assez forte pour qu'on puisse s'y promener. *Huite* est un village, *Gasar-Ibn-Wordan* un château.

*Andrene*, autrefois *Androna*, ville dont il ne reste que de grandes ruines.

*Siria*, *Seriane*, ville ruinée dont il reste encore des ruines considérables: Pietro della valle y vit encore des colonnes de marbre, & des bâtimens de pierre entiers. *Esri* était sur une colline ; elle fut une ville. *Anture* est un château.

*Tadmor* ou *Tatmor*, nommée *Palmyre*, par les Grecs & les Romains, ville ruinée à 45 lieues au sud-est d'Haleb, à 25 de Hims, 24 de Salamya, à 8 lieues de l'Euphrate : elle est environnée de 3 côtés par de longues chaines de monts, qui enferment la plaine au centre de laquelle elle est située : à quelque distance de ses murs, vers le midi, est une grande vallée de sel : l'air y est sain, le sol aride ; son enceinte était vaste, & ses ruines le montrent encore. On y voit un grand nombre de piliers, d'un beau marbre tiré des montagnes voisines ; des restes magnifiques de temples, des tombeaux de marbre quarrés & hauts de 4 à 5 étages. Ce qu'on y recherche le plus, sont les inscriptions gravées en caracteres grecs ou palmyréniens ; ses anciens murs sont détruits, & au milieu de ces magnifiques débris, on ne voit plus que quelques familles misérables qui vivent sous des huttes. Sur la montagne qui est au midi, on trouve quelques restes d'un château, & une fontaine profonde ; on y jouit d'une vue très étendue. Les Arabes ont conservé l'ancien nom de la ville ; Salomon la bâtit ou la releva : du tems de Pline, elle était une république indépendante & libre ; sous Trajan elle était dévastée, Adrien la rebâtit & lui donna son nom, Caracalla lui accorda les droits des colonies Romaines. Odenath la rendit célebre par ses succès : il prit le titre de roi, que porterent aussi sa femme Zenobie & son fils Herode. Zenobie surtout lui donna le plus grand éclat : elle lui soumit une partie de l'empire Romain ; mais Aurelien mit un terme à la gloire de Palmyre, & aux prospérités de sa souveraine : celle-ci mourut dans les fers : la ville fut prise & dévastée quelque tems après :

cet empereur y fit rétablir un temple au soleil, & donna une garnison & un commandant à Palmyre qui fut ornée par Dioclétien. Sous Honorius il y eut un évêque. Justinien la fortifia, y éleva un bel aqueduc dont une partie existe encore: elle fut ensuite soumise à l'empire des Arabes: elle vit l'an 39 de l'hegire les troupes d'Ali victorieuses de celles de Moawijah: le rebelle Soliman s'en empara sous le khalife Marwan. Benjamin de Tudele y trouva en 1172 4000 Juifs pleins de courage qui y faisaient la guerre aux sujets du sultan Nureddin.

Ses antiquités sont devenues célebres depuis que *Robert Huntington*, aumônier de la factorie Anglaise & d'Haleb les découvrit: les Anglais les visiterent en 1678, mais avec peu de succès, parce que le prince Arabe qui y commandait les traita durement. *Guillaume Halifax* fut plus heureux en 1691, il les a décrites, *Halley* y a joint des remarques: on en parle dans les voyages de le Bruin; *Sellers* en a donné l'histoire. *Smith*, *Bernard* ont copié & publié ces inscriptions. *Gruter*, *Spon*, *Reland* y en ont ajoutées. *Jacob Rhenferd* s'est essayé en vain de retrouver l'alphabet palmyréen; *Renaudot*, *Galland* s'occuperent du même objet. *Bouverie*, *Dawkins*, *Wood* firent le voyage de Palmyre en 1750, & les publierent en 1753 dans un magnifique ouvrage intitulé, *les ruines de Palmyre*. On y rapporte diverses inscriptions grecques, latines, palmyréennes, dont la plus ancienne est du tems d'Auguste, la plus moderne du tems de Dioclétien. D'autres savans ont fait encore des recherches sur la langue qu'on parla dans cette ville; il en résulte que cette langue était très-semblable au siriaque, mais que l'alphabet avait plus de rapport avec celui des Hébreux.

A la fin du 17ᵉ siecle, on y voyait encore des palmiers, arbre qui fans doute lui donna fon nom grec : Wood y trouva auffi des jardins, mais les arbres avaient difparu : au couchant de fes murs font des reftes d'une fource chaude qui fervit pour des bains, le ruiffeau qui s'en forme coule dans un petit foffé, puis fe perd dans le fable ; le vifage de fes habitans annonce la bonté de l'air qu'ils refpirent : leur teint eft d'un brun qui approche du noir : ils obéiffent à un aga qui réfide à *Haffeiah* ou *Haffia*.

La province à laquelle cette ville donna fon nom (Palmyrene) fait partie de l'Arabie déferte ; fur le chemin qui conduit de fes ruines à Haffeiah, font les villages de *Carietin* & de *Howarin* dont les ruines annoncent qu'ils furent autrefois confidérables, on y voit une tour quarrée & armée de crenaux, & celui de *Sudud* habité par des chrétiens Maronites qui cultivent des champs fertiles & recueillent des vins rouges.

*Tarecca*, lieu à 5 lieues & demi de Tadmor vers le nord-eft : il y a une fontaine, & doit fon nom à une victoire remportée fur les Mamluks par les Turcs.

*Suchna, Sukava, Sukney*, bourg habité par les Arabes & les Turkomans, fitué à 7 lieues du lieu précédent, entre deux montagnes ; il doit fon origine à une forterefle élevée pour protéger les caravannes : à 200 pas eft une fource chaude, fulphureufe, qui fort d'un étang, paffe par un jardin qu'elle arrofe, & fe perd dans un autre étang ; on en boit les eaux, on s'y baigne ; on en tire auffi du fel : l'air y eft mal fain.

*El-Her*, ville ou bourg, dans une contrée d'une fertilité médiocre : on y voit un château détruit, qui fut bâti de grandes maffes de marbre.

*Taibeh, Teiba*, lieu ceint de murs, dans une grande vallée, au pié d'un rocher, défendu par un fort. Son nom signifie *lieu sain* ; des Arabes l'habitent ; ils ont une mosquée où ils vénerent une antique pierre quarrée : on y lit une inscription grecque & palmyréenne. Une source forme près d'elle un étang : on dit qu'il fut jadis une ville qu'habiterent les chrétiens Européens. *Arsoffa*, selon Danville *Resafa-ibn-hesham*, lieu connu probablement autrefois sous le nom de *Resapha* : il est à 9 lieues de Taiba, à 4 de l'Euphrate.

## II. *Désert de Dschesira.*

Il s'étend de *Balis* jusqu'à *Anbar* le long de l'Euphrate, & jusqu'à *Tayma* & *Vadilcora*.

*Dschaabar* ou *Kalato-Dschabari* ou *Colegembar*, ou encore *Gabbar*, autrefois *Dausarijah*, château ruiné, situé sur une montagne entre Balis & Raca, dont le pied est baigné par l'Euphrate, il appartient à l'émir de l'Arabie déserte, & a souvent été assiégé : un voyageur lui donne le nom de bourg.

*Scheleby*, château ruiné sur le penchant d'un mont, au bord de l'Euphrate ; près de lui est une ville, & plus bas, sur la rive du fleuve un fort détruit nommé le *bas Scheleby*.

*Saccar el Prelij*, ville à 3 milles de Deïr, & qu'on découvre en descendant l'Euphrate.

*Taphsach*, jadis *Thapsacus* & *Amphipolis*, nommée dans la bible *Thiohsach*, ville qu'on cherche. Asseman dit que c'est une ville encore existante sur le Bir : elle devait être sur l'Euphrate.

*Rahaba*, *Rahabeh*, *Errachaby*, ou *Meched-Raba*, ville à quelque distance de l'Euphrate, sur un sol élevé au milieu d'une plaine fertile : elle a un château ; un canal y rassemble les eaux de l'Euphrate &

du Saïdou Soaïd : ici se reposent les karavannes qui viennent de Syrie & de l'Irak.

*Schara* ou *Aschara* ou *Osara*, petite ville située à demi mille de l'Euphrate : les uns disent qu'elle appartient à l'émir des Arabes, les autres, que l'empire Turc y a un sangiac.

*Kahem* ou *Cajem*, lieu près de l'Euphrate qui y coule avec lenteur : un tombeau distingué par une petite tour, lui a donné le nom de celui qu'il renferme : les Arabes qui habitent auprès, pensent qu'il y eut autrefois une grande ville qui s'étendait sur les deux rives du fleuve.

*Ana* ou *Anah*, ville dont nous avons déja parlé en décrivant l'empire Turc : il ne s'agit ici que de la partie qui est située en Arabie ; elle est grande, fut ceinte de murs, & s'étend sur le bord du fleuve. On la regarde comme la capitale de cette partie de l'Arabie, & nous avons dit que son prince y avait une maison où il réside quelquefois ; les maisons sont bâties de pierres, elles sont quarrées, petites, couvertes de bois ; ses habitans sont Arabes ou Juifs : elle a beaucoup de jardins ombragés par des palmiers, des poiriers, des citronniers, des orangers, des grenadiers & autres arbres ; cet aspect est d'autant plus agréable qu'elle est environnée de tristes déserts ; la chaleur y est quelquefois extrême ; en hyver le froid y est incommode : son district & elle-même a le nom de *Gimel* selon Rauwolf, il est probable qu'elle est désignée dans les livres saints, sous celui de *Hena*.

*Hadith* ou *Hadice* ou *Hadicet-ul-nur*, & selon Abulfeda *Haditschat-on-Nurati*, ville dont nous avons parlé, parce qu'elle est située sur les deux rives de l'Euphrate ; mais sa partie la plus étendue est du côté de l'Arabie ; on dit qu'elle appartient à l'émir : il semble qu'elle soit la même que Ptolemée nomme *Audattha.*

Aſſeman nomme parmi les villes de l'Arabie déſerte *Hit*, *Anbar*, *Coſr* & *Sura*, villes aux bords de l'Euphrate : nous avons parlé des deux premieres en décrivant le gouvernement de Bagdat.

### III. *Déſert de l'Irak.*

Il s'étend d'*Anbar* juſqu'à *Abadan* & au pays de Neſched & d'Hedſchas. Sur la carte que Sales a joint à ſa traduction de l'Alcoran, on voit une chaine de montagnes ſans nom, tracée entre Abadan & Anbar : une carte d'Homann l'appelle *Sinan*, nom qui n'appartient en effet qu'à une partie de cette chaine qui s'étend vers Baſra. Cette partie de l'Arabie renferme *Hilla*, *Kiufa* ou *Kufa*, *Hira*, *Kadeſſia*, *Waſit*, *Baſra*, *Obolla* & *Abadan*. Nous en avons parlé dans la deſcription des gouvernemens de Bagdat & de Baſra.

### IV. *Le pays de Hedſcher*, nommé par Abulfeda *Baharain*.

Il confine à l'orient au golfe Perſique, vers le nord au gouvernement de Baſra, au couchant au pays de Neſched, au midi à celui d'Oman. Le nom de *Baharain* ſignifie *deux mers*, ce qui ſelon Abulfeda exprime la ſituation du pays qui a d'un côté la mer orientale, & de l'autre le lac ſitué près d'*Ahſa* : d'Herbelot penſe qu'il le reçoit du golfe Perſique & de la mer d'Arabie ou d'Oman. Les Turcs prétendent être les maîtres de ce pays, mais les Arabes appellés *Beni-Khalid* ſeuls le ſont, & ne reconnaiſſent que l'autorité de leur ſcheick. On attribue cette partie de l'Arabie à l'Empire Perse dans diverses cartes : cette erreur vient de ce qu'on la confond avec l'île de Baharain qui en dépend en effet : elle est arrosée par des sources & des ruisseaux, & lorsqu'on fouille la terre à la profondeur de 10 pieds, on y trouve partout de bonnes eaux : elle produit du coton, de l'al-hanna, du riz, diverses sortes de fruits, surtout de belles dattes ; une chaleur excessive n'y permet le travail que le matin & le soir ; le vent y élève çà & là des collines de sable, qu'il disperse quelque-tems après pour les accumuler ailleurs ; ces flots mouvans de sable en détruisant les chemins, font qu'on n'y voyage que par la mer : sur les côtes du golfe Persique on trouve en divers lieux des perles estimées. Ce pays fut le chef-lieu de la secte des *Caramethah*, dont le chef Carmath vivait l'an 278 de l'hegire ; fanatique qui prétendait que Dieu lui avait commandé d'ordonner aux fideles 50 prieres par jour, de leur permettre toutes sortes de viandes, de changer toutes les cérémonies, de dispenser des oblations, de permettre l'usage du vin, & de leur annoncer que les anges étaient leurs guides dans toutes leurs actions. Son successeur *Abu-Thaher* s'empara de la Mecque, remplit de cadavres le puits de Zemzem, enterra 3000 morts dans le temple, en enleva la pierre noire, dont il fit un profane usage. Ces sectaires y rapporterent la pierre 20 après, par ordre d'Ali, disaient-ils, qui leur avaient aussi ordonné de l'emporter : les Arabes disent que pour l'emporter dans leur pays, il leur fallut 40 chameaux, & que pour la rapporter à la Mecque, il n'en fallut qu'un. Cette secte est aujourd'hui anéantie.

*Catema* ou *Kademah*, petite ville au bord du golfe Persique.

*Al Catipf*, *Al Katif*, ville environnée de murs

& de fossés, située au bord du golfe Persique. Les plus gros vaisseaux chargés peuvent y arriver par le canal qui la joint à la mer dans le tems du flux, & lorsque la marée est forte ; les eaux de la mer baignent ses murs : on dit que l'air n'y est pas sain : ses environs sont riches en dattes ; près d'elle est une pêcherie de perles qui appartient au scheikh de Hedscher ; cette ville donne son nom à la mer qui la baigne, & aux velours qui dans l'orient sont appellés *Katifeh*. Il semble que cette ville soit la *Gerra* de Ptolemée ; il la peint comme une ville riche par son commerce : ses maisons étaient construites, ainsi que ses remparts, de pierres de sel.

*Tarut*, petite ville à l'orient d'Al-Catipf : son sol est riche en vins : dans le tems du flux la mer l'environne & en fait une île.

*Al-Ahsa* ou *Lahsa*, *Ahassa*, ville dans une contrée riche en dattes & en grenades ; le scheik de Beni-Khalid y fait, dit-on, sa demeure : un voyageur dit qu'elle est le siege d'un pascha dont les revenus sont fondés sur la pêche des perles. C'est une ville assez considerable : selon Abulfeda il y a deux villes de ce nom ; mais il parait s'être trompé en faisant de Baharain & de Hedscher deux provinces différentes ; il est certain que ces deux noms désignent le même pays. *Al-Ahsa* est peut-être l'*Alata* de Ptolemée.

*Chati* ou *Khat*, ville qui donna son nom aux *Chateneens*.

*Hadschar* ou *Hedscheri*, *Hagiar*, dont le pays prend le nom, ainsi que le peuple Agraers. Des géographes en font une ville de l'Imama, & en marquent la situation à 24 heures au nord-ouest de la ville de ce nom : elle parait être ruinée aujourd'hui ; c'est la sépulture des Musulmans qui périrent dans un combat contre le faux prophète Moseilemah.

# DE L'ARABIE.

*Daden*, *Dadiana*, *Dirin*, nom d'une île habitée par les Arabes Cataraïsches : elle a une ville de son nom, siege d'un évêque Nestorien : des géographes la placent au bord de la mer : il y a quelque apparence que c'est le *Dedan* dont parlent Moyse & Ezechiel ; on croit qu'elle n'existe plus aujourd'hui.

Barbosa dans son *sommaire de l'Inde orientale*, place entre Basra & Dadena, sur les bords du golfe Persique *Dobla*, *Julfar* ou *Dschulfar*, ville commerçante près de laquelle est une pêcherie de perles. *Baha*, *Pahan*, *Calba*, place forte, *Mekeoan*, & un grand nombre de lieux dont on ne connait que les noms, & dont les noms paraissent défigurés : ils appartenaient du tems dont il parle au royaume d'Hormus : ce pays était abondant en grains, vins, dattes, troupeaux, objets d'un bon commerce ; ses habitans sont noirs, ils portent de longues robes de soie, ou de coton ou de camelots.

V. *Le pays entre l'Euphrate, le golfe Persique, l'Arabie Pétrée & les provinces de Nesched & d'Iemama.*

Il est mal déterminé par les géographes ; on n'est pas même certain si les lieux qu'on lui assigne en dépendent tous.

*Al-Thoalabyah* ou *Taalabia*, grand bourg ceint de murs qui marque le tiers du chemin fait par les pélerins, qui de l'Irak-Arabe vont à la Meque.

*Tandscha*, lieu dont le district confine au Bahasain, & que le géographe de Nubie place à une station de *Samman*, ville que l'on connait peu.

*Merab*, *Salumia*, *Sal*, *Hadrama*, lieux peu connus, & qui peut-être n'existent plus. Les Sabéens, fils de Seba, neveu d'Abraham, & les *Aesites* ou

*Aufites*, dont le nom paraît venir de Uz, fils de Nahor, habitaient cette contrée. Les traducteurs Grecs des livres saints ont rendu le *pays de Uz* des Hébreux par le *pays des Aufites*.

VI. *Pays de Nagd*, ou *Naged* ou *Nagid*, ou plutôt *Nefched*.

Sa hauteur lui donne son nom, & on pourrait l'appeller l'*Arabie montueuse*. Abulfeda dit que ce pays sépare l'Iaman de Tahamah ou basse Arabie, & l'Irak Arabe de la Syrie. On y voit beaucoup de marais vers Hedschas. Parmi ses montagnes celles de *Salamy* & d'*Ascham* ou *Agja* sont les mieux connues; elles sont habitées par les Arabes *Taites* ou *Tajers*, nom qu'on donne aussi à tous les Arabes, & qui en chaldéen signifie un marchand Arabe.

*Duma*, *Dumath al Dschendal*, ville qui doit son nom à Duma, fils d'Ismaël, que Ptolemée appelle *Dumetha*, & que Mohammed soumit la cinquieme année de l'Hegire.

*Taima*, *Thima*, *Al-Ablak*, château fort, nommé dans Ptolemée *Themma*, qui doit son nom à Thema, fils d'Ismaël, duquel descendent les Théméens; il appartient aux familles de *Tay* ou aux Taïtes; ses environs sont riches en dattes.

*Faid*, *Phaid*, nommé dans Pline *Phoda*, petite ville qui fait à peu près la moitié du chemin entre Kiufa dans l'Irak Arabe, & la Mecque.

*Kaibar*, *Chaibar*, que Ptolemée nomme *Gabara*, petite ville fortifiée dans des campagnes riantes & couvertes d'arbres fruitiers; dans la langue des Juifs son nom signifie *forteresse*: elle est habitée par les Arabes des familles d'*Ansah*. Mohammed la prit sur les Juifs dans la 7<sup>e</sup> année de l'Hegire: ce peuple dominait alors dans ce pays.

*Dulmara* ou *Marath*, ville; *Rahaba*, *Rhabana* felon Ptolemée, ville qui donna son nom aux Rabanites. *Adah*, *Achaal*, deux villes, dont la derniere est nommée *Chaalla* dans Strabon. *Rima*, *Ba-Raman*, connue des Syriens sous le nom de *Beth-Raman*, ville qui donna son nom au pays des Rhamanites.

VII. *Pays d'Imama* ou *Iamamah* ou *Iemama*.

Son nom lui vient de sa capitale, ou d'un fleuve ou source. Il était habité par les enfans d'Hanaïfah, qui du tems de Mohammed obéissaient au prince Mosaïlama. *L'Ardio* ou Aftan l'arrose & le partage: dans la vallée d'*Akik al Ared* coule un ruisseau; elle confine à l'*Akik al Medinah*.

Al-Imama, ou *Yemama*, qui eut le nom de *Dschau* est dans une contrée montueuse, mais abondante en dattes; près de la ville est la vallée d'*Al-Kardsche* qui est fort peuplée: le plus remarquable des lieux qu'elle renferme est *Wadi-Aphtan*.

Sur les bords de l'Aftan on trouve les villes de *Barka* ou *Barka* ou *Barkat Dhabek*, de *Salamia*, nommée *Salma* par Ptolemée, d'*Hadrama*, de *Sal*, de *Nisan*, de *Taudeh*, de *Medschara*, &c. celles d'*Arud* & de *Chiscia* étaient connues des anciens. Ptolemée donne le nom d'*Arrade* à la premiere & de *Choce* à la seconde. *Maiscia* ou Masa donna son nom aux Masanites, *Lia* aux Léanites. *Al Sora* a le même nom dans Ptolemée: *Thania* y est appellée *Thoana*; de là viennent les Thanaïtes. *Karjathain*, selon la bible *Kirjathaim*, dans Pline *Carriata*, dans Ptolemée *Cariatha*, donna son nom aux Carréens. *Dama*, autrefois *Dapha*, *Tanscha*, qu'il ne faut pas confondre avec une ville dont nous avons parlé, *Phalaa*, &c.

## ARABIE PÉTRÉE.

Son nom lui vient de la ville de Petra, & parce que ce mot signifie un roc, une grosse pierre, on a appellé cette partie de l'Arabie, la *pierreuse*, le pays est en effet semé de montagnes rocailleuses. Elle est environnée de la Palestine, de l'Egypte, du golfe Arabique & des deux autres Arabies : des montagnes qui s'élèvent à l'orient du bras occidental du golfe la séparent de l'Egypte ; c'est vers cette partie de l'Arabie Pétrée que sont les monts Sinaï & Horeb ; les Israëlites y passerent pour se rendre de l'Egypte dans la Palestine.

On ne connait l'histoire naturelle de ce pays que par les rélations des voyageurs ; jettons donc un coup d'œil sur les diverses routes qu'ils y ont tenus. Plusieurs sont allés de Gazza aux monts Horeb & Sinaï ; ils trouvent à 16 lieues de Gazza des collines de sable ; dans ce chemin on voit la mer Méditerranée, on entend le bruit de ses vagues ; plus loin est une campagne, une vallée de sable qu'on nomme *Wadalaïar* ou *Larisch* qu'arrose un ruisseau dans les tems de pluie ; ce dernier nom rappelle celui de *Larisse*, petite ville marquée sur les cartes de Blaeu, au bord d'une petite riviere qui se jette dans une anse de la mer Méditerranée, & qui est différente de celle de *Rhinococura*. Cette vallée est environnée de hauts monts de sable ; des buissons, diverses plantes, beaucoup de coloquinte y croissent. Plus au midi est encore une vallée pierreuse ceinte de monts de craie, & où les pluyes forment un ruisseau qui coule dans la mer Morte ; on trouve ensuite une plaine de sable, qui au couchant & au levant est fermée par des montagnes sableuses & arides où l'on ne voit ni feuilles, ni herbes. Plus loin sont deux ruiseaux desséchés lorsqu'il ne pleut pas ; le dernier baigne le pied de la montagne de craie. Le 5ᵉ jour on laisse à main gauche un vaste désert, où l'on ne trouve point d'eau ; à droite sont des monts de craie ; de-là on prétend que le mont Sinaï se présente au loin à la distance d'environ 50 lieues : plus loin sont de hautes collines, & des vallées couvertes de sel & de salpêtre, quelques ruisseaux desséchés, & des traces de travaux faits autrefois dans une de ces montagnes qui s'étend de l'orient au levant. Le 7 jour on a à gauche un mont blanchâtre, à droite un rougeâtre, & devant soi un ruisseau dont les eaux sont fournies par les pluies, & on arrive dans une vaste campagne où le gazon, les arbrisseaux, des arbres récréent la vue ; de-là on arrive le 8ᵉ. jour au mont auquel sans doute Pocok donne le nom de *Te*, & Niebuhr *Etti* : plus loin le chemin se partage ; l'un conduit à *Al-Kahira* en Egypte, l'autre à *Tor*; du sommet le plus élevé des monts voisins on découvre le bras occidental du golfe Arabique : le mont *Te* paraît être celui que Moïse appelle *Hor* ; vis-à-vis, vers le midi, est une chaine de monts qui s'étend du couchant au levant ; entre ces monts est un champ ouvert de pierres de toutes couleurs où s'élèvent quelques arbres, il s'étend jusqu'à la mer. On traverse la chaine, & on parvient au désert sablonneux de *Ramla*, & là commencent des monts de granit situés entre les deux bras du golfe, & dont le mont Sinaï est le centre. Entre ces monts sont d'étroites vallées, des plaines sablonneuses. Le 9ᵉ. jour on passe par des vallées rudes & tortueuses où des troupeaux conduits par les Arabes trouvent de l'herbe & des buissons. Les rochers élevés qui les forment sont des deux côtés alternativement rouges, noirs & bruns ; le soleil les rend brillans. Le 10ᵉ. on traverse une val-

lée unie, étendue, verte, entre des monts élevés &
sauvages : au-delà est une autre vallée entre des monts
plus hauts encore, mais si tortueuse que le mont Sinaï qui s'élève au-dessus de toutes les montagnes qui
l'environnent, paraît tantôt devant soi, tantôt derriere. Elle conduit à la grande plaine d'*Abatharok*
enfermée par des monts rocailleux, sauvages, éle-
vés, elle a de beaux pâturages pendant l'hiver. Le 11<sup>e</sup>.
jour on entre dans un chemin étroit, resserré par des
hauts rochers, terminé par une plaine assez vaste qui
s'étend jusqu'au pied des monts Horeb & Sinaï, qui
est couverte d'un sable grossier & rouge, & paraît
être celle que Moïse nomme *Rephidim* : au pied du
mont *Horeb* est le monastere de *Ste. Catherine* où
l'on parvient par un vallon pierreux, profond &
étroit. Le chemin de Suez au Sinaï & à Tor, mérite encore une mention particuliere. De cette ville
on vient à *Bahhr el Kolsum* ou *Bahhr es Sues* ; en sui-
vant les côtes sablonneuses & basses du golfe jusqu'à
*Gorandal* où le chemin devient montueux & semé de
rocs. A 7 lieues de Sues est le lieu nommé *Ain es
Muse* ou *Ai-joun-Musa*, la fontaine de Moïse : elle
est dans un champ sablonneux, sur une petite colline, où en quelque endroit que l'on creuse on trouve de l'eau ; on y voit plusieurs sources dont quelques-unes sont aujourd'hui taries & autour desquelles croissent des joncs ; elles forment un ruisseau qui
bientôt après se perd dans les sables ; l'eau en est
chaude, salée, amère, sulfureuse, une de ces sources
donne de l'eau assez bonne, mais elle n'est pas limpide ; elle s'élève en bouillonnant au-dessus du sol, &
on la conduit à Suez : dans ce lieu on trouve quelques palmiers ; un peu plus haut on voit sondre une
eau noire & minérale : dans la plaine on trouve du
talc, on en trouve aussi sur les collines voisines. Dé

ce lieu s'avance au loin dans la mer une langue de terre qui rompt l'impétuosité des flots lorsque le vent du midi soufle, & offre un asyle aux navires ; ce promontoire ne se voit point sur la carte de Niebuhr. Vis-à-vis de ces sources, sur l'autre bord du golfe vers l'Egypte on voit une ouverture entre les rochers qui forment les montagnes ; c'est l'embouchure de la vallée *Badiah*, formée au nord par les sommets de la montagne *Attakah*, & au midi par ceux du *Gewubi* ou *Ghobeibe*. L'opinion commune est que les Israélites passerent par cette ouverture pour traverser le golfe Arabique, & venir dans la contrée d'Ain-el-Muse ; & cette opinion devient probable, parce que le golfe est là fort resserré & sablonneux. Selon Jean de Castro & Shaw., la largeur du golfe n'est ici que d'une lieue marine ; elle est moindre encore selon d'autres voyageurs ; sa plus grande profondeur n'est que d'environ 4 pieds ; & les messagers ordinaires le traversent pour se rendre d'Ain-el-Muse à Suez.

Des fontaines de Moïse, on se rend par une plaine sablonneuse de 4 ou 5 heures à *Sedus* ou *Schedur*, colline voisine du golfe, & où l'on trouve quelques buissons. Ici doit être le désert de *Sur* ou *Schur* ; quelques savans assurent que c'est le lieu où les Israélites aborderent après avoir traversé la mer ; là, elle est si peu profonde encore, que des voyageurs en s'y baignant se sont avancés demi lieue en avant sans perdre le fond ; Pocok fait mention d'un château à Sedur.

Plus loin on trouve des bouquets de bois, & le lit d'un torrent d'hiver dans lequel est une source : on le nomme *Wardan* : une plaine de sable le sépare d'une colline formée presque toute entiere de talc, sur laquelle on marche pendant 2 heures, puis

*Tome VIII.* F f

on descend dans une vallée terminée par une colli-ne, à l'orient de la montagne d'*Huffan*, au couchant de celle de *Mazah*: au pied occidental de cette dernière est une vallée où coule une source d'eau amère & salée, dont on croit que Moïse parle. Entre cette source & *Gorondol* est un ruisseau dont l'eau est bonne, & près de ses bords sont des tamarisques, des acacias & quelques seps de vignes. A 10 heures loin de Wardan est encore une vallée qu'arrose un ruisseau rapide qu'Abulfeda nomme *Gorondal*, & les voyageurs *Corondel*. Niebuhr lui donne le nom de *Girondel*: ses bords sont ornés de buissons & de tamarisques: le ruisseau est à sec dans une partie de l'année. Shaw dit que les eaux en sont salées: elles sont très claires, se rendent à la mer dans un golfe qu'on nomme la mer de *Berkah* ou de *Gorandal*, & on remarque que plus elles en approchent, plus elles sont salées, amères & d'un goût désagréable; ce qui justifie ceux qui les ont trouvées bonnes à boire, car ils puiserent sans doute plus près de leur source: le sol sur lequel elles coulent est rempli de salpêtre. On dit qu'un fleuve assez grand qui vient du nord ou de Badiah se jette encore dans cette mer de Berkah, que sa rapidité y cause des tournans dangereux, y forme des bancs de sable, & peut-être il est l'origine du promontoire de Gorandal qui s'étend à une lieue marine dans la mer.

La vallée de Gorandal a du côté de la mer une montagne qu'on appelle *Dschebel Hamam el feraun*, ou la montagne des bains de Pharaon: une grotte rocailleuse & profonde lui donne ce nom, & l'on y trouve une source fort chaude, d'un goût salé: cette eau est impregnée encore de soufre & d'alun; elle n'a point de vitriol selon Pocok; elle en a beaucoup selon Shaw, qui assure que la vapeur épaisse qui s'en élève en a le goût : telle est sa chaleur qu'un œuf s'y cuit dans une minute, & même y devient dur : elle coule au travers d'un rocher, & d'un banc de sable dans un petit ruisseau où l'on peut se baigner, & se perd dans le golfe d'Arabie qui forme là une anse ou baie qu'on nomme *Berkat alferaun*, ou lac de Pharaon. D'ici à Tor, le rivage de la mer est formé de bancs de coraux qu'on appelle en arabe Schabb.

A 3 lieues de là, sur le chemin de Tor est un lieu nommé *Wuset* ou *Vsaitu*, qui renferme une source salée, & plus loin encore, à *Taldi* ou *Täl*, on en voit une seconde qui sort d'une montagne à l'orient qui paraît renfermer des pierres de sel : entre les deux sources on rencontre çà & là des palmiers. A une journée de Gorandal est une vallée ombragée par des palmiers & des tamarisques, arrosée par un ruisseau d'une eau salubre, qui tarit quelquefois, & a le nom de *Wadi-faran*. Il s'enfle pendant les grandes pluies, & alors les Arabes qui demeurent dans la vallée sont obligés de transporter leurs tentes sur la montagne.

A deux lieues au nord de *Tor* on trouve un lieu qu'on croit être l'*Elim* dont il est parlé dans les livres de Moïse : diverses sources y sortent du pied d'un mont : leurs eaux sont chaudes, & ont le goût de sal-être : on y voit aussi un bain d'eaux sulfureuses qu'on nomme *bain de Moïse*, & une fontaine d'eaux bonnes à boire : le sable a bouché plusieurs de ces sources, & l'on n'en compte plus que 12 ; quelques-unes pétrifient le bois qu'elles rencontrent dans leur cours ; les plus abondantes & les plus pures sont entourées de jardins qui appartiennent à un monastère Grec de Tor ; aux environs on recueille une grande abondance de dattes & d'autres fruits ; les moines retirent, dit-on, de ces fruits plus de 50000 livres par an.

A l'orient de ce lieu & de Tor, s'étend une plaine sablonneuse qui se termine aux montagnes qui conduisent au mont Sinaï : cette plaine paraît être le désert de *Sin* : on y trouve beaucoup d'acacias. Lorsqu'on est parvenu à ces montagnes, on entre dans une vallée très-agréable où serpentent deux ruisseaux, où croissent des palmiers, où l'on remarque quelques inscriptions gravées sur de grands rochers : d'autres vallées suivent, les unes sablonneuses & stériles ; les autres couvertes de plantes, de buissons, & d'arbres : elles conduisent au pied du Sinaï.

L'Arabie Pétrée jouit d'un ciel pur & serein ; il est rare qu'il y pleuve en été ; & dans tous les tems, il n'y pleut, ni souvent, ni avec violence ; les tonnerres s'y font entendre dans tous les mois de l'année ; lorsque la pluie est assez forte, un grand nombre de torrens descendent rapidement des montagnes, & entraînent dans les vallées les pierres & le sable qui se trouvent sur leur passage. La neige est quelquefois abondante dans les montagnes, elle est assez rare dans la plaine : elle couvre souvent les monts Sinaï & Horeb jusqu'à la moitié de leur hauteur, & on y voit de grandes plaques de glace. On a senti au mois d'avril sur le premier mont qu'on appelle aussi la *montagne de Ste Catherine*, un vent si froid, qu'il gelait la sueur dont la fatigue couvrait les membres du voyageur : peu de tems après le vent cesse ; le soleil brille & rend le sable si brûlant, que si l'Européen n'a des souliers épais, il ne peut le supporter : cependant les Arabes dont la peau est endurcie par l'exercice y paraissent insensibles. Les plaines de sable échauffées par le soleil y présentent aux yeux des voyageurs l'apparence trompeufe d'un lac éloigné entre lequel & les fpectateurs eft un feu rapide & conftant, que les vapeurs qui s'élevent font paraitre ondoyant : tous les objets fur ce fable enflammé paraiffent d'une grandeur extraordinaire, le buiffon y femble un arbre, un vol de petits oifeaux, une grande caravane de chameaux ; le koran parle de ce fpectacle fingulier. L'ardeur de ces fables fait que la vie des animaux y eft plus courte ; la chaleur y eft infupportable dans les mois de juin, de juillet & d'aouft lorfque des vents frais ne la temperent pas ; mais dans l'été même les nuits y font fraiches ; dans le printems des brouillards épais y regnent : la rofée y eft toujours abondante, & ceux qui s'y expofent font mouillés comme s'ils s'étaient jetés dans l'eau ; les vents y font violens & dangereux, ils mettent en mouvement ces plaines de fable, comme les eaux de la mer, & le plus fin s'élevant dans l'air, y forme des nuées épaiffes & rapides qui s'accumulent en des lieux, & bientôt après fe difperfent pour fe raffembler encore ; il eft difficile de les éviter, & les hommes, les animaux qu'elles envelopent en font bientôt engloutis. Lorfqu'un vent contraire fouffle avec force & furprend le voyageur, il ne peut continuer fa route, car les chemins font couverts & ne peuvent plus fe diftinguer ; il ne peut marcher par le fable mouvant ; les yeux ne foutiennent pas le choc qu'ils en éprouvent ; tout ce qu'on peut faire eft de le fuivre, le danger alors eft moindre. Rarement on trouve de bonnes eaux dans ces déferts ; elles y font précieufes ; les pluies ne font pas fréquentes, il y a peu de fources, & la plupart font chaudes, falées ou fulfureufes : les ruiffeaux roulant fur un fol rempli de falpètre en prennent le goût. Çà & là, on a creufé des citernes pour y conferver les eaux du ciel ; Montagu a cru discerner près de *Dschebel el Mocatab* des traces de volcans ; Shaw a vu dans ces vallées profondes qui séparent des rochers de même espece également situés, des effets des tremblemens de terre qui ont comme déchiré les monts.

La terre commune est rare, ou ne se trouve point dans l'Arabie Pétrée ; le peu de plantes qui y végetent, croissent dans le sable ou sur les rocs ; les lieux que l'on peut cultiver, que l'eau peut fertiliser, sont riches en productions de diverses espèces ; les jardins des moines des monts Sinaï & Horeb le prouvent. Le granit dont sont composées les montagnes qui séparent les deux bras du golfe Arabique, a été pris pour du marbre par des voyageurs peu instruits ; d'autres y ont connu la pierre qu'on appelle en Egypte, *pierre de Sienne* ou *de Thebes*, *lapis syenites* ou *thebaïcus*, & dont on avait fait les obelisques ; ses couleurs en sont si variées, qu'il est difficile d'en trouver un morceau qui n'en ait qu'une, & soit assez grand pour faire une colonne ; il en est un grand nombre qui rassemblent le verd, le blanc, le rouge, le noir, le brun argenté : les rochers sont communément noirs & bruns comme s'ils eussent été brûlés, & de là vient sans doute qu'on appella jadis ces monts, *les montagnes noires* : on trouve beaucoup de dendrites dans celle de Sinaï : nous avons vu qu'il y en a qui sont de craie, & qui montrent des traces de travaux humains : le talc y est fort commun.

Les plantes qui y croissent trouvent leur nourriture la plus abondante dans la rosée ; les voyageurs y ont vu beaucoup de coloquintes, & les Arabes s'en servent contre la maladie venerienne. On a remarqué des roses de Jéricho dans une plaine graveleuse, à quelques journées au nord du mont Sinaï : le buisson qui la porte sert de bois à brûler ; dans les montagnes à l'orient d'Hamam el Feraun, est une espèce de *Solanum* qui croît entre les rochers; son fruit est rouge, de la grosseur d'une poire, & a le goût du senevé; on y voit encore de gros capriers & des lauriers roses; dans les vallées du mont Sinaï, Shaw a reconnu l'apocin; dans celles que des ruisseaux arrosent existent des tamarisques; les dattiers, les palmiers n'y sont pas rares; les moines y cultivent çà & là des arbres fruitiers & des vignobles; le raisin y est mûr en septembre; le cotonnier y prospere en quelques endroits, le coton en est très-fin, & les Arabes en font de belles toiles; l'arbrisseau qui donne le baume de la Meque, *Opobalsamum*, ne croît point dans les environs de cette ville, mais dans les contrées montueuses de l'Arabie Pétrée; c'est un trésor précieux pour quelques familles Arabes auxquelles il appartient en propre: ses feuilles semblables à celles du myrthe, sont plus grandes; l'arbrisseau paraît être une espece de *pistacia*, & par-là s'approche beaucoup de l'arbre au mastic & du terebinthe: les Arabes se joignent aux caravanes d'Egypte & de Turquie pour porter vendre le baume à la Meque, où il est bientôt mêlangé & falsifié: parmi les arbrisseaux épineux, il en est un que les Arabes nomment hasem: le plus commun dans l'Arabie Pétrée est acacia, ou *spina ægyptia*, nommé en hébreu *Schita*, en arabe *Sant* ou *Kharadt*, & par les habitans de ces déserts *cyale*: c'est de ce bois que furent faites l'arche de l'alliance, la table des pains de proposition & les perches avec lequelles on portait l'une & l'autre; il est de la taille du saule; ses branches s'étendent au loin: ses épines sont longues d'un demi doigt, ses feuilles sont petites & dures, ses fruits ressemblent au haricot, mais moins gros, ils sont le double d'une lentille ordinaire: les chameaux & les moutons l'aiment, & s'en nourriffent : de fon tronc fuinte une refine folide, douce, nommée par les Arabes *akakia*, par les Européens *gomme arabique* ; on la recueille en autonne, & on en mange ; c'eſt en effet une forte de gelée nourriſſante, & Haſſelquiſt raconte qu'une caravane de plus de 100 perſonnes manquant de tout dans ce pays ſtérile, s'en nourrit pendant deux mois. Ne ferait-ce point plutôt de la manne qu'on recueille fur les branches des arbres, fur des rochers, fur des plantes en petits grains ronds & blancs ? D'autres voyageurs ont mangé de cette manne, & l'ont trouvée douce, & d'un goût agréable : elle ne vient point de l'arbre de la gomme, ni du tamariſque ; elle n'eſt point au moins dans cette partie de l'Arabie produite par le buiſſon épineux nommé *Algul*, car on n'y en trouve point. Sur le mont *Horeb* il croît beaucoup de *Ber* ou *Ban*, femblable au *Balanus myrepſica* ou *Ben parvum Monardi* ; les moines du monaſtere de Ste. Catherine la nomment *Pharagon*, & felon Belon *Pharagou* ; fon fruit *glans unguentania* eſt longuet, triangulaire, de la groſſeur d'une noiſette, couvert d'une écorce épaiſſe, fragile, verte & blanche ; on y trouve un noyau très-blanc & huileux ; ce petit arbre reſſemble beaucoup au tamariſque ; de fon noyau on exprime une huile connue fous le nom d'*Oleum Balamnum*, & eſtimé des anciens : fon fruit fert de purgation, fon huile à embellir la peau. Un voyageur parle encore d'un arbre dont la tige eſt blanche, les feuilles larges, le fruit verd, fphérique, qui ouvert, montre pluſieurs loges écailleuſes d'un blanc doré ou rouge. On ne fait quel nom donner à cet arbre.

Les Arabes ont des troupeaux d'animaux domeſtiques, tels que des chameaux, des ânes, des moutons, & des chevres petites & noires : dans quelques lieux ils nourrissent des oies. Le lait des chevres & des chameaux est un de leurs principanx alimens ; ils en font aussi du fromage : des plantes rares & maigres nourrissent ces bestiaux. Parmi les animaux qui errent dans ces lieux incultes, on nomme l'*âne sauvage*, beaucoup de *gazelles* qui se rassemblent en troupes, des *lievres* dont il en est qui sont blancs, des *sangliers*, des *ours*, des *renards*, des *loups*, des *tschakals*, des *léopards mouchetés*. Quelques voyageurs ont vu sur le sommet des montagnes un animal grand comme un chameau que les Arabes assurerent être une *licorne*. Des souris habitent les plaines, & les Arabes les mangent. Les oiseaux qu'on y remarque sont l'autruche, la cigogne à ailes noires, la perdrix, la tourterelle, le corbeau, divers oiseaux aquatiques, le chardonneret, le loriot, le rossignol. Le lézard, le serpent, la vipere n'y sont pas rares, & la derniere y est dangereuse. Parmi les insectes, on cite le *pou de Pharaon* qui est rond & gros comme une noisette, & mord avec force ; le grand frelon jaune qui y est incommode & redoutable, de grandes sauterelles qui volent en essaims, & qui inquietent même durant les nuits.

Les habitans sont pauvres, presque nuds, toujours affamés : ils portent une chemise blanche, & sur celle-là, ceux qui le peuvent en portent encore une bleue ; les bras de cette chemise sont très-larges ; quelques-uns s'environnent d'une serge blanche qui passe sur les épaules & sous les aisselles : d'autres portent des caleçons & un robe étroite, d'une étoffe blanche & noire, ou de peaux de moutons cousues ensemble, dont la laine est tournée en dedans lorsqu'il fait froid & en dehors lorsqu'il fait chaud, une large ceinture s'attache sur leur chemife ; ils y portent en dehors un poignard recourbé nommé *fe* & un petit couteau auquel ils donnent le nom de *fekino* ; en dedans ils y cachent quelques dards : fur leur tête eft un turban blanc dont la pointe retombe en arriere ; ils marchent les uns à pieds nuds, les autres avec des efpeces de fandales, les plus riches avec des bottines de peaux de poiffons colorées en rouge, en bleu, ou en jaune. Les femmes n'ont qu'une large chemife blanche ; leur vifage eft couvert d'une étoffe de lin percée de deux trous par lefquels elles voyent & dirigent leurs pas. Leur chevelure eft coupée par derriere ; une petite boucle leur couvre le front ; de grands anneaux de laiton pendent à leurs oreilles : un tour de corail orne leur cou & leurs bras : les enfans vont nuds ; ils habitent des cavernes creufées dans les rochers, ou étendent fur le fable leurs draps noirs ou blancs faits de poils de chevres, & fe dérobent fous leurs tentes aux rayons brûlans du foleil : lorfque leurs troupeaux ont brouté toute l'herbe de la contrée qu'ils habitent, ils fe tranfportent dans une autre : outre le lait, le beurre & le fromage & quelques dattes, ils mangent la chair de leurs troupeaux, des animaux fauvages qu'ils tuent, & dévorent jufqu'aux rats des champs : ils apprêtent auffi le grain ou la farine qu'ils tirent des moines du mont Sinaï ou de l'Egypte, & font des alimens affez agréables qu'ils nomment *beta* & *marfuruca* : ils font des galettes rondes, épaiffes, qu'ils font cuire fous la cendre brûlante entourée d'un feu nourri par quelques tiges de plantes, ou par la fiente deffechée du chameau : ils les mangent à demi crues encore, ou les partageant en petits morceaux, ils les détrempent avec de l'eau, les font cuire de nouveau, puis les mêlant avec du beurre ou du miel, ils les mangent alors comme leur mêts le plus recherché & le plus rare : ils font auſſi de la pâte cuite comme la premiere ſous la cendre avec du fromage : comme ils ſont obligés d'acheter la farine chez leurs voiſins, ſouvent ils en manquent, ſouvent ils ſont affamés ; auſſi mendient-ils avec importunité auprès des voyageurs qui n'ont pas à les craindre, & dépouillent-ils ceux qui ſont trop faibles pour ſe défendre contr'eux : ils dévorent avant tout les alimens qu'ils ont pu leur enlever, afin de n'être point obligés de les partager avec ceux de leurs compatriotes qui pourraient ſurvenir. Ils allient cette avidité avec des mœurs hoſpitalieres : à tous leurs repas, ils viennent inviter ceux de leurs compatriotes qui ſervent de guides aux voyageurs : ils invitent tous ceux qui ſe trouvent préſens, & partagent avec eux ce qu'ils ont : que des étrangers choiſiſſent parmi eux des hommes pour les conduire dans leurs déſerts, ceux-ci deviennent des guides ſûrs & fideles : ils veillent ſur eux, ils les défendent comme ils s'y ſont obligés par ſerment, juſqu'à-ce qu'ils les ayent rendus au lieu qu'on leur a preſcrit. Leurs armes ſont la lance, le ſabre, ou un poignard recourbé, l'arc & la flèche : ils ſont auſſi les boucliers de peaux de poiſſons, ont des fuſils, mais rarement de la poudre & du plomb : lorſqu'ils ſont ſans armes, ils portent à la main un bâton dont le bout inférieur eſt garni de fer : peu ont des chevaux, preſque aucun ne s'en ſert, ou ne s'en ſert que pour ſe rendre en Egypte lorſqu'un objet de commerce l'y appelle.

Ils ſont auſſi diviſés en tribus qui toutes dépendent d'un grand-ſcheikh ou *ſcheikhel-kebir*. Chaque camp en a un qui lui eſt particulier ; tous ſont unis par une eſpece de traité ; ils ſe protégent mutuellement ; ceux qui habitent les villes font comme dans les autres parties de l'Arabie, diftingués par le nom de *Mohres*. Le couvent de Ste. Catherine a autour de lui trois de ces tribus Arabes qui le protégent & en reçoivent en dons de la farine & du pain : la plus nombreufe, la plus eftimée eft celle que forment les *Alekad* ou *Elecat* ; les *Sualli* ou *Schualli* font moins nombreux, mais plus méchans : les plus faibles & les plus dangereux font les *Lafaidi* ou *Wecelcadifaïd*, qui par leur nom, femblent tenir leur origine de Saïd, ou de la haute-Egypte. Les familles *Mefendis* & *Garas* fixent quelquefois leur camp dans le voifinage du monaftere, mais ils n'en font pas protecteurs, & fi elles en reçoivent des dons, elles les doivent à leurs prieres, à la pitié qu'elles infpirent, non à l'obligation qu'on s'en eft impofée. Les *Beni-Soliman* font établis les uns dans les environs de Suez, les autres près de Tor. Les *Allauni*, peuple voleur qui hait & eft haï de tous les autres, dreffe fes tentes autour d'Accabah ou Ailah.

Ce pays fut autrefois habité par les *Nabatéens*, les *Iduméens* ou *Edomites*, les *Pharantes*, les *Elanites*, les *Munichiates*, les *Saracenens* ou *Sarafins*, les *Rathenéens*, les *Cagulates*, les *Arficodanéens*, les *Wadeens*, les *Barafeens*, les *Lichenéens*, les *Thamudenéens* & autres petits peuples. Parcourons ce qu'il y a de plus remarquable.

On a diverfes relations des monts *Horeb* & *Sinaï*, peu s'accordent entr'elles : le mont Horeb feul, dit Pietro della Vallé eft formé de cinq à fix montagnes qui font comme entaffées l'une fur l'autre, & de fon pied, on ne peut voir que la plus baffe : Monconys le partage en trois montagnes, les Grecs en quatre, le plus grand nombre des voyageurs en deux. Les livres saints en parlent en divers endroits; mais dans quelques uns on attribue au mont Horeb, ce qui l'est en d'autres au mont Sinaï; ces deux monts ne seraient-ils qu'une même montagne sous des noms différens ? Suivons la description qu'en donnent les voyageurs.

Entre les deux bras que forme vers le nord le golfe d'Arabie, entre le 27 & le 28 degré de latitude s'élève une montagne qui à quelque distance de son pied se partage en deux grands monts qui surpassent en hauteur toutes les montagnes situées à l'entour: le plus haut de ces monts est appellé *mont de Ste. Catherine*, l'autre est nommé *Sinaï* & *Horeb*: c'est au pied de celui-ci qu'est situé le monastere dont nous avons souvent parlé. Lorsqu'on a monté la plus grande partie de la montagne, & qu'on est parvenu à deux portes taillées dans le rocher, on trouve une plaine étroite, assez longue où l'on voit un petit jardin & trois chapelles dont une est dédiée à Elie. C'est ici que la montagne se partage en deux sommets, l'un au nord, l'autre au midi: le premier est le plus bas & on le nomme le mont Horeb; le second plus élevé & qui de la chapelle d'Elie à sa cime a encore une lieue de marche est le mont Sinaï, nommé par les Arabes *Dchebel-Musa*, mont de Moyse: on peut voir celui-ci de fort loin dans le chemin, on le perd de vue lorsqu'on est parvenu à la petite plaine dont nous avons parlé parce que l'Horeb le cache. C'est-là ce que disent de cette montagne célèbre les voyageurs Heymann, de Polschitz, de Nyenburg, Pocok, & le supérieur du couvent d'Al-Kahire. Netzschifs & Faori nomment le plus haut sommet *Horeb*, le moins haut *Sinaï*. Selon Breuning, Furer, Helfrich, Monconys & Shaw, toute la montagne est le Sinaï, l'Horeb n'est plus qu'une petite montagne au nord du couvent de Ste. Catherine que d'autres nomment *Sinaï* : *Thevenot* n'appelle Sinaï que le mont de Moyse. Welsch dit que le mont Sinaï & l'Horeb sont la même montagne : plusieurs autres donnent le nom d'Horeb à la montagne entiere, & croient que le Sinaï n'était que le haut sommet qui s'éleve au-dessus du monastere : ceux-ci partagent le Sinaï par une vallée & n'appellent *Horeb* que le lieu où la chapelle d'Elie est élevée : ceux-là assurent que la chaîne entiere de ces monts est le Sinaï, qu'elle reçut son nom du désert de *Sin*, & que l'expression commune est de joindre les deux mots *Sinaï-Horeb*, & *Sinaï Mont Ste. Catherine*; mais sur lequel d'entr'eux les Tables de la Loi furent-elles données ? L'opinion commune est que ce fut sur le moins élevé de ces monts, mais cette opinion est douteuse : l'historien Joseph dit que le mont Sinaï est le plus haut de toute la contrée; or le plus haut est le mont Ste. Catherine ; mais Joseph a pu parler des monts Sinaï & Horeb joints ensemble. St. Jerôme dit en effet que le premier est le même que le second.

Il paraît vraisemblable que le Sinaï est le *Mont Ste. Catherine* : Moyse dit que les Juifs étaient campés au pied de la montagne & qu'il monta au plus haut sommet : c'est celui que l'on découvre d'abord au loin, & que l'on voit lorsqu'on a monté sur la petite plaine dont nous avons parlé. Il semble qu'on peut donner indifféremment à toute la montagne le nom de *Sinaï*, ou celui d'*Horeb*, mais que lorsqu'on veut parler exactement, il faut appeller le plus haut sommet *Sinaï*, & le moins élevé *Horeb*. St. Paul dit que le mont Sinaï a aussi le nom de *Hagar* ; or ce nom qui est le même que *Kadschar* signifie en arabe & en syriaque *un rocher*. Les Arases nomment aussi le mont Horeb *Tur*, & *Tur* en langue Arabe, Syriaque & Chaldéenne signifie une montagne. *Al Tur Sineïn*, (le mont Sinaï.)

Décrivons ces deux monts: au pied de celui d'Horeb, entre le nord & le levant est une vallée profonde formée par deux rocs de granit nommés *St. Jean* & *St. Epistomius*. Là, si l'on en croit l'opinion populaire, fut le buisson ardent vu par Moyse, & dans le lieu même où est élevé le monastere de Ste. Catherine ou du mont Sinaï: une tour qu'on voit au centre du cloître fut bâtie par l'impératrice Hélène, & relevée par Justinien: on y garde, dit-on, la lettre écrite par Mahomet pour mettre ce monastere en sûreté contre les attaques des Musulmans & pour le maintenir libre, & celle que le sultan *Selim* lui donna dans le même but : des moines grecs l'habitent : tout le territoire qui en dépend ne reconnaît pas d'autres maîtres ; un archevêque y demeure, y siege ; il est élu par les moines du monastere & ceux d'Al-Kahira ; le patriarche de Jérusalem le consacre. Ce couvent est entouré de murs & la porte qui y conduit ne s'ouvre que pour recevoir un nouvel archevêque : ordinairement on n'y entre que par une fenêtre dans une corbeille levée avec une espece de cabestan : cette fenêtre est à 30 pieds du rès de chaussée ; c'est de là qu'on distribue aux Arabes dans des paniers du pain, de la farine ou du grain. Au dedans, on trouve une mosquée : les moines reçoivent d'Al-Kahira des bleds, de la farine, des légumes, & de Tor beaucoup de poissons séchés ; ils font des dons des fruits de leurs jardins au pascha & à d'autres personnes considérées : ils ne paient point la capitation ; leurs grains arrivent sans paier de droits. Le couvent possede une centaine d'hommes dont les ayeux étaient prisonniers de guerre & lui furent donnés par Justinien : ces serfs sont Mahométans aujourd'hui, & ont en cette qualité un chef : ils cultivent les jardins du monastere, y amenent les grains & y conduisent les voyageurs, mais ils sont payés, nourris, & jouissent de plus de liberté que les moines : au nord-ouest du bâtiment est un jardin potager rempli d'arbres fruitiers, dont le sol sablonneux a été fertilisé par le fumier & les balaiures du couvent ; on peut de-là parvenir dans l'enceinte par une allée souterraine fermée par une porte.

De ce couvent il y a encore trois heures de marche pour arriver au sommet de l'Horeb ; la montée est composée d'escaliers hauts d'un ou deux pieds, taillés dans le granit dont la montagne est formée, on y en compte, dit-on 7000, mais en divers endroits la pente était assez douce pour s'en passer, & on n'y en a point fait : à quelque distance on découvre une source qui sort du rocher, & qu'on a fait communiquer dans le couvent même où elle remplit un grand bassin d'où elle retombe & forme ensuite un ruisseau. Plus haut dans la montagne est une citerne profonde d'où par le moyen d'un seau, on tire une eau excellente : sur le sommet il en est deux encore, mais l'eau en est moins bonne : nous avons parlé de la petite plaine où l'on parvient & de la porte qui en ferme l'enceinte. Le sommet septentrional auquel de nos jours on donne communément le nom d'*Horeb* est couvert de plantes, de petits buissons : on y trouve de l'aubepine. Il faut une heure encore pour arriver sur la cime escarpée qui est au midi, & dont la montée commence au dessus de la chapelle : là est une petite église chrétienne partagée en deux chapelles dont une est destinée pour les Grecs, l'autre pour les Latins, &

près

près d'elle un grand rocher dans lequel est une caverne : à quelque distance est une autre caverne où l'on a gravé une inscription grecque, & auprès est une petite mosquée. De ce sommet, le plus élevé de la chaîne de ces montagnes, on découvre les deux bras du golfe d'Arabie, dont l'oriental paraît s'étendre au loin vers la Méditerranée, tandis que l'occidental s'étend vers le nord un degré plus loin encore. Toute la montagne est une masse énorme de granit très-dur mêlé de rouge, de brun & de jaune avec des taches noires ; on y trouve du cristal, des dendrites figurées, quelques plantes, telles que le *Ben* : la gazelle y vit & s'y plait, la perdrix s'y repose & vient y chercher de l'eau pure.

Lorsqu'on monte sur la montagne par le côté occidental, on n'y trouve point d'escalier : il faut deux heures de marche pour arriver au couvent des *quarante martyrs* ou *des freres*, situé à l'extrémité méridionale de la vallée qui sépare les deux sommets : l'Horeb est à son orient, le Sinaï à son midi ou au sud-ouest : il est habité par des hommes qui dépendent du monastere de Ste. Catherine. Près de lui, au bas de la vallée, est un grand jardin où la vigne prospère au milieu de toutes sortes d'arbres fruitiers : l'olive, la grenade, l'orange, la datte même y mûrissent : ce lieu est riche en fruits lorsque les sauterelles qui y forment des nuages, ne les dévorent pas ; il est arrosé par divers canaux qui portent de l'eau dans ses divers contours ; la source en vient du mont Ste. Catherine.

Lorsque du couvent des quarante martyrs on veut atteindre le sommet du mont Ste. Catherine ou Sinaï, il faut marcher encore trois heures : dans une heure on arrive à la source des *perdrix*, & trois quarts d'heures après dans une plaine que traverse le chemin, & où l'on s'avance pendant une demi-heure : de-là il faut monter le sommet escarpé de la montagne : on n'y avance qu'avec beaucoup de peine & il est des lieux où il faut s'aider mutuellement pour les franchir. La cime même est un roc plat & uni, long de vingt-deux pieds, large de douze, où l'on a élevé une petite chapelle dans l'endroit où l'on assure qu'on trouva l'image du cadavre de Ste. Catherine : cette cime est plus élevée que celle de Horeb ; elle est dit-on une fois plus haute, & on croit la voir du mont de Sion près de Jérusalem, qui en est éloignée de onze journées, & en droite ligne d'environ 67 lieues ; mais ce fait paraît peu vraisemblable ; le mont de Sion est peu élevé, & de hautes montagnes le séparent du Sinaï. On ne peut douter cependant qu'on ne le voie à quatre ou cinq journées de son pied, trop de témoignages nous en assurent.

Tout le Sinaï ou la montagne de Ste. Catherine n'est qu'une masse de granit comme nous l'avons dit : çà & là sur sa pente on voit quelques buissons, quelques arbres : les dendrites qu'on y trouve présentent des images de feuilles, de plantes, d'arbres dessinées en noir ; elles sont transparentes, mais elles ne peuvent être bien polies : outre la fontaine qui en descend & dont nous avons parlé, on y voit une autre fontaine : sur leurs bords croissent différents végétaux. De ce sommet on a une vue bien plus étendue que de celui d'Horeb : on voit comme sous ses pieds les deux bras du golfe ; Suez, Tor, une partie de l'Egypte ; les deux sommets de l'Horeb, une chaîne de montagnes rudes & stériles au levant, toutes les montagnes qui séparent le Sinaï de Gazza, & les monts de Seïr, de Te, de Faran : les moines assurent qu'on peut y découvrir la Méditerranée quand le tems eft ferein ; mais fans doute par des vues échapées. Quand on defcend du couvent des quarante martyrs dans la vallée qui fépare l'Horeb du Sinaï, on voit prefqu'au pied du premier, dans un lieu nommé *Serich*, un roc ifolé qu'on dit être celui dont Moyfe fit jaillir de l'eau en le frapant ; il eft au-deffous du chemin, & paraît avoir roulé du haut de la montagne à fon pied : c'eft un caillou très-dur d'une couleur blanche mêlée de rouge ; d'autres difent que c'eft un granit rougeâtre ; il a douze ou treize pieds de haut & cinquante de tour : les voyageurs parlent d'une longue crevaffe qu'on y remarque ; mais il en eft un grand nombre d'autres ; de-là, dit-on, fortit l'eau lorfque le légiflateur des Hébreux frappa le rocher ; on en montre la route, on indique le canal par où elle s'y répandait, on croit en remarquer les traces ; quelques voyageurs affurent même qu'elle en découle encore, & forme un ruiffeau dans la prairie ; d'autres ont bien vu de l'eau, un petit ruiffeau qui paffe auprès du rocher, mais ils ne l'en ont point vu fortir : ce ruiffeau ne fe deffeche point ; dans l'été il coule encore, quoique bien plus faiblement : fans doute il faut croire que c'eft-là le rocher miraculeux dont parlent les livres faints, comme on peut croire que le chameau de Mahomet a laiffé l'empreinte de fon pied fur le mont Horeb, que Moyfe y a imprimé fon corps fur le rocher dans une grotte, & qu'on a trouvé l'empreinte de Ste. Catherine fur le granit du fommet du Sinaï. On trouve dans ces déferts d'autres maffes de granit ifolées, que le tems, la pluie, l'air, peut-être l'ardeur du foleil ont criblé de trous.

Au couchant de la montagne de Sinaï on voit la petite ville d'*Al-Tur* ou *Tor*, nommée *Raitho* par les Grecs : elle est sur le rivage oriental du bras occidental du golfe Arabique : ses maisons informes & misérables sont des murs de terre grasse mêlée de débris de corail blanc que la mer dépose sur ses bords. La plupart de ses habitans sont Arabes, & plusieurs d'une secte particuliere qu'on nomme *Seleminites* : ces sectaires ne sont peut-être que des Arabes de la tribu de *Beni-Soliman*. Il y a aussi des chrétiens Grecs, & les moines du mont Sinaï y ont un petit couvent. Non loin de ce lieu, vers le midi est un château ruiné qui fut bâti en pierre de taille, & où des Arabes habitent encore ; il le fut autrefois par une garnison turque : c'est peut-être le lieu appellé par Niebuhr *Kalla-et-Tor*. Le golfe fournit à ces Arabes diverses sortes de poissons, des huitres, des coquillages : on trouve sur-tout autour des petites iles de cette mer situées non loin de Tor, un grand poisson, dont la peau d'une dimension égale à celle d'un taureau, sert à faire des souliers & des boucliers à l'épreuve du mousquet ; ce poisson ne serait-il point le *Tachasch* dont parle l'écriture Sainte ?

*Tor* manque d'eau douce, ses habitans en vont chercher à une lieue de là : son port qu'on dit être grand & sûr, reçoit de petits bâtimens de transport qui y apportent des épices & d'autres marchandises de l'Inde, parce que les vaisseaux chargés ne peuvent parvenir jusqu'ici, ni à Suez, & demeurent à *Dschedda* d'où l'on transporte leur cargaison sur ces bateaux faits de planches liées avec des cordes poissées assurées par des chevilles, tapissées de chanvre & goudronnées au dedans pour fermer le passage à l'eau ; on n'y employe pas le fer dont on manque : les voiles en sont faites de jonc & de roseaux, ou de feuilles de palmier, & les ancres d'une pierre pesante liée à un cable.

Ptolomée parle d'un peuple qu'il nomme *Rathenéens* : sans doute il dût son nom au nom grec de Tor, *Raitho*.

*Dschebel*, village au midi de Tor : plus loin est *Raie* & encore plus au midi *Ras Mohammed*, ou le promontoire de Mohammed : c'est la partie la plus avancée du pays enfermé par les deux bras du golfe.

Lorsque du mont Sinaï on s'avance vers le nord, on suit le penchant d'une grande montagne, & l'on voit toujours à ses pieds le lit d'un fleuve qui n'a de l'eau que durant les pluyes ; on tourne ensuite au couchant, & l'on découvre un passage dans le rocher qui a quatre-vingts pieds de hauteur perpendiculaire ; l'ouverture a quarante pieds de large : de là on voit sur la montagne des ruines d'anciens bâtimens : au-delà de ce passage, on arrive vers le nord à différentes sources, & à sept ou huit lieues du mont Sinaï on entre dans une vallée, près du lit d'une riviere, où l'on trouve une grande pierre que les Arabes nomment la *pierre de Moyse*, & qu'on croit être le rocher que Moyse frappa deux fois ; on y remarque une crevasse, & la trace de l'eau qui en découla : le lit de la riviere se dirige de là vers la mer Méditerranée.

De ce rocher, on parvient dans une plaine, au nord-ouest de laquelle est une grande vallée formée par des montagnes élevées, rudes, pointues, qu'on nomme *Dschebel-Faran*. Cette vallée est ombragée par des arbres, sur-tout par des dattiers : plus loin on découvre les ruines de l'ancien couvent de *Faran* ou *Pharan*, élevé sur le sol, ou dans le voisinage de l'antique ville de *Pharan* qui fut le siege d'un évêque : il paraît qu'elle est la ville dont parle l'Ecriture ; elle & le désert de *Peran*, reçurent leur nom de la montagne de *Paran* ou *Pharan*, & elle le donna au petit peuple des *Pharanitéens*. La montagne en est à deux ou trois lieues ; elle est rude, d'une stérilité affreuse, d'une hauteur effrayante : près d'elle est une plaine & une colline élevée qu'on nomme *Dschebel-el-Mocotab* ( la montagne décrite ) : sa situation est entre Suez & Sinaï. Avant qu'on y arrive, on passe sur un mont qui montre les vestiges d'un volcan éteint. Dans cette partie de l'Arabie, sur-tout dans la plaine ou vallée dont nous parlons, on trouve en divers endroits des inscriptions gravées au ciseau dans le rocher, & entre les caracteres on voit des figures d'hommes & d'animaux : quelques-unes étaient à la hauteur de douze à treize pieds du sol; il en restait beaucoup dans le sixieme siecle, & encore aujourd'hui on en découvre quelques-unes : les savans ont élevé diverses opinions sur le tems où elles furent tracées, sur le peuple qui les grava, sur le genre des caracteres dont il se servit. La plus vraisemblable est celle de Bayer : il pensait que ces caracteres étaient Pheniciens ; en effet, ils sont semblables à ceux que cette nation employa dans ses monnaies, & elle domina longtems dans ces contrées : parmi ces inscriptions antiques il en est d'autres en grec, en hébreu, en arabe, en saracenite, qui paraissent n'exprimer que le nom de certaines personnes ; peut-être en était-il de même des phéniciennes. Le voyageur Montagu a vu dans ces déserts, sur une montagne haute & escarpée, des restes de cadavres & d'anciens tombeaux où étaient gravés des hieroglyphes égyptiens, ce qui lui fait conjecturer qu'il y eut autrefois dans ces lieux une ville habitée par des Egyptiens : ces sépulcres ne sont qu'à environ quatre lieues de la colline *Al-Mocatab*.

Sur le bras oriental du golfe Arabique on trouve le port de *Scharme* ou *Dsjerm* autrefois *Charmotas* : il est spacieux, son entrée est fort étroite, son enceinte est formée par des rocs élevés & rapides : aucun vent ne s'y fait sentir, l'ancre y est un instrument inutile, une corde suffit pour retenir le bâtiment auprès des rocs, la mer y est profonde, & des ruisseaux d'eau douce viennent s'y rendre : sur le penchant de la montagne qui le forme on voit quelques habitations, & sur le sommet est un grand village : c'est de ce lieu que le monastere de Ste. Catherine, qui en est à une journée & demie, tire une partie des poissons qu'il consomme : son nom qui signifie un roc dont le dos s'étend dans la mer, & aussi une fente dans le roc, sa situation, différentes circonstances portent à croire que ce port est celui d'*Etzion-Geber*, dont il est parlé dans les livres de Moyse : ce port fut habité par Jethro, possédé par les Iduméens & Salomon dans la suite en fit partir ses flottes pour Ophir.

Plus loin vers le nord on trouve *Minahel Dsahab*, ou le port d'Or, nommé par Moyse *Disahab*, c'està-dire, un lieu où y a de l'or : ce port est bon & sûr, plus grand encore que celui de Dsjerm, mais il n'est point comme lui entouré de montagnes & de rochers. Ici on trouve un camp Arabe, & une très-ancienne fontaine. Ou près de ce lieu, ou dans le chemin qui le joint au Sinaï on voit des ruines considérables d'une ancienne ville. De ce port, un chemin très-praticable, conduisait autrefois à Jérusalem : divers voyageurs pensent que c'est ici qu'on retrouve *Etzion-geber* de l'Ecriture ; mais on ne voit point pourquoi elle donnerait deux noms différens au même lieu ; d'ailleurs on n'y trouve pas les rochers que le nom d'Etzion-geber annonçait devoir y être. Les moines de Ste. Catherine en tirent des moules & des écrevisses de mer.

*Akabah*, autrefois *Ailah*, nom qu'on lui donnait encore du tems d'Abulfeda, *Elana*, & dans la bible *Eloth*, est un lieu situé à l'extrêmité du bras oriental du golfe Arabique : c'était jadis une petite ville, protégée par une forteresse élevée dans une petite île : sur le rivage est encore une tour défendue par une garnison Turque, destinée principalement à veiller sur la sûreté des caravanes qui d'Alkahira en Egypte viennent dans ces contrées pour se rendre à la Meque : elles y viennent dans 8 ou 9 jours, & s'y reposent deux, parce qu'on y trouve des eaux pures & abondantes ; mais des chemins pénibles, des gorges escarpées y font périr beaucoup de chameaux. D'Akaba partent des montagnes qui s'étendent vers le nord ; Shaw a cru que là étaient les monts *Hor* & de *Seïr* : Pocok croit que les monts *Hor* sont ceux que les Arabes appellent *Te* ; mais on peut concilier ces deux opinions. Les monts de Seïr s'étendent d'Akaba vers le nord jusqu'à la Palestine, ils renferment la montagne d'Akaba, comme celles de Hor & de Te : celle-ci est la partie la plus avancée de la chaîne vers le midi, Hor est vers la partie orientale.

*Scheïck Ali* est le nom d'une station des caravanes, qui d'Egypte vont à la Meque, à 15 lieues au couchant d'Akaba ; celles de Jérusalem y rencontrent celle d'Al-Kahira.

# PAYS D'AL-HEDSCHAS.

Son nom s'écrit ordinairement Hegjaz : il n'appartient pas à l'Arabie Heureuse, mais à la Pétrée, & selon les Arabes, il est proprement cette partie de l'Arabie. Il est borné au nord par le district d'As-Schorat, au couchant par le golfe Arabique, au midi par le Jaman ou l'Yemen, à l'orient par les pays de Nesched & d'Iamamah : le sol y est couvert de rochers ou de sables arides, & ces derniers y forment comme des especes de mers où l'on se dirige par le moyen du compas : ses habitans demeurent la plupart dans des villes & des villages, quelques-uns sous des tentes ; ils ont leurs propres chefs, entre lesquels est le Scherif de la Meque qui possede 16 ou 20 villes & villages.

*Jusoreb*, petite ville sur une montagne de 5 lieues de circuit, qu'habitent un grand nombre de Juifs, & au pied de laquelle est une citerne où l'eau de pluie se rassemble & se conserve ; cette montagne est sur le chemin qui conduit de la Meque à Damas : les Juifs ne sont pas ses seuls habitans, mais ils sont les plus nombreux : ce sont des hommes petits, noirs, ayant la voix d'une femme, marchant ou entierement nuds, ou n'ayant qu'une ceinture. C'est dans ces lieux qu'il faut chercher le désert de *Chabor* ou *Chebar*.

*Tahuk* ou *Tebur*, ville & château située entre As-Schorat & Hedscher, sur le chemin de Damas à Medine ; on lui donne aussi le nom d'*Iesboc* : on y trouve de l'eau, & des ombrages agréables sous des palmiers.

*Al-Hadschr* ou *Hidschr*, selon Danville *Hajar*, ville forte, qui peut-être est l'*Egra* de Pline : elle est située entre des montagnes rocailleuses dans lesquelles on a creusé les maisons, ce qui leur a fait donner le nom d'*Alathaleb* ou *Elathalib* : de loin elles semblent être jointes, il faut s'en approcher pour voir l'espace qui les sépare : il ne faut pas la confondre avec *Arrahim* ou *Petra*, ni avec *Carach* : elle fut longtems avant Mahommed le siege de la tribu de *Thamud* ou des *Thamudites* dont il est souvent parlé dans le Kóran, & qui fut détruite par un tremblement de terre pour n'avoir pas cru aux exhortations du prophète Saleh. Diodore de Sicile dit que ce peuple habitait des antres creusés dans le roc sur le rivage de la mer ; il se peut que le district qu'il occupait s'étendit autrefois jusqu'aux bords de la mer, mais selon les meilleurs géographes, leur chef-lieu *Hadschr* en était à une assez grande distance; on a prétendu que les Amalekites descendaient des Thamudites : ils étaient eux-mêmes descendans d'Arum. Gagnier dit qu'ils habitaient entre la Syrie & l'Hegjaz.

*Wadilkora*, vallée & ville habitée autrefois par les Juifs : & prise par Mahommed la 7ᵉ année de l'hegire : la vallée est remplie de villages. Son nom signifie la *vallée des bourgades* ; on croit que c'est l'*Oaditæ* de Ptolemée.

Entre *Aila* & *Haura*, le géographe de Nubie place les 3 ports d'*er Aumed*, *Tenna* & *Atuf*.

*Haura* ou *Hawr*, nommée par Ptolemée *Avarus*, & par les Grecs *Albus pagus* ou *Leuce-Come*, ville placée sur le bras oriental du golfe Arabique.

*Madian* est la *Modiana* de Ptolemée, qui doit son nom à un des enfans de Kethura ; cette ville était détruite du tems d'Abulfeda ; elle était peu éloignée de la mer, qui dans ce lieu a environ 100 pas de large : les Arabes l'appellent *Megar-el-Schuaid*, ou grotte de Schuaïd, nom qu'on donne à Jethro, & ils croient que c'est le lieu où Moyse abreuvait les troupeaux de son beau-pere. Elle donna son nom à un peuple qui fut quelquefois confondu avec les Moabites. Près d'elle est le château maritime de *Calaat-el-Moilah*, qui parait élevé sur les ruines d'un établissement Phenicien que Ptolemée appelle *Phœnicum oppidum*.

*Jambo* ou *Janbu* & *Jamba*, nommé par Ptolemée *Jambia*, petite ville & château sur le chemin qui conduit les caravanes d'Egypte à la Meque, à une journée des bords du golfe où elle a un petit port qui reçoit les pélerins d'Afrique lorsqu'ils viennent se réunir avec les autres caravanes à Jambo, elle doit son nom à une source : autour sont des prairies, des champs & beaucoup de dattiers, ou de la grande espèce des palmiers. Ali habita dans ce lieu avant de parvenir au Khalifat : sa garnison est en partie d'Arabes choisis par le Scherif de la Meque. A quelque distance vers l'orient est la montagne de *Redwai* où l'on trouve cette pierre qui sert à faire des meules : elle s'étend jusques vers la contrée de Haura, & a de profondes vallées.

*Al-Dschar*, petite ville sur le rivage du golfe : c'est le port de Medine qui en est éloignée de 3 stations de caravane. On a cru qu'elle était l'*Egra* ou l'*Arga* de Ptolemée.

*Badr*, *Bedr* ou *Chelir Badr*, lieu célebre par un combat entre les partisans de Mohammet & les Koraischites : les caravanes de Damas & de Kahira s'y réunissent & y pratiquent diverses cérémonies religieuses.

*Sachia*, la *Sacacia* de Ptolemée, est sur une riviere dont les bords sont habités par la tribu de Tay. *Al-Abua* est sur le chemin des pélerins qui vont à la Mecque : *Al-Dschofa*, bourg à 4000 pas du golfe : les Arabes de Tay l'habitent : entre ces ceux endroits est la vallée de *Rabig*.

*Cadaïd* est un des lieux les plus célebres de l'Arabie : elle s'appellait *Mabina* avant qu'une inondation l'eût détruite : elle l'a été deux fois.

*Theniath al Ajar* est habité par les Amarites ou descendans d'Amri.

*Asfau* ou *Osfan* est à 10000 pas de la mer : la tribu de Dschiohain l'habite, les pélerins s'y arrêtent.

*Batn-Marr*, *Batn-Mor* ou *Modarredsch-Orschman* est à une journée de la Mecque : ses environs sont fertiles, peuplés, riches en dattes & en eaux : c'est d'ici qu'on porte des denrées à la ville sainte.

*Dschodda*, *Dscheda* ou *Dschida* ou *Jedda* & *Zitta*, ville qui a un bon port sur le golfe d'Arabie : elle est celui de la Mecque qui en est à deux journées, & fut bâtie par le calife Otman : elle a 500 maisons toutes bâties en pierres & à la maniere Italienne ; l'air n'y est pas sain : les vaisseaux y arrivent de diverses contrées, & y apportent les marchandises de la Perse & de l'Inde, & beaucoup de dévots qui se rendent à la Mecque : un pascha Turc y réside, mais n'y jouit que d'un pouvoir borné : un seul village dépend de lui. Dscheda a encore un commandant nommé par le Scherif de la Mecque ; elle est entourée de murs, son port est défendu par 2 châteaux ; elle manqua d'eau jusqu'en 1683 que Mustapha pascha y en fit venir d'une montagne voisine. Ici, disent les Musulmans, se retira Eve chassée du paradis terrestre ; elle ne revit Adam que 200 après, & ce fut sur le mont *Arafat* près de la Mecque qu'ils se rencontrerent : près de la ville on voit une colline de corail & de moules pétrifiées dont on trouve les analogues dans le golfe Arabique.

*Mecca* ou *Macca* ou *Mecque*, ville célebre que Ptolemée nomme *Macoraba*, mot qui vient de Meccaraba, la grande Mecca, ou de *Machrab* temple. Les Musulmans la nomment *Moadhemak* ; c'est-

-dire, la grande, l'excellente, & *Omm al Kora* la mere des villes, parce qu'elle eft le fiege de leur religion : des auteurs la placent dans le pays de *Tahamah*, le plus grand nombre dans l'*Hedfches* ou Hegjaz. Les Turcs & les Arabes ont donné fon nom au golfe Arabique, quoiqu'elle en foit éloignée de 3 journées. Les montagnes arides qui l'environnent lui fervent de murs, fes maifons font élevées, & la plupart bâties de briquess ; elle eft peuplée & affez riche : c'eft ici que nâquit Mohammed, ici qu'eft la célebre *Caaba* ou *Coba*, maifon bâtie, dit-on, par Abraham fur les ruines d'une autre élevée par Seth, & fanctifiée par Mohammed. On dit qu'autrefois on y vénérait Bacchus ou Ben-Chus, fils de Chus, & qu'on y éleva une tour quarrée qu'on nomme *Sorah* ou le temple : de-là cette ville fut appellée *Baccha* ou *Beccha*, mot qu'on a changé en *Mecca*. Dans cette tour on vénérait auffi Venus, nommée par les Arabes *Ozza*, *Allat* & *Zohara* fous une grande pierre quarrée, & noire, que les Arabes appellaient *Caaba* ou *Caabata*, *Hadfchr al Afuad* ou la pierre noire, & encore *Borkata* : ce temple était devenu un lieu de pélerinage pour les Payens. Mohammed dit à fes difciples que ce bâtiment avait été élevé par Abraham fur la pierre noire, & rendit ainfi fainte l'une & l'autre. On nomme auffi la Caaba, *Beit-Allah*, la maifon de Dieu : depuis la feconde année de l'hegire elle eft devenue la *Keblah* des Mufulmans, ou le lieu vers lequel ils tournent leurs regards lorfqu'ils prient. Cette petite maifon bâtie de groffes pierres de taille noirâtres & luifantes eft tous les ans revêtue de riches tapis de foie, préfent du fultan des Turcs. Un voyageur dit qu'on y voit une tour d'argent plus haute qu'un homme, fur laquelle on ne peut monter qu'en grimpant, parce qu'elle est sans degrés, & 3 colonnes de marbre. La *Caaba*, & la place sur laquelle elle est élevée, est enfermée dans un grand bâtiment voûté, soutenu par des piliers, orné d'un grand nombre de tours : on la nomme *Maschad al Haram*, le saint temple. Au dehors sont des boutiques pour les marchands : près de la Caaba, qui est haute de 40 pieds, large de 36, revêtue en dedans & en dehors de plaques d'argent & d'incrustations d'or massif, est la pierre noire que les pélerins vont baiser : à 10 ou 12 pas de-là est une chapelle qui couvre la fontaine de *Zemzem*, formée par la source que Dieu fit sortir de terre pour désaltérer Hagar, & Ismaël son fils mourant de soif : les pélerins la contemplent, boivent de son eau, s'en répandent sur tout le corps, en emportent dans des bouteilles. La place d'Abraham est, dans le tems de Bairam qui y rassemble les pélerins & les marchands, remplie d'une multitude d'hommes que l'intérêt ou la religion animent & y amenent de différens lieux de l'Europe, de l'Asie & de l'Afrique.

La ville est ouverte, sans remparts, & d'une étendue médiocre. Le temple & les lieux saints embrassent la moitié de la ville, la franchise s'en étend à deux lieues au dehors; les limites sont marquées par des colonnes & des barrieres. Il est défendu de tuer rien qui ait vie dans cette enceinte sacrée, d'y couper des arbres, d'en atracher des branches, d'y dire une injure. Tous ses environs sont d'une stérilité affreuse, sans verdure, sans eau douce que celle d'un aqueduc qui vient du mont Arafat, où celle de pluye rassemblée dans des citernes; ces environs sont appellés *Haram* ou saints. Hors de son territoire, on voit des sources, des campagnes cultivées & fecondes, des jardins émaillés de fleurs. Ses Scheifs descendent d'Hassam fils de Fatime : ils comptent une vingtaine de villes ou villages sous leur obeissance : leur nom annonce un homme noble par sa naissance, il est le titre attaché aux descendans de Mohammed par Ali & Fatime : seuls de tous les Musulmans, ils portent un turban vert. Le sultan des Turcs se nomme *Hami al Haramain*, ou le protecteur des villes saintes ( la Mecque & Medine ) : il nomme les Scherifs, mais est obligé de les prendre dans la même famille.

Les pélerins visitent encore autour de la Mecque *Marwah* & *Safa*, lieux où Hagar & Ismaël cherchèrent de l'eau ; & le *temple d'Abraham* où les pélerins se rassemblent sous l'Iman de la Mecque pour monter à montagne d'Arafat. Cette montagne est entre la vallée de *Gasna* & le mur *Ibn Amar* : là se rencontrèrent Adam & Eve après une longue séparation ; ils n'oublient pas la vallée de *Mina* ou *Mona* ou *Minette* où l'on sacrifie un grand nombre de brebis & fait diverses cérémonies religieuses ; le temple de *Chyf*, la vallée de *Batn-Mohasser*, la haute montagne de *Thabir*, le lieu où Abraham, Hagar & Ismaël virent le Diable qui leur demandait des sacrifices : on le nomme *Dcheret el Aakbé* : les pélerins y jettent une pierre pour mettre en fuite l'ennemi du genre humain.

On trouve encore autour de la Mecque des montagnes & des vallées célebres, telles que *Tschur* où Mohammed dans sa fuite trouva un asyle : c'est une caverne qui est au côté méridional. *Al Mohasseb* ou la vallée de la Mecque. *Al Hodaibidscha*, montagne sur les limites du Haram. *Autes* où les Hawazanites avaient leur camp lorsqu'ils furent vaincus par le prophète l'an 8 de l'hegire.

A l'orient de la Mecque est le camp de la tribu

de *Helal*, au couchant celui de la tribu de *Medleg* ou *Madar*.

*Badid-al-Mortafs* est sur le chemin de la Mecque à Tayef : ce fut une ville peuplée. *Karnal Manazel* fut un château. *Al Radsch*, lieu où la trahison fit périr quelques disciples de Mohammed : Abulfeda y place une fontaine. *Nachla* vit les premiers succès des Musulmans contre les Coreïstes.

*Tayef* ou *Taïf*, petite ville sur la montagne de Gbasuan ; le froid y est si vif qu'on y trouve de la glace même en été : l'air y est sain, les eaux pures, les raisins communs : les Arabes des tribus de *Tachipf*, de *Saad* & de *Hodsait* habitent sur cette montagne ou aux environs.

Le géographe de Nubie place encore dans ces environs *Beled Hadsche* (le pays des pélerins) où est le bourg de *Sofr* ou *Sophar* où sont deux fontaines qui donnent des eaux douces, & ceux de *Ceze* ou *Chezi* & de *Rouaitha* riche en palmiers & en fontaines, *Tabala* ou *Tobala*, petite ville au pied d'une colline, environnée de fontaines, de champs fertiles, de grands palmiers, & qui appartient au scheik de la Mecque. *Baisat-Jaktan*, petite ville peuplée qui paraît être la même que *Kachtan* ou *Kathan*, qui donne son nom à un grand district gouverné par un scheïk indépendant : son peuple est celui dont parle Ptolémée qui l'appelle *Katanites* : il y a des champs cultivés & des fontaines.

*Niab* & *Sadum-Rab* étaient de grands bourgs : ils ont des fontaines & des vignobles.

*Ocadh*, grand village à marché. *Mahgera* ou *Mahadschera*, village sur les limites communes de la Mecque & de l'Yemen.

*Dschorasch*, ville dont les environs sont riches en dattes

lattes, en caradh; on y commerçait en cuirs dans le tems du géographe de Nubie.

*Nedſcheran* ou *Nagran*, comme prononcent les Syriens, petite ville qui a un ſcheik indépendant: du tems de l'empereur Conſtance, le roi des Homerites, qui était chrétien, y érigea un évêché; les juifs la détruiſirent en 524. Sa manufacture de cuir a été célebre.

*Batn-Naaman*, vallée & bourg qui donna ſon nom aux *Naamanites*: *Wadi-Akik* ou le fleuve des ſaphirs, riviere qui coule à 4000 pas de Medine; elle n'eſt compoſée que de deux ruiſſeaux réunis, & on lui donne auſſi le nom de *Bardillog*. Ptolomée la nomme *Baetius*. La vallée de ſon nom eſt diviſée en haute & baſſe: ſes habitans ſont appellés *Wadéens*.

*Medina*, ou *Madinah*, ou la ville préférée, communément *Medinat al Naby*, la ville du prophète & *Munaoverah*, la royale, nommée autrefois Jatreb, d'une montagne voiſine: elle eſt la *Latrippa* de Ptolomée, la Jathrippa d'Etienne: elle eſt célebre & ſituée dans une plaine dont le ſol eſt ſtérile & ſalé; les denrées lui viennent de Kahira en Egypte; cependant elle a des jardins où le palmier proſpere. Au midi elle a la montagne d'*Air*, au nord celle d'*Ohod*: ſes maiſons ſont de pierres; on n'y a d'eaux que celles de quelques fontaines dont la plus célebre eſt celle de *Bedhaat* qui remplit un canal ombragé de palmiers: ſa gloire eſt d'avoir ſervi d'aſyle à Mohammed, qui y ſiegea, y mourut, y eſt enterré dans une moſquée qu'il y éleva: elle fut auſſi la demeure des premiers califes. Le tombeau de ce légiſlateur eſt au milieu de la ville, un bâtiment ouvert environne la moſquée où cent lampes brulent ſans ceſſe: le tombeau eſt de marbre blanc, près d'une tour, ſur la terre, recouvert d'une eſpèce de voûte ronde qu'un voile de soie cache en dehors : la mosquée même est enrichie de colonnes de marbre, d'incrustations d'or, de vases de ce métal enrichis de pierres précieuses. Là sont ensevelis encore les califes Abubecr, Omar, Otman, Abbas & Hassan : les pélerins n'oublient pas de visiter cette mosquée. Les anciens habitans de cette ville venaient de l'Yemen ou Jaman : le scherif ou prince descend d'Ali, gendre de Mohammed : une partie de la garnison dépend de lui, & l'autre partie des Turcs : son territoire renferme quelques villages.

*Coba* ou *Al Kasar*, bourg qui a une mosquée célebre : il est situé au midi de Medine. Mohammed y passa dans sa fuite, y fit élever la mosquée qu'on nomme *Maschaï ot Takwa* ou le temple de la crainte de Dieu.

*Suwaida*, lieu à deux journées au nord de Medine, sur les frontieres de la Syrie.

## III. ARABIE HEUREUSE.

Elle doit son nom moins à sa fertilité, à ses richesses, qu'à la comparaison qu'on en fit avec celles des parties de l'Arabie que nous venons de décrire ; elle le doit encore à l'encens qu'elle produit, les Grecs qui la connaissaient peu, le lui donnerent. Elle fut autrefois encore appellée *Ethiopie* & *Inde*, particulierement le pays habité par les *Homerites* ou *Hamyarites*, ou, ce qui est la même chose, ce peuple était appellé les *Ethiopiens* ou les *Chuséens*, & encore les *Indiens*. Ainsi Eusebe & d'autres écrivains disent que l'apôtre Barthelemi vint dans l'Inde, pour exprimer ce pays, qu'il y porta l'évangile de St. Matthieu en langue hébraïque, & que Pantenus l'en rapporta un siecle après.

Les Arabes donnent à la partie la plus consideraole de l'Arabie le nom d'*Iaman*, *Iamen* ou *Yemen*, parce que, si de la Caaba l'on tourne ses regards vers l'orient, on a cette partie à main droite & au midi ; c'est le contraire pour la Syrie, & c'est ce qui lui a fait donner le nom de Scham. Un Arabe dans Abulfeda dit que l'Iaman renferme les pays de *Tahamah*, de *Nedsched*, de *Iemen* proprement dit, d'*Oman*, de *Mahrah*, d'*Hadhramaur*, les districts de *Sana* & l'*Aden*, & quelques autres moins considérables : nous avons décrit plus haut celui de *Nesched* que divers auteurs placent dans l'Arabie déserte. Dans les limites que nous donnons à l'Arabie heureuse, elle confine vers le nord à l'Hegiaz & au pays de Nedsched, à celui d'Iemamah ou Arud, & d'Hedscher ou Baharain : vers l'orient au golfe Persique, vers le midi à l'océan que les Grecs nommerent la mer Rouge, au couchant au golfe Arabique.

Ses richesses naturelles ne sont pas partout les mêmes ; son sol est varié : près de la mer, ce sont de vastes plaines sablonneuses, infertiles, rarement arrosées par des pluies d'autant plus nécessaires que l'ardeur du soleil y est brulante. Le centre du pays est montueux, & a des districts froids & stériles, mais aussi des montagnes fécondes, de bonnes eaux, un air sain & tempéré, des contrées agréables, beaucoup de légumes, de grains, de fruits : on y recueille le sucre, le riz, des bleds, des oignons, des aulx, des courges, des melons, des limons, des oranges, des citrons, des grenades, des figues, des abricots, des pêches, des prunes, des pommes, des dattes, des amandes, des coings, différentes sortes d'excellens raisins, surtout le café : le mot arabe *Cahuah* que les Turcs prononcent *Cahveh*, d'où nous avons fait café, signifie une *boisson*, & particulierement celle qu'on fait de la feve qu'ils nomment *Buun*, c'est alors le *Cahuat al Bunniat*; l'arbre qui la produit ne croît que dans l'Iemen proprement dit, & dans les districts de *Beit al Fakih*, de *Sana* & de *Galbany*, ou selon Niebuhr, dans ceux d'*Udden*, de *Dschebi*, de *Kusma* & de *Kataba*; il craint l'ardeur du soleil, aime l'ombre & le frais; on le plante dans une exposition convenable à l'ombre de grands arbres qui sont des especes de peupliers. C'est de là que vient notre café du levant: les Arabes disent que cet arbre fut apporté dans l'Yemen du pays d'*Habesch*; les Hollandais l'ont transplanté à Batavia, à Surinam; les Français, les Anglais en d'autres lieux de l'Amérique: l'arbre *Selem* dont l'écorce & la feuille sert à la tannerie, & s'y nomment *caradh*, y est si commun qu'il sert à désigner ce pays qu'on nomme aussi *Belad al Caradh*: les épiceries de l'Yemen sont célebres; l'*Aloes* nommé par les Arabes *Sabr* croît dans les districts d'*Hadhramaut*, de *Schadschar*, de *Socotora*; le dernier donne le plus estimé; on en prend les feuilles en juin; on en pressure & cuit le suc, on le conserve dans des outres, on le séche en août. L'*agallochum* ou bois d'aloès ne se trouve que dans l'Inde; les Arabes en connaissent deux especes qui sont l'*Ud al Senfi*, & *Ud al Comari*, nommés ainsi des îles où on le recueille. La *myrrhe* est la resine d'un arbrisseau du district d'Hadhramaut; c'est dans la contrée de Sciarma & de Mareb, plus encore dans celles de Schadschar & de Mahrah, sur les montagnes près de Merbath que prospere l'arbrisseau qui donne l'encens que les Arabes nomment *loban*: là se trouve le *condur*: celui-ci est aussi une resine qui découle d'un arbrisseau; des bâtimens Indiens viennent chercher l'un & l'autre par les golfes de Perse & d'Arabie: on y recueille aussi la resine connue sous le nom de *sang de dragon* & la *manne*. Dans le pays de Schadfbhar, on dit qu'on trouve auſſi des noix de muſcades, des cocos, de l'indigo. Sur la montagne près de Schibam, dans l'Hadhramaut, on voit des cornalines, des agathes, des onyx, des rubis, du criſtal, du jaſpe : Anderſen dit qu'il y a 3 mines d'or appartenant au prince de Sandſchar. Niebuhr dit auſſi qu'on trouve de l'or dans les fleuves, & dans les montagnes de l'Yemen propre, & qu'on y en frappe des monnaies ſemblables à des ducats de Veniſe qui ont cours en Egypte & dans la Syrie : il eſt des mines de fer dans le territoire de Saade ; mais ce métal y eſt mauvais & plus cher que celui qu'on y porte du Dannemark : dans l'Hadhramaut il y a des bains médicinaux.

Parmi les animaux, les chevaux ſont les plus eſtimés ; on a vu près d'Irame ou Reame des *brebis* dont la queue peſait 44 livres ; les beſtiaux domeſtiques n'y manquent pas ; le plus commun, comme le plus utile, eſt le *chameau*, ſurtout l'eſpece qu'on nomme *dromadaire* : c'eſt de Mahrah qu'on tire les plus beaux.

L'hyver eſt rude dans le centre du pays ; ſouvent la terre y eſt gelée, & on y voit de la glace épaiſſe d'un doigt. Les habitans, ou habitent les villes, ou vivent à la campagne, comme les Bedouins. Les hommes ſe font des cornes de leur chevelure ; les femmes y portent de larges caleçons, & un grand anneau d'or eſt ſuſpendu à la cloiſon de leur nez ; elles en portent encore d'or ou d'argent autour des bras, ſur les jointures des mains, à la cheville du pied ; elles ſe peignent le tour des yeux en noir, & les ongles en rouge. Les uns ſont Muſulmans Sonnites, d'autres Schiites ou partiſans d'Ali, comme à Ajaz, & al-Dſchanad : il y a auſſi dans l'Oman des *Bejadi*,

H h 3

dans le territoire d'Imam de *Ze-idi* : à Mekran regne la secte de Dschedschal.

Tout le commerce s'y fait par l'entremise des *Banians* qui y viennent de l'Inde, parmi lesquels il en est de très-riches : les Arabes ne leur permettent pas de s'y marier, ils les détestent. Quand ces Banians ont fait leur fortune, ils se hâtent de retourner dans leur patrie ; cependant on leur permet l'exercice de leur religion. Il y a aussi des *Turcs* dans l'Yemen, comme à Mocka, les *Juifs* y sont nombreux. A Aden on trouve des *Arméniens* & des *Abissins* qui y exercent paisiblement leur culte. A Socotora il y a des Chrétiens Jacobites & des Nestoriens.

Parcourons les différentes provinces de l'Arabie heureuse.

### *Tahamah* ou *Tehâma*.

D'Herbelot pense que ce pays est une partie de 'Hegjaz ; il se trompe, quoique fondé sur Abulfeda qui dans un endroit, en fait la partie méridionale de cette contrée ; mais dans d'autres il la sépare de l'Hegjaz, & la range dans l'Yemen. Le géographe de Nubie dit que le Tahamah confine au couchant au golfe Arabique, au levant à une chaine de montagnes qui s'étend du sud au nord, & ensuite d'Aden à Sokija : sa longueur est d'environ 100 lieues, sa largeur de 35. Son nom qu'on écrit aussi *Tehajim*, signifie la partie basse & maritime de l'Yemen. On y voit des Bedouins de toutes les tribus, la plupart sont presque nuds, & n'ont d'autres armes que la fronde. On trouve dans les cartes de Blaeu, Jansson, Sanson, Tirion, divers noms de lieux mal connus & défigurés : nous ne les suivrons pas.

# DE L'ARABIE.

La partie septentrionale, située entre l'Hegiaz & le territoire d'Abu-Arisch, est habitée par des Arabes qui vivent sous des tentes, & obéissent à un scheik indépendant. On y trouve les lieux suivans.

*Sockia*, bourg & port au midi de Dschodda : il ne faut pas le confondre avec un autre qui est sur le chemin de la Mecque à Médine.

*Jalamlam* ou *Yelmelem*, bourg où s'assemblent les pélerins de l'Yemen qui partent pour la Mecque ; il est sur une montagne de son nom qui s'étend du levant au couchant.

*Serrain* ou *Sirin*, petite ville sur le golfe Arabique ; elle a eu autrefois un château fort.

*Aridan*, ville au bord du golfe : elle est habitée par des laboureurs : son port a le nom de *Marza Ebrahem*, ou port d'Ebrahem.

*Sancan*, ville dans le territoire d'Abu-Arisch, près d'une rivière. *Darca*, *Olaib* ou *Alib*, étaient des bourgs, on ne sait ce qu'ils sont aujourd'hui. *Salta*, ville au bord de la mer. *Ghasm*, bourg peu connu. *Hely* ou *Chely*, petite ville sur le golfe. *Confida* ou *Gomphida* ou *Chosodan* & *Cofonda*, ville qui a, ou qui eut une garnison turque ; les Turcs aujourd'hui ne paraissent pas étendre leur puissance dans cette partie de l'Arabie. *Magora* ou *Miegora*, bon port sur le golfe ; il ne manque ni de bois, ni d'eaux douces.

Le petit territoire de *Chaulan*, est vraisemblablement un des deux pays que Moyse nomme *Chari-la* ; on y trouve le château de *Dhi-Sohaim* & le bourg de *Haran al Carin* ou *Corain*, situé près de quelques eaux courantes : il donna son nom aux *Corainites* dont Pline fait mention.

La partie méridionale du Tahamah renferme le territoire d'*Abu-Arisch*, gouverné par un scherif.

H h 4

Là est *Aatu* ou *Attu*, château à quelque distance du golfe. *Niab*, petite ville. *Dsjesan* ou *Ghezan*, ville sur une montagne qui touche au golfe sur lequel elle a un bon port: ses environs sont fertiles en raisins, pêches, figues, limons, citrons & autres bons fruits; on y recueille des courges, des oignons, beaucoup de grains, & on y nourrit de nombreux troupeaux. Ce lieu parait être le Gesendii de Ptolemée & de Diodore, le lieu des Cassanites ou Casandréens: son nom vient peut-être de ses richesses, ( *Chasan* en arabe ). On y trouve en effet des morceaux d'or dont les plus gros sont comme des noix, & ils en donnaient un poids double pour du fer, triple pour du cuivre, décuple pour de l'argent: aussi a-t-on cherché ici l'ophir de Salomon.

*Sabbea* ou *Sabie*, petite ville. *Abu-Arisch*, chef-lieu de ce territoire. *Gholeub*, château; *Baha*, petite ville au bord du golfe. Nous parlerons encore plus bas de la partie méridionale du Tahamah, comme faisant partie de l'*Yemen*: les lieux qui suivent y sont renfermés.

*Haus*, est une ville entre Nedscheran & Saada. *Sahan*, est soumise aux descendans de l'Iman Hadi. *Saada*, petite ville à 60 parasanges de Sana, & qui doit son nom au sol bas sur lequel elle est située; elle a eu des manufactures de cuir; le pays qui l'environne est fertile.

*Amasia* ou *Amerschia* est le nom d'un désert. *Dschonuan* ou *Dscheruan* & *Genuan*, ville dont les habitans sont *Amrites*; deux étangs lui donnent de l'eau; ses environs fournissent de gros raisins. Près d'elle demeurent des Arabes de la famille de *Ghasan*: vers son couchant est le pays des *Abadhites* bien peuplé & bien cultivé. *Anafeth*, ville riche en vignobles: un étang nourri par plusieurs sources lui fournit des eaux. *Afchamijah* est un bourg. *Hafchid u Bekiel*, sont le nom de deux peuples confederés qui possedent plusieurs villes & villages, & sont gouvernés par leurs scheiks.

*Cheiwan* ou *Khayouan*, district qui renferme plusieurs villages, des champs incultes, des eaux, & qui est habité par des Arabes de différentes races. *Churafch, Medukka, Suk el horf, Haod* sont des bourgs; *Barrad* & *Charres* ont le nom de villes. Les tribus de *Beni-Meroan* & de *Haffan* habite un district montueux, *Chamir* est une ville sur une montagne dans le pays des alliés Hafchied-Bekiel.

## *L'Yemen proprement dit.*

C'est le territoire des princes qui résident à Sana. Il s'étend de Bab-el-Mandeb à environ 80 lieues vers le nord; mais sa largeur moyenne n'excede pas 20 lieues. La partie située au couchant le long du golfe fait partie du Tahamah; l'orientale est très-montueuse, & de là vient le nom de *Dfchabbal* qu'on lui donne. Dans cette derniere partie, il pleut presque tous les jours, & il y a beaucoup de rivieres qui ne peuvent parvenir jusqu'à la mer; mais il en est que les pluies enflent si fort qu'elles vont se jetter dans le golfe, après avoir roulé leurs flots impétueux par le Tahamah où il pleut très-rarement : tels sont le *Wadi el Kbir*, le *Wadi-Zabid*, le *Wadi Elmahad* &c. mais aucun ne remplit son lit toute l'année. On cultive dans le Tahamah une espèce de petit maïs dont les Arabes font du pain : le long de la mer on recueille beaucoup de sel : dans les districts d'Yemen, d'Ala, de Rodda & de Tacs, les champs donnent du froment en abondance : dans celui de Mechareb el Anes on nourrit d'excellens chevaux; ceux de Sanhan, de Harras & de Heime el Arfal font riches en fruits qu'on vient chercher de l'Inde & de l'Europe, furtout des raifins : nous avons dit où l'on trouvait la fève de l'arbre du café. La plupart des grands chemins qui traverfent ce pays font pavés, & quelques-uns font longs de 100 milles. L'Iman & la plupart de fes fujets font de la fecte de *Ze-idi* ; à Taas, & près de la mer font les Sunnites, & une grande partie des fectateurs de Schafèi.

Le royaume d'Yemen eft un des plus anciens de la terre : une fuite de rois non interrompue, tous defcendans de Jöktan, l'ont gouverné pendant 2300 ans, jufqu'en 502 de notre ère. Dans ce tems les Ethiopiens vinrent attaquer le dernier roi des Homerites Dhu Inaovas, parce qu'il perfécutait les chrétiens, & fon défefpoir le fit précipiter dans la mer. Les Ethiopiens y regnerent après lui. Le roi actuel eft il de la race d'Aly, où defcend-il d'Afchub ? c'eft ce qu'on ne fait pas. Un voyage dans l'Arabie heureufe dit que dans le 13ᵉ fiecle, une branche d'Afchub monta fur le trône d'Yemen fous les titres de kalife & d'imam, que les rois actuels portent encore le dernier, ou de grand prêtre de la religion Mufulmane, & qu'ils font les prières publiques du vendredi. Son pouvoir eft limité par un tribunal qui fiege à Sana, par les loix & des coutumes refpectées. Le royaume n'eft point héréditaire, mais on choifit toujours le prince dans la même famille. Celui qui regnait en 1712, fiégeait à Mahwahib, & avait fuccédé à fon frere dont le fils était gouverneur de Tis : le fils du roi l'était de Dfchoblah, & fon pere prenait des mefures pour qu'il lui fuccédât.

La partie du Tehamah qui appartient à l'Yemen, renferme les diftricts de *Loheia*, de *Hobeida*, de *Beit-el-Takih*, de *Zebid*, d'*Euſeb el Asfal* & *Mokha*, gouvernée par un Dolas.

*Loheia* ou *Lohia*, ville voiſine du golfe. *Sadie*, petite ville. *Al-Mahdſcham*, petite ville ſur les frontieres communes du Tahamah & de l'Yemen, nommée auſſi *Mahgem* & *Maghian* : elle eſt dans une plaine.

*Hobeïda*, ville au bord du golfe. *Sai-id* ou *Zeïdie* eſt un bourg.

*Beit el Fakih* ou *Betyfagui*, ville éloignée de dix lieues du golfe ; elle eſt ſans murs, eſt défendue par un château qui n'a d'eau que celle d'une fontaine très-profonde ; on l'en tire par le moyen des chameaux, elle eſt alors fumante, mais repoſée pendant une nuit, elle eſt très-bonne. Les maiſons de la ville ſont bâties avec la brique, & ont deux étages : chaque jour on y voit arriver des charges de café qui croît ſur des montagnes à 3 lieues de là ; des marchands venus d'Egypte & de Turquie l'y achetent, le font transporter ſur le bord de la mer où ils l'embarquent ſur des bâtimens de transport. Selon Otter il y a deux villes de Beit el Fakih, la grande & la petite ; peut-être il donne ce nom au port de la premiere, nommé *Alàfakah*, où eſt un château qui en protége l'entrée : il eſt auſſi le port de *Zebid*. *Beit*, ſignifie maiſon, & *Beit el Fakih*, la maiſon des ſavans en droit.

*Zebid*, *Zabid* ou *Zibit*, ville où ſe fit autrefois un grand commerce, & qui fut la capitale de la partie de l'Yemen, ſituée auprès de la mer : on voit encore en effet des traces de ſa grandeur & de ſon opulence : ce qui reſte de cette ville parait faire partie du gouvernement de Mocka ; la canne à ſucre, & divers autres fruits ſe recueilloient dans ſes environs au tems de ſa proſpérité ; elle n'a point de rivieres, on n'y a d'eaux que celles de fontaine ou de puits. Il ſemble qu'elle fut connue des anciens sous le nom de *Sabat*.

*Scheredsche*, *Schardschab Hargiah*, port sur le golfe d'Arabie près duquel on voit quelques maisons; il est à une journée de *Dscherdah*, château sur le même rivage.

*Has*, petite ville dans le district d'Euseb el Asfal: c'est peut-être celle que le géographe de Nubie appelle *Haus*.

*Mocka* ou *Mochha*, ville & port célebre sur le golfe d'Arabie : le port forme deux langues de terre qui le ceignent comme un arc : sur chacune est un fort qui en défend l'entrée : le port n'est pas profond, & n'est commode que pour les vaisseaux d'une grandeur médiocre : des murs de pierre & de terre mêlée de paille, environnent la ville, ainsi que des tours protégées par des canons & des soldats ; ses maisons sont laides, ses rues tortues, son enceinte est vaste, son commerce considerable; elle reçoit de l'Abyssinie des moutons, des dents d'éléphant, de la civette, des esclaves ; de la côte orientale d'Afrique de l'or, des esclaves, de l'ambre, de l'yvoire ; du golfe Persique, des dattes, du tabac, du bled; de l'Inde, des toiles, des métaux, du riz, du poivre, &c. On y compte environ 10000 hommes, la plupart Turcs ou Arabes, les autres Arméniens, Abissins ou Juifs : ceux-ci sont pauvres & sont relegués dans un coin de la ville : les Arméniens y ont une église, les Abissins deux : ses environs sont infertiles; il n'y coule que des eaux imprégnées de salpêtre & de sel : la chaleur y est excessive : elle est insupportable en été par le vent du midi ; en janvier elle égale celle qu'on ressent à Paris en juillet, mais des vents frais qui s'élevent de la mer la temperent le matin ; des années entieres s'y écoulent sans pluie, & quand il en est tombé, les champs sont couverts de fel ; en creufant des foffes qu'on remplit d'eau de la mer, le foleil y forme une croute de fel fi dure qu'on la caffe avec peine. Au dehors on voit des palmiers qui végètent dans le fable qu'on arrofe avec l'eau des fontaines : un millet blanc & groffier croît dans quelques champs voifins ; on y trouve auffi de bons fruits, des grains, du bétail gras, des oifeaux, mais on les y apporte d'ailleurs. Le gouverneur de Mokha commande dans 7 autres lieux ; il fait paffer annuellement 30000 piaftres dans le tréfor du roi, produit des impofitions payées par le peuple. Ce port eft fréquenté par diverfes nations Européennes, furtout par les Français, les Anglais, les Hollandais ; la compagnie des Indes orientales des Pays-Bas y a un comptoir.

*Ghœla*, nommé *Occlis*, par Ptolemée & Arien, *Ocila* par Pline, *Acila* par Strabon, eft entre Mocka & le détroit de Bab-al-Mandeb : il dépend des Gebanites qui s'étendait d'Ocile à Thumna.

*Mofa* ou *Mufa*, autrefois *Mofeh* & *Mefcha*, petite ville dans une plaine ftérile : d'ici vient la volaille qu'on vend à Mokha ; elle eft l'entrepôt des fruits qu'on y tranfporte & qu'on tire des montagnes : elle eft peuplée, & n'eft point ceinte de murs : quelques favans rejettent l'opinion appuyée par d'autres, qui fait de cette ville l'ancienne Mufa.

La partie montueufe de l'Yemen, ou le *Dfchabbal* que Moïfe appelle la *montagne vers l'orient* ou la *contrée montueufe fituée à l'orient*, eft divifée en plufieurs principaux diftricts, fur chacun defquels préfide un *Dolas*. Ces diftricts font ceux de *Bellad-Anes*, de *Bellad-Ibn-Aklan*, de *Dfchebi*, d'*Heime el Ala*, d'*Heime el Asfal*, d'*Heudfcherie*, d'*Heufeifch*, d'*Ieman Alla*, d'*Ierim*, de *Kataba*, de *Kufma*, de *Mechader*, de *Mecharet el Anes*, d'*Eufab el Ala* ; d'O-

*thuma*, de *Reudda*, de *Sanhain*, de *Taais*, de *Tulla* & *d'Udden*.

On y voit les villes d'*Habun*, de *Doffir*, d'*Affar*, de *Zuda*, située au pied de la montagne de Schahara : *Tulla*, petite ville dont le district fertile fait partie de ceux d'Amran, & *Hamdan*, qui fut gouvernée par un scheik indépendant, *Rabda* ou *Reudda*, petite ville environnée de champs fertiles & de vignobles : il ne faut pas la confondre avec une ville de ce nom située plus au midi.

*Sana* ou *Sanae* ou *Zeenau*, ville du district de Sanhain, appellée par les Juifs *Uzal* : elle a été la capitale de l'Yemen : elle est très-ancienne, & le géographe de Nubie parle de ses richesses, de sa grandeur, de l'air temperé qu'on y respire ; des ruisseaux l'arrosent, des jardins l'embellissent : elle a des places vastes, & des vignobles dans son sein : c'est ici qu'on trouve les plus belles maisons de l'Arabie, elles imitent celles de l'Europe : ses murs sont hauts, mais plus épais du double : ses environs donnent des épiceries & ont beaucoup de fontaines : le bois y est rare & cher. Un Imam qui commande à une partie de l'Arabie heureuse y siege : on y remarquoit une place élevée où sont les ruines de l'ancien palais des rois, & d'un temple célebre ; aujourd'hui, sur cette place on voit un château : les Arabes ont changé en *Auffal* le nom d'*Uzal* que les Juifs lui donnaient, & les Grecs en ont fait celui d'*Ausara* ou *Myrrha Ausaratis* : les Gebanites s'étendaient jusques dans ses environs. On croit aussi qu'elle est la *Sabatha* des anciens, que quelques auteurs ont cru trouver dans le village de *Sept*.

*Eufer* ou *Oefer*, grand village où les juifs eurent 14 synagogues ; il n'y en reste que deux.

*Sel-jam* ou *Sjam*, petite ville sur le penchant d'une colline dont un château occupe le sommet.

# DE L'ARABIE. 495.

*Orr* ou *Eurr*, petite ville qui paraît être le lieu nommé par le géographe de Nubie *Al-Orf:* le chef du district de Heime el Alar y réside. *Menacha* est aussi le siège du Dola de Heime el Asfal.

*Sehan*, bourg voisin de la montagne Harras.

*Dschebi* & *Kusma*, villes dans des lieux abondans en café, & qui forment le territoire de Rema : au midi de Kusma est le petit district de *Beni-Chusi* qui rappelle le *Chus* dont parle Moïse.

*Hadschar* ou *Hadschir*, *Ethuma* sont deux bourgs: *Heubaisch*, *Denn* sont deux petites villes. *Udden* eut autrefois un scheik indépendant, ainsi que le bourg de *Dorebad*.

*Aias* ou *Hias*, & peut-être *Asaes* ; c'est une ville située entre deux montagnes qui chacune ont un château, & dans une belle vallée : les habitans des monts y viennent tenir leur marché, ils sont de différentes sectes ; ceux de la montagne au midi sont Sunnites ; ceux du nord sont Schlites. La ville a une belle fontaine.

*Dimluh*, *Demluwab*, *Hisn-ud-Damula* ou *Al Demow*, bourg que Danville croit être l'ancien Tamaa : son château passait autrefois pour imprenable, & les rois y renfermaient leurs trésors.

*Taès*, *Dahes*, *Taesa*, *Tage*, ville bien bâtie, grande, peuplée, ceinte de murs, située au pied d'une haute montagne sur laquelle est le château de *Kaehhre* : elle a été le siège des rois de l'Yemen : ils y avaient une maison de plaisance nommée *Schadah*, où des canaux conduisaient l'eau des montagnes, pour en arroser les jardins: on y jouissait d'une perspective étendue & agréable : près de là est un village de Juifs, sur une montagne. *Taes* paraît être l'ancien *Taua*.

*Euddene*, *Oeddene* ou *Aden-Laah*, petite ville ruinée sur la haute montagne de *Sabber*. Il semble que ce soit l'*Adana* d'Etienne.

*Dschennad* ou *Dschanad*, ville au nord de Taes: ses eaux sont mauvaises; près d'elle est la vallée de *Sahut* près de laquelle est un désert terminé par une montagne où l'on comptait 100 villages du tems d'Abulfeda.

*Kataba* est le siege d'un Dola. *Dcheublaih* ou *Gabala*, petite ville que sa situation sur deux ruisseaux a fait nommer *Medinat al Nahraine*, ville de deux rivieres : un Dola y siege. *Abb*, petite ville près de laquelle coule le Wadi Meidam qui court au couchant, & se perd dans la mer près d'Aden. *Mechaider* est petite & située sur une montagne. Près de la montagne de Sumara sont les ruines de *Dhafar* ou *Jachseb*, ville autrefois florissante où coulaient quelques ruisseaux dans des campagnes abondantes en dattes : on croit que c'est le *Saphar* de Pline, l'*Aphar* d'Arrian, & le *Sapphar* de Ptolemée.

*Mensil*, village qui peut-être est le même que *Mansuel* qui a deux châteaux antiques.

*Jenim*, *Jerim*, *Irame*, *Reame*, ville grande & ouverte, siege d'un Dola : ses habitans sont commerçans, ils ont le teint presque noir; on y compte environ 2000 feux; les environs manquent de bois, mais ils sont fertiles ; les brebis y ont des queues si grosses que quelques-unes pesent plus de 40 livres : elles-mêmes ne marchent qu'avec peine : on y voit de gros raisins qui y sont sans pepins : l'air y est sain; on y voit beaucoup de vieillards, & quelques-uns ont plus de 125 ans, sans avoir perdu l'usage de leurs membres. Ce lieu ne serait-il point le jardin *Iram* ou le paradis chanté par les poëtes Arabes, & qu'avait cultivé le roi *Schedad-Ben-Ad*, qui vécut longtems

avant

# DE L'ARABIE.

avant Mohammed; Jenim pourrait-être encore le *Raema* de Moïse, le *Rhegma* d'Etienne.

Des montagnes arides, un fol dur & brûlé féparé Jenim de *Damar* ou *Dſemar* & *Dſimar* dans une plaine agréable; cette ville eſt divifée en 5 parties féparées; pluſieurs hommes illuſtres y nâquirent. Elle eſt peut-être la même qu'*Adimar* dont parle le voyageur Le Blanc.

*Mau-ab-heb* ou *Mahwahib* & *Mouab*; ville fur un mont, à un quart de lieue de Damar: le roi d'Yemen qui regnait en 1712 l'avait bâtie & y réſidait: elle, Damar, & un château fort, formaient un triangle équilateral. Un autre château était fur une petite montagne plus éloignée, & dans la guerre le prince y trouvait fa fûreté. *Mahwahib* n'eſt pas une grande ville: les murs qui forment fon enceinte font de terre, & la plûpart de fes maiſons en font auſſi; l'air y eſt très-bon. Le palais du roi n'eſt ni beau, ni magnifique, il n'eſt que grand: beaucoup de Juifs habitent un des faux-bourgs; mais ils n'y peuvent paſſer la nuit: la plaine y eſt fertile en grains, furtout en riz, & les vallées comme les collines font abondantes en café, en vignobles, en fruits.

*Reudda*, *Rhada* & *Reáia*, petite ville fur le penchant & au pied d'une montagne à 12 lieues de Beital-Fakih: la contrée où elle eſt fituée eſt une des meilleures du pays; on y voit les plus beaux arbres de café, les fruits y font abondans & variés, on y cultive des bleds excellens; les légumes y font bons & communs.

*Surad-Sje* ou *Surage*, petite ville.

La fituation des 4 villes fuivantes eſt incertaine. *Dante* eſt à deux journées d'*Aias* ou *Hias*: les campagnes qui l'environnent font ſtériles: de-là on vient en deux jours encore à *Al-Maçarana*, bâtie

Tome *VIII*. I i

sur le sommet d'une haute montagne pénible à monter ; elle est forte, l'air y est sain, une vaste cîterne toujours remplie lui fournit de l'eau, ses habitans ont le teint moins noir que ceux des contrées voisines: elle est à une journée de *Reame* : on croit que c'est l'ancienne *Carana*, capitale des *Minei*, peuple assez nombreux : les rois y mettaient en sûreté leurs trésors & leurs femmes, souvent ils y residaient. Un voyageur distingue cette ville d'une autre qui a le même nom, & où l'on tient de grandes foires pendant la nuit pour éviter l'ardeur brûlante du soleil. A l'orient de ces deux villes est celle de *Gasa* grande & peuplée.

Le *Bellad-Aden* est un pays qui commence non loin de Bab el Mandeb, & de là s'étend sur les côtes méridionales de l'Arabie vers l'orient jusqu'à Hadhramaut : il renferme le promontoire de *St. Antoine*, & est gouverné par un scheik.

*Aden* a le surnom d'*Abyan* qui la distingue d'*Aden Laah* ou *Eaddene*: dans la bible elle a celui d'*Eden*, dans Ptolemée celui d'*Arabiæ Emporium*, dans Philostorgue celui d'*Adene* ; ses habitans l'appellent *Adedun* : elle est située sur une langue de terre escarpée qui s'avance dans l'océan, formée de monts rocailleux, desquels se détachent quelques écueils. La ville en est environnée, sur leurs sommets sont élevés plusieurs châteaux : elle-même est entourée de murs, de remparts protégés par de l'artillerie. Son port profond & sûr est défendu par un fort ; son entrée étroite l'est par 3 autres. Auprès de la ville, au pied de la montagne, on voit quelque verdure, mais le pays au-delà est en partie sablonneux & aride, en partie renfermé entre des montagnes, marécageux & sans végétation ; le bois, les denrées y sont apportées des pays voisins : l'eau y venait autrefois d'une fontaine éloignée de 8 à 9 lieues, & la porte du pays par laquelle elle y était conduite s'appellait *Bab-al-Sakyine* ou la porte du porteur d'eau. Aujourd'hui un aqueduc y amene les eaux de pluie d'une montagne voisine, & elle est conservée dans un grand reservoir pour l'usage des habitans : on y compte environ 6000 feux; elle a un grand nombre de maisons bien bâties, & à deux étages, mais il y en a aussi beaucoup qui tombent en ruines : les habitans sont d'un brun noir, maigres & petits. Parmi eux il y a beaucoup de Juifs. Aden a été la plus belle, la plus commerçante ville de l'Yemen : la guerre lui a fait sentir ses calamités. Sous l'empereur Constance, le roi des Homerites y fonda un évêché, occupé ensuite par un Nestorien.

*Abin*, bourg près de la mer à l'orient d'Aden. *Omera* est vers le nord.

*Lagi* ou *Labadsi*, ville à 5 lieues d'Aden, située dans une plaine fertile en grains, en dattes & qui abonde en bois.

A l'orient de *Loheia* est un territoire indépendant qui n'a point de nom général, mais est composé d'une partie du district de *Bellad-Hadsi*, & de ceux de *Bellad-Laa*, *Beni-Keis* & *Beni-Tureiba* : on y remarque le château de *Kauteban*, celui de *Kalle el Toba*, les bourgs de *Torr* & de Machadra.

La seigneurie de *Kauteban* qui n'a rien de commun avec le château que nous venons de nommer appartient à un Sejid ou descendant de Mohammed, elle renferme la ville qui lui donne son nom, située sur une montagne, le château de *Derra*, les bourgs de *Redscha*, de *Tauile* & de *Schibam* qu'on croit être le *Schaba* dont parle Moïse.

*Dehan* est un bourg qui a son territoire particulier & indépendant.

*Nehhm* est un pays gouverné par un scheik indépendant ; il renferme les bourgs de *Tharit* & de *Schirra*. *Chaulan*, a son scheik particulier ; il renferme les bourgs de *Tenajm* & de *Beit-Rodsche*.

*Bellad-ed-Dschof*, province étendue, où l'on ne voit que trois villes, & où siege un scheik ; les campagnes sont habitées par des pasteurs qui vivent sous des tentes & ont leur chef particulier. C'est là qu'était la ville de *Mareb* ou *Marib*, à l'extrémité orientale de la montagne d'Hdhramaut : il y reste encore un bourg à quelque distance de ses ruines où l'on fait remarquer celles du château de Seruah où vécut le roi Salomon, & celui de *Casehib* qu'habita la reine Balkis qui vint admirer de près sa sagesse : cette ville, dit-on, s'appellait aussi *Saba*, elle fut le siege des anciens rois de l'Yemen, ou des Homerites nommés *Tababeah* : une digue étonnante par sa grandeur, son épaisseur, sa force, la défendait des eaux qui descendaient impétueusement d'une vaste montagne qui était auprès d'elle ; elle rassemblait & conservait une partie de ces eaux dans de grands réservoirs, d'où des canaux les distribuaient aux familles qui vivaient dans Mareb, & de-là, la versaient pour arroser les champs ; elle s'élevait de 100 pieds sur le lit des torrens, & les habitans avaient bâti des maisons sur elle : mais enfin, un débordement d'eaux emporta la digue, la ville, les bourgs & les villages qui l'environnaient ; remplit la vallée où elle était située, longue de 9 lieues, formée par deux montagnes qui se rapprochent à l'orient & ne laissent entr'elles qu'un espace d'environ 100 toises, fermé autrefois par des murs épais : hauts de 40 pieds, bâtis de pierres massives : cette vallée rassemble les eaux de divers ruisseaux, mais les murs détruits ne les retiennent plus. Plusieurs savans distinguent *Mareb* de *Saba*.

*Schibam* ou *Schebam* ou *Sceban* fut une ville & une forteresse, bâtie sur une montagne qui porte son nom & dont la montée est fort pénible, mais au haut de laquelle on trouve beaucoup de villages, des champs, des eaux courantes, des cornalines, des agates, des onyx. Quelques-uns disent qu'elle s'appella aussi *Hadhramaut*, qu'elle fut la capitale de ce pays, & qu'elle est la *Sabota* de Pline, la *Sabbatha* d'Arrien, la *Sauhatha* de Ptolemée; d'autres croient qu'elle est l'ancienne *Catabanum*.

Près de cette ville est celle de *Tarim*.

Le pays de *Bellad-Jafa* est situé entre l'Hadhramaut & le territoire des Imams de l'Yemen; il est gouverné par 3 scheiks, & ne fait remarquer que la ville de *Kachtan* qui rappelle le nom de Joktan ou Kahtan dont il est parlé dans Moïse. Les Jeetanides furent un des peuples les plus célèbres de l'univers.

Le pays d'*Hadhramaut* ou *Hadramuth*, confine aux districts d'Aden, de Tis & de Sana, à l'Yemen propre & à l'océan. Son nom vient de *Chatzarmaveth* fils de Joktan ou Jaktan; les Grecs le nommaient *Adramutæ*, *Chatramatis*, ses habitans *Atramotites* ou *Chatrammites* ou *Adramites*. Ce pays fut célèbre par ce qu'on en tirait la myrrhe, l'encens, l'aloe, ou Sabral Hadri, la canelle, &c. la tribu de *Namud*, celle d'*Ad* l'habitent; on y voit beaucoup de villes & de villages; son sol montueux est aussi fertile que l'Yemen : on y fabrique de larges couteaux. Le Coran célèbre les douzes avantages de ce pays.

Parmi les villes on remarque *Lasaa* ou *Lassa*, elle est petite & située au bord de l'océan : elle n'est éloignée que de 24 lieues d'*Abin* quand on s'y rend par mer; les montagnes difficiles en rendent le chemin plus long par terre ; il faut alors 5 jours. *Sciarma*, *Sciorama* ou *Scharmah*, ville située aussi sur l'océan, à 16 lieues de la précédente : sur le chemin qui conduit de l'une à l'autre on trouve un bourg où il y a des eaux thermales. *Makalla* est un port, *Cana* une ville connue dans Ptolemée, Arrien, Pline, Ezechiel ; il est douteux qu'elle existe encore. D'Anville croit qu'elle fut où est aujourd'hui *Caua-Canim*. A l'orient de ce pays commence l'*Abkef* ou contrée de sable qui s'étend jusqu'au pays d'Oman ; il est dangereux pour ceux qui le traversent lorsque le vent les y surprend.

## PAYS DE SCHADSCHAR.

Au couchant il confine à celui d'Hdhramaut : son nom s'écrit, se prononce de diverses manieres : on dit *Sihar*, *Segher*, *Shagiar*, *Schagiar* : Bochart avec quelques changemens en fait le nom de Sichar, puis de *Sachal*, & lui fait donner son nom au golfe Sachalite & au peuple des Sachalites : d'autres l'appellent *Scheg'r*, *Schichr* : Danville croit qu'il est le *Sochor* de Ptolemée ; des voyageurs modernes lui donnent le nom de royaume de *Fartas* ou *Fartach* ou *Fartaka*, d'une ville qu'il renferme, & qui est située sur un promontoire élevé : ils lui donnent un roi indépendant ; ils en font dépendre l'île de *Socotorah* dont le gouverneur est souvent fils du roi. On y trouve de l'encens que les orientaux nomment Leban, & les Portugais oliban, des épiceries précieuses, de l'aloës, & selon Abulfeda, on y trouve les productions de l'Inde, des muscades, l'indigo, le coco, &c. On y remarque les villes suivantes.

*Cheer*, *Scheer* ou *Schecher*, & aussi le *Schohr*, est le port principal de ce royaume : les Portugais le nommaient *Xael* ou *Xaer* : on y vend du fer, du plomb qu'on y apporte du Kuſchen ou Kayſchen : près de lui eſt une ville.

*Kuſchen*, *Cayrim*, *Kayſchem*, *Kaſſeen*, *Caracim* ou *Keſeſin*, ville qui a un bon port ſur l'océan : le roi de Fartach y a ſiégé, & de-là vient qu'on en a fait quelquefois la capitale d'un royaume de ſon nom.

*Fartach* ou *Fartash*, ville dont les anciens ne parlent point, & capitale du royaume auquel elle a donné ſon nom.

*Dafar*, *Taphar*, ville à l'orient de Fartach, au fond d'un grand golfe qui s'étend dans le pays en s'avançant au nord : elle y a un bon port : Abulfeda en fait la capitale du pays de Sadſchar. Dans des auteurs grecs, elle eſt nommée *Tapharon* & *Tarphara*, dans des anciennes cartes, *Dolfar*. Au nord de cette ville ſont de hautes collines de ſable ſur leſquelles la tribu de *Benid-Aad* demeure, & qui peut-être tiennent aux montagnes que Moyſe nomme *Saphar*, & Ptolemée *Climax* : il ſe peut que la ville en ai reçu ſon nom, ou le lui donne : mais il eſt plus probable que les monts Saphar ſont ceux de Tehama. Le roi des Homerites avait érigé à Dafar un évêché qui fut changé enſuite en archevêché.

*Pecher*, petite ville & port à l'orient de Dafar : le commerce qui s'y fait avec l'Inde eſt conſiderable ; on y embarque des chevaux & de l'encens ; parmi ſes habitans il en eſt beaucoup de juifs : ſes environs abondent en grains, dattes, raiſins & autres fruits ; le bétail y eſt commun.

Ici doit être placé le diſtrict de *Ghobbo*, ſitué entre les villes de Sciarma & Merbat : ſon nom ſignifie *pays ferme* : dans ſa partie intérieure eſt la contrée de *Chalfat* où eſt la montagne de la lune : ſa couleur blanche, ses sinuosités lui ont fait donner ce nom.

*Zocotorah* ou *Sokuthra*, île nommée autrefois *Dioscoridis Insula*, & qui appartient à l'Yemen. Il semble par la relation de Juan de Castro, qu'elle était de son tems indépendante, & sans gouvernement ; mais même auparavant, des voyageurs Portugais nous disent qu'elle dépendait du royaume de Fartach : sa longueur est de 24 lieues, sa largeur de 10 ; elle est éloignée de 20 lieues des côtes d'Arabie, elle est à 10 lieues du cap de Gardefui dans l'Abyssinie ; ses côtes sont formées par des montagnes hautes & rudes, il en part une chaîne qui s'avance dans le centre de l'île, & sur laquelle le vent du nord porte le sable qu'il élève sur le rivage : ce vent, ces sables rendent l'île presque stérile, nue, sans plantes, sans arbres, surtout dans sa partie septentrionale : il n'y a que quelques vallées étroites qui en sont à couvert ; c'est là qu'on trouve le meilleur aloés de l'Arabie : de la laine de cette plante on fait un drap grossier qui sert aux esclaves : on y recueille aussi des pommes, des dattes, diverses plantes odoriférantes. Au midi, elle a des plaines & des vallées fertiles ; les monts y sont couverts de fleurs, d'herbes aromatiques, de plantes médicinales. On trouve quelquefois de l'ambre sur ses côtes ; il y pleut rarement ; on y voit du gros bétail, des chamois, des brebis, des chevres, des poules ; mais le bétail y est maigre : la tortue y est commune, le Casuare est l'oiseau le plus remarquable de cette île : elle n'a ni port, ni rades, ses côtes sont nettes ; on n'y voit ni bancs, ni rochers. Ses habitans sont très paresseux ; ils sont grands, robustes, & ont le teint rougeâtre : les femmes sont blanches & belles : les Arabes y sont la nation dominante ; ils traitent en esclaves les anciens habitans du pays : ceux-ci sont appellés *Bedioynes* ; ils habitent sur les montagnes, une partie obéit aux Arabes, mais la crainte seule les attache à eux : ils sont chrétiens Jacobites, ou Monophisites, ou Nestoriens, & leur évêque dépendit du patriarche des Nestoriens à Bagdat, aujourd'hui il dépend du métropolitain que les Chrétiens de l'Inde ont au Malabar. Cette île a aussi des habitans sauvages, errans & nuds qui vivent dans des grottes, des cabanes faites de branches d'arbres. Des auteurs Arabes disent qu'Alexandre le grand y fit passer une colonie d'*Iounanion* ou de la Grèce. Selon Juan de Castro, les habitans Chrétiens y font leurs prieres en langue caldaïque. On y voit 3 especes de villes, si l'on peut donner ce nom à de grands hameaux : ce sont *Tamarin* ou *Tamara*, *Beni*, *Galansa* ou *Colcuzar*, c'est dans la premiere que réside le gouverneur Arabe.

Les *deux sœurs* sont deux petites îles à deux lieues de l'extrèmité orientale de Socotora ; leur ressemblance leur a fait donner ce nom.

*Abdal-Kuria*, *Abla del Kuria* ou *Abdalakora*, île longue, étroite, déserte à environ 5 lieues de l'extrèmité occidentale de Socotorah. Le gouverneur de celle-ci y tient quelques soldats, & des animaux domestiques.

## PAYS DE MAHRAH.

Il confine au levant à celui de Sadschar, & vers le nord à celui d'Oman : il y a peu de champs cultivés, peu de palmiers ; mais il y a des pâturages, de bons chameaux, surtout de l'espece qu'on nomme dromadaire : on y recueille aussi de l'encens : la langue des habitans est dure, âpre, difficile à prononcer.

Ce pays offre peu de villes. *Merbath* ou *Birbath*

est voisine de la mer, sur le golfe de Dafar, vis-à-vis l'île Socotorah : elle est petite : peut-être est elle la même qu'*Ibn-Said* dans Abulfeda. Sur la montagne qui s'éleve derriere elle, croît l'arbrisseau qui donne l'encens. *Hasec* ou *Asech*, petite ville au bord du golfe al Haschisch : près d'elle est la haute montagne de *Lus* : vis-à-vis, & au nord est le pays du peuple nommé *Oadite* par Ptolemée & *Chadaiens* par Pline. A deux mille pas de Hasec est la petite ville de *Cabar-Hud* qui doit son nom au tombeau du patriarche Hud ou Heber pere de Jectan; on l'y visite encore en pelerinage.

Le golfe *al Haschisch* ou *Gium Hacic* (golfe des herbes) prend son nom des plantes qu'on y trouve : il a la forme d'un sac, & est très-profond & dangereux : il renferme les villes de *Chartan* & *Martan*, nommées par d'autres géographes *Curian* & *Murian*; leurs habitans Arabes parlent une ancienne langue qui leur est particuliere; ils commercent avec l'ambre qu'ils trouvent sur leurs côtes, ou qu'on leur apporte d'ailleurs. Une riviere nommée *Prim* se jette dans ce golfe; elle parait être celle que Ptolemée nomme *l'rion*; elle n'est pas bien connue : sur les côtes on trouve des *Badavi*, hommes simples & bons qui vivent du produit de leurs troupeaux. On désireroit savoir où est le golfe *Sachalite* dont parlent Arrien & Ptolemée : le premier le place à l'orient, le second au midi de l'Arabie : ce dernier parait avoir raison : ce golfe ne peut être que celui d'Al Haschisch dont nous venons de parler ; sa situation, ce qui l'environne, sa profondeur, l'encens qu'on recueille dans le pays, tout le fait croire. Quelques auteurs disent qu'auprès était une ville nommée *Sachalia* ou *Sachalah*, mais on n'en connait pas bien la situation.

## PAYS D'OMAN.

Niebuhr en a fait une carte précieuse : il en a resserré l'étendue ; ses limites ne touchent plus vers le couchant au fleuve *Phaleg* ou *Falg* qui se jette dans le golfe Persique près de Dschulfar, il a moins de 80 lieues de long. Sa partie orientale est bornée par l'océan, les côtes qu'il baigne sont nommées par les Arabes *Bahr-Oman* ; elles sont riches en ambre. Ce pays éprouve quelquefois une chaleur brûlante ; il y pleut rarement, mais des rosées abondantes y suppléent, des montagnes, des vallées le forment, les montagnes sont nues & stériles ; on y trouve des mines de plomb, les vallées produisent de belles fleurs & des plantes : on y recueille beaucoup de dattes & d'autres fruits, mais les singes en dévorent une partie ; l'industrie des habitans à conduire leurs canaux contribue beaucoup à sa fertilité : les campagnes sont assez peuplées ; ses habitans sont de la secte des *Beasi* ou *Bejadi* ou encore *Abadi* : ils sont courageux, sobres, honnêtes envers les étrangers, quoique dévots Musulmans. Un voyageur chargé d'or & sans armes y est plus en sûreté qu'il ne serait armé parmi nous. Ce pays se termine par un promontoire considérable nommé *Rab-al-Gut* ou plus exactement *Kas-al-Had* ; le géographe de Nubie l'appelle *Al Mahdschame* : c'est une montagne élevée qui vraisemblablement est le promontoire de *Siagrum* que Ptolemée dit terminer au midi les côtes de l'Arabie, & qu'Arrien croit être le plus grand promontoire du monde.

L'Oman est gouverné par un Iman indépendant de celui de l'Yemen : ce prince & son peuple s'unit avec les *Hules* pour défendre sa liberté contre les Persans ; il avait une flotte de 12 vaisseaux sur le

golfe Persique en 1740, & possédait l'île de Baharain : deux ans après il fut chassé par ses sujets & s'enfuit en Perse : son successeur fit la guerre aux Persans, sa flotte battit la leur à la hauteur de *Sewadi*.
On ignore quelle en a été la suite.

Sur les bords de la mer on trouve les endroits
suivans.

*Soor*, *Sur* ou *Tsur*, ville dont le nom est le même que le mot grec *Tyrus*, & qui parait avoir été
bâtie par une colonie de Syriens, de Tyriens & d'A-
rabes comme le dit Strabon. De cette ville on se
rend en deux jours au promontoire de *Ras-al-Had*.

*Kelbat* ou *Kalahat*, ville dont les Portugais ont
parlé comme d'une ville forte & commerçante.

*Kuriat*, ville près de l'embouchure de la riviere
Masora dans la mer.

*Meskiet*, *Mascate* ou *Mesehet* est la capitale de
l'Oman & lui donne quelquefois son nom : elle est
ceinte de bonnes murailles, est défendue par un château, a un port vaste, commode & sûr ; il est entouré de hautes montagnes : son enceinte est d'environ une lieue : ses habitans sont commerçans ; ils
vont chercher à Beit al Fakih du café, à Sewahil en
Afrique des négres, & portent vendre l'un & les
autres à Basra : leurs vaisseaux n'ont point de fer, ils
en lient les planches avec l'écorce d'un arbre : les
environs de leur ville produisent des dattes, des
cocos, du poivre, des Tamarins : devant elle est
une pêcherie abondante ; vis-à-vis est une île quarrée qui a environ 3 lieues de long. Mascate est peut-
être le *Moscha portus* des anciens. Vers l'an 1749
le commerce y a refleuri : la fidélité, la sociabilité,
la tempérance de ses habitans inspirent la confiance
aux étrangers : ses environs consomment des toiles
bleues, du fer, du plomb, du sucre, des épiceries

qu'on paie avec l'encens, la myrrhe, la gomme Arabique, & de l'argent ; d'ailleurs elle est un excellent entrepôt pour le golfe : toutes les nations commerçantes la préferent à Bassora.

*Burka*, ville près de l'embouchure d'un fleuve.

*Schar*, *Sachar* ou *Sir* est la plus ancienne ville de l'Oman, elle en fut la capitale, & depuis longtems elle est ruinée : quelques maisons dispersées en occupent encore la place, & ont le nom d'*Iman*, qui selon Abufeda fut le nom de la ville ; Sohar n'était que celui du château : son port bon & célebre est appellé par les Arabes *Cassabat-al-Oman* : elle est encore le chef-lieu du district habité par la tribu d'*Aso* ou par les *Asides*. C'est l'*Omanum Emporium* des anciens.

Nous avons dit que Bochart changeait le nom de Sehadsar, en Sachar & Sachal pour placer ici le golfe Sachalite que Ptolemée dit être à l'orient de l'Arabie.

*Souadi*, *Sewadi* ou *Swada*, petite île près de laquelle les Arabes battirent la flotte Persanne en 1743.

*Damar*, dans Pline *Thamar*, bourg voisin de Sachar.

*Chorfakan*, *Kurfekian*, *Orfucan*, *Orfacano* ou *Corfucan*, ville qui fut pillée en 1508 par les Portugais.

Près de la montagne noire d'Assabo est le promontoire des Assabéens ou Sabéens, nommé aujourd'hui *Ras-Mussendom* ou *Moçandan* ou *Mosledon* & *Moncadon* ; qu'on écrit & prononce encore de différentes manieres ; c'est une montagne haute & rocailleuse près de laquelle commence le golfe Persique : dans cette contrée on voit encore l'*Al-Dordur* ou les 3 montagnes. On ne connait les noms que de deux ;

l'une est *Cosair* ou *Kasir*; l'autre *Ouair* ou *Awir*. La mer forme près de ces montagnes un torrent dangereux pour les navigateurs. Près de ce lieu est *Daba* ou *Dobba*, qui parait être la même que *Vodana*, quoique éloignée de la mer : Ptoleméé la nomme *Vodaba* : un émir y réside.

Dans l'intérieur du pays sont diverses villes dont on ne connait que les noms. Telles sont *Menach* qui parait être le *Maneg* ou *Mang* du géographe de Nubie, *Rostak*, *Sikki*, *Bahhola*, *Dsjou*, *Dahhra*, *Nissuwa*, *Semaeil*.

Sur les bords du fleuve *Phaleg* ou *Falg*, qui parait être le *Lar* de Ptolemée, est situé le pays de *Tarua* qui ne fait point partie de l'Oman : on y voit les petite villes de *Sohal* ou *Saal* & *d'Ofor*, arrosées par le Falg, au milieu d'une contrée fertile. A deux stations au couchant de Maneg, & dans l'intérieur de la chaîne des monts nommés *Sciorm* est la petite ville de *Soro Oman*.

# DE LA PERSE.

L'Origine de la Monarchie Persanne n'est pas connue : l'écriture sainte donne à la Perse le nom de *terre d'Elam* ; on dit qu'Elam & Chus, petit fils de Noé furent les ancêtres des Persans, & que ce dernier a donné son nom au Chusistan. Ces recherches sont peu utiles & très-incertaines : bornons-nous à parcourir rapidement les diverses Dynasties qui ont régné sur ce pays, en ne consultant que les histoires orientales.

La premiere Dynastie est celle des *Pischdadiens* ; elle donna 9 princes à la Perse ; *Keyomaras* la fonda ; il fut élu roi d'*Azerbijane* ou de *Medie* ; avant lui le gouvernement était républicain ; il rassembla ses sujets, leur fit bâtir des maisons, des bourgades, des villes, établit des juges, fit naître le commerce & l'industrie : les peuples voisins se soumirent à lui volontairement. Il céda le trône à son petit fils, & y remonta après qu'il eut été tué dans une bataille : c'est à son arriere fils qu'il le laissa ; il s'appellait *Housbenk*, il eut le surnom de *Pischdad* ou de juge équitable, & c'est de lui que la Dynastie prit son nom : on lui attribue l'invention de la plupart des instrumens d'agriculture ; celle des canaux pour arroser les champs, peut-être il les perfectionna, ou on les perfectionna sous son regne ; il vainquit, dit-on, les géans, & fut écrasé par la chûte d'un rocher. Son petit fils *Tahmurach* eut le surnom de *Diubend*, ou le dompteur du Diable, parce qu'il fut un grand guerrier : il mourut de la peste. Son successeur

*Giemschid* partagea les Persans en 3 classes, les soldats, les laboureurs, les artisans; les distingua par leurs habits, établit des greniers publics, réforma le calendrier; sous son regne on apprit à faire usage du vin, à cultiver la musique, à connaître l'astronomie : il bâtit *Estechar* ou *Schiras*. Un usurpateur finit son regne & sa vie ; son fils *Feridoun* élevé secretement fut placé sur le trône par *Kao* forgeron, qui rassembla les peuples autour de lui en se servant de son tablier de cuir en place d'étendart & chassa l'usurpateur. Feridoun est regardé comme le Salomon de la Perse ; ce sage Persan fit des fautes assez grossieres ainsi que le sage Juif, aussi vit-il ses trois fils mourir les uns par les autres ; mais il a laissé des sages maximes. Son petit fils *Manougeher*, mérita peut-être mieux ce nom : il établit des magistrats intègres, fertilisa les campagnes desséchées en tirant de l'Euphrate & du Tigre divers canaux, & fit fleurir l'agriculture, son fils *Nodar* fut vaincu & tué par le roi de Turkestan, qui regna sur la Perse en Tyran & se fit chasser. *Zab* fils de Nodar monta sur le trône, & fut le dernier prince de cette Dynastie. Les Turcs ou les habitans du Turquestan se rendirent maîtres de la Perse ; mais Zalzer les vainquit & mit la couronne sur la tête de *Kai-Kobad*, fondateur de la Dynastie de Kaianites. Kai-Kobad choisit *Spahun* ou *Ispahan* pour capitale de ses états, il employa ses soldats à faire des grands chemins, & mourut aveugle. Sous lui, sous son fils *Kaikaus* vécut *Ruslan*, un des héros Persans qui conserve encore sa réputation ; deux fois il chassa les ennemis vainqueurs de son roi, deux fois il le délivra de leurs mains. Kaïkaus laissa l'empire à son petit fils *Kai-Khosru* qu'on croit être le Cyrus des Grecs ; prince qui se fit aimer par sa justice, son humanité, sa bonté. Pressé

pa

par la nécessité, il augmenta les impôts, mais quand le besoin eut cessé il rendit à chaque famille ce qu'elle avait fourni de plus que les contributions ordinaires ; quelques historiens l'ont fait envisager comme un prophète, son regne fut heureux, les Turcs furent vaincus & soumis à son empire, il tua, dit-on, un dragon, gouverna l'empire pendant 60 ans, & abdiqua pour se retirer dans un désert : sous son règne vécut Locman, fameux par ses fables. *Lohrasp* fut son successeur ; il conquit la Syrie, la Palestine, détruisit Jérusalem, & devenu vieux, aima mieux céder le trône à son fils que le lui disputer : il vécut à Balk sous l'habit de Prêtre. *Gushtasp* qu'on croit l'Hystaspes des Grecs était fier, entreprenant, plein de courage ; il embellit *Estechar* où il résida, *Zoroastre* ou *Zerdusht* vivait sous son regne, & périt à Balk par la main des Turcs qui éteignirent le feu sacré. *Bahaman* petit fils de Gushtasp lui succéda ; il eut le surnom de *Dirazdest* ou *longue main*, & c'est sans doute l'Ataxercès auquel les Grecs l'attribuent : il disait que le titre de roi ne convenait qu'à ceux qui peuvent rendre leurs peuples heureux : il répara les temples de Balk, & les ravages de la guerre, soumit le Zablistan, aima les Juifs & eut pour successeur sa fille & son épouse *Homai* qui regna 30 ans avec beaucoup de magnificence, bâtit la ville de *Semirach* qui n'existe plus, & le palais de Persepolis dont on admire encore les ruines. Son fils *Darab* parait être le Darius Nothus des Grecs : il aima la justice, protégea les arts, eut de grands talens, établit les postes, bâtit deux villes, vainquit & rendit tributaire *Filikous* (Philippe) roi de Macédoine dont il épousa la fille qu'il renvoya bientôt après : elle était enceinte & d'elle naquit *Ascander* (Alexandre.) *Arab II* succéda jeune encore à son pere : il était

Tome VIII. K k

cruel & orgueilleux, ses sujets le haïrent & plusieurs se lierent avec *Ascander* roi de Macédoine qu'ils regardaient comme fils de Darab I. Ascander accourut avec une petite armée choisie, battit Darab II, prit ses trésors, ses femmes, ses filles & ses états. Ce Darab fut le dernier de sa Dynastie; il fut tué par ses propres sujets. *Ascander* mourut & son royaume fut divisé entre ses généraux, une partie fut ensuite soumise aux Romains. Un prince Parthe nommé *Arsace* ou *Arschah* se forma un royaume particulier de la Parthie, l'Hyrcanie & d'autres provinces à l'orient du Tigre; son fils eut le même nom & joignit l'Azerbijane à son royaume qu'il laissa à son fils *Schah-bur* ou *Schah-por*. Cette famille donna 21 ou 22 rois aux Parthes; les plus remarquables sont *Mithridate* qui soumit la Bactriane, la Mésopotamie, une partie de l'Inde, d'autres provinces encore; il donna un corps de loix à ses sujets qui en admirerent la sagesse & en jouirent. *Orode* qui vainquit Crassus, général des Romains, *Vologere* qui établit son frere sur le trône d'Arménie. *Artaban* qui força les Romains à lui demander la paix & fut vaincu & tué par les Perses revoltés, excités & conduits par *Artaxerce* ou *Ardschir* dont on ignore l'origine qui fonda l'an 226 de l'ere chrétienne, le second empire des Perses & une nouvelle Dynastie : ce fut celle des *Sassanides*. Il conquit la Parthie, prit le titre de *Shah in Shah* ou de roi des rois, rétablit la religion des mages, bâtit des villes, fit d'excellentes loix, modéra la rigueur des châtimens, & voulut qu'on instruisît le peuple. *Schabous* son fils, prince instruit & magnifique, fonda *Neischapour*, ou rose de Schapour, ville qui devint riche & célebre : *Hormouz* son successeur était libéral : c'est lui qui dedaignant un gain facile disait : si je deviens marchand, qui fera le métier de roi "? *Baharam II* son petit fils parut d'abord un mauvais prince, mais menacé de perdre le trône, il se corrigea, & devint un des meilleurs rois qu'ait eu la Perse. *Narsi* fut malheureux dans ses guerres contre les Romains, & ses défaites le firent mourir de chagrin. *Hormouz II* & son fils fut pacifique, fit prospérer le commerce, soutint le peuple contre le pouvoir des grands, & établit un tribunal où le dernier des sujets pouvait citer le premier seigneur de l'empire : il bâtit une ville sur le golfe Persique, & lui donna son nom : il mourut, laissant sa femme enceinte de *Schah-pour II*, un des princes les plus heureux, les plus grands qu'ait eu la Perse : il vainquit & soumit les Arabes, força les Romains de lui céder les provinces que Narsi leur avait abandonnées, en conquit quelques-autres sur les Tartares & les Indiens ; juste & actif durant la paix il regna 70 ans : sa famille donna encore 17 rois aux Perses ; nous parlerons seulement de quelques-uns. *Jezdezerd* est peint dans les histoires orientales, comme un prince cruel & avare, & par les Chrétiens, comme un homme doux, équitable, qui aima, protegea leur religion & écoutait les conseils du saint évêque de Mésopotamie Maruthas. *Pervis* ou *Pherouz* dut le trône à l'amitié des Tartares, connus sous le nom d'*Huns Euthalites* ou *blancs* ; il périt par leur haine. Sa mort fut vengée par son fils *Kobad*, prince habile & superbe, il battit les Huns Euthalites, qui ensuite le rétablirent sur le trône dont son orgueil, son insolence, ses débauches l'avaient fait chasser. Son fils Chosrou surnommé *Nourschirvan* (ame confite dans le miel) est le prince le plus célèbre parmi les orientaux : il étendit ses états, & y assura la paix par ses victoires ; il fut libéral sans fouler ses sujets, aima les sciences, fut un bon méchanicien, fit bâtir à Madain ou Ctesiphon, un palais qui passa pour une des merveilles de l'orient, acheva de fortifier *Derbent* ou le passage des postes Caspiennes : un courtisan voulut le flatter en triomphant de la mort de son ennemi : *A Dieu ne plaise*, dit Nourschifran, *que moi qui suis mortel je me réjouisse d'un exemple de mortalité* : il mourut âgé de 80 ans. *Chosrou apervis*, d'abord heureux contre ses ennemis, regna sur un empire plus étendu qu'aucun des rois de sa famille ; mais avide des biens de ses sujets, il s'en fit détester : son fils se révolta contre lui, l'enferma chargé de chaînes dans une des caves où il avait accumulé les trésors, fruits de ses exactions ; son fils, ses sœurs, son petit fils, un de ses parens ne se succederent sur le trône que pour y périr d'une maniere violente. Enfin un de ses petits fils, Jezdezerd III. fut vaincu par *Abu-Obed* général du calife Omar près d'Alchir, l'an 634 de de l'Ere chrétienne : les Arabes s'emparerent dans le cours de dix années de toutes les provinces de l'empire des Perses, excepté de celles de Kerman & de Segestan où Jezdezerd regna jusqu'à sa mort : la fille de son fils *Firous*, épousa le calife Abdalmalek. La Perse soumise à la puissance de ces princes fut gouvernée par leurs lieutenans ; leur religion s'y introduisit ; ils y regnerent paisiblement pendant deux siecles : mais alors des princes, la plupart Tartares, s'y formerent des états indépendans. Tel fut *Yacoub* fils d'un chaudronnier, qui s'empara du Segestan, & soumit le Khorasan & le Tabristan ; son frere *Amrou* y joignit celle de *Fars* ou la Perse propre. Un Persan d'abord conducteur de chameaux, puis chef de voleurs, chassa ces princes, & leur succéda en 902 : il s'appellait *Ismael*; ses enfans lui succéderent ; son dixieme successeur fut dépouillé en 999 du Khorasan & de la Perse par *Mahmoud le Gaznévide*, descendant d'un esclave Turc: la ville de Gazna lui donna son nom; il possédait une partie de l'Indoustan: c'est le premier Roi de Perse qui ait pris le nom de *Sultan*; l'empire que son pere & lui fonderent, subsista jusqu'en 1180, qu'il fut détruit par les *Ghourides*, dont la puissance fut abattue en 1208 par celle des Karasmiens, que Tamerlam soumit en 1398. Avant ce dernier conquérant, les Mogols conduits par Zingis avaient formé vers le milieu du 12$^e$ siecle ou dans la Perse, ou dans le Turquestan deux Dynasties, dont l'une regna sur la Perse propre, la Chaldée, la Syrie & l'Asie mineure; l'autre fondée par *Zagatai* donna son nom aux pays sur lesquels elle domina: la premiere fut détruite en 1336, la seconde en 1363. Tamerlam envahit leurs possessions avec celles de divers princes Mogols qui partageaient la Perse. Les Turcomans divisés en moutons noirs & en moutons blancs, de la figure de ces animaux peints sur leurs drapeaux, suivirent ces Dynasties: ceux-ci, nommés encore *Bayan Dhouriens* succéderent aux premiers, qui regnerent de l'an 1403 jusqu'en 1468. *Uzun-Cassan* chef des moutons blancs, étendit son pouvoir sur la Chaldée, l'Azerbijane & la Perse. Sa famille ne regna que jusqu'en 1508: Ismaël arriere petit fils de Sofi ou Sefi, espece de saint qui se fit respecter par ses austérités, rétablit les opinions d'Ali, & ordonna à ses sectateurs de porter un turban rouge à douze plis, pour rappeller la mémoire des 12 premiers Imans. Ismaël rassembla autour de lui ses sectateurs, s'empara du royaume qu'avait fondé Uzun-Cassan, soumit le Schirvan, le Diarbekir, la Georgie, le Turquestan, le pays des Usbeks, combattit la puissance formidable des Turcs, & mourut en 1524 âgé de 45 ans: il se fit reverer, & rendit sa famille sainte aux yeux des Persans : son fils *Schah-Thamas*, inappliqué, capricieux, injuste, livré à ses plaisirs, à ses ministres, à ses femmes, perdit la Mésopotamie & la Babylonie, & se serait fait haïr si le fanatisme ne l'avait encore rendu respectable. Ses deux fils *Ismaël* & *Mohammed Khodabendé* se succéderent sur le trône, & y vécurent sans gloire ; les 3 fils du dernier porterent le titre de rois, l'ainé fut assassiné par son frere, le second fut prévenu par le troisieme, lorsqu'il méditait sa mort : ce troisieme fils de Khodabendé fut *Schah-Abbad le grand* qui reprit toutes les provinces que son prédécesseur avait perdues, enleva aux Mogols la province de Candahar ; aux Portugais Ormuz ; aux Turcs, la Mésopotamie, l'Arménie, la Georgie, une partie de l'Arabie ; abaissa les grands, & une milice insolente qui menaçait le trône, encouragea le commerce, essaya de faire fleurir les arts ; mais sa cruauté, son avarice, les extorsions qu'il exerçait sur les chefs des provinces, sur les villes, sur tout ce qui l'approchait, rendaient inutile l'effet de ses soins : les étrangers y commercerent cependant avec sûreté sous ce prince qui mourut à 70 ans : il était petit, maigre, bazané, mais il eut un génie étendu. *Schah-Sefi* son fils, élevé parmi les femmes, les eunuques, les esclaves, eut une ame basse & cruelle ; mais il fut courageux : ses débauches, l'opium, le vin, l'avilirent encore, le rendirent frenetique, & lui donnerent la mort en 1642. Abbas II lui succéda, & montra des vertus, il fit la guerre avec succès, aima la justice, fut inexorable envers les tyrans du peuple, protégea les chrétiens, reprima la haine que les chefs de sa religion avaient contr'eux. Il regardait l'état, dit Kempfer, comme un corps dont les membres devaient agir de concert que le prince devait conserver entier & dans une pleine sécurité, étendant sur tous une main protectrice, ayant pour tous la même indulgence, & la même impartialité. Une maladie née de ses débauches, lui fit tomber le nez, & bientôt le conduisit au tombeau dans le tems qu'il méditait la guerre contre les Usbecks. Son fils Sefi Mirza fut couronné ; mais il languissait, & semblait consumé par une fievre lente, on crut que les astrologues avaient mal indiqué le moment de son couronnement, on résolut de le répéter, & de changer son nom en celui de *Soliman* : après cette seconde cérémonie, il recouvra, dit-on, la santé : il gouverna ses femmes, laissa gouverner la Perse par ses esclaves, se plongea dans la débauche, devint cruel, féroce, insensible à la gloire, aux fléaux dont ses sujets furent accablés ; il mourut en 1694, & prépara les maux dont la Perse fut déchirée sous son fils, & ceux qu'elle éprouve encore. *Schah-Hussein* fut un esprit faible & crédule, il rassemblait les vices des petites ames, la dévotion puérile, la débauche la plus honteuse, avec quelques vertus paisibles. Les *Aghuans*, peuple originaire du pays qui s'étend du Caucase à la mer Caspienne, transplanté par Tamerlan sur les limites de la Perse & de l'Inde dans le Kandahar, adroit à tirer de l'arc, à manier un cheval, passionné pour l'indépendance, comme presque tous les peuples pasteurs, élurent pour leur prince *Mir-Weis* l'un d'entr'eux, qui attaqua les Persans, les battit, & mourut trop tôt pour voir la grandeur momentanée de son peuple, qu'il eût peut-être rendu durable. Son fils *Mahmud* suivit ses projets avec le même bonheur, il fit le siège d'Ispahan qui fut forcée de capituler. Hussein donna sa fille à Mahmud, & couronna son gendre en 1722. Maîtres de la capitale, les Aghuans ne l'étaient pas de toutes les provinces ; ils étaient trop faibles pour embrasser un si grand empire ; trop avides de butin pour ne pas revolter les peuples contre leur domination ; ils chercherent leur sûreté en inondant Ispahan du sang de ses principaux habitans, en chassant les autres, & les remplaçant par des habitans de Kandahar. La mere de Mahmud s'y rendit, & y entra montée sur un chameau, à demi-couverte d'une robe de toile grossiere, mangeant une rave qu'elle tenait à la main : telle était la simplicité de ce peuple. Mahmud après des succès éclatans, éprouva des revers, voulut mériter les faveurs du ciel par un jeûne austere, par des pénitences ridicules, & son ame en fut affectée ; il devint inquiet, soupçonneux, cruel, il tomba en démence, la lépre corrompit ses entrailles & il se déchirait avec les dents ; on couronna son cousin *Afzraff* qui lui fit couper la tête : telle était, dit-on, la force de ce petit homme contrefait, qu'il fendait par le milieu du corps 5 moutons attachés ensemble. Afzraff regna 5 ans, & fut battu par *Thamas-Kouli-kan* ; il fût tué fuyant en Turquie. *Kouli-kan* de berger & de chef de voleurs, devenu général de l'imbécille & crapuleux Thamas fils de Hussein, chassa les Aghuans, fit couronner *Thamas* roi de Perse, le fit périr bientôt après, & lui succéda sous le nom de *Nadir-Schah* : il vainquit les Turcs, se fit redouter des Russes qu'il força d'abandonner les provinces de la Perse qu'ils avaient conquises, soumit & dépouilla l'empire du Mogol, se fit détester par son avarice & sa cruauté, & périt en 1747, assassiné dans sa tente par *Selibeg* qui commandait sa garde dans le tems où il méditait un massacre des Persans dont il se défiait. Adil son neveu apprit sa mort, se fit déclarer roi de Perse, prit le nom d'*Adil-Schah*, & donna la mort aux deux fils de Nadir Schah dont l'un avait déja été aveuglé par son pere;

il aimait & protégeait les chrétiens, les Persans le haïssaient, son avidité, son yvrognerie le rendirent méprisable. Son frere *Ibrahim* le vainquit, le fit aveugler, lui ôta la vie après un an de régne : il trouva un vengeur dans *Schach Roch* ou *Rouk* qui vint combattre, & Ibrahim périt dans le combat. Schach Roch était petit fils de Nadir, il l'était du dernier Sophi par sa mere, les peuples l'aimaient, il venait de vaincre, cependant il ne prit point le nom de roi : il se retira à Mesched où il a été, dit-on, aveuglé. Alors parurent *Kerim-Chan* & *Ali Mardan Chan*; le premier simple soldat, d'une origine ignorée, mais distingué par son courage, sa figure imposante, sa force extraordinaire ; le second était un général illustre : tous les deux s'unirent, forcerent les autres Chans à reconnaître leur autorité, vécurent quelques tems en bonne intelligence, puis se brouillerent, & armerent l'un contre l'autre. Kerim-Chan fut vainqueur, Ali-Mardan fut tué. Nul gouverneur ne lui résista plus : il est regardé comme leur chef ; mais tous sont héréditaires, & ne pensent qu'à se maintenir dans leur province ; ils y regnent, leur autorité y est sans limites ; ils payent tribut à Kerim & le paieront aussi longtems qu'ils auront à le craindre. Il s'assure de leur fidélité par des ôtages, & en faisant périr ceux dont il se défie. Son domaine s'étend sur une partie de l'Aderbijan, & du Mesanderan, sur l'Irak, le Fars, & le Kirman : sa demeure ordinaire était *Schiras* ; il y amassa des trésors, il s'y livra à ses femmes, à l'yvrognerie ; ses troupes ont pris Bagdat aux Turcs en 1778. Sa vieillesse faisait prévoir sa mort sans qu'on pût dire qui lui succéderait ; on ne croyait pas que ce fût l'un de ses fils, & lui-même paraissait ne pas l'espérer ; ceux de Schah-Roch pouvaient y prétendre. Cependant *Kerim-Kan* est mort le 15 mars 1779.

âgé de 81 ans: son fils *Abolfat-Kan* lui a succédé à l'âge de 24 ans, guidé par ses oncles, il a fait périr ceux qui auraient pu aspirer au trône où il s'est assis.

Cet empire est situé entre le 23ᵉ degré, 30 min. & le 42ᵉ de latitude septentrionale, & entre le 62 & le 93ᵉ degré de longitude: il confine à la Turquie, à la Russie, à la Tartarie, aux Indes, à l'Arabie, au golfe Persique. Les Grecs lui donnerent le nom de *Persis*, les Arméniens le nomment le *Shahistan* ou le pays de Shah, les Arabes *Agem-eslaan*, quelquefois *Arak-agen* (pays des Barbares) les Persans *Iran*: son roi a le titre de *Pad-cha-iran*. Dans les provinces septentrionales, l'hyver est long & rude, dans les méridionales, les chaleurs sont excessives: en général l'air y est sec & pur, le ciel d'une sérénité admirable; les pluyes y sont rares, & y durent peu, le tonnerre s'y fait peu entendre, l'arc en ciel ne s'y fait presque jamais voir, mais les étoiles tombantes y sont fréquentes; les nuits y sont fraîches & sans rosée: les étoiles y brillent avec tant d'éclat qu'on peut voyager sans crainte à leur clarté. Du centre au midi même, les neiges couvrent les monts dès le mois de novembre, & on y remarque des vers blancs, assez gros, qui s'agitent avec violence, & sont aussi froids que la neige même: les vents y soufflent avec assez de force de mars en mai; l'été leur succède, il dure 4 mois: la chaleur du jour est alors tempérée par des vents qui soufflent le soir & le matin, par des nuits de 10 heures, précédées & suivies d'un crepuscule très-court. Le long du golfe Persique, près des rivages de la mer des Indes, & même en quelques endroits voisins de la mer, la chaleur brûlante de l'été fait déserter les villes & les plaines, pour se retirer dans les montagnes: le *Mezanderan*, le *Ghilan*, deux des plus belles contrées de la nature pendant 7 mois de l'année font dans l'été le tombeau de ceux qui les cultivent, & ne peuvent alors les fuir : on n'y voit presque que des hommes languissans & livides qui se traînent avec peine sur les champs d'où s'exhale une vapeur humide & pénétrante qui détruit tous leurs ressorts : au printems on y sent des tremblemens de terre assez fréquens : & c'est la seule contrée de la Perse où on puisse se plaindre de ce fléau : sur le bord du golfe Persique, l'air est durant l'été salé & caustique, il brûle & noircit les campagnes, desseche les citernes, rend les sources amères, il semble dévorer les corps sans y exciter la transpiration : on fuit dans les souterrains, on se fait inonder d'eau pour résister à son ardeur active.

La Perse en général connait peu les ouragans. Le Samun ou *Bad-Samoum* (vent de poison) dont nous avons parlé ailleurs, peut seul mériter ce nom, mais il ne s'étend pas loin & dure peu : elle a des montagnes très-élevées, & en grand nombre : le *Taur*, *Taurus*, la traverse, & y étend çà & là une multitude de bras dont les sommets couverts de neige se font voir à une grande distance : tel est l'*Elwend* d'où sortent d'abondantes sources, qui se fait remarquer par ses sommets pointus, son sable blanc, & la neige qui s'y conserve toute l'année ; tel est le *Daman* ou *Demawend* dont le sommet pyramidal semble dominer sur tous ceux du Taurus, d'où l'on voit la mer Caspienne qui en est à 40 lieues : cette montagne est couverte de soufre, & paraît enflammée pendant la nuit ; ses exhalaisons infectent le pays qui l'environne : on y trouve du soufre qui fait une des plus grandes richesses de l'Aderbijane, du fer qu'on y travaille, d'autres métaux qu'on y néglige, des bains chauds qui y attirent beaucoup de malades. *L'Albours* dans le Couhestan jetta aussi des flammes. Les autres monts tels que diverses branches du Caucase, & celles du Taurus, ont peu de sources, peu de bois, peu de métaux, mais ils défendent les frontieres, & offrent des vallées fraîches & riantes. Près de *Nisapour* est une montagne où l'on trouve de si belles Turquoises qu'on ne pouvait les vendre qu'au roi : celles de *Firous-cou* sont aussi estimées, & cette montagne a donné son nom aux perles en Perse. On y trouve deux sortes d'arbrisseaux qui communiquent, dit-on, à l'air qui les environne, une malignité qui fait périr ceux qui le respirent : l'un est le *Gulbad-Samoun*, l'autre le *Kerzebré*; ce dernier est *Laurier-rose* ou une espece qui en approche : on y recueille deux sortes d'onguens ou *baume de Mumie*; l'un vient des corps embaumés, l'autre découle de certaines roches : toutes deux appartiennent au roi. La fleur du clou de gerofle, *gulmikek*, y est d'une couleur si admirable qu'il n'y a rien de plus vif dans la nature, & chaque tige porte environ trente de ces fleurs arrangées en rond, & de la grandeur d'un écu : il y a aussi un rosier qui donne des fleurs rouges, blanches & bleues toutes en même tems : on y compte 20 especes de melons, 14 sortes de raisins dont les plus estimés sont violets, & gros comme de belles prunes : le rossignol s'y fait entendre dans toutes les saisons de l'année; on y instruit les martinets à parler, & l'on y voit le *Noura*, petit oiseau gazouillant sans cesse & qui sans les secours de l'art répete tout ce qu'il entend dire : l'*Abmelec*, ou eau de sauterelle, est un oiseau de la grosseur d'un poulet qui ne vit que de sauterelles, & par-là il est précieux dans un pays qu'elles ravagent souvent : on dit qu'il a une prédilection marquée pour l'eau d'une fontaine de la Bactriane, & qu'il suit avec opiniâtreté ceux qui en vont puiser. On y trouve le *pelican*; son duvet est blanc & doux, sa têe petite, son bec de la grosseur du bras, & long de 10 à 20 pouces ; il vit de pêche : sous son bec est une poche qui peut contenir une pinte d'eau : il fait son nid dans des lieux arides, sur la terre, souvent à 40 lieues de la mer qui le nourrit ainsi que ses petits. On y voit aussi un lézard long de 3 pieds qui se défend contre l'homme, & l'attaque quelquefois : de gros scorpions noirs y sont les seuls insectes venimeux.

Les seuls grains qu'on recueille en Perse sont le riz, le froment, l'orge, le seigle, le millet : c'est du riz que les Persans se nourrissent, & ils l'appellent le plus pur & le plus délicieux des alimens : il est des lieux où l'on moissonne dans le même tems où l'on sème dans d'autres. C'est l'eau qui fait la fertilité des provinces ; on la mesure pour la distribuer dans les champs chaque semaine : les labours y sont peu profonds, leurs principaux engrais sont les excremens humains, séchés à l'air & mêlés de terre fine : de petits traîneaux de bois à roues dentelées de fer y séparent le bled de l'épi ; on emploie des moyens plus violens pour le riz qui tient davantage à son écorce : il y a diverses provinces où la vigne prospere sans culture, & où le raisin pend à la treille pendant tout l'hyver enveloppé dans du papier : le khorasan produit des oignons aussi estimés, aussi sucrés que des pommes ; c'est de-là que viennent encore les melons les plus recherchés, il en est une espece qui meurit en automne, & que l'on conserve pour l'hyver & le printems. Les arbres les plus communs sont le platane, le sapin, le cornouiller & le saule ; on remarque qu'en Perse & dans tout l'orient les herbes sont velues, & la plupart des arbres épineux : tels sont le prunier, le neflier, &c. Le platane y est regardé comme un préservatif contre la peste, & c'est ce qui l'y a fait multiplier. L'orme y est commun : ses branches ont des tumeurs remplies d'un suc doux où nagent des insectes d'une forme agréable dont on fait un baume ou parfum recherché. Tous les légumes d'Europe y croissent ; la laitue romaine y est meilleure qu'en aucun autre pays, toutes les fleurs que nous connaissons s'y trouvent, & y ont plus d'éclat & de parfum ; dans l'Azerbijane & l'Irac-Agemi les champs sont émaillés de tulipes, d'anemones & de renoncules : autour d'Ispahan, la jonquille &c. y croissent sans culture : les fleurs sont dans la campagne ; les arbres fruitiers, les treilles sont les ornemens des jardins : la mûre blanche y est très-douce, & s'y conserve séchée ; on y fait un sirop estimé avec la poire. On y recueille une grande abondance de noix de galle, de mastics, de gommes, de l'encens, de la terebenthine, de l'opium, de l'assa-fœtida, de la casse, du séné, de la noix vomique, diverses sortes de mannes, la gomme ammoniaque qu'on tire d'une plante semblable à l'artichaut ayant ses fleurs en ombelles, le tabac, le safran dont le plus estimé se recueille sur les bords de la mer Caspienne, l'huile de naphte qui y sort des rochers claire & limpide, mais qui s'épaissit insensiblement & devient jaune si elle coule au midi où à l'orient : le coton, la soie y sont communs, le poivre d'Espagne y assaisonne les alimens : on y trouve un arbrisseau très-rare, dont le fruit oblong & vert est chargé d'un duvet que l'on carde comme le coton & qui s'emploie comme lui. Ce pays renferme des veines de métaux qu'on néglige par l'incertitude du succès de ses travaux : l'acier y est sulfureux, il pétille au feu, est fin, mais aigre ; il en est de même du cuivre : le soufre, l'alun, le sel y couvrent de vastes plaines ; l'antimoine, l'émeril y sont rares & mauvais ; on n'y trouve point d'étain, point de vitriol, presque point de mercure

Il y a des carrieres d'ardoises & de marbres de diverses couleurs. Les chevaux y sont hauts, ont la tête petite, la jambe fine, sont doux, vifs, legers & robustes; les Persans en sont passionnés, & les nourrissent peu pour entretenir leur légéreté: il est le plus grand objet de leurs soins; lorsqu'ils ont tout perdu, s'il leur reste encore un cheval, ils ne sont point malheureux: il est encore une race d'ânes aussi faciles à dresser que les chevaux: les mules Persannes sont très-estimées: le chameau y a le trot aussi vite que le galop du cheval: il ralentit ou presse sa marche selon le chant de son conducteur: le bœuf y est commun, le mouton très-abondant: on en voit dont la queue pesant 30 livres, est portée sur une petite brouette à deux roues pour soulager l'animal de ce fardeau: il y a peu d'animaux sauvages: on y élève beaucoup de pigeons, surtout pour en avoir la fiente: la perdrix y est excellente & très-grosse: les canards, les pluviers, les grues, les herons, les becasses n'y sont pas rares: en général il y a peu d'insectes. Parmi les rivieres qui l'arrosent on remarque l'*Aras* ou l'*Erès*, *Araxis* qui naît dans l'Arménie, coule au nord, reçoit un grand nombre de rivieres telles que le *Karasu*, le *Senki*, le *Kerni*, l'*Arpa* & se perd dans la mer Caspienne: c'est le seul fleuve de Perse qui soit navigable. Le *Kur*, *Cuur*, *Kiros* ou *Cyrus*, naît comme lui dans l'Arménie, traverse comme lui encore, la Georgie, le Schirvan, l'Azerbijane, & se perd aussi dans la mer Caspienne; il égale l'Elbe par sa grandeur, il le surpasse pas sa rapidité; il nourrit beaucoup d'éturgeons, de truites & autres poissons. Le *Bendemir* que les anciens nommaient aussi *Araxe*, sort du Khorasan, traverse le Farsistan, & se précipite rapidement dans le golfe Persique, à 30 lieues d'Ormus: une digue, construite près de Schiras lui donna son nom *Beud-émir*, digue du prince : mais ce nom n'est pas le seul qu'il porte, il en a de différens selon les diverses contrées qu'il parcourt. Danville le fait perdre dans le lac salé nommé *Bakteghian*. Le *Senderou* ou *Zerderoust* naît dans le *Koh-zerdeth*, ou montagne jaune ; il coule près d'Ispahan & va du levant au couchant, & se perd dans un marais au nord des monts *Azardare* : il nourrit des cancres qui se traînent sur le rivage, & montent au haut des arbres dont la feuille les nourrit : le *Kesil-Ousan* ou *Kesil-Ouzein*, autrefois *Amarous*, se perd encore dans la mer Caspienne, & naît dans l'*Irac-Agemi*. Plusieurs rivieres de la Perse sont poissonneuses : on remarque que dans aucune, ni même ailleurs on ne trouve point d'anguilles : loin de grossir en s'éloignant de leur source, elles diminuent sans cesse en approchant de leur embouchure par la multitude de canaux qu'on en tire pour arroser les terres : des voûtes souterraines conduisent quelquefois à dix lieues de-là, la source qu'on y fait couler : ces aqueducs sont revêtus de briques, & se nomment *Kerises* : de distance en distance on y pratique des réservoirs, on y forme des puits dont quelques-uns ont jusqu'à 360 toises de profondeur. Ces canaux étaient en plus grand nombre autrefois ; les Persans modernes plus indolens, plus voluptueux, esclaves d'une religion qui les détache de la terre, courbés sous le joug du despotime, exposés à des guerres fréquentes, les ont laissé périr en partie : aussi la stérilité regne aujourd'hui où l'on trouvait autrefois la fertilité, les déserts s'y multiplient, les villages sont abandonnés, les villes se détruisent. Quelques contrées sont riches encore par leurs productions ; telles sont quelques provinces du nord : telles sont quelques parties du Farsistan ; & diverses vallées du Taurus ; mais en général le sol

y

y est pierreux, sablonneux, & si sec que là où on n'amene pas de l'eau, il ne produit pas même de l'herbe; il faut l'arroser encore durant l'hyver: les neiges qui s'accumulent dans les montagnes y sont regardées comme un bienfait du ciel, & le paysan qui vient annoncer à Ispahan que la neige est à la hauteur de 3 pieds sur une montagne voisine, reçoit une gratification assez considérable.

L'océan Indien baigne cet empire au midi; le *golfe Persique*, s'étend du sud au nord ouest; sa longueur est d'environ 160 lieues, sa largeur varie de 15 à 40; les anciens lui donnaient aussi le nom *Mare rubrum*; il commence à l'embouchure de l'Indus, & finit à l'embouchure du fleuve des Arabes: les tempêtes y sont fréquentes, mais il est bordé d'une multitude de ports: quatre villes sont sur ses bords; diverses îles sont dans son sein; mais la plupart stériles & incultes. Parmi elles on remarque *Chareck* qui a 5 lieues de tour; on dit que les chiens, les loups, les renards qu'on y transporte y meurent dans quelques heures: autrefois on pêchait des perles près de celle d'Ormus: aujourd'hui on n'en trouve plus; c'est à *Bahrein* qu'on les pêche; on y navige avec des barques dont le fond, les voiles, les cordages sont faits avec le cocotier; les planches en sont liées avec des cordes; elles ne sont point calfatées, & ont des rames faites d'une longue perche à laquelle on a lié une planche formée en cœur. On y pêche un gros poisson, dont la chair est rouge, le goût exquis, dont la pesanteur est de 2 à 300 livres qu'on sale & séche au soleil, & de grosses torpilles. La mer *Caspienne* présente des singularités remarquables, & demande une description plus étendue. Les anciens assuraient que sa longueur était de l'orient à l'occident, Olearius connut le contraire, il dit en un endroit que

*Tome VIII.* L l

du nord au fud elle a 13 journées, en un autre qu'elle a 8 degrés de longueur, là il dit que fa largeur eft de 8 journées, ici qu'elle eft de 6 degrés ; il corrigea l'erreur des anciens, mais ne la corrigea point affez. Ptolemée lui donnait 340 lieues d'orient en occident : Abulfeda 220 : le Czar Pierre I la fit mefurer par Van-Verden, homme inftruit & habile ; il trouva fa longueur de dix degrés, fa largeur feulement de 3 degrés, 41 minutes, & quelquefois beaucoup moins encore, par exemple vis-à-vis de la prefqu'île de Baku, il ne lui trouva que 30 lieues. Les Ruffes l'appellent *Galenskoi more* ou mer d'Hircanie ; les Perfans *Derjakulfum*, les Turcs *Bohaar-Korfum*, mer fermée ; les Arméniens lui donnent le nom de *Toof* : on l'appellait autrefois *mer de Chofar*, le géografe de Nubie l'appelle *mer de Tavifthan* : elle reçoit dans fon fein 200 rivieres. Entre Sjamachie & Reftam, dans une efpace de 50 milles, Kœmpfer en compta 50, toutes enflées & rapides ; il ne compta pas les ruiffeaux. Près du rivage fes eaux font douces, troubles, limoneufes, femblables à celles des fleuves qui s'y rendent : celles de la mer, falées & plus pefantes, les repouffent autour du rivage : dans un tems calme elles furnagent fur celles de la mer fans s'y mêler. Les grands fleuves qui s'élancent avec force confervent leur douceur jufqu'à deux lieues de leur embouchure. Elle ne hauffe point malgré l'abondance des eaux qu'elle reçoit ; elle n'a aucun dégorgement vifible, & ce phénomène a embarraffé les favans. Jean Perry prétend qu'elle reçoit feulement du Volga 445, 522 tonnes d'eau de 36 pieds cubes chacune par minutes. On dit qu'entre les provinces de Tavriftan & de Méfanderan, il y a un gouffre où toutes les eaux fe perdent ; mais de ce gouffre où vont elles ? Le pere Avril affure qu'il a vu deux gouffres près des rivages de l'Hyrcanie qui abforbaient les eaux avec un bruit effrayant, & un tumulte affreux; il croit que ces eaux fe rendent dans la golfe Perfique, où il a vu nager des feuilles de fauge durant l'automne, plante inconnue fur les rivages de ce golfe, & qui fans doute y font venues par des canaux fouterrains qui y amenent les eaux de la mer Cafpienne, fur les rivages de laquelle la fauge profpere. Mais Kœmpfer détruit ce fentiment : il interrogea les habitans des côtes de cette mer, & fes navigateurs Tartares, Ruffes, Perfes; aucun n'avait vu ces gouffres, tous affirmaient qu'il n'en exiftait point : il en attefte les ambaffadeurs Suedois avec lefquels il y navigea, qui pendant 12 jours errerent pouffés par les vents divers, fans voiles, fans rames, & n'apperçurent rien qui put annoncer des gouffres. Le pere Avril peu inftruit en Botanique, peut avoir pris l'algue qui croît fur les bords du golfe Perfique, pour la fauge, (1) ou peut-être, la feuille de l'*Horau* ou *Amygdalus marina* qu'on trouve mêlée à celle d'algue pour celle de la grande fauge dont elle a la grandeur, la figure, les rugofités; d'ailleurs la fauge ne croît point fur les bords fablonneux & incultes de la mer Cafpienne : Kœmpfer n'en vit point, & n'en entendit jamais dire qu'il y en eût : il vit cependant quelques plantes d'une efpèce de fauge dans des champs voifins du Wolga, mais en petit nombre, & à cent lieues de la mer Cafpienne; & dans le tems

---

(1.) Divers voyageurs parlent des feuilles du faule, mais nous femble que Kempfer parle de la fauge, *Salvia*, dans les *Amenités*, &c. D'ailleurs le faule eft très-commun en Perfe; il y en a dans le Ghilan, à Derbent &c. comment Kempfer n'en aurait-il point vu ? Nous n'avons pas fon livre actuellement fous les yeux, & ne pouvons nous affurer plus pofitivement du fait.

nécessaire pour que ces feuilles parviennent à la mer, de la mer au gouffre, & de celui-ci par des conduits souterrains au golfe Persique, ne seraient-elles pas macerées & corrompues, y arriveraient-elles en automne lorsqu'elles tombent à plus de 450 lieues de là ? Et si ces eaux se rendaient dans le golfe Persique, ne remarquerait-on pas dans le lieu où elle se dégorge, du mouvement, du bruit, une couleur différente dans les eaux ? Mais nul navigateur ne l'a remarqué, & Kœmpfer qui y navigea, qui l'examina avec soin, ne vit rien qui pût le faire soupçonner.

Le pere Kircher a supposé que la mer Caspienne communiquait à la mer Noire, dont elle est éloignée de 100 lieues, dont des monts énormes la séparent; son unique preuve est le dégorgement lent, mais continu du pont Euxin dans la Méditerranée; mais il peut venir d'une cause différente, & ce dégorgement peut n'être qu'une espece de remou qui se fait à la surface; on a remarqué qu'à une certaine profondeur, l'eau avait dans le détroit un mouvement contraire. D'ailleurs si les eaux salées de la mer Caspienne s'écoulaient sans cesse & ne se remplaçaient que par des eaux douces, conserveraient-elles toujours la même salure ? Ces difficultés ont fait chercher dans l'évaporation les causes de la hauteur uniforme de ces eaux dans leur bassin. Perri a rendu par ses calculs cette opinion très-vraisemblable : il est vrai que l'évaporation est plus abondante en été qu'en hyver, mais aussi divers fleuves y amenent moins d'eau en hyver qu'en été : cette cause est générale, elle agit sur toutes les mers, & sur l'océan, qui comme elle ne s'éleve ni ne s'abaisse par les eaux des fleuves qu'il reçoit : elle doit agir avec d'autant plus de force sur une mer qui présente à l'air une grande surface, & n'a qu'une profondeur très-médiocre : la plus grande profondeur qu'on lui ait trouvée dans son centre est de 70 brasses; à une assez grande distance de ses bords on n'y trouve que 6, 8, 10 pieds d'eau, & son peu de fond est un des plus grands obstacles qu'elle présentait aux navigateurs. Peut-être encore l'évaporation y est augmentée par des feux souterrains, les monts qui la bordent au couchant exhalent de la fumée, des feux, on en voit sortir un grand nombre de sources chaudes, où le soufre s'y montre presque partout, & la terre échauffée s'ouvre souvent pour donner passage à une matiere qui bouillonne; on en voit sortir, & même dans la mer un bitume épais, terrestre, noir, amer, d'une odeur fœtide, semblable à la matiere qui reste dans les fourneaux chymiques lorsqu'on y a fait évaporer l'huile de succin, mais plus pesante. De-là vient que les Persans donnent au Schirvan ou Sjirwoon, le nom de *Asjuur-Meisjaan*, ou de Région de feu. C'est à ce bitume que Kœmpfer attribue l'amertume qu'il a le premier remarquée dans les eaux de cette mer, & qui la distingue à la saveur de toute autre. Mais si elle ne communique ni avec le golfe Persique, ni avec la mer noire, il paraît qu'elle fut autrefois une continuation du premier : l'espace qui les sépare annonce un ancien lit de la mer : ce sont des campagnes d'un sable mouvant, mêlé de débris de coquillages & de corps marins : plus loin est un désert sablonneux où l'on découvre d'énormes monceaux de sel épars; on le nomme *mer salée* : il est borné par des dunes qui s'étendent jusqu'au pied du mont Elbours, volcan redoutable, éteint depuis long-tems. De-là le terrain s'incline, & la pente continue jusqu'à Ferabat.

Au reste, on n'y voit point les eaux noires dont parle un historien Moscovite; mais on a remarqué qu'elles étaient blanchâtres le long des côtes du Ghilan, & verdâtres par tout ailleurs; on n'y voit point d'îles habitées; une seule est couverte de pâturages & montre quelques cabanes de pasteurs: les gros serpens dont parle Quinte-Curse, les poissons ronds & sans tête de Contarini n'y paraissent plus; mais elle est très-poissonneuse, & nourrit beaucoup d'esturgeons, de saumons, une espece de harengs, & un poisson qui a le museau court, la tête comme enfoncée dans le ventre, la queue ronde & de 7 à 8 pieds de large; il renverse quelquefois les bâteaux auxquels il s'attache, dévore avec avidité le foie & la chair de bœuf, & est nommé *Naka* ou glouton par les navigateurs: on y trouve même des poissons d'eau douce, comme la brême, le barbeau, la truite qu'on sale, qu'on fume, & qui alors passe pour un mets délicat: dans la tempête on voit les poissons se jetter dans les rivieres avec une affluence incroyable: cette mer n'a ni flux, ni reflux les orages y sont fréquens; l'unique bon port qu'elle ait est celui de *Markischlack* (\*) ou *Manguslave*, au nord de l'ancienne embouchure de l'Amu, possédé par les Tartares; sa meilleure rade est celle qui est entre Terki & l'île de *Tjetsjin*; après celle-ci les moins mauvaises sont celles de Baku, de Linkeran, & de Ferabat.

(†) Les rois de Perse prennent le nom de *Waali Naames*, ou de lieutenant de Dieu, d'*Aalim penaah*, de *Dsjehuum-penaah*, ou asyle, ombre & réfuge de

(\*) Ces deux noms sont ceux des deux ports différens.

(†) Ne pouvant dire exactement ce qui est, nous nous bornons à dire ce qui était, en y ajoutant ce que nous connaissons de l'état actuel.

l'univers, de *Padisjah-Aalem*, ou empereur du monde entier : on leur donne celui d'*Eckades* ou très faint, de *Beraderri aaftaab* ou de collegue du foleil, de *Sepehr-rekaab* ou prince dont le ciel eft l'étrier ; de *Saheb-Kherani* ou dominateur des aftres : leur autorité eft arbitraire, elle eft plus abfolue que celle du grand feigneur : leurs ordres paraiffent être dictés par Dieu lui-même ; le fils quand ils l'ordonnent eft obligé de donner la mort à fon pere ; ils difpofent à leur gré de la vie & des biens des officiers de l'empire, des miniftres du palais, ce font à leurs yeux des efclaves dont les jours leur appartiennent ; & ils abandonnent aux tribunaux ordinaires le foin de décider fur les procès & les crimes des particuliers : l'empire eft héréditaire, le fils ainé fuccede ordinairement à fon pere ; mais cet ordre eft quelqufois troublé par la volonté du pere, ou les cabales des miniftres & des eunuques : ceux-ci font les inftituteurs des enfans des rois ; ils leur apprennent à lire, à écrire, à prier, à detefter Omar : ils les inftruifent dans leur religion telle que peuvent la concevoir des efclaves ignorans & fuperftitieux ; à peine font-ils puberes qu'on les livre à des femmes pour les abrutir encore ; ils s'épuifent avec elles, & réparent leurs forces avec l'opium qui les rend enfin imbéciles, fouvent avec le vin qui les rend furieux : en montant fur le trône, ils font aveugler ou périr leurs freres : leur ignorance les rend incapables de gouverner eux-mêmes, ils n'ont point de confeil régulier ; les miniftres, furtout l'*Ahemaad Daûleth* qui en eft le premier, fouvent les efclaves & les femmes, décident des affaires de l'état. Quelquefois ils affemblent leurs miniftres dans une grande falle, & la pipe à la bouche, ils les écoutent raifonner fur ce qui intéreffe le gouvernement ; mais dès qu'on s'apperçoit qu'ils s'ennuyent on prend foin de parler d'objets plus rians. Il faut que des princes élevés par de tels principes, conduits par de tels moyens, soient bien favorisés de la nature pour avoir des vertus; ceux qui ne sont pas destinés au trône n'ont qu'une femme qu'ils n'approchent que lorsqu'un eunuque le leur permet, & qu'on rend stérile par des breuvages, quelques-uns en ont deux ou trois, ils habitent avec leur mere dans une maison séparée du Haaram, ou serrail, & vivent dans une ignorance profonde de ce qui se passe dans l'état: la jalousie, la crainte, la triste & cruelle défiance ont dicté ces précautions: les princesses sont plus libres; on les marie aux premiers hommes de la cour, qui dès-lors ne peuvent avoir d'autres femmes. Le vaste & magnifique palais des rois est divisé en deux parties; l'une est le *Diwaan*, l'autre le *Haraan*: dans celui-ci habitent les beautés les plus séduisantes de l'Asie, femmes, concubines, esclaves, gardées par une armée d'eunuques blancs & noirs; il est environné d'un mur épais & haut de 30 toises, d'un fossé fangeux, & défendu encore par la vénération & la terreur. Là, on trouve une multitude d'appartemens magnifiques, des promenades, des jardins, des maisons souterraines pour les enfans des rois, des atteliers de tous genres, de grands espaces plantés de vignes, de roses, de divers arbres, des écuries, des machines hydrauliques, des temples, des salles de musique, &c. Il est des quartiers qui ne se communiquent point; c'est là où sont les maisons des fils des rois déja mariés, les femmes du roi qui précéda celui qui regne; dans cette vaste enceinte regnent les passions les plus violentes, les désordres les plus honteux, la discorde, la jalousie cruelle, les lâches trahisons; la terreur y réprime l'apparence du crime, mais ne l'en éloigne pas; les moindres fautes y attirent des châtimens terribles ; telle fut aimée du monarque qui bientôt se voit condamnée aux emplois les plus vils, & souvent à la prison, au fouet, à la bastonnade, à la mort : toutes vivent dans l'oisiveté ; prendre l'opium, fumer, aller au bain, chanter, jouer des instrumens sont leurs occupations : si elles accompagnent le prince dans ses voyages, c'est dans des voitures fermées, environnées d'eunuques & de soldats qui font fuir au loin devant elles, rendent les rues désertes, & font abandonner les bourgs & les villages ; une prompte mort suit, ou la lenteur à s'échapper, ou la curiosité qui retient les pas : on les sauve des regards des hommes même après leur mort & on couvre d'un pavillon la fosse où elles sont ensevelies. On compte plus de 400 eunuques occupés à veiller sur les femmes des Sophi : ces hommes dégradés ne pouvaient remplir d'autres emplois hors ceux pour lesquels ils furent d'abord destinés, que ceux de grand trésorier & de ministre des finances, qu'on supposait devoir être exercés par eux avec plus d'intégrité, parce que n'ayant ni femmes, ni enfans, ils avaient quelques raisons de moins d'être avides ; mais bientôt ils devinrent les ministres favoris des rois, & l'abus de leur pouvoir fut la principale source des troubles qui ont agité la Perse depuis plus de 50 ans.

Le Diwaan est un bâtiment quarré, divisé en chambres embellies par les meubles les plus riches, éclairées par de grandes fenêtres ; une partie d'entr'elles est destinée pour les assemblées des ministres & des juges : au centre est une citerne quarrée de marbre, très-vaste & remplie de l'eau la plus limpide : tout présente dans ce palais un aspect superbe ; mais sa disposition, & sa construction n'a rien qui annonce l'art dirigé par le goût.

Le premier ministre du roi de Perse a le titre d'*Athemaad Eddauleh*, soutien du trône, de *Nawaab*, vicaire, de *Wasiir adsem*, portefaix de l'empire ; il en est le grand chancelier, on ne parvient aux dignités que par sa faveur, on ne fait entendre ses supplications que par lui ; il écoute les ambassadeurs étrangers, fait les traités ou les rompt, dirige la monnaie, & ce n'est que sous ses auspicees qu'on dispose des domaines royaux, qu'on change les gouverneurs, les ordonnances & l'administration : il passe sa vie dans le vestibule du palais, renonce à l'usage de ses possessions, de la vie domestique, & ne rentre chez lui que pour se livrer au sommeil : il ne parle guere au monarque dans le palais que par la bouche des esclaves, & des eunuques qui seuls l'approchent caché au milieu de ses femmes. Dans les assemblées publiques, il est placé à quelque distance du prince, à sa gauche ; il lui explique les demandes de ses sujets, & décide selon sa volonté ; souvent il l'accompagne à cheval, & c'est alors qu'il obtient des graces qu'il n'aurait pu espérer en se servant d'un organe étranger : mais il est plus malheureux que ceux qui n'en approcherent jamais, il est accablé sous le poids des affaires publiques, & lorsqu'il rentre sain & sauf dans sa maison, il remercie le ciel sans savoir le sort que lui prépare le lendemain : il est environné de jaloux & d'envieux qui font naître la défiance du monarque : les malheurs publics sont des crimes pour lui, & ses succès attisent le feu de la haine ; il n'a pas d'ami dont il n'ait à redouter un traître, il doit se défier même de ses enfans qu'on peut armer contre lui : il est difficile qu'il ne soit quelquefois repréhensible, l'on n'a besoin que d'un prétexte pour lui nuire, & le roi s'en dispense même pour lui donner la mort.

Il reçoit du roi des marques d'honneur, telles que ces vêtemens nommés *Galaet*, composés d'une robe & d'une veste, d'un turban & d'une ceinture : il en reçoit de tous les gouverneurs de provinces pour mériter sa faveur ou son indulgence ; ses émolumens sont considérables, ils montent quelquefois à 30 000 tomans, ou à plus de 370000 onces d'argent.

Après le visir, les chefs militaires suivent pour le rang : le premier est le chef des *Kurtsji*, milice redoutable, passant sa vie sous des tentes, & ne servant qu'à cheval : elle est originaire de la Tartarie ; sa valeur plaça Ismaël sur le trône qui lui permit de porter un turban rouge semblable au *Taads* qu'il portait lui-même : d'où est venu le nom de têtes rouges qu'on donne aux Persans : elle était au nombre de 15 à 20 mille hommes, armés d'un sabre, d'un poignard, d'une lance & d'une hache, couverts d'un bouclier & d'un casque ; pour diminuer son pouvoir Abbas I institua deux autres corps de milice : à la tête de l'un d'eux est le *Kuler agasi* : les *Kulers* ou *Koulars*, sont presque tous des esclaves chrétiens, achetés, circoncis, exercés dès leur jeunesse, leur nombre est égal à celui des Kurbsji, comme eux ils combattent à cheval, & ont les mêmes armes, excepté qu'ils ont un mousquet au lieu d'une lance. Le *Tufenktsji-agasi* est le chef du troisieme corps ; formé de soldats choisis parmi les laboureurs, & les artisans, hommes robustes, armés d'épées & d'armes à feu, ornés quelquefois de boucliers : ils sont au nombre de 50000 ; c'est le premier corps d'infanterie qu'on y ait vu, & les premiers soldats qui s'y soient servis d'armes à feu : ils sont méprisés des cavaliers qui les nomment par mépris *Alef-Sjiemsjiir*, épées de paille. Il y a deux autres corps attachés au prince : les *Soufis*, armés du sabre, du poignard, & de la hache, &

les *Ziaizeri* qui portent des moufquets ornés de bandes d'argent, font ceints d'un large baudrier, ont fur la tête un bonnet pointu ; ils étaient au nombre de 600 : les premiers étaient en moindre nombre fous Soliman ; ils étaient plus de 2000 autrefois. Un quatrieme général veille fur l'artillerie qui fert plus à l'oftentation qu'à défendre les villes, & fur les navires qui font petits, conftruits pour le commerce, & ne fortent guere du golfe Perfique & de la mer Cafpienne : on lui donne le nom de *Tubtsjibasji*. Dans la guerre on nomme un *Sipah-Salaar* ou Généraliffime, charge qui s'anéantit à la paix.

Tous les foldats font difperfés dans les provinces, vivent dans leurs maifons, & ne font aucun fervice; on ne trouve pas même de mots dans la langue perfanne pour exprimer les évolutions militaires : ils font toujours en nombre complet dans les comptes fournis pas les gouverneurs de province, qui favent le diminuer pour profiter de la paie excédente : il en eft qu'on paie en leur accordant des terres en fiefs : tous les 3 ans on en fait une revue générale dans chaque province : le roi fournit les armes & les chevaux, le foldat s'habille à fon gré : ils combattent encore comme les Parthes, & ne fe retranchent point. Les Perfes cherchent la fûreté de leur empire dans les déferts qui le féparent de leurs ennemis : une province menacée d'une invafion, eft abandonnée : les habitans enterrent leurs meubles, leurs grains, mettent le feu dans leurs campagnes & fuyent : ce peuple vit de peu ; le riz lui fuffit pour vivre, & il en craint moins la famine : les aftrologues dirigent fes mouvemens, le font retrograder ou tomber fur fes ennemis.

Les officiers de la cour font en grand nombre. Le *Nafir* eft le grand maitre d'hôtel : il adminiftre les domaines du prince, garde son trésor, regle ses dépenses, veille sur les domestiques. Le *Wakahnuwiis* est un secrétaire d'état qui expédie tous les ordres du prince, & reçoit les mémoires envoyés des différentes provinces. Le *Diwaan-beji* ou juge suprême connaît en dernier ressort des affaires civiles & criminelles, surtout des homicides & des larcins commis dans tout l'empire : celui qui a cassé une dent, ou crevé un œil, ou violé une fille, ou commis un meurtre sont punis dans la place publique, les autres crimes sont punis dans les lieux même où ils ont été commis. Le *Daroga* préside aux jugemens qui ont du rapport à la religion. *Tesjik-agasi-basji* est ce qu'on appelle en Allemagne maréchal de cour ; il commande aux gardes du palais, désigne les places à ceux que le roi invite & se tient vis-à-vis du roi, les yeux attachés sur les siens, pour voler au moindre signe & faire exécuter ses ordres : il reçoit de grands émolumens, dont la plus grande partie se tire de la dixieme partie des dons faits au roi par les ambassadeurs étrangers, & les grands de son royaume. Le *Mehter* fait les fonctions d'un grand chambellan : se tient près du roi, ayant à son côté un coffre d'or, rempli de bandelettes, de cachou, d'opium, de médicamens, de parfums ; il le sert à table, veille sur ses habits, est sans cesse à ses côtés, ce qui le rend puissant & redoutable : c'est un eunuque blanc qui porte ce titre, & par-là, il peut le suivre dans l'appartement des femmes. Le *Hakiimbasji* ou premier médecin est vénéré pendant la vie du prince ; à sa mort ses biens sont confisqués, & il est relegué à Kom. Le *Munedsjim-basji* ou le chef des astrologues qui environnent presque sans cesse le roi armés d'un astrolabe & d'Éphemerides pour indiquer les heures favorables ou funestes : le prince en nourrissait un grand nombre, & ce seul objet lui coûte environ 250 mille onces d'argent ; leur crédit s'est affaibli : l'emploi du chef était héréditaire. Le *Mahmaandaar basji* ou grand maître des cérémonies prend soin des ambassadeurs & des hôtes du prince, les introduit, les accompagne, leur procure ce qu'ils désirent. Le *Miiri Sjikaar-basji* ou grand veneur prend soin des chiens, des faucons, des éperviers, des pantheres, des ours, des lions dressés à la chasse, il a près de mille valets à ses ordres : la chasse au faucon était la plus estimée des Persans, & le roi en nourrissait 800. Le *Miir-achuur-basji*, ou grand écuyer a la direction de tous les haras du royaume : ses émolumens se forment des tributs imposés sur tous les pâturages. Le *Miiraab* veille à la distribution des eaux pour l'arrosement des campagnes, & l'usage des habitans ; on conçoit qu'il reçoit des présens de ceux qui veulent être favorisés ; aussi son emploi conduit assez rapidement à l'opulence. Il y a un juge d'Ispahan qui appaise les insolences intestines, & punit arbitrairement les coupables, ou par des amendes, ou par la mort ; un chef des portiers, un chef des marchands qui juge les procès qui s'élevent entr'eux, &c. Tous ces offices n'ont pas de rangs déterminés ; le prince les approche ou les éloigne de lui à son gré : il n'y a pas en Perse de noblesse originaire ; les riches, les hommes en place sont les seuls considérés : cependant les descendans des 12 Imans jouissent de grands honneurs ; ils portent le turban vert & ont le titre de Seïd, ou d'illustre, & celui d'émir ou prince.

Les principaux revenus ordinaires du roi viennent du produit de ses domaines, tels que les provinces de Mesanderan, & de Ghilaan, du Kerman, du Korasan & des districts des villes d'Ispahan, de

Kasbin, de Kasjaan, de Iesd, de Kom, de Sawah, de Laar, de Sjiraas ou Chiras, & autres lieux moins connus ; ils font adminiftrés par des *Vafiri* qui reçoivent les tributs annuels. Le roi afferme fes terres à diverfes conditions : dans telle contrée le tiers du produit des champs demeure au cultivateur, qui fournit tout le refte, excepté la femence & les eaux données par le prince ; fi le roi fournit les animaux & les inftrumens de l'agriculture, le colon n'a que le quart ; fi le roi fournit encore les ouvriers, le colon n'a que la huitieme partie ; celui qui cultive du riz, du millet, du cotton, des lentilles, des melons, des citrouilles, en retire le 25 ; le produit des pavots pour faire l'opium fe divife en 140 parties, dont 55 appartiennent au cultivateur : des pâtres raffemblés fous des tentes couvrent les prairies d'immenfes troupeaux dont le 7$^e$ de la toifon appartient au roi, comme auffi le 7$^e$ des animaux qu'ils vendent. Une ancienne coutume a réglé ces contributions, & on s'en écarte rarement : on a remarqué que ces terres du domaine s'appauvriffaient tous les jours, qu'elles étaient prefque défertes. Il y a auffi des revenus généraux : ce font les droits levés dans tous les ports de mer fur les marchandifes ; dans les chemins fur tous les beftiaux, & fur ce qu'ils portent ; fur les voyageurs : on trouve des maifons de péage, de province en province, de territoire en territoire, de ville en ville, le tiers de la foie qui fe recueille dans le royaume appartient au roi, la pêche des poiffons dans la mer Cafpienne, des perles dans le golfe Perfique, les mines, les pierres précieufes qui fe trouvent dans fes états font à lui : il prend le 2 pour 100 fur les monnaies d'or ou d'argent, & de plus il retient le falaire de ceux qui les fabriquent ; il prend davantage fur la monnaie de cuivre ; les eaux fe vendent à son profit : l'arrosement du territoire d'Ispahan où la riviere ne peut atteindre lui rapporte seul 180 mille livres : ( * ) tous ceux qui habitent ses états, & ne sont pas Mahométans, lui payent un ducat par tête ; chaque barraque d'artisan paie 10 sols, chaque boutique 20, chaque bordel contribue, & ceux d'Ispahan seuls lui rapportent 75 mille onces d'argent : les confiscations s'étendent très-loin : quelquefois la plus legere erreur fait dépouiller celui qui l'a commise ; souvent il suffit d'être envié, & quelquefois la condamnation d'un homme entraîne aussi la confiscation des biens de tous ses parens. Chaque gouverneur de province lève en argent & en denrées un tribut général : tous font des présens au roi, plus ils craignent d'être déposés, plus ces dons sont riches, plus ils sont fréquens, tous savent que ce n'est qu'à ce prix qu'ils conservent le droit de s'enrichir aux dépens du peuple. Ces différentes sources rapportent au roi 5 à 6 millions d'onces d'argent, & ses dépenses n'équivalent jamais à de si grands revenus : l'entretien de sa maison lui coûte peu, les denrées, les étoffes, les provisions qu'ils reçoivent des provinces excedent sa consommation, & il fait vendre le superflu ; des fonds de terre sont assignés pour le paiement d'une partie des troupes, & il ne paie que la moitié de celle qui est soudoiée ; les Kans paient l'autre : les ministres & les grands officiers ne retirent rien du trésor, ce sont des terres

qui

( * ) Sous le gouvernement actuel, les tributs ne se portent pas au roi, mais aux vassaux : Gmelin dit que chaque famille Armenienne dans la province de Gilan paie au Chan 100 roubles par an : les Juifs lui font un présent annuel pour être exempts de l'impôt.

qui fourniffent à leurs émolumens : les ambaffadeurs étrangers font défraiés fur les fubfides levés dans les lieux où ils paffent : la dépenfe des bâtimens fe réduit à l'achat des matériaux : les artifans y travaillent par corvées, & ne reçoivent aucun falaire. Auffi le tréfor des rois était-il très-riche, il était tapiffé de facs d'argent, de pierres précieufes, de 4000 pieces de vaiffelle d'or, garnies de pierres fines, &c.

Il y a deux tribunaux chargés de l'adminiftration des finances : chacun eft divifé en 3 bureaux compofés de 21 confeillers : là on examine les comptes ; & les recherches font fevères, fi l'on n'achete des protecteurs dans ces tribunaux ou dans le férail.

Abas le grand divifa fon vafte empire en 5 grandes parties : celle de *Faars* ou la Perfe propre, fituée au midi, était foudivifée en 20 provinces. *Sjiraas* en eft la capitale : celle de *Choranfaan* ou *Chorafmia* à l'orient l'était en 40 provinces dont la capitale était *Mesjhed* : l'*Aferbajedsjaan* à l'occident renfermait la Medie & une partie de l'Arménie ; elle fe foudivifait en 55 provinces, & la capitale était *Tabrüs* ou *Tauris*. Le *Ghilaan* ou l'*Hyrcanie* au feptentrion renfermait 21 provinces, dont la capitale eft *Afterabaad*; entre ces 4 parties était l'*Eiraak* ou la Parthie, divifée en 4 autres provinces, ayant pour métropole *Ifpahaan* qui l'eft de tout le royaume. Sur ces cent provinces préfident 18 *Beglerbegi*, ou feigneurs des feigneurs ; quatre dans le Faars, qui font ceux de *Luriftaan*, d'*Arabiftaan*, de *Kurdeftaan* & de *Siftaan* ; 4 dans le Chorafaan, qui font ceux de *Mesjhed*, d'*Heraat*, de *Chorafaan* propre, & de *Kaudahar* ; un dans le Gilan, c'eft celui d'*Afterabad* ; 7 dans l'Adferbajedsjaan qui font ceux de *Tabrifi*, de *Dageftaan*, d'*Irvaan*, de *Gurdfiftaan*, d'*Afedbajedsjaan* propre, de *Karabach* & de *Sjirwaan* ; deux dans l'Eiraak qui sont ceux de *Kugilaan* & d'*Hamadaan*. Ils commandent aux *Chans*, aux *Sultans*, & autres gouverneurs particuliers, excepté aux *Vafiri* qui administrent les terres du domaine : parmi eux il en est 4 qui ont le titre de *Waali* ou petits rois ; ceux de *Gurdsistaan*, d'*Arabistaan*, de *Luristaan* en ont le pouvoir ; celui du Dagestaan n'en a que les honneurs : leurs ancêtres étaient des pays où ils commandent ; leur gouvernement est ordinairement héréditaire, & ils en foulent moins les peuples ; les Chans, les Sultans gouvernent des territoires particuliers assez peu étendus ; les Persans ont donné ce titre aux premiers en dérision des Chans Tartares, aux seconds par mépris pour les Turcs. Les *Vafiri* sont nommés aussi *Asef*, nom que les Persans croyent avoir été celui du premier ministre de Salomon. Ceux-ci vivent sans beaucoup de faste ; mais les Begles-begi surtout ont une cour, des ministres, des gardes, ne paraissent en public qu'environnés d'une troupe brillante de cavaliers, ont des palais magnifiques, donnent des festins, au bruit des instrumens militaires, exercent une autorité arbitraire, & ne craignent que la source d'où ils tirent leur puissance ; plus ils sont éloignés de la cour, plus leur vie est incertaine ; ils ne se mettent en sûreté que par des dons : ils nourrissent un nombre déterminé de soldats, ils nourrissent aussi la cour ; les plus puissans y envoyent autant de fruits, de légumes, de moutons qu'elle en consomme pendant un mois ; tous au jour de l'an lui font des dons, partie en argent, partie en vases d'or, en étoffes riches, en tapis, en nattes, en soie, coton & laine crues, partie en chevaux, chameaux, mulets, faucons, esclaves, &c. ces étrennes se nomment *Barchoneh*. Ces gouverneurs sont surveillés par des officiers qui en sont indépendans, & qui sont nommés par la cour ; c'est à ceux-ci que s'adressent ceux qui sont chargés de mettre à mort un gouverneur infidele ou calomnié.

Dans les villes il y a un *Daroga*, qui punit par des amendes & des peines corporelles ; un *Achdaats*, qui veille la nuit, arrête ceux qui vont sans lumiere, ou ne parlent pas en marchant, il répond des vols qui se commettent dans ce tems, & peut punir par la prison, l'amende, ou la bastonade : les Persans l'appellent aussi *Padcha-cheb*, ou roi de la nuit : un *Kutuwal* qui exerce quelquefois l'emploi de l'Achdaats, & garde les châteaux : un *Kalanter* qui défend les causes des particuliers, impose & recueille les tributs ; & est assisté dans l'exercice de ses fonctions par des *Kedschudahi* : *Kasi*, un qui a inspection sur les procès qui ont rapport au droit ecclésiastique ; un *Mihtasib* qui veille sur la police des marchés, fixe le prix des denrées, & punit ceux qui trompent. Dans les villages il y a aussi des *Kasi*, des *Kalentero*, des *Kedschudahi*, auxquels on donne par honneur le titre de *Rajiis* ou regisseurs. Il y a encore des inspecteurs des chemins nommés *Rahdari*: il y en a dans tous les villages, dans tous les caravenserais ; ils sont responsables des effets qui se volent dans leurs districts : s'ils trouvent les effets, ils les rendent au proprietaire, mais en se faisant payer : s'ils ne les trouvent pas, le gouverneur les force à en donner la valeur ; s'ils ne le peuvent, ce sont les villages du canton où s'est fait le vol qui y suppléent, & souvent ils sont taxés au triple de la valeur des effets ; le gouverneur garde le surplus & se fait donner le 25 pour 100 de la valeur de ce qu'il fait restituer.

Chaque magistrat tient son tribunal dans sa maison. Le droit *Cherai* est composé de l'alcoran & du commentaire fait par les Imans : le droit *Ourf* ( violence, force, ) n'eſt point écrit, c'eſt celui qu'exerce les gouverneurs. Toutes les loix de l'empire ont perdu leur force ſous les Sophis qui les violaient à leur gré ; elles ſont aujourd'hui anéanties.

Nulle gêne ne s'oppoſe au mariage : tous les enfans ſont légitimes quels qu'ils ſoient ; leur mere, l'aîné des fils hérite des deux tiers du bien ; l'autre tiers ſe partage également entre les autres enfans ; mais de maniere que les filles n'ont que la moitié de la part d'un garçon. Le tuteur diſpoſe des biens du mineur, preſque comme de ſon propre patrimoine : le débiteur peut arrêter, traîner, battre ſon créancier ; il peut vendre ſes biens, ſes femmes, ſes enfans ; la juſtice y eſt expéditive, & n'eſt la plupart du tems qu'une prompte injuſtice ; on achete les témoins & les juges, malgré la peine de mort décernés par la loi contre le juge qui reçoit un préſent, contre le plaideur qui le donne, malgré le plomb fondu qu'on verſe dans la bouche du faux témoin, après qu'on leur a bouché le goſier d'un linge épais : le meurtrier eſt livré aux parens du mort qui quelquefois permettent qu'il ſe rachette, qui le plus ſouvent le font périr. On ouvre le ventre aux criminels, on les empâle, on les abandonne après leur avoir coupé les mains & les pieds ; on les enterre juſqu'au cou dans le plâtre, on inſere du coton dans leur graiſſe, & on les brûle ainſi à petit feu ; on les précipitait autrefois du haut d'une tour, & on les faiſait dévorer par des chiens ; ces ſupplices ſont rares, & le roi ſeul peut y condamner.

L'arabe eſt en Perſe la langue de la religion & celle des ſciences ; on parle l'ancien turc à la cour & dans les armées, le Perſan eſt la langue la plus générale, celle de la poéſie, celle des ouvrages d'eſprit : **elle eſt un dialecte de l'arabe, & fut portée en Perſe,** dans l'Hindoſtan, dans les îles de Java, de Sumatra, &c. avec la religion Mahométane : elle s'eſt appropriée les mots de diverſes autres langues, & eſt aujourd'hui une des plus belles de l'orient : elle s'écrit de deux manieres, a 28 lettres peu variées; des points, une ligne courbe ou droite, ou couchée, ou inclinée, les forment; elle n'a que 3 lettres qui prennent le ſon de voyelles; on écrit de droite à gauche, tenant le papier à la main, avec des roſeaux ou des plumes : leurs caracteres ſont élégans & gracieux. L'ancien Perſan eſt une langue morte dont il ne reſte que quelques monumens poſſédés par les Guebres. On n'y imprime point de livres; ces peuples font des traductions des auteurs Grecs, des Hiſtoriens, des Poëtes; ils eurent de mathématiciens, des logiciens, des Opticiens, &c. mais en petit nombre, & on en lit les livres : leur arithmétique vient de l'Inde, d'où elle paſſa en Arabie, & de-là en Europe : leur géographie eſt très-reſſerrée, ils n'ont ni globes, ni cartes : la pureté de l'air y invite à cultiver l'aſtronomie : ils ont des tables du moyen mouvement dreſſées à Balk ſous Hulacu, petit fils de Gengis, & d'autres qui le furent à Sarmacande, ſous Ulug-bek, petit fils de Tamerlam; ils ſe ſervent de l'Aſtrolabe & connaiſſent quelques autres inſtrumens ; mais en général leur aſtronomie eſt très-imparfaite ; l'aſtrologie, ſcience ſuperſtitieuſe, y eſt confondue avec elle & la fait oublier ; ils pratiquent divers genres de divinations, par les livres, par les dez, par les ſonges ; ils ſe muniſſent de taliſmans ; la médecine y eſt plus honorée que perfectionnée ; leurs chirurgiens ſont des barbiers ; on eſtime leurs apologues & leurs ſentences : leur muſique a 9 tons, elle eſt fort embrouillée, leurs inſtrumens ſont moins ſuſceptibles de tons variés que les nôtres ; leurs chants n'ont qu'une partie, mais sont animés : ils ont des opera ; ils ignorent la perspective, le dessein, la distribution du jour & des ombres ; cependant ils réussissent à des égards, dans la peinture en émail : leurs bâtimens sont commodes, mais l'architecture n'y brille pas : leurs matériaux les plus communs sont de la terre foulée, broiée avec l'eau, mêlée de la pointe háchée, jettée dans un moule & séchée au soleil ; ou de la terre mêlée à un tiers de cendres, détrempée, moulée, séchée & cuite au soleil, un plâtre grossier ou une terre jaune : leurs maisons sont basses, simples, quelquefois bâties sous terre, entourées de murs assez hauts, le comble est en voûte : l'intérieur seul en est beau : un fourneau rond au milieu du plancher y sert de cheminée, il est couvert de la table où l'on mange : leurs fenêtres sont des treillis de bois, des toiles cirées, transparentes, peintes, des carreaux colorés sur lesquels on a dessiné des oiseaux, des fleurs, des vases, embellissent les murs, des tapis bordés de feutres, de poils de chameau, ou des nattes de cannes couvrent leurs planchers : les serrures & les clefs sont de bois ; souvent dans les campagnes des pierres roulant sur des pivots y tiennent lieu de portes : toutes les maisons ont des bassins d'eau faits de briques enduites d'un ciment noir formé de chaux vive, de cendres, d'un duvet qui se trouve sur les roseaux ; & prend la dureté du marbre : les riches y tiennent des poissons rares, ornés d'anneaux d'or ou d'argent : des tuyaux larges & quarrés s'élevent au-dessus du toit pour renouveller & rafraîchir l'air des maisons. En général, les arts sont peu estimés en Perse, tout ce qui est brillant & riche y est beau ; la machine la plus admirable est méprisée si l'or n'en fait pas l'ornement : ils achetent des montres, & n'en font pas ; ils brodent avec finesse, tournent avec adresse, gravent assez bien, font avec goût du filigrame, excellent dans l'art de tirer & filer l'or, de préparer les cuirs qu'ils nomment *Sagri*, mot qui peut être l'origine de celui de *chagrin*; travaillent bien le cuivre, lui donnent un étamage sûr, font un verre grossier, une porcelaine très-dure, transparente, émaillée, & d'un grand éclat; donnent à leurs teintures une beauté que les nôtres ne peuvent avoir; leurs arcs sont les plus beaux, & peut-être les meilleurs de l'orient; ils ornent leurs carquois de cuir avec des fils d'or & d'argent: fabriquent des sabres excellens avec l'acier de l'Inde forgé à froid, trempé dans le vinaigre & le vitriol: leurs canons de fusil sont damasquinés, & partout d'une épaisseur égale : avec cet acier ils font encore des miroirs : leur savon est mauvais, leur papier est mou, blanchi avec le savon, uni avec le verre, leurs nattes d'osier & de joncs sont estimées; ils fabriquent de bonnes étoffes avec la soie, la laine, le poil de chevre & de chameau : il est de la soie dont l'aune coute plus de 3 mille livres : c'est là que se fabriquent les plus beaux tapis que l'Europe tire de Turquie; ils impriment les taffetas & les satins, leur donnent un éclat singulier.

Les Persans ont l'imagination vive, la mémoire bonne, des dispositions heureuses, mais aujourd'hui la passion de la guerre y étouffe toute autre étude, parce qu'elle mene souvent au pouvoir ou à une fortune immense par les pillages qu'elle autorise; ils aiment la dépense, & le faste; intéressés & fourbes pour acquerir, ils dépensent en insensés, ils flattent bassement celui qu'ils méprisent; mais dont ils espérent des dons : certains que leur sort est déterminé dans le ciel, ils s'embarrassent peu de l'avenir : ils sont braves, très-propres, sociables, civils avec les étrangers, tolerans : rarement ils ne se battent, (†) leur courroux s'exhâle en injures, ils parlent avec respect de la divinité; leur maintien est toujours honnête & décent, comme on les trouvera toujours dissimulés, menteurs, infideles dans le commerce: jamais ils ne parlent mal, disait un ambassadeur Portugais: jamais ils ne font du bien. Leur habit est une chemise de coton, ouverte sur la poitrine, & qui descend jusqu'aux genoux, une veste un peu plus longue & une robe plus longue encore: cette robe chez les riches est de brocard d'or ou d'argent, doublée de martre, garnie de galons & de riches broderies: des caleçons leur descendent jusqu'aux pieds, leurs bas sont courts, larges & de draps, leurs souliers sont de maroquin, & faits en forme de pantoufles: leur turban est plus haut, plus majestueux que celui des Turcs, l'habillement des femmes est peu différent de celui-là, & ce qu'il fut il y a 400 ans, il l'est encore: leurs bras sont ornés de bracelets, leur tête d'une chaîne d'or, leurs oreilles de boucles, des anneaux d'or pendent quelquefois à leurs narines. Les meubles sont riches ou commodes: des nattes, des tapis, de petits matelats qui servent de chaises sont les ornemens de leurs salles; le lit s'étend le soir, & se replie le matin; on n'en voit point de traces durant le jour: les grands voyagent à cheval, les pauvres sur des ânes ou des chameaux, toujours pour des affaires pressantes: ils vivent avec sobriété; la pâte de riz y sert de pain, si le riz est cuit avec du beurre, on le nomme *plof*; c'est

(†) Gmelin dit que pour un objet de la plus petite valeur, ils se battent comme des loups furieux jusques à la mort. Peut-être les révolutions ont rendu leur ame atroce: leur ambition est ardente; s'ils parviennent, ils écrasent leurs rivaux & leurs ennemis sans relâche & sans pitié.

du *Schloff* s'il est sans beurre, & celui-ci se sert pendant l'été. On y fait des galettes de froment, paîtries sans levain ; en général ils mangent peu de viande, ne se servent que de cuilleres, & distribuent toujours aux pauvres les restes de leurs repas : ils ne boivent que de l'eau à diner ; mais le soir ils usent du sorbet, du café, de l'opium : on y boit à la glace dans toutes les saisons : l'ouverture d'une glaciere est une fête comme sa formation, tout le quartier s'y rassemble au son des instrumens. Parmi leurs cérémonies, le *Nauruz* est surtout remarquable ; c'est le jour de l'an qu'on la pratique, & c'est lui qu'elle a pour objet : on y embaume la plûpart des cadavres après les avoir lavé, sans les vuider, & en les remplissant de sel, de chaux & de gomme ; les convois se font sans pompe, les cimetieres sont dehors des villes, le deuil dure 40 jours, le bleu foncé en est la couleur ; on y prend des femmes, ou des esclaves, il est aussi des mariages à un terme fixé, & le divorce dans tous les cas y est facile : les hommes s'exercent à tirer de l'arc, à manier le sabre, à se tenir fermes à cheval : ils aiment la lutte, le mail, les courses à pied. On y trouve un grand nombre de danseurs de corde & de charlatans. On remarque qu'en général les Persans n'ont pas l'oreille colée contre la tête, mais pendante, que les femmes y font souvent 2 enfans, rarement trois.

Le commerce de la Perse consiste surtout en soie : les autres objets sont le poil de chameau, le tabac, les fruits secs ou confits, les vins, les eaux distillées, les chevaux, la porcelaine, les plumes, les cuirs, les nattes, les étoffes de poil de chèvre & de laine, les noix de gale, des gommes, des drogues. Les Banians, les Juifs, les Arméniens, les Européens y font le commerce ; parmi ceux-ci ce sont les Hollandais & les Anglais qui y trafiquent le plus.

On ne frappe plus de monnaie d'or en Perse ; on n'y fait que des monnaies d'argent, de cuivre ; celle-ci n'ont cours que pour un tems limité, sont empreintes de diverses figures, ont différentes valeurs : chaque ville a la sienne ; les plus communes sont les Kasbequi : parmi celles d'argent le *chayé* vaut 5 à 6 sols de France, le *mahmoudi* deux chayés, l'*abassi* deux mahmoudis. Le tauman est une monnaie imaginaire qui vaut environ 12 onces d'argent (†).

On trouve diverses religions en Perse. Le Mahométisme y domine, & s'y divise en deux sectes, dont l'une suit les interprétations qu'Ali donna à l'Alcoran, l'autre celles qu'en donna Omar, nommées *Sonna* : ceux qui ont embrassé celle-ci s'appellent *Sunites*, & tels sont les Turcs, les Tartares, les Mogols de l'Inde : ceux qui préferent les premieres sont les *Chias* ou *Adelias* : tels sont les Persans. Ils maudissent le calife Omar qui selon eux fut un usurpateur ; ils disent que Mahomet nomma Ali pour son successeur, que le califat n'a pu être exercé légitimement que par lui & les onze Imans de sa race, & qui descendaient du prophète par Fatmk sa fille unique. Le fils d'Ali, *Hassan* exerça seul le califat sur une partie de la Perse, & en fut dépouillé par Moaviah, chef des Ommiades : son frere Hussaïn fut assassiné, & puisque c'est de ce prince que les sophis prétendent tirer leur origine, on pense bien qu'ils le font vénérer comme un martyr ; les Persans en célebrent

---

(†) Gmelin dit qu'il y a en Perse des monnaies d'or anciennes & nouvelles, chaque Chan dans son gouvernement fait frapper à son gré des monnaies, & leur donne un prix, qu'il baisse ou hausse selon qu'il convient à ses intérêts, ou plutôt à son avarice.

la fête avec une forte de fureur : tous les princes de cette famille furent pourfuivis avec fureur, ils ne purent vivre que dans la Perfe où ils avaient beaucoup de partis, ils y vécurent dans l'obfcurité. *Mohammed Almahadi* fut le 12ᵉ Iman defcendant d'Ali, c'eft le dernier dont l'hiftoire parle, & les Perfans prétendent qu'il n'eft point mort : dans toutes les grandes villes, ils tiennent des chevaux prêts pour le moment où il paraitra.

Outre cette fource de haine entre les deux opinions, il en eft quelques autres encore ; la confeffion des Sunnis eft celle-ci : *Il n'y a point de Dieu que Dieu & Mahomet eft fon prophète* : les Chias y ont ajouté ; *Ali eft le vicaire de Dieu* : les premiers font une prière publique le vendredi à laquelle affiftent & le peuple & le fouverain : les chefs des feconds ne vont prefque jamais dans les mofquées ; le peuple y va, y lit, y écrit, y mange, y fume, y dort s'il y veut ; mais il n'y a plus de prieres publiques, depuis que les Imans qui feuls avaient droit de la faire, ont difparu : ceux-là fe lavent plus exactement les pieds que ceux-ci, ne coupent point leur barbe, & les autres fe rafent ; ces derniers ofent porter des bas & des fouliers verds, profanation criminelle felon les Sunnites, de la couleur confacrée à la banniere de Mahomet ; telles font les ridicules prétextes de la haine qui les divifent, qui juftifient à leurs yeux les noms d'hérétiques, d'abominables, de cloaques d'impureté, de barbares, d'ennemis de la religion qu'ils fe donnent. Chez des nations fuperftitieufes, plus une religion eft voifine d'une autre, plus les objets qui les féparent font méprifables, & plus elles fe haïffent.

Il exifte parmi les Perfans une fecte finguliere ; ce font les *Soufis* ; leur chef fut *Abufaid* ; ils n'admettent qu'un Etre invisible, infini, qui anime & vivifie toute la nature, & dont tous les autres êtres ne font qu'une émanation ; ils lui rendent un culte assidu, l'invoquent en dansant en rond, jusqu'à-ce qu'ils tombent dans une espece d'évanouissement ; alors ils croyent converser avec lui, voir l'avenir & jouir d'une image de la félicité éternelle ; ils font des jeunes fréquens & rigoureux, prient beaucoup, rêvent davantage, & ont des visions : à l'extérieur, ils se conforment aux autres Mahométans, ne condamnent aucune religion, & regardent tous les hommes comme les enfans d'un pere commun.

Il y a encore en Perse des descendans des peuples instruits par les mages ; on les nomme aux Indes *Parsis*, en Perse *Guebres* ou *Gaures* ; eux-mêmes se donnent le nom de *Behendin* ; *Zerdust* ou Zoroastre fut le fondateur de cette religion ; il vécut dans la retraite, écrivit plusieurs livres, n'imagina point un nouveau culte, mais épura celui des *Sabéens*, enseigna que Dieu est unique, indépendant, créateur, conservateur de tout ce qui existe, qu'il aime l'homme de bien, pardonne au pécheur, qu'il recompensera les vertus, & punira les crimes : il reconnut un mauvais principe nommé *Ahriman*, fit élever des temples où l'on conservait un feu sacré, image de la divinité, partagea les prêtres en deux classes ; les *Mugh* étaient de simples prêtres, les *Mubad* avaient inspection sur eux ; les deux ordres ne devaient point se mêler des affaires temporelles, ne point désirer le superflu, se borner à instruire par des exhortations, & par l'exemple de l'indulgence, de l'humilité, de la tempérance : sur eux présidait le souverain pontife : il exerça lui-même cet emploi, & siegea à Balk.

Les restes des anciens Perses qui suivaient cette religion, sont des hommes pauvres, simples dans leurs habits, doux, humbles, charitables, laborieux, respectant la pudeur & l'honnêteté, comme le leur prescrivit Zoroastre ; ils vivent unis & paisibles, sous la conduite de leurs anciens qui sont leurs magistrats ; selon eux, la profession la plus noble est l'agriculture ; labourer, planter des arbres, défricher, faire des enfans, sont des actions agréables à Dieu ; ils ne mangent point le bœuf, parce qu'il laboure, la vache, parce qu'elle nourrit de son lait, le coq, parce qu'il leur annonce le retour du soleil, le chien qui garde leurs troupeaux & leurs maisons : écraser un insecte venimeux, c'est effacer plusieurs péchés ; tout homme est leur ami, quelque religion qu'il professe ; ils ne prient point contre les Musulmans qui sont leurs persécuteurs ; leur travail les empêche de désirer le bien d'autrui ; on connaît où ils demeurent par la beauté de leurs champs ; ils ne prennent qu'une femme, ne connaissent point le divorce, mais si la femme est stérile pendant 9 ans, on peut en prendre une seconde : ils entretiennent le feu sacré, jeunent, prient, craignent de toucher les cadavres, ont des prêtres qui imposent des pénitences, distribuent de l'urine de vache pour purifier les corps, & n'entendent plus les livres de leur fondateur : ils attendent dans neuf mille ans un jugement universel, & croyent que tous les hommes seront alors de leur religion.

Les Guebres qui ne sont pas laboureurs sont manœuvres ou artisans : ils font des tapis, des bonnets, des étoffes de laine très-fines, très lustrées : aucun ne vit sans rien faire.

Il y a encore des Sabéens dans la Perse occidentale : ils associent à leur grand Etre ou à l'ame du monde, le soleil, la lune, tous les astres, prient

(\*) trois fois le jour, jeunent trois fois dans l'année, croyent poſſeder le *Sidre Laadam* ou la révélation adreſſée à Adam, les livres de Seth, liſent l'avenir dans les aſtres, croient voir des génies, font des taliſmans, & ont des idées de métempſycoſe: les Sabéens modernes ont mêlé à leur religion des ſuperſtitions & des coutumes Juives, Chrétiennes, Payennes & Mahométanes; ils vénérent Jean Baptiſte, & c'eſt pourquoi on les appelle chrétiens de St. Jean.

Il y a des Banians en Perſe, ils y exercent le commerce, la banque ou l'uſure; nous en parlerons à l'article de l'Inde.

Les Juifs ſont répandus dans diverſes provinces, & ſurtout dans les ſeptentrionales; ils ſont miſérables, courtiers, marchands de vin, empiriques, aſtrologues, quelques-uns laboureurs & pâtres, & très-attachés à leur religion: les Perſans les nomment *Jahud*, les Arméniens *Tſchut*; leurs Rabins ſavent l'hébreu; mais ils ne le parlent pas; pluſieurs s'occupent à cultiver la terre, & à nourrir des beſtiaux; ils étaient plus nombreux autrefois, mais la peſanteur du joug des Perſans les diſperſe; partout on eſt injuſte & cruel envers ce peuple, & cette cruauté n'eſt juſtifiée que par ſes effets.

Les chrétiens y ſont en plus grand nombre: la plûpart ſont Arméniens; les dogmes qui les ſéparent des chrétiens occidentaux ſont, que le St. Eſprit procéde du pere par le fils, qu'il n'y a qu'une nature en Jéſus-Chriſt, qu'on doit n'admettre que les 3 premiers conciles écumœniques, ne rendre aucun culte aux images, ni à la croix, & ne point croire un purgatoire; ils communient ſous les deux eſpeces, & ne reconnaiſſent point le pape comme chef de

(\*) D'autres diſent 7 fois.

l'église : ils ont un patriarche, des évêques, & un grand nombre de prêtres & de moines ; ceux-ci font tous de l'ordre de St. Basile : les prêtres peuvent se marier une fois, jamais plus. Les Arméniens ont un grand carême de 50 jours, & dix autres d'une semaine : prêtres ou laïcs, tous sont tonsurés ; lorsqu'ils ensevelissent l'un d'eux, ils promenent un igneau autour de l'église, le sacrifient, & le mangent : leurs temples ont un autel, mais ils sont sans sculpture, & sans peinture.

Revenons aux Persans : ils ont des chefs spirituels : les principaux sont les *Sedr*, ou les grands interprètes : ils sont au nombre de deux ; l'un a l'administration des mosquées royales, des sépulchres, des écoles & des biens légués par le souverain ; l'autre administre ceux qu'ont légués les sujets ; tous les deux jugent des matieres qui concernent la religion, & leurs décisions sont infaillibles ; après eux sont le *Mustaufi-Mokusiat* ou sur-intendant de la chambre ecclésiastique, le *Mulesadoi-Mokusiat*, ou trésorier de cette chambre, dont les revenus sont, dit-on, de plus d'un million d'onces d'argent : le *Sjeich el Islaam* qui resout les questions & les controverses, le *Casi* ou *Cadi*, juge spirituel des affaires civiles ; un grand nombre de Mollahs, &c. L'autorité du *Mudsitehid* ou *Muphti* l'emportait autrefois sur toutes les autres ; ils étaient regardés comme les successeurs des Imans, aujourd'hui ils sont respectés, mais sans pouvoir. Chaque mosquée a un *Piisjnamaas* ou *Mesdsjed*, ou modèle des fidèles qui prient, un Mutevelli qui veille à leur conservation ; un *Muwasin* qui appelle aux prieres, un *Hafis* qui lit pour le repos des morts, un *Dsjarubkesj* qui prend soin des sépulcres & du pavé, des temples consacrés aux morts, nommés *Mesaar*, office vénérable chez les Persans, &c.

Chardin assure qu'il y a en Perse 500 villes ou châteaux entourés de murs, 50 à 60 mille villages, & 40 millions d'habitans : ce nombre doit avoir diminué de nos jours, par l'effet des troubles sanglans qui ont désolé cet état.

Le défaut des descriptions exactes ne nous permet pas de suivre la division dont nous avons parlé plus haut : nous nous bornons à celle qui est la plus connue, la plus suivie. Elle partage tout l'empire en 15 provinces, qui sont le *Khorasan*, le *Mesanderan*, le *Gilan*, le *Schirvan* & le *Gurgistan* au nord, *l'Irivan*, *l'Ajerbijane*, *l'Irak-Agemi*, à l'occident le *Chusistan*, le *Farsistan*, le *Laristan*, le *Kirman*, au midi : le *Makran*, le *Sigistan*, le *Zablistan*, à l'orient. Nous nous servons ici de la maniere la plus commune d'écrire ces noms ; on peut voir plus haut la plus exacte. On sent bien que les limites actuelles ne peuvent être bien déterminées : cet empire n'est pas assez bien connu, & son état n'est pas assez assuré pour qu'on puisse les désigner bien exactement.

## *LE KHORASAN* ou *KURASSAN.*

Cette province renferme une partie de l'Hircanie, de la Margiane & l'ancienne Bactriane où Ammien Marcellin dit qu'on comptait autrefois mille villes. A l'orient, elle touche au Sigistan, & au royaume de Balk ; au nord, au Turquestan & au pays des Usbecks ; à l'occident, à l'Irak-Agemi dont les déserts la séparent ; au midi, au Farsistan & au Kirman. Elle a 180 lieues de long, & 170 de large, en y comprenant le pays de Komis : elle renferme des champs fertiles ; la meilleure soie de la Perse en sort ; on y recueille la manne la plus estimée de l'Asie, qui se forme en volutes, & qu'on nomme *Ser'chita*, beaucoup de rhubarbe qu'on y mange, comme en Europe les betteraves, des oignons très-doux, des melons très-recherchés, de l'assa fœtida qui suinte des racines de la plante nommée en Perse *Hiltit* ou *Hingiseh* qui est du genre des panais ; de la casse, du séné, de l'anis, du cumin, &c. On y voit des agneaux dont le poil long, frisé, délié, couvre une peau fine, très-belle, qu'on y fait préparer, & dont on fait des doublures d'habits faits d'étoffes de soie & d'or ; des chats dont le poil est d'un gris obscur sur le dos, & qui s'éclaircit par gradations jusqu'au dessous du ventre : ce poil est délié, fin, lustré, doux comme la soie, formant par sa longueur différens anneaux : il est long de six pouces sur la queue que ces animaux tiennent élevée, renversée sur le dos comme les écureuils, & en forme de panaches : ces chats sont dociles & privés. On y trouve de belles turquoises, quelques autres pierres précieuses, des mines de fer, des bezoards. On croit y reconnaître encore des descendans des dix tribus d'Israël emmenées en captivité par Salmanassar. On remarque dans sa partie septentrionale le lac *Babacamber* : delà jusqu'aux montagnes de Balc, elle ne renferme que de grands déserts sablonneux : vers le midi, elle est hérissée de montagnes. Elle se divise en plusieurs provinces particulieres, telles que le *Chaekenef*, le *Talecan*, &c. Le nom de Khorasan exprime sa situation à l'orient de la Perse.

*Herat*, *Herit*, autrefois *Aria*, grande ville entourée de bonnes murailles & de fossés pleins d'eaux, défendue par un vieux château, mais fort dépeuplée, Hussein-Mirza la fonda, ou la rétablit ; plusieurs descendans de Tamerlan y siegerent ; elle eut diverses écoles pour la jeunesse ; ses environs rapportent d'excellens fruits, ils sont embellis par de longues & belles allées d'arbres, par des jardins & des vignobles, par les ruisseaux qui y serpentent; les roses qu'ils produisent lui ont fait donner le nom de *Sargultzar*, ou ville des roses; on y fabrique des tapis recherchés. Il y avait auprès d'elle un temple de Guebres, vaste & magnifique, que la jalousie des Musulmans fit réduire en cendres. Cette ville a été souvent ravagée, l'historien Persan Mirkond y naquit, la riviere Herirud, autrefois Arius, l'arrose: sa longitude est de 76°, 50', sa latitude 34°, 30'.

*Kenef*, petite ville qui donne son nom à un district qui confine au pays de Marou-Schak.

*Marou-el-rud*, ville dans la partie du Khorasan qui confine au Talecan, près d'une chaîne de montagnes, & de la riviere de Morga.

*Talekan*, *Talikon* ou *Talkan*, château fort, & petite ville sur la montagne de *Nokr-Koub* ou montagne d'argent: elle donne son nom à une petite province. Zengis-Khan assiégea cette place qui parait être l'*Aornos* des anciens: ses environs sont fertiles en bleds, en fruits, & abondans en bonnes eaux.

*Kovar-abad*, bourg sur le chemin de Balk.

*Merwa*, *Marou* ou *Chadgehan*, ville voisine du lac Babacamber: pour y parvenir, il faut traverser des déserts sablonneux d'où l'on tire beaucoup de sel, & où l'on voyage la nuit en se dirigeant par la boussole & les étoiles: ses environs seraient arides si trois rivieres ne les arrosaient; on y recueille beaucoup de grains, & surtout du froment dont la grosseur est remarquable: l'air y est pur, & les maladies y sont rares: la riviere de Morga passe près de ses murs.

*Zemme* ou *Zamm*, ville sur la rive méridionale du Gihun ou Oxus: deux cent villages en dépendent:

on y commerce avec les Tartares : ses environs nourrissent de nombreux troupeaux.

*Amouie* ou *Amoul*, ville sur le Gihun : son territoire est abondant en prunes estimées.

*Siursiam* ou *Zarioch* ou *Zareh*, ville à quelque distance de l'embouchure de l'Ihun ou Tedjen dans la mer Caspienne, près du lieu où il reçoit le Tokay. Elle donne son nom à une province particuliere, bornée au nord par le Gihun, au midi par l'Arrek, au couchant par la mer Caspienne, au levant par les monts d'Yassi.

*Nessah*, *Nesa* ou *petit Damas*, ville que le Tedjen arrose : ses environs produisent d'excellens fruits.

*Seras*, *Serakas* ou *Tscharkez*, ville dans une situation agréable : l'Heri l'arrose, divers ruisseaux rendent ses environs fertiles.

*Badkis*, bourgade au nord d'Herat : c'est l'ancien *Bitaxa*.

*Fuscheng*, *Puschentz*, nommée encore par De Lisle, *Boucheng*, ville sur la riviere d'Heri, au couchant de Badkis.

*Zauzan*, *Susen* ou *Susa*, ville dans une vaste plaine; près d'elle passe une riviere qu'on croit être l'Ihun.

*Damigau*, ville qui est la capitale du Komis, contrée qui a 50 lieues de long sur autant de large : l'air y est chaud, l'eau assez rare, les vivres abondans.

*Nischapour* ou *Iran*, ville sur l'Ihun, près des frontieres du Mezanderan : elle est bien située, assez bien bâtie; près d'elle sont les mines de *Phirus-cou* d'où l'on tire ces turquoises orientales, ou de la vieille roche, qui sont les plus estimées, & ces pierres sont une de ses principales richesses ; on y fabrique de très-bonnes lames de sabre, les meilleures de la Perse, & c'est de ses marchands qu'on achete la manne la plus pure & la plus recherchée.

*Metched*, *Mashhad* ou *Thous* que des savans croient être l'ancienne *Antiochia Margiana*, n'était qu'une bourgade avant le regne d'Abas I; mais ce prince, pour détourner ses peuples du voyage de la Méque qui faisait sortir de grandes richesses de la Perse, y fit élever une magnifique mosquée à l'Iman Rezez ou Riza qui y avait son tombeau, & dès-lors les pelerins y accoururent, & la bourgade devint une grande ville. Les cours de la mosquée sont ornées par de beaux bassins de marbre: son intérieur est embelli par des colonnes de jaspe, de marbre, de porphyre; la plus brillante mosaïque en pare les murs; des lampes d'or & d'argent, suspendues aux voûtes, en éclairent l'enceinte: des Turcs mêmes s'y rendent par dévotion; les prêtres y jouissent de revenus immenses. Une forte muraille flanquée de deux à trois cent tours, environne la ville, qui a de beaux bâtimens. Là demeure le chef des Derviches qui est élu à la pluralité des voix; on lui donne le nom de *Pyr*. On fait dans cette ville de très-belle poterie: on y commerce en pelleterie.

Chardin parle de la ville de *Genabed*, célebre parce qu'elle est la patrie des plus grands astronomes de la Perse, & que les astrologues des Sophis y devaient être nés, & y avoir été élevés: la pureté de l'air y rend les observations faciles.

## LE MEZANDERAN ou MASANDERAN.

Il est situé au couchant de la province que nous venons de parcourir; il s'étend le long des côtes de la mer Caspienne; sa largeur moyenne est de 25 lieues; sa partie méridionale est montueuse, & presque déserte, elle a cependant des vallées charmantes, & un air sain, on l'appelle le *Tabristan* : sa partie septentrionale est un pays plat, dont la fertilité est prodigieuse : on lui donne le nom de *jardin de la Perse*, & du mois de septembre jusqu'en avril, il ne parait qu'un vaste parterre de fleurs. On y recueille 1600 (†) batmans de soie, mais elle est inférieure à celle du Ghilan, beaucoup de coton qu'on y teint, qu'on y travaille, du sucre qu'on y purifie mal, de bons fruits, surtout des raisins dont on fait peu de vin, mais qu'on y sèche, & qui deviennent un objet de commerce, beaucoup de grains; le riz y est abondant, mais l'air y est mal sain durant l'été, & les eaux y sont dangereuses : le sel s'y trouve dans les champs ; la pluie même est souvent chargée de ce minéral : on y trouve une espece particuliere de tortues qui vit avec une facilité presqu'égale dans l'eau & sur la terre, dans les vallées & sur les montagnes: le serpent fuit devant elle, il s'éloigne des lieux qu'elle habite ; s'il en est surpris, il cherche à s'en débarrasser & fait de longs replis sinueux, il lui lance son venin, qui ne fait presque aucune impression sur le froid animal qui quelquefois le tue & le dévore : les scorpions y sont en grand nombre : blanc lorsqu'il vient de naître, il devient en vieillissant d'un gris noir, ou d'un rouge clair : les tarentules y sont communes, leur corps large de demi pouce, y est couvert d'une laine noire, & d'un gris de cendre ; on n'y connait ni leur morsure, ni ses effets ; cependant il en est une autre espece qui est dangereu-

_____
(†) Le batman n'est pas le même dans tous les lieux, & dans le même lieu il differe selon les choses qu'on y pese : ordinairement pour la soie, l'indigo, la cochenille, le batman équivaut à environ 10 liv. pesant de France, pour les autres marchandises, il équivaut à 11 liv. & un quart.

se, surtout pour les chameaux ; le tigre qu'on y nomme *Paleng*, habite les montagnes, aucun n'y a plus de 6 pieds de long : le cerf, le chevreuil, le daim vivent dans les bois; une espece particuliere de brebis paît sur les monts, mêlée à des troupeaux de chèvres : on la nomme *Kotschkui* ou brebis sauvage; ou la décrit aussi sous le nom de *brebis orientale* : les cornes du mâle sont droites, applaties, creuses, se pliant ensuite en arriere sous la forme de spirale ; le derriere de sa tête est raboteux, ses oreilles sont élevées & immobiles, son col épais & court, sa laine est semblable au poil du cerf : de son menton pend une barbe comme au bouc, très-longue, rude, & mêlée de poils noirs & blancs : cet animal est agile, prompt, turbulent, toujours prêt à combattre ou combattant contre ceux de son espece ; le champ où ils s'attaquent est souvent couvert du débris de leurs cornes. La chèvre ou gazelle qui donne le bezoar y est nommée *Paseng*; elle est plus basse que la chèvre ordinaire, ses cornes sont creuses, & ont deux pieds de long : elle vit en troupe sur les plus hauts rochers, & est craintive & fuiarde. On y voit encore beaucoup de singes très-familiers. Les habitans ont les sourcils joints & beaucoup de cheveux ; ils parlent fort vîte, & vivent principalement de riz, de poissons & d'ail : ils aiment beaucoup la fumée du tabac, & peut-être elle leur est utile. Cette province est la clé de la Perse intérieure : on y apporte les marchandises des diverses provinces de la Perse & des Indes ; c'en est l'entrepôt le plus commode pour les Européens, comme elle est encore le lieu où l'on peut mieux s'instruire de l'état & des intérêts de la Perse. La mer Caspienne y ronge les terres, les Pirates en dévastent les bords, des brigands ont forcé d'y élever des forteresses de la mer jusqu'aux montagnes, un gouvernement tyrannique y a détruit le commerce: Schah-Abbas y fit tracer un chemin long d'environ 100 lieues, large de 9 à 10 toises, coupé par divers ponts; une partie en subsiste encore. Ce pays fait une partie de l'ancienne Hircanie; nous y comprenons celui d'Esterabath, de Korkan & le Dahestan.

Le *Korkan* ou *Jorjan*, situé sur la côte orientale de la mer Caspienne, est un pays plat, souvent inondé, sujet à la peste, à des chaleurs intolérables, & aux incursions des Tartares. On y recueille des dattes, du vin, du coton, de la soie, des grains. La ville de ce nom est en ruines: un ruisseau salé passe auprès.

Le *Dahestan* ou *Dag-estaan*, est regardé comme une partie du Jorjan: ses habitans indociles, & qu'on croit descendus des anciens Parthes, chassent souvent ceux qui viennent y commander pour le roi de Perse, & en exiger des tributs: leur pays hérissé de montagnes les rend difficiles à reduire, & facilite leurs brigandages excités par les troubles de l'empire. La ville de Dahestan est nommée aussi *Achor*, elle est sur le bord de la riviere d'Atrek; c'est moins une ville qu'une bourgade formée de plusieurs villages. On remarque encore dans ce pays *Muhamed-Abad*, village & fort.

*Esterabath* ou *Astarabath*, ville à quelque distance de la mer, sur l'Ester: sa grandeur est médiocre, ses environs sont mal-sains, mais riches en grains, en fruits, en soie: elle donne son nom à une province particuliere; ses habitans civilisés & libres ne reconnaissent ou ne reconnaissaient point de maîtres il y a quelque tems; ils nomment leur *Kadscharen*, ou le premier entre ses égaux, & maintiennent par leur courage la liberté illimitée dont ils jouissent: ils sont l'asyle des guerriers Persans que le malheur ou l'injustice éloigne de leur patrie ; dans leur voisinage sont les *Truchmenens*, peuple qui fait du vol sa principale affaire, & méprise les loix des nations ; ils épient les passans, les attaquent hardiment, & fuient avec vitesse lorsqu'ils ne sont pas heureux.

La soie est la plus grande richesse de l'Estarabat, & malgré les troubles qui l'agiterent, elle en fait encore un pays florissant : on l'échange contre des étoffes, des velours, du sucre, de la cochenille, de l'indigo, de l'or & de l'argent, qui de-là se répandent dans les provinces intérieures de la Perse, d'où l'on rapporte de la myrrhe, du galbanum, de l'olibanum, de l'ambre, du sel ammoniac, de l'opium, de l'anis des Indes, de l'assa-fœtida, &c. Les Russes en tirent beaucoup de bois.

*Fer-abad*, autrefois *Tahona*, fut la capitale du Mezanderan propre : elle est bâtie dans une plaine marécageuse, à peu de distance de la mer, une petite riviere assez rapide baigne les remparts de terre qui font son unique défense : on y comptait 16000 habitans, dont un grand nombre étaient ou Géorgiens ou Arméniens d'origine : ils sont honnêtes, enjoués, aimant le commerce & les arts, travaillant la soie avec beaucoup d'industrie. Les bazards en sont spacieux, bien bâtis, ornés de belles allées d'arbres. Les sophis y avaient un palais dont la vue s'étendait au loin sur la mer & les campagnes voisines : son territoire produit du sucre, du coton ; on y fait beaucoup de soie. Hanway dit que cette ville est aujourd'hui presque déserte. Sa longitude est de 70 degrés, sa latitude de 37°. 20'.

*Balfrush*, ville qui a aujourd'hui le titre de capitale : c'est Amul qui devrait l'avoir par sa situation & son ancienneté. Balfrush est située dans un désert écarté, sur un sol plat: ses maisons ne sont ni belles, ni en grand nombre, la plupart sont couvertes de chaume, & ses rues sans pavé, sont inondées de boue dans les tems de pluie; elle n'a ni fossés, ni murs, ni portes, & des troncs mutilés montrent qu'une forêt occupait autrefois la place qu'elle couvre: on la partage en 17 quartiers; on y compte 8 karavanserais dont 4 sont pour les Russes & les Arméniens: son territoire est abondant en coton, soie, riz & sucre.

*Medschedtisser*, port à 4 lieues de Balfrush; un bourg est sur le rivage; une riviere qui porte son nom y passe, & a formé près de son embouchure un banc de sable qui ne permet plus aux vaisseaux d'y entrer: mais un bon ancrage les met en sureté au dehors. Près du banc est une tour de pierre qui peut servir de fanal.

*Sari*, *Seri* ou *Saru*, ville bâtie par les anciens Persans; elle a été considérable, & ne fut ensuite pendant quelque tems qu'un monceau de ruines: on la rebâtit, & on y voit encore 6 tours qu'Hanway a pris pour des temples des anciens Guebres: 3 sont détruites, il parait qu'elles ont servi autrefois de tombeaux: son district est abondant en riz, en oranges, coton, sucre & soie: son nom signifie jaune.

*Djurdjan*, ville assez grande & peuplée: près d'elle se voient plusieurs pans d'une muraille qui avait cinq lieues de long; ses habitans conservent deux meules de moulin qui ont 60 coudées de circonférence.

*Aschraff*, *Aschrées* ou *Asiref*, & *Escref* selon Pietro della vallé, ville dans une situation agréable, à l'extrèmité d'une belle plaine: ce qu'elle a de plus beau est le palais bâti par Schah-Abbas I; il est dans le goût Italien : les avenues en sont plantées de pins & d'orangers : les jardins sont remplis d'arbres fruitiers les plus beaux, arrosés par des ruisseaux d'eaux vives qui se rendent dans des bassins de marbre & portent partout la fertilité & la fraicheur : au centre le ruisseau le plus abondant vient former différentes chûtes d'eaux ; on en illuminait souvent les bords. Les bâtimens en sont magnifiques : la salle du Divan est vaste & belle : ses murs, son plafond sont peints en azur avec des fleurs d'or : derriere, d'un mont escarpé, descend un ruisseau qui forme 3 cascades : le Harem a les mêmes ornemens, la salle des bosquets a de riches tapis & de mauvais portraits d'Abas I. Enfin un quatrieme bâtiment forme une espece d'observatoire d'où l'on découvre au loin le pays & la mer Caspienne ; il y a un jardin & une belle source d'eau : tout cela est dégradé aujourd'hui, le jardin est devenu une forêt qui semble orner des ruines. Le territoire de cette ville s'étend jusqu'à Astarabad ; composé de plaines & de montagnes, il rapporte de la soie estimée, toutes sortes de fruits, du riz, du sucre, du coton.

*Nur* est un district composé en grande partie de montagnes : ses plaines produisent du riz, du sucre, de la soie : ses montagnes du fer, de l'orge, des pâturages.

*Kerastarach, Kudschur, Asarscherib, Pendupei,* sont des districts où l'on recueille de la soie, du riz, des grains, du sucre : celui de *Savalku* est hérissé de montagnes, il est abondant en froment, en orge, & nourrit les meilleurs bestiaux de la province ; celui de *Lardschans* est surtout riche en cassé, en galbanum, en orge & en froment.

*Aliabad*, ville, chef-lieu d'un district, elle est moins connue par sa grandeur que par sa situation :

elle n'a pas de belles maisons, & elles ne sont pas en grand nombre; mais elle a un beau karavanserai, bâti par un particulier en faveur des commerçans: à peu de distance on voit les ruines d'un palais & d'un jardin royal qu'y avait fait élever Schah Abas.

*Amul* ou *Amol*, ville très-agréable sur l'Arasbéi, à 3 lieues du mont Taurus, dans une plaine où l'on dit que campa Alexandre: elle fut fondée il y a plus de 700 ans, par *Schah-Schak*, & reçut son nom de la fille de ce prince; on y voit un palais jadis magnifique, un pont de 12 arches, & les ruines d'une vieille forteresse; on y compte 800 habitans, ou cultivateurs, ou forgerons, ou travaillant à la fabrication de toiles de coton imprimées. Dans ses environs sont des mines de fer, & on y avait établi une fonderie de canons. Ses habitans, dès le mois de may, se retirent dans les montagnes, vivent sous des tentes, & y jouissent de vents frais & d'ombrages délicieux. Ses fortifications aujourd'hui ruinées, paraissent avoir été les plus régulieres de celles qu'on trouve en Perse. Son pont sur l'Arasbéi, fut bâti aux frais d'un riche ecclésiastique qui maudit tout homme qui le passerait à cheval, fut-il le roi même: aussi tout Persan, quelle que soit sa dignité, descend de cheval en l'approchant. Le territoire d'Amul s'étend au loin dans la plaine: on y cultive le riz & la canne à sucre; mais ses principales productions sont le coton & les prunes.

## LE GHILAN ou KHILAN.

Il fut une partie de l'ancienne Hircanie : située au couchant du Mezanderan, la riviere de Kifil-Oufan l'en fépare ; il s'étend circulairement le long de la mer Cafpienne, fermé par des chaînes de montagnes ombragées par le ciprès & d'autres arbres nourris par un fol gras, & prefque tous épineux ; ces monts font une continuation du Caucafe : fa plus grande longueur eft de 55 lieues ; fa largeur n'eft pas de 20 : dans cette étendue on trouve raffemblées les productions de divers climats, & de températures très-différentes. Dans la plaine l'air eft épais & chaud : c'eft un des pays les plus beaux, & des plus mal fains de l'univers : le tems y varie fans ceffe, clair au matin, il y pleut deux heures après ; fes habitans font maigres, pâles, languiffans ; les étrangers y périffent : on y recueille abondamment le vin fur des feps qui ferpentant autour des arbres s'élevent à une hauteur qui étonne ; l'huile, le riz qu'une chaleur humide, & des fources abondantes y font profperer ; le houblon, le chanvre, la foie qui eft une des plus grandes richeffes du pays, le tabac, d'excellens fruits, les mures, les grenades qui fe plaifent au bord de la mer, le melongène, le fumach, le poivre d'Efpagne y font fort communs. On compte dans un efpace peu étendu 250 torrens qui defcendent des montagnes, inondent au printems les chemins, & en été fe font appercevoir avec peine ; ils roulent au travers de pâturages admirables. La partie méridionale de la province fe nomme le *Dilem*, elle eft hériffée de montagnes arides dans leur pente méridionale, fertiles au nord : c'eft là que l'orange, le limon, la pêche profperent fans foins, mais ces fruits y font moins fains que ceux que la main de l'homme cultive : on y voit des orangers dont le tronc a 7 pieds de tour : leurs fleurs ont une odeur admirable qui se répand au loin : presque toutes les plantes y sont velues, presque tous les arbrisseaux épineux : la masse des monts est formée de roches, parsemées de cailloux, & de pierres cornées, disposées en couche : il y a des mines de soufre : sur leurs parties élevées on retrouve les plantes des Alpes, & les animaux qui les peuplent. Les loups, les ours, les sangliers, les cerfs, les chevreuils, les tigres habitent les forêts qui les couvrent ; le porc-épic & le blaireau y creusent leurs terriers ; l'écureuil, l'hermine, la marte y sont en grand nombre, la derniere devient noire en vieillissant, elle s'apprivoise & préfere le raisin à tout autre aliment ; le renard y est inconnu, mais le tschacal y fait entendre de toutes parts ses hurlemens : l'aigle qu'on nomme en Suisse *Lammergeyer*, y porte la désolation par ses rapines : il niche sur des rochers, s'élève tantôt à perte de vue, & tantôt rase la terre, son vol est quelquefois droit, quelquefois circulaire ; sa voix est un craquement désagréable. Sur ces montagnes où l'homme ne peut vivre pendant l'hiver, les habitans de la plaine se retirent en foule pendant l'été, conduisant avec eux une quantité étonnante de chêvres, de brebis à grandes queues, de chevaux, de vaches & de bœufs à deux bosses ; les bergers y rassemblent leurs cabanes de rocs entassés, & y forment des especes de villages ; ils sont vêtus d'une camisole qui leur descend jusqu'à la ceinture ; une culotte large vient s'y joindre, des souliers d'écorces d'arbres sont à leurs pieds : ils veillent sur leurs troupeaux, recueillent beaucoup de miel, font du beurre & des fromages : leur teint annonce la santé dont ils jouissent, ils deviennent vieux, médiocrement grands, & sont assez épais, leurs femmes sont fécondes, & leur état assez heureux ; ils voyent au-deſſus d'eux l'homme aiſé , au-deſſous le miſerable. Parmi ces peuples montagnards & dans la plaine on voit auſſi les Zigeuner ou Bohemiens qu'on y nomme *Kaulis*, & qu'on regarde comme un peuple haï de Dieu & des ſaints ; il vit errant & aux dépens de l'homme crédule qui le craint & l'écoute, & du produit de ſes rêves & de ſes friponneries. Sur le penchant méridional des montagnes on jouit d'une belle vue ſur les vaſtes plaines de l'Irac-Agemi : la julienne y embaume l'air ; la joubarbe y croît ſur la cime des rochers, & le pourpier y proſpere dans les lieux les plus arides ; les vallées que forment ces montagnes ſont expoſées à des ouragans, à des inondations fréquentes ; à leur pied, & près de la mer on trouve le *Smilax Chinœ* ou la Squine dont on mange les jets comme ceux de l'aſperge ; en divers lieux on remarque la ſenſitive en arbre.

Les montagnes du Ghilan où l'on ne peut pénétrer que par 4 gorges aſſez difficiles, furent habitées autrefois par les *Mardes*, nation indépendante qui vivait de brigandages ; elles le furent enſuite par les aſſaſſins qu'extermina Hulac ou Akhan : le peuple qui les habite aujourd'hui s'appella *Kilek* ou *Gyla*, & c'eſt de-là que quelques ſavans tirent l'étymologie de ſon nom ; mais il ſemble qu'il y a plus de vraiſemblance à le tirer de ſa ſituation, de la nature de ſon terroir. *Gyle* ſignifie une terre humide & fangeuſe.

Diſons encore que la tortue d'eau douce eſt commune dans les rivieres de ce pays : il en eſt de ſi grandes que quelques hommes peuvent ſe tenir debout ſur leur écaille ſupérieure, & être tranſportés avec elles dans leur lente marche : les Perſans les ont en horreur, & ne peuvent croire qu'elles puiſſent être un aliment pour l'homme : la plaine humide est infestée par les grenouilles & les crapauds, & leurs cris poursuivent l'homme jusques dans son sommeil.

*Reshd* ou *Recht* en est la capitale : elle est dans une situation agréable, au centre d'un pays & d'une plaine qu'occupait une grande forêt : des montagnes l'environnent au loin, elle est à deux lieues de la mer Caspienne, & arrosée par le Siaruthar, torrent qui descend des montagnes, & qui au printems peut porter des barques : elle n'a ni portes, ni murailles; une partie est formée de bâtimens de briques dispersés sans ordre; toutes ses maisons ensemble peuvent être au nombre de 2000, & elles sont couvertes de tuiles & de nattes, parce qu'il y pleut beaucoup; le palais du Khan en est l'édifice le plus remarquable: elles étaient cachées sous une multitude d'arbres que les Russes dans leur incursion abbattirent; ils y firent la paix avec Schah-Nadir en 1734 : autour on trouve un grand nombre de noyers dont le bois sert à faire des meubles; son commerce prospere, sa population est nombreuse, les étrangers de diverses nations y accourent ; c'est dans son sein qu'on apporte & qu'on achete les soies du Ghilan qui amene l'opulence dans le pays : les Turcs, les Russes y font circuler l'or ou les productions des arts : le riz qu'on y recueille, les marchandises des Indes & de l'intérieur de la Perse donnent une nouvelle activité à ce commerce.

La chaleur y est insupportable en été, elle affaisse, elle endort, elle est dangereuse lorsque le vent d'Arabie souffle : il est brûlant & infect, mais heureusement qu'il ne dure pas plus d'un quart d'heure: ceux qu'il surprend en chemin n'ont de ressource pour sauver leur vie que de creuser avec les mains un trou dans la terre, pour s'y tenir jusqu'à-ce que le vent soit passé.

La latitude de Reshd est de 36°. 40'. sa longitude de 68°. 45'.

*Massula*, ville qui n'a ni portes, ni murailles, mais qui est forte par sa situation dans les montagnes; on n'y parvient que par 3 sentiers étroits, les maisons y sont de briques liées avec la terre grasse, ou de terre grasse seule, leurs toits sont en forme de terrasses, & l'on peut s'y promener : un mur de terre les environne : on y forge & travaille le fer qu'on trouve épars autour de la ville sous la forme d'un ocre d'un rouge saffran; mais comme il est mal fondu, il est cassant. Aucun village n'est dans son territoire, l'on n'y voit que des chaumieres dispersées : les habitans que les forges n'occupent pas ont des bestiaux, & tannent des peaux de moutons, de bouc & de bœuf. Elle a été détruite par Kerim-Khan, & rebâtie ensuite, mais moins grande qu'elle n'était.

*Fomen* ou *Fumen*, ville à quelque distance des montagnes & de la mer, dans un terrain impregné de fer : le district qui dépend de cette ville renferme 140 villages.

*Kasma* ou *Kesma*, bourg au pied des montagnes & où il se tient des marchés très-fréquentés toutes les semaines; 20 villages sont dans son territoire où la *Trigonella* & le chanvre sont abondans.

*Kularut*, forteresse dans les montagnes. *Abaï*, village dans une vallée délicieuse : l'air y est assez sain, & le païsage très-agréable; il est au midi de Reshd : plus près de cette ville est celui d'*Arsevil*, bordé d'oliviers, & dont les jardins sont couverts de vignes : ses habitans sont hospitaliers.

*Tenkabun*, bourgade & district situé entre le Ghilan & le Mezenderan : un prince Georgien y commande, & y perçoit des tributs du voyageur souvent vexé par lui.

Tschuzdast

# DE LA PERSE.

*Tschuzdast*, grand village sur des hauteurs, au milieu des montagnes : il est environné de marais, & on y voit des plantes rares qu'on retrouve dans les Alpes, les Pyrenées, & même en Siberie : le printems y déploie sa riche parure, lorsque déja l'été brûle les plaines.

*Kesker* ou *Keskaer*, ville à quelque distance de la mer : un Naïp y commande, elle est voisine du golfe d'Enzelli.

*Schafft*, ville que le travail de la soie enrichit : ses champs sont fertiles en riz : l'on y trouve beaucoup de basilic, dont la graine sert à faire une boisson rafraichissante, & une espece de nenuphar dont le fruit se mange comme les noix : on y voit de grands vols de cigognes noires ou blanches, de hérons, de cormorans, de mouettes, de poules d'eau & beaucoup d'écureuils qui sont d'un gris de cendre sur le dos, qui ont le tour des yeux noir, la poitrine & le ventre blanc, la queue d'un gris noirâtre, marquée au milieu d'une bande blanche. Schafft n'est pas éloignée de la mer.

*Lenkeru*, ville, chef-lieu du Lahdja ou Lahijan, & encore *Lahidschaan*, dont elle porte aussi le nom : ses environs sont célébres par les soies qu'on y recueille : elle fut la capitale de la province ; Schah-Abas la conquit : située sur une hauteur, les montagnes qui s'ouvrent au midi y causent un courant d'air frais qui l'y renouvelle sans cesse, & y moderé les chaleurs ; c'est aussi le lieu le plus sain du pays : ses maisons sont grandes, mais une partie en est dispersée çà & là dans la vallée qu'elle occupe ; elle est divisée en 7 bourgs sur chacun desquels préside un Katchuda : le Naïp commande à toute la ville ; le Pischnamas-sale en est le chef spirituel ; ses environs sont très riches en soie & en riz ; son district est peu

Tome VIII.                  O o

plé, & s'étend dans la plaine & dans la montagne.

*Langarood*, bourg qui fut une ville située à 3 lieues de Lahidfchaan : il a un port fur la mer Cafpienne : près de lui le Swidura qui naît fur les frontieres de l'empire Turc, vient fe jetter dans la mer; fa courfe eft rapide, fes eaux font fi poiffonneufes qu'on n'a befoin que d'un rateau pour faire une pêche abondante ; mais les Perfans dedaignent la chair des gros poiffons, & n'en prennent que la veffie. Langarood eft située dans un marais ; fon port a fait la profpérité de Lahidfchaan, mais aujourd'hui on lui préfere celui d'Enzelli, & il dépérit tous les jours ; on n'y voit plus que des cabanes de rofeaux où fe retirent les mariniers, un pont fur le ruiffeau qui porte fon nom & une mofquée.

Cette province a quelques ports ; on y trouve le meilleur de tous ceux de la côte occidentale & méridionale de la province : celui d'*Enzelli* ou *Sinfilen* & *Senfili*, fitué fur une prefqu'île que forme le golfe de fon nom, là fe rendent un grand nombre de rivieres : la ville eft bâtie le long du rivage, divifée en vieille & nouvelle : on y compte environ 300 maifons, toutes quarrées, toutes faites de joncs, que le feu dévore en un inftant, que la pluie pénètre toujours : on y voit une églife Arménienne, une églife Ruffe, une mofquée, un vafte marché où l'on dépofe les marchandifes qui y arrivent de Ruffie & des autres provinces de la Perfe, plufieurs magazins. La prefqu'île où il eft bâti renferme plufieurs villages dont les habitans s'occupent à élever des vers à foie, ou à conftruire des barques ; le fol y eft tout de fable ; il y pleut pendant 3 mois, & c'eft l'hyver de cette contrée, rarement il y tombe de la neige, il eft plus rare encore que l'eau s'y gèle ; l'humidité y eft toujours incommode ; mais l'œil y eft réjoui par la riche parure de la terre; un grand nombre de plantes y fleuriffent toute l'année; des joncs flexibles y fervent à faire des nattes très-fines ou noires ou jaunes, des corbeilles, des bonnets, des éventails, &c. des plus gros on fait les maifons; les citrons y font très-beaux, & paraiffent y être dans leur pays natal; les arbres qui les produifent y fleuriffent toute l'année. On y voit arriver de grands vols d'oifeaux de paffage, des poules Perfiques, des francolins qui y demeurent toujours, une multitude de petits oifeaux variés par leur chant ou leur plumage; le porc-épi à panache y eft très-commun & y creufe des terriers longs & tortueux.

*Penibazar*, bourg à quatre lieues d'Enzelli: la riviere qui l'arrofe, & lui donne fon nom, fe jette dans le golfe de ce port célebre: il y a un karavan-ferai & un magafin public pour les marchandifes.

*Kudiffar*, ville & port: elle n'a plus que quelques cabanes difperfées.

*Kefmin*, ville où commande un Naïp.

## LE SCHIRVAN.

C'était une partie de l'ancienne Albanie, & de la Médie Atropatie ; elle est au nord du Ghilan, & est bornée par la mer Caspienne, le mont Caucase qui la sépare du Giurgistan, ou Georgie, & par l'empire Russe dont la riviere d'Axai est la borne : sa longueur est de 60 lieues ; sa largeur est moindre ; ses habitans sont un mélange des nations voisines, & elle renferme des Tartares vagabonds, qui ne vivent que de brigandages. Abas I le conquit : les Russes s'en étaient emparés, & l'ont rendue : elle est montueuse ; l'hyver y est rigoureux ; cependant les prairies sont vertes encore au mois de décembre, & jusqu'alors les oiseaux y chantent : on n'y ramasse pas du foin, le bétail y paît toute l'année ; les vignes y sont plantées çà & là, sans soins, sans labour, le long des haies, & attachées à des arbres qu'elles couvrent jusqu'aux extrémités des branches, d'où les sarmens pendent de 3 ou 4 aunes ; en quelques endroits elles sont basses : le pays est riche en gibier : on y trouve le tschakal couvert de laine au lieu de poils, ayant le ventre blanc, les oreilles noires, la queue plus petite que celle du renard, & criant sans cesse la nuit. On s'y sert peu des chevaux, & beaucoup des bufles ; ils trainent & ne portent pas ; on les nourrit de senégré ou de fenouil grec dont les champs entiers sont couverts, qu'on coupe vert encore, & ils mangent l'herbe & le grain ensemble. Le lait des femelles est très gras ; c'est avec ce lait qu'on fait du beurre : c'est avec celui de brebis qu'on fait du fromage. Les vallons, les forêts y nourrissent des lievres d'une vitesse extrême, des sangliers, des ours, des loups, des renards, des chevreuils, deux especes d'hermines dont la plus petite ne change point de couleur en hyver : entre les rocs, & dans les ruines des maisons on trouve la belette nommée en latin *mustela putorius*. La *squine* qui appartient à la famille du smilax, croît dans ses campagnes sans culture. Un grand nombre de ses habitans vivent sous des tentes, & errent çà & là avec leurs troupeaux. L'Albanie fut autrefois un royaume assez puissant. Tacite dit que ses peuples descendaient des Thessaliens, compagnons de Jason ; eux se prétendaient issus des Romains, & devoir leur nom à Albe : on peut ne rien croire de tout cela. Ce qui est certain, c'est qu'ils étaient chasseurs & guerriers; leurs armes étaient le trait, la flèche, la cuirasse, le bouclier & le casque : ils avaient, dit-on, 26 idiomes différens, & vénéraient la lune qui y avait un temple. Des prêtres errans dans les forêts étaient saisis, traités avec magnificence, parfumés, puis immolés, & l'on consultaient les Dieux dans leurs entrailles palpitantes : les Albaniens honoraient la vieillesse, négligeaient les cadavres, & enterraient avec eux tout ce qui leur avait appartenu.

Parmi les montagnes du Schirvan, on remarque celle de *Barmach* : elle est à demi lieue de la mer, sa hauteur domine sur les monts voisins : de son pied à la mer on avait fermé le passage par deux murs, éloignés de 300 pas; c'est là que les habitans se refugiaient en tems de guerre ; elle présente des deux côtés d'un rocher escarpé deux rocs qui s'élancent vers le ciel en forme de doigts : un chemin conduit à sa cime ; l'herbe y est haute encore en décembre, mais couverte de glaçons : il y fait très-froid, tandis qu'au pied le tems est fort doux : au pied du roc est une plaine de 50 toises en quarré, qui à son centre a un puits, revêtu de pierres, entouré de ruines, de murs épais flanqués de tours, environné de fossés ; plus haut il y a encore un fort où des lézards habitent : au-dessus est un roc informe où est une caverne qu'on dit avoir été l'asyle d'Elie, & où est une source : à côté sont des rocs inaccessibles qui ont la forme de doigts ; aux trois quarts de la hauteur du plus grand est une source d'une eau limpide & glaçante, qui tombe en filets au bas de cette roche effrayante par sa hauteur & sa masse presque perpendiculaire (*) : à mille pas de-là on trouve dans l'angle d'un rocher diverses figures gravées : dans l'une, une femme présente une fleur à un héros qui la reçoit, dans une autre on voit un prince couvert d'une mitre offrir un anneau à un homme couronné comme lui, qui lui présente son doigt : ce lieu est obscurci par le feuillage des figuiers, & inondé par plusieurs petites sources d'où sort une eau limpide. On appelle ce monument *Bemeh-delek*, & aussi *Simulacres de Rustan*. *Scamachie*, *Sjmachia* ou *Shamaki*, nommée par Ptolémée, *Mamechia*; grande ville qui fut peuplée & commerçante, entourée de murs, située dans un vallon formé par deux montagnes qui s'étendent à 7 lieues plus au midi : elle est à 10 lieues de la mer Caspienne dont des montagnes escarpées la séparent : dans sa partie méridionale étaient des boutiques & un bazar où aboutissaient plusieurs rues couvertes : non loin de-là étaient deux grands magasins avec des chambres, des galleries pour loger les marchands étrangers ; l'un pour les Russes qui y déposaient de l'étain, des cuirs, des fourrures, &c. l'autre pour les Circasses qui y amenaient des chevaux, des

---

(*) Gmelin l'appelle *Bischharmak* ou les 5 doigts : il dit que son roc est mêlé çà & là de selenites & de cryftaux, qu'on n'y trouve ni bâtimens, ni forts, & qu'il est à peine croyable qu'il y en ait eu sur ces rocs escarpés. Cependant tous les voyageurs précédens l'ont vue.

femmes, de jolis garçons, de belles filles dont ils trafiquent. Les Juifs s'y retiraient & y apportaient les plus beaux tapis de laine de tout le pays. Aujourd'hui elle n'a plus la même splendeur; ses rues sont étroites: la plupart de ses maisons sont de terre grasse mêlée de pierres brutes; les plus hautes ont deux étages, & l'on n'y compte qu'environ 1000 familles tartares, persanes ou arméniennes, dont chacune paye annuellement environ 400 livres au kan; la soie qu'on recueille dans ses environs, celle du district de Kaballa, celle qu'on y travaille, ainsi que le coton, ont fait son ancienne prospérité, & la rétablissent encore tous les jours, malgré la tyrannie qui l'accable & y opprime le peuple: ses murs abattus sont encore sa seule défense. Sa partie supérieure où réside le khan, a un rempart, un mur & quelques canons, elle avait 60 mille habitans avant que Nadir-Shah l'eût ravagée en la reprenant sur les Russes: on n'y voit aucun vestige d'antiquité; le ruisseau de Pusahat coule auprès, & l'on y trouve une quantité étonnante de tortues d'eau douce. Le plan de la ville est irrégulier & forme un pentagone allongé.

Nadir-Shah, après avoir dévasté l'ancienne Scamachie, en bâtit une nouvelle à 9 lieues de-là; elle exista jusqu'en 1769 que Feth-Ali-Kan du Kuban qui commande dans ces contrées, la détruisit entièrement & en transporta les habitans dans l'ancienne. Entre ses ruines & Scamachie, on trouve 5 villages d'Arméniens qui y ont deux couvens; ils y cultivent des vignobles qui donnent de l'excellent vin rouge & blanc: la contrée qui l'environne seroit une des plus fécondes, des plus fortunées de l'univers, si le despotisme n'y éteignait toute activité, & n'y répandait la misère; elle produit toutes sortes de fruits délicieux; du coton, du saffran, &c. le pain y est admirable, & tout y est à bon marché. Elle est ceinte de montagnes presque de toutes parts : à une lieue au nord, on trouve les ruines d'une place forte, & une voûte souterraine sur une montagne escarpée qui domine sur une vallée arrosée par un torrent, qui est presque toujours couverte de fleurs, & surtout de tulipes : de-là vient sans doute le nom de ces ruines, *Kale-Kulestan*, ou *Kaleh Gulistan* (château aux roses) : plus loin, sur deux monts, sont deux chapelles qui couvrent des tombeaux révérés : on y voit le village de *Kirkins*, habité par 200 familles. C'est là que les gens aisés viennent passer l'Eté sous des tentes : les artisans de Scamachie s'y rendent pendant le jour dont on ne peut supporter la chaleur dans la ville, & ils rentrent le soir dans leurs maisons. Plus loin encore est la montagne d'Elbours où l'on mene paître les troupeaux, où sont d'excellentes prairies, où l'on jouit d'un air tempéré : c'est une partie du Caucase; elle est très-élevée & les Parsis y entretenaient le feu sacré. Des monts qui dominent la ville on voit la vaste plaine où serpentent le Kur & l'Aras ; on y remarque les eaux noires & profondes du premier, ses rives sont bordées de hameaux bâtis de roseaux & de cannes, & couverts de terre. Au sommet de ces monts est une belle & fertile plaine, couverte de neiges durant l'Eté & exposée aux orages : à leur pied on trouve des tiges de réglisse grosse comme le bras. Les tremblemens de terre y sont assez fréquens ; l'un d'eux fit écrouler une partie d'une montagne voisine, qui montre les couches circulaires dont elles sont composées : la plus basse est d'un limon brun, la seconde d'une terre noire, la troisieme d'argille, la quatrieme d'un sable blanc, la cinquieme de limon, la sixieme d'un assemblage de coquillages marins ; la septieme d'une terre limoneuse, la huitieme d'un amas de gravier que recouvre une terre couverte de gazon.

La longitude de Schamakie est de 67°, 10'; sa latitude de 40°, 40'.

*Eris*, *Eres* ou *Aras*, ville sur les frontieres du Gurgistan, au pied d'une montagne : elle tombe aujourd'hui en ruines. Au nord d'Eris est la petite province du Tabesseran, habitée par des Tartares, terminée par une chaine de montagnes qui se termine elle-même à Derbent, qui est une branche du Caucase, & qu'on nomme les monts *Usmeiniens* ou *Usmeïens*.

*Derbend* ou *Derbent*, ville dans un défilé étroit & sur la pente des monts dont nous venons de parler, au bord de la mer Caspienne ; on dit qu'elle fut fondée par Alexandre & augmentée par Nourschivan : peut-être n'a-t-elle été bâtie que par l'Emir Gallilula. Sa situation fait qu'elle a une lieue de long, & à peine 450 pas de large : ses murs sont hauts & épais, bâtis d'une pierre composée de coquilles broyées & de grès battu & mastiqué, qui font un tout plus dur que le marbre : elle a une citadelle placée sur une éminence, entourée de hautes murailles & de tours voûtées où l'on dépose les munitions de guerre, & dont on fait des arsenaux : là demeure le Khan & plusieurs marchands Arméniens : son port est assez fréquenté, mais il est incommode, peu sûr, & ne peut y attirer, y fixer un grand commerce : ses habitans sont commerçans, artisans, laboureurs ou pâtres ; on y compte environ 4000 familles : ses murs, ses maisons sont bâties sur le roc : elle n'a point d'édifices remarquables. Pour défendre l'entrée du pays, on avoit bâti un mur au travers des montagnes & des vallées, fortifié de tours & de forts dont on voit encore les ruines : il s'étendait à 50 lieues de-là, & vraisemblablement jusqu'à la mer Noire : cette ville tire du Ghilan & de Schamachie des étoffes de soie & coton qu'elle échange chez les Tartares Lesgiens, & Gorskiens contre une sorte de laque qu'ils recueillent dans leurs montagnes : elle envoye aussi dans les provinces voisines beaucoup de saffran qui croit abondamment dans ses champs où l'on sème peu de grains. L'Eté y est très-chaud, l'hiver très-froid; les maisons n'ont aux fenêtres que des treillages de bois ; ces maisons sont quarrées, séparées les unes des autres par des murs ; des trous pratiqués dans l'intérieur des murs y tiennent lieu d'armoires & de buffets. Dans les environs les monts forment de belles vallées, & ces monts sont couverts de chênes, de bouleaux, de mûriers blancs & noirs, &c. Ils sont abondans en sources & en coquillages pétrifiés; ses jardins s'étendent au midi, le long de la mer : l'art n'y a rien fait, mais la nature y est prodigue : le vin y est bon, fort, & se conserve longtems, quoiqu'il soit mal préparé : la vigne y prospère sans soins; les fruits y sont excellens & très-variés, la balsamine y est commune & sert à divers usages, surtout pour se colorer les doigts, les ongles & les cheveux ; on y cultive aussi une plante inconnue dans nos climats, dont la semence vient de la Perse intérieure, qu'on y nomme *Nochotte*, qu'on y mange crue ou cuite comme les pois, & qui mêlée au sucre forme une confiture recherchée à la table des grands. Autour de la ville on trouve un nombre incroyable de tombeaux chargés d'inscriptions en différentes langues.

Il parait que ce que les Romains appelloient *Portæ Caspiæ*, n'est point ce qu'on nomme aujourd'hui *Portes Caspiennes* ; les premieres étaient un défilé du mont Caucase qui conduisait de la Sarmatie en Iberie; les secondes sont un défilé dans les montagnes qui régnent au midi de la mer Caspienne.

*Baccu* ou *Bakuu*, ville qui par sa situation parait être la *Getara* de Ptolemée : ses murs, son nom annoncent qu'elle est antique : les Persans font venir ce dernier de *Baad-Kuub*, vent de montagnes, parce que des monts voisins le vent descend avec violence, & ébranle ses maisons. Elle s'étend de la pente de ces monts à la mer, forme un quarré irrégulier, est entourée d'un double mur, flanqué de demi tours presque détruites par les flots, & de fossés peu profonds & remplis d'eaux : deux rivieres coulent à ses côtés & l'une forme son port : vers la mer, ses murs sont de briques, ailleurs ils sont de terre, ils se prolongent assez avant dans la mer, & forment une espèce de digue du côté du port, fermé de l'autre par un promontoire qui s'avance au loin : les vaisseaux Russes, Circasses, Perses, Usbecks y sont en sûreté. La partie de la ville au-dessous des monts est remplie de maisons ruinées, & n'est habitée que par des paysans misérables : parmi ses bâtimens on remarque le karavanserai, bâtiment à 8 faces, construit en voutes de pierres polies, ayant au centre une grande cour, environnée d'un balcon soutenu par de belles colonnes, & au dehors par des boutiques. La magnificence de la place publique est dans sa grandeur : vers la mer est une tour immense, presque informe, présentant un front circulaire au rivage : elle paraît avoir été somptueuse & annonce une grande antiquité. Près de-là est un beau palais bâti d'une pierre blanche & polie, si bien jointe qu'on le croirait fait d'un seul rocher : sur ces deux portes on voit deux lions séparés par une tête de chameau ; on y lit deux inscriptions en arabe ; le fort qu'y ont bâti les Russes est encore en bon état ; les maisons sont ou de briques ou de terre ; ses rues sont étroites, & sans pavé : ses habitans issus d'un mélange de Tartares & de Persans vivent de peu, sont oisifs, simples, plaisans, difformes, cacochymes ; leur vifage est pâle, leurs yeux chassieux ; une eau stagnante, ou imprégnée de nitre est la seule qu'ils boivent ; ils en ont encore d'autres, mais le naphte en couvre la superficie ; l'agriculture y est presque abandonnée, la terre y est sablonneuse & aride, & les plantes qui y croissent sont souvent dévorées par les sauterelles : il y a quelques artisans ; on y file, on y fait des étoffes de laine : les Usbeks partent du port de Minkislak pour y apporter des légumes qu'ils échangent contre du sel & du naphte ; on y apporte du riz & des grains d'ailleurs ; on y cultiva autrefois beaucoup de safran, & on y trouve encore des jardins où croissent des melons, des figues, des grenades, des raisins ; le gros bétail y est en petit nombre, & on le transporte dans l'île de *Kesra* ou de *Narghins* qui en est voisine ; les moutons errent dans ses campagnes stériles, & la chair en est excellente ; on les abbreuve dans des fosses qu'on creuse près de la mer ; mais bientôt l'eau qui filtre au travers des sables devient salée. Baku a aujourd'hui un khan particulier qui reconnaît l'autorité de celui de Kuban soumis au pouvoir du roi de Perse. Sa latitude est de 39°. 30'. Près d'elle est la péninsule d'*Okesra* ou *Ocetra*, ou plutôt encore *Apscheron* ; elle a 4 lieues de long, une de large, est montueuse au nord, unie partout ailleurs, & semée de marais salés ; son sol est stérile, ici sablonneux, là marécageux ; on y voit des rocs formés de débris de corps marins, comme les monts de Schirvan, & tels qu'on en trouve même sur les sommets du Caucase. Cette péninsule n'est accessible que par une roche peu escarpée, près de laquelle sont les ruines d'un château antique, voisin du tombeau d'un Iman : des figuiers sortent de ses fentes ; à quelque distance est un champ couvert de sable blanc & de cendre, d'où s'élancent en divers endroits des flammes impétueuses ou tranquilles, quelques-unes légéres & bleues ; on peut les allumer lorsqu'elles s'éteignent. A deux mille pas plus loin, entre le nord & le couchant, on trouve un lieu obscur dans lequel est une espece de lac long de cent pas, large de 50, d'un fond argilleux ou marneux, & glissant, dans le milieu duquel est de l'eau salée ; à son extrêmité vers le couchant sont deux puits distans de quelques pas, profonds d'environ 40 toises, dans lesquels le naphte auquel on donne l'épithete de blanc, quoiqu'il soit jaune & transparent, suinte goutte à goutte : il en est un troisieme, mais il est épuisé : ce naphte exhâle une vapeur subtile qui s'enflamme à la plus faible étincelle : les habitans se servent utilement de ce feu pour faire la chaux ; ils creusent la terre, y placent des pierres calcaires qu'ils recouvrent de terre qu'ils allument : bientôt tout est enflammé & les pierres calcinées : on tirait autrefois ce naphte de Suse, de Babilone, d'Arbele, d'Ecbatane ; il sert pour le vernis qu'il rend éclatant & durable. Une lieue plus loin, au couchant, on trouve des sources de naphte noir ; le sol qui les environne répand une odeur insupportable ; la matiere semble descendre des monts Caucase, & couler par différens conduits ; plusieurs puits sont autour, les uns creusés inutilement, d'autres déja épuisés ; quelques-uns donnent du naphte encore ; il s'y rend avec le bruit d'un torrent, & on l'en retire par le moyen d'une machine mise en mouvement par deux chevaux : ou le met dans des peaux de mouton, des chars en transportent sans cesse à Scamachie & à Baku ; on en charge des chameaux pour le porter dans la Medie, des barques pour en fournir l'Hircanie, le pays des Uzbecks, la Circassie, le Dagestan ; il y sert dans les lampes au même usage que l'huile : cet endroit n'est pas le seul où on en trouve, mais c'est le meilleur; on le recueille & le vend pour le compte du roi qui en retirait annuellement plus de 100 mille écus. A quelque distance est un petit monticule haut de 3 toises, formé de terre & de bitume, au haut duquel est un lac de 50 pas de tour, rempli d'une eau noire & salée qui bouillonne, & se couvre d'une écume noire qui paraît être la crasse du naphte; ce lac est d'une profondeur effrayante, la terre semble trembler sur ses bords; au bas sont diverses sources d'une eau claire, & plus ou moins chargée de sel. Plus au nord est un mont presque rond, haut de 20 toises, d'où s'exhâle sans cesse une vapeur épaisse, bitumineuse & noire: on y voit un petit lac où coule rapidement une eau limpide, mais très-salée: au sommet est un champ fertile: de sa pente au midi & au couchant coule un naphte grossier que le soleil dessèche, & dont les habitans se servent pour chauffer les bains; le feu en est noirâtre & dure longtems. Près des monts qui séparent cette péninsule du continent est encore un monticule haut de 8 toises, ayant la figure d'un cône tronqué, escarpé, aride, ayant au sommet une argille détrempée qui coule sur sa pente & l'accroît sans cesse; on le nomme *Jugtopa*: à quelque distance est un lac d'une lieue de tour sur les bords duquel on voit 4 hameaux habités par des pâtres & des ouvriers: sur sa surface, les rayons du soleil forment des lames du sel le plus blanc & le plus pur qui tombent au fond de l'eau, d'où on le tire avec un rable ou rateau, pour le transporter en diverses provinces. Cette péninsule a encore quelques autres villages.

 Hanway raconte qu'il y a près de Baku de petits temples où sont des autels d'où sort une flamme bleue & légere que les Indiens adorent: ils disent que ce feu exista toujours, & qu'il s'entretient de la graisse du diable que Dieu y précipita : ils y vont en pélérinage, le corps jauni de safran ; ils n'y vivent que de céleri sauvage, & d'une espece d'artichaut de Jérusalem : si l'on creuse le sol des environs à la profondeur de 2 à 3 pouces, & qu'on y applique un charbon allumé, il s'enflamme, mais sans s'embraser, ni se consumer. Voyez aussi ce qu'en dit S. G. Gmelin.

*Niasabad*, peut-être *Nisovié*, bourg voisin de la mer, près de la rive méridionale du Samura, nommé autrefois *Albanus* : son port est assez fréquenté.

*Kuba*, ville qui n'a pas un quart de lieue de circuit, environnée de murs & de tours, ouverte au nord-ouest pour recevoir le Kuba, riviere qui lui sert de murs, parce que ses bords sont très-escarpés : on y commerce en quincailleries ; ses habitans sont Tartares ; au dehors, sur la rive opposée du Kuba, est un bourg habité par des Arméniens & des Juifs ; ses environs sont remplis de villages ; l'agriculture, le soin du bétail, celui des abeilles, occupent leurs habitans : les monts de *Schat*, peuplés d'hommes qui s'appuiant sur les rocs qui les défendent, méprisent l'autorité du khan, & affectent une entiere indépendance, en sont à une lieue, & paraissent élever au-dessus d'elle leurs sommets blanchis de neige. Kuba est la résidence du khan qui commande à Scamachie, à Derbent, à toute la province, & il en prend le titre.

*Bildih*, bourg voisin de la mer Caspienne.

*Accmetli*, village près duquel on voit un terrein qui brûle sans cesse ; il est rempli de naphte qui a les mêmes sources que celui de la péninsule dont nous avons parlé ; çà & là on voit dans le pays des lacs, où le sol se crystallise en cubes : des troupeaux de chevreuils paissent dans ses campagnes, quoique toutes les plantes y paraissent brulées.

*Kablas-wer*, ville qui fut l'ancienne *Cabalaca*, principale ville de l'Albanie : la Samura l'arrose.

*Bael*, nommé par les Russes *Schachow-Rihok*, marché royal ; c'est une presqu'île où l'on a compté 70 sources d'un naphte grossier ; mais il n'en est qu'une qui soit bien considérable.

*Pyrmaraas* ou *Pyru-Resah*, village presqu'au pied du mont Kisaku, & où l'on voit le sépulcre du Seid Ibrahim, homme révéré des Persans. Tamerlan le respecta, lui qui ne respectait rien ; il est entouré de murs, & ressemble à une forteresse : il a deux cours, des appartemens voûtés, éclairés par de petites fenêtres : on y voit différentes tombes : celle d'Ibrahim est élevée de deux pieds, & couverte d'un tapis de damas jaune, ou de drap vert, selon le Bruyn : à sa tête & à ses pieds sont des cierges allumés & des lanternes posées sur des chandeliers de cuivre : des lampes pendent de la voûte. Dehors le village, dans un roc semé de coquilles où l'on a pratiqué plusieurs chambres, est la tombe du précepteur d'Ibrahim, nommé *Taribabba* : le frontispice du bâtiment est beau : on habille le saint tous les ans, & quand il a sa robe neuve, on partage tous les morceaux de la vieille aux pélerins qui s'en saisissent avidement. Ces saints font des miracles.

*Jarvet* ou *Tzarvat*, grand village au bord du Kur : on y voit beaucoup de jardins entourés de saules, où croissent d'excellens melons, & qu'ombragent des meuriers blancs ; on y fait & dévide beaucoup de soie ; près de lui se joignent l'Aras & le Kur, on y traverse celui-ci sur des barques, & de-là vient son nom ; *Tzervat* signifie *le Passage*.

*Sallian*, ville située sur le Kur, fleuve rapide qui s'y sépare en plusieurs bras, & se rend à la mer par diverses embouchures ; son district renferme un
grand

grand nombre de villages répandus fur les deux rives du fleuve, & qui font habités par les Perfans & les Tartares: on y voit peu d'Arméniens, & par cette raifon on y voit peu de beaux jardins, & point de vignobles cultivés: diverfes fources y forment de petits lacs dont l'eau imprégnée de naphte & de fel a un goût amer, & paraît bouillonnante: l'été les defféche, & ils laiffent une couche de fel fur le lieu qu'ils occupèrent; le peuple croit que l'eau de ces lacs eft falutaire pour diverfes maladies. Tout ce diftrict eft remarquable par le fel qu'il produit: la rive occidentale du Kur en paraît fouvent couverte: le mufle de veau y fournit une huile excellente par fon goût, agréable par fon odeur.

*Kabulla*, diftrict qui confine à celui de Sallian : fous Shah-Nadir, il était indépendant: aujourd'hui, il élit encore fon chef, mais ce chef reconnaît l'autorité du khan de Kuba.

## LE GURGISTAN.

Le Kaket & le Karduel font les parties de la Géorgie ou Gurgiftan qui dépendent de la Perfe, ou du moins qui en ont dépendu, car nous ignorons fi elles n'en font pas aujourd'hui indépendantes.

Le *Kaket* eft la partie orientale du Gurgiftan, il comprend une partie de l'ancienne Ibérie : il a 60 lieues de long, 30 de large; l'air y eft plus fain qu'en Mingrelie, mais les habitans n'en font ni plus libres, ni moins miférables. Il y avait, dit-on, autrefois des villes confiderables, détruites enfuite par des peuples fortis du Caucafe; tels étaient les Alains, les Vandales: le pays des Amazones s'étendait jufques-là, & peut-être les princeffes de ce pays, dont l'ufage eft de monter à cheval, ainfi que les hommes, de fe faire suivre par des personnes de leur sexe, portant des armes & un poignard à la ceinture, ont été l'origine de cette histoire. La soie est la seule richesse du pays: il est couvert de meuriers : l'Iori l'arrose & se jette dans le Kur : ses habitans négligent l'agriculture & vivent sous des tentes. Le viceroi, qui est toujours un descendant des anciens rois du pays, réside à *Kaket* ou *Kaketi*, bourgade ou ville. Vers le nord, près du Caucase, est le château fort de *Bactriani*.

Le *Karduel* est plus abondant & plus peuplé ; il s'étend au couchant & au midi du Caket, a près de 80 lieues de long, environ 50 de large ; c'est un pays coupé de forêts, de plaines, de montagnes : l'été y est plus chaud qu'en Perse, & l'hyver y est plus froid ; les terres y sont très-fertiles, quand on peut les arroser : tous les fruits d'Europe, le vin, le bétail, le gibier, la volaille, le poisson, le porc y sont excellens & très-abondans : on y élève beaucoup de vers à soie : la vigne y couvre les arbres : d'ailleurs on y connait peu les arts, & il y a peu de commerce : on y voyait autrefois un grand nombre de villes, détruites comme celles du Kaket ; leurs restes persuadent qu'elles étaient magnifiques. Les habitans sont ignorans, paresseux, fripons, ivrognes, impudiques, fiers, vindicatifs, perfides ; on ne leur accorde que du courage, de l'esprit, une espece de politesse : leur religion est superstitieuse, la morale n'y est rien, les petites pratiques en font l'essentiel, & elle ne les rend pas même décens. Ils associent des idées prises des Mahométans avec leur christianisme : le pays est semé d'églises placées sur des hauteurs ; on les salue de loin, & on ne les visite point : leurs princes qui se disent issus d'*Ouptos*, septieme descendant de Noé par Japhet, deviennent Mahométans quand la Perse l'exige. Les nobles tirannisent le peuple, & font de leurs enfans des esclaves qu'ils vendent aux Persans avec leur bétail. Nadir Schah ayant chassé les Turcs du Karduel, donna à *Teimouras*, roi du Kaket, le commandement général du Kardouel, de l'Erivan, & de l'Ajerbijane : son fils *Heraclius* étendit au loin les frontieres de ses états, & fit la guerre avec gloire; il doit regner encore aujourd'hui.

On divise le *Karduel* ou *Cargwel*, nommé aussi *Kartalinie* par les Russes, en 4 parties, qui sont le *Karduel propre*, le *Lautai*, le *Son-Kwiti*, & le *Satabago* : une partie de celui-ci appartient aux Turcs. Le Kur est la principale riviere du pays. Nous décrirons ici quelques-unes des villes qu'on y trouve. *Teflis*, *Tblisi*, nom qui désigne qu'il y a des eaux chaudes minerales, & est le même que *Tepliz* dans la langue Slavonne, ville appellée *Cala* par les Georgiens, située au pied d'une montagne, sur un des bras du fleuve Kur : les maisons qui sont au bord du fleuve sont assises sur le roc : là elle est sans remparts; partout ailleurs elle en est environnée : on y trouve des palais : celui du *Mepe* ou roi est en partie composé de plusieurs grands sallons qui donnent sur le fleuve, & de vastes jardins, où de beaux arbres entretiennent l'ombre & la fraicheur : de l'autre côté est une grande place entourée de boutiques; elle touche à un Bazar très-propre, bâti en pierres. La ville a plusieurs karavanserais bien décorés, & quelques bains; mais on préfere ceux de la forteresse bâtie sur le penchant de la montagne. Ceux-ci sont très-chauds & sulfureux. Près de la forteresse est une mosquée; mais il n'en est aucune dans la ville; les habitans n'en veulent pas, & les Perses leur permettent de le vouloir pour se les attacher; ils leur permettent encore de sonner les cloches, de vendre du porc & du vin en public pour la même raison. On y compte 14 églises dont 8 sont desservies par les Arméniens que les Géorgiens regardent comme les Juifs. La cathédrale appellée *Sion*, est un édifice très-ancien, bien-conservé, situé au bord du fleuve, construit en pierres de tailles ; il est composé de 4 nefs ; au milieu s'éleve un grand dôme soutenu par 4 pilastres, & couvert d'un gros clocher : elle est barbouillée de mauvaises peintures. Les maisons ordinaires sont basses, solides, la plupart de briques, & mal éclairées : ses rues sont pavées & le sont mal ; les capucins y ont une maison protégée par le prince. Cette ville est fort peuplée ; on y commerce en soie, en fourrures & en *boia*, racine qui sert à la teinture. Ses environs sont fertiles en grains, peu abondans en fruits, & embellis par des maisons de plaisance.

*Sofi-Abad*, maison royale, dans une position agréable, sur une colline coupée en larges terrasses, ornées de cascades & de canaux, embellies par les fleurs qui embaument l'air, ou des fruits qui réjouissent la vue : auprès est le grand village de *Soganlou* sur le Kur.

*Suram*, forteresse grande, bien construite, défendue par 100 hommes : autour d'elle est un bourg : elle est voisine de la plaine de *Semaché*, ou des trois châteaux, contrée riante, bien cultivée, couverte de bosquets, de collines, de jolies maisons, de châteaux & de villages ; là disent les habitans, vint habiter Noé, en sortant de l'arche.

*Calicala*, ville presque ruinée entre des plaines fertiles & plusieurs villages.

*Gory*, forteresse sur une éminence ; sa situation fait sa force : au dessous d'elle dans une plaine entre deux montagnes, s'est formé un grand bourg dont les maisons & les bazars sont construits de terre : ses habitans y sont marchands & assez riches ; les vivres y sont abondans, rien n'y est meilleur que les porcs qu'on y nourrit, & ils y sont en très-grand nombre. Le Kur l'arrose; près d'elle passe la Legvie.

*Aly*, bourg fortifié, situé entre des montagnes qui forment un peu au-delà un défilé étroit, qu'on ferme avec une grande porte de bois : autour sont de beaux villages & des champs bien cultivés. *Surham*, gros village dans une belle plaine couverte de petits bois, de villages & de maisons.

*Cazac-Loré*, ville sur une petite riviere qui se jette dans le Kur : elle est peu considérable & est sur les frontieres de l'Erivan. C'est la capitale du pays de Casac, dont les gouverneurs sont leurs princes naturels, comme en Georgie : le Casac a 6 lieues du nord au sud, il en a davantage de l'orient à l'occident, & renferme des montagnes âpres, & toujours couvertes de neiges, des sources abondantes, de petites plaines d'une fertilité extraordinaire, un grand nombre de villages, la plupart situés sur des hauteurs. Les habitans descendent des Cosaques, & sont des montagnards fiers & indociles.

*Dalyjan* est un bourg du Casac, arrosé par la riviere d'Acalstapha, au pied d'une montagne affreuse : on y compte 300 maisons, dont la plupart sont des cavernes creusées en terre, & dont le toit ne s'éleve pas même jusqu'au niveau de la campagne : par-là elles sont chaudes en hyver, fraiches en été, & moins exposées aux attaques des voleurs.

## *L'ERIVAN* ou *l'ARMENIE PERSANE.*

L'Arménie a 220 lieues de long sur près de 80 de large : c'est un pays montueux, entrecoupé de vallées fertiles : l'air y est très-sain ; le vin qu'on y recueille est bon ; c'est à force de travail que le sol y produit des grains, & la charrue y eſt attelée de 10 à 12 paires de bœufs pour faire des ſillons profonds; il faut arroſer ſouvent les campagnes; les fruits y ſont tardifs; l'olivier ne peut y proſperer; l'hiver y eſt long & rude, les neiges fréquentes, & il en tombe quelquefois dans le mois de Juin : on trouve même de la glace aux environs des ſources dans le mois de Juillet, avant le lever du ſoleil; mais durant les jours de ce mois, la chaleur y eſt très-forte : l'âpreté du froid oblige les cultivateurs d'enterrer les vignes, & ils les déterrent au printems; les fruits y ſont communs; le gibier & le poiſſon y ſont abondans. L'Araxe, ou Aras, & le Zanguis l'arroſent : ce dernier vient du lac de *Sevan* ou du *Daria Schirin* qui eſt à plus de 20 lieues d'Erivan : ce lac eſt profond, il a 25 lieues de tour; il nourrit 9 eſpeces de poiſſons : ſes truites & ſes carpes ſont célèbres dans les pays voiſins. Du centre s'élève une Iſle où l'on a bâti un monaſtère dans le onzieme ſiecle : il exiſte encore : ſon chef prend le titre de patriarche, & ne reconnait point l'autorité du patriarche d'Arménie. On dit que l'arche de Noé s'arrêta en Arménie ſur un mont nommé *Agri* par les Perſans, *Macis* ou *Mezeſan-ver* par les Arméniens; il eſt très-élevé, inacceſſible, toujours couvert de neige : on dit qu'il y eut un chemin qui conduiſait au ſommet, mais qu'un tremblement de terre l'a détruit, & qu'on y voyoit le reſte de l'arche : du tems de Joſeph on diſtribuait la poudre dont elle était enduite : toujours les fripons ont profité de la crédulité des ſots : ce mont s'appelle encore *Coub-Noub*, ou *Kuſſi Nuſſ*, mont Noé, & *Sabat-Toppus*, heureuſe butte : la plaine qui l'environne eſt très-fertile & agréable : on y trouve des champs couverts de tabac, toutes ſortes d'arbres fruitiers & de vignobles; mais on ne ſait où la colombe alla chercher un rameau d'oliviers, puisqu'il n'y en a point dans ce pays.

Ce pays fut peuplé par les Phrygiens ou par les Syriens : l'ancienne langue des Arméniens & les caractères dont on s'y servait, prouvent que cette derniere opinion est la mieux fondée ; les peuples voisins augmenterent sa population, & l'on prétend même qu'il a servi d'asyle à des Européens, à des Chinois : il forma un royaume particulier, mais il fut presque toujours attaqué, & toujours soumis par les peuples voisins : il fit partie de la premiere monarchie des Perses ; il fut partagé entre les Parthes & les Romains ; il l'est aujourd'hui par les empires Turc & Persan : celui-ci en possède la partie orientale, & pour la posséder en sûreté, il en a fait un désert.

L'Arménien est un peuple doux, laborieux, superstitieux, bon commerçant, meilleur économe encore : il est soumis à ses prêtres qui sont en grand nombre. Leur patriarche réside dans le monastere d'*Ecsmiazin* : il a 20 évêques pour suffragans : ceux d'entr'eux qui sont moines ( & c'est le plus grand nombre ) prêchent assis, & portent le bâton pastoral ; ils sont savans en Arménie, & paraîtraient fort ignorans en Europe : tous achetent leurs dignités : les prêtres séculiers sont tous mariés : toute la fonction des moines est de dire la messe, ils ne prennent l'habit qu'après une longue épreuve, leurs revenus sont considérables, ils sont fondés en partie sur le débit de la sainte huile, qui guérit toutes les maladies de l'ame, & que le patriarche vend aux évêques, les évêques, aux prêtres, les prêtres au peuple : le débit en est immense. Toute la religion de ces peuples consiste à faire des jeûnes fréquens & austères, à faire le signe de la croix, à prononcer le nom de chriſtous, à entendre la meſſe, à manger tous enſemble du pain conſacré & à boire dans le même calice.

*Erivan*, ou *Irivan*, ville dans une plaine environnée de montagnes, arroſée d'un côté par le *Keurkboulak* ou 40 fontaines, de l'autre par le Zengui : elle eſt grande, mal bâtie, ſale, médiocrement peuplée ; des jardins & des vignobles occupent plus de la moitié de ſon enceinte. Ses remparts ſont de terre ; on y voit une grande place quarrée, entourée d'arbres, où l'on fait des carrouſels, des courſes, où l'on lutte, où l'on s'exerce à cheval : ſes égliſes petites, enfoncées ſous terre, reſſemblent à des catacombes : ſa foetereſſe eſt iſolée, a une triple enceinte de briques, eſt de forme ovale, a 4000 pas de tour, & renferme 800 maiſons ; mais les Perſans ſeuls l'habitent : les Arméniens y ont des boutiques, & n'y peuvent reſter la nuit. Un précipice effrayant la défend d'un côté, & ſur le bord eſt le palais du gouverneur ; il eſt ſpacieux & magnifique : ſon office lui rapporte annuellement plus de 140 mille francs. Chardin dit 5000 écus. Les Arméniens diſent que cette ville eſt très-ancienne, & que Noé même l'habita avant le déluge ; ce qu'il y a de vrai, c'eſt qu'on n'y trouve aucun veſtige d'antiquité, c'eſt qu'aucune des villes connues des anciens, ne s'accorde ni par leur ſituation, ni par leur nom, pour nous perſuader qu'Erivan eſt l'une d'elles. Sur le Zengui eſt un pont de 3 arches, ſous lequel on a pratiqué des chambres qui ſont très-fraîches dans le tems où les chaleurs ſont très-fortes ; le Chan s'y retire alors. A mille pas de la forteresse eſt le Fortin de *Queutchy-cala* qui la commande. Il y a de beaux bains dans la ville : l'air y eſt épais & froid, les environs en ſont agréables & fertiles ; on compte

23 couvens d'hommes & cinq de femmes dans son territoire, mais ils sont tous pauvres: sa longitude est de 62 degrés; sa latitude de 40° 11'.

Au nord d'Erivan est *Bichni*, gros bourg sur le Zengui: là entre une montagne & le bourg, est situé un monastere fondé il y a 8 ou 9 siecles, & qui est ceint de murs hauts & épais de pierres de taille: autour sont des ruines qui prouvent que ce lieu a été considérable autrefois & bien fortifié.

A deux lieues d'Erivan est le monastere d'*Ecs-Miazin*: son nom signifie *descente du fils unique*, parce que Jésus y apparut à leur apôtre St. Grégoire l'illuminateur, & lui traça le plan de leur église avec un rayon de lumiere: cette église est construite de pierres de taille, elle est obscure, massive, sans peinture, sans sculpture; ses clochers s'élancent en flèche; elle a 3 chapelles, toutes tournées vers l'orient: celle du milieu a un grand autel de pierre, paré assez richement; la seconde sert de sacristie, la troisieme de trésor: on voit dans cette derniere des croix & des calices d'or, des lampes & des grands chandeliers d'argent, de chasses & des reliques parmi lesquelles est un doigt de St. Pierrre, deux de Jean Baptiste: au milieu de l'église est une pierre vénérée; c'est-là disent les Arméniens, que Noé sortant de l'arche, offrit un sacrifice au Dieu qui l'avait sauvé. Le monastere renferme encore un palais pour le patriarche, des logemens pour les étrangers, & des cellules pour 80 moines, quoiqu'ils ne soient ordinairement que douze ou quinze. A quelque distance sont deux chapelles abandonnées, dédiées à deux vierges Romaines; jointes à celle du monastere, elles lui ont fait donner le nom de Trois églises. Parmi les autres couvens d'Arménie, les plus remarquables sont ceux de *Couer-Virab*, ou église sur le puit, & d'*Arakil vank* ou monastere des apôtres : on dit qu'il y a un puits où St. Grégoire fut jetté & conservé miraculeusement dans le premier : qu'on a trouvé les corps de *St. André* & de *St. Matthieu* dans le second, que Noé y fit sa premiere demeure, & ses premiers sacrifices après le déluge.

*Anakachi* ou *Ardechi*, ancienne ville près du Kurason ; on n'y voit plus que des ruines.

*Halicaratra*, bourg sur l'Aras ; quelques-uns ont cru qu'elle était *Artaxata*, ancienne capitale, bâtie par le roi Artaxias.

*Sedarec*, grand bourg, chef-lieu de la contrée de Charour, dans une belle plaine.

*Macou*, petite ville sur un mont près des frontieres du pays occupé par les Curdes, presqu'à la source d'un ruisseau qui se jette dans l'Aras : on l'appelle aussi *St. Thadée*.

*Naxivan*, ou *Nacchivan* qu'on croit être aussi *Artaxata*, fut une des plus grandes villes de l'orient : Abbas I la ruina & en transporta presque tous les habitans dans l'intérieur de la Perse : elle se rétablissait insensiblement, & sur la fin du dernier siecle on y comptait 2000 maisons : on dit qu'on y en compta autrefois 40000 ; le centre seul est rebâti : on y voit de grands bazars, des karavanserais, des bains, d'autres édifices plus utiles que magnifiques ; elle est sur un ruisseau qui se jette dans l'Aras. Les Arméniens disent que Noé l'a fondée.

*Abrener*, grand village au nord de Naccivan : ses habitans, ainsi que ceux de 7 villages voisins, sont catholiques Romains ; leur évêque & leurs curés sont Dominicains, mais ils font le service en langue arménienne.

*Capan*, petite ville presqu'au pied du mont Bolu.

*Zulfa* ou *Eski-Julfa*, qui est peut-être l'ancienne *Arriammene*, est située sur le bord de l'Aras; elle fut prise par Abbas I qui en transporta les habitans dans la capitale de la Perse, où ils ont bâti un fauxbourg qui porte le nom de leur ancienne ville, où l'on comptait autrefois 4000 maisons; quelques familles sont revenues cependant s'établir parmi les ruines de Zulfa, & on y fait quelque commerce : au-dessous de cette ville, le fleuve fait une cataracte : ses environs sont steriles ; on n'y voit ni arbres, ni plantés.

*Astabat* ou *Asten-Abad* est à une lieue de l'Aras, dans une situation agréable, environnée d'un pays fertile dont la principale richesse est le *ronas*, racine qui s'étend beaucoup dans les terres, & qui trempée dans l'eau lui donne assez promptement une teinte rouge & forte : on s'en sert dans l'Inde & en Perse pour la teinture : les sources sont si abondantes dans cette ville que chaque maison y a sa fontaine : on y cultive la vigne.

*Karasbag*, ville sur l'Aras, sa grandeur est médiocre : elle est mal bâtie : elle donne quelquefois son nom à la province.

*Chenkour* ou *Chemkon*, ville sur les frontieres du Gurgistan : elle a un beau château, de grands karavanserais, des mosquées assez nombreuses, mais dont aucune n'est remarquable.

*Guentjé* ou *Kanja*, ville voisine du Kur; elle fut autrefois très-grande & très-florissante : aujourd'hui malgré la beauté & la fertilité du pays qui l'environne, elle est petite & assez pauvre : on y voit de beaux restes d'antiquités. Le Bruyn l'appelle *Gensis* : ses maisons, ses palais étaient vantés : ses jardins le sont encore ; ses environs sont riches en vins, en fruits, en séné, & embellis par des pins & de hauts cyprès.

Le sud-ouſt de cette province eſt occupé par diverſes tribus de Kiurdes dont nous avons parlé ailleurs.

## L'AZERBIJANE ou ADERBIJAN.

Cette province renferme la partie méridionale de ce qu'on appellait autrefois la grande Médie : l'Aras la ſépare de la province d'Irivan ou d'Erivan, les déſerts de Mokan la ſéparent du Schirvan, jointe au *Tabariſtan*, ſitué au nord ; on lui donne 120 lieues de long & 70 de large : au nord, le pays hériſſé de montagnes couvertes de neiges pendant 9 mois de l'année, eſt froid & preſque ſtérile : dans les vallées, le terroir eſt marécageux, infeſté d'inſectes venimeux ; les vapeurs que les vents y portent de la mer Caſpienne en rendent l'air mal-ſain ; auſſi eſt-il preſque déſert ; ſes habitans n'y pouvant cultiver le bled, y font du pain avec des amandes ſéchées & broiées ; la vigne n'y peut proſperer, & ils y ſuppléent en compoſant une boiſſon avec le jus de diverſes herbes. Au midi, ſont de vaſtes plaines fertiles en grains, ou couvertes des plus riches pâturages de la Perſe, qui paraiſſent avoir été l'Hypopothon où les rois de Médie entretenaient un haras de 50 mille chevaux. L'air y eſt ſain, les pluies fréquentes, les orages violens, ſurtout au printems & en automne : on y recueille des vins excellens : le gibier, le bétail y ſont abondans ; on y trouve des cerfs de couleur rouſſe dont le bois n'a point d'andouiller, il eſt uni & couché ſur le dos ; ils courent avec rapidité : les chevaux y ſont grands & vigoureux. Le nom de cette province ſignifie *pays de feu*, & on le lui a donné, parce qu'on a cru que Zerduſt, ou Zoroaſtre, qui y était né dans la ville d'Urmiah, y avait élevé un pyrée ou temple

de feu : un géographe Arabe lui donne le nom d'A-
trib-kan. En général le peuple y est pauvre ; les paysans n'y sont couverts que d'une chemise de coton ;
les enfans y vont nuds ; ce n'est gueres que dans les
villes qu'on trouve des richesses. Le *Kisilosam* ou
*Kesil-ousan* ou *Kurp* en traverse la partie méridionale ; il y coule entre deux branches du mont Taurus,
composées de rocs fendus, bouleversés, formant des
précipices effroyables ; son cours y est rapide, & y
fait des chutes entre des rochers où ses eaux se bri-
sent & tombent avec violence. On y voit un pont
de pierres qu'y fit élever Schah-Thamas, long de 150
pas, large de dix, soutenu par 6 arches.

*Tabris*, *Tebris*, vulgairement *Tauris* ; c'est la
*Gabris* de Ptolomée, & l'ancienne *Gazata* ; on dit
aussi qu'elle est l'*Ecbatana* dont il est parlé dans l'é-
criture ; mais il est plus vraisemblable qu'Ecbatane
est aujourd'hui Hamadan. Elle est située au pied d'un
mont qu'on croit être l'Oronte, ou le Baronte, à l'extrêmité d'une belle plaine qu'arrosent deux rivieres
dont l'une traverse la ville ; celle-ci est le *Spintcha*,
torrent qui ravage souvent ses environs ; l'autre est
l'*Agi* ou la salée ; ses eaux le sont pendant six mois ;
& on croit que le sel y est amené par des torrens qui
lavent des terres couvertes de sel. On y compte 15
mille maisons, & 3 à 400 mille ames. Chardin lui en
donnait 550 000 ; on la divise en 9 quartiers : au
centre sont les Bazars dans lesquels on compte 15
mille boutiques : ces bazars ou marchés sont composés de belles halles couvertes, hautes de 40 à 50
pieds, larges, longues, éclairées par des dômes ;
leurs formes, les marchandises qui les décorent, le
peuple nombreux qui s'y agite, présentent un spectacle
frappant : le plus beau est celui où l'on vend les pierre-
ries & les marchandises les plus précieuses : il est oc-

togone, & on le nomme *Kaiserié*, ou le bazar royal. Les caravanserais y sont magnifiques ; on y en compte 300, & quelques-uns peuvent renfermer 300 personnes ; ce sont des asyles où les étrangers se retirent, mais il faut s'y nourrir : il y a aussi 3 hôpitaux où l'on nourrit gratis ceux qui s'y présentent : la ville renferme 250 mosquées : il en est une dont l'intérieur & une partie de l'extérieur est doré en mosaïque ; elle fut bâtie par un roi de Perse qui se donnait le titre de *Géoncha* ou roi du monde, & elle garde ce nom : il en est une encore où l'on voit deux tours posées l'une sur l'autre, & dont la supérieure est d'un plus grand contour que l'inférieure qui la porte : au couchant est un bel hermitage qu'on appelle *les yeux d'Ali*. La grande place de Tauris peut renfermer une armée de 30 mille hommes : le matin, on y vend toutes sortes de denrées ; vers le soir, on s'y rassemble pour y voir les tours d'adresse des saltimbanques, des combats de taureaux & de beliers, des danses de loups : on s'y exerce à la lutte, on y recite des discours, on y déclame des vers. Cette ville a peu de palais, peu de maisons magnifiques : elle est une des plus commerçantes de l'Asie : elle est remplie de métiers où l'on fabrique le coton, la soie & l'or : on y employe environ 6000 balles de soie par année ; on y fait les plus beaux turbans de la Perse ; on y travaille le chagrin : tout ce qui est nécessaire à la vie y est abondant : le pain, le vin, la viande, le gibier, le poisson, la volaille, les légumes y sont à vil prix : on recueille jusqu'à 60 sortes de raisins dans ses environs ; l'air y est sain, mais froid, parce qu'elle est exposée aux vents du nord qui passent sur des monts couverts de neige pendant 9 mois de l'année : le ciel y est rarement sans nuages, il y pleut peu durant l'été. Les hauteurs voisines sont hérissées de ruines de forts : vers l'orient était le palais de Kof-roës, au midi était celui des derniers rois de Perse : ses environs montrent de l'azur, de vastes carrieres de marbre blanc, & il en est une qui en donne du veiné d'un verd pâle ; il est fin & presque aussi transparent que le cristal de roche : on y trouve une mine d'or & une de sel, des sources d'eaux minérales sulfureuses, les unes froides, les autres chaudes : les plus fréquentées sont celles des villages de *Seid-Kent* & de *Baringe*. Le gouverneur de Tauris a plus d'un million de livres de revenu annuel, c'est le premier de la Perse ; il commande dans toute la province, 24 kans lui sont subordonnés ; il doit entretenir 3000 cavaliers, & vit avec le faste d'un roi.

Cette ville a été trois fois renversée par des tremblemens de terre ; le dernier y fit périr (*) 100 mille personnes ; elle a été 4 fois assiégée, prise & ravagée par les Turcs : on n'y voit nuls vestiges d'antiquités ; elle fut bâtie, ou rétablie par *Zebd-el-Caton*, femme du calife Heroun-al-Raschild, & on a trouvé près d'elle des médailles qui portent le nom de cette princesse. Sa longitude est de 64°. 30'. sa latitude 38° 5.

*Vaspinge*, bourg de 600 maisons à 3 lieues de Tauris, orné de jardin, d'allées, de peupliers & de tylleuls, arrosé par une multitude de ruisseaux qui y serpentent en divers sens. *Caratchiman*, *Turcman*, *Pervaré*, sont encore des bourgs dans des plaines fertiles & bien arrosées. *Miana* est sur le fleuve de ce nom qui sépare la Médie du pays des Parthes, près d'une chaîne de montagnes hautes & escarpées qui sont une branche du Taurus.

*Sofian*, *Sofiana*, qui parait être l'ancienne *Sofia*

(*) D'autres disent 250 mille. Elle vient d'être renversée de fond en comble en 1780.

de Médie, est une petite ville bâtie dans une plaine bien arrosée & couverte de jardins : ses environs sont très-fertiles.

*Marant*, *Amarant*, ville de 2500 maisons qui chacune ont leur jardin : elle est située à l'extrêmité d'une plaine qui a 5 lieues de long, sur une de large, & la plus riante de toute la Médie : la riviere de Zelou-lou la traverse, & ses eaux se divisent & coulent par différens canaux dans ses champs & ses jardins où l'on recueille les plus beaux fruits & les meilleurs grains : dans ses environs on trouve de la cochenille : la ville est assez belle, & n'a rien de remarquable; on dit que Noé y fut enterré; peut-être elle est la *Mandagarana* de Ptolémée.

*Erchée* est un bourg au pied des montagnes qui séparent le Ghilan de l'Azerbijane.

*Barsan* ou *Betzirvan*, ville dont les maisons sont misérables, mais dont la situation est belle, dans une plaine arrosée par la riviere qui porte son nom, & qui y serpente beaucoup : autour sont des montagnes fertiles.

*Avogli*, petite ville sur l'Aggi qui se jette dans l'Aras.

*Tchors*, *Khoie* ou *Kours*, villes habitées par les Curdes : leur bey, tributaire du roi de Perse, réside dans un château antique qui est à demi lieue de cette derniere.

*Salmast* ou *Salmastre*, *Tassou*, sont deux petites villes sur les bords du lac de Chahit : ou de Khanudhan; la premiere est assez jolie; elle est à 25 lieues au couchant de Tabris.

*Ouroumia*, *Ouroumi*, *Vrmiah*, ville voisine du lac de Khanudan, qui parait être l'ancienne *Themabai* & la *Rumeli* dont parle Gmelin.

*Mirga* ou *Maraga*, ville au midi de Tabris : elle est

est ancienne & Hulakou-kad petit fils de Zenhuiz-Kan y fit élever un observatoire pour l'astronome Nasir-uddin ou Coje-Nessir, qui composa les célèbres tables astronomiques qui portent son nom, ou celui du khan. A quelque distance est le lac de Khanudhan-Rumi, nommé Capotan dans la géographie arménienne, & Spauta dans Strabon : au fond, on trouve du sel rassemblé en grains comme des dragées : sur sa surface il forme une croute qui surnage ; plusieurs rivieres s'y rendent, aucune n'en sort. Hulakou renferma les dépouilles d'une partie de l'Asie dans un château qu'environnent ses eaux.

*Checheme*, lieu voisin d'une grande plaine où l'on trouve un rocher de 300 pas de tour & de 75 pieds de haut ; on y a creusé de petites cavernes, & plus bas, sous le rocher même, est un grand bassin, d'une eau limpide & fraîche où se nourrissent des poissons à grosse tête & à moustaches.

*Ardebil*, grande ville dans une belle plaine, longue de 3 lieues, semée de plus de 60 villages, qu'entoure un cercle de montagnes qui s'élevent en amphithéâtre, & dont un des sommets, au couchant, est toujours couvert de neige : elle n'est point ceinte de murs ; chaque maison y a son verger & son jardin, & de loin elle paraît plus être une forêt qu'une ville : le Bulachlu l'arrose, riviere qui a sa source à une lieue de-là, & s'y divise en deux branches, dont l'une la traverse, & l'autre en fait le tour : ces deux branches se joignent ensuite & vont se perdre dans le Karasu : quand les neiges fondent, elles inondent quelquefois la ville, & l'inonderaient toujours si des chaussées ne l'en détournaient : ce fleau y est d'autant plus redoutable que les maisons n'y sont bâties que de briques cuites au soleil. Elle a 5 grandes & larges rues, bordées de tilleuls & d'ormes, ou d'aulnes qui y en-

*Tome VIII.* Q q

tretiennent la fraicheur ; elles font coupées par de plus petites. Son marché ou maidan a 300 pas de long fur 150 de large, il eft bordé de boutiques où chaque marchandife a fon quartier particulier : il eft orné par la mofquée qui renferme le tombeau de Sheïk-Sefi, & fert d'afyle aux criminels : il eft magnifique, renferme deux cours fermées par des chaînes d'argent, entourées de voûtes & de boutiques, ornées par des fontaines : on y voit une voûte bâtie en dome, revêtue en dehors de pierres vertes & bleues, & au dedans par des tapis ; éclairée par deux beaux chandeliers. Là, dit-on, Sefi fe retirait pendant 40 jours, ne mangeant qu'une amande par jour : le tombeau même eft dans un petit bâtiment de 4 toifes en quarré : il eft de marbre blanc, couvert d'un tapis de velours cramoifi, eft éclairé par deux chandeliers d'or maffif, & par des lampes d'or & d'argent, dont quelques-unes ont 3 pieds de diamètre : autour font des grilles d'or & d'argent, & trois marches d'argent maffif : les prêtres feuls peuvent paffer au de-là des grilles ; on les y voit affis, ayant devant eux l'alcoran qu'ils chantent d'une voix trainante. Dans une voûte féparée font les tombeaux de divers rois de Perfe. Ce bâtiment qu'on nomme *Mefar*, en renferme un autre où eft une voûte fans pilier, qui renferme des livres Arabes, Turcs, Perfans, couchés dans des armoires fans ordre, tous écrits à la main fur du parchemin ou du papier, bien peints & reliés en maroquins. Dans des niches on remarque 3 ou 400 vafes de porcelaine : là auffi eft un hofpice pour les pélerins, dont les portes de la cuifine font couvertes de lames d'argent, & la batterie magnifique : on y nourrit tous les jours plus de mille perfonnes : de cet hofpice on arrive à un jardin où font encore des tombeaux de rois, couverts d'une pierre noire. Le tréfor de cette maifon eft eftimé plufieurs millions: deux cent maisons, neuf bains publics, huit karavanserais, tout le marché, ses voûtes, ses boutiques, 33 villages autour d'Ardebil en dépendent, & il en possede encore dans les provinces voisines.

Ardebil est reputée sainte ; on n'y souffre ni courtisannes, ni danseuses : le commerce y est actif ; le voisinage des monts y rend la température inégale ; ordinairement l'air y est calme le matin ; vers le midi, il se lève un tourbillon qui remplit la ville de poussiere, & une heure après le calme renait ; ses environs ne produisent ni melons, ni citrons, ni oranges, ni grenades, ni vins ; mais les poires, les pommes, les pêches y viennent bien : au pied des monts la chaleur est plus grande & les productions plus hâtives : tout le sol de la plaine est fertile ; on y trouve des tombeaux des ancêtres de Sefi. Au bas de ces hautes montagnes on trouve diverses sources minérales : celles de *Serdebe* sont tiédes & limpides, celles d'*Abkotur* sulphureuses & puantes ; il en est dont les eaux sont bouillantes. A demi lieue d'Ardebil est l'étang de *Scherkol*, couvert de plaques de sel & de salpêtre : à peu de distance, au midi est le bourg de *Serab*.

*Kelheran*, peut-être *Taliskeran*, bourg voisin d'Ardebil : ses tours ou minaréts sont en grand nombre & bâtis de pierres de diverses couleurs : on y voit le tombeau de Seid-Tsebraïl, pere de Sefi, placé au milieu d'un grand jardin, il est rond, élevé de 10 marches, orné de vitres colorées, fermé d'une grille de fer : du centre sort un dôme bâti de pierres vertes & bleues ; l'intérieur en est beau, la voûte en est dorée & azurée, le pavé couvert de riches tapis : le tombeau est une piece de menuiserie, faite de pieces de rapport, liée par des lames de cuivre : deux lampes d'or & d'argent l'éclairent : le gouverneur, le roi lui-même prête serment aux religieux qui veillent sur ce tombeau ; les murs s'ouvrent pour former des voûtes où l'on enseigne à lire & à chanter l'alcoran. Les environs du bourg sont abondans en fruits ; ses habitans sont fiers, courageux & vindicatifs.

*Sardale*, grand village au pied des montagnes : ses campagnes sont riches en blés.

*Koraming*, bourg dans une plaine fertile, arrosé par une petite riviere, ombragé par des arbres fruitiers.

*Ouzan*, *Oujon*, petite ville : on y voit un château assez vaste : ses environs sont abondans en bons fruits.

*Tiroan* ou *Taron*, petite ville sur les bords du Kesil-ouzan : autour d'elle sont des collines élevées, des jardins, des champs fertiles ; on y voit beaucoup d'oliviers, & c'est un des trois cantons de la Perse où l'on fait de l'huile d'olives : elle y est excellente : c'est aussi la richesse de *Kalkal*, bourg qui n'en est pas éloigné.

## IRAC-AZEMI.

Nous avons parlé de l'Irac-Arabe qui fait partie de l'empire Turc : l'*Irac-Agemi* ou *Eiraak-Atzem* dont il s'agit ici, renferme une partie de l'ancienne Médie & du pays des Parthes. Cette province a au nord le Mezanderan & le Ghilan, à l'orient le Khorasan, au midi le Farsistan, au couchant l'Irac-Arabi. On voit que nous y comprenons le Couhestan, pays peu connu & presque désert. L'Irak-Azem a 200 lieues de long & 150 de large, mais une partie en est hérissée de montagnes arides & nues, ou couverte de déserts sablonneux & salés où peu de plantes peuvent se reproduire, & où l'homme ne peut se nourrir. On y compte plus de 40 villes : l'air y est sain, mais d'une extrême sécheresse ; le climat en est très-chaud, il n'y pleut presque jamais pendant l'été qui dure six mois : le ciel alors y est toujours serein. On y voit de vastes plaines fertiles dans le voisinage des rivieres & des sources, stériles partout ailleurs. Le mont Taurus le traverse & y étend diverses branches : on y trouve beaucoup d'élans, qu'on y nomme *Gighan* ; le peuple croit qu'ils ont du musc dans la queue : on y recueille une manne estimée qui entre dans la composition de diverses confitures, qui est blanche comme la neige, & dont le grain a la grosseur de la coriandre : on la secoue des feuilles d'un arbrisseau épineux nommé *Agul* ou *Alhagi* qui ne s'éleve que d'une coudée, a des racines longues & rouges, des feuilles oblongues & de couleur cendrée : ses fleurs sont rougeâtres, légumineuses ; des gousses longues & rouges leur succedent : on trouve aussi cet arbre aux environs d'Halep. Le *galbanum* croît dans les montagnes qui sont à quelques lieues d'Ispahan. On y recueille d'excellens raisins dont on fait du vin blanc.

On croit que les Parthes qui habiterent ce pays étaient Scythes d'origine, & que le nom *Pars* ou *Parth* signifie exilé ; c'est sur cette signification qu'on les fait exiler d'un pays froid & triste pour se rendre sous un des plus beaux ciels de l'univers. Ce peuple méprisait l'agriculture, aimait la chasse, la guerre, & regardait comme honteux de mourir tranquillement au milieu des siens : ils avaient plusieurs femmes, aimaient les repas abondans, & se couvraient à la guerre, ainsi que leurs chevaux, de mailles de fer ; audacieux dans leurs attaques, dangereux dans leur fuite, ils furent redoutables à leurs ennemis,

& même à leurs rois auxquels ils n'étaient liés que par la crainte. Ceux que ces rois invitaient à leur table, se tenaient à leurs pieds, & ils leur jettaient quelques morceaux des viandes qu'on avait servies devant eux : pour des fautes légeres, ils ❧ faisaient déchirer de verges, & tous sanglans, ils se prosternaient en remerciant leur maître de la correction paternelle qu'on leur avait infligée.

Le *Zenderou* qui arrose la partie méridionale de l'Irac-Azem, a, dit-on, deux sources; l'une éloignée de la capitale de 44 lieues, se nomme *Sher-Tzeme-Ae*, ou les 4 fontaines, sort du pied de monts très-élevés & très-rapides; on l'appelle encore *Ab-Kuren* : l'autre qui n'en est qu'à 25 lieues, & est voisine du village de *Tombina* : il se perd dans une plaine marécageuse au pied du mont *Hazardara*, ou mille montagnes.

*Isphahan*, *Isphahaan*, *Sefahuun*, qu'on croit l'ancienne *Hecatonpylos*, & qui peut être l'*Aspadana* de Ptolemée, ville capitale de la Perse, qui a 8 grandes lieues de tour selon Chardin, & en a le double selon Kœmpfer, en y joignant ses fauxbourgs & les villages qui y sont contigus ; où l'on comptait plus d'un million d'habitans, & qui renfermait 162 mosquées, 48 collèges, 1800 karavanserais, 273 bains publics, & près de 40 mille maisons : elle est dans une situation charmante, dans une belle plaine qu'arrosent des rivieres, qu'entourent des côteaux fertiles & de hautes montagnes qui en éloignent la chaleur brûlante du midi & le froid rigoureux du nord : le Zenderou coule sous ses murs uni au Mahmoud-Ker : les deux Abcorreng ou *Ab-Kuren* en sont peu éloignées, & l'on n'a pu en rassembler les eaux avec les siennes : Oléarius dit qu'il n'y avait plus qu'un espace de deux cent pas de la montagne à percer pour le finir ; mais que la mort de Shah-Abas I fit tout abandonner : elle est ceinte d'un mauvais mur de terre presque caché par les jardins : on dit qu'elle ne fut d'abord composée que des deux villages de *Haideri* & *Neamet-Olahi*, dont les habitans se portent encore une haine mortelle, & se battent souvent. De loin elle semble une forêt : ses rues sont étroites, inégales, tortueuses, sans pavé, souvent arrosées dans l'été, quelquefois gâtées par des crevasses causées par la multitude de canaux qui y passent, bordées de puits à fleur de terre, ou de fosses où se jettent les ordures. Elle a 8 portes de fer, (*) mais on ne les ferme jamais : ses bazars sont spacieux, construits de briques, couverts de dômes, éclairés par des rues de traverse & par les soupiraux des voûtes : on peut aller d'un bout de la ville à l'autre sous ces halles couvertes, toujours remplies de monde : il en est un surtout construit en demi cercle qui est magnifique ; deux grands parapets, revêtus de jaspe & de porphyre regnent tout autour ; c'est-là qu'on étale les plus précieuses marchandises. Le *Meidan-Shah* peut passer pour une des plus belles places de l'univers ; il a 70 pas de long, 220 de large, est environné d'un canal bordé d'une pierre noire & luisante & du grand bassin qui en reçoit les eaux ; entre le canal & les maisons est un espace planté de grands arbres qui ne poussent de branches qu'au dessus des maisons qui sont uniformes, au nombre de 200, dont le toit est fait en terrasse, & le bas forme une arcade : le palais royal s'y termine, la mosquée royale dont le dôme se voit à 5 lieues de-là l'orne ; au centre est un mât haut de 120 pieds où l'on attache une tasse d'or, prix de l'arc ou de la joute : aux extrèmités.

(*) Le Bruyn dit qu'elle en a dix.

font deux colonnes de marbre : dans les fêtes une infinité de lampes l'éclairent & forment la plus brillante illumination ; les marchands y étalent leurs marchandises, les oisifs, les bateleurs, les courtisanes s'y rassemblent : dans deux galleries couvertes, on y entend à l'entrée de la nuit retentir de grosses timbales & de longues trompettes : sous un pavillon, on voit une horloge à carillons dont les ressorts font mouvoir des figures assez grossieres d'hommes, d'oiseaux & autres animaux. La mosquée royale est un bâtiment pentagone, entouré de balustrades & de portiques, dont le portail & le dôme est peint d'or & d'azur, incrusté d'émail, de jaspe, de mille ornemens singuliers : elle a 4 minarets surmontés d'une lanterne : au dedans elle est divisée en deux par un mur où est une porte couverte de lames d'argent & de bossages d'or : au fond du sanctuaire est une grande table de jaspe, nommée *Mahrab*, & qui indique à ceux qui prient le côté où est la Méque : dans l'autre enceinte est une platte-forme élevée où monte le prédicateur, au-dessus duquel est une petite armoire d'un bois précieux, couverte de lames & fermée d'un cadenas d'or, où l'on garde l'*alcoran* écrit de la main de l'Iman *Reza*, & la chemise sanglante d'*Hossein*, reliques révérées : tout le bâtiment est de pierres de taille, revêtues de briques émaillées ; ses dehors sont ornés de fontaines & de bassins de jaspe. Une porte du palais royal donne sur le Meidan ; c'est la porte sacrée (*Ali-capi*) magnifique portail revêtu partout du porphyre dont le seuil se baise, & que l'on n'ose toucher avec le pied ; c'est un asyle inviolable pour ceux qui s'y réfugient : plus loin sont divers appartemens embellis par toutes les richesses de l'orient, & des palais sans nombre ; l'enceinte est d'une lieue & demie. La citadelle tombe en ruines, mais on y voit un amas immense d'armes, d'ouvrages singuliers de l'art, de cabinets de la Chine & du Japon, de globes, de tableaux, de télescopes, des chambres remplies de turquoises, des miroirs hauts de 3 pieds couverts d'émeraudes, de perles, de rubis, de grands coffres remplis d'aigrettes, de diamans, une chambre pleine de vaisselle d'or, &c. Le cours d'Ispahan a 2200 pas de long; il est bordé d'un double rang de platanes; sur ses ailes sont des pavillons & des jardins, un beau canal l'arrose dans sa longueur, il est coupé par des bassins, des cascades & d'autres pieces d'eaux, & il est terminé par un palais magnifique des sophis. Ispahan a 6 grands fauxbourgs: celui d'*Abas-abad* a demi lieue de long, & fut peuplé par une colonie qu'Abas I y transporta de Tauris : ses rues sont spacieuses, alignées, arrosées dans le milieu par un beau canal bordé de chaque côté d'un double rang de platanes; il contient 12 mosquées, 19 bains publics, 5 colleges, 24 karavanserais, 2000 maisons dont quelques-unes sont des palais : son bazar est une rotonde très-vaste, couverte d'un seul dôme. On y remarque aussi la tour ailée ou cornue, espece de colosse haut de 25 toises, dont le haut est orné d'une couronne faite avec des cornes ; toute sa surface est couverte de cornes, & de crânes de cerf disposés en cercle, elle présente un spectacle singulier. On trouve des eaux minérales près d'Ispahan dont la source est remplie de serpens, & la terre si astringente qu'elle s'attache à la langue, & lui fait éprouver une sensation semblable à celle de la brûlure. Au midi de la ville est une plaine longue de 5 lieues, terminée par le *Koutel-hurt-chin* ou mont du degré, montagne âpre & difficile, mais peu élevée, & par d'autres montagnes.

*Chems-abad*, fauxbourg de 600 maisons; il porte le nom de son fondateur.

*Cheik-Sabana*, fauxbourg où l'on compte 200 maisons.

*Cadjouk*, grand fauxbourg où l'on compte 12 mosquées, 15 karavanserais, 8 colleges, 21 bains, 12 bazars, plusieurs palais, 1100 maisons; il touche au village de *Chehereftoon* qui a près d'une lieue de long.

*Seadet-Abad*, ou le séjour de la félicité, fauxbourg qui doit son nom à sa situation, à sa beauté; il est rempli de maisons de plaisance, & les palais des rois en occupent une grande partie: il est au couchant d'Ispahan.

*Zulfa* ou *Julfa*, fut fondé par Abas I, peuplé d'Arméniens, & surtout d'habitans de Zulfa; il a une lieue de long & une longueur presqu'égale; cinq grandes rues paralleles traversées par un grand nombre d'autres, le coupent du levant au couchant: on y comptait 3500 maisons, beaucoup de bazars, karavanserais & bains, 11 églises chrétiennes, 2 couvens: les Chrétiens l'habitent, les Guebres en occupent un quartier.

Ces deux fauxbourgs sont au delà du Zenderou, & ils sont joints à la ville par deux ponts. Il y en a trois sur cette riviere: l'un construit sous le roi Thamas, a 17 grandes arcades & 12 plus petites; sa structure est simple, on l'appelle pont de *Marbuum*. Le second fut bâti par *Ali werdi Chan*, homme célebre chez les Persans: il a 33 arches, & est fait avec beaucoup d'art; il est couvert d'une espece de long dôme de pierres, & a sur les côtés un chemin où les piétons n'ont rien à craindre de la rencontre des voitures; des colonnes le terminent; il est long de 490 pas, large de 12 (\*)

---

(\*) Le Bruyn lui donne 540 pas de long & 17 de large.

il porte le nom de son fondateur. Le troisieme élevé sous Abbas II, est le plus magnifique; il est revêtu de porcelaine en dehors, il l'emporte aussi sur les autres par ses portiques, & la variété de ses arcs, de ses ornemens; il a 24 arcades, toutes construites de pierres polies & gravées, l'intérieur de chacune peut se fermer, pour faire refluer l'eau de la riviere dans les jardins du roi. Sa longitude est de 69°. 10', sa latitude 32°. 25'.

Les plus longs jours d'Ispahan sont de 14 heures, 9 minutes: l'air y est très-sain, le froid y est vif, la chaleur assez forte; au mois de février on y voit des arbres couverts de fleurs, un vent du couchant y tempere l'été; il se leve quand le soleil se couche & rend les nuits très-froides: on y éprouve peu de maladies longues & douloureuses; la rouille ne s'y attache à aucun métal, une multitude de chamaux y apportent sans cesse les vivres nécessaires, la sobriété du peuple en rend l'approvisionnement moins difficile. Les Arabes la prirent sous le califat d'Omar, la peste la fit abandonner dans le neuvieme siecle; elle s'accrut ensuite en devenant la demeure de princes particuliers. Tamerlan en 1387, & Cotza cent ans après, la ravagerent & en massacrerent les habitans. C'est à Schah-Abbas I, qu'elle doit sa grandeur. On compte, dit-on, 3000 colombiers dans ses environs; la campagne y est basse: du tems d'Oléarius on y comptait 1460 villages, dont les habitans s'occupaient à fabriquer des étoffes de coton, de laine, de soie & à des tapis. A trois lieues de ses murs est la montagne de *Kousoffa*, sur laquelle sont des ruines qu'on prétend être celle d'une forteresse de Darius, à une lieue & demie est celle de *Tagte-Ruflan*, où l'on voit les ruines d'un bâtiment élevé par le héros *Ruflan* & une grotte qui a trois fontaines : au nord du Zenderou est celle de *Diesse-lou*, isolée, séparée d'une autre par une fente profonde : il y a des veines de mines de fer, des ruines de forteresses ; & le peuple croit qu'elle fut habitée par des géans.

*Nege-Fabad*, village à 4 lieues d'Ispahan, habité par des Guébres, qui cultivent & fournissent aux Persans les meilleurs raisins de la Perse.

*Arsindsjam*, petite ville du district d'Ispahan, & près de laquelle on trouve de l'acier aussi beau que celui de Golconde.

*Mayar*, bourg où l'on compte 300 maisons & un vieux karavanserai : il était protégé par un fort dont on voit encore les ruines, & est situé entre deux montagnes à 9 lieues au midi d'Ispahan : on dit qu'il fut autrefois une ville considérable ; autour la disette d'eau rend le terroir sec & stérile, n'ayant ni arbres, ni verdure, mais le bourg a des marchés, & on lui apporte de toutes parts des provisions abondantes.

*Moutchacour*, bourg de 500 maisons, orné de karavanserais, de jardins, & arrosé par un grand nombre de ruisseaux.

*Komcha*, *Komminssa* ou *Comicha*, bourg rempli de jardins & de colombiers, dont le fumier fait venir d'excellens melons : à côté est le tombeau d'un Santon, il est environné de murs, très-étendu, orné d'arbres & de fontaines poissonneuses : ses habitans sont méchans & voleurs ; il fut une ville considérable, comme ses ruines le prouvent : près de lui sont des montagnes couvertes de rocs & inhabitées, & une plaine couverte jusqu'à la fin de novembre de fleurs, de fruits, de légumes, de grains & de troupeaux. Komicha paraît être l'*Orebatis* de Ptolomée ; sa situation l'indique.

*Yesdecaſt*, *Iesdagæs* ou *Izdchaſt*, petite ville ſur le penchant d'une montagne & ſur des rochers; elle offre de loin un amphithéâtre ſingulier, formé par ſes maiſons: au deſſous eſt une vallée longue de 20 lieues, fertile, arroſée par une petite riviere poiſſonneuſe: ſes jardins s'étendent dans un eſpace de 4 lieues; le pays eſt beau, la ſituation de la ville eſt très-incommode, & elle déchoit tous les jours: on y voit un puits profond de 100 pieds, large de dix, qui communique à une petite foreterreſſe; ſes environs fourniſſent le meilleur bled de toute la Perſe, & on le réſerve pour le roi.

*Bibain* ou *Biben*, petite ville, qui n'a que des puits d'eaux ſaumâtres: elle eſt voiſine d'un déſert couvert de ſel.

*Yesd* ou *Iezd*, qui paraît être l'*Iſatichæ* de Ptolomée, ville voiſine des frontieres du Sesjiſtan & du Kirman: on y fabrique des étoffes & des tapis: là, dit-on, ſont les plus belles femmes de Perſe. Son territoire eſt fertile, arroſé par un fleuve qui porte ſon nom: près d'elle eſt une mine de plomb mêlé à de l'argent. On trouve aujourd'hui dans l'Irac-Azem l'arbre du ſéné; mais c'eſt de ſes environs qu'on l'a tiré: ſa tige eſt droite, élevée, haute de 40 à 50 pieds; l'écorce en eſt d'un gris clair, ſes feuilles ne croiſſent qu'à ſa tête; ſon bois d'un jaune marbré ſert aux menuiſiers: on recueille encore dans le territoire d'Yeſd des grenades qui peſent une livre, & de beaux raiſins dont on fait un vin fort eſtimé: au couchant & au nord, il eſt terminé par des déſerts de ſel.

*Natens*, *Nethas*, petite ville aſſez belle, arroſée par d'abondantes eaux vives: ſes environs ſont riches en fruits: on y voit deux hautes montagnes ſur l'une deſquelles eſt un bâtiment élevé par Schah-Abbas. Cette ville est peut-être la *Neteus* dont parle Kœmpfer, où l'on trouve beaucoup de salpêtre, de soufre natif, d'antimoine & de mercure.

*Tabas-Kileki*, ville sur le chemin qui conduit d'Ispahan à Herat, dans le district de Tabasin, à quelque distance du désert salé, & sur les frontieres du Sesjistan.

*Terschier* ou *Couhestan*, ville ruinée sur les frontieres du Khorasan ; ses environs sont hérissés de montagnes.

*Béyad* ou *Faris*, ville du Dest-Belad, située dans une plaine sablonneuse qui s'étend au loin, & est séparée du territoire d'Astrabad par une branche du mont Taurus.

*Sehestan*, ville capitale du Couhestan, ayant au midi une chaîne de hautes collines sablonneuses : cette ville est peu connue, peu fréquentée.

*Sia-Couh*, ou montagne noire, endroit qui doit son nom à la montagne sur laquelle il est élevé ; il commande à un défilé étroit : au dessous est une source amere.

*Firouz-couh*, bourg sur la cime des montagnes riches en turquoises, qui séparent l'Irac du Mezanderan : son nom signifie, dit-on, *montagne victorieuse*. On y parvient par un chemin uni qui s'éleve par une pente insensible ; la neige y demeure la plus grande partie de l'année.

*Varami*, petite ville dans une grande plaine. *Chovar*, bourg au pied des montagnes qui sont partie du Taurus : là, est un passage difficile par lequel on traverse cette grande chaîne de monts.

*Rey*, autrefois *Rages* ou *Ragæ*, ville, qui sous les rois Macédoniens prit le nom d'*Europus*, & sous les Arsacides, celui d'*Arsacia*. Elle a été très-florissante sous le Mahométisme : d'abord saccagée par les Arabes, Billah-Manfour, calife de Babylone la rétablit & elle parvint à un tel état de fplendeur, qu'on l'appellait la *reine des villes*, le *marché de l'univers*. Elle était, dit-on, partagée en 96 quartiers qui renfermaient 1900 mofquées, 100,000 maifons, un grand nombre de colleges, de karavanferais, de moulins & de bains; 1700 canaux l'arrofaient, toutes les richeffes de l'orient y circulaient; les guerres civiles, les incurfions des Tartares n'y ont laiffé que des ruines & une pauvre bourgade. Le pays y eft fertile & riant; mais l'air y fut toujours mal fain & y caufait des maladies épidémiques fréquentes. Les mages difent que Rey fut bâtie par Chus, fils de Noé.

*Deftkend*, que Pietro della vallé nomme *Déchien*, lieu où il y a deux karavanferais au milieu d'un défert de fel: il blanchit la campagne qui eft unie, & où l'on ne voit de plantes qu'une herbe féche, falée, jaunâtre; pendant l'été, la chaleur y eft exceffive; pendant l'hiver, l'eau couvre la plaine & en fait un vafte marais de boue & de fel: ce minéral y eft blanc & paraît pur, mais on le néglige, parce qu'on en trouve dans les montagnes qu'on croit être plus fain.

*Demawend*, bourg au pied des montagnes du Mezanderan.

*Theran*, *Taheran* ou *Tiheran*, ville ruinée fur les frontieres du Ghilan, dans le pays que les Perfans nommaient la *Comifene*: elle était vafte, renfermait de grands jardins peuplés d'arbres dont les fruits meuriffaient avant celui des lieux voifins, fes rues étaient arrofées par une multitude de ruiffeaux, & ombragées par des planes élevés: aujourd'hui c'eft encore une bourgade.

*Sags-abad*, bourg dans une plaine couverte de villages: lui-même eft bien peuplé.

*Perfaheim*, ou selon Chardin *Perfat*, qui est peut-être le *Périsofan* de Delisle, bourg dans un pays agréable : ses clochers ou minarets s'élèvent seuls au dessus des arbres qui le cachent : il est rempli de jardins.

*Gihara* ou *Kiaré*, bourg de plus de 500 maisons dont plusieurs sont élevées & bien bâties : il est sur une éminence & semble de loin une forteresse; les arbres cachent une partie de ses maisons : autour de lui il en est beaucoup qui tombent en ruines : le pays est abondant : on y cultive le coton ; on y trouve un oiseau qu'on nomme *Angurt*, ressemblant au canard, mais plus grand & plus beau ; il marche la tête élevée, aime l'eau & vole fort haut. Son corps est rouge, son col roux, le tour de ses yeux blanc, son bec noir, ses ailes variées de rouge, de blanc & noir.

*Casbin* ou *Kafwin*, ville située au milieu d'une plaine vaste & sablonneuse, éloignée de 3 lieues vers le couchant du mont Elvend ou Mouvent, qui est une branche du Taurus, & une des plus hautes montagnes de la Perse. Cette ville a deux lieues de circuit : on y comptait 12000 maisons, mais les guerres intestines de ce pays malheureux l'ont presque ruinée, & Hanway dit qu'on n'y en compte plus que 1000 : elle a 50 mosquées, & un grand nombre d'habitans dont quelques-uns sont Juifs ou Chrétiens. Le Meidan-Schah est une grande place destinée aux courses de chevaux ; elle a 700 pas de long & 250 de large. Le palais commencé par Schah Thamas, fini par Abbas I, est un des plus beaux de l'Orient ; il est accompagné de deux vastes jardins dont l'un est ombragé d'arbres fruitiers, de ciprès & de tzinnar : la grande mosquée, le college de calife Sulton, le karavanserai royal

royal qui contient 250 chambres, sont des bâtimens ramarquables : le palais que Nadir-Shah y a fait bâtir paraît magnifique, le mur qui l'entoure a demi lieue de circonférence. Ceux qui veulent trouver des villes anciennes dans celles qui existent, croyent qu'elle fut l'*Arsacia* des Parthes, mais elle ne fut bâtie que dans le huitieme siecle par un calife de Bagdat, dans le voisinage d'un vieux château & d'une autre ville qui insensiblement s'unit à elle : un prince Séjulcide la fit environner d'un mur de briques de cent mille pas de tour, duquel on voit encore les ruines. Thamas & plusieurs Sofis y résiderent & l'embellirent : sa situation est avantageuse pour le commerce ; le chemin lui est ouvert pour la Georgie, l'Azerbijane & les bords de la mer Caspienne. Aujourd'hui ses murs sont abbattus, elle n'a ni forts, ni garnison qui la défendent ; ses rues ne sont point pavées ; elle a peu de jardins, parce qu'elle manque d'eau ; ses maisons faites de briques séchées au soleil sont plus basses que le sol, pour y recevoir plus facilement les eaux des sources de l'Elwend qu'on y amene. On y conserve de l'eau dans des citernes, mais elle est fade & bourbeuse, & dans l'été il s'en éleve des exhalaisons qui rendent l'air mal sain : un faible canal de la Charoud passe auprès ; ses campagnes sont mieux arrosées, d'abondantes sources y entretiennent une verdure toujours constante, y font produire une grande abondance de grains & de fruits, surtout des pistaches plus grosses que celles de Syrie. Il y croît le schahoni, raisin doré, transparent, de la grosseur d'une olive, qu'on fait sécher au soleil, & qu'on envoie ainsi dans toutes les provinces du royaume où il est très-recherché : on en fait aussi d'excellens vins dont la couleur est foncée, & qui sont très-violens ; çà & là dans son territoire on trouve de l'orpiment jaune & du cuivre. Cette ville fut la patrie de Locman.

Près de là furent les *Nisæi campi*, ou plaines de Nysa, devenues célebres par les chevaux estimés qui sortaient de ses nombreux harras.

*Choramdeh*, village entre Sultanie & Casbin, situé au bord d'une petite riviere, entouré d'arbres & de jardins : son nom signifie *jardin de plaisance*.

*Gromora*, bourg dans une plaine remplie de villages & terminée par le Taurus ; il est orné d'arbres, de jardins, & est arrosé par un beau ruisseau : la plaine est coupée par des canaux qui portent l'eau dans les champs enfermés par des levées de terre, pour qu'elle y demeure.

*Ebher*, *Heber* ou *Abher*, ville dans une situation champêtre & riante, traversée par une petite riviere qui lui donne son nom & arrosée par plusieurs ruisseaux : elle s'étend dans l'espace d'une lieue, mais des jardins remplissent la plus grande partie de cet espace ; on y comptait 2500 maisons : ses karavansérais, ses mosquées, ses bazars sont d'assez beaux édifices ; elle est ancienne, si comme le disent les Orientaux, elle fut bâtie par *Kai Kosrou* : son terroir abonde en grains, en fruits & en légumes ; le peuplier ombrage ses maisons, & son bois sert à les bâtir. Au nord & au couchant de cette ville, la langue vulgaire est le Turc : au midi & à l'orient, c'est le Persan.

*Sultanié*, ville qu'on a cru être l'ancienne *Tigranocerte*, mais bâtie dans le treizieme siecle par *Argou-Khan*, petit-fils d'Hulakou, qui la nomma Sultanié ou ville royale. Plusieurs rois de Perse y ont résidé, & ç'a été une des plus grandes villes de l'Asie, mais elle déchoit tous les jours : de loin elle paraît belle encore, elle a quelques édifices remarquables; on y compte environ 3000 maisons bâties de terre, de chaux & d'argille, & elle n'a pas 6000 habitans; ses rues sont désertes, elle n'a plus ni portes, ni murailles; un fort quarré construit avec solidité la défend; son territoire est bas & coupé de canaux qui le fertilisent; il se termine d'un côté à la montagne de Keider, de l'autre à une chaine élevée de monts: les nuits y sont très-froides, la chaleur y est ardente le jour, cependant l'air y est bon & sain. Le château où habitaient les rois n'est plus qu'un amas de ruines; la mosquée ou metschid de Mohammed-Chodabendé est ornée de trois portes d'une hauteur singuliere, faites d'acier poli & damasquiné: la voûte s'éleve en dômes; elle est revêtue de pierres blanches & bleues, & ornée de figures: auprès est un sépulcre. On y remarque encore la mosquée bâtie par Ismael Chodabendé, & son tombeau; Tamerlan qui détruisit la ville, respecta les édifices consacrés à la religion, quoiqu'il n'y crut pas. Ses environs sont semés de violettes qui mêlées aux raisins secs qu'on y vend, leur donnent un goût exquis.

*Sengan* ou *Zengan*, nommé encore par le Bruyn *Samgael*, *Zengian* par Pietro della-Vallé, & *Zénigan* par Chardin, petite ville qui n'est point ceinte de murs, mais est assez bien bâtie & sur un côteau: elle fut grande & commerçante avant d'être ravagée par Tamerlan, prise & pillée plusieurs fois par les Turcs; un Daroga y commande: on y compte 2000 maisons dont plusieurs sont jolies, bâties de pierres & de terre: elle a un beau bazard couvert & voûté où l'on vend toutes sortes d'étoffes, & plusieurs mosquées: ses environs ne sont que des sables, des landes couvertes de bruyeres & de ronces qui ne s'élevent point. Chardin dit cependant qu'ils sont agréables, & qu'ils forment une belle plaine arrosée par un ruisseau d'une eau très-limpide : la riviere de Sangansjay passe dans la ville. A demi lieue d'elle, est une branche du Taurus, nommée *Keider-Peyamber*, qui s'étend du nord au sud : selon le Bruyn, ce nom est celui d'une forteresse que les Curdes ont dans ces montagnes ; à leur pied est une belle vallée parsemée de villages.

*Sancala* ou *château de Hasan*, grand bourg bien peuplé & ceint de murs.

*Acboular*, petite riviere sur les frontieres de l'Azerbijane, au pied d'une montagne. *Andareb*, bourg sur le chemin de Sneirne.

*Sneirne*, petite ville sur le chemin de Mosul à Hamadan. *Kirmoncha* ou *Kermoncha*, petite ville sur le Sahna qui, plus au midi, se joint au Synnée. fleuve connu sous différens noms & qui se perd dans le Tigre. *Dainour* ou *Deinour*, petite ville au couchant d'Hamadan.

*Bagistana*, ou jardin, monument très-antique, sculpté dans une montagne & attribué à Sémiramis : il est situé sur le chemin qui conduit d'Hamadan à Bagdat.

*Kenghever*, petite ville nommée autrefois *Concobar*, située au pied des montagnes de Caragan.

*Hamadan*, ville qui vraisemblablement fut l'ancienne *Ecbatane* : son enceinte est très-vaste, mais elle renferme des jardins, des champs, des prairies ; elle était autrefois environnée de sept murs de hauteurs inégales & de couleurs différentes : de loin ils présentaient une décoration singuliere. Ses habitans s'adonnent au commerce & la plupart sont juifs : ils y ont une synagogue où l'on voit d'anciens tombeaux construits de briques & revêtus de bois noir, qu'on croit être ceux d'Esther & de Mardochée, & qui y attirent beaucoup de pélerins. Cette ville offre un séjour agréable en été ; mais le voisinage du mont Elwend y rend l'hiver rigoureux & long : son district s'étend dans un espace de 50 lieues, & on y compte 15 petites villes : ses champs sont riches en tabac, & en safran, le meilleur de la Perse après celui qu'on recueille près de la mer Caspienne. Cette ville était le principal arsenal de Nadir-Shah.

*Tofarcan*, *Dizabad*, *Adrand*, *Torza*, sont des petites villes du territoire d'Hamadan.

*Saba*, *Sava* ou *Sauwa*, paraît être l'ancienne *Tabas* : cette ville a deux mille pas de tour, & est dans une grande plaine sablonneuse au pied du mont Elwend : ses minarets, ses bâtimens publics qui attestent sa grandeur passée lui donnent de loin un aspect imposant ; une de ses mosquées est couverte d'un dôme bleu glacé : à quelque distance on croit voir une forêt quand on approche la ville ; au dedans elle est presque déserte : ses murs ne sont que de terre, ses maisons se détruisent ; mais elle a de très-beaux jardins & des fruits rares & exquis : ses habitans à force d'industrie rendirent fertile son territoire qui n'était autrefois qu'un vaste marais salé : il produit beaucoup de coton, du riz & d'autres grains ; l'air y est mal sain. Un district de 105 villages dépend de cette ville ; à vingt lieues plus à l'orient est un marais très-étendu qu'on appelle la *mer de sel* de la qualité de ses eaux : une chaussée longue de 30 lieues le traverse. Saba est arrosée par une petite riviere ; à quatre lieues de ses murs est un pélérinage révéré des Persans, qui le nomment *Eehmouil* ou *Samuel*, parce que ce prophète, disent-ils, y a été enterré : on voit son beau mausolée au milieu d'une magnifique mosquée.

*Angelawa*, grand village dans une plaine remplie de

sources & de puits dont l'eau se rassemble dans des conduits souterrains : cette eau est légérement salée : le sol est imprégné de salpêtre : on voit dans ces lieux des corbeaux d'une grandeur extraordinaire.

*Kom*, grande ville qui peut-être est l'ancienne *Choana* ou *Guriana*: le Joubadjan torrent impétueux au printems, ruisseau faible & tranquille en été, coule dans ses murs : il naît dans le mont Elwend : on y compte 12 à 13 mille maisons selon les uns; on y en compte 2300 selon les autres : ses rues sont larges & sans pavé ; on vante la magnificence de ses quais, de ses bazars & de ses temples, parmi lesquels on remarque la *Massouma*, qui est peut-être la plus superbe mosquée de toute la Perse, & est dédiée à Fathmé, fille de Musa-Casem, septieme Iman : là est son tombeau, élevé avec magnificence & réparé plusieurs fois. La mosquée est formée de trois grandes chapelles sur la même ligne : celle du milieu a un beau portrait de marbre transparent, que surmonte une coupole circulaire, incrustée en dehors de carreaux de porcelaine, peinte en dedans en or & azur ; on arrive à une galerie décorée des mêmes peintures, des mêmes incrustations ; elle conduit à la chapelle dont la forme est octogone, & la porte couverte de lames d'argent, avec des reliefs & des ornemens de vermeils : de grandes tables de porphyre ondé revêtent le bas du temple à la hauteur de 6 pieds : le reste est brillant d'or & d'azur : les mêmes ornemens se remarquent dans le grand dôme qui couronne la chapelle, & dont le haut est décoré d'une longue aiguille à laquelle sont enfilées plusieurs boules d'or surmontées d'un croissant : au milieu est le tombeau couvert d'un drap d'or, environné d'une grille d'argent haute de 10 pieds & ornée dans les angles de boules d'or : des vases d'argent suspendus à la voûte y tiennent lieu de lampes, & quelques-unes pefent 30 livres: les deux autres chapelles renferment les tombeaux de Shah Sefi & Abbas II: on y voit les mêmes ornemens que dans celle que nous venons de décrire, des galeries, des rotondes dorées en mofaïque, revêtues d'albâtre & de porphyre par le bas, des lampes d'or & d'argent, de fuperbes tentures. On entre dans le temple par quatre grandes cours plantées d'arbres, divifées en compartimens, coupées par des terraffes, arrofées par un canal & des réfervoirs remplis d'une eau limpide, entourées d'édifices où logent les prêtres, les docteurs, les étudians entretenus dans cette mofquée dont les revenus annuels font d'environ 200,000 livres, la quatrieme eft la plus magnifique : un grand efcalier de marbre y conduit ; il eft terminé par une belle arcade dont le bas eft incrufté de porphyre, dont le haut s'arrondit en coquille couverte d'or & d'azur. Cette mofquée renferme un afyle pour les débiteurs infolvables qu'on y nourrit gratis : on y donne du pain aux pauvres.

Telle était du moins cette mofquée il y a environ un fiecle. Kom offre encore d'autres édifices fomptueux, mais c'eft affez d'en avoir décrit un. Les orientaux difent qu'elle fut fondée par Abdalah Saydan vers l'an 700 de l'ere chrétienne, qu'il ne fit que réunir 7 villages par de nouveaux bâtimens, & l'entoura d'un mur : elle a eu jufqu'à 8 ou 9 lieues de tour, mais elle a déchu ; autour d'elle font des jardins qui produifent de beaux fruits, des grenades, des pêches excellentes, une efpece de melon nommé *Scammame*, de la groffeur d'une orange, tacheté de diverfes couleurs, d'un goût fade, mais d'une odeur admirable & des concombres longs de deux pieds qu'on fait conferver dans le vinaigre. La plaine où elle eft fituée eft fertile en grains & en coton : on y compte plus de 440 tombeaux où furent déposés les corps d'autant de descendans d'Ali : on y fait un grand commerce de savon, de lames d'épée, en potterie blanche qui a la propriété de rafraîchir l'eau & les liqueurs qu'on y verse; la beauté de l'ouvrage y donne un nouveau prix encore. On remarque dans une de ses parties quelques antiquités, & parmi elles une pyramide circulaire qui paraît avoir été le tombeau d'un ancien roi : l'air y est bon, mais brûlant en été; ses habitans ont la réputation d'être civils & honnêtes.

*Kasmabath* ou *Kasmabad*, bourg où l'on voit les maisons d'une rue entière, bâties de maniere qu'elles forment une voûte continuelle.

*Aran* ou *Aron*, autre bourg qui renferme plus de mille maisons d'ouvriers en soie, qui fabriquent des brocards & autres étoffes : on y compte 600 jardins.

*Cachan* ou *Kaschan* & *Kassian*, ville que quelques auteurs ont cru l'ancienne *Ctesiphonte* : elle a une lieue de long & un quart de large : elle est environnée d'un double mur haut de 36 pieds, mais tombant en ruines, flanqué de grosses tours, percé de 7 portes : on y comptait 6500 maisons, en y comprenant ses fauxbourgs plus grands que la ville même : ses bazars, ses bains publics, ses mosquées, ses karavanserais sont très-beaux : l'un de ceux-ci fut élevé par Abas I, & est digne de lui : les rois y avaient un palais, les tombeaux de divers princes de la famille d'Ali qu'on y voyoit autrefois, lui ont fait donner le nom de *Dar-el-Moumenin* ou séjour des fideles. Cette ville est très-commerçante; on y fabrique du satin, du velours, des taffetas, diverses autres étoffes de soie unies ou façonnées, de magnifiques brocards d'or & d'argent : ses environs ne sont arrosés par aucune riviere, & ils seraient arides si de nombreux canaux & des citernes n'y offraient les moyens de rafraîchir ses champs desséchés: l'air y est bon; une montagne dont la masse élevée reçoit les rayons du soleil pendant tout le jour, y rend la chaleur presque insupportable: les grains, les fruits prosperent dans les campagnes, mais on y voit peu de bétail, & il ne pourroit y trouver sa subsistance: ses melons sont estimés, elle en fournit la capitale & ses environs pendant une grande partie de l'année. Ses habitans sont un mélange de Mahométans, de Chrétiens, de Banians & de Juifs: on trouve dans son district des scorpions noirs comme le charbon, grands & gros comme le doigt, dont la morsure passe pour mortelle si le remede n'est prompt, & une espece d'araignée longue de deux pouces, tachetée, se cachant dans les lieux pierreux sous une herbe semblable à l'absynthe, d'une odeur plus forte encore, & dont les feuilles sont plus larges: elle ne pique pas, mais laisse tomber son venin qui attaque les nerfs, pénétre dans l'estomac, & fait tomber le malade dans un profond sommeil: on dit que les brebis la cherchent & la mangent. Le peuple de Kachan parait gai: on y fait des courses de bague, on y tire l'oiseau; la misere y est peu sensible par l'abondance & le bas prix des denrées: le roi de Perse y avait un beau jardin & une maison de plaisance: 70 aqueducs conduisaient l'eau dans la ville qui n'a point de fleuves.

*Ghulpaigan*, *Conga*, *Mischaron*, sont de petites villes dont on ne connait guere que les noms.

## LE CHUSISTAN ou KHOZISTAN.

Il a au nord la province que nous venons de décrire, à l'orient le Farsistan, au midi le golfe Persique, au couchant le Tigre qui le sépare de l'Irak-Arabi. Il doit, dit-on, son nom à *Chus*, fils de Cam: le *Tab*, nommé autrefois *Pasitigris* & *Oroates*, le sépare du Farsistan : il est étendu, mais presque désert : il est fertile en bleds, en orge, en riz, en coton, en cannes à sucre, en tabac, en dattes ; sa partie septentrionale est montueuse : on lui donnait autrefois le nom d'Elymaïs, on lui donne aujourd'hui celui de *Louristan*, & à ses habitans celui de *Lour* & de *Baktiari* : elle produit une gomme qui sert aux mêmes usages que la mumie de Lahar, mais elle est moins rare & moins chere. La partie méridionale est unie & marécageuse : les monts qui sont au nord ajoutent à la chaleur brûlante du soleil, & la rendent presqu'inhabitable : on y trouve des mines d'or, des sources de bitume & de naphte ; ses habitans en partie Juifs ou Payens, en partie Mahométans, parlent l'arabe, le persan, & la langue des *Khouz*, ancien peuple de ces contrées : ils ont le teint jaune, & sont faibles & mal-sains. Les Grecs donnerent à ce pays le nom de *Susiane* de *Suse* sa capitale, nommée dans les livres saints *Shusham*, & dans Hérodote *Memnonia*, de Memnon, fils de Tithon qui la fonda. Les lys nommés dans l'ancienne langue des Perses *susan*, lui donnerent le nom sous laquelle elle fut célebre. Le pays est arrosé par l'*Eulœus* ou *Choaspes* : les anciens rois de Perse ne buvaient d'eau que celle de ce fleuve : il nait au pied de la même montagne d'où sort le Zenderou, mais du côté opposé, traverse le *Kohasp* ou montagne de cheval, dirige son cours oblique jusqu'au près du Pasitigris ou Tab, & se replie sous le nom de *Karun*, pour se rendre dans le golfe Persique par plusieurs embouchures. Il a aussi le nom de *Tiritiri*.

*Suster* ou *Tuster* & *Tostar* est le lieu qu'on croit aujourd'hui avoir été l'ancienne *Sufa* : Darius Hyftape l'embellit ; fa fituation était magnifique, les rois y venaient paffer l'hyver dans un palais fuperbe où les archives de l'état & une partie de leurs tréfors étaient en dépôt. Alexandre y trouva des richeffes immenfes ; la contrée qui l'environnait s'appellait *Ciffia* ; tel eft fon état actuel qu'on doute encore qu'elle fut au même lieu que Sufter, où l'on trouve des ruines & quelques amas de maifons, où l'on fabrique des étoffes de foie & des draps d'or eftimés : une riviere de fon nom l'arrofe : près d'elle s'éleve le mont *Koafp*, plus à l'orient eft un village qui a le nom de Sufa.

*Ahwaz*, *Ehawas*, *Aouas*, ville qui fut confidérable & tombe aujourd'hui en ruines : les Arabes donnent fon nom à tout le pays ; les Syriens lui donnent celui de *Hus*, peut-être du peuple nommé *Chufii* qui habitait aux environs : fon terroir eft abondant en fruits, le Karha ou Synnée l'arrofe. *Yefid*, bourg fur la même riviere.

*Goban*, petite ville fur le Karun, à quelques lieues de l'endroit où il fe joint au Tigre.

*Siravan*, ville qui eft le chef-lieu d'un diftrict nommé Mazendan : elle eft fituée dans une contrée montueufe.

*Regian*, petite ville fur l'Endian ou le Tab.

*Laureftan* ou *Laur*, petite ville dans une plaine où coule le Zenderou : au midi eft la fontaine *Al Kuren*, connue parce qu'elle eft la fource de ce fleuve.

## LE FARSISTAN.

Cette province a 190 lieues du midi au nord, 160 du couchant au levant : Chardin lui donne l'étendue de la France entiere ; elle touche au Chufiftan, au golfe Persique, à l'Irak-Agemi dont de hautes montagnes le séparent, au Kirman : son nom vient peut-être de *Fares*, cheval, parce qu'elle est abondante en chevaux estimés. Au midi, l'air est brûlant, & la terre si sablonneuse qu'elle ne produit que des palmiers : au nord, elle est couverte de montagnes où l'on trouve les plus beaux faucons de la Perse, beaucoup de sangliers, une espece de chat sauvage qui a les jambes longues, les oreilles droites & longues, la queue du rat. Les lieux qu'on y peut cultiver ne suffisent pas pour nourrir ses habitans; on y trouve des émeraudes assez communes, & des forêts de l'arbre qui donne le mastic, arbre qui ressemble au poirier : on recueille le blanc, on néglige l'autre. Au centre sont de vastes campagnes de la plus grande fertilité ; là l'air est très-sain, & les hommes robustes & forts : on y recueille d'excellens vins, du riz, des fruits, &c.

C'est dans cette province que fut située *Persepolis*. Elle était située dans une plaine longue de 15 lieues, nommée aujourd'hui *Ulkèh-Merdest*, plaine de Merdest ou Mardaijo ; environnée de monts & de rocs escarpés & répandus çà & là ; au midi elle touche à la contrée de Kulbaar, riche en riz, au nord, à des ruines de murs qui joignaient deux monts, au couchant au fleuve nommé jadis *Araxis* qui coule dans un lit profond, embarrassé de rochers, semé de cataractes ; à l'orient aux monts de *Rehmèd* & d'*Achtopch*, aux pieds desquels sont les ruines de Persepolis : elle est remplie de villages dont on compte, dit-on, plus de 800; & divisée en champs, en prairies, en marécages où l'on voit une multitude d'oiseaux, grues, cigognes, hérons, canards, &c. Près des monts qui n'ont pas de sources, elle est sablonneuse & stérile ; ailleurs elle est coupée d'un grand nombre de canaux

& de fossés remplis des eaux de l'Araxis & du Pelowaar qui y portent la fécondité : on y voit croître le riz qui a le nom de schiraz, l'orge, les melons, les citrouilles, les raisins, les pêches, les citrons, les coings, les olives, les grenades : çà & là on y voit paître des troupeaux de moutons, de vaches, de chèvres, d'ânes, de mulets, de chevaux les plus beaux de Perse, de chameaux ; on n'y voit point de forêts. Le Pelowaar qui l'arrose descend du mont *Paru* situé à l'orient ; il est peut-être celui que Ptolémée appelle Cyrus, & qui eut encore le nom d'*Agradate* ; il se divise dans la plaine, & épuisé par les canaux qui conduisent ses eaux dans les campagnes, il s'y évanouit ou s'y joint à l'Araxe. Araxis est le nom qu'on donnait en Perse aux rivieres remarquables par l'abondance & la rapidité de leurs eaux : celle-ci sort du mont *Kongri* ; il se grossit par la jonction de diverses rivieres, & arrose enfin toute la plaine : cet arrosement rapportait annuellement au prince plus de 20 mille onces d'argent : un émir fit faire deux écluses à l'Araxe, & de-là lui vient le nom de Bende-émir qu'il porte près de ces écluses : au milieu de la plaine, il a un pont long de 150 pas, placé sur d'énormes roches, qui lui forment deux arches d'une hauteur effrayante : six lieues plus loin est un autre pont, plus magnifique, construit de pierres quarrées : on passe celui-ci pour aller de la plaine à Schiras, & celui-là lorsqu'on vient d'Ispahan. Le fleuve prend différens noms au-dessous du dernier pont, on le nomme *Rudchoneh pyli noo*, fleuve du pont-neuf : on lui donne aussi le nom de *Merdestinum* ; on dit qu'il tombe dans la mer, mais on se trompe ; l'Araxe se perd avant d'y parvenir dans le marais salé de Bakteghiam ; mais sur le penchant opposé des monts près desquels il se perd, il naît un autre fleuve de diverses sources que les habitans croyent être l'Araxe qui sort de nouveau, & après avoir arrosé la ville de *Kaseruun* ou *Karun* & les bourgs de *Kumaret*, de *Gersjt*, de *Nergisi* & de *Distuun*, se jette dans le golfe Persique à 5 lieues de Bender Riik. Près du mont Achtopeh, à une lieue & demi des ruines de Persepolis, on voit une chaîne de monts remarquables par les antiquités qu'on y trouve : on les nomme *Naksji Rustem* ou *Naxi Rustan*, les monumens de Rustam. Ce Rustam est un héros, l'Hercule des Perses, auquel sans doute ils attribuent les exploits de plusieurs : ces monts dont la base parait être de pierre de sable, montrent ensuite de l'albâtre blanc, du caillou noir, & différens marbres : là sont sculptées en bosse des figures de chevaux & d'hommes plus grands que nature, des façades de bâtimens à colonnes où une porte conduit à des tombeaux creusés dans le roc, & qui occupent une étendue de 280 pas : on y voit des rois qui s'allient en foulant au pied leurs ennemis, d'autres qui combattent avec la lance, ou corps à corps; plus loin on en voit un qui pardonne à des ennemis supplians : là est un roi environné de ses courtisans qui près d'eux ont une figure à deux têtes opposées, & dont les mains se joignent, qui semble l'emblème des hommes qui vivent près des souverains. Les ruines de Persepolis sont au pied de montagnes dont celle de *Rahmed* est la plus élevée : leur nom vulgaire est *Tsjehil-menaar* ou les 40 tours, de la multitude des colonnes qu'on y voit : dans les auteurs Persans, elles ont celui de *Istachr* ou *Estakar*, nom qui selon le Bruyn signifie *taillée dans le roc*, & qu'on donne aussi à *Mircasgoon*: d'autres donnent au tout le nom d'une de ses parties, & l'appellent *Choneh-Dara*, maison de Darius: le sol qui l'environne est plat, sablonneux, inculte;

trois grandes platte-formes qui s'élevent en amphithéâtre, un mur endommagé les entoure en s'unissant à la montagne : il a 700 toises de circuit, est formé de pierres noires, dures, polies, qui ont 30 à 50 pieds de long : plusieurs escaliers conduisent aux terrasses : l'un d'eux taillé dans le roc est partagé en deux rampes, & chacune est coupée par un palier très-large; les marches sont basses, 12 chevaux y pourraient monter de front : la premiere platte-forme offre deux portiques délâbrés, profonds de 22 pieds, larges de 13, dont chaque pilastre a une figure d'animal sculptée, haute de 14 pieds : entre les portiques sont deux colonnes de marbre blanc, cannelées, bien proportionnées, hautes de 54 pieds, environnées des débris de quelques autres ; à gauche les portiques mêmes sont des tronçons de colonnes, des morceaux de marbre ou d'albâtre, & d'autres ruines. On monte à la seconde platte-forme par le côté méridionnal : la partie occidentale du mur qui la borde est remarquable par ses bas reliefs : il en est aussi dans la partie orientale : on croit qu'ils représentent, ou un triomphe militaire, ou une entrée de souverain, peut-être une procession : l'habillement, la coëffure des hommes y est très-variée : quelques-uns ont en main des marteaux qui paraissent être une espece d'instrumens de musique, des arcs, des lances, des vases ; deux traînent un char, d'autres conduisent ou un dromadaire, ou un bœuf : entre eux sont des plantes singulieres,& des arbres qui semblent être dans deux vases ; dans le haut & dans le bas sont des combats d'animaux. Ailleurs, on voit un homme combattant un grifon, un autre terrassant un lion; sur les côtés sont plusieurs rangs d'hommes, les uns armés de lances, de bouclier, de carquois ; les autres d'instrumens de musique ; deux paraissent assis &

respectés. Au-dessus est un homme avec des ailes d'aigles: on y trouve une longue inscription sur une pierre longue de 10 pas, large de 3, en caractères inconnus aux Guebres même, toutes formées d'un coin plus ou moins court, séparés ou unis par la pointe en forme d'U ou enchassés les uns dans les autres, rangés dans tous les sens obliques, horizontaux, perpendiculaires, parallèles. Le haut de l'esplanade est pavé de grandes tables de pierres, couvert de piédestaux, de ruines de colonnes, dont quelques-unes sont encore entieres & debout ; il y avait 4 colonnades, toutes de marbres : la 3$^e$ terrasse est plus grande que les autres ; on y voit les ruines d'un vaste & magnifique bâtiment dont il reste des portiques dégradés, des niches, des fondemens, des souterrains : les pierres sont d'une grandeur prodigieuse, chargées de moulures, de feuillages & autres ornemens. Gouea y remarqua des chambres entieres dont le plancher, les murs & la couverture étaient d'une seule pierre très-noire & très-dure, sans cependant avoir été taillée dans le roc, comme il y a d'autres parties qui le sont : les portes étaient de marbre blanc. Divers reliefs y montrent des figures allégoriques, & d'autres relatives à des histoires que nous ne connaissons pas. Au centre de cet édifice est un labyrinthe dont on dit que les routes secrettes s'étendent à 3 ou 4 lieues : au fond sont des tombeaux & le peuple des environs y place des trésors immenses ; plus haut sont deux tombeaux magnifiques, taillés dans le roc, environnés de butes escarpées. La façade de l'un, décorée de 4 colonnes encore entieres, a 72 pieds de large & 130 de haut : les côtés sont ornés de figures, l'architrave & l'entablement de bas reliefs : au haut est un autel chargé d'un brasier, & vis-à-vis un homme appuyé sur un arc : quelques Mahométans

Mahométan a fait percer ce monument, & on y trouve deux tombes découvertes, où l'on ne voit point d'ossemens : l'autre tombeau est peu différent ; ils sont l'asyle d'une multitude de pigeons sauvages. Il serait trop long de décrire tout ce qui peut intéresser dans ces monumens dispersés parmi des ruines : leur antiquité les rend vénérables ; on croit que Persepolis fut fondée 3209 ans avant J. C. voyez M. Bailli, *Astronome ancien. pag. 333.* Sur les montagnes voisines sont des ruines de forteresses ; au-dessous d'un tombeau est une tour quarrée, couverte d'une platte-forme d'une pierre plus dure, plus polie que le marbre, qui n'a & n'eut jamais ni fenêtres, ni portes, & n'est ornée que d'un architrave d'ordre dorique : elle est vuide, & les murs sont nuds & unis au dedans ; on admire la beauté, la dureté, la liaison des pierres qui la forment. A 9 ou 10 lieues de-là dans les champs de *Sjubasar*, à une lieue de Schiraz, on trouve d'autres ruines de marbre sur une colline, dans une plaine sablonneuse, presqu'au pied du mont *Kuhi-tengi-sehm*; il en reste des portiques entiers ; des fragmens de marbre y montrent diverses figures d'hommes, une lance à la main, & dont une mitre couvre la tête chevelue : quelques-unes sont entieres, & d'une stature haute : leurs vêtemens amples descendent aux talons ; l'une porte une bandelette de la main gauche, des fleurs ou des fruits de la main droite : au dehors est une pierre creuse où il semble qu'on tenait de l'eau lustrale : dans le rocher on voit 4 autres figures hautes de 14 pieds taillées dans le rocher. Le vulgaire appelle ce monument le *temple de la mere de Salomon*. A mille pas de là, on voit une eau plus pure que le cristal tomber dans un petit marais ombragé par des saules, des frênes & des figuiers sauvages : on l'appelle la *fontaine du Chatré vivant*,

*Tome VIII.*                 S s

qu'on croit être Elie : près de là fut une maison dont les ruines couvrent le sol.

La province est encore arrosée par un fleuve qu'on croit être l'*Abi Kuren* qui coule non loin d'Ispahan : c'est sans doute le *Medus* des anciens qui se joignait à l'Araxe. On le divise en 5 districts, ce sont ceux d'*Ardehir*, d'*Estakar*, de *Darab-guinde*, de *Schapour* & de *Kobad*.

Cette province est riche en amandes dont elle fait un grand commerce : on en transporte jusqu'aux Indes, & elles servent de monnaie dans le royaume de Guzarate.

*Chiraz* ou *Sjiraas*, capitale du Farsistan & du district particulier d'Ardehir, a eu des rois particuliers, a été le siege des rois de Perse, & parait être la *Corra* de Ptolemée ; la riviere qui arrose Chiraz s'appelle encore Correm-déré, ou torrent de Correm : on croit cependant qu'elle ne fut fondée que sous les Ommiades : d'Herbelot croit qu'elle est l'ancienne *Scyropolis* : son nom signifie *lait épaissi & pressé*, emblème de ses richesses en paturages, lait & fromages ; ou de *Schir* qui désigne la consommation des denrées qui s'y fait. Cette ville est située à l'entrée d'une belle plaine, longue de 5 lieues, large de 3, environnée de montagnes & très-fertile. Elle a deux lieues de tour, mais elle fut encore bien plus étendue, & son ancienne enceinte était de dix lieues : elle est fermée par 4 grandes portes de fer : on y arrive d'Ispahan par une chaussée haute de 20 pieds, large de 12, élevée pour empêcher les torrens d'inonder & ravager la ville : elle conduit dans une rue large de 50 pas, très-longue, bordée de maisons agréables, uniformes, ornées par un beau jardin & un portail ceintré, surmonté d'un pavillon : au milieu de la rue est un grand bassin revêtu de marbre ; à son extrêmité est un vaste bazard qui aboutit à la grande place. Les autres rues sont étroites, bordées de maisons de terre; la plupart abandonnées ou tombant en ruines : on la divise en 38 quartiers : un seul de ses bazards est beau, c'est le *Daoub-Kan*, divisé en 4 galleries parallèles & dont la voûte est très-haute. Deux de ses karavanserais sont beaux, ses caffés sont spacieux; on y trouve une multitude de mosquées; quelques-unes sont magnifiques; celle de Gioumak est trois fois plus grande que la mosquée royale d'Ispahan : on y entre par une cour ornée de huit bassins : au milieu est une chapelle fermée d'une grille de fer où l'on garde un alcoran écrit de la main de l'Iman *Mousa*; des bâtimens nombreux & négligés en dépendent : on y compte 12 colleges, 200 bains, & plusieurs hôpitaux où les Mollahs qui les administrent s'enrichissent, & où les malades périssent faute de secours. Les habitans ont le teint blanc, la taille belle; ils sont spirituels & éloquens; *Schiras* abonde en eaux vives. Il n'est point de maison qui n'ait un jardin & un lieu planté d'arbres dont quelques-uns ont 20 pieds de tour : la meilleure arquebuse, dit-on, ne saurait atteindre à leur sommet : ce sont des ormes ou des cyprès : le peuple vénere les plus vieux, il prie sous leur feuillage & les charge de chapelets, d'amulettes, d'offrandes : les malades y brûlent de l'encens, y attachent des bougies allumées, en attendent un sort plus heureux; quelques-uns y passent les nuits, ils y dorment & croyent y avoir parlé aux anges pendant leur sommeil. Parmi ses habitans mêlés d'anciens Guebres, d'Arméniens, de Persans arabes, il y a beaucoup de Juifs, & la plupart sont de la tribu de Levi : ils sont pauvres : la plupart fabriquent des étoffes d'or & d'argent. Son territoire est d'une fertilité admirable, arrosé par un grand nombre de ruisseaux qui tombent des rochers ; on y trouve d'excellens pâturages & les plus beaux haras du royaume: on y voit paître des brebis dont la queue pèse 18 à 20 livres : les fruits y sont bons & abondans : on estime surtout ses raisins, ses melons, ses grenades, ses vins, ses roses les plus belles peut-être du monde , & ceux dont l'odeur est la plus suave ; ses vins sont les plus célebres de l'orient : c'est avec les raisins de *Damas* qu'on les fait ; les grains en sont rougeâtres, & telles de leurs grappes pesent douze livres : lorsqu'on a foulé le raisin, que le jus s'en est reposé 15 jours, on le met dans des bouteilles épaisses & garnies de paille nattée, bouchées avec du coton & de la cire fondue ; sa couleur est celle du plus beau rubis, il ne se garde que 3 ans, peut-être parce qu'on le prépare mal : on en transporte dans toutes les provinces , dans les Indes, en Europe : on le vend au poids : les champs sont couverts de pavots blancs, dont on fait beaucoup d'opium. On voit aussi dans ce territoire les monumens dont nous avons parlé, le tombeau de *Sadi*, écrivain célebre qui vivait il y a près de 60 ans, celui d'*Afez* ou *Hafez*, poëte fameux, l'Homere des Persans. On y trouve encore un lac de 8 lieues de tour, que l'action du soleil couvre d'une couche de sel, & dont chaque particulier fait sa provision gratis : on l'appelle *Derjanemeek*, ou mer salée, il reçoit la petite riviere de Rutgone, & quelques ruisseaux. A demi lieue de la ville, vers l'orient, sont les ruines d'une forteresse nommée *Kallagz-Fandus*, qui avait demi lieue de tour, & était placée sur un mont escarpé où l'on trouve un puits profond de 420 pieds, taillé dans le roc: on dit que lorsqu'on la bâtit, il y a 6000 ans, la mer baignait le pied du mont.

On a cru que Chiras ou Cyraz, était la ville fondée par Cyrus: les Arabes la rétablirent : Haboul-

Haffan, prince Bouide en fit le fiege d'un empire particulier, & c'eft alors qu'elle fut la plus floriffante. Abas I la fit affiéger, & prendre par Iman-Kouli-Khan qui en devint gouverneur, y réfida 40 ans, y fit fleurir le commerce, y encouragea les arts, & régner l'abondance. Sefi II réunit ce gouvernement à fon domaine particulier, ou par œconomie, ou par avarice, & depuis ce tems Chiraz fe dépeupla, s'appauvrit, & fes maifons devinrent défertes. Cependant on y faifait toujours, & on y fait encore les plus beaux verres de l'orient : des toiles peintes, l'opium, les fruits confits au vinaigre, les eaux de fenteur font les autres objets de fon commerce : elle fournit de l'eau rofe aux peuples de l'Inde. Kerim-Khan en y fixant fon féjour, lui redonna une profpérité nouvelle, & fon fils y réfide comme lui. C'eft entr'elle & le golfe Perfique qu'on trouve le *Scincus*, efpece de lezard écailleux qui fe nourrit d'herbes aromatiques, & dont les Perfans font un bouillon qui ranime leur vigueur épuifée par les plaifirs. Sa longitude eft de 70°. 40' fa latitude de 29° 35'.

*Paffa*, petite ville bâtie, dit-on, fur les ruines de l'ancienne *Paffergarde* ou *Pafagarde* où était le tombeau de Cyrus ; fes champs font embellis par des palmiers, des orangers & d'autres arbres fruitiers ; le narciffe double y eft commun. On l'appelle auffi *Pafa* ou *Fafa-Kuri* : fi elle eft le refte de la ville ancienne dont nous avons parlé, elle eft en effet très-ancienne ; car dès-lors elle était une ville royale, dépendante de la tribu des Achemides dont Cyrus était forti.

*Timariftan* ou *Temiftan*, bourg dans une contrée montueufe : de ce lieu jufqu'à la mer, on ne trouve plus que des champs d'orge : le froment, le riz n'y peuvent croître.

*Zizevan*, bourgade bâtie au milieu d'un bois de palmier.

*Darab-guindé* ou *Darab-guierd*, chef-lieu du district de son nom : on y fait des bouteilles de verre à long cou, & toutes sortes de verres colorés, noirs, rouges, verts, &c. C'est une ville fort étendue, couverte de palmiers & d'arbres fruitiers de diverses espèces : ses maisons isolées sont peu apparentes ; mais elle est très-peuplée ; ses environs abondent en citrons, en limons, en oranges, en pommes dont on fait du cidre : près d'elle est une mine de soufre, on y trouve à peu de distance de la momie estimée en Perse, & du sel de toutes couleurs, surtout du rouge, du vert & du blanc. La ville a conservé le nom de Darius qui la fonda ; elle a été longtems la demeure d'un khan particulier.

*Dechair* ou *Dec har*, bourg dont les maisons sont dispersées dans une forêt de palmiers : on n'y fait que du pain d'orge, qui avec les dattes, fait la nourriture des habitans.

*Malaha*, petite ville sur le chemin du Kerman : *Hobaian* ou *Zobaïde*, bourg sur la rive d'un petit lac.

*Tzerca* ou *Zargun*, bourg entre des montagnes dans une situation agréable, orné par des jardins abondans en melons, en raisins, en toutes sortes de fruits : ses campagnes sont bien cultivées, couvertes de troupeaux, peuplées d'un grand nombre de villages : dans l'hiver les eaux inondent souvent ses environs.

*Mier-chas-kun*, bourg voisin des ruines de Persepolis ; il est grand & a plusieurs bazards ; ses environs sont riches en melons, en raisins, en grenades, oranges, citrons, &c. On y compte 400 maisons.

*Selvistan*, bourg dans une campagne ombragée par des cyprès.

*Tschilminar*, nous en avons parlé plus haut.

*Jarcoia* est une grande bourgade. *Asad* est une ville forte.

*Main* ou *Majien*, petite ville dans une plaine agréable, féconde en amandes, ombragée par l'Afrag, arbre qui donne des fleurs, & orne par ses feuilles, par le Naer-wend, par des vignes.

*Onjiom*, *Oesjoen*, *Vagian*, qu'on nomme le *petit Ardebil* à cause du tombeau d'un fils de Shah-Sefi qu'on y va visiter en pélerinage, est une petite ville dans une situation agréable, au centre d'une plaine unie, traversée par un grand canal, couverte de villages, & de nombreux troupeaux de moutons & de chèvres : ces lieux sont abondans en gibier & en poissons.

*Asoupas*, *Assapas*, *Assepas* ou *Haspas*, petite ville dans une plaine cultivée, arrosée avec soin : près d'elle s'élèvent des montagnes agréables par leur verdure ; on y trouve la plante *madoen* de laquelle suinte une liqueur qui a la force du gingembre, & sert au même usage. Ses habitans sont originaires de la Georgie.

*Kus-Kiesar* ou *Kus-Khuser*, bourg dans de belles plaines qu'arrose un ruisseau qui porte son nom, & qui a un beau karavanserai de pierres : ses habitans sont en partie Georgiens & Circasses.

*Debi-Gherd* ou *Dedergoe* & *Deguerdau* ; bourg dans une plaine presque stérile, bordée par de hautes montagnes qui s'étendent jusqu'aux frontieres de l'Irac-Azem.

*Gor*, petite ville environnée d'une grande plaine sablonneuse ; elle est pauvre & laide.

*Haraidan*, *Charara*, petites villes sur le chemin de Bassora à Schiras.

*Scheleston*, bourg dans des montagnes incultes : des arbres en font toute la beauté.

*Mouza-seri* ou *Muzeseri*, karavanserai au milieu

d'une plaine abondante en pâturages & où l'on trouve beaucoup de truffes noires : il est au midi de Schiras.

*Anabat*, bourg ceint d'un large mur de terre ; on y fabrique & vend beaucoup de sucre candi.

*Kazerun* ou *Karzerom*, ville qui est le chef-lieu du district de Schapour : c'est dans son territoire qu'on recueille le meilleur opium de toute la Perse : elle est sur le chemin qui conduit de Schiras à Bender-Rick, petit port & ville sur le golfe Persique près de l'embouchure du Bouschavir.

*Bender-Richer*, bourg sur une petite péninsule du golfe Persique, près de l'embouchure du Bendemir ou Sacan.

*Charg* ou *Carac*, petite île du golfe Persique, vis-à-vis de Bender-Rik : elle est basse, unie, cultivée par des Arabes rassemblés dans un village : ils y sement du froment, des oignons, différens légumes ; ils pêchent & vivent presque de poissons : ils parlent le persan ; leur misere les exempte du tribut & les maintient en paix.

*Cais* ou *Keiche*, petite île jadis célebre & opulente : le commerce y florissait : les guerres l'ont ruinée & en ont chassé les habitans : aujourd'hui elle est encore inculte.

*Verdestan* ou *Verdostan*, ville au bord du golfe Persique, sur un sol bas & marécageux : elle donne son nom à un promontoire.

*Firouz-abas*, petite ville que Tavernier place dans le territoire de Schiras : on l'appellait autrefois Hourbahction : dans ses environs croissent beaucoup de dattes & des narcisses dont on fait des eaux de senteur.

*Mehroujou*, chef-lieu du district de Kobad : cette petite ville doit son nom à un ancien roi de Perse.

*Tadawun* ou *Tadivan*, nommé par le Bruyn *Tadurwan*, & par Chardin *Taduan*, grand village dans une plaine très-riante, qu'une multitude de sources sortant des montagnes voisines arrosent: la riviere de Paira passe auprès; ses arbres, ses jardins murés, le mont dont il occupe le pied, lui donnent un aspect agréable: ses environs sont ombragés par des grenadiers, des orangers, des figuiers, des pêchers, des palmiers, &c. les fruits qu'ils rapportent sont la richesse des habitans. Près de-là sont d'anciennes grottes, & sur la montagne les ruines d'une forteresse avec des restes singuliers de bâtimens élevés par les anciens Perses.

*Jaron* ou *Dgiaron*, ville dont la beauté consiste dans les palmiers qui en cachent les maisons & fournissent le seul objet de commerce qu'aient ses habitans: chaque arbre en plein rapport, leur donne, année commune, 300 livres de fruits; & ces 300 livres équivalent à 14 francs de France. Ces dattes sont les meilleures de la Perse. *Jaron* est au pié d'une chaîne de montagnes qui s'étend d'orient en occident.

*Dehi-dombe* ou *Don-banje*, village dans une belle plaine où l'on recueille de très-beau coton: sur le mont voisin sont les ruines d'une forteresse.

*Benarou*, petite ville ou bourg sur les frontieres du royaume de Lar: elle est au pied d'une montagne où l'on voit encore les ruines d'une forteresse: devant elle s'ouvre une plaine de 3 lieues.

*May*, bourg dans une contrée presque déserte.

*Asselo*, bourg situé au fond d'un golfe qui sert de port.

## LE LARISTAN.

Plusieurs géographes en font une partie du Farsistan, quelques-uns le joignent au Kirman. Chardin en fait une province séparée & nous l'en avons cru. Il fit autrefois partie de la Caramanie, & forma pendant 900 ans un royaume particulier gouverné d'abord par un roi descendant de Kosroès, roi de Perse: la religion des Mages y fut florissante sous ses descendans; des Curdes ou des Arabes leur succéderent & y régnerent jusqu'en 1602: leur empire fut détruit par Abas I: ils avaient alors pour chef un prince de l'Yemen, dont la capitale était Ormuz, fondée ou rétablie par eux. Les Portugais s'étaient emparé de l'île de ce nom: mais le roi de Perse, après avoir vaincu le roi Arabe du Laristan qu'il relégua à Schiraz, chassa les Portugais d'Ormuz avec le secours des Anglais.

Les chameaux font un des plus grands objets du commerce de cette province: elle éprouve des chaleurs excessives & mal saines dans le tems de la canicule; on n'y voyage guere qu'au printems, & encore dans ce tems des exhalaisons arsénicales qu'y répandent au gré des vents les monts *Ginau* & *Geruum*, éloignés du rivage de 6 lieues, y exposent à des maladies cruelles: à une chaleur excessive, ils font succéder un froid aigu, & cette variation subite corrompt les humeurs, & donne des fievres violentes qui conduisent au tombeau. On y manque d'eau potable, peu de rivieres le traversent, une seule y a un cours constant & long de plusieurs lieues, une seule y amene des eaux qu'on peut boire sans danger: les autres se chargent de sel même à peu de distance de leurs sources: on y supplée par de vastes citernes qu'on remplit d'eau de pluie qui y tombe rarement, qui elle-même est alterée par le sel qu'elle dissout sur les terres où elle tombe, & même par celui qu'elle précipite avec elle en traversant l'air : souvent elle y manque, souvent on ne peut plus s'en servir. Le même terrain où on la conserve produit des vers longs & minces nommés *Pejuuk*, & cette eau que l'on boit en porte la semence dans le sein ; des vers y éclosent, & s'y nourrissent ; ils causent des douleurs intolérables & des abcès dangereux. Le sol y est stérile le long des côtes ; souvent la disette & la famine s'y font sentir. La chaleur y donne la mort ; le vent qu'on y nomme *Baadi-Samuun* y suffoque & détruit ceux qui ne peuvent lui échapper ; on y sent une soif continuelle ; la sueur inonde presque sans cesse le corps ; des abcès se forment sous les aisselles ou sur les cuisses, & le seul remede à ces maux, c'est la patience : on n'y peut dormir qu'en plein air & sur les toits couverts d'une étoffe légere : des insectes nombreux ne permettent pas d'y jouir d'un sommeil tranquille ; les scorpions, des guêpes armées d'un venin dangereux, des essaims de mouches, des rats, tourmentent pendant la nuit, ou le matin, ou dans la chaleur du jour. Les fourmis surtout percent & détruisent en peu de tems des meubles & des marchandises précieuses. Ces incommodités souvent funestes se font sentir dans tous les lieux voisins des bords du golfe Persique. Aussi dès que la chaleur augmente, & que la canicule approche de l'embouchure de l'Inde à Basra, on s'assemble par troupes, on s'éloigne de ces plages dangereuses avec quelques provisions, quelques meubles & sa famille, portés sur des dromadaires : les chemins sont remplis alors d'une longue file d'animaux chargés, d'hommes à pied & de chiens qui les suivent : elle marche avec lenteur & fait des journées inégales, parce qu'on s'arrête où l'on trouve de l'eau, des commodités, un karavanferai auquel on préfere fouvent l'ombre d'un cyprès, d'un platane, d'un accacia, pour ne pas refpirer l'odeur des immondices qu'on y laiffe accumuler: loin des grands chemins, on ne trouve que de petites maifons demi-ruinées, vuides de meubles, habitées par les lézards, les araignées, les fcorpions; mais la bonté, l'humanité des payfans compenfent ces inconvéniens: ils vont au devant des paffagers, couvrent la terre des plus beaux tapis qu'ils puiffent poffeder, & s'empreffent de leur apporter des fleurs & des fruits. On arrive enfin fur des hauteurs, fur des monts, où nos voyageurs errans trouvent des maifons, des hôtes, de longs efpaces couverts de palmiers plantés en quinconces: ils en louent autant qu'il leur eft néceffaire pour quatre ou cinq mois qu'ils doivent y demeurer. Là, on s'affemble pour fes repas, on joue des inftrumens, on chante d'anciennes hiftoires, on caufe; & fur le foir on danfe, d'abord avec gravité, enfuite avec une rapidité étonnante: puis on fe repofe, & dès le matin, on veille aux befoins des animaux qu'on nourrit, on cueille fes dattes; on les fépare pour les employer à différens ufages; les pauvres vont à la chaffe des fauterelles, & les prennent, ou en allumant du feu fous les arbres où elles repofent, ou au vol avec des filets; ils les font cuire, les falent & les mangent. Le tems s'écoule ainfi jufqu'à ce que l'air rafraîchi, annonce qu'on peut retourner à fon ancienne demeure.

*Laar* en eft la ville capitale & lui donne fon nom; elle eft fituée entre des montagnes dans un terrein fablonneux; fes maifons font baffes & couvertes d'un fimple feuillage, toutes font accompagnées d'un jardin, & ornées de petits tours qui servent pour y faire circuler un air frais : elle a quelques bazars, un château sur le haut d'un rocher, un palais où réside le gouverneur, plusieurs mosquées assez mesquines, des citernes, mais point de murs : un torrent passe auprès & y tombe en cascade : les chaleurs de l'été y obligent d'arroser le plancher brûlant des salles & des chambres plusieurs fois le jour. Les Juifs en occupent un quartier & y ont établi des manufactures de soie : on y fabrique encore des ceintures estimées : les Hollandois y ont un comptoir : autour d'elle les campagnes sont arides, mais au delà on trouve des bois d'orangers, de tamarins & de dattiers : le jour y est brûlant, les nuits fraiches & les moucherons en éloignent la tranquillité. C'est entre elle & Darab qu'on trouve la gomme qu'on nomme *Mumie*, qui découle de quelques rochers, & sert pour guérir les fractures & les foulures ; c'est dans ses environs encore qu'on trouve la véritable mumie dans un lieu désert, au pied d'une chaine de montagnes qui va se joindre au Taurus : la caverne qui la renferme, bouchée avec un roc énorme, ne s'ouvre que par le gouverneur de Laar, qui y appose son sceau : lui seul la fait recueillir & par des hommes nuds afin qu'ils n'en puissent soustraire ; celle qui est pure est uniquement pour le roi. La longitude de Laar est 72°. 30', sa latitude 27°. 20'.

*Hermout* ou *Kermout*, bourg rempli de palmiers, près d'une plaine sterile dont d'affreux rochers la séparent.

*Boreston* ou *Couheston*, petite ville dans une plaine riche en champs d'orge & ombragée par divers arbres fruitiers & sauvages : une riviere qui porte son nom passe auprès ; divers ruisseaux fertilisent ses environs : il y croît de gros melons les meilleurs de la Perse, dit-on, la chair en est rouge & sucrée : on y recueille aussi un tabac excellent, recherché des Persans, & qui y croit presque sans culture.

*Bender-Congo*, ville sur le golfe Persique : on y compte dix mille habitans, la plupart Indiens, Arméniens, ou Arabes : les îles qui l'environnent, le chemin presqu'impraticable qui conduit d'elle à Laar, en rendent l'accès difficile & s'opposent à la prospérité de son commerce.

*Schir* ou *Siraf*, petite ville au bord du golfe Persique, dans le district habité par les Arabes Noutacs & *Nihelus* ou *Nichilus*, qui y ont passé du rivage opposé où était autrefois leur ancienne demeure.

*Dehaku* ou *Dehi-Couh*, beau & grand village, embelli par des palmiers & un beau karavanserai de pierre.

*Guitchi*, petite ville dont parlent Tavernier & Chardin : elle a deux karavanserais dont l'un est beau & commode ; le pays aux environs ressemble à un bois taillis : des Arabes y apportent des rafraichissemens aux étrangers.

*Bihri*, petite ville au pied d'une haute montagne, dans une petite plaine : elle est bien bâtie & a un beau karavanserai : sur la montagne voisine est une forteresse démolie. Cette ville est celle que le Bruyn appelle *Bieries*.

*Tarom*, petite ville sur un ruisseau qui vient se perdre dans un grand étang près duquel est le bourg de Guhré ou Said-Guider. Tarom est le chef-lieu d'un district abondant en palmiers, à l'ombre desquels on seme & recueille le coton : l'orge y est commun, le froment rare, on n'y trafique qu'en dattes ; des feuilles du palmier les habitans font des especes de sandales.

*Tascul* ou *Tas-Kuje*, bourg dans un vallon ombragé de palmiers, au pied des montagnes frontieres du Kerman; dans les champs voisins croit le *konar* dont la feuille verte ou seche mise en poudre dans l'eau lui donne les propriétés du savon : son fruit ressemble à la cerise, il est coloré d'un jaune mêlé de rouge.

*Pelengon* ou *Gelengon*, petit bourg où l'on trouve l'arbre que les Persans nomment *Charg*, ses branches sortent de ses racines; ses feuilles sont grandes, ovales, cotonneuses, remplies d'un suc laiteux & âcre qu'on croit un poison : elles sont opposées deux à deux & couvrent la branche jusqu'au sommet d'où sort un bouquet de fleurs blanches au dehors & d'un rouge violet au dedans : les feuilles s'appliquent sur les contusions; la graine est un soporifique.

*Guhré*, bourg dans des campagnes où prospere l'accacia épineux que les Persans appellent *Kahur* : on néglige la gomme qui en sort.

Avant de nous éloigner davantage du golfe Persique, disons un mot de deux îles un peu célebres qu'il renferme. Celle de *Baharain* est sur la côte d'Arabie : elle est petite, ou plutôt, elles sont petites, car on dit qu'on donne ce nom à deux îles voisines l'une de l'autre, mais on les connaît par le banc qui les environne dans un espace de 4 lieues; elles appartinrent à des princes Arabes, puis aux Portugais à qui les Persans l'enleverent en 1602 : les troubles de la Perse les firent passer sous l'autorité de l'Iman de Mascate. Nadir-Shah, dit Hanway, l'enleva aux Arabes en 1721, mais à la mort de ce conquérant, les Arabes s'en sont encore emparés; on ne sait si Kerim-Khan les aura recouvrées. Dès le mois de mai jusqu'en septembre, les plongeurs avec des poids aux pieds descendent au fond de la mer, & recueillent dans un panier toutes les écailles qu'ils rencontrent: on remonte le panier, & les plongeurs viennent à la surface de l'eau pour respirer: toutes les perles qui pesaient plus de douze grains, étaient ou devaient être pour le roi de Perse. Le banc de perles ne s'épuise point, & les autres sont épuisés; le revenu qu'il donne monte à 3 millions de livres de France, on en porte depuis longtems à la Chine & en Turquie; mais ce qui en soutient surtout la consommation dans les Indes, c'est que les gentils s'y font un point de religion d'en percer une dans leur vie, qu'elles ornent la tête des femmes qui se marient, & qu'elles doivent être neuves pour les porter ce jour-là. *Baharrin* signifie les deux mers: on n'y trouve de bonne eau douce que celle qu'on va chercher au fond de la mer, à quelque distance du rivage.

*Garac* ou *Karac*, île à 10 lieues de l'embouchure de l'Euphrate, à une distance égale de l'Arabie & de la Perse: elle appartient aux Juifs qui y avaient élevé une belle ville dont on voit des restes: sa synagogue, bâtie en pyramide, sert aujourd'hui de mosquée; une bourgade a succédé à la ville; elle est sur un côteau pierreux & brûlé par le soleil: des bois qui couvrirent son sol, il ne reste plus que des racines & des troncs d'une grosseur énorme: on y trouve encore quelques bocages frais, quelques palmiers: on y cultive des oignons fort doux, & on y voit les restes d'un bel aqueduc de pierres détaillées: les perles qu'on pêche sur ses côtes sont estimées & font toute sa richesse. Il y a quelques autres petites îles voisines de celles-là, où l'on trouve des bœufs sauvages qui ne sont pas plus haut que des dogues, ayant les cornes noires, longues, droites, aigues; ils ressemblent d'ailleurs aux autres bœufs.

*LE*

## LE KIKMAN.

Cette province est l'ancienne Caramanie: elle est bornée au nord par le Segestan, au midi par le golfe Persique, à l'orient par le Makran, au couchant par le Farsistan. Sa partie septentrionale est stérile & presque déserte: le sol n'y est que sable, nul ruisseau ne l'arrose & l'air y est mal sain. Les anciens lui donnaient le surnom de *déserte*, & elle le mérite encore: on n'y trouve guere que de chétifs villages; cependant c'est là que prospere l'arbre de l'encens, qui, dit-on, ressemble au poirier; c'est là que l'on trouve des *mumies* ou *moun*: mais vers le midi, cette province a des campagnes fertiles entrecoupées de montagnes, arrosées par diverses rivieres, comme le *Brain*, le *Basiri*, le *Geikim*, le *Busciud* ou fleuve salé qui la sépare du Laristan: l'air y est pur; d'abondans pâturages permettent d'y entretenir de nombreux troupeaux qui paissent en tout tems sous un ciel serein: la toison des brebis y tombe d'elle-même au mois de mai; les Guèbres très-nombreux encore dans cette province, y font un grand commerce des laines qu'ils préparent avec beaucoup d'art, & dont ils font des serges recherchées dans tout l'orient: elles sont presqu'aussi fines, aussi lustrées que la soie. Le Kirman est connu encore par la bonté des armes qu'on y fabrique, & surtout par ses sabres: on y fait aussi de beaux tapis & de la porcelaine dont la pâte est un peu rousse: on recueille dans ses champs le *hannah*, plante semblable au pastel, dont la feuille sert au même usage, & la graine à faire une couleur dont on se teint les mains, les pieds, quelquefois le visage, pour conserver son teint contre la chaleur du soleil & l'âpreté du froid. On trouve sur ses monts des turquoises recherchées, des balemnites, des albatriftes & beaucoup de mines de cuivre, de plomb & de fer. Les montagnes de *Kafas* & de *Bazir* ont quelques veines d'or & d'argent, des Curdes habitent la premiere & tourmentent le pays par leurs brigandages : au bas, & dans les vallées fertiles qui s'étendent d'elle jufqu'à la mer, eft répandu un peuple humain, doux & laborieux qu'on nomme les *Bouloudjes*. La partie méridionale de cette province a proprement le nom de *Moghoftan* : vers la mer elle eft brûlée par l'ardeur du foleil : les hommes y font prefque noirs : leur habillement eft léger, des feuilles de palmier font leur chauffure ; les femmes y ont une fimple chemife qui defcend jufqu'à la ceinture : de là, une efpece de fac de coton ou de foie chamarée, tombe jufqu'à leurs pieds : des bracelets ornent leurs bras & leurs jambes ; une plaque d'or de figure nomboïdale, ornée de pierres précieufes eft fufpendue à leur nez. Ce pays a dépendu du Khan de Schiraz : c'eft fur fes rivages qu'habiterent autrefois les *Ichthyophages*. Je ne fais fi l'on en doit croire ceux qui nous ont peint ce peuple comme incapable de honte & d'inftinct moral : on pourrait, difent-ils, les infulter fans avoir à craindre leur vengeance, maffacrer leurs peres, leurs enfans fans exciter leur colere, fans qu'ils donnaffent, au moins, des marques de compaffion : ils étaient nuds, femmes, enfans, tout était commun entr'eux, leur langage pouvait être entendu à peine ; la faim feule les faifait mouvoir ; le poiffon était leur unique nourriture & de là vient fon nom : ils le prenaient dans des trous qu'ils faifaient au bord de la mer, l'eau les couvrait dans les marées & les abandonnait enfuite y laiffant du poiffon ; après en avoir ôté les arrêtes dont ils conftruifaient leurs cabanes, ils pilaient leur proie dans des mortiers de bois & en formaient une efpece de pâte à laquelle ils mêlaient un peu de froment. Quand ils cessaient de vivre, on abandonnait leurs cadavres au bord de la mer, afin que le reflux pût les emporter, & qu'ils fussent mangés des poissons, comme ils les avaient mangés.

Schah-Nadir dépouilla & fit périr en 1747 près de 2000 personnes dans cette province.

*Kirman*, *Sirjan* ou *Sirgian*, autrefois *Carmana*, grande ville presque déserte : deux canaux y amenent de l'eau & fertilisent ses campagnes : on y fabrique des vases de terre aussi estimés que la porcelaine ; elle est connue par la bonté des ceintures & des étoffes qu'on y fabrique : la laine dont on les fait est tirée principalement des montagnes voisines. C'est la plus belle & la plus fine que l'on connaisse en Perse.

*Sciamat*, *Karch*, *Mahan* sont des bourgades.

*Tuberan* ou *Taberon*, petite ville qui donne son nom à une partie du Kirman : ses environs manquent d'eau, cependant ils sont peuplés.

*Chabis* ou *Gabbis*, ville sur les frontieres du Segestan, à l'entrée du désert de 9 journées.

*Barsir* ou *Berdasir*, ville dans une vaste plaine sablonneuse, que la sécheresse condamne souvent à la stérilité : on y fait des feutres estimés.

*Mastih* ou *Masrih*, petite ville sur le chemin de Gomron à Segestan : il parait qu'elle fut connue autrefois sous le nom de *Modomarstiæ*.

*Kircaian* ou *Abil*, bourg dans une plaine presque stérile : ses environs sont peu habités.

*Bemnasir* ou *Kermasin*, ville où il y a un faible commerce, près de laquelle on trouve des sources d'eau douce, ce qui est assez rare dans une partie de cette contrée : on vante la salubrité de l'air qu'on y respire.

*Bam* ou *Bem* ou *Bembe*, ville voisine du désert de Berrsham: on dit qu'elle fut bâtie par le Kalife *Muktader*.

*Nahaun* ou *Nahouand*, ville dont l'antiquité remonte, dit-on, au déluge: elle est presque ruinée.

*Girofte*, *Girefte* ou *Sirest*, est une des plus grandes villes de la province: elle est environnée de marais; ses champs sont fertiles en froment & en seigle: les Arméniens sément ces grains, les recueillent, & en font un bon commerce: les dattes en font encore un des principaux objets: près de la ville, on trouve beaucoup de pierres à éguiser, *cos oleraria*.

*Ciuciululion*, bourg dont les maisons sont dispersées dans un bois de palmiers.

*Ghamroon*, *Gumrù*, *Bender Abassi*, ville de 14 ou 1500 maisons, d'une structure ignoble, placées sans ordre, dont les toits sont en platte-forme, ayant dans les angles, ou au centre, des tours à vent pour raffraichir les appartemens, bâties en pierres au bord de la mer, & en terre par-tout ailleurs: les pauvres y habitent sous des cabanes de branches d'arbres & couvertes de feuilles de palmier. Ses habitans sont des Africains, des Arabes, des Indiens, des Persans, des Arméniens, des Juifs, des Européens, des Guébres, surtout des Multhanes ou Banianes, nation des Indes dont on admire la douceur & l'humanité. Ses places, ses rues sont inégales, mal propres, étroites; ses temples, ses karavanserais sont mesquins. Le rivage offre une rade excellente qui a 4 ou 5 brasses d'eau, & où les vaisseaux ne craignent rien des orages, mais s'ils y séjournent longtems, des vers en rongent le bois & les percent. Deux moles chargés de canons le défendent. Cette ville est un des lieux les plus commerçans de l'univers, mais les chaleurs y font funeftes : un fol fulphureux corrompt toutes les fources & l'eau des fontaines, & ceux qui en veulent qu'on puiffe boire fans dégoût & fans danger, la font venir de *Mine*, hameau fitué à une lieue de Bender ; la meilleure fe tire d'*Hefin*, deux lieues plus loin encore, & on l'apporte fur le dos des chameaux ou des ânes. Un fable léger couvre fes environs ; au de-là, on trouve des champs fertiles, des prairies, des fruits, des bois. Les vivres n'y manquent pas, mais tous n'y font pas excellens ; le mouton eft ce qu'on y trouve de meilleur : le poiffon y eft abondant : on y apporte de la province un beurre liquéfié, renfermé dans des outres de peau ; le bled, des prunes excellentes y viennent de l'Arabie : quelques jardins arrofés à grands frais y donnent des herbes potageres, des concombres, des oignons, &c. Cette ville peuplée eft vuide & défolée pendant l'été : quelque vil efclave, quelque vieillard pour qui la vie n'eft plus un bien, y demeurent feuls. Les Hollandais cependant ne quittent point leur comptoir, & ce font les feuls Européens qui ofent y demeurer toute l'année : le pays qui l'environne & que la mer baigne eft fi meurtrier pour eux, que fur dix qui s'y établiffent, neuf meurent avant la dixieme année : les tremblemens de terre s'y font fentir en automne tous les trois ou quatre ans. A 15 lieues de Bender-Abaffi eft le mont *Benna* dont le fommet eft toujours couvert de neige, & qui eft fingulier par fes productions : dans une des vallées qu'il forme, eft le village de *Bochon* : au deffus de lui font des rocs élévés d'où defcend en murmurant une riviere qui coule dans un grand vallon couvert de vignes & de vergers. De là on voit des foffes profondes qui furent autrefois des mines exploitées. On cherche

& on trouve dans ces montagnes le Bézoar ; un baume noir, muqueux, diffoluble dans l'eau, inodore, prefque infipide, utile dans les coliques & les maux de ventre, des pierres fingulieres, des léopards peu féroces. qui n'attaquent que les moutons, les chevres, les ânes, mais jamais les hommes ; des ours très-faciles à apprivoifer, des hyennes qui reffemblent au fanglier, mais qui ont la tête & la queue du loup, fa rapacité, fon agilité ; des tfchakals ou loups dorés, animaux audacieux, rufés, voleurs, qu'on nomma avec raifon le rénard-loup, des porcs-épics, &c. On y trouve encore l'arbre qui porte l'encens.

Des murs de Gomroon, on découvre les côtes de l'Arabie lorfque le tems eft ferain. Elle eft fituée au fond d'une baie circulaire de plus de vingt-une lieues, terminée au midi par le cap d'Iask : dans l'étendue de cette vafte baie font diverfes îles : la premiere qui frappe les regards quand on arrive eft celle de Lareck.

*Lareck*, *Lareca*, autrefois *Aradus*, petite île nue, ftérile, où l'on voit un fort ruiné & une vieille mofquée où les Portugais crurent trouver des tréfors immenfes, & où ils ne découvrirent qu'un petit coffre rempli de manufcrits Arabes & Perfans dont on envoya des copies à l'académie de Lisbonne qui n'en fit rien. Elle nourrit des cerfs, des biches, quelques moutons, des poules : la crainte des pirates Arabes appellés *Nouteks* ou *Noutac*, l'a rendue déferte.

*Ormuz*, île appellée par les anciens *Ogyris*, & enfuite *Gerun* : elle a pris le nom d'Ormus lorfque les habitans d'*Harmozia* ou *Ormus*, ville au bord de la mer, s'enfuirent dans cette île pour éviter le fer des Mogols : elle devint bientôt le marché général de cette partie de l'Asie : on y accourait même de l'Asie mineure, de l'Egypte, de la Grèce, de divers pays de l'Europe : la ville avait 40 mille habitans ; le bon ordre & les plaisirs y régnaient, les rues étaient ombragées par des toiles étendues : le pavé des rues était couvert de nattes : les richesses, la musique, les parfums, les recherches du luxe jointes à l'attrait de la volupté, y rassemblaient une foule d'hommes de diverses nations : sa magnificence & ses trésors y attirerent les Portugais contre lesquels elle ne put se défendre. La ville fut commerçante encore sous eux; mais les Persans aidés d'une flotte anglaise, les en ayant chassés, les nouveaux possesseurs transporterent le siége de son commerce à Ghamroon qui prit le nom de Bender-Abassi, & Ormuz fut abandonnée. Trois cent soldats Persans veillent dans sa forteresse, place quarrée entourée de la mer & d'un fossé plein d'eau : ils vont souvent sur le continent se délasser de leur solitude.

Cette île a 7 lieues de tour : elle est montueuse, stérile, ne montre plus que des ruines, & ne conserve que son nom jadis célebre : on n'y trouve que quelques arbrisseaux épineux, quelques palmiers, quelques plantes qui croissent au bord de la mer; mais pas une prairie, point de champs, aucune riviere, point d'eau douce que celle d'une source faible & voisine du rivage. On y voit encore un village de 30 à 40 maisons, nommé *Turumpek*, & près une citerne vaste & célebre nommée *Gadsi-Gidr*, qui se remplit d'eau de pluie : quelques-uns de ses monts sont pierreux, d'autres sont mêlés de sel & de sable : tel est couvert d'un sable rouge, tel autre l'est d'un sable noir : on y trouve du sel en masse, & pour l'avoir, on n'a d'autre peine que celle de le mettre en piéces : les eaux de pluie en entraînent dans des réservoirs qui sont bientôt couverts d'une croûte de sel dont l'usage est gratuit : la chaleur y est extrême, & ce sol salé la rend bien plus ardente encore : on y voit une mine de soufre négligée & des veines de métaux qu'on exploita autrefois ; près du château la mer forme un gouffre dangereux : on pêcha des perles sur ses bords, mais on n'y en trouve plus : à une lieue du rivage, on a trouvé des coquilles à perles en monceaux, dispersées dans le sable & déja presque en poussiere.

Au couchant d'Ormus est l'île de *Kirmis*, *Quesmo* ou *Kishom*, ou *Vroet*, autrefois *Oaraéla* : elle a 25 lieues de long & 7 de large selon Kœmpfer : mais il paraît la faire trop grande : elle n'a que trois lieues de tour selon Tavernier : ces deux voyageurs avaient été l'un & l'autre sur les lieux ; mais le premier avait mieux vu, & on doit l'en croire : peut-être Tavenier avait dit 30 lieues de tour, & dans ce cas il pourroit avoir raison : le Bruyn ne lui donne que 6 lieues de long : dans l'histoire d'Ormuz écrite par un roi de l'île de ce nom & traduite par Texeira, on donne à Kirmis le nom de *Brote*, & on l'y appelle une *grande Ile* : les géographes modernes lui donnent environ 20 lieues de long : son sol est fertile ; elle était la nourrice d'Ormuz dans sa prospérité ; elle l'est encore des lieux voisins : on y cultive des melons, d'excellens concombres, du froment, de l'orge, différens légumes : elle a plusieurs villages, & vers la partie opposée à Ormuz un château fortifié de 4 tours, d'une structure antique ; plus bas est un bourg. Autour d'elle sont plusieurs autres îles, telles que *Tambo*, *Somen*, &c ; mais presque toutes sont stériles & désertes.

Dans le territoire de Ghamroon, on trouve trois endroits qu'on peut cultiver, où des arbres prêtent leur ombrage, où l'on trouve de l'eau potable. L'un d'eux eſt *Naban*, célebre dans la Perſe par l'ombre étendue du *Luur* ou figuier d'Inde qui y proſpere : ſes rameaux retombent vers la terre, puis ils ſe relevent, forment de nouvelles tiges, & bientôt un ſeul arbre devient une petite forêt : c'eſt ſous cet arbre que les Benjanes ou Banians élevent des temples à leur dieu *Ram*, où ils entretiennent avec ſoin des lampes allumées : c'eſt là que les Hollandais ont formé quelques jardins de plaiſance ; il eſt à une lieue & demi de Ghomroon. Plus loin eſt *Nagana-Guda* où demeurent des cultivateurs qui y peuvent arroſer leurs champs d'une eau légérement nitreuſe ; là croiſſent des arbres à fruits parmi leſquels eſt l'*Aſa-Diract* d'Avicennes, nommé *Garzio* & *Nimbo* par les Indiens, *Seriſk* par les Perſans, *Amargoza* par les Portugais : ce dernier nom vient de l'amertume de ſes feuilles : le *Dragtu*, le cotonier n'y ſont pas rares. A 4 lieues de Bender-Abaſſi eſt *Aſſan* ou *Iſſin*, village aſſez grand, réfuge des Benjanes & des Européens pendant l'été : on y voit des jardins ornés avec goût, des citernes ſpacieuſes, des bains magnifiques : les palmiers y offrent leur ombrage & leurs fruits : les champs y donnent de l'orge, du ſéſame, du coton & d'autres plantes, un ruiſſeau d'une eau limpide & pure y coule, & s'évanouit par les canaux qu'il remplit, mais la terre creuſée à la profondeur de 20 toiſes y donne des eaux abondantes qu'on éleve par des machines mues par des bœufs, & qu'on diſtribue dans les champs. De là, le ſol s'éleve & ſe joint au mont très-haut de *Ginau*, au pied duquel, entre deux monticules, ſont les bains ſalubres d'*Abi-germ-Ginau* : les eaux en ſont limpides, minérales, chaudes & ſalutaires : elles répandent au loin une odeur de ſoufre : plus loin font les bains de *Serga*, ceux de *Churchu* & d'*Aabi*.

*Mina*, petite ville fur un mont, au pied duquel coule la riviere de Braim, ou d'Ibrahim, dont l'embouchure n'eft pas éloignée : on la regarde comme la principale ville du Moghoftan : l'air y eft mal fain : une enceinte affez vafte formée par des murs & de petites tours y renferme beaucoup de maifons & des boutiques affez mefquines : une feconde enceinte contenue dans la premiere eft l'habitation des foldats & de leur chef ou Beig.

*Kicheftek* ou *Kuheftek*, port ou havre voifin du Mina.

Dans la partie méridionale du Kirman ou du Moghoftan eft une péninfule que Delifle appelle la *Principauté de Jafques* : elle eft terminée par le cap de ce nom : il y a un port & un bourg auquel Pietro della Vallé donne auffi le nom de *Giash*.

## LE MAKRAN ou MECRAN.

Cette province eft la Gedrofie des anciens : on y reconnait encore la peinture qu'en font les hiftoriens d'Alexandre qui la traverfa : les vivres y font rares, on y trouve peu d'eau, des fables profonds & mouvans y arrêtent & quelquefois y engloutiffent le voyageur : elle eft fituée entre le Kirman & l'Indus ; la mer la baigne au midi, le Sigiftan la termine au nord. Une chaîne de monts la coupe en deux parties prefque égales. Sa partie méridionale eft aride, & ne préfente qu'un défert de 80 lieues qui fe termine au golfe Perfique : on y reffent des chaleurs exceffives : fes habitans font Mahométans, & aiment le commerce auquel ils s'appliquent. On y voit naître le *Nekend*, autrefois *Arbis*, riviere impétueufe qui unie au Makeshid forme le Mend. Les Bouloudges ou Belodges habitent les vallées des montagnes qui vont de Kandabil à la mer. Les *Sangades*, connus jadis sous le nom de *Sanganes*, habitent près des rives de l'Indus ou du Sind, peuple barbare & cruel envers les étrangers.

*Tiz*, *Kié* ou *Mekran* est la capitale de la province : elle est située sur un golfe qui forme le port de Guadel ou *Goadel*.

*Purg* ou *Foreg*, ville qui parait être celle de *Pura* où Alexandre termina sa marche pénible.

*Kidgé*, ville sur le Nehendz ; elle est fortifiée, & peut-être c'est la *Chodda* dont parle Ptolemée.

*Kelvé*, ville sur le Nehendz, près des monts de Kouroush.

*Goadel*, ville située sur la mer, qui donne son nom à un cap & à une petite île voisine.

*Cambil*, petite ville sur la riviere de ce nom.

*Ermajil*, petite ville sur la rive occidentale du Cambil : là ou près de là, était *Rambacia* : les monts voisins paraissent être les *Parsici montes*.

*Haür*, ville sur la rive orientale de la riviere de son nom : c'est-là qu'habitait la nation des *Orites*.

*Manhaber*, bourgade au bord de la riviere d'Araba qui doit son nom peut-être au peuple connu des anciens sous le nom d'*Arabites*. Près de-là est un golfe profond appelé par les Portugais *Porto dos Ilheos* : son entrée est resserrée par deux îles.

## LE SIGISTAN.

Cette contrée est la Drangiane des anciens ; elle a au nord le Khorasan, à l'orient le Zablistan, au midi le Makran, à l'occident le Kirman & l'Irak-Agemi. Elle fut la patrie de Rustan, le héros des Persans ;

les premiers rois de Perse y résiderent ; depuis la conquête des Arabes, des princes Mahométans y formerent un royaume particulier : on sait le conte que Marc Paul fait du sultan Aladin qui y régnait : voulait-il allumer l'enthousiasme dans un de ses sujets, & l'armer d'un poignard contre un de ses ennemis, il le faisait transporter yvre dans la vallée de *Mulebet* qu'il avait fait embellir par des retraites délicieuses, où l'on trouvait les mets les plus délicats, les liqueurs les plus exquises, les femmes les plus attraiantes ; il le laissait deux jours dans ce paradis, le faisait enyvrer ensuite, & l'éloignait de cette vallée enchanteresse : à son reveil, il lui disait ; fais ce que je te demande, & ta vie entiere s'écoulera dans les mêmes délices : rarement, dit-on, il était refusé.

Ce pays est montueux : les plaines y sont stériles & couvertes d'un sable fin que les vents élevent en tourbillons, & sous lesquelles des karavanes entieres périssent quelquefois : il n'y a de cultivé & d'habité que les vallées, & c'en sont la moindre partie; elles sont arrosées par de petites rivieres dont la plupart se réunissent & se perdent dans le lac de *Zéré* ou Zaré : ce lac fut connu des anciens sous le nom d'*Aria palus* : il a près de 30 lieues de long sur dix de large. Le *Hind-mend*, autrefois *Etymander*, est la plus grande riviere qu'il reçoive. Le Sigistan renferme aussi quelques mines d'or : son nom parait dérivé de celui de *Sacastania*, qui vient lui-même des *Sacæ*, nation Scythe qui s'y établit ; il était déja connu sous le second empire des Perses.

*Zareng* ou *Sigistan* autrefois *Prophthasia*, ville sur le Hind-mend & qui doit son nom aux *Zarangœi* ou *Drangœ* qui habitaient cette contrée. On y fait de la poterie qui surpasse la fayence par sa finesse.

*Boſt*, ville ſur la rive ſeptentrionale du Hind-mend : elle parait être l'*Abeſta* de Ptolemée : on la place auſſi dans le Zabliſtan : elle a un château qui eſt, dit-on, un des plus forts de la Perſe.

*Dergaſp*, ville ſur l'Hind-mend : c'eſt dans ſes environs qu'habitait le peuple nommé autrefois *Aviaſ-pœ Evergetœ*.

*Griche*, petite ville qu'arroſe le Beleſe, ſur le chemin du Candahar : ſes environs ſont fertiles en fruits.

*Siabé* ou *Seauve*, petite ville : elle eſt pauvre & ſans commerce. *Parra* ou *Farra* eſt voiſine de l'Hind-mend.

*Kin* ou *Kayen*, petite ville au pied d'une chaîne de montagnes, & ſur un ruiſſeau qui ſe rend dans le lac de Zaré : l'air y eſt pur, le ſol fertile en excellens fruits ; les habitans en ſont ſpirituels.

*Harra*, bourg dans une contrée montueuſe. *Salem*, ville au milieu d'un vaſte déſert. *Darec*, *Araba* ſont des bourgs.

## LE ZABLISTAN.

C'eſt la province la plus orientale de la Perſe. On la diviſe en 3 parties principales ; ce ſont le Kabuliſtan, la principauté de Gaur ou Ghour, & le Kandahar.

### Principauté de Ghour.

Elle eſt ſituée à l'orient du Khoraſſan, au couchant du Kabuliſtan, au nord du Sigiſtan : elle a eu dans le 12$^e$ ſiecle des princes particuliers qui furent appellés *Ghurides*, & conquirent le Koraſan, le Zabliſtan & une partie de l'Inde. Les Tartares ont inondé ces provinces & les ont dévaftées ; de hautes montagnes féparent cette principauté du Kabuliftan.

*Ghour*, *Zour*, ville prefque ruinée, fituée au nord des montagnes de Balk ou de Gor : c'eft fans doute la ville que Ptolemée appelle *Guria*.

*Asbe* ou *Hafab*, ville au pied des monts de Gor.

*Bamian*, ville qu'on rencontre après avoir traverfé les monts nommés autrefois *Paropamifus*, & qui font les plus élevés de l'Afie. Bamian parait être l'ancienne *Darapfa* : elle eft fur l'Enderab qui fe perd dans le Gihun.

*Gazna*, ville qui a été puiffante & le chef-lieu d'une principauté : elle eft fituée fur une des petites rivieres qui forment l'Hind-mend, au pied des monts Soleiman.

*Rokhage*, petite ville fur une riviere qui fe jette dans l'Hind-mend ; le pays qui l'environne s'appelle *Arrokhage* : c'eft l'ancienne *Anacotus*.

*Vaihend*, nommé auffi *Skanderu d'Arrokhage*, autrefois *Alexandrie d'Arachofie*, ville fur une petite riviere nommée Vaihena, & qui fe perd dans un petit lac qui porte le nom de la ville.

## LE KABULISTAN.

L'Indus le fépare de l'Indoftan ; il dépendit autrefois de la Perfe ; mais les Mogols le pofféderent jufqu'en 1739 que Nadir-Schah le fit céder à la Perfe : trois grandes rivieres l'arrofent & fe jettent enfuite dans l'Indus. Ce pays eft cependant en général froid & ftérile ; mais il a des belles vallées que les montagnes garantiffent des vents froids, & qui font arrofées par les rivieres qui en fortent. Il y croît de grandes cannes dont les habitans font des lances & des halebardes, des bois aromatiques, des drogues eftimées : ſes habitans ſont des Gentils ; leur pays eſt rempli de pagodes ; ils célebrent avec beaucoup de dévotion une fête nommée *Houli*, mais dont on ne nous dit point le but : elle eſt fixée à la pleine lune de février ; ils y aſſiſtent en habit de couleur rouge foncé ; ils font des prieres, des offrandes dans le temple, puis ils danſent par troupes dans les rues, font entendre le ſon de la trompette, ſe viſitent & font des repas communs. Les meilleurs médecins des Indes viennent de cette province. On dit que le Mogol tirait annuellement de ce pays 4 à 5 millions de livres.

*Kaboul* ou *Cabul*, ville très-commerçante, ſurtout avec la Tartarie & les Indes ; elle eſt l'entrepôt des marchands qui vont des Indes dans la Perſe : les Usbecks ſeuls y vendent annuellement 60 mille chevaux : les Perſans y amenent une quantité prodigieuſe de moutons & autre bétail. Cette ville eſt ſituée ſur la riviere de ſon nom, appellée auſſi *Behat* ou *des Aromates*, qui ſe joint au Sind ou Indus : elle a deux châteaux fortifiés, & renferme divers palais où réſiderent des rois du pays. Les monts qui l'environnent contribuent encore à ſa proſpérité : on y trouve une grande quantité de mirobolans qu'on nomme dans l'Inde *Cabuli*, & abondent en drogues, en épiceries, en mines de fer. Près d'elle eſt la vaſte prairie de *Garan*.

*Benghir*, ville entre de hautes montagnes.

*Irjab*, dans une grande plaine que termine la riviere de Nibal, une de celles qui forment l'Indus ; l'air y eſt ſain, le ſol fertile.

## LE KANDAHAR.

Il eſt au midi des deux provinces dont nous venons de parler : il eſt ſéparé du Kabuliſtan par la chaî-

ne de montagnes occupées par les *Aghuans* ou Afgans, transportés en ce lieu des pays au couchant de la mer Caspienne par Tamerlan : d'abord soumis aux empereurs Mogols, ils se donnerent des princes : Abbas I les engagea à se soumettre à la Perse, puis ils se revolterent, & se soumirent au grand Mogol. Abbas II les força de rentrer sous son obéissance ; nous avons vu comment ils se souleverent contre son petit fils. Leurs conquêtes rapides & passageres les ont rendus célebres, & nous obligent d'en tracer ici les mœurs. Ce peuple vit sous des tentes ; maîtres, esclaves, chevaux, bétail, tout est rassemblé pèle-mèle dans le même lieu : l'animal qui meurt dans la tente y pourrit, sans qu'on s'amuse à le porter ailleurs : le pain est leur aliment le plus commun ; la chair sanglante passée légérement sur des charbons ardens est celui qu'ils dévorent avec le plus de délices : on en a vu manger du savon comme un mets exquis. Une robe de grosse toile qui descend jusqu'aux talons & qu'ils relevent par devant jusqu'à la ceinture, un large caleçon de la même toile, forment tout leur habillement : ils ont les jambes & les bras nuds, mais les riches ont des pantoufles & des bottines qu'ils ne quittent que lorsqu'elles tombent en lambeaux : leur tête est rasée, mais ils laissent croître au-dessus de chaque oreille une petite touffe de cheveux : leur coëffure est formée par un morceau de toile replié en plusieurs tours, dont un bout tombe par derriere, & l'autre s'élève sur la tête en maniere d'aigrette. Ils font petits, mal faits, bazanés, nerveux, robustes, infatigables, toujours à cheval, adroits à tirer de l'arc, avides de butin, & sans cesse occupés à des courses désolantes pour leurs voisins : leurs troupes d'élite font celles qu'ils nomment les bouchers & les lutteurs (*Nasakei* & *Pechluvan*) ; ils fondent sans
ordre

ordre sur l'ennemi pour préparer un passage à ceux qui les suivent : lorsque tous combattent, ils se rangent derriere ou sur les flancs pour empêcher que personne ne recule, & s'ils voyent quelques soldats s'enfuir, ils les ramenent au combat le sabre à la main.

Le Kandahar a encore pour habitans les Guebres, & les Indiens : ceux-ci font leurs cérémonies & leurs prieres dans des maisons particulieres ; ceux-là se rendent pour les faire sur une montagne où ils conservent le feu sacré. C'est dans sa partie méridionale que le pays est le plus fertile ; au couchant il est stérile & désert. Les peuples qui habitent cette province ont le teint d'un olivâtre foncé.

*Kandahar*, ville forte par sa situation, & par l'épaisseur de ses triples murs : elle est sur le penchant d'une montagne escarpée, & a une citadelle bien fortifiée : devant elle s'étend une plaine fertile en tout ce qui est nécessaire à la ville. D'Herbelot croit que Candahar est une des 71 villes qu'Alexandre fonda, & que le nom de Kandar que les historiens Persans lui donnent est l'abrégé d'*Escandar*, nom que les historiens donnent à ce conquérant. Danville n'admet pas cette étimologie : il la tire de *Kohund*, *Kond* ou *Kand* qui désigne une forteresse. Et en effet *Kand-Daar* signifie *habitation de sureté*.

*Langor*, petite ville au pied d'un chaîne de montagnes.

*Giarura*, bourg riche par ses pâturages.

*Duki* ou *Dukée*, ville dans une plaine terminée à l'orient par les monts Suleiman : elle est sur le chemin de Candahar à Moultan.

F I N.

# NOTES ET TABLE

*POUR LA TURQUIE*

*EUROPEENNE,*

*ET ASIATIQUE.*

Nous avons déja parlé des titres du grand seigneur. Voici une partie de ses qualités

*Nous, serviteur & seigneur des très-venerables & bénites villes, des respectables maisons & saints lieux devant lesquels tout le peuple se prosterne, de la Meque que Dieu a comblée d'honneur, de Medine resplendissante de gloire & de la sainte Jérusalem; Empereur des trois villes Monarchiques & désirables de Constantinople, d'Adrianople & de Bursa, empereur de Babylone, de Damas, du paradis odoriférant & actuellement incomparable de l'Egypte, de toute l'Arabie, d'Alep, d'Antioche & autres lieux célebres, sacrès & dignes d'être mentionnés, tant villes que fideles vasseaux, empereur des empereurs, le très-gracieux & le très-puissant sultan.* La cour de cet Empereur se qualifie, *sublime porte, porte de la justice* ou *de la majesté* ou *de la félicité, &c.*

C'est une expression orientale employée aussi par les rois de Perse. La porte du palais oriental ne paraît point être l'origine de ces titres.

Les Turcs ont un croissant pour armoiries: ils l'ont pris, ou de l'ancienne Byzance qui mettait la figure de la lune sur ses monnaies, ou des anciens Arabes: la derniere opinion est la plus vraisemblable.

# TABLE.

On a un grand nombre de cartes de la Turquie: la meilleure est celle de Jean Michel Franz, faite en 1737, imprimée dans l'Atlas d'Homan. Les grandes cartes de M. Danville sont peut-être préférables.

## A

| | | | |
|---|---|---|---|
| | | Akalo. | 57 |
| | | Akalzika. | 184 |
| Abadan. | 378 | Akerkuf. | 388 |
| Abellionte, I. | 213 | Akerman. | 165 |
| Abila. | 326 | Akheſſar. | 219 |
| Abkazati peup. | 173 | Akhiſſar. | 215 |
| Abono. | 206 | Akſara. | 232 |
| Acca. | 312 | Ak Scheher. | 230 |
| Accar. | 343 | Akſerai. | 233 |
| Achmetſchet. | 170 | Akura. | 349 |
| Adaketons. I. | 187 | Alaja. | 234 |
| Adana. | 136 | Alanieh. | 235 |
| Adramit. | 219 | Albanie, prov. | 68 |
| Adrianople. | 42 | Albaſano. | 70 |
| Adziud. | 161 | Alboe. | 167 |
| Agathon. | 262 | Al-Chomainah. | 322 |
| Agama. | 264 | Aleſſio. | 70 |
| Agioi-Saronto. I. | 115 | Aleſſone. 67 | 75 |
| Agloufon. | 233 | Alexandrette, v. Eskende- | |
| Ajas. | 210 | run. | |
| Aiaſſo. | 243 | Alfeo. | 93 |
| Aidimo. | 264 | Al-Figiat. | 326 |
| Aidins-Chik. | 217 | Ali-ben-Aalam. | 301 |
| Ain-el-Saitoun. | 313 | Aligora. | 263 |
| Ain-Ettujar. | 317 | Allah-Scheher. | 224 |
| Aintab. | 365 | Alonia, I. | 239 |
| Aizerbeh. | 237 | Altun-Kiupri. | 406 |
| Aiomama. | 64 | Amadia. | 405 |
| Airio. | 112 | Amami. | 298 |
| Aja-Soluk. | 223 | Amarat. | 486 |

| | | | |
|---|---|---|---|
| Amasieh. | 202 | Arcadie. | 93. 94 |
| Amastro. | 208 | Archipel. | 120 |
| Amorgos. I. | 127 | Archis. | 188 |
| Ampedes. I. | 239 | Ardsche. | 392 |
| Anadoli-Eski-Hissar. | 216 | Arebkir. | 204 |
| Anah. | 372 | Areta. | 305 |
| Anarghia. | 181 | Argana. | 309 |
| Anazeta. | 188 | Argentiere, I. | 124 |
| Anbar. | 387 | Argis. | 156 |
| Andros. | 144 | Argo. | 99 |
| Androsia. | 203 | Armenie. pr. | 185 |
| Angelo-Kipous. | 86 | Armira. | 76 |
| Angoura. | 208 | Armiro. | 110 |
| Angur. | 210 | Arna. | 144 |
| Anikagae. | 187 | Arnaut-Beli-grad. | 71 |
| Antakia. | 361 | Arnawd, Pr. | 59 |
| Anticyres, îles. | 140 | Arpaskalesi. | 227 |
| Antimara, I. | 249 | Ar-Ratim. | 321 |
| Antimilo, I. | 124 | Arsani. | 111 |
| Antioketta. | 235 | Arsendehan. | 204 |
| Antiparos, I. | 133 | Arsuf. | 301 |
| Antiphonese. | 262 | Arra. | 342 |
| Antivari. | 70 | Artakui. | 216 |
| Antura. | 329 | Artik-Abad. | 202 |
| Anzurgetti. | 184 | Arzerum. | 192 |
| Apanormia. | 118 | Ascalam. | 298 |
| Aphek. | 306 | Asie mineure. | 190 |
| Apokorano. | 110 | Askenkalesi. | 226 |
| Aptere. | 109 | Aslibeg. | 42 |
| Araban. | 370 | Aspronisi, I. | 118 |
| Arabat. | 171 | Aspro-Spitia. | 79 |
| Arabihissar. | 226 | Assaf. | 386 |
| Araklaudia. | 238 | Assassiner, Peup. | 343 |
| Arbel. | 405 | As-Schorat. | 321 |
| Arcadi. | 111 | Atheni. | 82 |

## TABLE.

| | | | |
|---|---|---|---|
| Athos, M. | 61 | Basira. | 203 |
| Atlith. | 309 | Basireh. | 203 |
| Altalia. | 234 | Basrah ou Bassora. | 375 |
| Atzud. | 298 | Batoumi. | 184 |
| Aulon. | 71 | Bedlis. | 189 |
| Axiopoli. | 37 | Beer-Elias. | 328 |
| Ayas. | 235 | Beisheri. | 234 |
| Azio. | 77 | Beit-Deschiala. | 292 |
| Azzib. | 313 | Belad-Sis. | 237 |
| | | Belgrade. | 29. 54 |
| B | | Belicasar. | 219 |
| Baalbeck. | 326 | Belvedere. | 93 |
| Bab. | 367 | Bender. | 165 |
| Baba. | 44 | Beni-Kemane. | 319 |
| Babadagi. | 37 | Bessarabie, Pr. | 164 |
| Babel. | 388 389 | Bethanie. | 287 |
| Baha. | 264 | Beth-Chioniah. | 401 |
| Bagdat. | 382 | Bethlehem. | 290 |
| Bagnaluka. | 27 | Beth-Raman. | 401 |
| Baibut. | 194 | Bet-zini. | 173 |
| Bailam. | 363 | Beybasar. | 210 |
| Bainder. | 207 | Biga. | 216 |
| Bairut. | 332 | Bilefugam. | 228 |
| Baja. | 154 | Bir. | 366 |
| Bakow. | 156 163 | Bistritz. | 155 |
| Batschchisaraï. | 170 | Bladerus. | 385 |
| Balad-ol-Chathol. | 401 | Blis. | 367 |
| Balik-lava. | 170 | Bodrun. | 225 |
| Bambich. | 367 | Bogdana. | 163 |
| Baneas. | 344 | Boldo. | 344 |
| Barkaid. | 401 | Boli. | 264 |
| Barlad. | 160 | Bondur. | 233 |
| Barra. | 289 | Borgas. | 217 |
| Basculambai. | 219 | Borli. | 207 |
| Basilico. | 90 | Bossavik. | 203 |

678    TABLE.

| | | | |
|---|---|---|---|
| Bosnie, Pr. | 27 | Caprera, I. | 102 |
| Bosro. | 319 | Carach. | 321 |
| Bosseda. | 345 | Caramanie, Pr. | 229 |
| Bour. | 232 | Cara-veria. | 67 |
| Bsciarrai. | 348 | Cardia. | 58 |
| Bucchareft. | 156 | Carifto. | 147 |
| Budro. | 226 | Cariftran. | 57 |
| Budziak. | 165 | Carnebat. | 41 |
| Bujuk-Czemege. | 55 | Carpaff. | 262 |
| Bulgarie, Pr. | 32 | Carura. | 225 |
| Burdur. | 233 | Caso, I. | 117 |
| Burgados. | 44 | Caſſova. | 32 |
| Burgas. | 44 | Caftel-Mirabel. | 116 |
| Burſa. | 210 | Caftello-Roſſo, I. | 257 |
| Bushairat-el-Margi. L. | 323 | Caftel-Selino. | 109 |
| | | Caftel-Forneſe. | 93 |
| C | | Caftri. | 79 |
| Caffa. | 170 | Caftro. | 241 |
| Calamata. | 96 | Caucab. | 319 |
| Calamon. | 342 | Caucaſe. M. | 178 |
| Calandro. | 235 | Cauchan. | 165 |
| Caloni. | 243 | Cavale (la). | 61 |
| Caloubella. | 67 | Cavali, I. | 116 |
| Catoura. | 365 | Cea, v. Zia. | |
| Caloyeras, I. | 128 | Ceraſunte. | 196 |
| Caminitra. | 92 | Cerigo. | 102 |
| Camourgal. | 56 | Cerigoto. | 103 |
| Candaki. | 115 | Chaiefu. | 219 |
| Candie, I. | 103 | Chaliat. | 188 |
| Candie. | 112 | Changlée. | 224 |
| Canée (la). | 107 | Charia. | 100 |
| Canina. | 72 | Charran. | 370 |
| Cannobin. | 349 | Châteaux des Dardanel- | |
| Caphartula. | 398 | les. | 218 |
| Caphtora. | 342 | Cherkès. | 207. 263 |

## TABLE.

| | | | |
|---|---|---|---|
| Chialifa. | 99 | Corinthe. | 89 |
| Chiarenza. | 92 | Corone. | 95 |
| Chiouſtange. | 37 | Cotnar. | 562 |
| Chiſamo. | 108 | Crimée. | 167 |
| Chobat. | 325 | Crim-Staroi. | 171 |
| Chonos, | 227 | Croatie, Pr. | 26 |
| Chonoſora. | 367 | Croja. | 70 |
| Chosban. | 321 | Crum, Val. | 288 |
| Chotſchim. | 162 | Cubeib. | 301 |
| Chriſtiana, I. | 117 | Cueleib. | 264 |
| Chruſofu. | 264 | Cumazur. | 193 |
| Chub. | 300 | Curou. | 235 |
| Ciarnaux. | 162 | Cyanées, iles. | 55 |
| Cimoli, v. Argentiere. | | Cydonie. | 110 |
| Ciorlu. | 56 | Cypariſſi. | 99 |
| Citadia. | 75 | Cypre. I. | 257 |
| Clementi. | 70 | **D** | |
| Clides, I. | 266 | | |
| Clobuch. | 27 | Daburi. | 307 |
| Coagula. | 102 | Daina. | 360 |
| Cocatis. | 182 | Dakuk. | 407 |
| Cokino. | 130 | Dalijab. | 372 |
| Colbore. | 183 | Dalmatie, Pr. | 26 |
| Colokitia. | 99 | Damas. | 322 |
| Coloſſe. | 264 | Damon. | 311 |
| Colurie, I. | 138 | Danube, fl. | 30 |
| Comenolitari. Pr. | 59 | Dara. | 398 |
| Comonara. | 68 | Dardanelles. | 58. 217 |
| Conſtantinople. | 45 | Dardanelle, de Lepante. | |
| Conteſa. | 61 | | 78 |
| Cophinidia, I. | 138 | Dawd-Pacha. | 45 |
| Copilowatz. | 34 | Deïr. | 371 |
| Copolette. | 184 | Delfino. | 72 |
| Cova. | 251 | Demah. | 328 |
| Corfau. | 215 | Demala. | 101 |

Vv 4

| | | | |
|---|---|---|---|
| Demetrius (S.) | 249 | Dubitza. | 28 |
| Demotica. | 59 | Dulakui. | 213 |
| Denizley. | 227 | Dumeifir. | 398 |
| Derende. | 204 | Durazzo. | 71 |
| Diarbekir. | 396 | | |
| Dibra. | 71 | **E** | |
| Dili, I. | 140 | Ebat, M. | 304 |
| Dionyſſopoli. | 37 | Eccifo-Werbeni. | 68 |
| Dipſo. | 147 | Eden. | 348 |
| Divanié. | 392 | Edeſſa. | 67 |
| Divrigui. | 204 | Edlieb. | 359 |
| Dobrucia. | 37 | Edraata. | 319 |
| Dobruje, pro. | 38 | Edrenos. | 212 |
| Dolcigno. | 70 | Efamiah. | 346 |
| Dorbo. | 94 | Egin. | 205 |
| Doroboi. | 162 | Ekſenide. | 227 |
| Dourkous. | 55 | El-Beyfan. | 306 |
| Dragoikjoi. | 38 | El Chater. | 386 |
| Drahemia. | 378 | Elija. | 193 |
| Drame. | 61 | El Kods. | 282 |
| Drepano. | 91 | Elpiſara. | 371 |
| Drino, riv. | 69 | Emboli. | 61 |
| Drinowatz. | 34 | Enaï. | 219 |
| Drivaſto. | 70 | Engia, I. | 138 |
| Druſes, peup. | 329 | Ennon. | 304 |
| Dryſta. | 36 | Enty. | 342 |
| Dſchebet-Okrab, M. | 362 | Ephraim. | 302 |
| | | Epiſcopi. 109. | 264 |
| Dſchebet Tortoſe. | 362 | Erakli. | 207 |
| Dſchebite. | 344 | Ereki. | 230 |
| Dſchemblic. | 214 | Ereſſo. | 243 |
| Dſcheſſan. | 387 | Erythra. | 223 |
| Dſchiobbet-el-Mneiton. | | Eskierderun. | 362 |
| | 349 | Eski-hiſſar. 227. | 227 |
| Dſchior-ul-hadid. | 360 | Eski-Moſul. | 410 |

# TABLE.

| | | | |
|---|---|---|---|
| Eski-Scheher. | 210 | Gaurio. | 145 |
| Eskitamboul. | 219 | Gazza. | 296 |
| Eskiudar. | 216 | Gebſe. | 215 |
| Eskiuſsju. | 218 | Genitſchi. | 170 |
| Euphrate, fl. | 191 | George (St.) I. | 137 |
| | | Georgie Pr. | 175 |
| **F** | | Geredeh. | 208 |
| | | Gerines. | 263 |
| Falconara, I. | 124 | Geyra. | 227 |
| Falios. | 207 | Gheban. I. | 386 |
| Faltſchü. | 161 | Ghez. | 386 |
| Famagouſte. | 261 | Ghuſta. | 329 |
| Farſa. | 75 | Giaurkieui. | 405 |
| Feludſche. | 388 | Gib. | 289 |
| Fetiſlan. | 30 | Ginin. | 306 |
| Fick. | 219 | Giuſtendil. | 67 |
| Figalo. | 77 | Glaroniſi. I. | 139 |
| Foczan. | 163 | Gnueher. | 189 |
| Fokea. | 220 | Gonia. | 183 |
| Fokia. | 28 | Gorthine. | 114 |
| Fotchanij. | 161 | Goze. I. | 116 |
| Fricala. | 75 | Grabuſa. I. | 109 |
| Fua. | 359 | Gradiſte. | 34 |
| Fulcobar. | 234 | Granitzo. | 81 |
| | | Gravalinaïs. | 147 |
| **G** | | Grotska. | 30 |
| | | Guinue. | 207 |
| Galata. | 52 | Gulmatd. | 401 |
| Galatſch. | 161 | Gumiſche. | 203 |
| Gallipoli. | 57 | Guriel, pr. | 183 |
| Garitena. | 48 | Gurivé. | 216 |
| Garizim, M. | 304 | Guſel Hiſſar. | 225 |
| Gaſlouri. | 92 | | |
| Gaulan. | 319 | | |

## H

| | |
|---|---|
| Hadice. | 402 |
| Hadiec-ul-Nur. | 372 |
| Hadschi Beslache. | 232 |
| Hadschi-Kamsé. | 203 |
| Haffar. | 378 |
| Haïfa. | 309 |
| Haleb. | 356 |
| Halicarcara. | 193 |
| Halla. | 389 |
| Hamah. | 346 |
| Hamischkana | 196 |
| Hapsala. | 44 |
| Hanlai. | 162 |
| Harim. | 364 |
| Harir. | 405 |
| Haruni. | 384 |
| Hasen-Abad. | 403 |
| Hasni-Kieifa | 397 |
| Hassan-Kala. | 193 |
| Hassa-PaschaPalenka | 30 |
| Hasseiah. | 347 |
| Hattach. | 397 |
| Haznadar. | 45 |
| Haz-oghu-Bezarzich. | 39 |
| Hærea. | 94 |
| Hebron. | 294 |
| Hercar. | 203 |
| Herjan. | 210 228 |
| Heraclée. | 57 60 |
| Heraklab. | 207 |
| Herzegowina | 26 |
| Hhadet. | 349 |
| Hiera. | 113 243 |
| Hims. | 347 |
| Hit. | 372 387 |
| Hizan | 397 |
| Hakkar. | 401 |
| Huscinia. | 316 |
| Hussu. | 161 |
| Hutin | 316 |
| Hymethe, M. | 82 |

## J

| | |
|---|---|
| Jaffa. | 299 |
| Jatza. | 26 |
| Jalonitza. | 156 |
| Janna Pr. | 72 |
| Jason. | 54 |
| Jasur. | 300 |
| Jassy. | 160 |
| Ibaz. | 32 |
| Icus I. | 148 |
| Icloutsch. | 228 |
| Jeni. | 215 |
| Jeni-Basar. | 36 |
| Jeni-Calé. | 171 |
| Jeni-Scheher. | 218 |
| Jenitzar. | 66 |
| Jerabis. | 366 |
| Jeribol. | 59 |
| Jericho. | 288 |
| Jérusalem. | 282 |
| Jgridi. | 233 |
| Jtguind. | 231 |
| Jman-Musa. | 384 |
| Imbro, I. | 151 |
| Imirette, Pr. | 182 |
| Jn-Eugni. | 210 |

| | | | |
|---|---|---|---|
| Jngafu. | 231 | Kapuli-Derbend. | 35 |
| Jno, v. Orio. | | Karabignar. | 230 |
| Joannina. | 75 | Karadialar. | 206 |
| Jofaphat, Val. | 237 | Karahiffar. | 228 |
| Joura, J. | 139 | Karasbafar. | 174 |
| Jourdain, Fl. | 169 | Karkifia. | 371 |
| Jpfara, J. | 249 | Karmel, M. | 310 |
| Jshartels. | 233 | Karris. | 64 |
| Jfcampi | 70 | Kars. | 186 |
| Jfcha, riv. | 32 | Kars de Zoulkadir. | 238 |
| Jfchéeleb. | 277 | Kars-Jbni-Hubecre. | 389 |
| Jshaklu. | 231 | Kartal. | 215 |
| Jfle du Prince. | 55 | Kaskon, M. | 163 |
| Jfmia. | 220 | Kafri-Schirin. | 385 |
| Jfmith. | 230 | Kaftamunejab. | 206 |
| Jfnik. | 215 | Kaftanavitze. | 26 |
| Jf-Nikmid. | 213 | Kazikerman. | 166 |
| Jfra-Jbni-Harum. | 387 | Kedar. | 319. |
| Jftephan. | 206 | Kelicti. | 56 |
| Jtfehil. | 234 | Kelifman. | 223 |
| Jubba. | 372 | Kenafferin. | 359 |
| **K** | | Kepfe. | 362 |
| | | Kerdu. | 397 |
| Kades (Lac de) | 347 | Kerfowa. | 37 |
| Kadhi-Kioi | 215 | Kertfch. | 170 |
| Kadiffie. | 391 | Kefroam. | 323 |
| Kafar-Tutfchar. | 398 | Khafernabu. | 359 |
| Kagisgan. | 193 | Khan Jofeph. | 314 |
| Kaiferia de Syrie. | 308 | Khanikin | 385 |
| Kaiferieh. | 231 | Khan-Tuman. | 359 |
| Kalai-Errum. | 366 | Khartobirt. | 399 |
| Kana. | 318 | Khavernak. | 391 |
| Kandell. | 229 | Kiangari. | 205 |
| Kandfcht. | 368 | Kiaré, M. | 403 |
| Kaplanik. | 68 | Kieban. | 499 |

| | | | |
|---|---|---|---|
| Kiemakhe. | 204 | Kuprulik. | 68 |
| Kierkiuk. | 406 | Kurajevu. | 226 |
| Kiesmé. | 204 | Kusil-Rubat. | 384 |
| Kitia-nova. | 165 | Kutschiuk-Czemege | 55 |
| Kilis. | 365 | Kutalli, I. | 240 |
| Kinburn. | 167 | | |
| Kioster | 67 | **L** | |
| Kirk-Ekklesie. | 41 | Lac blanc. | 363 |
| Kirscheher. | 232 | Ladikia. | 345 |
| Kisil-Jrmak, R. | 201 | Ladikieh. | 230 |
| Kitro. | 66 | Ladschun. | 398 |
| Kitzna. | 161 | Langenau. | 256 |
| Kiufa. | 361 | Lapta. | 263 |
| Kiurdes, Peup. | 402 | Laputchna. | 191 |
| Kiurkiur-Baba. | 406 | Larenda. | 231 |
| Kiutahya. | 228 | Larissa. | 74 |
| Klesikui. | 209 | Larnica. | 265 |
| Klinowa. | 26 | Lassiti. | 116 |
| Klysura. | 34 | Latrun. | 290 |
| Koban-Kiupri | 103 | Laura. | 63 |
| Kodje-Hissar. | 206 | Lazaretto, I. | 108 |
| Kolombatz. | 35 | Leban. | 302 |
| Konia. | 229 | Lefca. | 290 263 |
| Korkaklak. | 237 | Lemlum. | 392 |
| Korna. | 387 | Lepante. | 78 |
| Korus. | 365 | Lepsek. | 217 |
| Koslow. | 170 | Lepsina. | 86 |
| Koteife. | 325 | Leondari. | 94 |
| Kotsche Hissar | 398 | Letschkom, v. Odisch. | |
| Kouban, Fl. | 170 | Liban, M. | 336 |
| Krajova. | 155 | Limadosi I. | 188 |
| Kratowo. | 31 | Limesol. | 265 |
| Kudros. | 207 | Lindo. | 257 |
| Kuhadasi. | 224 | Lipkes, peupl. Tat. | 163 |
| Kujalak. | 229 | Lipso I. | 253 |

## TABLE. 685

| | | | |
|---|---|---|---|
| Livadie. | 76 80 | Matapan (Cap de) | 98 |
| Lodo. | 302 | Mouza-Nedrin | 364 |
| Londano. | 95 | Mavra-Mafia. | 95 |
| **M** | | Maydos. | 58 |
| | | Mefarikir. | 397 |
| Maarra. | 360 | Megati-Cammeni, I. | 118 |
| Mab. | 321 | Megara. | 87 |
| Machifin. | 370 | Megdal. | 298 |
| Macronifi, I. | 138 | Mekan-ul-Kidre. | 391 |
| Madaïn. | 385 | Melano. | 248 |
| Madrou. | 150 | Melanto. | 27 |
| Magarites. | 112 | Melafgero. | 184 |
| Magdal. | 370 | Melkowatz | 34 |
| Mahullitz. | 213 | Menamen. | 222 |
| Maira. | 99 | Mendeli. | 385 |
| Malatiah. | 238 | Menfel. | 298 |
| Maluca. | 325 | Mentefche. | 226 |
| Malvafia Vicchia | 97 | Merafch. | 238, 262 |
| Mamaï. | 172 3 | Meravi. | 377 |
| Mamré, Val. | 295 | Merkab. | 344 |
| Manganari. | 127 | Mer-Morte. | 271 |
| Mankub. | 164 | Mefchehed-Ali. | 390 |
| Manoncia. | 242 | Mefchehed-Huffaim. | 389 |
| Manfur. | 369 | Mefembria. | 38 |
| Manfurie. | 378 | Méfopotamie pr. | 382 |
| Manufcute. | 396 | Meffaria. | 266 |
| Manfarnim M. | 204 | Metilin, I. | 240 |
| Marafona. | 87 | Metelinus. | 252 |
| Mardin. | 397 | Methana. | 101 |
| Marmora, I. | 239 | Metropoli. | 115 |
| Maronites, peupl. | 350 | Métualins. P. | 351 |
| Marfivan. | 203 | Micouli. | 142 |
| Mafcharaib. | 320 | Micri-Cammeni, I. | 119 |
| Mafferia. | 250 | Milaffo. | 229 |
| Matala. | 114 | Milo, I. | 121 |

| | | | |
|---|---|---|---|
| Milopotamo. | 112 | Nahawan. | 386 |
| Mingrelio R. | 178 | Nain. | 307 |
| Miprowatz. | 34 | Namphio, I. | 119 |
| Misis. | 236 | Napoli de Malvoisie | 97 |
| Misitra. | 98 | Napoli de Romanie. | 100 |
| Misserviria | 57 | Nasibin. | 398 |
| Modon. | 97 | Nassalée. | 225 |
| Mogle. | 28 | Nausa. | 372 |
| Moklia. | 94 | Nava. | 318 |
| Moldavie Pr. | 156 | Navarin. | 95 |
| Molivo. | 242 | Naxe I. | 129 |
| Monte Negro. | 70 | Naxia. | 130 |
| Monti della Chimera. | 72 | Neamone. | 248 |
| Morée. | 88 | Negrepont I. | 145 |
| Morgo. | 263 | Nemée, | 100 |
| Mostar. | 26 | Nemes. | 162 |
| Mosul. | 400 | Niamec. | 163 |
| Moudaniah | 212 | Nicolo (S). | 143 |
| Mouderni. | 208 | Nicopoli. | 36 |
| Mourellia. | 114 | Nicosia. | 261 |
| Moush. | 194 | Nicouria, I. | 129 |
| Mucketar. | 378 | Niester, Riv. | 158 |
| Mulla. | 226 | Nif. | 222 |
| Musconisi, I. | 224 | Nikaria, I. | 249 |
| Musenal. | 312 | Nikdé. | 232 |
| Mussakui. | 217 | Nio, I. | 126 |
| Muftapha - PaschaKiupri | 41 | Nissa. | 32 |
| | | Nogayes, peup. Tar. | 166 |
| Muftapha-Pascha Palenka | 34 | Nowibasar. | 32 |
| | | Nuhadra. | 402 |
| Mycone I. | 141 | Nusra. | 317 |
| | | Nysari, I. | 257 |

N

Nabolos. 303

Nagosa. 248

O

Oblicicza voy. Sakche

| | | | |
|---|---|---|---|
| Ocna. | 163 | Papas-Adaffi, I. | 238 |
| Odifch. | 181 | Parechia. | 133 |
| Ognile Mari. | 165 | Paros, I. | 132 |
| Okhofrew-Pafcha. | 210 | Paffarovitz. | 30 |
| Oltifi. | 185 | Paftrovicchi. | 27 |
| Or. | 169 | Patmos, I. | 252 |
| Orach. | 28 | Patras. | 91 |
| Orbec. | 161 | Patron. | 350 |
| Orchomenus. | 94 | Payas. | 235 |
| Oreo. | 147 | Peahia. | 32 |
| Oronte Fl. | 339 | Pelagini, I. | 149 |
| Orthofia. | 373 | Pelenkiau. | 494 |
| Ofmanddchik | 203 | Penagia, I. | 121 |
| Oftraver. | 225 | Pera. | 53 |
| Oftrowitz. | 26 | Peramare. | 250 |
| Otfchakow. | 166 | Pergamo. | 220 |
| Ourangi. | 232 | Perrhiv. | 365 |
| Ouzoun-Capri. | 58 | Petra. | 241 |
| | | Pevadore. | 56 |
| P | | Phlya. | 87 |
| Pagras P. | 363 | Philadar. | 212 |
| Palanka. | 165 | Philipi. | 60 |
| Palatfchia. | 224 | Philippopel. | 41 |
| Palatyros. | 335 | Phonio. | 94 |
| Palebiblos. | 350 | Piatra. | 163 |
| Paleo-Caftro. | 80, | Pidavra. | 100 |
| | 116,135 | Pirtipe. | 68 |
| Paleo-Chori | 86 | Pifcopia, I. | 257 |
| Paleftine, Pr. | 266 | Plitus. | 346 |
| Palu. | 399 | Pogio. | 350 |
| Pambukkalefi. | 227 | Policandro I. | 120 |
| Panaia-Cheque. | 263 | Polina. | 67, 71 |
| Paneas. | 331, 344 | Poccopo. | 27 |
| Panormo. | 213 | Poro, I. | 138 |
| Pantik. | 215 | Porto-Rafti. | 87 |

| | | | |
|---|---|---|---|
| Precop. v. Or. | | Ros-Cansir. | 346 |
| Preslaw. | 36 | Rostan. | 347 |
| Prisrendi. | 31 | Ruad, I. | 343 |
| Priston. | 31 | Ruchi. | 181 |
| Procupia. | 31 | Rudnikza. | 30 |
| Prodono, I. | 102 | Rupeta. | 90 |
| Pruth, riv. | 158 | Rusmia. | 311 |
| Puczen. | 161 | | |
| Pulla-Gafda; I. | 117 | **S** | |
| Pyrgos. | 118 | Saassa. | 318 |
| **Q** | | Sadir. | 397 |
| | | Safuri. | 317 |
| Quarantanie, M. | 288 | Saicza. | 28 |
| **R** | | Saida. | 333 |
| | | Ste Croix. | 291 |
| Raca. | 370 | S. Jean. | 291 |
| Raclia, I. | 129 | S. Matthieu. | 400 |
| Radentz. | 162 | S. Saba. | 293 |
| Rahematz (Lac de) | 390 | S. Théodore, I. | 108 |
| Ram. | 30 | Sakche. | 39 |
| Ramla. | 300 | Salahaia. | 326 |
| Rampono. | 98 | Salemya. | 347 |
| Ratscha. | 359 | Salone. | 78 |
| Reah. | 359 | Satth. | 320 |
| Rées-ul-Aïn | 370 | Samandrachi I. | 151 |
| Rahaba. | 371 | Samara. | 385 |
| Remnik. | 155 | Samcova. | 35 |
| Retimo. | 111 | Samos, I. | 250 |
| Rhodes, I. | 254 | Samuele. | 289 |
| Rise. | 195 | Sandacleb. | 228 |
| Rocca. | 109 | Santorin, I. | 117 |
| Rodosto. | 57 | Sapandge. | 214 |
| Roman. | 163 | Sapienza, I. | 102 |
| Romanie, pr. | 39 | Saramain. | 360 |
| Romi. | 371 | Saraquino, I. | 149 |
| | | Saravale. | |

# TABLE.

| | | | |
|---|---|---|---|
| Saravale. | 92 | Seba. | 292 |
| Sarchad. | 319 | Sebaftia. | 304 |
| Sarfend. | 334 | Sedchifchiet. | 225 |
| Sarigiole. | 67 | Seerd. | 397 |
| Sarfar. | 389 | Seguta. | 229 |
| Sart. | 224 | Sehehr-Gemin. | 369 |
| Sarwitza. | 67 | Seidenaja. | 325 |
| Satabago, pr. | 184 | Sekia. | 387 |
| Saura. | 397 | Sekmannen, peup. | 189 |
| Savatopoli. | 181 | Selaniki. | 94 |
| Scander. | 183 | Selef kieh. | 235 |
| Scardona. | 26 | Sclenti. | 335 |
| Scaro. | 178 | Selivrée. | 56 |
| Scarpanto I. | 117 | Semavat. | 292 |
| Schabatfch. | 30 | Semendria. | 30 |
| Schadi. | 205 | Semfat. | 369 |
| Schardak. | 217 | Senn. | 402 |
| Schehirkjoi. | 35 | Sephet. | 314 |
| Schehrehan. | 384 | Seraja. | 28 |
| Schehrezur. | 406 | Serakioj. | 36 |
| Schemifat. | 365 | Serfandacar. | 237 |
| Schenet. | 233 | Sermelaha. | 390 |
| Schicaris. | 182 | Serpho, I. | 136 |
| Schihun. | 346 | Serrœ. | 61 |
| Schirkzul. | 406 | Servie, pr. | 28 |
| Schizer. | 346 | Sefano. | 183 |
| Schoghr. | 360 | Sefchur. | 365 |
| Schoniffet. | 333 | Selto. | 58 |
| Scialicanak. | 38 | Settia. | 116 |
| Sciathus, I. | 76 | Severik. | 399 |
| Scio, I. | 144 | Severin. | 155 |
| Sciumlu. | 38 | Severiœ. | 99 |
| Scratti, I. | 149 | Sevri-hiffar. 210. | 225 |
| Scutari. | 69 | Sfacia. | 109 |
| Sdili, I. | 141 | Sidi-gazi. | 210 |

*Tome VIII.*     X x

| | | | |
|---|---|---|---|
| Sifout-Castelli. | 115 | Subebe. | 306 |
| Sikino, I. | 121 | Suda. | 110 |
| Siliftrie, v. Drysta. | | Sueta. | 318 |
| Sindschar. | 401 | Sughut. | 210 |
| Sinitza. | 82 | Sultan-hissar. | 225 |
| Sinop. | 206 | Sumrah. | 343 |
| Sip. | 30 | Sur. | 334 |
| Siphanto, I. | 125 | Sutchawa. | 162 |
| Sipias. | 181 | Syra, I. | 139 |
| Siwas. | 201 | Symi, I. | 257 |
| Skiate, I. | 149 | Syrin. | 314 |
| Skinosa, I. | 128 | | |
| Skiro, I. | 148 | **T** | |
| Skivarim. | 164 | Taberya. | 315 |
| Skopelo, I. | 149 | Taduan. | 189 |
| Sobat. | 322 | Tarablus. | 340 |
| Sophie. | 35 | Tarabosan. | 195 |
| Sora. | 371 | Targos. | 222 |
| Sorocca. | 161 | Tarsus. | 235 |
| Spelcion. | 108 | Tartura. | 309 |
| Spele. | 114 | Tartar Bassardschiki. | 40 |
| Spina-longa. | 116 | Tecutsch. | 161 |
| Spire. | 194 | Tedif. | 367 |
| Stalimene, I. | 149 | Tekoa. | 293 |
| Stampala, I. | 120 | Tela. | 398 |
| Stanchio, I. | 254 | Temino. | 115 |
| Stan-Dia, I. 67. | 117 | Tenedos, I. | 240 |
| Sta-Phlica. | 90 | Teredon. | 377 |
| Stauros. | 61 | Tergowista. | 156 |
| Stenosa, I. | 129 | Terhal. | 202 |
| Stephanestii. | 162 | Ternowa. | 36 |
| Stobi. | 68 | Tersa. | 304 |
| Stribernik. | 28 | Thabor, M. | 307 |
| Strivali, I. | 101 | Thalenta. | 80 |
| Suani, peup. Tat. | 173 | Thaso, I. | 151 |

| | | | |
|---|---|---|---|
| Thermes. | 66 | Tyrgul-furmos. | 160 |
| Thermia. I. | 135 | Tyrus. | 312 |
| Thiva. | 81 | | |
| Tiberias (lac de) | 270 | **V** | |
| Tigre, fl. | 380 | Valaquie, Pr. | 152 |
| Tikrit. | 386, 402 | Van. | 188 |
| Tine, I. | 142 | Vathia. | 100 |
| Tireh. | 223 | Vati. | 252 |
| Tifin. | 360 | Vbile. | 377 |
| Tocat. | 202 | Vinetico. (St.) | 102 |
| Tockmack, I. | 243 | Verbofania. | 28 |
| Toli. | 63 | Verdonnna. | 97 |
| Tomifwar. | 37 | Vefir-Kani. | 229 |
| Top-hana. | 54 | Viran-Scheher. | 208 |
| Topolia. | 81 | Viftocha, M. | 33 |
| Torgo-Zyl. | 155 | Vize ou Bizia. | 42 |
| Tornowa. | 75 | Vlubad. | 213 |
| Toron. | 64 | Vm-ul-Abbas. | 379 |
| Tortofa. | 343 | Voliffo. | 248 |
| Totrufch. | 163 | Volo | 75 |
| Tragonifi. | 141 | Vortitza. | 90 |
| Trebigno. | 26 | Vpfilorites. | 112 |
| Tripoli. | 195 | Vrana. | 88 |
| Triti. | 92 | Urfa. | 369 |
| Tfcharmelik. | 369 | Urkub. | 231 |
| Tfchernetz. | 155 | Usker. | 185 |
| Tfchildir. | 186 | Vurla. | 223 |
| Tfchurum. | 203 | | |
| Tuman. | 172 | **W** | |
| Turco-chorio. | 79 | Wale-Strimba. | 161 |
| Turgut. | 222 | Wan (lac de) | 187 |
| Turkomans, Peup. | 190 | Warna. | 37 |
| Tufia. | 206 | Warzuhan. | 194 |
| Tuz-Khurma. | 407 | Wafit. | 386 |
| Tuzla (lac de) | 229 | Wafluy. | 160 |

X x 2

| | | | |
|---|---|---|---|
| Widdin. | 34 | Zebdani. | 326 |
| Wihatsch. | 26 | Zeitoun. | 76 |
| Wisnitza. | 30 | Zelezna. | 34 |
| **Y** | | Zernigrad. | 155 |
| | | Zia, I. | 136 |
| Yarum. | 313 | Zil-Kiedel. | 390 |
| Yebna. | 299 | Zile. | 202 |
| Yengidsche. | 384 | Zima. | 366 |
| **Z** | | Zonchio. | 96 |
| | | Zuweita. | 391 |
| Zar. | 319 | Zwornick. | 28 |

# NOTES ET TABLE
## SUR L'ARABIE
### ET LA PERSE.

Ici nous abandonnerons l'ordre que nous nous étions imposé en plaçant à la tête des tables, la notice des titres & des armes blazonnées de chaque état. Qui peut connaître celles de tous les princes, & des petits tyrans de l'Asie, de l'Afrique & de l'Amérique ? Qui pourrait prouver que tous en ont de distinctives, & que la recherche qu'on en ferait peut devenir jamais, ou utile, ou agréable ? Bornons-nous à parler des cartes.

L'Arabie n'en a point qui soit bien exacte : celle que Sales a mise à la tête de sa traduction de l'alcoran ne l'est pas : on la trouve mieux décrite dans les cartes de l'Asie de Danville : mais ce qu'on a de mieux est sans doute les cartes particulieres de l'Ye-

# TABLE. 693

men & du pays d'Oman, tracées par le capitaine Niebuhr, qui a observé ces contrées avec soin.

On a plusieurs cartes de la Perse ; celles de Sanson, de Reland, d'Oléarius eurent leur mérite dans le tems où elles parurent : celle d'Homan doit leur être préferée : elle ne céde qu'à celle de Delisle la moins inexacte de toutes, mais bien éloignée encore d'être une bonne carte de cet empire.

## A

| | | | |
|---|---|---|---|
| | | Al Dschar. | 475 |
| | | Al Dschofa. | 475 |
| Abaï. | 576 | Al-Haschisch. Gol. | 506 |
| Abas-abad. | 617 | Al Imama. | 445 |
| Abb. | 496 | Aliabad. | 570 |
| Abdat-Karia. | 505 | Al Macarana. | 597 |
| Abin. | 499 | Al Mahdscham. | 491 |
| Abkef. | 502 | Al-Radsch. | 480 |
| Abrener. | 602 | Al Thoatabyah. | 443 |
| Abu-Arisch. | 488 | Aly. | 597 |
| Acboular. | 628 | Amasia. | 488 |
| Accmetlé | 591 | Amouie. | 563 |
| Achla. | 434 | Amul. | 571 |
| Adah, | 445 | Ana. | 439 |
| Aden. | 498 | Anabat. | 648 |
| Adrand. | 629 | Anafeth. | 488 |
| Agri ou Matis, M. | 598 | Anakachi. | 602 |
| Agwans. | 672 | Andrane. | 434 |
| Ahwaz. | 635 | Angelawa. | 629 |
| Aias. | 495 | Apscheron, v. Okesra. | |
| Ai-joum-Musa. | 448 | Araba. | 669 |
| Akabah. | 472 | Arabie. | 416 |
| Al Abua. | 475 | Arabie déserte. | 429 |
| Al-Ahsa. | 442 | Arabie heureuse. | 482 |
| Albours, M. | 523 | Arabie pétrée. | 446 |
| Al-Catipf. | 441 | Arakil-vané. | 691 |

Xx 3

# TABLE.

Aran. 632
Aras, Fl. 527
Ardebil. 609
Aridan. 487
Arménie Pers. Erivan.
Arrouchage. 670
Arsevil. 576
Arsindejam. 620
Arsoffa. 438
Arud. 445
Asarscherib. 570
Aschraff. 569
Asfau. 476
Asie. 407
Asoupas. 647
Asselo. 649
Astabat. 603
Avogli. 608
Azerbijane, Pr. 604

## B

Babain. 621
Badid-ul-Mortafe. 480
Badr. 475
Bael. 592
Bagistana. 628
Baha. 443. 488
Baharain, I. 655
Bahhola. 510
Bairut-Jaktan. 480
Bakuu. 586
Balfrusch. 568
Bam. 559
Baniam. 670
Barka. 445

Barmach, M. 581
Barrad. 489
Barsir. 659
Batn-Marr. 476
Batn-Naaman. 481
Bedouins, peup. 419. 432
Behendin, peup. 411
Beit-el-Fakih. 491
Bejasi. peup. 507
Bemnasir. 659
Benarou. 649
Bendemir, fl. 527
Bender Abassi. 660
Bender-Congo. 654
Bender-Richer. 648
Benghir. 671
Beni. 505
Betzirvan. 608
Beyad. 622
Bichni. 601
Bihri. 654
Bildih. 591
Bochon. 661
Boreston. 653
Bost. 669
Bouloudges, peup. 667
Burka. 509

## C

Cabar-Hud. 506
Cachan. 632
Cadaïd. 475
Cadjouk. 618
Caïs. 648
Calba. 443

# TABLE.

| | | | |
|---|---|---|---|
| Calé-Kulestan. | 584 | Cors. | 440 |
| Calicula. | 596 | Couer Virab. | 601 |
| Cambil. | 667 | | |
| Cana. | 502 | **D** | |
| Cana-Canim. | 502 | Daba. | 510 |
| Candahar. | 671 | Daden. | 443 |
| Carcara. | | Dafar. | 503 |
| Cassabat-al-Omar. | 509 | Dahestan. | 567 |
| Casbin. | 624 | Dahhra. | 510 |
| Capan. | 602 | Dainour. | 628 |
| Caratchiman. | 607 | Dalyjan. | 597 |
| Carietim. | 437 | Damar. | 509 |
| Casac. Loré. | 597 | Damigan. | 563 |
| Catema. | 441 | Dante. | 497 |
| Chabis. | 659 | Darab-guindé. | 646 |
| Chadjehan, v. Merwa. | | Darec. | 669 |
| Chamir. | 489 | Dcheublaih. | 496 |
| Carres. | 489 | Dechair. | 646 |
| Chartan. | 506 | Dehaku. | 654 |
| Chati. | 442 | Dehan. | 499 |
| Chaulan. | 487. 500 | Dehi-Dombé. | 649 |
| Checheme. | 609 | Demawend. | 523. 623 |
| Cheer. | 502 | Denn. | 495 |
| Cheik-Sabana. | 618 | Derbend. | 585 |
| Cheiwan. | 489 | Dergasp. | 669 |
| Chemsabad. | 618 | Derjanemeck (lac) | 644 |
| Chenkour. | 603 | Désert de Syrie. | 434 |
| Chiraz. | 642 | Destkend. | 623 |
| Choramdeb. | 626 | Deux sœurs (les) I. | 505 |
| Chorsakan. | 509 | Dilem. | 572 |
| Chusistan, Pr. | 633 | Dimluh. | 495 |
| Ciuciululion. | 660 | Dizabad. | 629 |
| Coba. | 482 | Djurdjan. | 569 |
| Confida. | 487 | Dobla. | 443 |
| Conga. | 633 | Dossir. | 494 |

Xx 4

| | | | |
|---|---|---|---|
| Dschaabar. | 438 | Fartach. | 503 |
| Dschebel. | 469 | Fer-abad. | 568 |
| Dschebel Haman el fe-raun. | 450 | Firous abas. | 648 |
| | | Firouz-cou, M. | 524 |
| Dschebi. | 495 | Firout-couh. | 622 |
| Dschennad. | 496 | Fomen. | 576 |
| Dschesira (désert de) | 438 | Fuscheng. | 563 |
| Dschodda ou Jedda. | 475 | | |
| Dschorasch. | 480 | **G** | |
| Dschesan. | 488 | | |
| Dsjou. | 510 | Gasa. | 498 |
| Duki. | 673 | Gazna. | 670 |
| Dulmara. | 445 | Genabed. | 564 |
| Duma. | 444 | Ghala. | 493 |
| | | Ghilan, Pr. | 572 |
| **E** | | Ghobbo. | 503 |
| Ebher. | 626 | Ghamroom. | 660 |
| Ecs-miasin. | 601 | Ghulpaigan. | 633 |
| Elbours, M. | 584 | Giarura. | 673 |
| Elker. | 437 | Gihara. | 624 |
| Elwend, M. | 583 | Girofte. | 660 |
| Enzelli. | 578 | Goadel. | 667 |
| Eres. | 585 | Goban. | 635 |
| Erchée. | 608 | Gofe Persique. | 529 |
| Erivan, Pr. | 597 | Ghour, Princ. | 639 |
| Ermajil. | 667 | Gor. | 647 |
| Esri. | 435 | Gory. | 596 |
| Estarabath. | 567 | Gourejan. | |
| Euddene. | 495 | Griche. | 669 |
| Euser. | 494 | Gromdora. | 626 |
| | | Guentje. | 603 |
| **F** | | Guhri. | 655 |
| Faid. | 444 | Guitchi. | 654 |
| Farra. | 669 | Gurgistan, Pr. | 593 |
| Farsistan, Pr. | 635 | | |

## H

| | |
|---|---|
| Habaian. | 646 |
| Habun. | 494 |
| Hadhramaut. | 501 |
| Hadschar. | 442 |
| Halicatra. | 602 |
| Hamadan. | 628 |
| Hamdan. | 494 |
| Haraidan. | 647 |
| Harra. | 669 |
| Has. | 492 |
| Hasab. | 670 |
| Haschid-u-Bekiel. | 489 |
| Hasec. | 506 |
| Haura. | 474 |
| Haur. | 667 |
| Haus. | 488 |
| Hedscher. (pays de) | |
| Hegias (pays de l') | 472 |
| Hely. | 487 |
| Herat. | 561 |
| Hermout. | 653 |
| Heubaisch. | 495 |
| Hind-mend, fl. | 668 |
| Hobeïda. | 491 |
| Horeb, M. | 460 |
| Howarin. | 437 |
| Hudith. | 439 |

## I

| | |
|---|---|
| Jalamlam. | 487 |
| Janbo. | 475 |
| Jarcoia. | 647 |
| Jaron. | 649 |
| Jarvet. | 592 |
| Jasques, Pr. | 666 |
| Jenim. | 496 |
| Jezd. | 621 |
| Iman. | 509 |
| Imama. | 445 |
| Irak (désert de l') | 440 |
| Irak-Agemi, Pr. | 612 |
| Irivan. | 600 |
| Irjab. | 671 |
| Ispahan. | 614 |
| Issin. | 665 |
| Julfa. | 618 |
| Jusoreb. | 473 |

## K

| | |
|---|---|
| Kablaswer. | 592 |
| Kaboul. | 671 |
| Kabulla. | 593 |
| Kachtan. | 501 |
| Kahem. | 439 |
| Kaibar. | 444 |
| Kaket, Pr. | 593 |
| Kallags-Fandus. | 614 |
| Karac, I. | 656 |
| Karasbac. | 603 |
| Karduel, Pr. | 594 |
| Kuriat. | 508 |
| Kasma. | 576 |
| Kasmabath. | 632 |
| Kataba. | 496 |
| Kaulis. | 574 |
| Kauteban. | 499 |
| Kazerun. | 648 |
| Keider-Peiamber. | 628 |

| | | | |
|---|---|---|---|
| Kelhat. | 508 | | |
| Kelheran. | 611 | **L** | |
| Kelvé. | 667 | Laar. | 652 |
| Kenef. | 562 | Lagi. | 499 |
| Kenghever. | 628 | Langor. | 673 |
| Keraftarach. | 570 | Langoroed. | 578 |
| Kefil-Oufan. | 528. 615 | Lardfchans. | 570 |
| Kesker. | 577 | Lareck, I. | 112 |
| Kefmin. | 579 | Lariftan, Pr. | 650 |
| Kicheftek. | 666 | Laffa. | 501 |
| Kidjé. | 667 | Laureftan. | 635 |
| Kilek. | 574 | Lenkeru. | 577 |
| Kin. | 669 | Loheia. | 491 |
| Kircaian. | 659 | | |
| Kirkins. | 584 | **M** | |
| Kirman, Pr. | 657 | Machadra. | 499 |
| Kirmis, I. | 664 | Macou. | 602 |
| Kirmoncha. | 628 | Madian. | 474 |
| Kom. | 630 | Magora. | 487 |
| Komcha. | 620 | Mahrah (pays de) | 505 |
| Koraming. | 612 | Main. | 647 |
| Korafan, Pr. | 560 | Makalla. | 502 |
| Korkan. | 567 | Malaha. | 646 |
| Kours. | 608 | Manhaber. | 667 |
| Kovar-abad. | 562 | Marant. | 608 |
| Kuba, ou Kuban. | 591 | Marcb. | 560 |
| Kudiffar. | 579 | Marou-el-rud. | 562 |
| Kudfchur. | 570 | Martam. | 506 |
| Kularut. | 576 | Mafcate, v. Merkiet. | |
| Kur, fl. | 527 | Maffula. | 576 |
| Kufchen. | 503 | Maftih. | 659 |
| Kus-Kiefar. | 647 | Mau-ab-heb. | 497 |
| Kufma. | 495 | May. | 649 |
| | | Mayar. | 620 |
| | | Mecca ou la Meque. | 476 |

| | | | |
|---|---|---|---|
| Mechaider. | 496 | Natens. | 621 |
| Mecran. | 666 | Naxivan. | 602 |
| Medina. | 481 | Nedfcheran. | 481 |
| Medfchedtiffar. | 569 | Nege-Fabad. | 620 |
| Mehroujou. | 648 | Nehhm. | 500 |
| Mekeoan. | 443 | Neris. | |
| Melhunh. | 434 | Neffah. | 563 |
| Menach. | 510 | Niab. | 480. 488 |
| Menacha. | 496 | Niafabad. | 591 |
| Menfil. | 496 | Nifchapour. | 563 |
| Merbath. | 506 | Nifei-campi. | 526 |
| Mer-Cafpienne. | 529 | Niffuwa. | 510 |
| Merwa. | 562 | Nur. | 570 |
| Meskit. | 508 | | |
| Metched. | 564 | **O** | |
| Mezanderan, Pr. | 564 | Ocadh. | 480 |
| Miané. | 607 | Ofar. | 510 |
| Mier-chas-kun. | 646 | Okefra, Fenins. | 588 |
| Mina. | 666 | Oman. (pays d') | 507 |
| Minahel-Dfahab. | 471 | Omera. | 499 |
| Mirga. | 608 | Onjiom. | 647 |
| Mifcharan. | 633 | Ormuz, I. | 662 |
| Mocka. | 492 | Orr. | 496 |
| Moghoftan, Pr. | 658 | Ouroumia. | 608 |
| Mofa. | 493 | Ouzan. | 612 |
| Moutchacour. | 620 | | |
| Mouza-ferri. | 647 | **P** | |
| Mulebet, vallée. | 668 | Palmyre, v. Tadmor. | |
| **N** | | Paffa. | 545 |
| | | Secher. | 503 |
| Nabam. | 665 | Pelengon. | 655 |
| Nachla. | 480 | Pendupei. | 570 |
| Nagama-guda. | 665 | Penibazar. | 579 |
| Nagd (pays de) | 444 | Perfepolis. | 636 |
| Nahiam. | 660 | Pervaré. | 607 |

| | | | |
|---|---|---|---|
| Pharan. | 469 | Samman. | 443 |
| Purg. | 667 | Sancala. | 628 |
| Pyrmarens. | 592 | Sancan. | 487 |
| | | Sangades, Peup. | 667 |
| **R** | | Sardale. | 612 |
| Rab-al-Gub, Pr. | 507 | Sari. | 569 |
| Rabda. | 494 | Savalku. | 570 |
| Rahaba. 438. | 445 | Scamachie. | 582 |
| Ras-Muffendom. | 509 | Scanderie, v. Vaihend. | |
| Reame. | 498 | Schadfchar. | 502 |
| Redfcha. | 499 | Schafft. | 577 |
| Regian. | 635 | Schan. | 495 |
| Reshd. | 575 | Schar. | 509 |
| Reudda. | 497 | Schara. | 439 |
| Rey. | 622 | Scharme. | 471 |
| Rima. | 445 | Scheik-Ali. | 472 |
| Rokhage. | 670 | Scheleby. | 438 |
| Roftak. | 510 | Schelefton. | 647 |
| | | Scheredfche. | 492 |
| **S** | | Schibam. 499. | 501 |
| Saada. | 488 | Schir. | 654 |
| Saba. 500. | 629 | Schirra. | 500 |
| Sabbea. | 488 | Schirvan, Pr. | 580 |
| Saccar-el-Prelij. | 438 | Sciarma. | 502 |
| Sachalia. | 506 | Seadet-abad. | 618 |
| Sachia. | 475 | Sedarec. | 602 |
| Sada. | 494 | Seheftan. | 622 |
| Sadu. | 491 | Sigiftan, Pr. | 667 |
| Sags-abad. | 623 | Seljam. | 494 |
| Ste. Catherine. | 463 | Semaeil. | 510 |
| Salem. | 669 | Sengan. | 627 |
| Sallian. | 592 | Serab. | 611 |
| Salmaft. | 608 | Seras. | 563 |
| Salta. | 487 | Serrain. | 487 |
| Salviftan. | 646 | Siabé. | 669 |

| | | | |
|---|---|---|---|
| Sia-couh. | 622 | Tahuk. | 473 |
| Sikki. | 510 | Taibeh. | 437 |
| Sinaï, M. | 460 | Talekan. | 562 |
| Siravan. | 635 | Tamarin. | 505 |
| Sirjam. | 659 | Taphsach. | 438 |
| Siria. | 434 | Tardscha. | 443 |
| Siursiam. | 563 | Tarim. | 507 |
| Sjubasar. | 641 | Tarom. | 654 |
| Sneirne. | 628 | Tarua. | 510 |
| Sockia. | 487 | Tarut. | 442 |
| Sofi-Abad. | 596 | Tascut. | 654 |
| Sofian. | 607 | Tauile. | 499 |
| Sofr. | 480 | Taurus, M. | 523 |
| Sohal. | 510 | Tayef. | 480 |
| Soor. | 508 | Tchors. | 608 |
| Soro-Oman. | 510 | Te, M. | 447 |
| Suadi. | 509 | Teflis. | 595 |
| Suchna. | 437 | Tenajm. | 500 |
| Sultanié. | 626 | Tenkabun. | 576 |
| Sura. | 440 | Terschier. | 622 |
| Surad-sie. | 497 | Tharit. | 500 |
| Suram. | 596 | Theran. | 623 |
| Surham. | 597 | Theriat-al-Afar. | 476 |
| Suster. | 634 | Timaristan. | 645 |
| Suwaida. | 482 | Tiroan. | 612 |
| | | Tiz. | 667 |
| **T** | | Tor. | 467 |
| Tabala. | 480 | Torr. | 499 |
| Tabas-Kileki. | 622 | Torza. | 629 |
| Tabris ou Tauris. | 605 | Truchmenens, Peup. | 568 |
| Tabristan. | 565 | | |
| Tadawun. | 649 | Tschilminar, v. Persepolis. | |
| Tadmor. | 435 | Tschuzdast. | 577 |
| Taes. | 495 | Tuberan. | 659 |
| Tahamah. | 486 | Tulla. | 494 |

| | | | |
|---|---|---|---|
| Turcman. | 607 | **Z** | |
| Turkomans, Peup. | 433 | | |
| Turumpeck. | 663 | Zabulistan, Pr. | 669 |
| Tzerca. | 646 | Zangui, riv. | 598 |
| **V** | | Zaré (lac de) | 668 |
| | | Zareng. | 668 |
| Vaihend. | 670 | Zauzan. | 563 |
| Varami. | 622 | Zebid. | 491 |
| Vaspinge. | 607 | Zemme. | 562 |
| Vddin. | 495 | Zenderou. 528. | 614 |
| Verdestan. | 648 | Zizevan. | 646 |
| Waldicora. | 474 | Zokotorah. | 504 |
| **Y** | | Zour. | 670 |
| | | Zuda. | 594 |
| Yareca. | 437 | Zulfa. | 603 |
| Yezdecast. | 621 | | |

*FIN DE LA TABLE.*

# ERRATA.

| page | ligne | | lisez |
|---|---|---|---|
| 5. | 10. | Trigiallien. *lis.* | Triballien. |
| 9. | 33. | Achout. *lis.* | Achmed. |
| 10. | 8. | Baydet. *lis.* | Bagdet. |
| 14. | 12. | ordres du visir. *lis.* | ordres du sultan. |
| 17. | 25. | trente trois lieues. *lis.* | trente trois mille lieues. |
| 21. | 4. | Save. *lis.* | Save, en marquent les bornes. |
| | 17. | enceinte. *lis.* | ceinte. |
| 35. | 17. | l'arrosent. *lis.* | l'arrose. |
| 40. | 7. | bois. *lis.* | bords. |
| 63. | 35. | arqueduc. *lis.* | aqueduc. |
| 65. | 19. | Lesa. *lis.* | Leda. |
| 78. | 33. | donnait autrefois. *lis.* | donnait aussi. |
| 85. | 24. | restes de. *lis.* | restes du temple de. |
| 144. | 30. | on y recueille. *lis.* | on y en recueille. |
| 156. | 24. | Danube où. *lis.* | Danube, & où. |
| 170. | 31. | l'Asie. *lis.* | l'Asie mineure. |
| 173. | 22. | le poisson. *lis.* | les poissons. |
| 191. | 17. | la valle. *lis.* | la vallée. |
| 209. | 18. | excellens. *lis.* | exquis. |
| 211. | 12. | le plus élevé. *lis.* | le plus haut. |
| 260. | 27. | dien. *lis.* | bien. |
| 272. | 21. | carrés. *lis.* | quarré. |
| 282. | 27. | Misthor. *lis.* | porte du fumier. |
| 308. | 27. | de quelques maisons. *lis.* | de ses maisons. |
| 312. | 7. | IV. *lis.* | VI. |
| 326. | 35. | Constantin. *lis.* | Constantinople. |
| 337. | 13. | au couchant d'été. *lis.* | au levant d'été. |
| 355. | 32. | Sumuis. *lis.* | Sunnis. |
| 364 | 30. | corrompu. *lis.* | currompus. |
| 394. | 7. | coule. *lis.* | il coule. |
| 408. | 26. | autrefois que. *lis.* | alors que. |
| 433. | 11. | sans cesse. *lis.* | presque toujours. |
| 492. | 17. | rues tortues. *lis.* | rues tortueuses. |

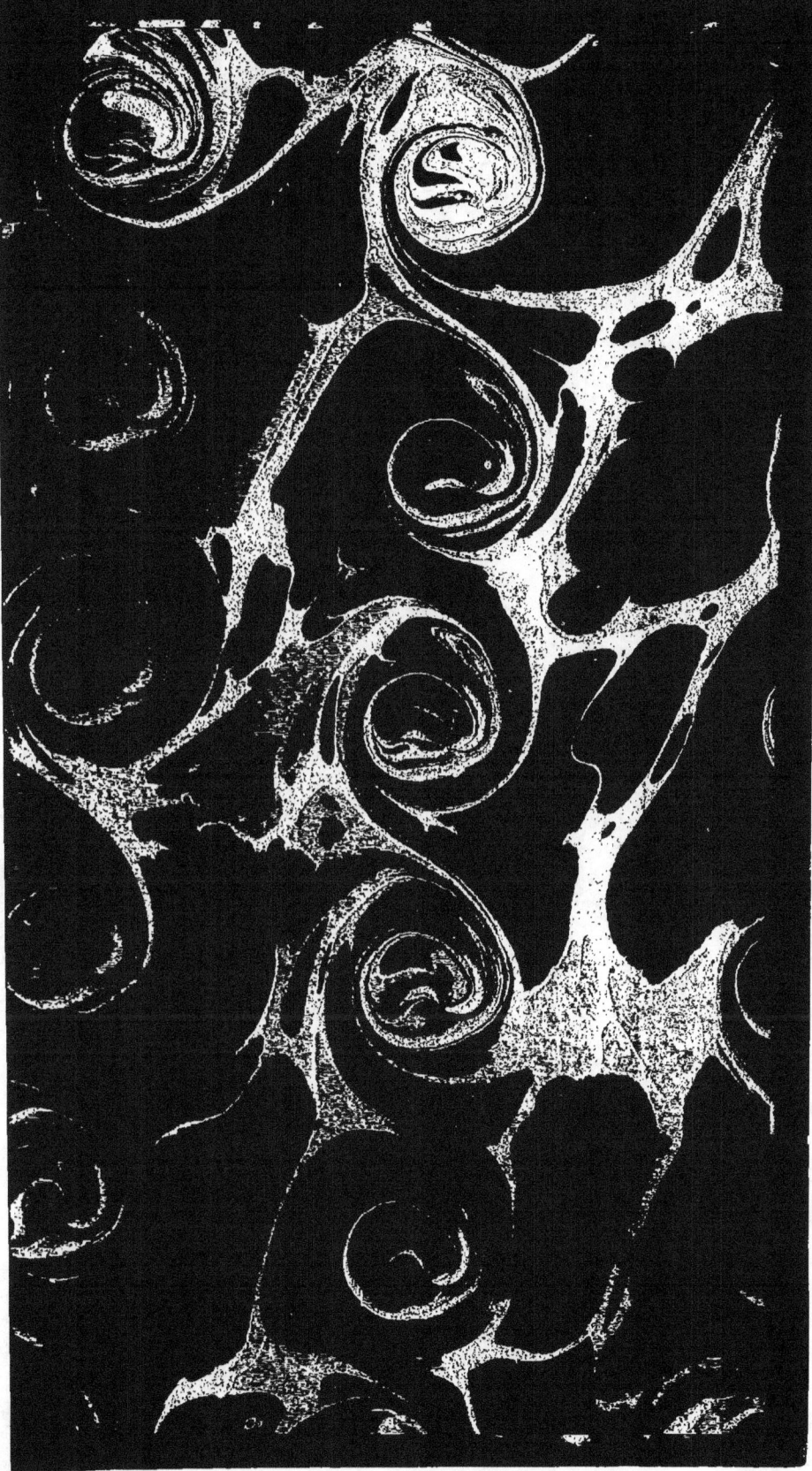

www.ingramcontent.com/pod-product-compliance
Lightning Source LLC
Chambersburg PA
CBHW050320020526
44117CB00031B/1267